中国智能交通行业发展年鉴

（2011）

中国智能交通协会　编

電子工業出版社
Publishing House of Electronics Industry
北京·BEIJING

内 容 简 介

中国智能交通协会、国家智能交通产业技术创新战略联盟联合国内智能交通技术领域知名专家、地方政府和协会组织、典型企业等共同编写的《中国智能交通行业发展年鉴（2011）》分为综述篇、政策及标准篇、技术篇、市场篇、产业篇、纪事篇。本年度年鉴在全面反映 2011 年我国智能交通行业发展状况的基础上增加了部分特色内容，其中技术篇增加了我国智能交通科技发展近十年的主要技术布局情况、研究成果（即示范应用）等资料，并对全国智能交通重点科研基地进行了介绍；市场篇首次增加了 2011 年度中国城市智能交通市场统计和中国智能交通主要产品市场分析等资料。

本书适用于智能交通相关领域的科研、管理人员及专家学者，对政府部门和相关企业也具有重要的参考价值，具备一定的收藏意义。

图书在版编目（CIP）数据

中国智能交通行业发展年鉴. 2011/中国智能交通协会编. —北京：电子工业出版社，2012.9
ISBN 978-7-121-18318-8

Ⅰ. ①中… Ⅱ. ①中… Ⅲ. ①公路运输－交通运输管理－智能控制－中国－2011－年鉴 Ⅳ. ①U495-54

中国版本图书馆 CIP 数据核字（2012）第 212184 号

责任编辑：赵　娜
特约编辑：韩奇桅　赵树刚
印　　刷：涿州市京南印刷厂
装　　订：涿州市京南印刷厂
出版发行：电子工业出版社
　　　　　北京市海淀区万寿路 173 信箱　　邮编：100036
开　　本：787×1092　1/16　印张：35.25　字数：902 千字
印　　次：2012 年 9 月第 1 次印刷
定　　价：598.00 元

凡所购买电子工业出版社图书有缺损问题，请向购买书店调换。若书店售缺，请与本社发行部联系，联系及邮购电话：（010）88254888。

质量投诉请发邮件至 zlts@phei.com.cn，盗版侵权举报请发邮件至 dbqq@phei.com.cn。

服务热线：（010）88258888。

《中国智能交通行业发展年鉴（2011）》

编　委　会

序

2011年，在党中央的领导下，面对复杂多变的国际政治经济环境和艰巨繁重的国内改革发展任务，我国改革开放和社会主义现代化建设取得了新的重大成就，实现了“十二五”时期的良好开局。

2011年度，我国智能交通系统建设发展取得了积极进展。《中国智能交通行业发展年鉴（2011）》总结和反映了我国智能交通行业2011年度的主要情况和发展趋势，为政府部门和社会各界全面了解智能交通行业发展提供了重要的参考。

发展智能交通技术是实现我国交通运输行业战略转型的重要途径。近年我国交通基础设施建设成效显著，智能交通发展对提升交通效率、保障安全、重大活动交通保障等发挥了重要作用。但是，我们要清醒地认识到，我国在保持经济水平稳步增长的同时，对经济增长质量、节能降耗、环境保护提出了更高的要求；我国城市化进程面临交通安全、交通拥堵、环境污染、资源制约等巨大挑战。构建安全、便捷、高效、节能、畅通的交通体系，将是智能交通行业发展的长期任务。

智能交通对提升政府管理与决策水平、改善出行环境、降低运营成本、提高行业竞争力都具有重要的作用，也是产业优化升级的重要支撑。智能交通集成应用通信、计算机、控制和智能化车辆等先进技术，将为新一代宽带移动通信、泛在网络、智能终端等提供具有广阔市场空间的应用环境。

现代科技发展日新月异，物联网、智慧城市等理念的提出为智能交通技术发展提出了新的需求，智能交通行业发展面临的新的发展机遇，物联网技术应用、感知交通、智能化高效出行、综合运输协同、智能车辆、主动安全等成为智能交通重要的技术发展方向。我国智能交通行业要积极跟踪世界技术发展动向，借鉴国际经验，加强产学研联合创新能力建设，更好的服务我国社会经济发展。

《中国智能交通行业发展年鉴（2011）》是我国智能交通行业年度发展成果的结晶，全体编委和工作人员为之付出了辛勤的劳动。年鉴付梓之际，谨代表中国智能交通协会，对参与年鉴编辑工作的所有人员以及为年鉴编辑出版提供支持和帮助的单位和个人表示感谢。

全国人大教科文卫委员会委委员

中国智能交通协会理事长

2012年9月

《中国智能交通行业发展年鉴（2011）》编辑说明

在总结《中国智能交通行业发展年鉴（2010）》编写经验的基础上，中国智能交通协会组织业内专家编写了《中国智能交通行业发展年鉴（2011）》。

《中国智能交通行业发展年鉴》定位为我国智能交通行业领域具有权威性和实用性的资料性工具书，力求全面反映我国智能交通行业年度总体发展情况。年鉴广泛收集智能交通相关行业发展、政策标准、技术发展等资料，总结主要城市和地区的智能交通建设成就，对智能交通产业和市场进行研究分析。

《中国智能交通行业发展年鉴（2010）》出版发行后，受到了智能交通行业内外的广泛关注和肯定。在《中国智能交通行业发展年鉴（2011）》编写过程中，汲取了有关领导、专家和读者提出的意见和建议，对年鉴内容进行了调整和完善。

《中国智能交通行业发展年鉴（2011）》分为综述篇、政策及标准篇、技术篇、市场篇、产业篇、纪事篇。本年度年鉴增加了部分特色内容，其中技术篇增加了我国智能交通科技发展近十年的主要技术布局情况、研究成果（即示范应用）等资料，并对全国智能交通重点科研基地进行了介绍；市场篇首次增加了2011年度中国城市智能交通市场统计和中国智能交通主要产品市场分析等资料。这些内容对社会各界了解我国智能交通行业发展情况具有重要的参考价值。需要说明的是，由于数据收集和统计工作难度较大，有关智能交通市场方面的资料在全面性、准确性等方面还有一定局限性，对全国智能交通重点科研基地资料的收录也不尽全面，今后将进一步加强。

《中国智能交通行业发展年鉴（2011）》的编辑出版过程中，得到了科学技术部高新技术发展及产业化司、高技术研究发展中心以及公安部、交通运输部、铁道部、住房和城乡建设部、中国民航局等部委有关部门领导的指导，得到了有关行业、城市和地区的交通管理部门、高校和研究单位、企业的大力支持，国家智能交通产业技术创新战略联盟、全国智能运输系统标准化技术委员会等为年鉴的编辑出版开展了积极的工作，众多行业专家积极为年鉴撰稿和整理资料，在此致以诚挚的感谢。

希望社会各界给予更多的关心和支持，为后续年鉴编辑工作提供更多的资料和信息。对于年鉴资料收集和编辑工作方面存在的不足之处，敬请广大读者批评指正。

中国智能交通协会
《中国智能交通行业发展年鉴（2011）》编委会
2012年9月

目录

第一篇　综述篇

第二篇　政策及标准篇

第三篇 技术篇

第四篇 市场篇

第五篇　产业篇

第六篇 纪事篇

第一篇

综述篇

第一章

会议讲话与报告

发展低碳交通，倡导绿色出行

——2011’中国智能交通年会暨第七届国际节能与新能源汽车创新发展论坛和展览会致词

科学技术部副部长　王伟中

2011年9月6日　北京

各位来宾、女士们、先生们：

大家上午好！

非常高兴与各位相聚北京，参加由全国智能交通系统协调指导小组、全国清洁汽车行动协调领导小组、中国智能交通协会主办的“2010’中国智能交通年会暨中国国际智能交通展览会、第七届国际节能与新能源汽车创新发展论坛暨展览会”开幕式。本次会议，将对我国智能交通和节能与新能源汽车“十二五”的布局发展起到重要的推动作用。我谨代表科学技术部对本次大会的召开表示热烈的祝贺，对各位嘉宾和代表莅临会议表示诚挚的欢迎！

能源、环境、安全和效率是21世纪交通运输业的四大难题，也是人类社会共同面临的巨大挑战。随着我国城市化、机动化进程加快，这些问题尤其突出。一方面，节能减排任重道远。能源供给矛盾日趋严重，全社会对新能源渴求强烈；环境污染日益加剧，人类生存环境的保护和改善已刻不容缓。另一方面，交通问题成为备受关注的社会问题和民生问题。大范围交通拥堵导致出行效率大幅下降，公众对高效绿色出行需求迫切；频发的交通事故严重威胁着人民群众的出行安全，交通安全为社会高度关注。开发利用新能源汽车技术解决能源与环境问题，利用信息化和智能化提升交通系统的安全与效率，已成为全社会的共识。因此，大力发展节能与新能源汽车，发展智能交通系统，将是我国中长期科技重点支持的方向。

新能源汽车是战略性新兴产业，培育新能源汽车产业是我国汽车产业结构调整、增长方式转变的重要战略举措。世界主要汽车生产国都把大力发展新能源汽车作为提高产业国际竞争能力的重要战略，纷纷制定并实施了各类支持新能源汽车发展的国家战略和规划。我国已将新能源汽车列为七大战略性新兴产业之一。2009年11月，国家主席胡锦涛和美国总统奥巴马宣布成立中美清洁能源研究中心，旨在促进两国科学家和工程师联合研发清洁能源技术；2011年11月14日，科技部部长万钢、国家能源局局长张国宝和美国能源部部长朱棣文在上海正式启动了中美清洁能源研究中心（CERC）。中美联手开展节能与新能源汽车核心技术研发，将极大地加快其产业化进程。科技创新，大力发展新能源汽车，是时代赋予我们的光荣而艰巨的任务。2011年6月28日，温家宝总理和德意志联邦共和国总理安格拉•默克尔在柏林共同主持首轮中德政府磋商，共同发布了《中德关于建立电动汽车战略伙伴关系的联合声明》，旨在推动先进电动汽车在全球更广泛的应用，为解决气候、环境和交通问题做出贡献。

智能交通是当今国际交通运输领域的发展热点，它是信息化和智能化高度集成应用的产物。《国家中长期科学和技术发展规划纲要》（2006—2020 年）明确提出把智能交通管理系统作为交通运输领域的 6 个优先发展主题之一。智能交通系统已在许多国家和地区成功发挥了重要的作用。我国 20 世纪 90 年代末开始建设发展智能交通系统，取得了突出的成就。结合国情特点，我们创新开发和应用了多项智能交通关键技术，为北京奥运会、上海世博会、广州亚运会和深圳大运会等一系列重大活动的交通保障和服务提供了有力的支撑。发展智能交通系统，是我国交通运输系统集约化高效发展的重要保障，是建设资源节约、环境友好型交通运输体系的重要内容，也是智慧城市建设、物联网应用的主要领域。智能交通的发展应用，将极大地推动信息、通信、控制、新能源汽车技术的深度融合和示范应用，有效地带动相关产业的发展。

“十五”和“十一五”期间，国家科技计划相继启动了“电动汽车重大科技专项”、“节能与新能源汽车”重大项目以及“国家综合智能交通技术集成应用示范”、“国家道路交通安全科技行动计划”和“中国高速列车科技行动计划”等重大科技支撑计划项目，对引领我国新能源汽车和智能交通的发展发挥了重要的作用。“十二五”期间，我们将继续加强对新能源汽车和智能交通的科技支持，近期发布的《国家“十二五”科学和技术发展规划》对此有明确的部署和要求。科技创新引领，示范应用推动，培育形成产业。我们对发展形成以自主知识产权核心技术为支撑的新能源汽车产业和智能交通系统充满信心和期待。

各位专家、各位来宾，本次大会以“低碳交通、绿色出行”为主题，诠释了新的思想和理念：先进的智能交通系统和新能源汽车技术的高度融合，将变革我们的出行方式，为全社会提供可持续的低碳交通和绿色出行。本次大会是我国智能交通和汽车行业的一次盛会。希望本次大会能以论坛和展览为平台，以智能交通和新能源汽车发展为主要议题，企业、研究机构、政府间广泛交流和沟通，为推动我国智能交通、新能源汽车科技进步和产业发展发挥积极的作用。

预祝本次大会各项活动取得圆满成功！

我宣布“2011’中国智能交通年会暨中国国际智能交通展览会、第七届国际节能与新能源汽车创新发展论坛暨展览会”开幕！

积极推进我国智能交通建设不断创新发展

——2011’中国智能交通年会暨第七届国际节能与新能源汽车创新发展论坛和展览会致词

全国人大教科文卫委员会委员、中国智能交通协会理事长　吴忠泽

2011年9月6日　北京

尊敬的王伟中副部长，各位来宾、女士们、先生们：

早上好！

今天，2011’中国智能交通年会暨第七届国际节能与新能源汽车创新发展论坛和展览会在这里隆重开幕，我们相聚在首都北京，共同迎来了智能交通行业这一年度盛会的召开，在此，我谨代表中国智能交通协会对各位来宾表示热烈的欢迎并致以诚挚的问候！

近年来，我国在保持经济水平稳步增长的同时，对经济增长质量、节能降耗、环境保护提出了更高的要求。特别是随着城市化的速度加快，城市发展所带来的居高不下的交通事故和日益严重的交通拥堵、交通污染等问题已成为困扰民众安居乐业及社会和谐稳定的主要弊端。面对各种严峻的交通问题，智能交通应运而生。依靠科技创新解决交通问题，构建更加便捷、高效、节能、畅通、安全的交通，并通过高技术交通解决方案推动经济增长。

本次大会以“智能交通 新能源汽车——低碳绿色出行”为主题，以促进智能交通、新能源汽车领域技术进步和协同发展为目标，为中国交通领域健康可持续发展搭建互动交流平台，发挥科技的支撑和引领作用。

全国政协副主席、国家科学技术部部长万钢同志对本次会议的召开给予了高度的关注，并对会议做出了具体指示和要求；国家科技部党组副书记、副部长王志刚同志十分重视这次大会，会前专门听取了筹备情况的汇报，今天在百忙中专程赶来出席本次会议，并发表重要讲话；社会各界、众多的同行专家和单位、有关新闻媒体等，对本次会议的召开提供了大力支持。在此，表示衷心的感谢。

下面我讲三个问题，供大家参考。

一、国际智能交通的新动向

交通作为国民经济和社会发展的支柱和命脉，世界各国都适时地规划了各自的交通发展远景。纵观这些规划，节能与新能源载运工具、基础设施能力保持和交通系统的高效运营等是各国关注的焦点，都十分重视科技创新，低碳、高效、安全、便捷成为各国交通发展的目标。

（一）低碳出行、绿色交通成为智能交通的新主题，基于 ITS 新技术的节能减排日益受到重视

国际能源机构（IEA）的统计数据表明，目前交通领域的石油消耗占全球石油总消耗的 57%以上，预计到 2020 年将超过 62%。与此同时，交通能源消耗也是造成局部环境污染和全球温室气体排放的主要来源之一。通过 ITS 新技术来实现节能减排，是发展低碳出行、绿色交通的必然选择。发达国家近年来一直在开发与环境保护、节能减排相关的 ITS 技术。2010 年 3 月，欧、美、日联合在荷兰阿姆斯特丹签订的合作协议，从研究、试验、排放评估、数据管理等方面开展工作，争取实现发达国家智能交通技术在节能减排中方法和数据的共享，并要求标准的统一和评估方法的一致。为此欧盟委员会还组织了“生态交通标准（ECOSTAND）”项目，并邀请美国和日本参加研究。

（二）新能源汽车引领载运工具能源结构调整

新能源汽车是美国政府极力倡导的发展方向。Plug-in 混合动力汽车的研究开发已成为各国的研发新热点。美国能源部（DOE）制订了专门的 Plug-in 混合动力汽车技术研发与示范计划，到 2016 年，Plug-in 混合动力汽车将实现商业化。日本政府确定的发展目标则以建设必要的基础设施为重点，力求在 2015 年前实现小规模的商业化。此外，日本领军氢燃料电池汽车商业化进程，政府为燃料电池发展提供资助，并与能源和汽车公司密切协作，建设日本未来的“氢高速公路”。

（三）车路智能协同技术引领国际智能交通技术发展方向

美国重点关注“车辆安全及车路协调技术”战略，正开展 IntelliDrive 项目，它提供的服务重点在车辆主动安全方面，同时兼顾多种运输方式和出行模式的解决方案，为驾驶员提供动态、连续的服务。美国运输部表示未来 5 年将以 IntelliDrive 为龙头，面向交通出行的众多基本需求，向更多的通信方式和商业模式开放。日本智能公路开始进入实用阶段。日本政府投资 250 亿日元建设的 ITS 信息交互设施（ITS Spots）已经覆盖了大部分高速公路网，从 2009 年 10 月开始，松下、丰田等企业陆续推出了与 ITS Spots 配套的车载机，日本政府计划在未来 5 年内实现 1000 万用户。

（四）基础设施建养结合，智能养护为安全交通提供重要技术支撑

随着道路基础设施建造技术的日趋成熟，道路基础设施建设技术已从即时性能走向长期性能的研究，由基础建设走向建养并重，智能化养护技术成为发展的重点。轨道交通领域，特别是高速铁路对基础设施的沉降要求越来越高。欧盟科研框架中实施的由 25 个单位参与的项目 Innotrack 是具有代表性的轨道交通基础设施维护项目，实施期限是 2007 年到 2013 年。该项目应用高性能和高性价比的铁路基础设施的维修与维护技术，提高基础设施的可靠性、可用性、可维护性以及安全性（RAMS）。

（五）积极推进智能化信息服务，实现“无处不在的智能交通”

在2010年第17届智能交通世界大会上，韩国充分利用其宽带无线通信网的技术和应用优势，展示了新一代宽带移动通信、泛在网络、智能终端技术等在智能交通方面的应用，即“无处不在的智能交通”。具体说就是ITS将实现无缝连接的运输服务，出行者在任意地点、任意时间、任何设备上都可以得到准确的信息服务。面对新一代信息技术的冲击，交通运输将面临一场关乎生产方式、服务模式、发展方向的变革；同时，现代交通运输业还将成为新一代信息技术开发的实践者和应用的推动者。

（六）提升交通运输综合效率，实现高效、便捷交通

目前,美国、欧洲等世界发达国家已开始由单一的基础设施扩张向集约型交通发展的转变，也是解决现代交通发展问题的重要手段。

二、我国智能交通的发展现状

在经历了两个五年计划之后，我国智能交通的发展总体上取得了积极的成果，建设了一系列具有广泛影响的智能交通系统示范工程。总结“十一五”以来我国智能交通的发展，有以下几个特点。

（一）智能交通为大型国际活动提供了高效的智能交通保障和服务

在2010年上海世博会期间，集成应用了交通综合信息平台、道路交通信息采集发布系统等一系列道路交通信息化工程项目的技术成果，保障了7300万人次、日均40万游客安全抵达园区并实现均衡游览。上海世博会智能交通系统的成功应用，提高了道路通行效率、减少了污染，间接经济效益在60亿元以上。在同年举办的广州亚运会期间，智能交通集成系统使亚运期间整体交通运作安全、平稳、井然有序，保证了亚运会及亚残运会的顺利进行。同时，由于广州市在中山大道快速公交(BRT)系统、公共自行车系统、绿道系统等方面的突出建设成就，在2011’美国交通运输研究委员会的年度会议上，广州获得了“2011年度可持续交通奖”。结合实际应用需求，我们已经创新发展了许多具有国际先进水平的智能交通技术和应用成果。

（二）我国新能源汽车研发与应用取得重大进展，产业发展具备了较好基础

经过10多年的努力，我国新能源汽车自主创新取得了重要进展，在国家科技计划支持下，建立起以混合动力汽车、纯电动汽车、燃料电池汽车为“三纵”，以多能源动力总成控制、驱动电机、动力蓄电池及燃料电池等关键零部件为“三横”的研发布局，掌握了新能源汽车整车开发关键技术。2009年，财政部、科技部、发改委和工信部四部门又组织启动了节能与新能源汽车示范推广试点工作，即“十城千辆”工程，计划利用三年多时间，在北京、上海等25个城市的公共服务领域示范推广6万辆电动汽车。自主开发的产品开始进入市场，发展环境逐步改善，产业发展具备了较好基础。

（三）过去的几年中，智能铁路运输系统（RITS）技术和应用得到长足的发展

目前我国已建成了世界规模最大的全国铁路网计算机联网售票和旅客服务系统（TRS）、铁路运输管理信息系统（TIMS）、铁路综合监控及应急指挥系统等超大型智能铁路运输系统（RITS），并在实际应用中不断完善。最近，国家科技支撑计划项目“智能高速列车关键技术与装备研制”和“城市轨道交通网络化运输组织、控制与保障一体化关键技术与装备研制” 等项目启动实施，将极大地推动我国高速铁路智能化和城市轨道交通的可持续发展。

（四）科技引领和推动智能交通创新发展，具有中国特色的智能交通系统产业初步形成

智能交通科技项目的实施，对我国 ITS 领域的研究和产业化发展起到了良好的引领和推动作用，形成了我国 ITS 领域的骨干研究团队和一批骨干企业，我国智能交通系统的建设已成为世界智能交通发展格局的重要构成，部分科技成果和应用跻身世界先进水平，智能交通的产业化格局也初步形成。

但我们也要清醒地认识到，我国智能交通的建设和发展尚处于基础阶段，智能交通系统整体技术水平和应用规模与发达国家相比还有较大的差距，自主创新能力不强，在前沿技术领域还比较滞后，在智能交通核心技术领域还有许多关键技术问题有待突破，产业发展也相对比较缓慢。总之，我国智能交通技术应用发展前景广阔、潜力巨大。

三、我国智能交通的未来发展

“十二五”期间，我国智能交通将以打造“低碳、高效、安全”为标志的绿色交通为创新思路，重点开展以下几方面的工作。

（一）在智能化交通管理技术不断丰富和完善的同时，加速发展智能化交通服务技术

我国在道路交通运营管理方面的技术比较成熟，相对而言，在智能化交通服务技术领域的研发比较迟缓，特别是个性化交通服务等技术领域有待于进一步开发。应该说，在智能交通技术发展中，智能化交通服务技术将越来越受到关注和重视，服务理念在智能交通系统中日益凸现，智能交通在城市的发展，其服务主体应该从小汽车向公共交通、行人转变，以人为本、服务社会，是中国智能交通系统发展的重要原则。近日，北京决定，“十二五”期间规划投资 56 亿元，提升智能交通。市民将可以通过网站、热线、手机、车载导航等多种形式，实时掌握路况信息，提前安排出行。

（二）利用智能交通技术改善交通安全成为重中之重

7•23 甬温线特别重大铁路交通事故再一次警示我们，必须把安全作为发展交通的首要前提和根本保证。一要靠科技，二要靠管理。在传统的安全管理和安全保障技术基础上，要重点攻克智能车路协同等前沿核心技术，在这方面我们还处于初步探索研究阶段，在区域交通控制、交通仿真等核心技术领域缺乏成熟的研究成果。在“十二五”期间，我们要抢占道路交通主动安全保障技术的制高点，实现我国道路交通安全从“被动响应”到“主动保障”模式的转型；同时，建立高速铁路基础设施服役状态检测技术指标与系统体系架构，掌握基础设施服役状态检测的核心技术，为我国高速铁路基础设施的长期服役及运营安全提供技术保障。

（三）交通信息采集、处理和发布仍然是智能交通技术的核心内容之一

新型检测传感技术、高清视频技术、移动通信技术等的发展，使大范围进行交通动态信息获取成为可能。信息技术领域中物联网、云计算等新的理念和技术的出现，大大提升了交通信息的处理和服务水平，使交通信息的获取和服务更为方便快捷。目前，我国具有广泛应用需求的交通基础信息获取技术主要设备长期依赖进口。因此，“十二五”期间，低成本、高可靠性的基础交通信息获取，以及更为先进的网络化交通信息系统的建设和服务等，是中国智能交通系统发展的重要内容。

（四）基于信息共享实现多种运输方式的协同和效能提升，是中国智能交通发展的重要趋势

在智能交通系统综合集成方面的研究，我国与世界发达国家存在较大差距。随着交通运输的发展和信息技术的广泛应用，建立综合交通信息的共享机制和平台，促进综合交通系统的协同服务，利用综合交通信息平台进行多种运输方式间的有效协同已经成为综合信息数据处理与集成技术的一个发展趋势。

（五）随着应用需求的不断提高和智能交通技术的进步，智能交通系统核心理念、关键技术和主要内容也在不断完善和丰富

一方面，围绕交通运输领域的创新需求，构建产学研用相结合的交通科技创新联盟平台，大力引进和培养高水平的人才队伍，积极探索适应新形势、新要求的体制、机制，为提高自主创新能力提供保障。另一方面，立足国情，运用新技术手段，结合物联网发展应用、智慧城市建设等，构建具有中国特色的新一代智能交通系统，将是中国智能交通系统发展的重要方向。

各位来宾、女士们、先生们，未来5年，将是我国智能交通系统发展的重要提升阶段。我们要力求在重点技术领域取得突破，在关键技术领域内取得具有应用价值的重大成果，为智能交通系统建设和智能交通产业化发展提供技术支持，促进低碳高效交通装备的战略转型，提升综合交通的安全性和运输效率，构建产学研用相结合的智能交通科技创新联盟平台，形成具有中国特色的智能交通系统产业，以更大的力度来推动中国绿色交通的技术开发和规模化应用，为人民大众提供快捷、舒适、便利安全的出行环境和交通服务，让现代化的先进交通科技惠及民生。

中国智能交通的发展离不开大家的支持，中国现代交通体系的建设需要科技创新，让我们共同努力，积极推动我国智能交通事业的发展！

最后，预祝本次大会取得圆满成功！

谢谢大家！

发展智能交通，建设智慧城市

——2011 中国科协大会论坛报告

全国人大教科文卫委员会委员、中国智能交通协会理事长　吴忠泽

2011 年 9 月 22 日　天津

各位专家，女士们、先生们：

大家好！

非常高兴在这里与大家就智慧城市的建设发展进行交流和讨论。

城市的可持续发展是目前全球广泛关注的重要议题，近年来，基于信息技术的突飞猛进，在数字化城市、智能化城市等理念的基础上，又出现了智慧城市的概念。智慧城市是让市民依托信息化基础建设的完善，充分享受城市信息化带来的智慧化城市生活。城市的发展离不开交通，智能交通的发展和智慧城市建设相辅相成、相宜得彰。今天，我在这里对智能交通发展与智慧城市建设的相关问题谈几点看法，也借此机会，向各位就我国智能交通的发展情况做一概要介绍。

一、发展智能交通是建设智慧城市的重要领域

（一）全球化和信息化是当今世界发展的重要标志

继互联网技术之后，物联网、云计算等信息技术的迅猛发展，极大地加速了全球化进程，使人们的沟通和联系越来越便捷，同时，作为基础性的技术，也正在改变传统城市的概念。信息技术已经深入城市的方方面面，改变着我们的城市生活，影响着我们的行为方式。智慧城市理念的提出，昭示了未来城市发展的特征和趋势。

现代城市强调健康、可持续发展，数字城市、智能城市、智慧城市等，是针对城市发展不同特征的标签。可持续发展的城市，必须是健康的城市，城市的具体形态、历史文化内涵、交通服务水平、基础资源条件、生态承载能力以及人口、经济构成等决定了城市的“健康水平”，信息化网络和知识化等则决定了城市的“智慧水平”。

对于什么是智慧城市，存在不同的看法，事实上也很难形成统一的定义。我以为，智慧城市是城市物理实体、多元感知与交互网络和智能化系统构成的有机整体。其基本特征包括：无线高速的信息化基础设施、精细的传感网络、数字化个性化的服务、高效安全的信息交互以及城市主要系统的高度智能化。

智慧城市和智能交通都是由于信息技术发展而提出的。智慧城市是新一代信息技术发展的产物。智慧城市创造了信息通信的发展空间，宽带化、智能化的网络是智慧城市

建设的重要支撑。物联网示范应用是智慧城市建设的重要内容，物联网在城市的应用中，集中地体现在智能交通、环境保护、公共安全、智能医疗和智能家居等领域。

智能交通是通信、信息和控制技术在交通运输领域集成应用的产物，通信和信息技术的发展时时刻刻影响着智能交通的发展。特别是近年来宽带网络和无线传感器网络的发展，为智能交通系统更全面的获取交通信息提供了有力的工具。在去年 10 月召开的第 17 届智能交通世界大会上，许多报告和展示充满了对新一代宽带移动通信、下一代互联网、泛在网络、智能终端在交通领域中应用前景的讨论。举一个典型的例子。作为未来智能交通技术的主要发展方向，车路协同技术就是通过建立车载和路侧的信息集成平台，利用先进的传感和无线通讯技术，搭建人、车、路协同的整体感知环境，以实现车辆与车辆、车辆与道路之间的动态信息实时交互，完成人、车、路状态识别、环境检测和数据传输的一体化集成系统，从根本上提升交通控制和服务的智能化水平，使交通事故由被动防护转变为主动预防，以更好地保障车辆在复杂交通环境下的安全行驶，实现道路交通主动控制，提高路网运行效率，从而成为建设智慧城市的重要组成部分。

（二）城市化发展面临许多严峻挑战，交通是我国城市发展中亟待解决的突出问题

城市和城市化，是人类文明和发展的必然，其根本的动因是人类对美好生活的向往和追求，城市可以提供更美好的生活方式。上海世博会的口号是“城市，让生活更美好”，世博会展示的不仅有人类文明的辉煌成就，更有人类对于未来的美好畅想。城市化是现代社会经济发展的重要增长力，城市化对于公共服务普及、人民生活水平改善等方面起到了积极作用。

我国的城市化长期以来相对比较缓慢，但自进入 21 世纪以来，全国的城市化进程非常迅猛。2000—2009 年，全国城市化水平从 36.2%提高到 46.6%。目前我国有 600 多个城市，其中 100 万人口以上城市达到 122 个，有接近 50%的人在城市生活。在我国，机动化紧密伴随着城市化发展。截至 2009 年年底，全国机动车保有 1.86 亿辆（汽车 7600 万辆），机动车驾驶人为 2.0 亿人（汽车驾驶人 1.4 亿人）。

城市化发展也带来一系列问题，现代城市发展面临交通拥堵、交通安全、环境污染、资源制约等巨大的挑战。对我国来说，人口规模、社会保障、城市规划、社会治理等问题也不容忽视。在我国城市发展面临的诸多问题中，交通问题尤为突出。

交通让人们的生活有了延伸和扩展，让人们的视野更开阔、交流更便捷。城市化的标志之一就是交通的迅猛发展，同时，它也是人类文明进步的标志之一。随着城市化的速度加快，城市发展所带来的居高不下的交通事故和日益严重的交通拥堵、交通污染等问题已成为困扰民众安居乐业及社会和谐稳定的主要弊端。 在我国，大城市交通拥堵带来巨大经济社会成本。据估计广州市民为交通拥堵所付出的经济代价总值为每年耗费 1.5 亿小时，减少生产总值 117 亿元，相当于整个国民生产总值的 7%。中科院公布的《2010 中国新型城市化报告》，对内地 50 座城市上班花费时间进行了排名，北京以 52 分钟居首，其次为广州 48 分钟、上海 47 分钟、深圳 46 分钟。英国咨询公司雷格斯对 13 个国家和地区的一项调查显示：中国内地上班族每天在上班路上(从家到单位单程)

花费的时间领先全球（中国 42 分钟，印度 39 分钟，美国和加拿大排在第 9 和第 10，分别为 23 分钟和 22 分钟）。

交通拥堵如病菌传播，从北京等特大城市迅速向成都、西安、南京这样的省会级城市蔓延，且正在波及汕头、宁波等长三角、珠三角的二三线城市。

交通拥堵带来的城市交通污染也日益严重。北京、上海、广州、深圳、重庆、济南等城市机动车排放的 CO 占城市总排放量的比例 80%以上。碳氢化合物（THC）占城市总排放量的比例 60%～90%。氮氧化合物（NO_x）占城市总排放量的比例最高达 86%，平均在 50%左右。

交通安全形势面临严峻挑战。全球每年有 127 万人死于道路交通事故。以 2008 年为例，美国 37 261 人，俄罗斯 29 936 人，印度 122 130 人，中国 73 484 人死于道路交通事故。据预测，如果道路交通安全状况不加以改善，到 2030 年，全球每年死于道路交通事故的人数将达到 240 万人。最近，甬温线动车组特大追尾事故，以及京沪高铁开通初期所发生的问题引发了公众对我国高铁运输安全的极大关注。

城市“大”发展和与之共生的交通拥堵、交通安全正在侵蚀着公民幸福、安逸、清新的生活方式。缓解和治理交通拥堵，提升道路交通安全水平成为摆在全国各个城市面前的一道难题。

（三）智能交通发展是智慧城市建设的重要前提和基石

面对严峻的交通问题，智能交通应运而生。依靠科技创新解决交通问题，构建更加便捷、高效、节能、畅通的交通，并通过高技术交通解决方案推动经济增长，是智能交通发展目标。

智能交通是当今国际交通运输领域发展的前沿之一，在国际上的发展不过十几年的时间，却在包括发展中国家在内的许多国家和地区发挥了明显的作用，引起了交通运输领域各方面革命性变化，推动了信息、通信、控制、新能源和汽车技术在交通运输平台上的融合和集成应用，并带动了智能交通产业的形成。

智能交通是信息技术与传统产业结合而创造出的新领域，智能交通既借助新一代信息技术的发展，为提升交通服务水平、发展现代交通运输业及国家战略性新兴产业提供广阔的应用环境。新一代信息技术在交通领域的应用将使交通服务更加丰富和人性化、使交通运输系统效率更高，还将在信息技术与交通科学技术的交叉点上产生创新。可以说新一代信息技术发展既为智能交通发展提供了新动力，也是交通领域加快转变经济发展方式的具体体现。

智能化交通控制与服务、车路协同、车联网等智能交通关键技术的发展应用，将有效缓解拥堵、减少交通事故，对城市交通出行带来显著的改变。2010 年上海世博会上有汽车厂商提出了“零排放、零油耗、零堵塞、零事故、且驾乘充满时尚和乐趣”的 2030 美好城市交通愿景。这些美好愿景是未来城市交通发展的新期待。从愿景到现实会有一个漫长的过程。

交通的智能化，是实现智慧城市美好愿景的前提和必经之路。只有路的通畅，才有

“行”的优雅，才有“诗意的栖居”，才有“让生活更美好”的城市。

二、我国智能交通的发展现状

中国从20世纪末开始跟踪国际智能交通的发展，从开展国际技术交流起步，到“十五”期间的开发和试验，再到“十一五”期间的集成应用示范，中国智能交通走过的路径可以概括为“以应用为主线、以支撑发展为目的、不断跟踪国际前沿，逐步缩小差距”。总结“十五”以来我国智能交通的发展，有以下几个特点。

（一）为大型国际活动提供了高效的智能交通保障和服务

2008 年北京奥运会的智能交通系统集成了交通信息的采集与控制、交通信号的控制、交通的指挥与调动、交通信息的服务，应急管理等22个子系统，形成了北京奥运交通管理与服务系统。这个系统是目前国内规模最大的智能交通管理综合系统，保障了北京奥运会的成功举办。

继北京奥运会之后，在2010年上海世博会期间，集成应用了交通综合信息平台、道路交通信息采集发布系统等一系列道路交通信息化工程项目的技术成果，保障了7300万人次、日均40万游客安全抵达园区并实现均衡游览。同年，智能交通集成系统也为广州亚运会整体交通运作提供了重要的支撑

（二）具有自主知识产权的电子不停车收费系统形成产业，开始走向大范围应用

“十一五”期间，在科技部支持下，交通运输部组织了京津冀和长三角区域国家高速公路联网不停车收费示范工程，通过科技攻关和示范工程形成了比较完整的技术体系和标准规范体系。

截至2011年1月，在中国经济较发达地区有17个省(直辖市)先后建成并开通运营了不停车收费服务系统，开通了1900多条不停车收费（ETC）车道，用户数量120多万个。近 20 家企业能够按照中国标准生产车道设备（RSU）和车载机（OBU)，不停车收费系统产业已初步形成。不停车收费系统不但为出行者提供了便利的服务，也为节能减排做出了贡献，根据北京市的调查，每条ETC车道与人工收费车道相比，减少排放CO_2近50%、CO约70%、HC约70%，节能减排效益显著。预计到2011年末，全国ETC车道数将达到2500条，ETC用户量将达到200万个；到“十二五”期末，ETC用户量将达到500万以上。

最近，武汉市开通了武汉路桥自由流不停车收费系统（WHETC)，这是全国首个城市交通自由流收费系统，具有免除现金交易、不停车、提高通行能力、提升服务水平、降低环境污染等综合优势。该系统将带动武汉市交通信息采集、车辆运行监控管理等综合应用，实现拥堵道路的车辆控制、车辆行驶诱导，也为建立车联网奠定了主要的基础。

（三）车载导航仪具备大量应用的条件，产业链和价值链有待理顺

静态导航已经开始大面积应用，如何为用户提供及时和准确的数据更新服务等问题尚待进一步解决。动态导航正在逐步扩大应用，主要问题是动态交通信息来源和服务费用，目前北京、上海和广州正在试验应用的车载动态导航系统，其动态交通数据有来自浮动车信息采集系统的，也有来自路上固定检测器的，数据的准确性、规范性等还难以保证，另外如何形成可持续发展的车载动态信息服务系统产业，相关的商业模式等也还在探索之中。

（四）铁路智能运输系统（RITS）技术和应用得到长足的发展

我国已建成了世界规模最大的全国铁路网计算机联网售票和旅客服务系统（TRS）、铁路运输管理信息系统（TIMS）、铁路综合监控及应急指挥系统等超大型智能铁路运输系统（RITS），并在实际应用中不断完善。在国家科技支撑计划中实施了“智能高速列车关键技术与装备研制”和“城市轨道交通网络化运输组织、控制与保障一体化关键技术与装备研制”等项目，将进一步推动我国高速铁路智能化和城市轨道交通的发展。

（五）在科技引领和推动下，具有中国特色的智能交通系统产业初步形成

智能交通科技项目的实施，有力推动了我国ITS领域的研究和产业化发展，智能交通的产业化格局初步形成。我国智能交通系统的建设已成为世界智能交通发展格局的重要构成。

三、我国智能交通的未来发展

随着应用需求的不断提高和智能交通技术的进步，智能交通系统核心理念、关键技术和主要内容也在不断完善和丰富。构建具有中国特色的新一代智能交通系统，将是中国智能交通系统发展的重要方向。“十二五”期间，将重点开展以下几个方面的工作。

（一）发展智能化交通服务技术

我国在在智能化交通服务技术领域，特别是个性化交通服务的发展还比较迟缓。服务理念在智能交通系统中日益凸现，基于下一代宽带移动通信、广播、互联网等技术发展智能化交通服务，将越来越受到关注和重视。今后，市民将可以通过网站、热线、手机、车载导航等多种形式，实时掌握路况信息，提前安排出行。

（二）发展智能化主动交通安全技术

在传统的安全管理和安全保障技术基础上，重点攻克智能车路协同等前沿核心技术，抢占道路交通主动安全保障技术的制高点，实现我国道路交通安全从“被动响应”到“主动保障”模式的转型。建立高速铁路基础设施服役状态检测技术体系，为我国高

速铁路基础设施的长期服役及运营安全提供技术保障。

（三）进一步发展交通信息采集、处理和发布技术

新型检测技术、无线传感器网络、宽带移动通信、移动互联网等技术的发展，使大范围进行交通动态信息获取成为可能。因此，“十二五”期间，低成本、高可靠的交通信息获取以及更为先进的网络化交通信息服务系统建设等，是中国智能交通系统发展的重要技术内容。

（四）加强多种运输方式的协同和效能提升

在多方式协同运行方面，我国与世界发达国家存在较大差距。必须加快建立综合交通信息的共享机制和平台，促进综合交通系统的协同服务，为支撑高效、便捷、安全的综合交通系统形成提供信息化、智能化的应用技术。

各位来宾、女士们、先生们，未来 5 年，将是我国智能交通系统技术研发和规模化应用的重要时期。我们相信，智能交通的开发和应用将为我国在下一代宽带移动通信、下一代广播、下一代互联网等技术方面率先提供应用环境，将为智慧城市的建设提供重要基石。智慧城市建设需优先发展智能交通。

谢谢!

第十八届智能交通世界大会上的讲话

中国全国人大教育科技文化卫生委员会委员、中国智能交通协会理事长　吴忠泽

2011 年 10 月 17 日　美国　奥兰多

尊敬的主席先生、女士们、先生们：

大家好！非常高兴相聚在美丽的奥兰多，参加一年一度的智能交通领域的国际盛会。感谢主席先生和大会主办方给我机会，与各位同行和朋友交流中国 ITS 的发展。

一、中国智能交通建设基本情况

近年来，中国在保持经济水平稳步增长的同时，对经济增长质量、节能降耗、环境保护也提出了更高的要求。随着城市化进程，交通事故、交通拥堵已成为困扰政府和民众的社会问题。中国发展 ITS 的根本任务是要依靠科技创新，构建更加便捷、高效、节能、畅通、安全的交通体系，是中国 ITS 发展的根本任务。进入新世纪以来，中国交通基础设施建设成效显著，同时，中国政府积极应用新技术改变交通运输方式，把 ITS 作为提高交通安全和效率、降低碳排放的重要手段。

20 世纪 90 年代以来，借鉴国际 ITS 发展经验，结合国情，初步建立了中国 ITS 的基本框架体系和标准体系，培育形成了 ITS 研究和产业的基本队伍。随着研究和开发应用的不断深入，中国社会各界和政府对智能交通改善管理水平、提高服务质量、带动新兴产业有了更清晰的认识，针对国家重大需求和民生开展了集成应用开发和规模化示范工程。例如：以北京、上海、广州为代表的大型城市，把智能交通作为缓解城市交通拥堵的手段之一，分别围绕北京奥运会、上海世博会、广州亚运会三个重大国际活动，开展了交通组织、管理与服务的 ITS 的集成应用，取得了良好的效果；高速公路则大力推动电子不停车收费和信息采集，全国 22 个省开通了 2500 多条 ETC 车道，用户发展到 200 多万个，提升了高速公路的服务水平，节能减排效益显著；为提高公共交通服务水平和管理水平，部分城市开始进行公共交通智能化调度系统和换乘信息服务系统的开发和试验；公路运输领域则重点推进营运车辆联网联控，全国 20 个省已实现了高速公路联网监控，提升了对重点营运车辆动态监管的水平；水路运输方面在远洋船舶跟踪、集装箱跟踪、港口自动化、海事管理等领域着重推进智能化技术与装备的应用；铁路智能运输系统（RITS）建成了世界规模最大、覆盖了包括近 7000 千米高速铁路在内的全国铁路网计算机联网售票和旅客服务系统（TRS）、铁路运输管理信息系统（TIMS）、铁路综合监控及应急指挥系统。

针对严峻的道路交通安全形势，中国科技部、交通运输部、公安部三部联合开展了为期三年的国家交通安全科技行动计划，取得了良好的成效。同时，中国政府对智能交

通领域的前沿技术也进行了研究部署，智能车路协同、区域交通协同控制、交通状态感知与交互等关键技术的研究正在积极开展。总之，智能交通科技引领和推动了中国ITS应用和产业化发展，ITS为中国社会经济的发展起到了良好的作用。中国智能交通系统的建设发展已成为世界智能交通发展格局的重要构成。

二、中国智能交通的未来发展

2011—2015年将是中国ITS的提升阶段。智能交通将为加快转变经济发展方式、提高人民群众生活水平做贡献，为产业优化和升级提供支撑。我们将充分把握国家发展战略性新兴产业的机遇，明确重点，有所作为。未来5年，我们力求在智能交通重点技术领域取得突破，促进低碳高效交通战略转型，提升综合交通的安全性和运输效率。重点开展以下工作：

（一）提升公共交通服务水平和城市交通协调管理服务能力

大力推广应用公交智能化、公交信号优先和快速公交（BRT）等。重点发展综合枢纽智能化运营与服务效能提升技术，加快建设综合客运枢纽的智能化管理和服务体系，提高公交运行效率和服务水平，减少温室气体的排放。

（二）提高交通运输运行监管与应急处置能力，提升交通运行效能

建设全方位的轨道交通、城市道路、公路网、铁路运输、水上交通和民用航空的智能监测和应急处置系统，实现安全监控、应急疏散、决策支持等信息服务与管理的集成应用。重点发展区域交通协同控制技术，缓解日益严重的城市交通拥堵。

（三）提高出行便利化和信息服务水平

重点发展公众便捷出行智能化交通服务技术。加快联网不停车收费系统推广，推进高速公路ETC与城市内车辆收费系统一体化，发展导航、车载信息服务(TSP)等应用服务，整合各种交通资源，推进公众出行综合信息服务体系建设。

（四）积极改善和提升交通安全

加强车路协同系统、专用短程通信技术（DSRC）等核心技术研究，建立交通基础设施状态检测和安全预警技术体系，实现交通安全从“被动响应”到“主动保障”转变。

（五）完善智能交通体系框架和标准体系结构

补充修订中国智能交通标准体系，特别是基于物联网技术的智能交通基础性标准和重点应用领域的标准，并加快标准的推广应用。

（六）推动智能交通产业发展

建立技术、应用和资本共同引领的智能交通产业发展模式，构建产学研相结合的智能交通科技创新联盟平台，加强智能化车辆技术与新能源汽车研发相结合的应用力度，推动中国智能交通的技术开发、规模应用和产业化。

女士们、先生们，智能交通是通信、信息和控制技术在交通运输领域集成应用的产物，发展智能交通将通过高技术交通解决方案为经济发展带来极大的推动。新一代宽带移动通信、下一代互联网、泛在网络、智能终端等在交通中应用前景广阔，智能交通为战略性新兴产业提供了广阔的应用环境。中国智能交通系统发展，将在自主创新的同时，积极借鉴国际智能交通领域的成功经验，开展广泛的国际合作交流。相信通过不懈努力，智能交通将会更快速地发展，为公众提供更加便捷、高效、舒适、安全的出行环境和服务，创造更加美好的生活！

最后，预祝本次大会取得圆满成功！

谢谢大家！

中国智能交通协会常务理事会工作报告

——中国智能交通协会第一届常务理事会第七次会议

中国智能交通协会理事长　吴忠泽

2012 年 3 月 16 日

各位常务理事：

自 2009 年 3 月 26 日召开常务理事会第一次工作会议后，至 2012 年 2 月，共召开 6 次通信会议，集中审议了入会申请、单位会员资质变更等内容，履行了《中国智能交通协会章程中》规定的常务理事会工作职责。

现在，根据《中国智能交通协会章程》有关内容，我向常务理事会报告工作，请预审议。

第一部分：过去一年的主要工作

2011 年是中国智能交通协会从起步到发展的关键一年。在协会主管单位科技部和发起单位公安部、交通运输部、铁道部、住房和城乡建设部、中国民航局相关领导的大力支持下，中国智能交通协会按照章程各项规定和常务理事会的工作部署，发挥自身功能与优势，积极为政府部门、会员单位和行业服务，不断扩大社会影响力，并在业务发展、会员服务、国际交流、自身建设等方面都取得了一定的成绩，圆满地完成了 2011 年的各项工作任务，为我国智能交通行业发展做出了贡献。

一、各项业务活动助力行业发展

（一）成功举办 2011’中国智能交通年会暨中国国际智能交通展览会、第七届国际节能与新能源汽车创新发展论坛暨展览会

经科技部批准，2011 年 9 月 6～10 日，中国智能交通协会联合全国智能交通系统协调指导小组、全国清洁汽车行动协调领导小组在北京举办了主题为“智能交通 新能源汽车——低碳绿色出行”的“2011’中国智能交通年会暨中国国际智能交通展览会、第七届国际节能与新能源汽车创新发展论坛暨展览会”（以下简称“活动”）。本次活动有来自科技部、公安部、交通运输部、民政部、工业和信息化部、铁道部、中国民航局、总后勤部和 25 个节能与新能源汽车示范城市、以及地方交通管理部门、研究机构、大学院校和业内知名专家等近 700 名代表参加。整个活动由会议、展览和相关活动三部分组成。

9月6日上午，活动在北京国家会议中心开幕，科技部王伟中副部长、吴忠泽理事长等领导出席了开幕式并进行主题演讲。来自科技部、交通运输部、铁道部、工业和信息化部、25个节能与新能源汽车示范城市和业内专家代表350人参加了开幕式。开幕式由协会赵玉海副理事长主持。

9月6日下午，2011’中国智能交通年会、节能与新能源汽车示范推广试点城市论坛同期举行。年会上，吴忠泽理事长作了《2011年度中国智能交通协会工作报告》；赵玉海副理事长宣读了《中国智能交通协会关于表彰优秀单位会员的通报》，并为10家优秀单位会员颁发证书；年会上还举行了《中国智能交通行业发展年鉴（2010）》首发式，对年鉴编辑出版工作中做出突出贡献的单位和个人予以表彰，向欧盟、日本、台湾等代表赠送了年鉴。在节能与新能源汽车示范推广试点城市论坛上，25个试点城市主管领导、整车及零部件企业代表围绕节能与新能源汽车示范推广和创新模式等进行深入研讨。

9月7日，第七届国际节能与新能源汽车创新发展论坛、智能交通和节能与新能源汽车领域的6个技术专场同期举行。在第七届国际节能与新能源汽车创新发展论坛上，节能与新能源汽车业内专家和代表就我国新能源汽车战略、技术研发和产业化等热点问题进行了探讨。在6个技术专场上，58名来自智能交通和新能源汽车领域的专家、学者、优秀论文作者就智能交通技术的发展和应用、新能源汽车新技术、鼓励性政策及示范推广经验等主题发表演讲，并通过互动提问的方式与参会代表展开热烈讨论。

本次会议在秉承往届高规格、高水平的办会风格基础上，在邀请演讲嘉宾、策划会议内容等方面有了新的突破。会议云集众多业内政府主管领导、资深技术专家和企业高管，获得行业人士的一致好评。

本次展览展出总面积达1.2万平方米，来自国内企业、院校、研究机构等70余家单位以及北京、上海、广州3个城市组团参展，集中展示了我国智能交通和新能源汽车领域最新科技成果、产品等。科技部王伟中副部长、吴忠泽理事长和与会的700多名代表参观了展览。

本次活动共录用论文220篇（汽车方向68篇，智能交通方向152篇），其中优秀论文174篇（汽车方向48篇，智能交通方向126篇）。编辑了论文集和会议光盘并正式出版，精选出论文53篇（汽车方向14篇，智能交通方向39篇），推荐到核心期刊发表。

活动期间，协会与ERTICO（欧洲智能交通协会）共同举办了中—欧智能交通研讨会，金茂菁副秘书长出席并致辞。会上，来自欧洲和国内20个单位代表就多模式出行、出行者信息服务及智能通讯系统等主题展开了研讨，并分享了中欧智能交通先进技术和案例。

活动期间，协会组织100多名参会代表分别到北京市交通运行协调指挥中心和北京市公安局公安交通管理局指挥控制中心进行了技术考察，并就交通运行管理等进行了深入交流。

2011’中国智能交通年会历经一年的筹备，充分调动各方资源和积极性，取得了圆满成功。通过召开活动新闻发布会、加强与业内和主流媒体宣传合作、建立活动网站发布信息等形式，扩大了社会影响力。活动期间，50多家媒体通过发布新闻稿、制作专题页面等多种形式对本次活动进行了详细报道，取得了良好的社会影响。

（二）成功组团参加第十八届智能交通世界大会并参展

2011年10月16日，第十八届智能交通世界大会在美国奥兰多市开幕。大会以“智能交通促进经济增长(Keep the Economy Moving)”为主题，包括全体大会、高层论坛、特别会议、科学/技术论文会议等250余场会议。协会吴忠泽理事长在科技部国际合作司马林英副司长、武平常务副秘书长陪同下率团出席了本届世界大会。在协会组织下，来自国内政府部门、研究院所、大学和企业的100余名代表组成中国代表团参加了大会。

协会吴忠泽理事长应邀在全体大会上做了主题演讲，介绍了我国智能交通发展及未来规划；交通运输部翁孟勇副部长参加了主题为“交通和经济”部长级圆桌会议并发表了讲话；王笑京副理事长在主题为“智能交通和经济发展”的会议上做了专题报告。会议期间，40余名国内代表分别在特别会议、科学论文会议、技术论文会议上演讲，就中国智能交通技术发展与参会代表分享经验。大会期间，协会组织搭建了中国展台。展台面积为54平方米，采用展板、实物、多媒体互动等多种方式，展示我国智能交通行业发展和企业形象。

10月17日，协会与美国智能交通协会共同组织了中—美企业交流会。来自中、美两国政府及知名智能交通企业、科研机构代表80余人参加。交流会上，美国智能交通协会主席阿巴斯先生、吴忠泽理事长分别致辞，展望了双方的合作前景，表达了在建立信息共享机制、开展项目交流合作等方面的合作意愿，并签署合作备忘录。

10月17日，吴忠泽理事长和欧洲智能交通协会首席执行官赫尔曼•迈尔先生(Hermann Meyer)进行了会谈并签署合作备忘录。双方希望加强和扩大智能交通服务领域的合作，通过智能交通技术的进步带动行业发展。

（三）成功举办“联合国道路安全十年行动”中国启动日暨中国道路安全宣传日

为响应联合国“道路安全十年行动”全球启动日活动，2011年5月11日，协会与中国汽车运动联合会在北京共同举办了联合国“道路安全十年行动”中国启动日暨中国道路安全宣传日公益宣传推广活动。活动主题为“道路安全，你我同行”，由国家道路安全科技行动计划项目管理办公室、国家智能交通产业技术创新战略联盟协办，国际汽联基金会支持，张进华副秘书长出席活动并致辞。“联合国道路安全全球形象大使”杨紫琼女士出席活动并就道路安全进行主题演讲。会上，聘请中国著名赛车手卢宁军先生为“中国道路安全形象大使”。来自科技部、公安部、交通运输部、汽车运动俱乐部、业内研究机构和企业、知名汽车和零部件企业以及世界银行、国际汽联、法国驻华使馆等170名代表参加了本次活动。协会还联合北京交通大学、北京邮电大学、北京航空航天大学三所高校开展了大型校园道路交通安全宣传推广活动，万余名在校大学生签名支持本次活动。此外，协会工作人员和志愿者深入小学校园、社区和街道开展道路安全实例宣传。此次活动受众群体覆盖了大中小学生、社区居民、出租车司机等。同期建立了活动网站和腾讯微博，中央政府网、新华网以及相关网络和平面媒体，对活动进行了报道。

（四）成功举办“智能交通发展高峰论坛•中国2011”

2011年5月26～27日，协会在上海成功举办了“智能交通发展高峰论坛•中国2011”，论坛主题为“智能交通引领城市未来便捷生活”。吴忠泽理事长出席活动并作了主题报告。地方科技和交通管理部门、企业、研究机构、专家学者以及来自瑞典、新加坡、意大利、泰国、韩国、澳大利亚、中国香港7个国家和地区的200余名代表参加会议。20多位国内外代表以及北京、上海、成都、深圳等地方政府部门代表分别介绍了各地智能交通建设发展经验，并与现场观众交流互动。二十多家媒体对论坛进行了报道。

论坛期间，吴忠泽理事长分别会见了韩国、澳大利亚、意大利智能交通协会高层代表，并与澳大利亚、意大利智能交通协会分别签署了合作备忘录。

二、积极拓展行业服务

（一）首次出版《中国智能交通行业发展年鉴（2010）》

协会组织业内专家和相关单位编写了《中国智能交通行业发展年鉴（2010）》。年鉴收集了我国智能交通相关行业发展的基本资料，编录了智能交通相关政策和标准，汇集了近年我国智能交通领域的主要技术进展、主要城市和地区的智能交通建设发展、重大科技成果、应用典型案例以及主要企业、市场和行业发展等内容，比较系统、客观地反映了我国智能交通行业的发展现状和趋势。全书共670页，约70万字，分为综述篇、政策及标准篇、技术篇、市场及应用篇、纪事篇和附录等六部分内容，涵盖了交通领域中公路、铁路、水运、民航、汽车、电子等各个方向。年鉴的编辑出版过程中，得到了发起单位、城市和地区的交通管理部门、高校和研究单位以及国外相关协会组织的大力支持。截止目前，协会已向业内相关单位和专家赠送年鉴1500多本。

（二）完成申请设立中国智能交通协会科学技术奖

为推动我国智能交通行业发展，智能交通产业科技进步和科技创新工作，促进科学技术进步和科技人才成长，奖励对智能交通产业改革和发展做出贡献的个人和单位，协会于2011年7月向国家科学技术奖励工作办公室申请设立“中国智能交通协会科学技术奖”，并按要求制定了《中国智能交通协会科学技术奖管理办法》、《中国智能交通协会科学技术奖实施条例》。2011年10月，根据《国家科学技术奖励工作办公室公告（第66号）》有关内容，批准协会设立中国智能交通协会科学技术奖，并颁发《中华人民共和国社会力量设立科学技术奖登记证书》（国科奖社证字第0225号），准予开展该奖项评奖活动。

（三）加强课题研究与管理工作

协会牵头承担了“十一五”国家科技支撑计划“重特大道路交通事故综合预防与处置集成技术开发与示范应用”重大项目中关于“交通安全信息集成、分析及平台构建技术开发与示范应用”课题的研究工作。2011 年，课题各项研究工作进展顺利并取得预期研究成果，提交了 5 份研究调研报告，6 份需求分析报告；编辑印发了 8 期课题工作快报，及时通报课题实施进度。各专题负责人共组织 8 次课题会议，汇报专题财务支出情况,提交财务支出情况表及明细账等，完成了规定的指标考核任务。目前，正在按照有关规定要求准备课题验收工作。

（四）完成国家智能交通产业技术创新战略联盟试点工作申报

2011 年 10 月，协会根据科技部申请试点工作要求，修改完善了国家智能交通产业技术创新战略联盟申报材料，在申报材料中增加联盟工作情况、联盟自主创新项目实施方案及项目实施自筹经费证明等。11 月，协会将联盟材料上报科技部高新司，并通过初步审核。12 月，联盟顺利完成了科技部组织的联盟综合评审答辩。

（五）进行协会会刊和网站的改版

协会会刊内容主要包括协会、行业、会员三大板块。2011 年 3 月、6 月、9 月和 12 月，按期编辑、印发了 4 期会刊，共给协会各级领导、会员单位、大学院校、研究机构、知名企业、业内专家和通讯员等免费寄送 7000 多份。结合会员单位建议和我国智能交通行业发展，2011 年增加了“特别报道”和“热点关注”等栏目。每期会刊都精选一个主题进行邀稿或专家访谈。4 期共刊登 50 余条时效新闻，联系 42 位专家，组稿 10 篇、约稿 15 篇，共计 10 多万字。此外，在会刊上针对 2011’中国智能交通年会、第十八届智能交通世界大会等专题进行了深入报道。

为更好地向会员单位和行业提供专业资讯和信息服务，对协会网站进行了改版扩容。改版后的网站增加了“协会会刊”、“活动专区”、“互动专区”三个板块，加强网站与会刊的互动，以图片、视频、文字等多种形式全方位报道协会活动，网站会员服务专栏及时报道会员单位最新技术成果及业务发展动态，在信息传递的实效性和有效性方面有所提高，深受会员单位的欢迎。

（六）成立中国智能交通协会专家委员会城市交通专业委员会

根据我国智能交通行业发展需求，为进一步促进智能交通技术在城市交通发展中的应用，按照《中国智能交通协会章程》有关内容，经征询协会专家委员会主任委员黄卫院士意见，2011 年 12 月 23 日，成立了由 18 名业内专家组成的中国智能交通协会专家委员会城市交通专业委员会，将充分发挥专家队伍群策群力作用，为我国城市智能交通系统规划建设提供指导和决策支撑。

三、保质完成各主管部门下达的任务

2011 年协会秘书处按照财政部、民政部、科技部等部门的通知要求，完成了各项工作任务。

（一）通过银行账户年检

根据财政部、中国人民银行《关于执行〈中央预算单位银行账户管理暂行办法〉的补充通知》（财库〔2004〕1号）要求，财政部北京专员办于2011年1月4日至4月30日对中央在京基层单位开展2010年度银行账户年检工作。协会秘书处本着实事求是的原则，按照国家有关规定，对银行账户进行了严格审核，认真进行整理、归纳、核对后形成申报材料，在中央账户管理系统填报完成了《2010年中央预算单位银行账户年检申请表》，并将有关申报材料提交到财政部北京专员办。经过审查，协会2010年度银行账户年检合格。

（二）完成2010年年度工作检查

根据《民政部关于做好全国性社会团体2010年年度检查工作的函》（民函〔2011〕46号）的有关要求，2011年3～5月，协会秘书处在国家民间组织管理局网站先后完成了协会内部建设情况、接受监督管理情况、财务报告、业务活动情况等方面工作填报，并形成《中国智能交通协会2010年年度工作报告书》，提交科技部高技术中心审核后，经科技部人事司报送至民政部进行审查。根据2011年8月民政部对外公布结果，协会2010年年度工作检查合格。

（三）完成“小金库”专项治理工作

根据中央治理“小金库”工作领导小组《关于印发<2011年“小金库”专项治理工作实施方案>的通知》（中治金〔2011〕2号）要求，协会各级领导高度重视并成立了工作组，召集“小金库”专项清理整顿工作会议，学习各项文件精神，并积极按照科技部人事司“小金库”专项治理工作要求，制定了2011年度“小金库”专项治理工作方案，指定专人与科技部高技术中心及时沟通工作进展，并按时上报各阶段工作成果，相继完成了2011年度全面复查报告、督导抽查报告、整改落实情况报告、长效机制报告、2010至2011年度工作总结报告等。根据专项治理检查结果，协会无“小金库”情况发生。

四、切实加强协会自身建设

（一）加强人才队伍建设

2011年5月、11月和12月，协会秘书处根据业务发展实际需要，有针对性地开展了三次公开招聘，共涉及英语翻译、交通工程师、网站编辑、高级编辑等职位，目前人员正在陆续到位。

（二）强化日常运行管理机制

本着节约高效的原则，严格执行审签制度控制各项办公费用开支；建立定期工作例会制度，通报近期工作进展，部署下一步工作；加强收发文件登记，2011 年度协会秘书处共收发各类文件 67 份，对各项业务工作开展及时请示、报告，对通知、来函及时办理答复；对到访人员进行接待登记，2011 年度协会秘书处共接待 50 余人次来访。

（三）召开常务理事会

按照协会章程，2011 年度以通讯形式召开了两次常务理事会议，主要审议了会员入会和企业名称变更申请等事项，共有 20 家单位新加入协会。目前，协会单位会员为 160 家。

（四）加强会员服务工作

2011 年度协会开展了会员单位的调研和走访活动，先后走访了广州、深圳、上海、安徽等地，与当地会员单位和智能交通企业、机构进行了交流，通过参观、座谈、参与会员单位组织的活动等形式，听取了会员单位建议，进一步了解了会员单位的需求。

（五）加强与地方协会及组织交流

协会和安徽省智能交通协会、深圳市智能交通协会通过互访的形式，增进业务了解。2011 年 7 月，参加了安徽省智能交通协会举办的“中国百万人口城市交通系统论坛暨合肥市交通拥堵对策研讨会”；2011 年 11 月，支持上海电科智能系统股份有限公司与同济大学、上海市交通信息中心联合主办“2011 年城市智能交通技术研讨会”；吴忠泽理事长应邀到解放军天津军事交通学院、同济大学、上海电科智能系统股份有限公司和中国科协年会、中国通信学会年会等做智能交通专题报告；2011 年 12 月，协会给安徽省智能交通产业技术创新战略联盟成立发去贺信，协会秘书处代表参加了联盟成立揭牌仪式和安徽省智能交通协会 2011 年度全体会员大会。

各位常务理事，过去的一年中协会所取得的成绩，是在有关部门的支持下，第一届常务理事会的正确领导下，全体会员单位共同协作以及协会秘书处辛勤工作的结果。在此，我向各位常务理事表示衷心感谢！我们也认识到，工作中还有不少需要改进的地方，我们将虚心听取各会员单位、相关部门和社会各界的意见，更好地按照协会章程开展业务，为我国智能交通事业发展做出更多的贡献。

第二部分：今后一年的主要任务

2012 年，协会将在原有工作的基础上继续加强与政府、专家以及会员单位的联系，进一步开拓业务，积极开展各类行业活动，更好地为会员和行业服务，打造协会行业品牌。2012 年工作的重点设想如下：

一、举办 2012’中国智能交通年会

计划今年 9 月举办 2012’中国智能交通年会，年会由会议和展览两部分组成。目前

正在调研落实举办地点，争取获得地方政府的大力支持。会议论文征集工作目前已启动。

二、组织参加参展第十九届智能交通世界大会

第十九届智能交通世界大会将于2012年10月22～26日在奥地利维也纳举办。协会将在历年组团的基础上，继续组织国内代表参加世界大会，并搭建中国展台。同时，继续配合科技部国际合作司做好科技部代表团参加世界大会的准备工作。

三、做好中国智能交通协会科学技术奖奖励活动

2012 年将面向全国智能交通行业，开展中国智能交通协会科学技术奖的申报、评奖工作。2 月，已对外发布 2012 年度中国智能交通协会科学技术奖申报通知。初步计划 4 月底前完成奖励委员会和评审委员会组建工作，8 月底前完成评奖等程序，9 月在年会上进行表彰。按照《国家科学技术奖励条例》和《社会力量设立科学技术奖管理办法》等有关内容，协会将通过社会各界捐赠的形式筹集奖励专项基金，用于奖励奖金及组织工作的必要支出，并成立奖励基金委员会，对奖励基金进行公开、透明管理，接受主管部门的检查和监督。

四、编撰《中国智能交通行业发展年鉴（2011）》

协会将继续组织编撰《中国智能交通行业发展年鉴（2011）》。依据编写启动会精神，将增加产业数据和行业分析等内容。初步计划 3 月定稿编写大纲，7 月完成终稿。协会秘书处将做好年鉴编写支撑工作。

五、组织完成课题验收工作

按照科技项目管理办法有关规定和要求，做好“十一五”国家科技支撑计划“交通安全信息集成、分析及平台构建技术开发与示范应用”课题财务验收和技术验收准备工作。

六、做好国家智能交通产业技术创新战略联盟支撑

协会秘书处将协助联盟理事长做好联盟年度工作计划，争取项目研究工作获得政府部门的支持。

七、开展行业咨询、培训服务

依托协会专家委员会城市交通专业委员会，结合我国智能交通行业发展的需求，面

向交通管理部门、会员单位、行业等开展行业咨询和业务培训服务。

八、深入开展会员服务

加强与会员单位的联系与沟通，建立有效的沟通渠道，了解会员单位需求，加强与会员单位的互动，组织开展技术交流。通过协会会刊、网站等媒介，为会员单位提供更好的服务。此外，计划发展个人会员，调动业内管理和技术人员参与行业活动的积极性。

九、完成会刊改版和网站完善

为了提高会刊的信息量和实效性，计划将出刊周期由 3 个月调整为 2 个月，全年预计出刊 6 期，并不断丰富内容。同时，编排电子会刊，向协会会员免费发送。此外，将进一步丰富网站内容，提高网站关注度，加强与会员单位的互动。

十、加强国际间交流合作

保持与国外协会组织畅通交流渠道，定期交换相关信息。充分利用世界大会和年会的平台，与更多国外机构建立联系，拓展对外交流合作渠道。此外，加强与国外技术经验交流，积极拓展国际培训业务。

十一、认真落实相关政府部门下达的各项任务

按照有关管理部门规定和要求，认真完成协会 2011 年年度检查和下达的各项任务。加强与科技部、公安部、交通运输部、铁道部、住房和城乡建设部、中国民航局等协会发起单位的汇报联系，取得多方位支持，并为企业与政府间搭建沟通桥梁。

十二、继续加强自身建设

加强协会各类规章制度的执行力度，建立良好的工作氛围。加快协会秘书处工作人员队伍建设，采用招聘、借调等多种方式，吸收高层次专业人才到协会秘书处工作；拓宽协会秘书处工作人员培训内容，提高个人业务能力。

各位常务理事，在科技部、公安部、交通运输部、住房和城乡建设部、铁道部、中国民航局等部门的领导和关心下，在各会员单位的大力支持下，中国智能交通协会各项业务稳步发展，国际影响力不断加强，国内行业品牌信誉度不断提高。我相信，在我们的共同努力下，协会将会健康茁壮成长，将为中国智能交通事业的发展做出重要贡献！

第二章

相关行业概况

2011 年公路行业发展概况[1]

一、发展状况

2011 年年底，全国公路总里程 410.64 万千米，比 2010 年年末增加 9.82 万千米。全国公路密度为 42.77 千米/百平方千米，比 2010 年年末提高 1.02 千米/百平方千米，如图 1 所示。

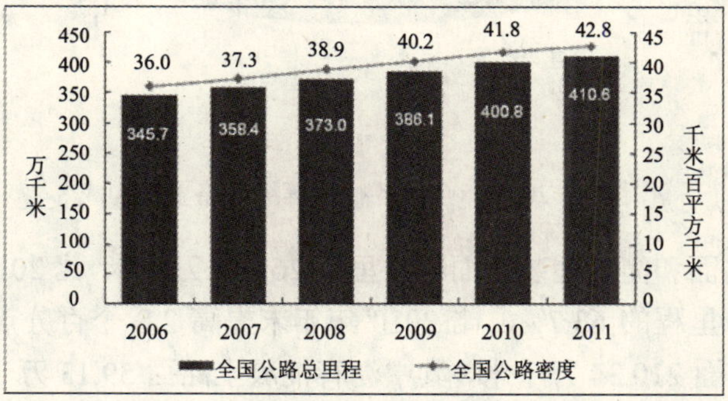

图 1　2006—2011 年全国公路总里程及公路密度

全国等级公路里程 345.36 万千米，比 2010 年年末增加 14.89 万千米。等级公路占公路总里程的 84.1%，比 2010 年年末提高 1.7 个百分点。其中，二级及以上公路里程 47.35 万千米，比上年末增加 2.63 万千米；占公路总里程的 11.5%，比 2010 年年末提高 0.4 个百分点，如图 2 所示。

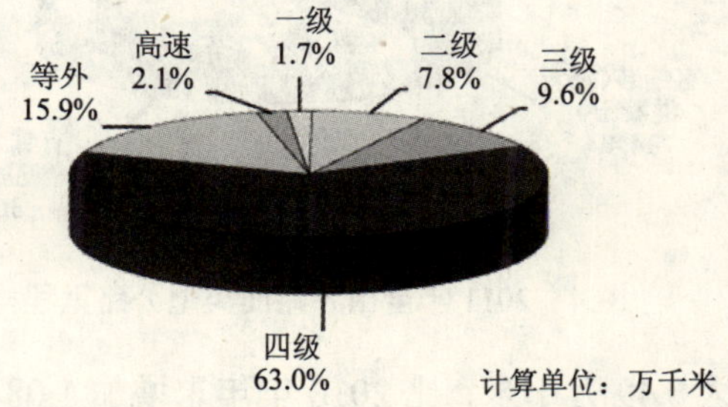

高速	一级	二级	三级	四级	等外
8.49	6.81	32.05	39.36	258.64	65.28

图 2　2011 年全国各技术等级公路里程构成

[1]资料来源：《交通运输“十二五”发展规划》、《2011 年公路水路交通运输行业发展统计》、《交通运输行业智能交通发展战略》（2011－2020 年）

全国各行政等级公路里程分别为：国道 16.94 万千米、省道 30.40 万千米、县道 53.36 万千米、乡道 106.60 万千米、专用公路 6.90 万千米、村道 196.44 万千米，比 2010 年年末分别增加 0.53 万千米、3.42 万千米、-2.05 万千米、1.12 万千米、0.12 万千米和 6.67 万千米，如图 3 所示。

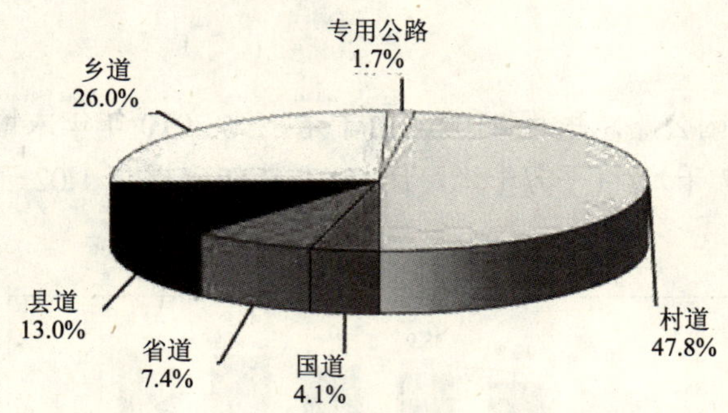

图 3　2011 年全国各行政等级公路里程构成

全国有铺装路面和简易铺装路面公路里程 261.57 万千米，比 2010 年年末增加 17.35 万千米，占公路总里程的 63.7%，比 2010 年年末提高 2.8 个百分点。各类型路面里程分别为：有铺装路面 210.34 万千米，其中沥青混凝土路面 59.13 万千米，水泥混凝土路面 151.21 万千米，比 2010 年年末分别增加 18.54 万千米、4.88 万千米和 13.66 万千米；简易铺装路面 51.23 万千米，比 2010 年年末减少 1.19 万千米；未铺装路面 149.07 万千米，比 2010 年年末减少 7.53 万千米，如图 4 所示。

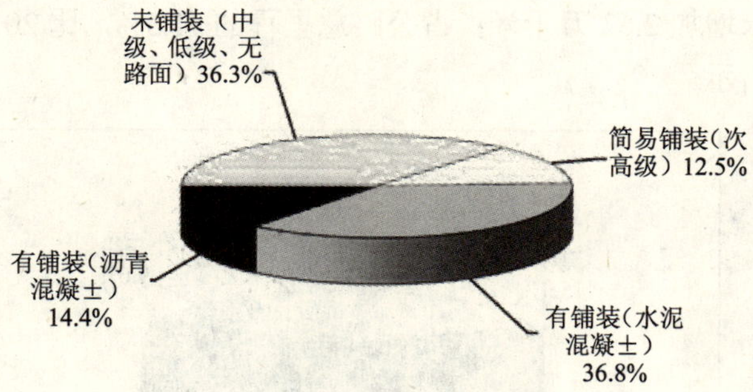

图 4　2011 年全国各路面类型公路里程构成

全国高速公路达 8.49 万千米，比 2010 年年末增加 1.08 万千米。其中，国家高速公路 6.36 万千米，比 2010 年年末增加 0.59 万千米。全国高速公路车道里程为 37.59 万千米，比 2010 年年末增加 4.72 万千米。高速公路里程超过 3000 千米的省份增加至 14 个，如图 3 和表 1 所示。

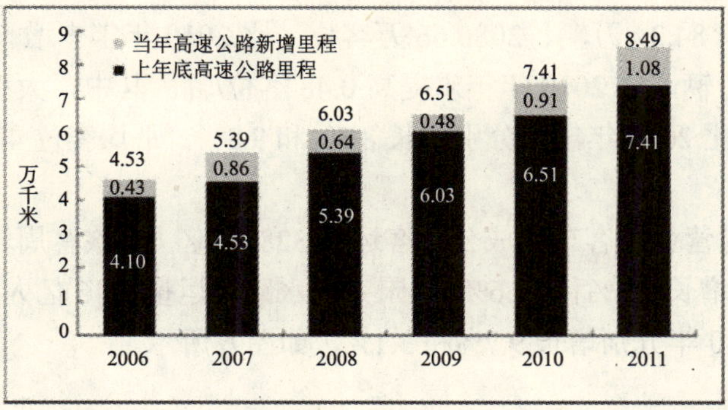

图 5　2006—2011 年全国高速公路里程

表 1　2011 年全国高速公路里程超过 3000 千米的省份（计算单位：千米）

省份	里程	省份	里程
河南	5196	陕西	3903
广东	5049	黑龙江	3708
河北	4756	江西	3603
山东	4350	浙江	3500
江苏	4122	辽宁	3300
湖北	4006	安徽	3009
山西	4005	四川	3009

全国农村公路（含县道、乡道、村道）里程 356.40 万千米，比 2010 年年末增加 5.74 万千米。全国通公路的乡（镇）占全国乡（镇）总数的 99.97%，通公路的建制村占全国建制村总数的 99.38%其中，通硬化路面的乡（镇）占全国乡（镇）总数的 97.18%，通硬化路面的建制村占全国建制村总数的 84.04%，比 2010 年年末分别提高 0.54 个和 2.34 个百分点。

全国公路桥梁数量和里程分别达 68.94 万座、3349.44 万米，比 2010 年年末增加 3.13 万座、301.13 万米。其中，特大桥梁 2341 座、404.28 万米，大桥 55229 座、1330.05 万米。全国公路隧道为 8522 处、625.34 万米，比 2010 年年末增加 1138 处、113.09 万米。其中，特长隧道 326 处、143.32 万米，长隧道 1504 处、251.84 万米。

全国公路养护里程 398.04 万千米，占公路总里程的 96.9%，比 2010 年年末提高 0.2 个百分点。全国公路绿化里程 204.45 万千米，占公路总里程的 49.8%，比 2010 年年末提高 1.3 个百分点。

2011 年底，全国拥有公路营运汽车 1263.75 万辆，比 2010 年年末增长 11.5%。拥有载货汽车 1179.41 万辆、7261.20 万吨位，比 2010 年年末分别增长 12.3%和 21.0%，平均吨位 6.16 吨/辆，比 2010 年年末提高 0.45 吨/辆。其中，普通载货汽车 1116.36 万辆、6273.51 万吨位，分别增长 12.0%和 20.1%，平均吨位 5.62 吨/辆，提高 0.38 吨/辆，专用载货汽车 63.05 万辆、987.69 万吨位，分别增长 17.3%和 27.2%，吨位占载货汽车总吨位比重为 13.6%，比 2010 年年末提高 0.66 个百分点，平均吨位 15.67 吨/辆，提高 1.22 吨/辆。

拥有载客汽车 84.34 万辆、2086.66 万客位，比 2010 年年末增长 1.5%和 3.4%，平均客位 24.74 客位/辆，比 2010 年年末提高 0.48 客位/辆。其中，大型客车 26.83 万辆、1127.48 万客位，比 2010 年年末分别增长 8.3%和 9.3%，平均客位 42.03 客位/辆，提高 0.38 客位/辆。

2011 年，全国营业性客车完成公路客运量 328.62 亿人、旅客周转量 16 760.25 亿人千米，比上年分别增长 7.6%和 11.6%。全国完成水路客运量 2.46 亿人、旅客周转量 74.53 亿人千米，比 2010 年分别增长 9.7%和 3.1%，如图 6 所示。

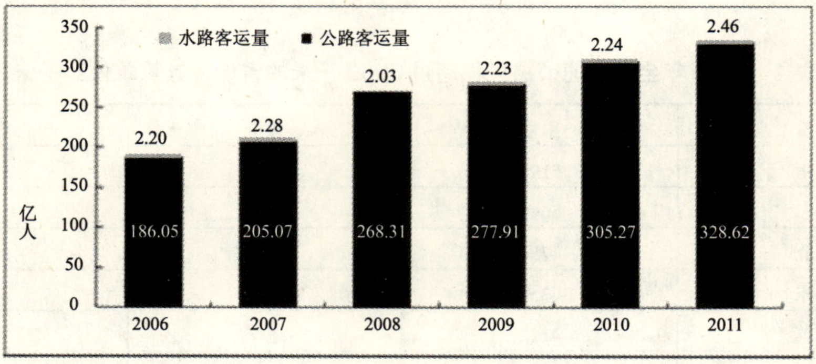

图 6　2006—2011 年全国公路、水路客运量

二、发展趋势

全国营业性货运车辆完成货运量 282.01 亿吨、货物周转量 51374.74 亿吨千米，比上年分别增长 15.2%和 18.4%，平均运距 182.17 千米，比 2010 年提高 2.8%。全国完成水路货运量 42.60 亿吨、货物周转量 75423.84 亿吨千米，比 2010 年增长 12.4%和 10.2%，平均运距 1770.65 千米，比 2010 年减少 35.07 千米，如图 7 所示。

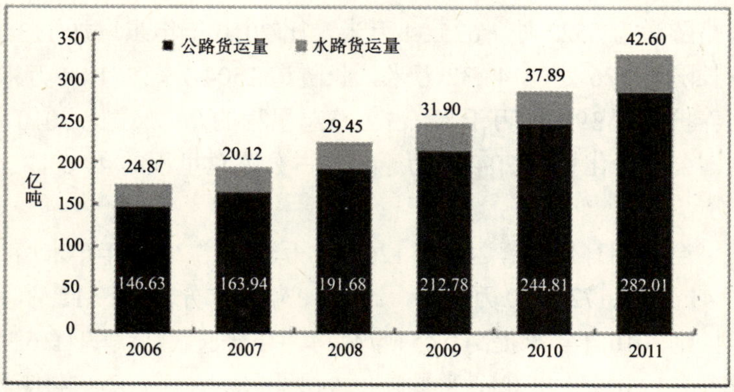

图 7　2006—2011 年全国公路、水路货运量

到“十二五”末，基本形成适应综合运输体系发展要求的公路交通网络，公路网结构明显趋于合理，区域公路发展差距明显缩小，城乡之间路网衔接更加顺畅。积极探索建立高速公路与普通公路统筹发展的新机制，逐步形成以高速公路为主体的收费体系和普通公路为主体的不收费体系。

推进国家高速公路建设，加快高速公路网剩余路段、瓶颈路段的建设，基本完成2004年国务院审议通过的国家高速公路网规划，建成比例超过90%，通车里程达到8.3万千米。

加大国省道改造力度，着力提升技术等级、服务能力和水平。重点提高国省道二级及以上公路比例，加快实施县通二级公路建设，国道二级及以上公路比例达到70%以上。

每年对一批国道重点路线进行综合改造。东中部地区重点改造交通拥挤的G103、G104、G105、G107四条射线和G204、G205两条纵线；西部地区重点加强G108、G212、G213、G214、G219、G317、G322、G323和G326九条建设相对滞后国道的升级改造；进一步加强制约国道网综合效益发挥的瓶颈路段建设，共约75段、2000千米。

农村公路建设坚持“扩大成果、完善设施、提升能力、统筹城乡”的总体思路，为广大农村地区提供更完善的公共服务。一是推进以西部建制村通沥青（水泥）路为重点的全国通达、通畅建设任务，满足农民群众的基本出行需求；二是完善农村公路基础设施，包括桥梁新改建工程、安保工程等，提高农村公路的抗灾能力和安全水平；三是改善农村公路网络状况，包括县乡道改造、连通工程等，提高农村公路的网络化水平和整体服务能力。到“十二五”末，农村公路总里程达到390万千米。

加快推进国家公路运输枢纽站场建设，公路客、货运输站场建成率力争达到50%和40%。重点建设一批集铁路、公路、城市交通客运中转换乘功能于一体、实现“零距离换乘”的综合客运枢纽，大力推进一级公路客运站建设，地级市至少拥有1个一级客运站。继续推进农村客运站场建设。

推动口岸公路建设，构建国际大通道，支持亚洲公路网、上海合作组织、东盟区域合作以及中俄地区合作规划等涉及的口岸公路建设。全面提高口岸公路技术等级和路面状况，通往国家重要陆路口岸的公路基本实现高等级化。

此外，继续支持红色旅游公路建设。结合国省道和农村公路建设，加强旅游公路建设。

到“十二五”末，国道平均运行速度提高到60千米/小时。公路交通安全应急水平明显提高。营运车辆万车千米事故数和死亡人数年均下降3%，城市客运百万车千米事故数和死亡人数年均下降1%。公路应急保障体系基本完善，应急指挥调度能力显著增强，一般灾害情况下公路抢通时间不超过24小时，公路应急救援到达时间不超过2小时。

加大对农村客运的支持力度，完善农村客运线网布局，稳步提高农村客运班车通达率，基本实现村村通，建制村班车通达率东部地区达到95%，中西部地区达到90%以上。

三、ITS应用需求

（一）保障公路交通运输系统的畅通、高效，要求加强对交通基础设施和运输装备的运行监测，提高其运营管理水平和运行效率

提供畅通高效的运输通道是交通运输行业的重要任务，也是全社会对交通运输的基本要求。“十二五”期，我国交通基础设施和运输装备仍将保持较快的发展速度，预计公路总里程将达到450万千米，高速公路里程将接近11万千米，民用车辆和营运船舶总数将位居世界前列。公路交通基础设施和运输装备规模总量不断扩大，使我国公路交通运输管理能力面临巨大挑战，利用智能交通手段对已形成公路资产进行充分利用和潜力挖掘，提高公路交通基础设施和运输装备运行效率，已经成为迫在眉睫的重要任务。

（二）满足人民群众安全便捷公路出行，要求为公众提供优质的出行信息服务

为全社会提供及时、准确的公路出行信息服务是提供高品质、多样化、多层次交通运输服务，保障和改善民生的重要举措。“十二五”时期是我国经济社会重要变革期，产业结构、收入分配结构和消费结构面临重大调整，居民收入和消费水平逐步提高，我国将全面进入机动化社会，预计民用车辆保有量将超过1.5亿辆。交通出行规模快速扩张，人民群众安全、便捷、畅通的出行需求日益增长，城际交通运输系统和城市公共客运将面临前所未有的巨大出行压力。公路交通运输服务水平必须与人民群众日益提高的生活品质相适应，利用智能交通手段，逐步提高公路交通智能化水平，改善出行信息服务质量，提高公共信息服务能力。

（三）保障公路交通运输安全发展，要求提升公路交通安全监管和应急处置的监测预警、信息传递和决策支持水平

保障公路交通运输安全平稳运行是交通运输发展的永恒主题。“十二五”期，应对各种突发事件的任务更加繁重，必须充分掌握公路交通运输风险源，利用信息技术加强监测预警，提升安全生产保障能力，有效协调专业和社会力量，提高应对突发事件的快速反应能力，提供安全的出行环境；必须加强公路应急通信保障能力建设和应急决策分析，优化配置应急保障资源，提高应急指挥能力；必须面向社会及时发布信息，维护社会稳定，提高应急信息服务能力。

（撰稿：交通部公路科学研究院　杨琪）

2011年铁路行业发展概况

2011 年，铁路系统立足国家经济社会发展大局，以铁路科学发展为主题，以加快转变铁路发展方式为主线，以体制机制创新为动力，以人民群众满意为根本标准，突出抓好确保运输安全、提升运输生产效率、实施多元化经营、改进服务质量、科学有序推进铁路建设，不断提高经营效益等重点工作，为我国经济社会平稳较快发展提供了有力的运输保障。

一、铁路路网建设平稳持续发展

2011 年，铁路以服务经济社会发展和人民群众为立足点，调整了铁路建设规模、标准和进度，进一步改进和规范铁路建设管理工作，清晰界定了铁道部、铁路局、铁路公司的建设管理责任，确立了铁路建设科学有序发展的新思路。按照《中长期铁路网规划（2008 年调整）》，京沪高速铁路、广深港广深段、太中银铁路等高速、快速、普速铁路新建线相继建成并开通运营。全路完成基本建设投资 4690 亿元，完成新线铺轨 3077 千米、复线铺轨 2392 千米，投产新线 2022 千米、复线 1752 千米、电气化铁路 2647 千米。截至 2011 年年底，全国铁路营业里程达到 9.3 万千米，其中高速铁路 6877.3 千米，复线率、电气化率分别到达 42.4%、49.4%，路网规模明显扩大，建设质量显著提升。

二、铁路运输生产成效显著

（一）在旅客运输方面

铁路统筹利用新增和既有运力资源，先后三次调整优化列车运行图，合理安排京沪高速铁路、包西、太中银等新线和既有线列车开行方案，实施“三个速度等级、三种混合运行”的列车开行模式，即在时速 300 千米高速铁路上同时开行时速 300 千米和时速 200～250 千米两种动车组列车、在时速 200 千米的线路上同时开行时速 200 千米动车组列车和时速 120～160 千米普通客车，强化客流旺季运能挖潜和淡季市场营销，有效地拓展了客运市场。2011 年，全国铁路旅客发送量完成 18.62 亿人，比 2010 年增长 11.1%，增幅为 2005 年以来最高水平，旅客周转量完成 9612.29 亿人千米，比 2010 年增长 9.7%。

（二）在货物运输方面

根据铁路运力资源变化，动态优化调整了路网车流径路，积极开发铁路货运新产品，开行了小编组集装箱快速班列，与交通部合作，启动了首批 6 条集装箱铁水联运通道合作示范项目，优化装车结构，扩大高附加值、高运价和远距离货物运输。2011 年，全国铁路货物发送量完成 39.19 亿吨，比 2010 年增长 8%，货物周转量完成 29130.30 亿吨千米，比 2010 年增长 6.6%。

（三）在确保国家重点物资运输方面

2011 年，煤炭、矿石、石油、钢铁、粮食等国家重点大宗物资运输占铁路总运量的 90%以上。为确保国家重点物资运输，铁路进一步加强了与国家有关部门、地方政府及重点企业沟通联系，建立完善协调机制，确保了电煤、石油、粮食、棉花、化肥和季节性农副产品等关系国计民生的重点物资运输以及抢险救灾运输需求。全国铁路煤炭运量完成 22.7 亿吨，比 2010 年增长 13.5%；冶炼物资运量完成 87022 万吨，比 2010 年增长 1.8%；石油运量完成 13552 万吨，比 2010 年下降 2.0%；粮食运量完成 9946 万吨，比 2010 年下降 1.6%；化肥及农药运量完成 8666 万吨，比 2010 年增长 0.6%；集装箱运量完成 9351 万吨，比 2010 年增长 8.6%。

（四）铁路运力资源配置进一步优化

按照属地化管理要求，对高速铁路调度台设置进行了优化调整。以合理确定站段管理跨度、优化资源布局配置和强化高速铁路运营维护管理为目标，进一步优化了全路运输站段生产布局。截至 2011 年年底，铁路运输站段数量由 620 个调整为 697 个。积极推进点线配套扩能改造和大型装卸车点建设，优化机车车辆配置，改善了运能布局。

（五）铁路技术创新能力明显提升

2011 年，继续深化京沪高速铁路先导段 9 大类 50 项技术试验，共开行试验动车组 1380 列，里程累计 21 万余千米，有效提升了我国高速铁路轮轨关系、弓网关系、空气动力学、电磁兼容、振动噪声控制等技术水平，创新了高速铁路试验检测方法和手段。在高速铁路线桥隧维护、无砟轨道耐久性、无砟轨道修复、高速道岔监测、综合巡检等技术方面取得了创新进展。初步建立了高速铁路技术标准体系框架，并以此为指导开展了高速铁路技术标准的研究和制修订工作。2011 年，制修订高速铁路技术标准 248 项。

三、铁路在国家综合物流链中的骨干作用明显提升

积极探索加快转变铁路发展方式，提高运输质量与效益有效途径，实施铁路多元化经营战略，大力推进现代物流发展，促进铁路传统运输业向现代物流转型。加大了物流设施建设，全路规划的 18 个集装箱中心站已有 9 个开通运营，启动建设 33 个集装箱办理站，建成了一大批大型装卸点、综合性货场、行包基地、小汽车物流基地，与其他运输方式和地方物流节点的衔接更加紧密，铁路货场枢纽正逐步发展成为区域性物流中心。铁路积极探索新形势下铁路物流业发展模式，推动物流及相关行业延伸服务链条，加快向现代物流发展，已与 280 家企业实现了路企直通，提高了专用铁路和铁路专用线作业效率，促进了铁路物流与企业生产的有机融合。2011 年，铁路物流企业完成营业

收入1669.7亿元，同比增长39.5%，实现利润同比增长33.1%。

四、铁路信息化建设稳步推进

2011年，铁路信息化建设和应用取得新进展，建成了京沪、广深港等新建铁路调度集中（CTC）、旅客服务、牵引供电与电力远动（PSCADA）、动车组管理、自然灾害及异物侵限监测等信息系统并发挥了重要作用。新建铁路编组站积极采用管控一体化系统，编组站综合自动化、智能化水平进一步提高，极大地提高了编组站作业效率和解编能力。大力推进安全检测监控系统建设和应用，充分发挥现代信息技术在铁路安全中的保障作用，扩大车辆运行安全监控系统（5T）建设范围，5T系统应用基本覆盖了铁路主要干线，客货车辆运行安全防范能力显著提高。深化货运计量安全检测监控系统应用，推进动态轨道衡联网和新建超偏载检测装置联网工作，已实现18个铁路局416个重点装车站446台路产动态轨道衡和主要干线65个主要编组站、区段站198台超偏载检测装置联网工作，全路1345个危险货物办理站应用了危险货物运输安全监控系统。扩大了安全监督管理系统应用范围，实现安全检测监测信息互联互通和信息共享，提升了铁路运输安全检测、监测和监控水平。

铁路系统坚持把人民群众满意作为推进铁路科学发展的根本标准，以现代信息技术为手段努力提升客货服务质量。创新客票售票方式，全面实施了互联网售票和电话订票，动车组列车、直达列车所有停站和其他列车始发站实行了车票实名制，13条高速铁路车站实现了旅客凭二代身份证直接进站上车，对学生往返票和农民工团体票优先集中办理，明显改变了铁路运输高峰期间车站售票大厅旅客排长队、人员拥挤不堪、乘车条件差等现象。在高速铁路建设和应用了旅客服务信息系统，改善了铁路车站和旅客列车信息服务水平。加强铁路客户服务中心系统（12306）建设，统一了全路客服电话号码，强化了旅客信息查询、投诉受理服务。积极推进货运电子商务系统建设，创新铁路货运服务方式，社会满意度有了明显提升。

铁路网络与信息安全保障能力不断提升。全面推进铁路信息安全风险管理，加强信息安全风险评估和信息安全测评等工作，铁路信息系统安全等级保护工作进一步强化，网络和信息系统运行维护、网络监控和病毒防范能力不断提升，网络与信息安全管理工作明显加强，确保了铁路信息网络和重要信息系统安全稳定运行。

（供稿：铁道部信息办）

2011年水运行业概况

一、发展状况

水路运输是以船舶为主要运输工具，以港口或港站为运输基地，以水域包括海洋、河流和湖泊为运输活动范围的一种运输方式，是国家综合运输体系和水资源综合利用的重要组成部分。水路运输作为一种传统且仍处于发展中的运输方式，具有运能大、占地少、能耗低、污染小、安全可靠等特点，是我国实现经济社会可持续发展的重要战略资源。

从运输范围看，水路运输可分为远洋运输、沿海运输和内河运输。远洋运输主要指从事国际航线的货物和旅客运输；沿海运输主要指沿海各港口间的海上运输；内河运输主要指通过内江湖河川等天然或人工水道运送货物和旅客的运输方式。从运输内容来看，可分为货运运输和旅客运输。水路运输从组成来看，可包括船舶、船员、港口、航道和辅助支持系统。船舶按用途，可分为：客船、集装箱船、滚装船、载驳船、杂货船、木材船、油船、液化气体船、液体化学品船、冷藏船、多用途船等。船舶制造和维护复杂，与科技和生产力发展水平关联度高。

船员按航行区域可分为内河船员和海船船员，船舶操作和管理涉及的知识与技能内容多、范围广，据统计，在海难事故和污染损害事故中，约有80%是人为因素造成的，因此，船员不仅要有强健的体魄、娴熟的专业技能，还要具备良好的心理素质、较强的环境适应能力和应对突发事件的应变能力。

港口分为内河港口和海港，港口、航道建设和维护投入高，公益化特征明显。辅助支持系统包括与船舶航行、操作和停泊等作业直接相关的通信、导航、管理和服务等系统，涉及的面广、信息化程度高。

水路运输距离长，国际化程度高，航行区域涉及国内外，相关管理、操作不仅要满足国内法律、规范的要求，还要服从于国际社会相关公约和标准的规定。

水路运输的安全性与公共安全的关联度高，一旦发生水上交通事故，就会引发重大的人员伤亡、财产损失和环境损害，因此，国际社会、我国政府和公众对水路运输安全性关注度高。

2011 年，水路客货运输量继续较快增长，港口生产态势总体良好，运输服务水平逐步提高，固定资产投资继续稳步增长，安全形势总体稳定，行业运行的协调性不断增强，有力地支撑了国民经济的平稳健康发展，实现了“十二五”时期水路运输行业的良好开局。主要体现在以下方面:

（一）水路交通基础设施建设稳步推进

2011 年底，全国内河航道通航里程 12.46 万千米，比 2010 年年末增加 370 千米。等级航道 6.26 万千米，占总里程的 50.3%，比 2010 年年末提高 0.2 个百分点。其中，三级及以上航道 9460 千米，五级及以上航道 2.60 万千米，分别占总里程的 7.6%和 20.8%，比 2010 年年末分别提高 0.1 个和 0.5 个百分点。全国港口拥有生产用码头泊位 31968 个，比 2010 年年末增加 334 个。其中，沿海港口生产用码头泊位 5532 个，比 2010 年年末增加 79 个，如图 1 所示。

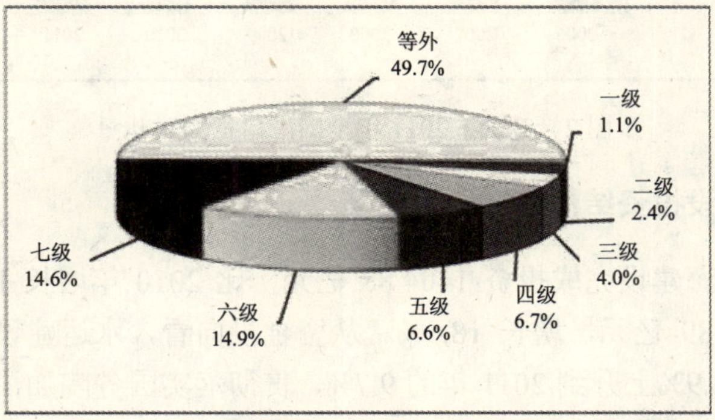

图 1　2011 年全国内河航道构成

内河港口生产用码头泊位 26 436 个，比 2010 年年末增加 255 个。全国港口拥有万吨级及以上泊位 1762 个，比 2010 年年末增加 101 个。其中，沿海港口万吨级及以上泊位 1422 个，比上年末增加 79 个；内河港口万吨级及以上泊位 340 个，比 2010 年年末增加 22 个，见表 1。

表 1　2011 年全国港口万吨级以上泊位（计算单位：个）

泊位吨级	全国港口	比 2010 年年末增加	沿海港口	比 2010 年年末增加	内河港口	比 2010 年年末增加
合计	1762	101	1422	79	340	22
[1,3)万吨级	708	16	548	10	160	6
[3,5)万吨级	311	14	216	9	95	5
[5,10)万吨级	528	52	449	42	79	10
≥10 万吨级	215	19	209	18	6	1

内河港口新建及改（扩）建码头泊位 209 个，新增吞吐能力 8418 万吨，其中万吨级及以上泊位新增吞吐能力 3986 万吨。全年新增及改善内河航道里程 843 千米。沿海建设完成投资 1006.99 亿元，增长 20.3%。沿海港口新建及改（扩）建码头泊位 440 个，新增吞吐能力 24 585 万吨，其中万吨级及以上泊位新增吞吐能力 22 714 万吨，如图 2 所示。

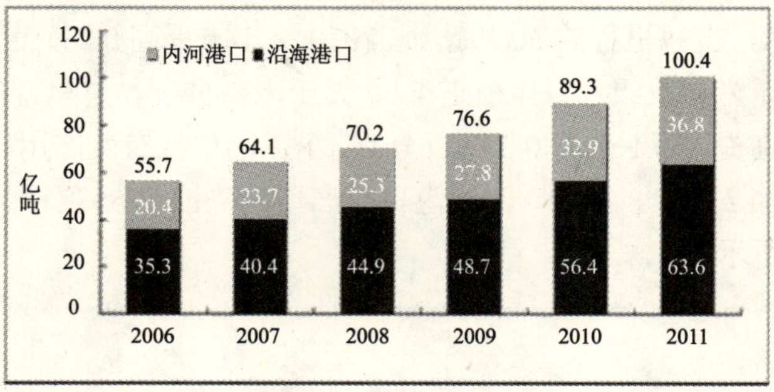

图 2　2006—2011 年全国港口货物吞吐量

（二）水运建设投资结构进一步优化

全年内河及沿海建设完成投资 1404.88 亿元，比 2010 年增长 19.9%。其中，内河建设完成投资 397.89 亿元，增长 18.9%。从资金投向看，水运建设加快推进，其投资比重由 2010 年的 8.9%上升到 2011 年的 9.7%，贯彻落实国务院加快长江等内河水运发展的意见，国家内河高等级航道建设、长江干线航道治理等有序推进，内河建设投资增长 18.9%，增速加快 8 个百分点，内河水运拉开了加快发展的大幕。

（三）运输保障能力不断增强，服务水平进一步提升

在运输装备方面，继续推进运力结构调整，鼓励发展专业化、大型化运输工具。2011 年底，全国拥有水上运输船舶 17.92 万艘，比 2010 年年末增长 0.5%；净载重量 21264.32 万吨，增长 17.9%；平均净载重量 1186.35 吨/艘，增长 17.3%；载客量 100.84 万客位，增长 0.5%；集装箱箱位 147.52 万 TEU，增长 11.4%；船舶功率 5949.66 万千瓦，增长 11.6%，如图 3 所示。

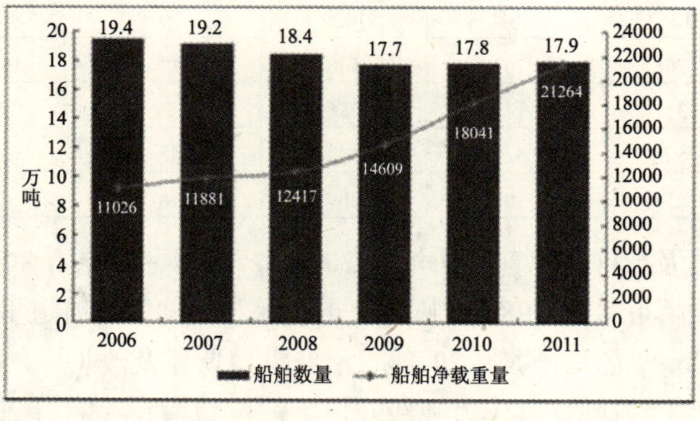

图 3　2006—2011 年全国水上运输船舶拥有量

在运输服务方面，全年水路客货运输量实现平稳较快增长，全国港口货物吞吐量首次突破百亿吨，煤炭、金属矿石、矿建材料、集装箱等主要货类吞吐量继续较快增长。积极推进综合运输体系建设和现代物流业发展，交通运输部与铁道部签署《关于共同推进铁水联运发展的合作协议》，实施集装箱铁水联运示范项目，加快综合客运枢纽建设，

大力发展甩挂运输。

（四）水上交通安全监管能力进一步增强

2011 年水上交通安全形势继续稳中趋好，全年运输船舶交通事故件数、死亡失踪人数、沉船艘数稳步下降，水上搜寻救助能力进一步提升。2011 年，全国共发生运输船舶水上交通事故 298 件，死亡失踪 291 人，沉没（全损）船 175 艘，比 2010 年分别下降 10.0%、11.6%和 10.3%，直接经济损失 3.9 亿元，同比上升 20.4%。全国各级海上搜救中心全年共组织、协调搜救行动 2177 次，出动、协调各类船艇 8600 艘次、飞机 402 架次，出动、协调的各类船艇和飞机同比分别增加 505 艘次和 57 架次；在我国搜救责任区遇险船舶 2150 艘，获救船舶 1721 艘，遇险人员 19 352 名，成功搜救 18 711 名，搜救成功率达 96.7%，同比增长 0.6 个百分点。

二、发展趋势

未来 5 年，中国的基础设施网络将更趋完善，逐步构建便捷、高效、绿色和安全的综合运输体系，实现由海洋大国、航运大国向海洋强国、航运强国的转变。“十二五”期间，中国将继续有序推进沿海港口基础设施建设，优化沿海港口结构与布局，着力拓展港口功能，提升港口的保障能力和服务水平。继续充分发挥内河水运优势，发挥内河水运对沿江产业布局的引导作用，认真贯彻落实《国务院关于加快长江等内河水运发展的意见》，加快以高等级航道和主要港口为重点的内河水运基础设施建设，大力提高运输服务水平，建设现代化的内河水运体系。具体体现在以下方面：

（一）有序推进沿海港口建设

（1）优化港口布局。强化主要港口的核心地位，继续推进主要港口大型综合性港区建设，充分发挥主要港口在综合运输体系中的枢纽作用，提升对腹地经济社会发展的综合服务能力。

（2）推进主要货类运输系统码头建设。“十二五”时期沿海港口规划新增深水泊位约 440 个，重点推进煤炭、原油、铁矿石和集装箱码头建设。加强港口公共基础设施建设：航道、防波堤、公共锚地等公共基础设施，重点建设主要港口、地区性重要港口深水航道和防波堤，推进新港区航道、防波堤建设。

（3）促进港口结构调整。发展专业化、规模化港区。通过建设专业化码头和整合港区作业货类，提升港口专业化、规模化水平。加强老港区改造，提高既有设施的技术水平和生产能力，合理调整港区功能，协调港城关系。鼓励发展公用码头，鼓励企业专用码头提供社会化服务，提升港口的公共服务水平。

（二）加快发展内河水运

（1）实施长江干线航道系统治理。按照“规划指导、项目牵引、加强管理、有序推进”的原则，加快长江干线上、中、下游航道系统治理，全面改善通航条件，力争到2015年，基本实现《长江干线航道总体规划纲要》提出的规划目标。

（2）加快以高等级航道为重点的内河航道建设。实施西江航运干线扩能工程，提高主要航段通航标准，建设贵港、桂平二线和长洲三、四线船闸，扩大船闸通过能力，加快推进右江百色、红水河龙滩枢纽过船设施建设。

（3）发展规模化港区。推进重庆长江上游航运中心和武汉长江中游航运中心建设，以主要港口为重点，加快内河港口规模化、专业化港区建设，建成一批集装箱、汽车滚装、大宗散货等专业化泊位。

（4）推进内河船型标准化。继续推进长江干线和京杭运河船型标准化，全面展开西江航运干线和珠江三角洲高等级航道网船型标准化，启动其他高等级航道重点船型的标准化工作。到2015年年末，长江干线、西江航运干线和京杭运河船型标准化率达到70%。

（5）加强航道养护管理。着力提高航道养护水平，保障内河水运畅通安全。坚持分类养护，以长江干线等高等级航道为重点，全面提高航道养护和应急保通能力，加强界河航道养护和管理。

（三）提升水运服务能力和水平

（1）提升运输装备水平。调整运力结构，促进运输船舶向大型化、专业化方向发展，到“十二五”末，远洋、沿海、内河船舶平均吨位分别提升到25000吨、6500吨和800吨。

（2）加快提升港口服务水平。积极发展港口现代物流功能。

（3）完善运输组织体系。继续完善远洋、沿海和内河运输体系。

（4）大力发展现代航运服务业。在环渤海、长江三角洲、珠江三角洲、海峡西岸等区域大力发展航运金融、保险、海事仲裁、信息、航运交易等高端航运服务业，拓展航运服务产业链，建设航运交易信息平台，探索建立国际航运发展综合试验区。

（5）提升水上客运服务品质。推动水上客运向高速化、舒适化方向发展。大力发展海峡、岛屿间高速客轮、客滚运输和水上旅游客运。

（四）加强水运市场管理

（1）完善运输市场管理。完善行业管理的经济和法律手段，制定相应政策法规，依法加强港口建设、投资、经营市场准入管理，严把水路运输市场准入、退出关，强化从业人员、企业、船舶的市场准入资格审核。

（2）加强水运建设市场管理。严格水运建设市场准入管理，加强建设工程咨询、评估、勘察、设计、施工、监理等从业单位和从业人员资质资格管理。

三、ITS应用需求

水上智能交通系统是集地理信息系统、现代通信技术、电子海图技术、3S(GIS、

GPS、RS)技术以及智能控制技术于一体开放互动的水上数字交通信息网络系统。水上智能交通系统是一个全新的技术理念，并非单纯的技术复合体，其实质就是利用先进的信息技术、通信技术和网络技术，将所有的航运相关系统整合在一起，促进与其他运输模式系统有机衔接，将人—船舶—航道—环境有机统一，实现监管、服务、控制、决策等一体化功能，使航运相关实体之间能够实现快速、协同、科学地决策与行动，促进航运安全、高效、经济、节能和环保，从而达到“零事故、零延迟”的理想目标。

（一）水上智能交通系统的结构

水上智能交通系统主要包括船舶航行监控系统、交通管理系统、船舶自动导航与避碰系统、突发事件应急系统及交通信息发布系统等。系统将先进的计算机技术、传感器技术、识别技术、数字化和数据库技术、网络技术、自动控制技术等有效融合起来，并与所有的航海信息应用系统有机地结合在一起，最终形成一个开放的，集查询、控制、管理、决策于一体的水上数字交通系统，从而达到提高船舶文通的安全水平，提高通航能力和航运效率的目的。水上智能交通系统需要解决的主要问题是多源异构数据的接入、存储、处理、交换、以及分发等，为实现船舶、港口、企业等多方的信息共享，并为制定科学合理的交通运输决策提供依据。水上智能交通系统主要研究的内容应当包括以下几个系统：

1. 智能信息采集系统

该系统包括港口雷达跟踪、CCTV 视频监控、AIS 信息获取、GPS 定位和 VHF 通信 5 个子系统，其主要作用是收集水上交通的所有信息。

2. 综合管理信息系统

该系统包括电子海图显示、雷达数据处理和显示、船舶数据处理、船舶历史轨迹重放和支持保障 5 个子系统。其主要作用是对智能信息采集系统采集到的水上交通信息进行处理、存储和显示。

3. 海上交通模型系统

交通模型系统可以根据整合信息采集系统和整合综合管理信息系统所得到的信息资源库，模拟水上交通流，为科学决策提供支持，也可为后续深入的研究提供参考。

4、动态监测和优化决策系统

该系统可以监控船舶运动变化，给船舶驾驶员或引航员提供航行帮助和指导，如建议船舶的航线，判断船舶碰撞危险，向船舶发出碰撞预警，为船舶避碰提供建议等。

5. 虚拟仿真实验系统

该系统可以作为试验平台，可以利用信息资源库对水上智能交通的研究成果进行试验验证。从而进一步开发和完善水上智能交通系统。

6. 远程应用与信息发布系统

水上智能交通系统不仅可以作为海事主管部门的管理和控制平台，也可以作为一个开放的平台，向有关方面提供信息服务，促进信息的交流，提高水上运输效益。

（二）水上智能交通系统的扩展

1. 信息服务

在任何地方的使用者均可以通过系统获取到自己所需要的相关信息，如选择符合自己的航线等。在航行过程中，自动导航系统将引导驾驶员到达目的地，驾驶员能够不断地接受到有关航行安全的信息，保障船舶航行安全。另外，将信息数字化，使得信息资源的共享变得更加容易。这样，船舶在进入一个港口前就可以预先获取到该港口的信息。

2. 高效快速的应急服务

在出现紧急状况时，ITS 可以对事故的发生进行迅速与精确的定位，并可以根据出事船舶传感器所提供数据选择合理的应急方案，从而最大限度地保护人员的生命财产安全和海洋环境。

3. 安全服务

在船舶航行过程中，各种数据传感器可自动告知驾驶员所处航行环境的各种信息，及时向驾驶员提出警告并帮助驾驶员消除潜在的危险。

4. 高质量低消耗的快速运输

ITS 强大的网络效能可以给整个社会提供高质量低消耗的快速运输。一方面，运营者可以运用 ITS 提供的不同运输模式，选择低消耗的运输方案；另一方面，货主可对比不同运营者的承运方案和价格选择合适的运营者。

（三）未来水上智能交通系统的发展趋势

随着现代信息技术的发展，特别是 Internet 技术与高速无线通讯技术的发展，对未来水上交通将产生积极的影响。未来水上智能交通系统将以岸基航运网络和船载移动平台为核心，以立体化通信网络为纽带，实现网络环境下的信息共享与交换。

1. 岸基航运网站

航运网站是未来水上智能交通系统信息交换中心，它将以 Web 方式实时提供各种与航运相关的最新信息，包括电子海图改正、航线设计、入港指南、物流、电子商务等功能，为船舶、港航企业及水上交通监管部门服务，保障水上交通的安全。

2. 船载移动网站

将船舶作为一个移动的高速信息载体，使其成为一个流动的网络平台。对内采集船舶的各种动态数据，对外提供基于 Web 的信息查询和广播服务。当船舶需要与外界进行数据交换时，还可通过标准的 Internet 浏览器实时查询或下载航运网站中相关的航运信息，为船舶航运安全提供技术保障。

3．立体通信网络

水上智能交通系统将基于多种通信方式，构建一个广域的、甚至全球的立体化的水上智能交通信息网络。随着 Internet 和卫星通信技术的高速发展，船—岸之间的通信将没有通信链路和通信协议的障碍，可实现全方位、全天候的高效、畅达、便捷的信息交换。

4．E-航海

E-航海（E-Navigation）是指通过电子的方式，对船上、岸上的海事信息进行协调一致的收集、整合、交换、显示及分析，以增强船舶泊位到泊位的航行能力以及其他相关服务，推动航行安全，提高海上安全及安保水平，降低航海人员的工作负担，并保护海洋环境。E-航海的总体框架一般包括船上环境、物理链路和岸上环境三大部分，其三个核心要素分别是定位、电子海图及通信问题。E-航海作为一个集成的、全方位覆盖的系统，将通过一个能够容纳现有的、及未来新技术的标准化的统一平台，为航运业的各方带来优势。

中国交通运输业正处于结构调整和发展方式转变的关键历史时期。在这个转变过程中，通过对以智能交通技术为代表的现代交通技术的应用，将全面提升交通运输业的供给能力、运行效率、安全性能和服务水平，加快交通运输产业升级和结构优化的进程。

（撰稿：武汉理工大学　严新平）

2011 年中国民用航空发展概况

一、我国民用航空发展现状

2011 年，我国民用航空系统围绕科学发展这一主题和转变发展方式这一主线，做了大量扎实有效的工作，取得了新的成绩，实现了“十二五”时期的良好开局。全年航空安全形势稳定，旅客运输和通用航空保持较快增长，运行质量和经济效益得到提升，基础设施建设取得新成绩，结构调整和深化改革迈出新步伐。主要包括以下几个方面：

1. 运输总周转量

2011 年，全行业完成运输总周转量 577.44 亿吨千米，比 2010 年增加 38.99 亿吨千米，增长 7.2%，其中旅客周转量 403.53 亿吨千米，比 2010 年增加 43.98 亿吨千米，增长 12.2 %；货邮周转量 173.91 亿吨千米，比 2010 年减少 4.99 亿吨千米，减少 2.8%。其中国内航线完成运输周转量 380.61 亿吨千米，比 2010 年增加 35.13 亿吨千米，增长 10.2%，其中港澳台航线完成 12.64 亿吨千米，比 2010 年增加 1.05 亿吨千米，增长 9.1%；国际航线完成运输周转量 196.84 亿吨千米，比 2010 年增加 3.87 亿吨千米，增长 2.0%，如图 1 所示。

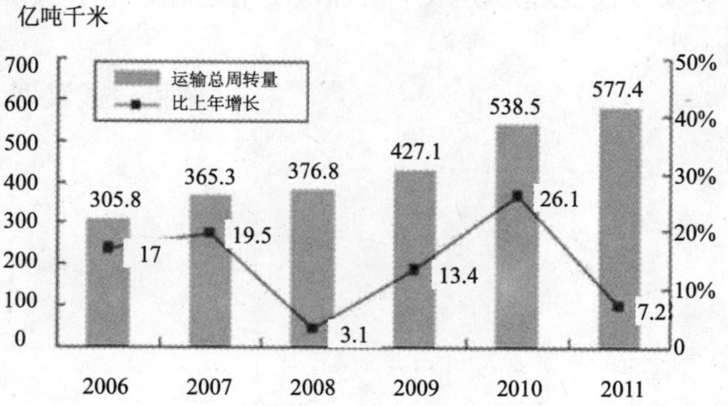

图 1　2006—2011 年民航运输总周转量

2. 旅客运输量

2011 年，全行业完成旅客运输量 29 317 万人次，比 2010 年增加 2548 万人次，增长 9.5%。国内航线完成旅客运输量 27 199 万人次，比 2010 年增加 2361 万人次，增长 9.5%，其中港澳台航线完成 760 万人次，比 2010 年增加 88 万人次，增长 13.1%；国际航线完成旅客运输量 2118 万人次，比 2010 年增加 187 万人次，增长 9.7%，如图 2 所示。

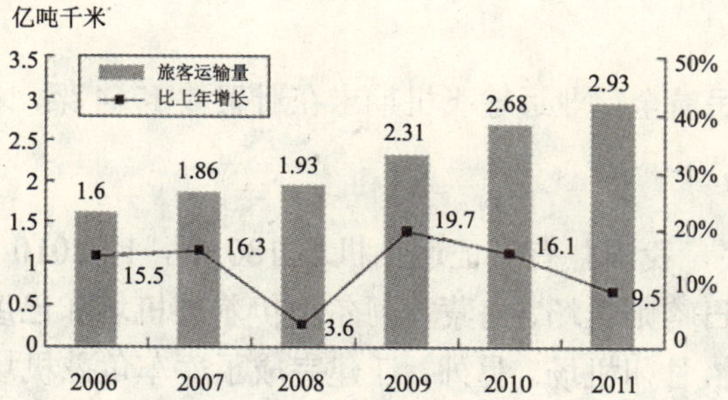

图 2　2006—2011 年民航旅客运输量

3. 货邮运输量

2011 年，全行业完成货邮运输量 557.5 万吨，比 2010 年降低 1.0%。国内航线完成货邮运输量 379.4 万吨，比 2010 年增长 2.4%，其中港澳台航线完成 21 万吨，比上年降低 3.0%；国际航线完成货邮运输量 178.0 万吨，比 2010 年降低 7.6%，如图 3 所示。

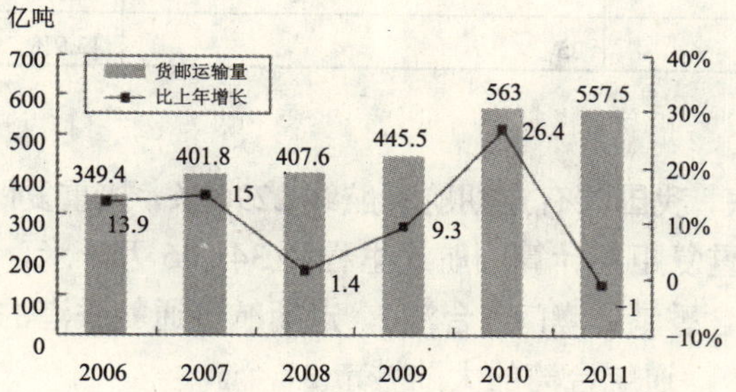

图 3　2006—2011 年民航货邮运输量

4. 机场业务量

2011 年，全国民航运输机场完成旅客吞吐量 6.21 亿人次，比 2010 年增长 10.0%。其中东部地区完成旅客吞吐量 3.65 亿人次，东北地区完成旅客吞吐量 0.38 亿人次，中部地区完成旅客吞吐量 0.59 亿人次，西部地区完成旅客吞吐量 1.59 亿人次，如图 4 所示。

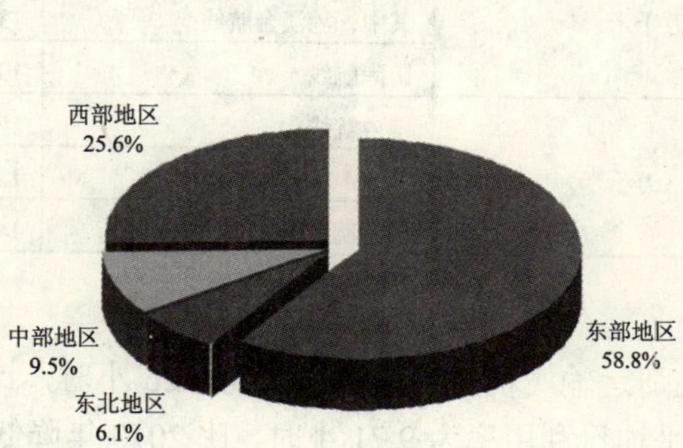

图 4　2011 年机场旅客吞吐量按地区分布

5. 运输机队

截至 2011 年底，民航全行业运输飞机期末在册架数 1764 架，比 2010 年增加 167 架。

6. 机场服务能力

截至 2011 年年底，我国共有颁证运输机场 180 个，比 2010 年增加 5 个。2011 年新增机场分别为西藏日喀则机场、内蒙古阿尔山伊尔施机场和巴彦淖尔天吉泰机场、甘肃金昌金川机场和张掖甘州机场。另外，迁建完成了库车龟兹机场和揭阳潮汕机场，原库车老机场、汕头外砂机场停止使用，见表 1。

表 1　2011 年各地区运输机场数量

地区	运输机场数量	占全国比例%
全国	180	100%
东北地区	19	10.6%
东北地区	46	25.6%
西部地区	90	50.0%
中部地区	25	13.9%

7. 航线网络

截至 2011 年年底，我国共有定期航班航线 2290 条，按重复距离计算的航线里程为 512.77 万千米，按不重复距离计算的航线里程为 349.06 万千米，见表 2。定期航班国内通航城市 175 个（不含香港、澳门、台湾），定期航班通航香港的内地城市 45 个，通航澳门的内地城市 14 个，通航台湾的大陆城市 37 个。

表 2　2011 年我国定期航班条数及里程

指标（单位）		数量	总数
航线条数（条）	国内航线	1847	2290
	其中：港澳台航线	91	
	国际航线	443	
按重复距离计算的航线里程（万千米）	国内航线	318	512.77
	其中：港澳台航线	13.57	
	国际航线	194.77	
按不重复距离计算的航线里程（万千米）	国内航线	199.62	349.06
	其中：港澳台航线	13.51	
	国际航线	149.44	

8. 运输效率

2011 年，全行业在册运输飞机平均日利用率为 9.26 小时，比 2010 年降低 0.09 小时。其中，大中型飞机平均日利用率为 9.71 小时，比 2010 年降低 0.05 小时，小型飞机平均日利用率为 4.75 小时，比 2010 年降低 0.4 小时。2011 年，正班客座率平均为

81.8%，比 2010 年提高 1.6 个百分点。正班载运率平均为 72.0%，比 2010 年提高 0.4 个百分点，见表 3。

表 3　2011 年正班客座率和正班载运率

指标	指标值	比 2010 年增长：百分点
正班客座率	81.8%	1.6
国内航线	83.2%	2.2
其中：港澳台航线	76.7%	1.8
国际航线	76.3%	−0.8
正班载运率	72.0%	0.4
国内航线	74.0%	1.6
其中：港澳台航线	63.5%	−0.2
国际航线	68.5%	−0.8

9. 经济效益

2011 年，全行业累计实现营业收入 5001 亿元，比 2010 年增长 21.2%，利润总额 363 亿元，同比下降 13.9%。其中，航空公司实现营业收入 3532 亿元，比 2010 年增长 17.9%，利润总额 278 亿元，同比下降 17.7%；机场实现营业收入 498 亿元，同比增长 15.7%，利润总额 43 亿元，同比下降 16.8%；保障企业实现营业收入 971 亿元，同比增长 39%，利润总额 42 亿元，同比增长 31.2%。

二、我国民用航空发展趋势

按照我国民用航空“十二五”发展规划，到 2015 年航空运输安全水平将稳步提升，基础保障能力全面增强，服务能力基本满足需求，转变发展方式取得成效，竞争能力和国际影响力显著提高，在国家综合交通运输体系中的作用更加突出，对国家经济社会的贡献明显增大，见表 4。要实现的目标主要包括以下几个方面：

表 4　“十二五”时期民航发展主要指标

类别	指标	2010 年	2015 年	年均增长
业务规模	航空运输总周转量（亿吨千米）	538	990	13
	旅客运输量（亿人）	2.68	4.5	11
	货邮运输量（万吨）	563	900	10
	通用航空生产作业（万小时）	14	30	16
	客运周转量在综合交通中的比重（%）	14.5	16	—
发展质量	运输飞行百万小时重大事故率	[0.05]	<[0.20]	—
	航班正常率（%）	81.5	>80	—
	载运率（%）	71.6	>70	—
	运输飞机日利用率（小时/天）	9.4	≥9.6	—
	吨千米燃油消耗（公斤）	[0.306]	<[0.294]	—

续表

类别	指标	2010	2015	年均增长
保障能力	保障起降架次（万）	605	1040	11
	全国民用运输机场（个）	175	≥230	—
	运输机队规模（架）	1597	2750	11
	通用机队规模（架）	1010	>2000	—
	航油供应（万吨）	1600	2850	12
	飞行员数量（万人）	2.4	4	11

1. 安全水平稳步提升

初步建成具有中国特色的行业安全管理体系和运行机制，运输航空每百万小时重大事故率低于 0.20。

2. 保障能力整体提高

运输机场数量达到 230 个以上，初步建成布局合理、功能完善、层次分明、安全高效的机场体系。空域不足的瓶颈有所缓解，空管保障能力稳步提高，保障起降架次达到 1040 万架次。

3. 运输能力显著增强

运输总周转量达到 990 亿吨千米，旅客运输量 4.5 亿人，货邮运输量 900 万吨，年均增长 13%、11%和 10%。航班正常率高于 80%，公众对民航服务基本满意。

4. 通用航空规模快速扩大

基础设施大幅增加，作业领域不断扩展，运营环境持续改善，标准体系初步建立，作业量和飞机数量翻番。

5. 节能减排全面推进

能源节约和污染排放控制取得明显成效，吨千米能耗和二氧化碳排放量五年平均比“十一五”下降 3%以上，新建机场垃圾无害化及污水处理率均达到 85%。

“十二五”期间要努力推进民航空中交通网络建设，增加空域容量，提升运行效率和服务能力。重点是提高空域资源使用效率和加大新技术应用力度，见表 5。主要建设以下几方面内容：

表 5 “十二五”时期空管系统重点工程

工程名称	主 要 内 容
运行管理中心工程	建设运行管理中心一期工程、飞行流量信息集成系统、空管设备运行监控系统和运行管理席位。
管制中心工程	新建沈阳、武汉等 10 个区域（终端）管制中心，扩容改造北京、上海、广州等 10 个管制单位的自动化系统，建设北京、上海、广州、成都、西安、沈阳 6 套进离场排序系统。

续表

工程名称	主要内容
通信系统工程	新建、扩建以及更新地空通信系统，建设完善民航宽带数据通信网、空管核心业务网、区域传输网络等平面通信系统，建设大中型机场终端通信系统。
导航网络工程	更新老化设施，完善陆基导航网络布局，建设 DME 网。
监视系统工程	实现主要航路航线雷达连续覆盖和繁忙机场的多重覆盖，建设繁忙机场 MLAT 系统和适应高原航路监视的 ADS-B 地面站。
航空情报服务能力建设工程	建设航空情报数据库，开发全国通用航空目视航图和数字化航行通告系统，研发机载导航数据源数据系统。
气象系统工程	完善气象中心、气象信息平台、气象预报系统、机场探测设施等。

1. 完善空中交通网络

规划调整航路网，研究规划航路航线网络布局，形成国家枢纽航路网、区域航路航线网和支线航线网有机结合的航路航线网络构架；建设国内大能力空中交通通道，增加干线航路数量或划设平行航路，构建大能力国家骨干航路和区域航路航线；扩大空中交通网覆盖范围，完成新建机场进离场航线的开辟和加入航路航线网运行工作；优化繁忙地区航路航线结构。

2. 提高空管运行效率

优化整合空域管理区划，实现空域相对集中管理；建设终端管制中心。根据机场流量增长需求，加强进近管制中心建设；施行缩小飞行间隔。建设空管运行管理系统；构建全国集中处理预先飞行计划系统平台；完善空管运行协调机制；加强气象和情报服务能力建设。

3. 推广应用空管新技术

重点推广应用自动化系统融合处理、航空电信网/空管服务信息处理系统（ATN/AMHS）、地空数据链系统、地基增强系统（GBAS）、航路对流天气预报系统、高原机场气象预报系统等新技术；开展 L5 频段、伽利略（Galileo）、北斗系统完好性服务研究。

三、我国民用航空领域的 ITS 应用需求

根据“十二五”发展规划，到 2015 年我国民用航空系统将在新一代网络综合信息系统、民航流量管理系统、全球卫星导航系统、多模式监视应用、新一代航空气象系统等关键技术领域取得实质性应用，取得面向“十三五”及更远未来的技术研究成果。因此，未来几年我国民用航空将继续推进 ITS 技术的应用和实施。

1. 继续实施基于 AIDC 的管制自动移交技术（基于 ATC 设施间数据通信-AIDC）

提高管制工作效率，成都、西安、沈阳和乌鲁木齐区管中心建成后，分别实现各高

空区域内雷达管制扇区之间的雷达标牌自动移交，并与相邻管制区实现 AIDC 管制移交，最终实现全国范围内的雷达标牌自动移交。

2. 数字化航站自动情报服务（D-ATIS）应用

在“十二五”初期完成武汉、南京等繁忙机场的 D－ATIS 系统建设和运行工作；“十二五”中后期，根据机场起降架次情况，在流量前 50 位（或塔台起降架次超过 25 000 架次）的机场实现 D-ATIS 系统的建设和应用。

3. 进离港排序系统（AMAN/DMAN）技术

完成北京、广州、上海三地的进离港排队系统建设，并力争在运行成熟的基础上，在其它有需求的大型繁忙机场完成系统建设的论证和前期建设工作。

4. 卫星导航地基增强系统（GBAS）试验与应用

在已开展的 GBAS 技术研究和设备研发与测试工作基础上，选用成熟的 GBAS 技术设备，选择我国条件适宜的机场进行基于 GBAS 系统的精密进近和着陆试验与验证工程。

5. 空管自动化系统融合处理技术

研究开发和使用自动化系统融合处理功能，使自动化系统可以单独和融合处理 ADS-B、MLAT 等多种监视信息，并提供相应的告警功能；具备综合数据输出接口，包括飞行计划、综合航迹等信息，支持飞行计划动态共享、多机场统一放行等功能。

6. 航空电信网（ATN）

继续实施 ATN/AMHS 技术应用，建设民航局空管局（北京）、华北空管局（北京）等共八个骨干节点，和已经建好的国际出口节点（北京、广州）和管理中心共同组成我国 ATN/AMHS 骨干应用网络。升级 ATN/AMHS 管理中心，实现对网络资源的集中、统一和实时管理，优化系统整体运行效率。

7. 地空数据链系统

对现有的地空数据链系统进行扩容与升级改造，根据重点区域和航路航线的需要进行补盲建设，并对现有 ACARS 地面站进行升级，通过实现多频率/多信道的通信技术，扩大地面站的接收能力和处理容量，满足机场和航路的通信需求。加大 VHF 数据链模式 2（VDL M2）地面站的建设，进行地空数据链系统的技术升级，以形成有效的新型 VDL M2 数据链网络，满足重要机场以及东部和东南部繁忙航线的通信覆盖需求，进行备份网控中心的设计和建设，实现主用网控与异地网控之间的切换，加强网络的可靠性和抗风险能力。

8. 航路对流天气预报系统

研制“航路对流天气预报系统”，为管制中心提供 15～120 分钟的临近预报。通过提前预报雷暴的移动、发展和消亡，使管制部门准确掌握航路和终端区的气象条件变化，更好地利用空域资源，保证安全，提高效率，减少延误。

9. 多点定位（MLAT）系统

在华北、华东、中南、西南四个地区的主要繁忙机场应用多点定位技术，解决这些机场地面活动及进近范围内飞行活动的监视问题，为复杂气象条件下，跑道侵入防护和场面活动防相撞管理提供相应的监视手段。在首都机场、北京第二机场、天津等繁忙机场建设多点定位系统。解决航空器之间、航空器与地面车辆之间的交通矛盾，改善机场场面以及部分机场进近范围内的交通安全管理手段，提升机场场面交通的运行效率。同时，在拉萨开展多点定位系统在广域范围以及地形复杂空域的应用试验，评估系统应用的可行性和成本效益。

10. 航路对流天气预报系统

研制“航路对流天气预报系统”，为管制中心提供15～120分钟的临近预报。通过提前预报雷暴的移动、发展和消亡，使管制部门准确掌握航路和终端区的气象条件变化，更好地利用空域资源，保证安全，提高效率，减少延误。

（撰稿：北京航空航天大学　张学军）

2011年汽车产业发展概况

2011年，我国汽车市场实现了平稳增长，汽车产销量双超1840万辆，再次刷新了全球历史记录；节能与新能源汽车积极推进，产销量得到较大幅度提高；汽车保有量增长迅速。为了使我国由汽车大国向汽车强国转变，“十二五”期间，汽车产销量将继续保持稳步增长；同时提高自主品牌汽车技术水平，增加其市场份额，并着力发展汽车服务业。为了解决日益严重的能源与环境问题，节能与新能源汽车技术将继续得到重点发展。

一、我国汽车工业发展现状及特点

（一）2011年汽车产销情况

2011年是中国加入世界贸易组织后的第十年。这十年是中国的汽车产业发展最好、最快的十年，经历了初期的艰难求索，中期的稳步提升，后期的快速增长，以及当前的理性回归。2011年，汽车行业规模以上企业累计完成工业总产值49 994.89亿元，同比增长16.8%；累计完成销售产值49 219.96亿元，同比增长16.7%，均高于宏观经济9.2%的增长速度，巩固了在国内经济中的支柱产业地位。

2001—2010年中国汽车市场达到了25.3%的高增长速度，高于20世纪最后十年的增速，也远高于同期全球平均增速。但进入2011年后，受到如国内物价指数CPI高位运行，购置税优惠、汽车下乡、以旧换新补贴等一系列优惠政策全面退出，北京限购等抑制汽车市场消费政策出台，日本大地震使零部件供应出现短缺等一系列不利因素影响，中国的汽车市场结束了一轮高速增长，进入了市场缓慢增长期。

据中国汽车工业协会统计，我国2011年累计生产汽车1841.89万辆，同比增长0.8%；销售汽车1850.51万辆，同比增长2.5%，产销同比增长率较2010年分别下降了31.6和29.9个百分点，如图1所示。其中，乘用车市场保持平稳增长，商用车市场下降较为明显。2011年，乘用车产销分别完成1448.53万辆和1447.24万辆，同比分别增长4.2%和5.2%，同比增长率较2010年分别下降29.6和28.0个百分点，如图2所示；商用车产销分别完成393.36万辆和403.27万辆，同比分别下降10.0%和6.3%，同比增长率较2010年分别下降38.1和36.2个百分点，如图3所示。

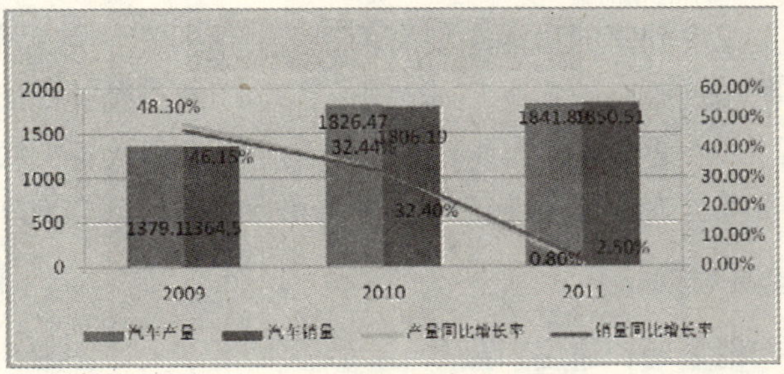

图 1　2009—2011 年汽车产销量

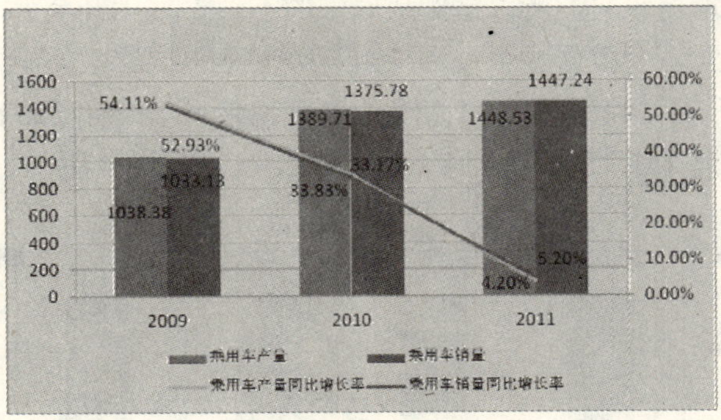

图 2　2009—2011 年乘用车产销量及增长率

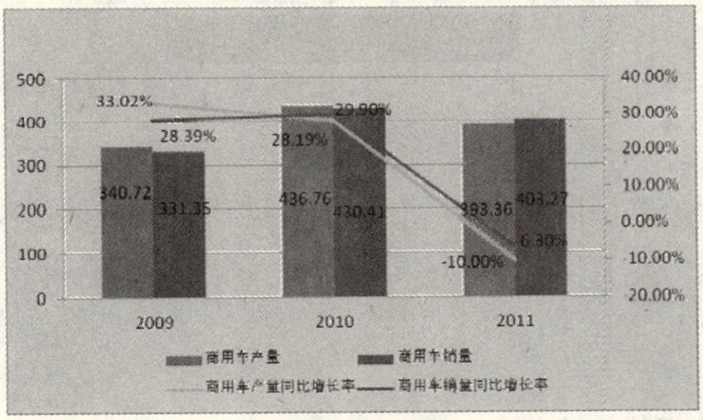

图 3　2009—2011 年商用车产销量及增长率

（二）2011 年我国汽车市场特点

2011 年中国国内汽车市场受到国家宏观经济调控、鼓励政策缩减以及国际市场供给等负面条件的影响，尽管全年产销量均突破 1840 万辆，但增幅同比大幅降低，市场出现高位低迷，特点如下：

1. 增长速度放缓

如前所述，我国 2011 年累计生产汽车 1841.89 万辆，销售汽车 1850.51 万辆；同比增长率分别为 0.8%和 2.5%，增长率较 2010 年分别下降了 31.6 和 29.9 个百分点，为 2000 年以来最低水平，但全球地位仍在高位上升，仍处于全球汽车销量排行榜首位。

造成增长速度大幅度回落的原因主要有两个：一个是车辆购置税优惠、汽车下乡、车辆以旧换新补贴等相关鼓励政策的集体淡出，汽车节能惠民补贴的缩减，使整体汽车购买力有所降低；第二个是在通货膨胀压力的影响下，货币政策持续缩减，经济增速下降，使得国内汽车市场处在较为紧张的环境中，影响了汽车市场的增长势头。

2. SUV 市场发展强劲

虽然我国汽车产销量增长速度明显放缓，数量变化不大，但各车型市场份额发生了变化。乘用车中，轿车保持稳定增长，占乘用车总销量的 70%，SUV、MPV 产销量虽然较小，但近几年增速较快，所占比例从原来的不到 13%上升至近 15%。

据中国汽车工业协会数据显示，2011 年轿车销售 1012.27 万辆，同比增长 6.6%；MPV 销售 49.77 万辆，同比增长 11.74%；交叉型乘用车销售 225.83 万辆，同比下降 9.38%；而 SUV 销售 159.37 万辆，同比增长 20.19%，如图 4 所示。

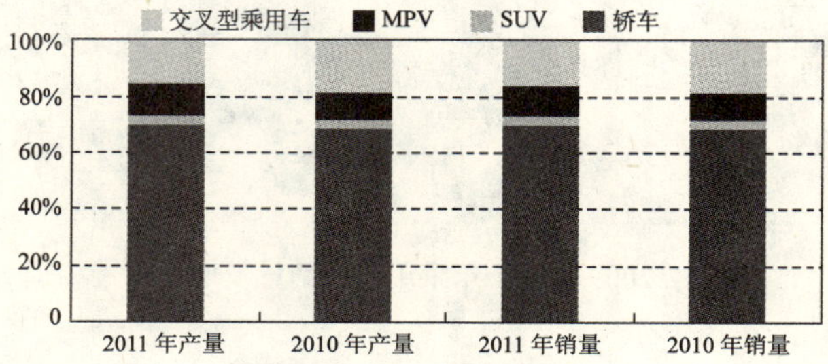

图 4　2011 年乘用车各车型产销比例变化（数据源自 CAAM）

据新华信国际信息咨询（北京）有限公司研究表明，SUV 销量增长的原因有三个：第一，SUV 产品特点与中国消费需求符合是其市场发展的基础动力；第二，未来高收入家庭数量的增加为 SUV 市场的增长提供可能，特别为 15 万元以下 SUV 市场的增长提供了明显动力；第三，车辆换购用户是 SUV 消费的重要群体，“换车潮”将推动未来 3～5 年 SUV 市场的新一轮发展。

3. 新能源汽车产销量提高

据中国汽车工业协会不完全统计，2011 年汽车整车企业新能源汽车的产销量分别为 8368 辆和 8159 辆，比 2010 年有较大幅度的提高。

在新能源汽车的产销量中，混合动力汽车的产销量均不及纯电动汽车的一半。数据显示，整车企业 2011 年全年生产纯电动汽车 5655 辆，混合动力汽车 2713 辆；销售纯电动汽车 5579 辆，混合动力汽车 2580 辆；按照车型分类，则轿车占总量的 61%，客车为 28%，其他车型 11%。除此之外，2011 年生产代用燃料汽车 3.11 万辆，销售 3.13 万辆。

尽管新能源汽车产销总量仍均不足万辆，但随着公共服务领域节能与新能源汽车示范推广，私人购买新能源汽车补贴试点城市的增加以及近期《节能与新能源汽车产业发展规划（2011—2020）》的出台，将会对我国新能源汽车市场产生巨大的推动作用。

4. 汽车保有量快速增长

国家统计局发布2011年国民经济和社会发展统计公报显示，2011年年末我国民用汽车保有量达到10 578万辆（包括三轮汽车和低速货车1228万辆），同比增长16.4，其中私人汽车保有量7872万辆，增长24.4%，其中私人轿车保有量4322万辆，增长25.5%。

随着汽车保有量迅速增加的同时，环境污染问题也日益严重。据估计与20世纪80年代相比，我国机动车保有量增加24倍，排放总量则增加12倍，这得利于我国不断提高机动车排放控制标准，引导促进车辆低碳减排。但预计到2020年，我国汽车保有量将超过20 000万辆，由此带来的能源与环境问题将更加突出。大力推进传统汽车节能减排和新能源汽车发展，已成为我国汽车产业亟需解决的重大课题。

二、“十二五”我国汽车产业展望

（一）汽车产销量保持稳步增长

虽然汽车行业面临鼓励汽车消费政策推出以及大城市限购等不利因素的影响，但行业在“十二五”期间仍将拥有较好的发展势头。目前我国千人汽车保有量远低于日本和美国的水平，汽车行业有着较大的发展空间。根据《汽车行业“十二五”发展规划》（草案）的预测，到2015年我国汽车总产量将达到2500万辆。

（二）加快发展节能与新能源汽车产业

面对日益严重的能源与环境约束，应坚持节能汽车与新能源汽车并举，进一步提高传统能源汽车节能环保和安全水平，加快新能源汽车发展。同时加快掌握先进内燃机、高速变速器等关键技术，突破动力电池、驱动电机及管理系统等核心技术，逐步建立和完善标准体系，稳步推进节能与新能源汽车试点示范，加快充电设施建设，完善新能源汽车准入管理，健全汽车节能管理制度。

根据《节能与新能源汽车产业规划》，“十二五”期间，我国新能源汽车将初步实现产业化，到2015年，纯电动汽车和插电式混合动力汽车市场保有量达到50万辆以上；混合动力汽车实现产业化，中/重度混合动力乘用车保有量达到100万辆；乘用车新车平均油耗达到5.9升/百公里。

（三）提升自主品牌汽车市场份额

近年来，随着我国汽车研发水平的不断提高、市场竞争力的提升，我国自主品牌汽车技术水平及品牌知名度不断提升。预计在“十二五”期间，我国自主品牌汽车销售增速将快于汽车行业整体增速，其市场份额也将进一步提高。《汽车产业调整和振兴规划》指出，“产销规模占市场份额90%以上的汽车企业集团数量由目前的14家减少到10家以内”，“自主品牌乘用车国内市场份额超过40%”。

（四）着力发展汽车服务业

汽车服务业是连接汽车生产和消费、惠及千家万户的基础性服务，是汽车产业价值链的重要组成部分，已成为国外汽车制造商的主要利润来源。

通过以品牌营销为主体，建立新车销售、配件供应、售后服务、旧车交易等的服务体系，大力发展汽车金融、汽车保险，以及汽车租赁等高附加值的现代汽车服务业，支持有条件的大型汽车企业由制造业向服务领域延伸，在推动研发、设计等环节发展的同时，拓展汽车金融服务和售后服务，提高服务业的比重和水平，从而加快汽车服务业发展。

到 2015 年，初步建立起具有国际竞争优势的汽车服务体系，拥有一批具有世界竞争实力和规模的汽车服务企业。

三、智能交通系统（ITS）对汽车技术发展的需求

（一）车联网系统

车联网涵盖了汽车整车及零部件企业、电子集成芯片企业、软件供应商、方案供应商、网络供应商等多个环节，是技术性强、覆盖面广、市场空间巨大的物联应用网络平台。目前车联网主要涉及交通部和工信部两大部门，其中交通部明确将车联网列为“十二五”智能交通发展的主攻方向，而工信部则将在“十二五”期间从产业规划、技术标准等方面着手，加大对车载信息服务的支持力度，推进车联网的全面铺开。

基于车联网的车载智能终端技术，是实现车联网的前提和必要技术，是集电子、通信、网络、嵌入式等技术为一体的高端车载信息服务平台。综合地说，车载智能终端实现了车辆状态监控、行车环境感知、在线娱乐以及无线通信功能。终端通过与车内 CAN、LIN 总线网络联接，使用车载速度、加速度、方向盘转角等传感器，获取车辆状态信息，监控车辆驾驶状态，提示驾驶员车辆可能存在的危险；使用车载微波雷达、摄像头、GPS 和 GIS 等设备，用以感知车辆周围环境，进行车辆定位；利用 3G、Wi-Fi 等无线网络技术，实现车辆与互联网的联接，为乘车人员提供丰富的互联网资源；终端使用 GPRS、3G、DSRC 等无线通信技术，实现车辆与路侧基站、上层服务调度中心的数据通信交互，为实现交通流的系统调度、车辆路径规划提供数据支持。

目前国外品牌的车载智能终端产品已有多家被成功引入国内市场，如通用 OnStar，丰田 G-Book 等；而国内主要的整车厂商也纷纷推出自己的车载智能终端，并在继续扩展系统功能，深入研发。车载智能终端技术的应用将为人们带来智能交通的全新体验，方便乘车出行，提高交通效率，对交通拥堵、尾气污染等问题起到良好的缓解作用。

（二）车辆主动控制技术

车辆主动控制技术通过人、车交互控制车辆行驶状态，实现车辆主动安全控制，并在特殊条件下部分实现自主驾驶。具有代表性的车辆主动安全控制技术有：ABS、主动

避撞、ACC、车道表示线识别、车道保持、ASR和ESP等。

基于智能交通的车辆主动控制技术将车辆视为宏观或微观的交通流组成部分。实现实时了解事实交通状态、交通信号和标识等信息，提高行车安全，降低整体交通能耗，减少污染物排放，提升交通效率。

基于车路协同的车辆安全控制技术是ITS研究的热点和前沿技术。主要研究基于车路信息交互的目标识别、危险辨识和安全控制等技术，实现车路协同式安全预警、辅助驾驶和主动避撞等功能。

（三）智能车辆技术

智能车辆是指能够感知和理解周围环境，根据交通状况和驾驶者意图规划自己的行车路线，辅助甚至代替驾驶员进行自主驾驶的车辆，主要包括环境实时感知和理解、行车路线规划、驾驶行为决策和驾驶控制四个方面能力。

智能车辆的研究开始与20世纪50年代，从20世纪80年代开始，世界各国纷纷大力投入对智能车辆的开发。谷歌公司站在了智能车辆研发的前沿，是目前智能车辆发展的最新趋势。我国智能车辆的研究始于20世纪80年代，以高校和科研院所为主，目前主要的研究成果包括清华大学的THMR-V，吉林大学的JLUIV-III视觉导航智能车，军事交通学院的猛士智能车等。

目前，智能车辆还处于研究阶段，距离真正上路行驶还有很长的距离。基于ITS的智能车辆应以提高交通效率、减少排放污染为主要目的，通过对行车环境感知、行车路线规划、车辆主动控制等关键技术的深入研究，实现车辆的安全、高效行驶，从而实现整个交通系统的低碳运行。

（撰稿：清华大学　李克强；中国汽车技术研究中心　龚进峰）

2011年电子信息产业发展概况

经过2008—2009年的国际金融危机，从2010年开始，世界电子信息产业开始走出低谷，电子产品产销规模都以两位数的速率递增。然而，进入2011年，全球经济发展起伏动荡，增速放缓，直接影响到电子信息产品制造业的发展。据《世界电子数据年鉴2011》(The Yearbook of World Electronics Data 2011)统计，2010年世界电子信息产品制造业产销规模分别增长15.61%和13.35%，2011年世界电子产品产销仍维持正增长，但增速开始放缓，且有较大的回落，产值17 999亿美元，同比增长4.31%，销售值17944亿美元，同比增长3.82%，基本回落到2008年的增长水平。预计未来两年电子产品产销规模仍会保持低速增长的发展态势。

在国内，2011 年是“十二五”的开局年，我国在电子信息产业方面发布了一系列“十二五”规划，如《电子信息制造业“十二五”发展规划》、《软件和信息技术服务业“十二五”发展规划》等，对未来五年电子信息产业的发展做出了总体部署。

一、发展概况

2011 年，在一系列鼓励产业政策的引导支持下，我国电子信息产业保持了较好的运行态势，整体发展情况可以表述为“持续平稳增长”与“亟待转型升级”。产业各项经济指标基本正常，但生产、出口、效益各方面均尚未恢复至危机前水平，调结构、转方式、增强产业核心竞争力、提升发展质量效益、由大变强的任务愈加迫切。

根据工业和信息化部公布的《2011年电子信息产业统计公报》，2011年，我国电子信息产业实现销售收入 9.3 万亿元，增幅超过 20%；其中，规模以上制造业实现收入74 909亿元，同比增长17.1%；软件业实现收入18 468亿元(快报数据)，比2010年增长35.9%。规模以上电子信息制造业实现销售产值75 445亿元，同比增长21.1%。手机、计算机、彩电、集成电路等主要产品产量分别达到11.3亿部、3.2亿台、1.2亿台和719.6亿块，同比增长13.5%，30.3%，3.4%和10.3%。

2011年，规模以上电子信息制造业实现主营业务收入74 909亿元，同比增长17.1%；实现利润总额3300亿元，同比增长16.8%。行业销售利润率为4.4%，与2010年基本持平；全年有6个月份的利润呈下降态势，波动较为明显。行业主营业务成本占主营业务收入的比重达到88.7%，比2010年提高0.6个百分点。行业中亏损企业2497个，同比增长36.7%，企业亏损面达16.6%；亏损企业亏损额同比增长52.9%。

2011年，电子信息产品进出口增速呈前高后低态势，全年进出口总额达到11 292.3亿美元，同比增长11.5%，占全国外贸总额的31.0%。其中，出口6612.0亿美元，同比增长11.9%，增速比2010年同期下滑17.4个百分点，占全国外贸出口额的34.8%；进口4680.3亿美元，同比增长11.0%，增速比2010年同期下降23.0个百分点，占全国外贸进口额的 26.8%。出口额前三位的产品为：笔记本电脑 1058.8 亿美元，增长 11.1%；手机 627.6 亿美元，增长 34.3%；集成电路 325.7 亿美元，增长 11.4%。

2011 年 1～11 月，电子信息产业 500 万元以上项目完成固定资产投资 8183 亿元，同比增长 56%，高于工业投资 29.2 个百分点。其中，电池行业完成投资达 1505 亿元，占全行业投资比重 18.4%，同比增长 111.7%，成为电子信息产业中投资最密集、增长最快的领域。1～11 月，电子信息产业新开工项目 6523 个，同比增长 59.1%，扭转了 2011 年同期下滑局面。其中，电子元器件、信息机电和信息化学品制造行业新开工项目数增长均超过 55%，个数占全行业 70%。

二、特点与趋势

（一）产业地位保持领先，经济贡献日益突出

1. 在工业行业中保持领先地位

2011 年，规模以上电子信息制造业增加值、投资增速分别高于工业平均水平 2.0 和近 20 个百分点。行业收入、利润占全国工业比重分别达到 8.9%和 6.1%，电子制造业在整体工业中的领先和支柱作用日益凸显。

2. 对国民经济的贡献日益加大

2011 年，规模以上电子信息制造业从业人员 940 万人，比 2010 年新增 60 万人，占全国城镇新增就业人口的 4.9%。上缴税金 1245 亿元，同比增长 31.0%，增速高出全国工业平均水平 6.2 个百分点。电子信息产品进出口总额达 11292.3 亿美元，占全国外贸进出口总额的 31.0%。电子信息产业在国民经济中的重要性不断提高。

3. 为信息化建设发挥有力支撑

截至 2011 年年底，我国手机普及率达到 73.6 部/百人，比 2010 年提高 9.2 部/百人；3G 网络渗透率达到 13.0%，比 2010 年提高 7.5 个百分点。我国互联网普及率达到 38.3%，比 2010 年提高 4.0 个百分点；其中手机上网用户占到网民总数的 69.4%，比 2010 年年提高 3.2 个百分点。城镇居民的彩电、计算机拥有率超过 135 台/百户和 70 台/百户，均比 2010 年有所提高。金融、电信、电力、能源和政府等领域的软件业务收入增势迅猛；信息技术对其他行业的渗透进一步深化，为改造提升传统产业、促进工业节能减排、扶持中小企业发展及推动通信业转型发展等发挥积极作用。

4. 科研创新成果显著

截至 2011 年年底，全国信息技术领域专利申请总量达到 136.4 万件，占工业行业专利申请量的 35.7%；比 2010 年增加 22.95 万件，同比增长 20.2%；信息技术领域专利申请总量和新增量在各工业行业中均居于首位。产业内领军企业华为和中兴的专利申请量分别达到 3.04 和 2.48 万件，明显领先于其他企业。在 2011 年度荣获国家科学技术进

步奖的项目，在新型显示技术、移动宽带、光通信等多个领域取得新突破，为促进产业结构调整，推进产学研体系健康发展发挥了积极作用。

5. 全球产业大国地位不断凸显

2011 年，我国彩电、手机、计算机等主要电子产品产量占全球出货量的比重分别达到 48.8%、70.6%和 90.6%，均名列世界第一。软件业收入占全球软件企业收入的比重超过 15%。我国电子信息产业的国际地位不断提高。

（二）结构调整不断深化

1. 软硬件比例趋于合理，行业结构不断改善

2011 年，我国电子信息产业中软件业收入比重接近 20%，与 2010 年(17.5%)相比有明显提高。在制造业中，随着新型显示器件、LED、光伏产品等领域的快速发展，电子元、器件和电子材料行业收入比重达到 36.7%，比 2010 年提高 1.2 个百分点。在软件业中，服务化趋势明显，信息技术咨询服务、数据处理和运营服务分别实现收入 1864 和 3028 亿元，所占比重达到 10.1%和 16.4%，比 2010 年提高 0.7 和 1.1 个百分点。

2. 内销市场稳步增长，产业对外依存度下降

2011 年，规模以上电子信息制造业实现内销产值 34165 亿元，同比增长 31.0%，比行业销售产值增速和出口交货值增速高 9.9 和 17.1 个百分点。电子制造业对外依存度(54.7%)比 2010 年下降 3.5 个百分点。

3. 内资企业快速发展，本土企业实力增强

2011 年，规模以上电子信息制造业中内资企业销售产值、出口交货值增速分别达到 31.1%和 16.4%，高于行业平均水平 10.0 和 2.5 个百分点。内资企业经营水平不断提高，销售利润率达到 6.6%，高于行业平均水平 2.2 个百分点。

4. 产业转移步伐加快，区域结构持续优化

2011 年，中、西部地区规模以上电子信息制造业销售产值增长 63.1%和 74.3%，高出全国平均水平 42 和 53.2 个百分点；两个地区实现出口交货值增长均超过 110%。东部地区电子制造业销售产值和出口交货值增长 15.9%和 9.1%，低于全国平均水平 5.2 和 4.8 个百分点，产业在东部地区的销售产值和出口交货值比重(84.6%和 91.5%)比 2010 年同期下降 3.8 和 4.0 个百分点。

5. 外贸结构继续调整，抵御风险能力增强

2011 年，我国电子信息产品出口中：一般贸易出口 1194.7 亿美元，同比增长 22.3%，比重达到 18.1%，较 2010 年提高 1.6 个百分点；内资企业出口 1237.7 亿美元，比重达 18.7%，比 2010 年提高 0.8 个百分点；前十位出口对象所占比重 72.3%，比 2010 年下降 0.3 个百分点；出口前五位省市所占比重 84.9%，比 2010 年下降 2.2 个百分点。

（三）外贸增速有所放缓

由于我国电子信息产品对亚洲地区和新兴市场出口增长较快，2011 年电子信息产品进出口仍然保持快速增长的态势，规模以上电子信息制造业企业完成出口交货值 37 446.86 亿元，占规模以上企业实现销售额的 55.21%，同比增长 17.8%。但下半年因欧美发达国家受主权债务问题影响经济增速放缓、需求下降，以外需为主的我国电子信息产品出口增速呈现前高后低的态势。

1. 通信设备增速最为突出

2011 年前 11 个月，电子信息产品进出口总额达到 10 267 亿美元，同比增长 12.1%；其中，出口 6005 亿美元，同比增长 12.5%，占全国外贸出口的 34.8%；进口 4262 亿美元，同比增长 11.5%，占全国外贸进口的 26.9%。在出口产品中，通信设备、电子元件、广播电视设备和电子仪器设备行业增长相对较快，出口额分别达到 1168 亿美元、800 亿美元、93 亿美元和 242 亿美元，同比增长 27.4%、15.3%、13.3%和 12.6%，均高于全行业 12.5%的平均水平。而计算机、家用电子电器、电子器件和电子材料等行业的出口增速放缓，出口额分别为 2089 亿美元、863 亿美元、690 亿美元和 59 亿美元，同比增长分别为 6.6%、8.2%、11.1%和 11.4%，计算机行业出口的增速最低。在出口的主要产品中，出口额排前五位的分别是：笔记本电脑、手机、集成电路、液晶显示板和手机零件，出口额分别为 960 亿美元、560 亿美元、290 亿美元、270 亿美元及 251 亿美元，同比增长 12.5%、33%、9.3%、11.3%及 30.8%。

2. 对新兴市场国家的市场开拓卓有成效

在国际金融危机爆发后，我国加大了对亚洲及新兴市场国家电子信息产品贸易市场的开拓，出口呈现快速增长之势。2011 年前 11 个月，我国对巴西、俄罗斯等新兴市场国家的出口额分别为 95 亿美元和 72 亿美元，同比增长 19.5%和 25.8%；由于大陆对亚洲电子信息产品的出口主要集中在中国香港、台湾，日本、韩国等地区，前 11 个月我国对香港地区、日本、韩国和台湾地区出口的电子信息产品出口额分别为 1420 亿美元、411 亿美元、273 亿美元和 151 亿美元，同比增长分别为 16.0%、16.9%、11.9%和 13.7%。

而我国对欧美发达国家的出口呈增速放缓与萎缩的态势。截至 11 月底，我国电子信息产品对美国、英国和意大利出口分别为 1148 亿美元、110 亿美元和 89 亿美元，同比增长分别为 9.9%、0.5%和 1.8%，均低于行业平均水平；而对法国、波兰、西班牙等国的出口额分别为 88 亿美元、37 亿美元和 35 亿美元，同比下降 5.9%、6.5%和 14.5%。

3. 贸易结构受欧美经济放缓影响被优化

受欧美发达国家外需市场萎缩的影响，外资企业出口比重下滑。2011 年 1～11 月，外商独资企业出口 3888 亿美元，增长 12.7%，增速与平均水平基本持平；而中外合资企业、中外合作企业出口分别为 938 亿美元和 54 亿美元，同比增长仅 6.3%与 8.8%。三资企业出口合计 4880 亿美元，比重 81.3%，比 2010 年同期下降 0.8 个百分点；相对而言，内资企业出口保持了快速增长的态势，民营企业和集体企业出口额分别为 624 亿美元和 145 亿美元，同比增长 33.8%和 16.9%；但国有企业出口 354 亿美元，同比下降 2.8%。

与此同时，我国加工贸易出口增长速度进一步放缓，2011 年 1～11 月，加工贸易出口 4546 亿美元，同比增长 9.4%；加工贸易出口比重为 75.7%，同比下降 2.1%。随着三资企业出口比重下降、加工贸易比重下降，电子信息产品的贸易结构被优化。

（四）软件产业进入新的快速发展阶段

在《国务院关于印发进一步鼓励软件产业和集成电路产业发展若干政策的通知》及财政部和国家税务总局联合发布《关于软件产品增值税政策的通知》等产业扶持政策的推动下，软件产业规模迅速扩大。2011 年 1～11 月，我国软件产业共实现软件业务收入 16 577 亿元，同比增长 32.8%，比 2010 年同期提高 2.8 个百分点，超过电子信息制造业增速 10 个百分点以上。

1. 信息新技术、新业态发展迅猛

由于物联网在金融、智能交通、电力等行业的广泛应用，信息新技术和新业态发展迅猛。在企业信息化、两化深度融合所带来的应用需求及电子政务与政府采购的共同推动下，软件业结构调整步伐进一步加快，软件业国产化趋势增强，正在向高端、核心延伸。尤其是电子政务与政府采购对软件产业的增长贡献巨大。累计到 2011 年 11 月底，信息技术咨询服务、数据处理和运营服务分别实现收入 1641 亿元和 2598 亿元，同比增长 49.4%和 42.9%，增速高于去年同期 10.6 和 5.4 个百分点，更高于全行业 32.8%的平均水平。软件产品和嵌入式系统软件增长快于 2010 年，实现收入 5631 亿元和 2675 亿元，同比增长 30.7%和 31.7%，分别比 2010 年同期高 7.4 和 4.2 个百分点。

2. 出口增速下调，外包服务首现负增长

受欧美发达国家因主权债务问题经济增速放缓、需求下降的影响，我国软件业出口增速放缓。2011 年前 11 个月，我国软件业实现出口 264 亿美元，同比增长 17%，比 2010 年同期低 9.9 个百分点，其中 11 月比 10 月份低 16.4 个百分点，呈快速回落的态势。前三季度中软件外包服务连续保持每月 30%以上增速，第四季度出现较大起伏，11 月首现负增长，同比下降了 24.5%。累计到 11 月底，外包服务出口收入 52 亿美元，同比增长 34.6%。

3. 重点企业运行良好，发展性指标走势平稳

截至 2011 年 11 月，工信部重点监测的前百家软件企业累计完成软件业务收入 2826 亿元，同比增长 16%，如去掉大型通信类软件企业业务调整的影响因素，其他企业的软件业务收入增长 23%，利润增长 17%。前 11 个月，百家企业研发经费投入同比增长 24%，增速高出收入增长 8 个百分点，从业人员平均人数同比增长 18%，订单金额呈增长态势的企业接近九成，呈现良好的发展态势。

4. 信息安全成为软件业关注的热点

随着物联网、云计算等新兴产业的发展，大型数据处理、业务分析快速增长，社交网络与移动互联网的结合越加紧密，互联网的广泛应用给信息的保护工作带来了更大的挑战。2011 年 12 月份，CSDN 网站、人人网、天涯、开心网、多玩、世纪佳缘、珍爱网等网站用户的个人信息被大规模泄露，资料信息被放到网上公开下载。一场互联网恐慌如蝴蝶效应般迅速波及开来，信息安全已成为业界关注的热点，而在云环境下的信息安全问题更为凸显。

三、总结

下一阶段，国际经济环境复杂严峻，国内经济发展中不平衡、不协调、不可持续的矛盾和问题仍很突出。产业发展面临着国际市场需求疲软、贸易保护主义愈演愈烈、世界范围内信息技术产业竞争加剧等挑战；同时也具有国内市场稳步增长、信息化建设全面深化、产业结构持续调整等积极因素，预计 2012 年产业发展增速将与 2011 年基本持平。

四、附表及附图

（来源于工业和信息化部《2011 年电子信息产业统计公报》）

表 1 2011 年电子信息产业主要指标完成情况

	单位	2011 年	增速
一、规模以上电子信息制造业			
主营业务收入	亿元	74909	17.1%
利润总额	亿元	3300	16.8%
税金总额	亿元	1245	31%
从业人员	万人	940	6.8%
固定资产投资	亿元	8183	56.0%
电子信息产品进出口总额	亿美元	11292.3	11.5%
其中：出口额	亿美元	6612	11.9%
进口额	亿美元	4680.3	11.0%
二、软件业			
软件业收入	亿元	18468	35.9%
三、主要产品产量			
手机	万部	113257.6	13.5%
微型计算机	万台	32036.7	30.3%
彩色电视机	万台	12231.4	3.4%
集成电路	亿块	719.6	10.3%
程控交换机	万线	3034	-3.2%

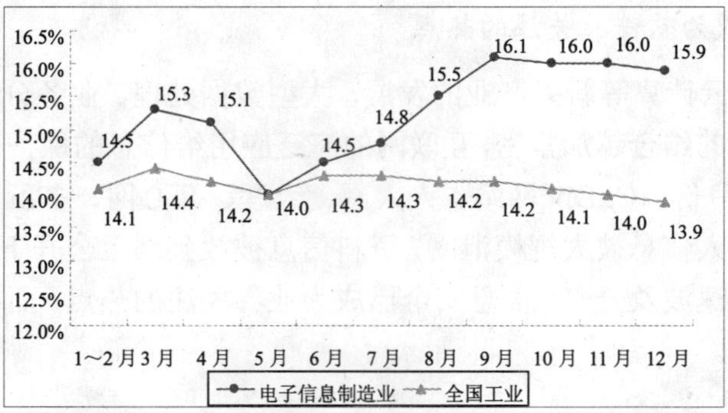

图 1　2011 年电子信息制造业与全国工业增加值累计增速对比

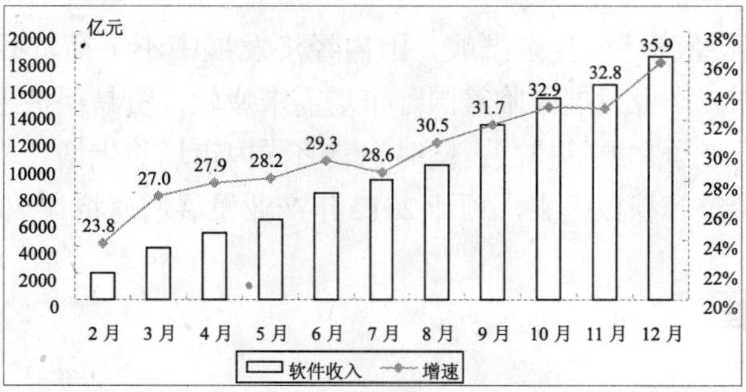

图 2　2011 年软件业累计收入完成情况

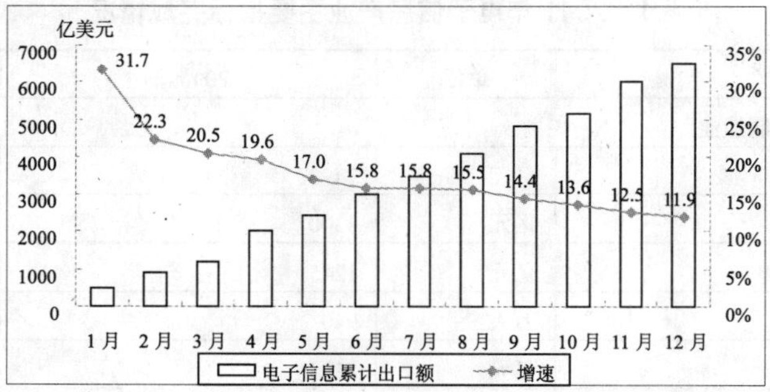

图 3　2011 年电子信息产品累计出口额情况

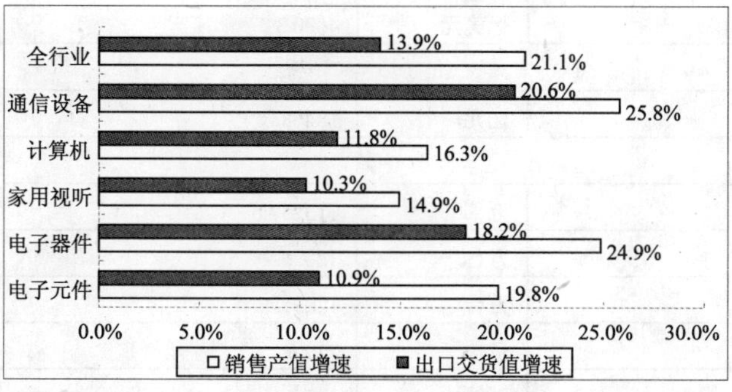

图 4　2011 年电子信息制造业主要行业发展态势对比

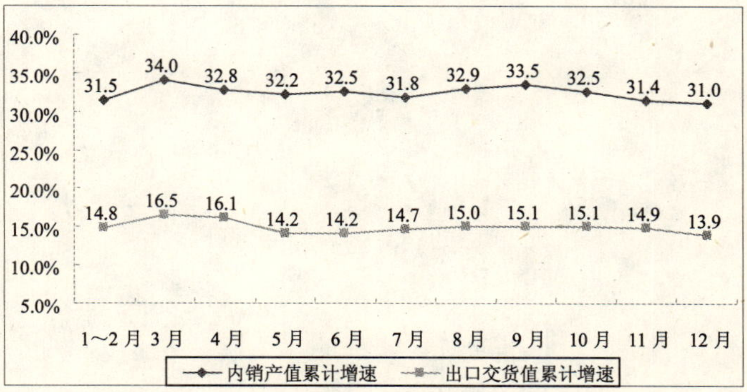

图5　2011年电子信息制造业内外销产值累计增速对比

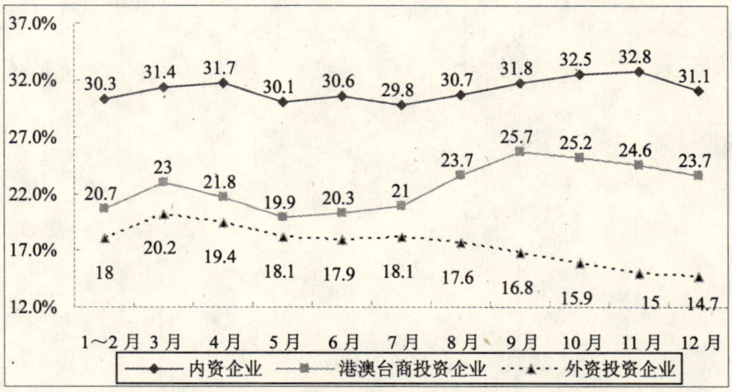

图6　2011年电子信息制造业不同性质企业销售产值累计增速对比

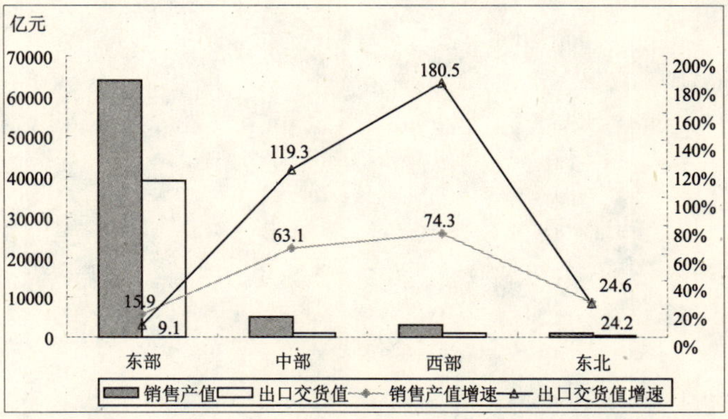

图7　2011年东、中、西、东北部电子信息制造业发展态势对比

（撰稿：深圳市综合交通运行指挥中心　关志超）

第三章

智能交通发展综述

2011年公路交通智能化发展

一、公路智能交通的主要发展

“十一五”期间，重点加强了高速公路、普通国省干线公路重要路段、大型桥梁、长大隧道、高风险水域、重要航段和公路客货运输枢纽、港口等基础设施运行监测与监控系统的建设，深化了路网、航道运行和养护管理的信息化应用。

开发了1∶25万全要素全国公路电子地图和1∶5万全国农村公路电子地图。国省干线交通量调查系统建设进一步加快，已建成连续式交通量观测站1428个，间歇式交通量观测站22 778个，数据采集自动化程度逐年提高。有效支撑了公路交通运输规划、建设、运行管理和服务。

20个省（区、市）实现了高速公路联网监控，路网监控与信息采集设备布设逐步加密，部分高速公路重要路段实现了全程监控。28个省（区、市）实现了高速公路联网收费，设置ETC车道收费站数量约占高速公路收费站点总数量15%。

以国家公路网管理与应急处置中心建设为依托，初步实现了对全国部分重点公路路段的视频图像、交通流数据的接入，路况阻断信息的汇总分析和气象对区域路网的影响分析，实现了跨省市公路交通突发事件的协调处置。各地建设了超限运输车辆监控和治超检测站远程监控等系统，部分省市实现了省内检测站点治超管理信息联网，车辆超载超限率控制在5%以内。重点营运车辆动态监管的试点地区已经扩大到30个省（区、市），初步建立了全国重点营运车辆动态信息交换平台。

全国27个省（区、市）开发应用了省级统一的道路运政管理系统，全国IC卡道路运输电子证件的应用试点工作逐步开展，道路运输移动稽查系统在部分地区得到应用。组织开发了部级公路水路建设市场诚信及工程质量信息服务系统和公路工程评标专家管理系统，部分省市开展了公路水路建设市场、运输市场信用信息系统建设。

二、主要公路ITS应用技术及系统建设

（一）ETC

ETC（高速公路电子不停车收费系统）的建设，对节省停车交费时间，缓解收费车道拥堵，改善通行条件有着重要的作用。

继2007年组织编制并正式颁布《电子收费专用短程通信》（GB/T 20851-2007）、《收费公路联网收费技术要求》和2008年8月版《高速公路区域联网不停车收费示范工程暂行技术要求》（共22个技术规范，以下简称暂行技术要求）之后，交通运输部公路科学研究院国家智能交通系统工程技术研究中心在总结京津冀、长三角示范工程建

设和运营经验的基础上，形成《公路联网电子不停车收费技术要求》，并于 2011 年 3 月正式发布实施（交公路发[2011]13 号文件），用以指导全国范围内的 ETC 系统建设和运营。

国家智能交通系统工程技术研究中心依据组合式联网 ETC 技术标准体系，研究制定了我国相关产品在物理层参数、协议规程、安全机制以及互操作性等方面的检测评价指标和评测方法，形成一系列检测评定技术标准及规范，并研发了具有自主知识产权的关键检测设备（如图 1、图 2 和图 3 所示），解决了 ETC 产品标准符合性判定的问题，有效规范了产品市场，为联网 ETC 工程建设提供了先期保障。截至目前，有 21 家企业的 53 个型号的 ETC 产品通过本系统的检测并投入市场。

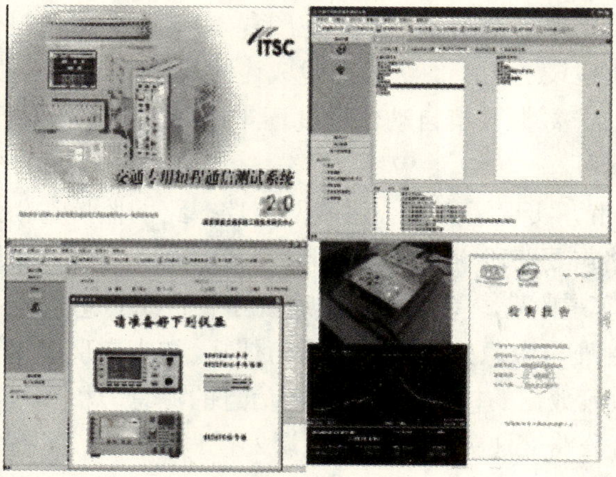

图 1　物理层参数测试系统

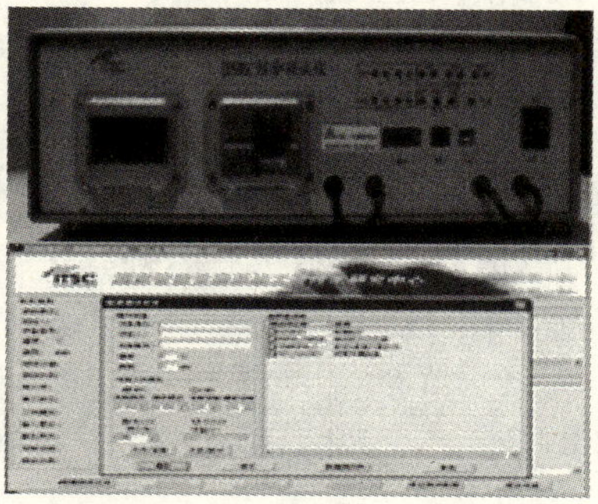

图 2　协议层参数测试系统

图 3　电子标签检测设备

截至 2011 年底，全国有 24 个省份正式开通运营 ETC 系统，共建设 2800 多条 ETC 车道，用户达 280 万，覆盖高速公路里程约 6 万千米，达高速公路里程的 80%，自营和代理发行网点以及发行终端 3000 多个。很多省市设立网站、服务热线电话，24 小时为用户提供全方位服务。

目前，已通过产品检测的设备见表 1。

表 1　已通过测试的电子收费专用短程通信产品名录

报告编号	设备型号	设备名称	生产厂商	制造商代码	报告批准日期	有效期	通过测试类型	
							物理层	协议和互操作
2010-CI-008	CP DSRC-R002	电子收费专用短程通信路侧单元	普天首信通信设备厂（集团）	04	2010.06.18.	2年	✓	✓
2010-CI-009	JKW201	电子收费专用短程通信路侧单元	航天信息股份有限公司	06	2010.06.18.	2年	✓	✓
2010-CI-010	SHINE-G60	电子收费专用短程通信路侧单元	深圳市金溢科技有限公司	02	2010.06.18.	2年	✓	✓
2010-CI-011	TQXS6-WB-RSU	电子收费专用短程通信路侧单元	上海东海电脑股份有限公司	05	2010.06.18.	2年	✓	✓
2010-CI-036	E6X0	电子收费专用短程通信车载单元	北京北大千方科技有限公司	07	2010.07.19.	2年	✓	✓
2010-CI-037A	WEO10-01	电子收费专用短程通信车载单元	北京万集科技股份有限公司(原北京万集科技有限责任公司)	08	2010.07.19.	2年	✓	✓
2010-CI-038A	JJ-OBU-I	电子收费专用短程通信车载单元	中海网络科技股份有限公司(原上海交技发展股份有限公司)	10	2010.07.19.	2年	✓	✓
2010-CI-039	DP368-B	电子收费专用短程通信车载单元	广州市埃特斯通讯设备有限公司	01	2010.07.19.	2年	✓	✓
2010-CI-040A	WER09-01	电子收费专用短程通信路侧单元	北京万集科技股份有限公司(原北京万集科技有限责任公司)	08	2010.07.19.	2年	✓	✓
2010-CI-041	JLST-01	电子收费专用短程通信路侧单元	北京聚利科技有限公司	03	2010.07.26.	2年	✓	✓
2010-CI-042	SHINE-G60E	电子收费专用短程通信路侧单元	深圳市金溢科技有限公司	02	2010.07.26.	2年	✓	✓
2010-CI-043A	JJ-RSU-Ⅰ	电子收费专用短程通信路侧单元	中海网络科技股份有限公司(原上海交技发展股份有限公司)	10	2010.07.26.	2年	✓	✓
2010-CI-057	DP368-A	电子收费专用短程通信路侧单元	广州市埃特斯通讯设备有限公司	01	2010.11.11.	2年	✓	✓

续表一

报告编号	设备型号	设备名称	生产厂商	制造商代码	报告批准日期	有效期	通过测试类型	
							物理层	协议和互操作
2010-CI-066	ZXRIS 1801	电子收费专用短程通信车载单元	中兴通讯股份有限公司	09	2010.12.09.	2年	✓	✓
2010-CI-067	TQXS6-OBU-S30	电子收费专用短程通信车载单元	上海东海电脑股份有限公司	05	2010.12.09.	2年	✓	✓
2010-CI-068	Sophia-V90E	电子收费专用短程通信车载单元	深圳市金溢科技有限公司	02	2010.12.09.	2年	✓	✓
2011-CI-001	CD RD2100	电子收费专用短程通信路侧单元	北京诚达交通科技有限公司	0A	2011.01.07.	2年	✓	✓
2011-CI-002	CD OD2100	电子收费专用短程通信车载单元	北京诚达交通科技有限公司	0A	2011.01.07.	2年	✓	✓
2011-CI-005	Quipass 013	电子收费专用短程通信车载单元	北京握奇智能科技有限公司	0C	2011.04.08.	2年	✓	✓
2011-CI-006	JKT2012	电子收费专用短程通信车载单元	航天信息股份有限公司	06	2011.04.08.	2年	✓	✓
2011-CI-007	ZXRIS 8900	电子收费专用短程通信路侧单元	中兴通讯股份有限公司	09	2011.04.08.	2年	✓	✓
2011-CI-008	Efsys T600	电子收费专用短程通信路侧单元	深圳成谷科技有限公司	12	2011.04.08.	2年	✓	✓
2011-CI-009	E6X1	电子收费专用短程通信车载单元	北京北大千方科技有限公司	07	2011.04.08.	2年	✓	✓
2011-CI-010	DP368-G	电子收费专用短程通信路侧单元	广州市埃特斯通讯设备有限公司	01	2011.04.08.	2年	✓	✓
2011-CI-011	Efsys T100	电子收费专用短程通信车载单元	深圳成谷科技有限公司	12	2011.04.22.	2年	✓	✓
2011-CI-012	TQXS6-OBU-S40	电子收费专用短程通信车载单元	上海东海电脑股份有限公司	05	2011.04.22.	2年	✓	✓
2011-CI-013	JRM-50	电子收费专用短程通信车载单元	中国无线技术有限公司	11	2011.04.22.	2年	✓	✓
2011-CI-014	Falcon-I	电子收费专用短程通信车载单元	上海搜林信息技术有限公司	0D	2011.05.27.	2年	✓	✓
2011-CI-015	JLCZ-06	电子收费专用短程通信车载单元	北京聚利科技有限公司	03	2011.05.27.	2年	✓	✓
2011-CI-016	WEO 11-01	电子收费专用短程通信车载单元	北京万集科技股份有限公司(原北京万集科技有限责任公司)	08	2011.05.27.	2年	✓	✓

续表二

报告编号	设备型号	设备名称	生产厂商	制造商代码	报告批准日期	有效期	通过测试类型	
							物理层	协议和互操作
2011-CI-017	Quipass 112	电子收费专用短程通信路侧单元	北京握奇智能科技有限公司	0C	2011.06.17.	2年	✓	✓
2011-CI-024	QH-6001	电子收费专用短程通信车载单元	北京奇华汇通科技有限公司	13	2011.07.06.	2年	✓	✓
2011-CI-025	Tuna-B10	电子收费专用短程通信车载单元	北京云星宇交通工程有限公司	14	2011.07.06.	2年	✓	✓
2011-CI-026	QH-7001	电子收费专用短程通信路侧单元	北京奇华汇通科技有限公司	13	2011.07.25.	2年	✓	✓
2011-CI-027	Seagull-01B	电子收费专用短程通信路侧单元	北京云星宇交通工程有限公司	14	2011.07.25.	2年	✓	✓
2011-CI-029	TYJ-OBU-101	电子收费专用短程通信车载单元	天盈健（北京）科技有限公司	15	2011.08.15.	2年	✓	✓
2011-CI-031	ASD5800 AT	电子收费专用短程通信车载单元	北京逸海京通科技有限公司	0B	2011.08.22.	2年	✓	✓
2011-CI-032	EYRIE-VII	电子收费专用短程通信路侧单元	上海搜林信息技术有限公司	0D	2011.09.15.	2年	✓	✓
2011-CI-033	TQXS6-SD-OBU-II（京）	电子收费专用短程通信车载单元	上海东海电脑股份有限公司	05	2011.09.16.	2年	✓	✓
2011-CI-036	TYTag-V6	电子收费专用短程通信车载单元	武汉天喻信息产业股份有限公司	0F	2011.11.04.	2年	✓	✓
2011-CI-038	Sophia-V90	电子收费专用短程通信车载单元	深圳市金溢科技有限公司	02	2011.12.02.	2年	✓	✓
2011-CI-039	JKT 2016	电子收费专用短程通信车载单元	航天信息股份有限公司	06	2011.12.30.	2年	✓	✓
2011-CI-040	SKL-GBT3	电子收费专用短程通信车载单元	广州思卡蓝电子科技有限公司	16	2011.12.30.	2年	✓	✓
2011-CI-041	Sophia-V60c	电子收费专用短程通信车载单元	深圳市金溢科技有限公司	02	2011.12.30.	2年	✓	✓
2011-CI-042	SL-770	电子收费专用短程通信车载单元	上海搜林信息技术有限公司	0D	2011.12.30.	2年	✓	✓
2011-CI-043	Tuna-C10	电子收费专用短程通信车载单元	北京云星宇交通工程有限公司	14	2011.12.30.	2年	✓	✓
2011-CI-044	SHINE-P30	电子收费专用短程通信路侧单元	深圳市金溢科技有限公司	02	2011.12.30.	2年	✓	✓
2012-CI-006	E8X0	电子收费专用短程通信路侧单元	北京北大千方科技有限公司	07	2012.05.16.	2年	✓	✓

交通运输部于2011年出台的《“十二五”公路养护管理发展纲要》明确，力争到2015年，全国基本实现省内高速公路联网收费，收费公路非现金支付使用率达到40%。纲要指出，“十二五”期间，按照国务院的统一部署继续逐步取消政府还贷二级公路收费，进一步控制收费公路总规模和收费站点数量。结合收费公路专项清理，全面取消超期及不合理收费等现象，促进现有收费公路全面规范并符合《收费公路管理条例》的规定。同时修订《收费公路管理条例》，进一步完善收费公路发展政策，逐步形成以高速公路为主体的收费公路体系和以普通公路为主体的非收费公路体系，建立更加合理的收费年限和通行费标准调整机制，推动收费公路政策的可持续发展。纲要指出，强化并规范高速公路运营管理。研究制定高速公路服务规范，重点强化行业主管部门对经营性高速公路的政府监管，并推进高速公路联网电子不停车收费。

为了方便首都市民交通出行，中行北京市分行与北京速通科技有限公司在京联合推出中银速通联名卡，如图4所示。该卡的推出，为把北京建设成“资源节约型、环境友好型”城市作出了应有贡献。中银速通联名卡是合作双方基于ETC系统服务联合研发的全新的银企合作产品，为机动车通行高速公路提供了便捷服务。联名卡包含记账式中银速通卡、中银速通信用卡和长城速通借记卡。中银速通卡插入车载电子标签内使用，可实现不停车通行ETC通道；中银速通信用卡具备中国银行信用卡的强大金融功能，与速通卡通过后台系统绑定关联，可实现自动扣缴客户高速路通行费等功能。中银速通联名卡采取与信用卡绑定的业务模式，其优势在于客户存款余额不足时，可使用信用额度支付通行费，免除了客户余额不足时进行储值的烦琐手续。此外，中行发行的中银速通信用卡是一张基于银联PBOC 2.0标准的金融IC信用卡，该卡同时具有磁条和芯片，提高了客户的用卡安全性，且在该卡中嵌入了具有非接触支付功能的电子钱包，可以满足今后快速发展的非接触电子支付的需求。

图4　中银速通联名片

截至2011年底，江苏建成ETC专用车道610条，基本实现收费站ETC专用车道全覆盖。目前江苏高速公路已开通ETC专用车道404条，ETC专用车道收费站覆盖率达80%，其中苏南地区达95%。作为江苏ETC收费的载体，“苏通卡”目前已开设自营网点23个，银行充值网点1000余个，初步形成了覆盖全省的苏通卡客户服务网络。

山东省大力加强高速公路电子不停车收费（ETC）系统建设，有效提高了高速公路的通行效率。2008年山东省开始试点建设高速公路不停车收费系统，截至目前，全省建设ETC服务网点192个，发售鲁通卡21万张，安装电子标签（OBU）11万个。统计数字显示，2010年7月至2011年8月，全省ETC车道总流量约为1244万车次，ETC车道通行车辆月均增长20%。到2011年年底，全省高速公路ETC车道数量达到200

条，鲁通卡发行量达到25万张，ETC用户量达到15万个。

天津高速公路联网ETC非现金支付用户市内通行费享受九五折优惠。凡是安装有ETC设备的机动车用户，在天津境内高速公路通行从即日起均可享受九五折优惠。为答谢新老客户对天津高速公路联网不停车收费工作的长期支持，天津市高速公路电子收费管理中心于年底前开展购置ETC设备优惠活动，活动期间购买和安装ETC设备的用户均可享受设备款八折优惠。单位用户更能享受更低价格与预约上门安装服务。

（二）路网管理及应急处置

2009年年底，交通运输部发布《全国公路网管理与应急处置平台建设指导意见》（下文简称“意见”）。我国将建立部省两级公路网管理与应急处置平台（以下简称“路网管理平台”），以保障国家高速公路和重点干线公路以及重要站点的稳定运行，提高公路网安全性能和服务水平以及应急处置能力，为人民群众提供安全、便捷的出行服务。

交通运输部负责建设部级路网管理平台，省级交通运输主管部门负责建设省级路网管理平台。路网管理平台建设要结合本地区实际情况和现有条件，统筹规划、总体设计、分步实施。在对高速公路重点监管的同时，兼顾国省干线公路。逐步完善路网运行监测监控设施设备的布局，扩大覆盖范围，丰富数据采集内容，并实现跨部门、跨地区路网管理平台间的互联互通与信息共享。在资源整合上，要充分利用现有省级路网指挥调度中心、高速公路联网监控和收费中心，整合利用已有信息采集和通信网络设施设备资源，补充必要的路网运行状态监测手段，并加强与养护管理、收费管理、路政管理、交通情况调查等系统的集成应用。

“意见”指出，部级路网管理平台与省级路网管理平台互联互通，遇到公路突发事件时，按照交通运输部《公路交通突发事件应急预案》规定的运行方式为应急处置提供服务，并与国务院应急平台进行信息交换和协调联动，实时接报特别重大、重大突发事件信息和现场图像。省级路网管理平台除满足向部级平台提供数据、视频信号以及与公路运行有关的信息外，还应实现与省级人民政府应急平台以及公安、气象、地震等其他部门应急平台间的信息互通与共享。

“意见”提出了建设目标，利用2～3年的时间，通过完善公路网运行监测、协调管理和信息服务手段，开展相关数据资源的集成与系统建设，基本建成信息互通、协同高效的部省两级路网管理平台，实现对国家高速公路、国省干线公路重要路段、大型桥梁、长大隧道、大型互通式立交桥、收费站、治超站、服务区等重点监控目标的日常监测与监控，并集成公路交通安全信息，为路网协调管理、应急处置和出行服务提供支撑。力争在“十二五”初期，全国所有省（区、市）能够提供出行者满意的国家高速公路网出行信息服务，50%以上的省（区、市）能够提供较全面的国省干线公路出行信息服务，并在“十二五”末，建立较完善的路网监管、服务和应急处置体系。

自2010年开始，北京、天津、安徽、黑龙江、福建等省市均开展了路网管理及应急处置平台的建设。北京市公路路网管理与应急处置系统正式投入应用，首都市民可通过公路户外显示屏、公路服务热线、公路出行信息服务网站等详细了解公路通行实时动态等信息。系统实现了对全市范围内干线及重要旅游公路运行状况的动态监测，形成了“一个构架、两级平台、三种媒介服务”的运行管理模式。一个架构，即公路管理信息化系统总体构架；两级平台，即北京市交通委员会路政局与区（县）公路分局两级综合业务管理平台；三种媒介服务，即可变信息情报板、公路服务热线、公路出行信息服务站。为支撑整个系统的运行，有关部门在国道、市道及重要旅游公路沿线设置一系列外场设备，包括 102 块可变信息情报板、184 套视频监测设备、31 套公路自动气象检测设备、210 处交通量检测设备、4 处交通运行状态监测设备、96 台路况巡视手持终端和 52 套路政巡查车载设备。 北京市公路路网管理与应急处置系统实现了公路路网运行状态监测、公路路网管理与应急处置、路政巡查、路网巡视与养护管理业务信息化。对突发事件高效准确地应急处置也是系统实现的中心功能。按照事前、事中、事后三个阶段进行控制和应对公路突发事件，形成完整的应急处置闭环管理模式，该系统具备了信息获取和汇总、预测分析与报告、预警信息管理等功能，实现了应急队伍、物资装备等应急资源的辅助调度以及指令跟踪、执行反馈、过程监督、效果评估等功能，使突发事件应急处置情况数字化、实时化。北京市公路路网管理与应急处置系统通过出行可变信息情报板、公路服务热线、公路出行信息服务网站等方式为公众提供公路施工占路、公路阻断、公路气象、公路路面状况、重大交通事件信息等公路出行信息服务，全天候向社会公众发布出行动态信息，填补了郊区公路对公众服务的空白。公路服务热线 24 小时专人值守，除了为公众提供咨询服务外，还受理路政案件，受理公众对公路建设、养护的建议、意见与投诉。

（三）全国重点营运车辆联网联控

近年来，全国各地建设了许多车辆的监控平台，累计投入已有几十亿元。但由于平台建设缺乏统一标准，平台互不联通，接口不统一，信息无法共享，无法对外地车辆进行实时监控，存在较大的安全隐患。

考虑到部分省市及企业建设的现状，为了充分整合现有资源，构建了部、省、市、企业四级联动平台的总体建设方案，各省平台只需少量改造，即可实现全国联网联控功能，系统结构如图 5 所示。

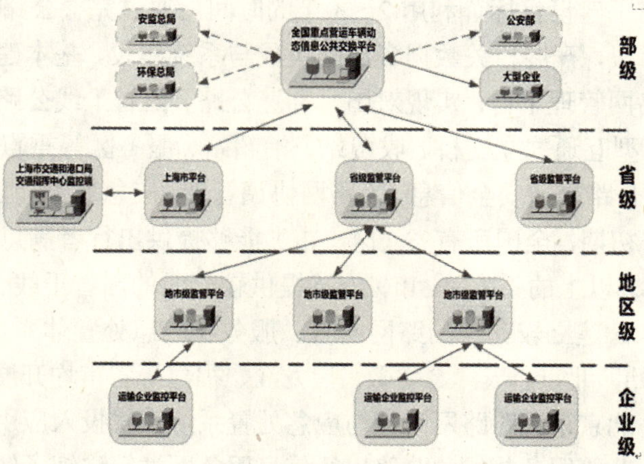

图 5　系统架构示意图

联网联控系统有以下亮点：一是系统充分整合了现有各省级道路运输监控系统资源，完成了重点营运车辆各省间的信息互通，一方面实现了重点营运车辆动态信息的跨区域交换体系，使跨地区联合监管成为可能；另一方面作为一个全开放系统，通过建立数据交换通道，实现了同一地区不同政府管理部门之间的信息沟通，为多部门协同办公、应急联动等方面的应用奠定了基础。二是系统实现了车辆动、静态信息的有效结合，将车辆位置信息、车辆运政信息以及车辆货物运输信息实时的转发给相应平台，使接收平台不但可以清晰地了解车辆的行驶轨迹，还可以对车辆的货物信息、属性信息了如指掌。三是实现了数据在部级层面的统一集中，可以有效掌握道路运输行业的总体运行情况，加强道路运输行业监管，提升道路运输行业信息化管理水平。实现为现代物流业、应急指挥系统、路网拥堵情况分析、交通经济运行分析等多个方面提供数据支撑。

系统开通以来，一直稳定运行，在上海世博会、广州亚运会道路运输安保工作中发挥了重要的服务和保障作用。（注：上海世博会期间全国平台共向上海累计转发跨域车次约 115.5 万辆次，其中危险品车辆约 30.6 万辆次，班线客运车约 25.4 万辆次,旅游包车约 51.1 万辆次，其他类型车辆约 8.4 万辆次；广州亚运会期间全国平台共向广东省平台累计转发跨域车次约 42.7 万辆次，其中危险品车辆约 8.7 万辆次，班线客运车约 23.1 万辆次，旅游包车约 6.6 万辆次，其他类型车辆约 4.3 万辆次。）

目前，已有 29 个省级平台实现了对全国平台转发数据的接收和应用，有效的加强了对入境车辆的安全监管。入网车辆已达 70.8 万余辆，“两客一危”入网车辆 31.6 万余辆，其中：危货车 12.3 万余辆，长途班线车 13.9 万余辆，旅游包车 5.4 万辆，日均实时在线车辆约 10 万余辆。部级全国平台向各省平台共计转发跨域车辆数 2430.6641 万辆次，其中：危险品车辆 1050.4239 万辆次，班线客运车辆 1071.9044 万辆次，旅游包车 308.3358 万辆次。

（撰稿：交通部公路科学研究院　杨琪）

2011年公安交通管理智能化发展

一、概述

“十一五”期间，公安交通管理领域智能交通技术的研究和应用促进了道路交通管理科技水平，交通管理指挥决策能力显著增强，执法科技装备广泛应用，有力地推动了道路交通管理智能化、科学化进程。

当前，公安交通管理领域智能交通技术的应用主要是城市公安交通指挥系统、公路交通管理应急指挥系统和执法科技装备等。

公安交通指挥系统建设和应用得到长足发展，各地在建设和应用中按照《公安交通指挥系统建设技术规范》的要求建设公安交通指挥系统，建成交通指挥中心的省（自治区）由“十五”期间的1个增加到7个，城市由“十五”期间的270个增加到542个，基于地理信息系统的指挥调度平台由35个增加到200个，初步实现数字化警务。视频监控点由9250个增加到5.1万个，交通流信息固定采集点由1.6万个增加到7.3万个，卫星定位装置由2057套增加到2.9万套。交通指挥系统的应用，提高了警情监测和指挥决策水平，增强了快速反应和处置突发事件能力。

公路交通管理应急指挥系统依托“国家道路交通安全科技行动计划”项目《重特大道路交通事故综合预防与处置集成技术开发与示范应用》，具体开展了《区域公路网交通安全态势监测、评估及应急指挥》课题研究和示范应用，初步建立了智能化、立体式的交通安全态势监测、评估和应急指挥系统，重点解决了“路面状态看不见、重点违法逮不住、安全隐患消不去、应用指挥联不动”等路网交通安全监管急需信息化和智能化实战问题；课题研究成果在江苏、浙江、江西、云南四个示范省2200多千米的示范应用，取得了良好的成效，基本实现了“创新公路交通全天候监管与应急协作机制，形成“跨部门、跨区域、跨路网”大范围交通安全应急指挥体系，提升应对雨雾冰雪等自然灾害及各种突发事件的应对能力，减少区域公路网交通事故隐患，实现公路网交通管控能力质的飞跃”的主要研究目标。

执法科技装备广泛应用，技术研究和应用不断发展，“十一五”期间建设了闯红灯自动记录设备2.7万台、测速设备1.7万台，分别比“十五”期间增长234.4%和314.1%，非现场执法的比例由“十五”期间的15%提高到52.8%。机动车缉查布控设备由655套增加到5013套，酒精检测仪由7469台增加到2.3万台。警务通和执法记录仪从“十五”末少量应用发展到8.1万台和4.3万台，增强了道路交通管控能力和交通违法行为查处能力，提升了交通管理执法的及时性、有效性，提高了执法规范化水平。

二、建设和应用情况

（一）城市公安交通指挥系统

城市公安交通指挥系统是公安交通管理部门对辖区内道路交通指挥、控制和服务的系统。系统一般具备监视道路交通状况，实施交通组织和控制城市道路交通流，应急指挥调度、组织协调、决策支持和执行监督，指挥、协调交通安全保卫工作，交通流信息分析研判，监测记录道路交通违法行为，发布道路交通管理信息，城市内多级公安交通指挥系统协调控制，与相关部门交换和共享信息等基本功能。

城市公安交通指挥系统一般包含公安交通指挥中心、交通信号控制系统、交通电视监控系统、交通信息（事件）采集分析系统、交通违法监测记录系统、公路车辆智能监测记录系统、机动车缉查布控系统、交通信息发布系统、移动警务系统、重点车辆监管系统和警车（警员）卫星定位系统等，以及将上述系统集成、整合应用的公安交通集成指挥平台。

1. 交通信号控制系统

城市交通信号控制方式正逐步从依靠经验进行单点控制向以仿真进行准确多时段的控制转变，从单点控制为主向线控、“绿波带”控制转变，不断探索、完善区域协调控制策略和算法，不断实践区域协调、交通控制。所采用的交通信号控制机从多时段定时控制式向协调控制式转变，采用区域协调控制系统，实现交通信号的线协调控制、区域协调控制，提高道路利用率，降低行车延误。

在交通信号控制系统建设中，很多城市采用了统一系统建设规划、主次干道优先、分区域逐步实施的实施策略，应用区域协调控制、绿波控制、潮汐式控制等方式，着重缓解中心城区、商业区、组团连接线、主干道等交通拥堵情况，发挥了较好的作用。

2. 交通电视监控系统

交通电视监控系统的应用正在从传统的模拟电视监控系统逐步转变为模拟数字相结合、全数字监控系统发展，清晰度从480电视线向720电视线和1080电视线发展，主要从三个方面监控城市的交通状况，一是用于监视较大道路区域的制高点电视监控，二是用于监视路口交通状况和交通违法取证的路口电视监控，三是用于监视车站、医院、学校等违法多发的重要点段电视监控。系统主要配置可控的球机或一体化云台摄像机、光纤传输设备、视频主控矩阵、数字化存储设备等。

3. 交通信息（事件）采集分析系统

交通信息（事件）采集分析系统的应用综合利用了线圈检测、微波检测、视频检测、浮动车检测等手段，初步开展了磁敏传感器检测等物联网新技术的应用，并集成利用交通信号控制系统、交通违法监测记录系统、公路车辆智能监测记录系统等设备采集的交通流数据，结合人工报送的数据，统一数据格式，对交通流数据进行融合和分类分析，科学判断交通状况。系统主要配置交通流采集分析软件和交通流检测设备，根据实际情况选择线圈检测器、微波检测器、视频检测器、磁敏传感检测器等设备，并接入公交车、出租车等卫星定位信息及车速信息等。系统的主要功能包括：一是周期性采集交通流量、占有率、平均车速、车头时距等交通流数据，二是将各种数据转换为统一的数据格式，三是定时进行数据分析，针对不同的路段得出交通畅通、缓行、拥堵等交通状况，四是将交通流数据统一存储，五是可以根据时间、范围、查询周期进行综合查询统计，评价监测路网的通行水平。

4. 交通违法监测记录系统

交通违法监测记录系统主要用于对机动车闯红灯、逆向行驶、驶入禁行道路、超速行驶等交通违法行为自动监测记录，广泛应用日趋成熟的高清摄像机、高清智能摄像机等设备和多目标跟踪等视频检测技术，并向基于嵌入式处理平台、集成多种视频检测技术、自动监测记录违法行为证据的集成式高清智能摄像机应用发展，在打击严重交通违法、规范道路交通秩序中发挥了作用。系统主要配置中心管理软件和交通违法行为自动监测设备等。

5. 公路车辆智能监测记录系统

公路车辆智能监测记录系统应用在城市的进出口、交通要道、高速公路的出入口、重点路段等，广泛应用高清成像技术，并从分立式向基于嵌入式处理平台、集成多种视频检测技术、自动监测记录违法行为的集成式高清智能摄像机应用发展。系统户主要配置车辆检测和测速设备、集成式高清智能摄像机等。

6. 机动车缉查布控系统

机动车缉查布控系统利用公路车辆智能监测记录系统、交通违法监测记录系统的设备采集的机动车通行信息、号牌信息等，在全国建立公安部、省、市三级系统应用平台，实现全国范围内被盗抢、事故逃逸等涉案车辆信息的网上交换和共享，建立全国统一、快速的涉案车辆布控缉查。系统软件信息采集、信息发布、数据传输、数据比对、关联查询、查询统计、系统维护等功能。

7. 交通信息发布系统

交通信息发布系统包括电视、广播、互联网、交通诱导标志等发布方式，其中，电视、广播方式主要采用直播、录播等形式，互联网方式提供交通流实时状态、道路施工、道路管控通告等信息，交通诱导标志提供交通流实时状态等信息。

8. 移动警务系统

移动警务系统以公安业务应用系统为依托，是公安行业管理需求和业务应用的无线移动应用系统，具备驾驶人、机动车、道路交通事故及道路交通违法、民警通讯录、法律法规等信息的业务查询功能，具备当场处罚、强制措施凭证、交通违法拍照、简易事故处理、危化品运输车辆管理、交通设施/设备报修、执法现场录音等业务处理功能，具备嫌疑车比对报警、现场情况传输、警员对讲和指挥调度、警员定位、勤务管理等功能。系统强调从软硬件平台安全、网络安全、传输安全、终端安全和数据安全等方面来共同保障系统安全、数据安全。

9. 警车（警员）卫星定位系统

警车（警员）卫星定位系统利用警车（警员）的卫星定位信息，实现基于 GIS 的警车（警员）位置可视化，为交通指挥调度、警卫任务、勤务管理等发挥作用。系统具备警车（警员）定位、指挥调度、车辆管理、主动监听、多区联网等功能。

在系统体系架构方面特别值得一提的是，杭州市公安局交通警察支队自 1997 年建设公安交通指挥中心始，经过 10 多年的建设，一方面形成了支队交通指挥中心—城区大队分指挥室—城区中队数字勤务室三级架构，另一方面杭州道路交通管理形成了以“单警—移动警务，社区—交管服务站，中队—交管数字勤务室”“三位一体”的智能交管应用与服务体系，逐步实现对城市道路交通的全时空管控，改革了传统勤务模式，提升了道路管控能力。

（二）公路网交通安全应急指挥系统

公路网交通安全应急指挥系统是针对公路特点，监控以高速公路为主干的公路网交通安全态势，实现对主干公路的全程监控，实现大范围区域公路网交通安全态势评估和预警，开展跨区域、跨路网、跨部门的交通协调指挥作用，实现道路交通监控信息共享及突发事件应急救援的统一指挥调度。

2009 年起，科技部、公安部和交通部联合组织实施了“国家道路交通安全科技行动计划”项目——《重特大道路交通事故综合预防与处置集成技术开发与示范应用》，具体开展了《区域公路网交通安全态势监测、评估及应急指挥》课题研究和示范应用，初步建立了智能化、立体式的交通安全态势监测、评估和应急指挥系统，并在江苏、浙江、江西、云南四省开展了示范，特别是在方面，形成了“八个软件、一个平台”，即：

1. 路网重要点段交通监控与事件实时报警系统

该系统具有实时流量监测、突发事件检测与报警、路况监控、交通违法取证、车辆特征识别、驾驶人特征提取、监控设施远程管理等功能，解决路面行车秩序差、监控图像不清晰、交通事件报警不及时等问题。

2. 区域公路网交通信息综合集成系统

该系统具有路网基础信息查询、交通流量统计、通行车辆特征查阅、交通拥堵及事故信息查询、路面气象信息查询、重大交通事件视频回放、实时视频播放、车驾管信息查询、历史交管数据等功能，解决交通监控资源关联能力弱、信息综合应用水平低等问题。

3. 区域公路网机动车缉查布控系统

该系统具有大范围黑名单撤建、重点车辆轨迹、区间测速、布控缉查、拦截报警等功能，解决跨区域跨路网在途机动车交通安全隐患预警与缉查难题。

4. 区域公路网交通安全态势评估系统

该系统具有路网灾害性天气、交通流、交通事件、交通违法行为、道路交通设施等态势周期性评估功能，解决事故预防措施针对性差等问题。

5. 区域公路网交通安全态势预警系统

该系统具有管制措施、违法行为、事件影响、远程分流、路面警力等预警功能，解决重大事件响应时效性差等问题。

6. 区域公路网实时交通诱导信息生成与发布系统

该系统针对不同交通流量、交通事故、灾害天气、交通违法，自动生成跨区域跨路网交通诱导信息，快速发布突发交通事件、交通管控措施等路网诱导信息，解决路况信息发布不及时、可视性差等问题。

7. 区域公路网交通信息社会化服务系统

该系统具有路网信息查看、实时事件管理、警情通报、安全警示、交通违法信息告知、重点车辆管理、诱导信息发布等功能，解决交通信息发布不及时、服务途径不畅通等问题。

8. 区域公路网交通信息可视化管理和辅助决策系统

该系统具有路网基础信息、路网运行状态、交通管理资源、指挥调度过程等可视化功能，解决交通安全态势不直观、重大交通事件现场可视化水平低、各类监控资源无法协同等问题。

9. 区域公路网交通安全应急指挥联动平台

该系统集成上述八大软件，具有路况态势、交通协作、应急指挥、评估预警、交通诱导、缉查布控、运行监管、系统管理等功能，解决大范围应急响应速度慢、应急指挥效率低等问题。

课题在江苏、浙江、江西、云南四省2220千米路段开展了示范工程建设，科学部署高清视频监控、交通事件识别、交通流量统计、车辆轨迹记录、交通违法取证、气象信息采集、交通信息交互、可视化指挥等监控设备 2047 台（套），改进原有监控设备657套，新改建总队/支队/大队交通监控（指挥）中心17个，建立了区域公路网交通安全长效监管机制和软硬件综合应用平台，在15地市辖区的公安、交通等部门22个点位上实现了示范应用。其中，江苏示范重点为“高速公路信息共享及跨省联动指挥”，涉及沪宁高速G42、宁杭高速G25、宁常高速G15W、沪渝高速G50，在苏州、无锡、常州、省联网营运中心部署应用软件平台；浙江示范重点为“国省道、高速公路信息共享应用”，涉及嘉兴、湖州、衢州三个辖区，在嘉兴、湖州、衢州三个地方交警支队及省高速交警总队部署应用软件平台；江西示范重点为“重要点段监控信息应用”，涉及沪昆高速省交警一支队四大队、三支队一大队等辖区，集中在一支队四大队建设监控中心、部署应用软件平台；云南示范重点为“山区危险路段安全监管”，涉及在昆石高速主要点段上部署各类监控设备，在省厅高速交警支队部署应用软件平台。

当前，各级政府十分重视公路交通安全，各地大力开展公路网交通安全应急指挥系统建设，依托省级公安交通指挥中心、城市公安交通指挥中心，建立信息互通、协调高效的部、省、市三级主干公路网交通安全管控平台，提升路网交通安全监管能力，提高跨部门、跨地域、跨路网应急指挥能力，初步建立区域公路网交通安全多级联动应急指挥体系。部级平台主要解决跨省间、跨省界相邻市之间的交通安全信息互联互通和协调指挥；省级平台主要解决省内跨部门、跨路网、跨城市区域之间的交通安全信息互联互通和协调指挥；地市级平台依托城市公安交通指挥中心，从城区交通管理智能化建设为重点向城区和全市（地、州）地域全面管理转变，城市道路和公路的交通安全电子监控系统建设有机协调，解决区域内跨部门、跨路网之间的交通安全信息互联互通和指挥调度。“十二五”期间，公安交通管理部门将推动省级交通指挥中心发展，实现省级区域内以高速公路为主干的公路网交通管理现代化。

（三）执勤执法装备

1. 单警装备

单警主要配备对讲机、警务通、执法记录仪等主要执法装备。对讲机具备小型化、接收能力强、通话质量高、辐射值低、防水性能好的特点。警务通具备采用 3G 无线传输功能，并具有保密性好、可集成查询处理等特点，信号接收和信息处理能力强。执法记录仪具有存储量大、旋转镜头、大广角、成像好、夜视、现场回放、佩戴操作方便、低能耗、电池可更换的特点。

2. 交警队装备

交警队主要配备执勤巡逻车辆以及酒精检测仪、测速仪、车载查缉系统等交通违法查处装备。执勤巡逻车辆配备卫星定位系统，配备车载监控；指挥调度车辆应当具有优良越野性能，能适应极端气候条件，配备指挥调度平台和车载无线网络，可以实现数据、语音、图像的现场采集和远程传输。交通违法查处装备实现与“交警综合应用平台”实时数据交换，内置可外接打印设备，实现数据输出；可与电脑等外设连接，实现数据分析检测；环境适应性强、摄取图像分辨率高、扩展性强；交通违法查处拦阻装备应当具有强度高、可伸缩、折叠、使用寿命长的特点。

三、技术经济效益

公安行业智能交通技术的广泛应用，在道路交通管理中发挥了很大作用。从城市智能交通技术的应用来看，一是提高了交通管理水平，交通违法管控能力和执行力显著提高，交通秩序明显改善；二是道路交通安全性，在道路有限增长但机动车大幅增长的情况下，道路交通事故得到有效遏制，交通肇事逃逸案件侦破能力有效提升；三是提高道路通行效率，为改善城区交通环境、减少经济损耗、减少交通污染发挥了重要作用。

从公路智能交通技术的应用来看，实现了重点路段监控、重点违法行为查纠、重点车辆布控缉查、重点安全隐患事件预警，开启了网上巡逻、网上执法、网上监管、网上指挥等勤务模式，提高了民警工作效率、跨区协作能力、应急指挥水平、路网管控范围。自应用平台开通以来，截至2012 年3 月25 日，根据江苏、浙江、江西、云南四个示范省对示范道路交通管理数据的统计分析，应用效果十分明显。一是交通事故数量明显下降，四省示范路段未发生一起3 人以上群死群伤交通事故，示范路段交通事故起数、死亡人数、受伤人数三项指标明显下降，平均下降了35%，25%，33%。二是动态违法行为管控水平显著提高，江苏沪宁高速公路苏锡段，2011 年 9～12 月共查处大客车违停上下客30余起、车辆倒车逆行20余起、占用应急车道60余起，机动车动态违法行为查处率提高了 20%，高速公路交通事故的平均处置时间缩短 30%。三是肇事逃逸案件侦破能力有效提升，2011 年 9～12 月江苏成功发现并破获交通肇事逃逸案件5起、浙江侦破各类肇事逃逸案件7起，有力打击了各类涉车犯罪行为。

（撰稿：公安部交通管理科学研究所　王长君、邱红桐、张铿）

2011 年民航智能化发展

一、空中智能交通技术

近 10 年来，我国民用航空运输业发展，我国民用航空运输总周转量年平均增长率超过 15%。截至 2011 年年底，中国民航机队规模已达 2888 架，我国境内颁证运输机场到达 180 个。初步形成了以北京、上海、广州等枢纽机场为中心，以成都等省会或重点城市机场为骨干以及其他城市支线机场相配合的基本格局。

航空运输业在综合交通中所占的比重在逐年提升，并且在与其他综合交通相比较增长幅度最大。航空货物运输周转量份额由 0.11%增长到 0.13%，航空旅客运输周转量份额由 8.17%增长到 14.51%。航空运输业长距离运输的优势得到体现，发展态势良好。

空中交通管理（空管）系统是保证飞行安全，维护空中交通秩序，实施空域资源管理，提高航空运行效率的核心系统。采用现代卫星、信息、网络、自动化和智能技术构建的空中智能交通系统是新一代空管系统的发展趋势。通过构建星基系统、现行陆基系统和飞行器等为基础的天空地一体化网络，实现空中交通信息的采集、传输、处理与分发，在飞机、地面用户（空管、机场和航空公司等用户部门）之间形成统一的空中交通态势；采用智能化协同交通管控技术，可以使空中交通流安全、高效流动，保证飞行安全、减少航班延误，提高航空公司的运营效益。

空中交通具有高空、高速等特点，因此，其信息采集、传输与处理也有其自身的特点。与传统地面交通相比，地面交通以交通工具为主，由驾驶员自行控制。空中交通系统中，飞行员是完全受地面管制员的指挥，是一种受控的交通运行。因此，空中与地面的智能交通系统的比较见表 1。

表 1　空中智能交通系统与传统地面智能交通系统对比

	空中智能交通系统	传统智能交通系统
信息采集	导航、监视、气象、飞行计划、情报、航班动态等信息的采集，主要设备包括一次和二次雷达、ADS-B、陆基导航设备、空基导航设备和星基导航设备	交通流信息、交通控制状态信息及实时交通环境信息的采集，主要设备包括环形线圈检测器、雷达检测器、超声波检测器、红外检测器等
信息传输	数据链通信、航空移动卫星通信（AMSS）和航空电信网（ATN）	第二代和第三代移动通信：GSM、CDMA2000、WCDMA、TD-SCDMA、Internet
智能信息处理与管理	空中交通服务（ATS）、空中交通流量管理（ATFM）和空域管理（ASM）	地面交通管制自动化系统、地面交通流量诱导系统、地面交通路网规划

（一）信息采集

空管信息是指与空管安全生产和管理有关的各种信息。主要包括导航信息、监视信息、管制信息、航班信息、飞行计划和动态、气象信息、航行情报和业务管理信息等。

1. 航空导航

地面的车辆导航设备仅仅完成路径引导的作用，功能十分有限，主要还是依靠驾驶员的目视驾驶。而航空导航是空管的核心系统，其设施可分为三种：陆基导航设施、空基导航设施以及星基导航设施。基于星基的导航系统将极少依赖地面设施，它不仅会提高飞行的安全性，还将极大地节省投资，缓解我国西部地区机场建设需求迫切及耗资巨大的难题。

与一般卫星导航应用相比，民用航空对卫星导航系统有及其严格的要求，特别是在完好性、连续性和可用性方面，在最常用的 CAT I 精密进近中，其完好性为 $1\sim2\times10^{-7}$/进近，连续性为 $1\sim8\times10^{-6}$/15s，而可用性为 0.99~0.99999。为了满足民用航空应用的需求，必须针对民航的特殊要求研究可用的导航系统、增强系统及其应用系统。

2. 航空监视

地面交通监视基本以交通流监视为主。而空中交通的监视必须具体到单架飞机，因为空中交通中的防相撞职责在地面管制员。雷达是经典的空中交通监视手段。传统的雷达系统自身具有很多局限性：雷达波束的直线传播形成了大量雷达盲区、无法覆盖海洋和荒漠等地区、雷达旋转周期限制了数据更新率的提高、无法获得飞机的计划航路、速度等态势数据，限制了跟踪精度的提高和短期冲突告警的能力。

未来的航空监视系统将形成 ADS-B、MDS、TCAS、ADS-C 及雷达等多种监视手段共存的广域多级相关监视系统，通过实现不同协议体系下监视信息的采集和时空统一，实现多元监视信息的融合。在网络化环境下利用分级提取、按需分发与优先级判决实现从机场、终端区、航路、空域到机间的分级监视，分级地向目标系统提供决策支持，使得全国范围、飞行全周期的监视信息更加丰富，目标相关态势更加精确，大大提高全国范围飞行流量动态调配能力和飞机航路优化、综合避险能力。

（二）信息传输

地面交通的车路信息传输特点是短距，以 3G、4G 技术为主。而空中交通的信息传输是远距，以卫星通信、甚高频通信为主，目前主要采用话音和窄带数据链系统。航空导航和监视系统所形成的各种数据都是通过航空通信系统来传输的，航空通信传输的业务还包括飞机飞行动态、空中交通管制指示、气象情报以及航空运输业务等信息。

早期的航空通信业务以语音通信为主，可同时通信的航空器数目少，性能差。按照新一代空中交通管理系统对未来运行概念的规划，未来航空通信系统要求带宽更宽、延时更小、可靠性更高。随着数字宽带通信技术的不断发展和成熟，紧密结合航空通信的自身特性，使得研制满足未来空管需求的航空通信系统成为可能。

（三）智能信息处理与交通管控

地面交通的信息处理以获取交通流、交通分布为主，并采用智能诱导手段进行交通流在路网中的分配。而空中交通在宏观上与地面交通的管控概念类似。在微观上，则要实现单架飞机的指挥，因此，空中交通的各种飞机预防飞行冲突和排序是智能管控的核心。

信息处理与管理包括空中交通管制和空中交通流量管理两个方面。其中，管制的主要任务是保证飞机飞行安全，避免飞机相撞；流量管理的主要任务是避免空中拥塞、保证空中交通畅通的空中交通流量管理。

未来的交通流量管理是基于空中交通管理运行概念，利用复杂系统理论、量子计算和生物计算、机器学习理论和算法、生物信息和神经信息处理等等智能处理技术，完善和开发出更多更有效的分析、预测等辅助智能决策工具，改进和提高交通流的安全性，促进航空器运营者、流量管理人员和空管人员之间的紧密合作和协调，逐步向新航行系统过渡，最终达到空域的合理高效利用，实现安全、高效的自由飞行。未来空中交通管制系统目标的是实现基于航空器的四维轨迹的空域和航空器轨迹管理。

二、我国空中智能交通技术与典型系统

空中智能交通系统采用现代卫星、信息、网络和自动化技术，将星基系统与现行陆基系统高度集成，集信息采集、传输、处理与管理于一体的信息化系统，为民航飞机的全球运营提供服务。

系统由信息采集（航空导航和监视）、传输（航空通信）、智能处理与管理（空中交通管理）组成，其中航空通信、导航和监视系统是基础设施，空中交通管理是管理体制、配套设施及其引用软件的组合，如图 1 所示。

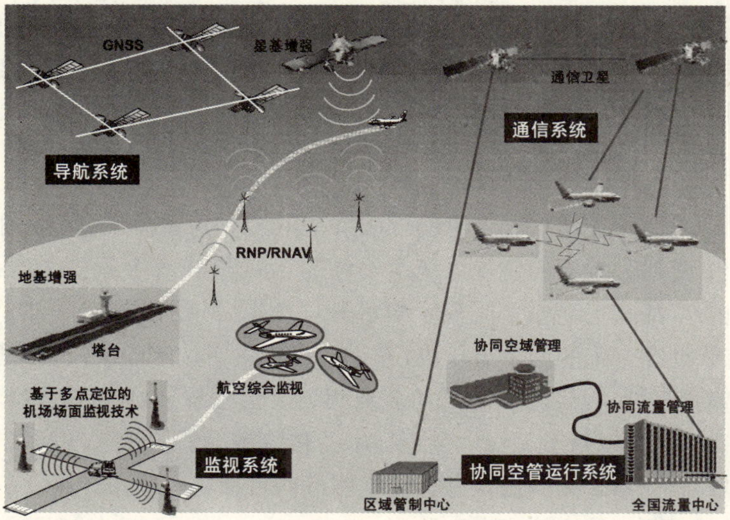

图 1　现代空中交通管理系统组成框图

在“十一五”期间，在国家 863 计划“新一代国家空中交通管理系统”重大项目的支持下，国内空管科研优势单位在 RNP/RNAV、ADS-B、GNSS 等领域开展了深入研究，取得了一批高水平的科研成果，为我国新一代空管系统的建设奠定了较好的技术基础。

（一）信息采集

1. 航空导航

航空导航系统是指航行中确定飞机的位置并引导飞机按预订航线飞行的安全设施。航空导航可分为陆基导航、空基导航和星基导航，如图2所示。

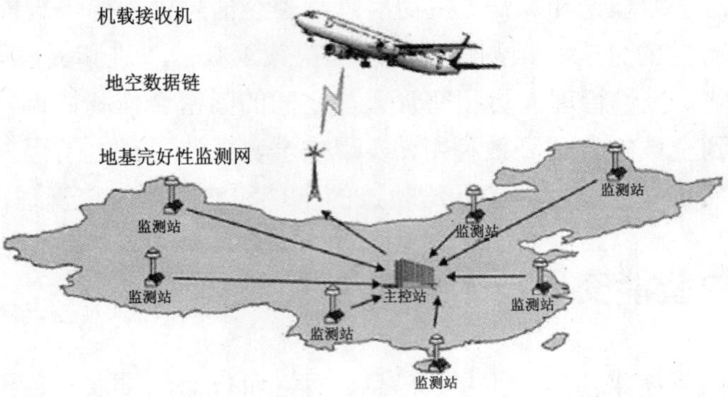

图2　航空 GNSS 完好性监测系统组成

中国民航将建设并完善陆基导航系统，整合资源，形成完善的、经济的、满足不同需求的导航系统网络。到2025年，实现由陆基导航系统向星基导航系统过渡的基于所需导航性能的运行。

我国已开发了航空 GNSS 完好性监测系统，通过设置在全国的若干个监测站，实时监测全部 GPS 卫星的健康状况，各监测站将监测信息送到主控站，经过综合处理形成 GPS 卫星完好性信息，再通过地空通信网络送到机载 GPS 接收机。系统完好性信息通过民航内网进行发布，目前已应用于成都—九寨和成都—拉萨航路。

2. 航空监视

监视系统即对空中交通活动信息的准确掌握，是空中交通系统安全保障的重要手段之一。现代空中交通系统中的监视系统主要包括 A/C 模式或 S 模式的二次监视雷达、自动相关监视、广播式自动相关监视（ADS-B），如图3所示。

中国民航计划在未来的四个五年内，在进一步完善雷达建设的同时，通过积极试验，建设广播式自动相关监视（ADS-B）和多点相关定位系统（MDS），逐步推广 ADS-B 和 MDS 应用，尽早实现基于无线电测距技术的传统主动式监视系统和基于机载通信导航设施的协同式监视系统共同提供综合监视服务的目标。

目前我国自主研制的广播式自动监视（ADS-B）系统系列产品，已经在成都、九寨区域进行应用试验和测试评估，搭建了符合新一代空管系统建设发展需要的 ADS-B 应用验证体系。

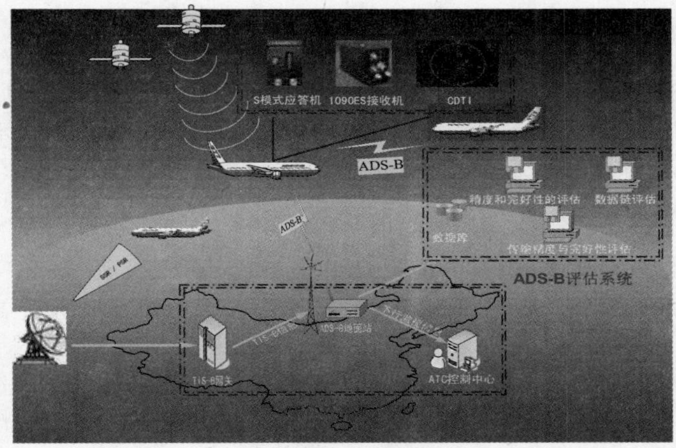

图 3　ADS-B 系统框图

（二）信息传输

在空管系统中，航空导航和监视系统所形成的各种数据都是通过通信系统来传输的。通信系统主要涉及数据链通信、航空移动卫星通信（AMSS）和航空电信网（ATN）。

在我国现代空中交通管理系统中，通信系统的发展目标为整合地面通信网络和地空数据通信网络，建成地空一体化、数字化、综合化和智能化新一代民航专用通信网络。

中国民航的 ACARS 系统包括四个不同地点的地面站，这四个地面站都互联到民航数据通信公司（ADCC）的数据链网控中心，如图 4 所示。目前我国民航正在积极地研究利用 VDLM2 数据链技术，以期将来替换 ACARS 数据链系统。

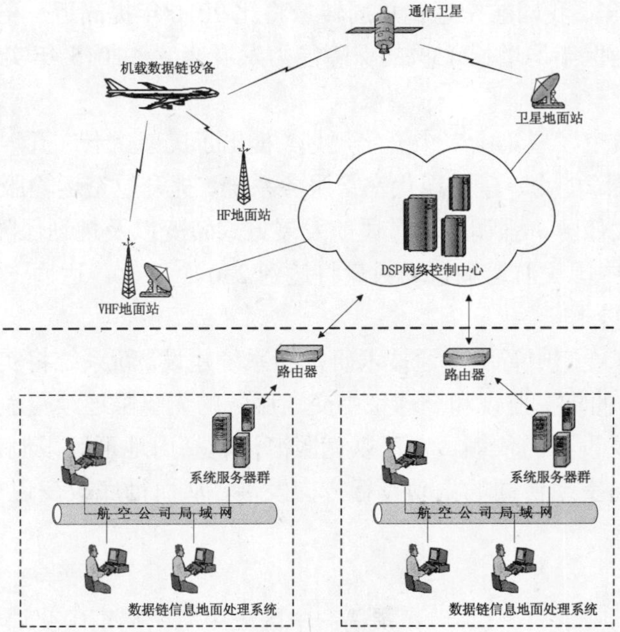

图 4　ACARS 系统组成框图

（三）智能信息处理与交通管控

空中交通管理是以通信、导航和监视系统为基础的新航行系统的高级应用，也是新航行系统的实施目标。空中交通管理主要包括空域管理（ASM）、空中交通服务（ATS）和流量管理（ATFM）。

新航行系统技术促进了新的空管运行模式的产生，空地协同的空管系统正得到迅速的发展。空地协同的空管系统将面向“自由飞行”，支持四维航迹运行、复杂空域内高密度飞行，同时朝着绿色环保化的方向发展。中国民航也在推行协同空管系统的运行。协同管制包括以下两个方面的内容。

1. 空中交通流量管理

在网络化的空中交通管理系统中，针对独立空域单元实施的流量管理必然会对整个网络中的其他元素产生影响。因此，只有大范围、多用户的协同流量管理才能最终实现整个空域系统平稳运行，保证各个空域用户需求的均衡。

2. 管制自动化系统

管制自动化系统以解决飞机飞行冲突、保证飞机之间安全间隔为主要任务，实现空管运行中的航迹间隔管理与控制。管制自动化系统的目标是实现基于四维航迹 4DT 的航空器轨迹与间隔管理。

三、我国航空运输业与空中智能交通发展趋势

预计到 2015 年，我国航空运输总周转量将比 2010 年提高近一倍。“十二五”期间，全国空管系统要确保年均增长 13%的保障能力发展速度；2015 年实现安全保障起降飞行 1143 万架次。

《中国民用航空发展第十二个五年规划》提出了民航“十二五”期间提高持续安全水平、增强机场保障能力、建设现代空管服务系统、提升航空运输服务能力、加快通用航空事业发展五大任务，强调了促进民航发展方式转变以及规划保障措施的具体要求。预计到 2015 年，中国民航运输机场数量将达到 230 个以上，运输飞机包括通用航空飞机将达到 4000 架以上。

我国将大力开展空中智能交通技术研发和系统建设。新系统将实现全球范围、全天时、全天候飞行器的指挥监视和全球空中交通服务的无缝隙连续覆盖。新系统将突破对地面通信导航监视设备的依赖，它可以克服海洋、高山地形等限制，使飞行从受地面管制的被动飞行向空地协同的主动飞行方向发展，从而彻底改变现有的空中交通管理方式。

（撰稿：中国民用航空局空中交通管理局　吕小平）

2011年公共交通运营智能化发展

《交通运输信息化“十二五”发展规划推进方案》对城市客运智能化应用试点示范工程提出明确要求：

总体原则 统筹规划、统一标准，确保工程建设整体性和协调性；分类指导、分步实施，确保工程建设的有序性；完善制度、加强管理，确保工程建设的规范性。

建设重点 推进重大工程和示范试点工程的建设应遵循顶层设计思想，根据部门业务职能，梳理业务关系，相应划分工程建设分项工程，明确各分项工程间关系，依托建设条件，细化建设内容及阶段性目标，明确实施策略，确定工程组织管理模式，有效推进信息化工程的实施。

推进策略 根据关于重点领域试点示范工程的有关要求，充分借鉴“十一五”试点示范工程实践经验，各省交通运输主管部门申报试点示范工程方案，根据基础条件和地区特点，比选确定试点示范项目，有序推动工程建设。

同时，为贯彻落实国家城市公共交通优先发展战略，提高城市公共交通服务水平，满足人民群众基本出行需求，缓解城市交通拥堵和资源环境压力，根据《交通运输“十二五”发展规划》，交通运输部决定在“十二五”期间组织开展国家“公交都市”建设示范工程，下发了《关于开展国家公交都市建设示范工程有关事项的通知》，通知指出：要充分认识国家“公交都市”建设的重大意义，贯彻落实城市公共交通优先发展战略的重要载体，是保障和改善民生的具体行动，转变城市交通发展模式的重要抓手；遵循国家“公交都市”建设示范工程的指导思想和原则；通过试点城市的推荐条件和程序，申请试点城市；满足国家“公交都市”建设示范工程的保障更有力、服务更优质、设施更完善、运营更安全、管理更规范的考核目标；推进国家“公交都市”建设示范工程的主要任务和工作要求。

一、典型客运智能化应用试点示范工程

（一）省—城市—企业三级公交智能化总体架构

国家智能交通系统工程技术研究中心在凝练了 2 个省级、11 个城市级公交行业主管部门的监管与服务需求的基础上，重构了原有公交企业智能化系统，提出了“多级行业管理部门—企业一体化”公交智能化管理与服务体系。对现有公交行业中运行的智能化系统和市场上公交智能化产品，进行了细致的考察和比较，发现存在的主要问题在于，一是产品缺乏统一标准，二是局限在企业层面的部分应用。

基于社会公众需求、企业生产需求和行业管理服务需求，重构了公交智能化系统三级体系，设计了多源公交数据采集体系、公交企业智能调度平台、多级行业监管与服务平台以及公众信息发布平台的功能及数据流转。

业务架构 提出了省—城市—企业三级公交智能化总体架构，该架构突破了原有企业层系统的局限，扩展到公众服务和行业管理层，一方面可实现公交数据资源的共享，另一方面扩大了智能化公交系统的服务与应用范围，无疑将对我国公交行业技术水平的提升起到推动与引导作用。

物理框架 参照ITS体系框架中物理框架，提出了公交智能化管理与服务系统的物理架构。包括公交企业调度管理中心子系统、行业管理中心子系统、车载终端子系统、出行者个体手持设备子系统、外场设备子系统、公众出行信息服务子系统等。该架构，明确了中心、外场、车载、个体等之间的分布关系，以及子系统间通信方式。

构建智能化公交管理中全省/市统一的数据资源中心：数据资源中心主要包括主机存储、网络接入、数据交换、信息安全等系统及机房等运行环境，实现对公交车载终端设备所采集的数据进行接收、存储、处理、分析、交换和发布，并实现与其他系统间的数据资源交换与共享。

（二）福建省省级智能公交管理系统建设方案

以福建为省域代表，完成全国范围内第一个省级智能公交管理系统建设方案。总体方案为：根据福建省公交行业的实际发展情况，制定全省公交智能化的总体目标；创造健全的公交出行信息服务环境；创造更便捷更安全的公交运输网络服务；形成决策更科学、监管有手段、服务更全面的各级公交行业管理平台；助推全省公交行业信息标准化快速发展。

福建省公交智能化管理与服务系统总体架构为：

逻辑架构 利用省级已有卫星定位安全监控平台资源，因地制宜，形成包含“外场设备+企业调度平台+省、大都市区、城市级行业监管与服务平台”的，面向公众、企业、行业主管部门的福建省城市公交智能管理系统。

网络拓扑架构 总体上来说，网络系统主要指省级/大都市平台、城市平台系统、企业管理平台的内部局域网建设以及四级平台之间、与第三方各种交通信息服务系统间的互联互通，为相关应用系统的使用奠定网络基础。

提出了符合福建省实际的建设内容：全省公交信息服务系统建设；公交行业监管与服务平台建设；公交企业智能化管理系统建设与升级；全省智能公交标准体系与保障机制建设。

针对各级主体，提出了可行的建设模式：总体上“采用统一开发共性软件、预留地方个性化接口的方式，进行行业监管与服务核心软件的开发工作；企业在统一标准规范下，进行与上级部门实现数据交换与共享；各级行业平台（不含县）硬件分别建设，县级与市级共享市级平台，企业平台视情自建或使用行业平台”的模式，开展项目建设工作。

（三）深圳市公交行业管理数据采集与应用体系

结合深圳市“公交都市”建设，构建了面向多级行业管理与服务、企业生产等目标的多源公交数据的采集体系，并使用IC卡数据进行了应用分析，建立了面向公交管理者和公交规划者的数据分析方案。研究制定深圳市公交车载和平台相关的标准规范，编制发布了深圳地标《公交智能调度系统平台规范》、《公交智能调度系统车载调度终端》、《公交智能调度系统通信协议》，编制了《公交车辆车载调度终端 CAN 总线通信协议规范（草案）》。

二、标准化研究

（一）BRT系列标准

2011 年在“十二五”交通信息发展规划的指导下，快速公交（BRT）应用系统接口规范系列标准的第1～6部分正在编写，标准名称如下：

第1部分：《调度中心与车载信息终端数据接口规范》；

第2部分：《调度中心业务系统与调度中心网关通信数据接口规范》；

第3部分：《中心与场站/站台控制系统通信数据接口规范》；

第4部分：《场站控制系统与外围设备通信数据接口规范》；

第5部分：《站台控制系统与外围设备通信数据接口规范》；

第6部分：《车载信息终端与车载外围设备应用数据接口规范》。

（二）深圳市公交智能化地方标准

1.《公交智能调度系统车载调度终端》

为了规范公共汽车车载调度终端配置，保障智能交通调度、系统平台及车载调度终端的正常运行，标准规定了深圳市公交智能调度系统车载调度终端的术语和定义、缩略语、要求、试验方法、安装以及标志、包装、运输和贮存。适用于在深圳全市范围内公共汽车上安装使用的公交智能调度系统车载调度终端，其它营运车辆在相同技术条件下可参照执行。

2.《公交智能调度系统平台规范》

为了规范公交智能调度平台基本功能要求，保障智能交通调度平台与车载调度终端的信息对接及正常运行，标准规定了深圳市公交智能调度系统智能调度平台的术语和定义、缩略语、性能要求、功能要求、建设要求。适用于深圳全市范围内各公交营运企业规划建设的智能调度平台。

3.《公交智能调度系统通信协议》

为了规范公交企业智能调度平台与行业应用服务平台之间通信规则和数据格式，保障公交智能交通调度系统的正常运行，标准规定了深圳市公交智能调度系统通信协议的术语和定义、缩略语、编码规则、数据类型、命令字、数据传输约定和数据交换内容。适用于深圳市公交企业智能调度平台与行业应用服务平台之间的数据交换

三、2011各地方关于智能公交系统出台措施

2011年12月，广州智能公交系统实现了客流统计、客流分析、计划排班、监控调度效果分析的闭环管理。同时，还建设了基于网管平台的系统监控系统。

2011年12月，合肥16条公交线路实现远程调度，智能公交系统进入推广阶段。

2011年11月，嘉兴市区城乡公交开启智能系统，市区近300辆城乡公交车均安装相关智能设备，实现GPS监控定位、视频录像、语音播报以及刷卡乘车等四项功能合一。

2011年11月，南昌智能公交系统已启用，已覆盖156条线路、1000多辆车。

2011年10月，江门市新增60台新公交车（包括40台LNG公交车）及智能公交系统同时启用。

2011年10月，南京市智能公交系统启用，站台可查询出行信息。

2011年03月，开封市委、市政府投资6500万元购置的254辆新公交车全部上线运营，并一次更新14条公交车线路。

2011年4月，佛山市禅城区发布招标公告，1035万元建50个智能公交站牌，拟建的智能公交站牌不但显示实时公交信息，还提供换乘信息查询，并能引导盲人乘车。

2011年，无锡推进智能公交系统应用，建成乘客信息导乘查询系统。

（撰稿：交通部公路科学研究院　杨琪）

2011年城市轨道交通智能化发展

一、城市轨道交通智能化系统的发展现状

城市轨道交通智能化系统包括综合监控系统、综合安防系统、乘客资讯系统、自动售检票系统、通信及信号系统。随着科技水平的提高，城市轨道交通智能化、信息化、数字化技术应用领域不断扩大，这些智能化系统显著提高了城市轨道交通的运营效率与服务水平。

（一）综合监控系统

综合监控系统是以现代计算机技术、网络技术、自动化技术和信息技术为基础的大型计算机集成系统。系统集成和互联了多个地铁自动化专业子系统，主要集成环境与设备监控系统、电力监控系统、火灾自动报警系统，并与其他子系统互联。在集成平台支持下对各专业进行统一监控，实现各专业系统的信息共享及系统之间的联动控制功能，为实现城市轨道交通现代化运营管理提供信息化基础。

综合监控系统的发展大致经历了两个阶段。第一阶段是顶层信息集成模式为主的综合监控系统。如北京 5 号线、10 号线一期等早期建设的综合监控系统都采用了这样的方式。第二阶段是深度系统集成模式的综合监控系统。如上海 10 号线、重庆 3 号线等刚投运或即将投运的综合监控系统采用了这样的方式。

当前综合监控系统在轨道交通领域得到了较为广泛的应用，但由于监控对象以及各地的运营习惯的差异，综合监控的应用也各不相同。

1. 轨道交通信息管理系统（IMS）

部分城市和地区由原分立监控系统向综合监控系统过渡的解决方案，系统侧重于信息的收集，而屏蔽了对现场设备的控制功能，如南京 2 号线 IMS 项目，互联系统主要有 PSCADA（电力监控系统）、BAS（环境控制系统）、ATS（列车自动监控）、AFC（自动售检票）等。

2. 轨道交通综合监控系统

全国大部分城市在建或即将建设的轨道交通项目中都应用了综合监控系统，但集成度各有不同。北京已经基本确定了对 PSCADA、BAS 采用深度集成，而其他系统采用界面集成或以互联形式接口的模式，这也是国内大部分轨道交通综合监控采用的模式；上海第一条成功开通并使用综合监控系统的上海地铁 10 号线，是以无人驾驶为目标建设的地铁，所以该项目中的综合监控系统对 CCTV（闭路电视）、PA（公共广播）、PIS（乘客信息）和 ACS（门禁系统）都有更深入的集成。

3. 路网信息集成平台

城市轨道交通网络形成后，需要对运营中的各条线路进行统一协调和管理，路网信息集成系统也应运而生。对信息集成来说，路网信息集成平台对大部分线路的设备也是只监视不控制的，但对 CCTV、PIS 和 PA 都有监视和控制的需求，操作员可通过路网信息集成平台对各线路的 CCTV 进行选择监视，对 PIS、PA 系统进行最高优先级的信息发布或广播控制。

（二）综合安防系统

综合安防系统实现对车站、车辆段、停车场、主变电所的设备和管理用房、出入口、票务室、银行等重点区域的出入管理、登记、实时视频监控和入侵探测等功能，保障地铁运营安全。目前，国内城市轨道交通行业对综合安防系统的划分不尽相同。以深圳地铁为例，综合安防系统一般由安防网络子系统、安防集成管理子系统、综合电视监视子系统、门禁子系统、入侵探测系统以及车站紧急告警子系统等构成。

安防集成管理子系统是整个综合安防系统的集成管理平台，集中管理门禁、综合电视监控、入侵探测和紧急告警等系统，并负责这些系统间的联动控制。同时与综合监控系统互联。

综合电视监控子系统主要用于实现对车站、列车、车辆段、停车场、主变电所和地面、高架线路区间的实时视频监控。综合电视监控子系统采用全数字化网络监控系统，主要由前端摄像机、数字编解码器、管理服务器、视频显示终端、控制键盘、数字视频存储设备等组成。

门禁系统主要用于对重点区域的自动化出入管理、登记功能，以及车站考勤管理功能。门禁系统主要由服务器、门禁控制器、前端设备及相关软件构成。地铁安防中的门禁系统一般采用三层结构模式：现场设备、车站管理级和中央管理级。

入侵探测系统用于探测是否有入侵物体进入车辆段、停车场周界、地面和高架区段，有效保障地铁运营安全，实现预防性报警功能。当非法入侵事件发生时，综合安防管理终端发出声光报警信号，并以电子地图方式显示入侵位置，同时自动弹出相应的监控画面进行摄像、存储和确认。

（三）乘客资讯系统

乘客资讯系统（简称 PIS）利用在地铁列车内的液晶显示屏和沿线地铁站台的大型等离子显示屏发布各种信息，准确预报运营车辆到站时间、沿线车站、人文景观等资讯，为乘客提供人性化的乘车服务。正常情况下，提供乘车须知、服务时间、列车到发时间、广告等实时动态的多媒体信息；在火灾、阻塞及恐怖袭击等非正常情况下，提供动态紧急疏散提示。

乘客资讯系统从结构上可划分为 5 个子系统：中心子系统、车站子系统、车载子系统、网络子系统和节目制作子系统。

中心子系统主要设备有中心服务器、中心视频流服务器、中心播控工作站、中心操作员工作站和网管工作站等。该子系统能够实现的功能包括：集中管理整个PIS系统、实时监控整个PIS系统、外部视频信息源的导入、外部系统数据的导入和导出、中心公共信息的编辑保存等。

车站子系统主要由站台设备、站厅设备和机房设备构成。该子系统负责实现集中监控、管理车站内的乘客资讯系统设备；接收中心子系统的数据并分发至车站乘客资讯系统的显示终端；外部系统数据的导入和导出；控制车站内显示终端播放指定信息；站内的站务信息的编辑和保存等功能。

车载子系统主要由两部分设备组成，一部分是车载信息显示系统设备，另一部分是车载监控系统设备。该子系统主要负责接收从控制中心传输的各种信息，并有选择性地在车厢内的LCD上播放出来。同时还要向车站及控制中心上传驾驶室和车厢内的视频信息，以便能够实现车—地之间保持实时的通信。

网络传输子系统逻辑上可以分为三级：连接控制中心、各个车站的环型或星形光纤骨干网；车站局域网；车载无线系统。网络要满足列车与车站的高速率数据传输，以确保车载系统的数据更新。

节目制作子系统实现的功能包括：广告节目的编辑和保存、时间表的编辑和保存、屏幕布局的编辑和保存、集中控制发布播放时间表至显示设备、节目播放日志的报表显示和打印等。

早期城市轨道交通的乘客资讯系统中，车—地视频传输是采用准实时方式，即利用列车进站或回库的时间将事先录制好的视频信息通过无线集群的方式发送给列车，待列车在隧道内行驶时向旅客播放。该方式技术含量低、实施简单、信息实时性和灵活性较差，且不能实现列车车厢视频信息的上传。

目前，各城市轨道交通所采用的乘客信息系统在信息传播及安全保障方面有突破性改进：系统覆盖全线，可以为乘客全程提供乘车指引及资讯服务；可在列车上进行实时的信息传递及电视直播，列车行驶在隧道中，地铁控制中心也能为乘客实时输送信息；在延误或突发事件中，乘客可以通过液晶显示屏了解实时信息并据此做出反应；在列车发生故障或紧急情况时，控制中心可以接收隧道中任何一节车厢的监控图像以便于了解情况。此外，紧急信息及运营信息的发布将更及时及精确，到站、换乘等列车资讯将更加明显。此外，乘客下车还能通过屏幕了解周边设施的方位及方向信息。

（四）自动售检票系统

自动售检票系统（简称AFC系统）是基于计算机、通信、网络、自动控制等技术，实现轨道交通售票、检票、计费、收费、统计、清分、管理等全过程的自动化系统，是城市轨道交通系统中的运营核心子系统，该系统综合了机械、电子、通信、计算机等学科，替代传统的人工售检票，实现了地铁运营环境中售票、进站检票、出站检票、票务数据统计和处理等环节的自动化，体现了地铁票务管理的现代化水平。

目前，国内城市轨道交通已建和在建线路的AFC系统都是按照“系统结构简单、扩充灵活、经济合理、管理方便”的原则设计，基于此原则构建的五层架构 AFC 系统是目前国内各城市的主流设计方案，在北京、广州、上海等城市地铁中得到广泛应用。

AFC 系统的五层架构分别为：轨道交通清分中心（ACC）层、线路中央计算机系统（LCC）层、车站计算机系统（SC）层、车站终端设备（SEE）层、车票层。

轨道交通清分中心为各线路统一制定、发行和管理轨道交通专用车票，实现互联互通，并实现与城市公共交通一卡通系统在地铁各线路中的应用，负责对各联网线路“一票通”收益作清算、对账、系统安全管理及有关数据处理等。

线路中心计算机系统是整个系统承上启下的重要环节，完成数据交易、审核、统计和传送等工作，收集本线路 AFC 系统产生的交易和审计数据，并将此数据传送给城市轨道交通清分系统以及与其进行对帐。

车站计算机系统是 AFC 系统中的重要组成部分，在整个 AFC 系统中，车站计算机系统负责对本车站内部的所有设备进行实时监控，并可对车站 AFC 系统运营、票务、收益以及维修等功能进行集中管理。

车站终端设备安装在各车站的站厅，是直接为乘客提供售检票服务的设备。按应用分类，车站终端设备主要包括自动售票机、半自动售票机、自动检票机、自动查询机等。

车票是记录乘客乘车信息的媒介和载体，能记录车票的系统编号、安全信息、车票种类、个人信息、进、出站信息、金额、有效期、历史交易记录等信息，与车站售检票终端设备共同完成系统自动售票检票功能。

（五）信号系统

信号系统是保证列车运行安全，实现行车指挥和列车运行现代化，提高运输效率的关键系统设备。城市轨道交通信号系统通常由列车自动控制系统（ATC）组成，ATC 系统包括四个子系统：列车自动监控子系统（ATS）、列车自动防护子系统（ATP）、列车自动运行系统（ATO）、计算机连锁系统（CI）。子系统通过信息交换网络构成闭环系统，实现地面控制与车上控制结合、现地控制与中央控制结合，构成一个以安全设备为基础，集行车指挥、运行调整以及列车驾驶自动化等功能为一体的列车自动控制系统。

按车地通信方式，ATC 系统通常分为基于轨道电路的信号系统和基于通信的信号系统。基于轨道电路的信号系统有固定划分的轨道电路作为闭塞分区，通常统称为固定闭塞信号系统。基于通信的信号系统由于没有固定划分的闭塞分区，追踪列车间的安全运行间隔由前后列车的运行情况和线路情况等确定，故称之为移动闭塞信号系统。

目前，基于通信的列车控制（CBTC）系统代表着世界城市轨道交通信号控制技术的发展方向和趋势，并成为我国城市轨道交通信号系统的主流制式。CBTC 系统采用独立于轨道的车、地双向通信设备，从而避免了钢轨传输带宽的限制和钢轨牵引回流的影响，与列车的精确定位技术相结合，实现移动闭塞的功能。车—地双向连续通信方式作为 CBTC 信号系统的关键技术之一，其稳定性和可靠性决定了信号系统的性能。

CBTC 技术发源于欧洲连续式列车控制系统，经过多年的发展，取得了长足的进步。包括阿尔卡特、西门子、阿尔斯通等多家列车控制系统设备提供商均有成熟的 CBTC

系统，目前，国产的CBTC也已经得到应用。

我国新建轨道交通的信号系统已多采用国内外不同厂商提供的 CBTC 系统。如：北京地铁2号线、北京轨道交通机场线、北京地铁9号线等采用阿尔斯通基于UrbalisTM CBTC的列车控制系统，北京地铁4号线采用上海贝尔阿尔卡特公司的SelTrac®S40基于无线通信的列车控制系统解决方案（CBTC），北京地铁10号线、8号线、广州地铁4号线、5号线、南京地铁2号线等采用德国西门子公司的Trainguard MT自动列车控制系统（CBTC），北京轨道交通亦庄线信号系统采用国产的基于通信的移动闭塞列车运行控制系统（CBTC），深圳地铁2号线采用卡斯柯信号公司的Urbalis888网络化CBTC列车自动控制系统，等等。

二、城市轨道交通智能化系统的技术优势

（一）高科技化方面

采用了先进的计算机网络技术实现了对列车、车辆自动跟踪管理以改善运输效能，更好地与铁路用户沟通以改善运输服务。采用了先进的信息传输技术来代替传统的轨道电路，能够满足调度中心和列车群之间高效大容量信息传输的需要。采用了先进的列车定位、测速技术，能够确定出列车的精确位置与状态。如采用了最先进的移动闭塞系统，即基于通信的列车控制（CBTC）系统，该系统独立于轨道电路，采用高精度的列车定位和连续、高速、双向的数据通信，通过车载和地面安全设备实现对列车的控制，提高了轨道交通系统的通过能力，缩短了列车运行的间隔距离。

（二）智能化方面

即由传统控制和管理型向知识工程型转化，能够模拟人的行为来实施对列车和列车群的管理。前者为智能列车，通过车载微机实现列车辅助和自动驾驶，后者通过调度中心智能工作站完成行车计划、运营管理和信息服务等功能。如列车自动控制系统对全线列车的安全运行、列车运行径路、各车站、区间信号状态表示、列车运行情况进行监视，能确保列车正常安全的运行，提高列车运行效率。其中的列车自动运行系统利用地面信息实现对列车驱动、制动的控制，其目标是实现定时、节能、舒适、定点停车的功能。在列车自动运行系统的控制下，列车可以处于最佳运行状态，避免了不必要的、过于剧烈的加速和减速，可显著提高旅客舒适度，提高列车准点率及节约能耗。

（三）综合集成化方面

在当前国内城市轨道交通大规模建设时期，通过综合集成化系统提供的统一软硬平台，将中央调度人员和车站值班人员所关心的监控信息汇集在一起，在功能强大的集成软件开发平台的支持下，最终用户可通过图形化人机界面，方便有效地监控管理整条线路及相关子系统的运作情况，并实现系统之间信息共享和协调互动。如综合监控系统是

以现代计算机技术、网络技术、自动化技术和信息技术为基础的大型计算机集成系统，系统集成和互联了环境与设备监控系统、电力监控系统、火灾自动报警系统，实现了各专业系统的信息共享及系统之间的联动控制功能。安防集成管理子系统也是整个综合安防系统的集成管理平台，集中管理门禁、综合电视监控、入侵探测和紧急告警等系统，并负责这些系统间的联动控制。

（四）系统整体功能方面

早期的系统往往只关注实现某一方面的功能，智能化系统更加强调整个城市轨道交通作为一个系统运作的功能。如传统列车控制系统更注重列车自身的优化控制运行，而智能化系统将列车的优化运行、行车计划的自动编制、运行计划的实时调整和列车运行信息发布等功能作为整体进行考虑。自动售检票系统是基于计算机、通信、网络、自动控制等技术，整合传统的售票、检票等工作，可实现地铁运营环境中售票、检票、统计、清分等全过程的自动化，体现了地铁票务管理的整体现代化水平。

（撰稿：北京交通大学　毛保华、刘海东）

2011 年现代物流信息化发展

在物流活动中运用现代信息技术，有助于有效配置物流资源，优化物流管理，降低物流成本，使物流企业具备更好的业务处理能力、客户反应能力和产业链协同能力。同时，也有助于政府部门加强行业监管，规范物流市场和引导物流产业的发展。

2011 年，在一系列政策措施的推动下，我国的物流业继续稳步增长，社会物流总额达到 158.4 万亿元，同比增长 12%，为国民经济平稳快速运行提供了有力的支撑。但是，社会物流总费用与 GDP 的比值为 17.8%，与 2010 年持平，仍然高于欧美等发达国家一倍左右。燃油、土地、人力等物流要素成本的上升给物流企业带来了更大的压力，如何改变运营模式，降低物流运营成本，成为企业面临的重要问题。此外，随着物流业的快速发展，物流产业的融合、联动发展趋势也愈发明显，对一体化、精益化、智能化的要求也越来越高。因此，信息技术在物流产业中作用将会更加突出。而物联网技术的发展和应用，将进一步推进物流信息化的进程。

一、发展环境

（一）支持物流产业发展和物流信息化的政策集中出台

2011 年是我国“十二五”的开局之年，国家出台了一系列支持物流产业发展的政策，因此，2011 年也被物流业界称为“政策年”。

3 月，全国人大通过的“十二五”规划纲要突出强调“大力发展现代物流业”，共有 20 多处提及物流业发展的内容。6 月，温家宝总理主持国务院常务会议，提取了推动物流业发展的 8 项政策措施。8 月，《国务院办公厅关于促进物流业健康发展政策措施的意见》正式颁布，被业内称为“国九条”。12 月，国务院办公厅发出《关于印发贯彻落实促进物流业健康发展政策措施意见部门分工方案的通知》，把“国九条”细化为 47 项具体工作，落实到 31 个部门和单位。

各部委也陆续出台了一系列政策措施，3 月，商务部、发展改革委和供销总社编制了《商贸物流发展专项规划》，提出促进商贸物流信息化和推广物联网应用的要求。4 月，交通运输部编制了《公路水路交通运输信息化“十二五”发展规划》，提出了公路水路信息化的建设任务和重点。10 月，商务部发布《“十二五”电子商务发展指导意见》，鼓励建设物流信息协同服务平台。11 月，工信和信息化部发布《物流网“十二五”发展规划》，将智能物流列入重点领域应用示范工程。

这为物流产业的持续健康发展和物流信息化的不断推进，提供了强有力的政策保障。

（二）物流行业整合步伐加快

2011 年，国内外资本市场进一步加大对我国物流业的投入，并购了一批具有一定网络基础、仓储设施或提供冷链、医药等专业服务的中型物流企业。不少中小物流企业着手建立联盟合作关系，对各自物流资源进行整合，物流市场集中度进一步提高。

企业规模的扩大和实力的增强，为物流信息化的开展提供了良好的环境。而信息技术为强化中小企业联盟，整合物流资源、加强业务合作提供了良好的支持。

（三）电子商务迅速发展

中国电子商务研究中心监测数据显示，2011 年，我国的网络零售市场的总交易规模达到 8019 亿元，同比增长 56%；网络零售类电商企业数达到 20 750 家，同比增长 43.2%，网购用户已达 2.03 亿，同比增长 28.5%. 网络零售业的迅猛增长带动了商贸物流的快速发展。据统计，网络购物每天产生的快件量已突破 500 万件，占我国日发送快件总量的 50%左右。

然而，现有第三方物流企业由于信息化水平不足、运力不够等原因，难以满足快速、高效的配送要求。为提高服务水平、降低物流成本，京东商城、阿里巴巴、当当网等纷纷建立了自己的物流配送体系。电子商务企业借助自身的信息技术优势，向物流快递领域的扩张，有助于强化商贸物流的整合、提高配送效率，同时也给快递市场带来更激烈的竞争。

（四）行业基础工作不断推进

1. 物流标准化

2011 年 9 月，国家邮政局发布《邮政业标准化“十二五”发展规划》；12 月，国家标准化管理委员会发布《标准化事业发展“十二五”规划》，提出制订公共类物流和专业类物流的管理、技术、服务和信息标准的建设要求；2011 年，在制的物流标准有近百项，正式批准发布国家标准 6 项，通过专家审查国家标准 9 项；12 月，第一个由中国专家发起和主导的物流领域国际标准《ISO 18186: 2011 货物集装箱—RFID 货运标签系统》正式发布。这些标准的制订，对物流信息化建设具有重大推进作用。

2. 教育与人才培养

截至 2011 年，我国开办物流专业的本科院校达 417 所，高职高专 824 所，中职中专超过 2000 所，在校学生总数突破 100 万人。调查表明，人才、资金和行业标准是信息化建设中的主要制约因素，其中尤以人才为最。因此，专业人才的培养为物流信息化提供了良好的智力储备。

3. 行业协会推动

2011 年 6 月，中国交通企业管理协会在武汉主办了“交通运输行业物流公共信息平台暨物流园区建设交流研讨会”；8 月，由中国物流与采购联合会、工信部信息化推进司和河南省工信厅共同主办的“2011 中国物流与采购信息化推进大会暨物流企业 CIO

峰会”在郑州举行；10 月，由中国物流产品网在上海承办了“亚洲物流信息化国际峰会”。一系列行业会议的举行，为物流信息化提供了良好的交流平台，有助于相关技术和成果经验的推广。

二、发展现状

接下来从物流企业信息化、物流公共信息平台、物联网技术的应用 3 个方面介绍我国的物流信息化现状。

（一）物流企业信息化

2011 年 8 月，工信部信息化推进司发布了 2010 年第四季度的“物流信息化动态监测分析报告”，对我国的物流信息化状况进行了调查和分析。

1. 投资率较低

报告显示，2010 年，被调查物流企业中，有 82.75%的物流企业进行了信息化投资，但 31.03 的企业信息化投资率不足 1%，34.48%的企业信息化投资率为 1%~5%，仅有 17.24%的企业信息化投资率超过 5%.

2. 信息化人员不足

报告显示，被调查物流企业中，48.28%的物流企业信息化人员比重不足 5%，20.69%的企业信息化人员比重为 5%~20%，仅有 13.79 的企业信息化人员比重超过 20%。

3. 条码、电子标签等技术得到较大推广

报告显示，被调查物流企业中，条码应用率达到 72.2%，电子标签应用率达到 43.75%，电子单证应用率达到 68.42%。

4. 物流软件应用深度不足

报告显示，被调查物流企业中，51.72%的企业对仓储、运输、库存、配送、采购及客户管理等软件使用率超过 50%，仅有 24.14%的企业对 ERP、SCM、车辆调度、装卸优化等软件的使用率达到 50%以上。

5. 电子信息交换应用程度较低

报告显示，被调查物流企业中，EDI 的使用率仅为 12.32%，互联网应用率为 31.59%，电话和传真分别占 37%和 18.64%。

6. 信息化应用效果不够理想

报告显示，被调查物流企业中，订单（运单）准时率达到 80%以上的企业仅占 58.62%。96.56%，90%和 93.75%的物流、快递和制造企业认为信息化建设效果不够理，其中软件不适应企业类型和企业内部数据集成有问题成为效果不理想的主要原因，分别占 43.86%和 35.09%。

7. 资金、人才和行业标准是信息化建设中的主要问题

报告显示，被调查物流企业中，分别有93.10%、89.98%和的92.99%的物流、快递和制造企业认为资金、人才和行业标准是信息化建设中的主要问题，其中，人才是最重要的制约因素，分别占36.21%、37.89%和37.44%，资金问题分别占31.03%、28.42%和30.19%，行业标准分别占25.86%、23.68%和25.36%。

"物流信息化动态监测分析报告"表明，我国物流企业的信息化水平仍然不高，投入和人才储备不足，应用主要在物流作业环节，在供应链集成应用、管理决策支持方面的应用较少。

（二）物流公共信息平台

物流公共信息平台可以有效解决信息采集、交换与共享的问题，一直是物流信息化的热点也是难点。尽管在10多年前，就有学者提出建设物流公共信息平台的建议，政府也投入了不少资金，但效果并不明显。近年来，随着政府的大力扶持，以及物流企业信息化水平的提高，物流公共信息平台建设取得了可喜的进步，下面介绍几个典型的案例。

1. 浙江省物流信息公共平台：从省际平台到国家平台

2011年，交通运输部将"浙江省物流信息公共平台"确定为"国家交通运输物流公共信息共享平台"，目前已经接入了21个省市，与3900多家物流企业、物流园区建立了信息共享，实现了与海关、移动通信等部门的互联互通。

"浙江省物流信息公共平台"已初步建成物流信息基础交换网络，制订了基础标准、指导性标准和维护标准，改造和发放了一批物流通用和推荐软件。共享平台具有基础交换、服务交换和标准对接等功能，实现了物流信息交换和查询。核心技术架构包括单据交换和服务交换，单据交换实现了企业间单据信息的传输，服务交换实现了物流过程状态信息的查询。通过提供免费应用软件，提高了中小物流企业的信息化水平。

此外，通过建设"东北亚物流信息服务网络"，实现了宁波—舟山港和日本东京—横滨港、韩国釜山港之间的集装箱船舶动态信息互联，下一步将向三国的港口物流业推广，包括危险品装载、物流园区等信息，成为物流信息国际合作组织平台。

浙江省物流公共信息系统的成功得益于良好的建设和运维模式、开放的系统架构。"总体规划、分期实施"的建设策略，对系统的成功推进起到重要作用。开发过程中同时制订物流信息标准，促进了标准的推广和实施。开放式的系统架构，方便了兄弟省市物流企业和物流园区的接入。

2. 56135物流服务平台：线上平台与线下设施相结合

56135物流服务平台建成于2005年，是在商务部和上海市政府支持下，由长江经济联合发展集团投资组建的中国最大的物流电子商务平台和物流资源交易平台。平台目前的注册物流企业达10万家，每日平均访问量超过100万人次。2011年，"56135物流服务平台"参与上海"城市共同配送服务体系"的建设，负责配送体系交易功能开发和

"城市共同配送服务信息平台"的营运。目前，正在参加洋山深水港集装箱转运交易平台的建设和营运。

线上物流公共信息平台与线下设施相结合是"56135 物流服务平台"的独特优势。线上物流公共信息平台（56135.com），承担物流专业 B2B 网站职责，向物流服务需求商与供给商提供信息、交易、信用等服务；线下依托位于上海西北物流园区的货物中转平台和市内配送网络，向客户提供线下撮合交易，陆运货物装卸中转和上海市区配送等服务；最终形成以长三角为主的城际物流配送平台。

3. 山东公共物流信息平台：政企互动、企业运营

山东公共物流信息平台是由山东省政府牵头、中创软件公司组织建设和技术支持、山东联通公司提供运营服务，2011 年投入使用。

平台一期工程由 6 部分组成：物流信息门户、物流手机 WAP 门户、服务热线、短信服务、数据交换网关和物流企业信息化应用。未来还将进行：电子商务、CA 安全认证、物流园区或地市物流子平台建设。

平台整合了交通、港口、海关、工商、税务、银行等多个相关部门的物流信息资源，为物流企业及时发布最新的行业政策法规信息，同时设立平台与各政府部门的系统接口，为政府部门及时了解物流行业发展状况提供决策依据。

通过物流信息门户，发布货源、车源等供求信息，为用户提供物流、信息流、现金流的全面服务。

在物流企业信息化应用方面，采用面向服务的架构（SOA）设计，以软件及服务（SAAS）的方式为物流企业提供包括：物流通、配货通、联盟车库、车管家、诚信通、掌上通等软件服务，中小物流企业无须投资进行系统建设，就可以在平台上对日常运营业务进行信息化管理。

平台采用"政企活动、资源整合"的运营模式，整合七个政府部门的信息资源，共建市场诚信体系；实现了全省物流园区、物流企业的信息互通互联；为物流企业提供了安全、诚信、可靠的交易环境。

平台采用"运营商+IT 企业"的服务模式，由中创软件进行建设、山东联通公司进行运营，可以实现优势互补和市场化运作。

4. 小结

通过以上案例可见，目前我国的物流公共信息平台建设，呈现以下新的特点：

（1）采用开放的软件架构，同步制定相应的标准规范，有助于平台的不断扩展和推广。

（2）通过物流公共信息平台，为中小物流企业提供免费业务软件服务，有助于提升广大中小企业的信息化水平、整合物流资源、推广物流标准。

（3）物流公共信息平台与政府相关部门的互通互联，有助于建立市场诚信体系、规范物流交易市场、实现政府部门对物流市场的引导和有效监管。

（4）采用政府引导、企业运营的方式，有助于发挥企业的技术优势，实现市场化运作，保障平台的持续运行和发展。

（三）物联网技术的应用

物联网技术包括智能感知技术、网络传输技术和智能处理技术 3 个方面。其中，智能感知技术包括：RFID、GPS、红外、视频等信息采集技术；网络传输技术包括：局域网、广域网、移动互联网等通信技术；智能处理技术包括：云计算、数据挖掘、专家系统等数据处理技术。

从 2009 年开始，物流网技术在我国各行业领域获得广泛关注。2010 年，我国的物联网市场规模达到 1933 亿元。形成了包括远望谷、新大陆、亚太安讯等为代表的一批具有相当竞争力的物联网企业。

物联网技术在物流领域的应用范围不断扩展，涌现了不少优秀的应用案例。

1. 逆向物流

威海北洋集团提出了医疗垃圾跟踪系统解决方案，通过 RFID 技术对医疗垃圾的运输和处理进行全程监控，为有效杜绝医疗垃圾的非法流失提供了技术保障。

2. 农产品物流

2010 年上海世博会期间，举办方建立了“世博食品物流 RFID 监控溯源系统”对专供蔬菜、水产品、畜禽等对温控要求较高的食品进行管理，实现了农产品在生产、运输各环节的溯源跟踪，保障了世博会的食品安全。无锡新建的粮食物流中心将各种感知技术与粮食仓储配送相结合，实时了解粮食的温度、湿度、库存、配送等信息，建立了粮食配送与质量检测管理的智慧物流体系。

3. 集装箱运输

上港集团研制了集装箱 RFID 货运系统，通过读取集装箱在经过各物流节点时的实时状态信息，实现了集装箱多式联运的全程实时监测，已应用于多个国家的运输航线。2011 年 12 月，上港集团制定《ISO 18186: 2011 货物集装箱—RFID 货运标签系统》成为国际标准。

4. 物联网信息平台

由北京汇通天下公式开发的“iPS 物联网平台”，通过 RFID、GPS、移动通信技术和互联网技术，将公路货运中的车辆、货运联系在一起，实现了运输过程的透明化管理。物流企业只需在平台上注册、并在货运车辆上安装 iPS 终端，就可以接入平台，使用订单自动生成、智能车辆调度、电子签收和支付等功能。

《2011 年中国物流信息化蓝皮书》统计的物流信息化案例中，近 70%的案例采用了 RFID 技术，应用范围包括感知定位、过程追溯、信息采集和分类拣选等多个方面。

但总的来看，目前物联网技术在物流行业的应用，主要集中在智能感知和网络传输方面，智能处理方面的案例较少，物联网技术的潜力尚未完全展现。

三、发展趋势

如果说2011年是物流业界的“政策年”，那么2012年将是物流政策的“落实年”。在一系列产业政策的驱动下，物流信息化的进程也将加速推进。

（一）物流企业信息化

随着国民经济发展增速的放缓和物流要素成本的上升，物流行业的整合步伐将进一步加快，这也为物流信息化的实施提供了良好的企业环境，而信息化将进一步提高物流企业的核心竞争力。

物流信息化应用将从传统的作业环节、单项业务管理层面，向整个流程拓展。以订单为线索，实现全流程的透明化、精细化管理，促进流程优化和成本降低。另一方面，随着物流产业资源整合、相关产业联动发展的不断推进，物流信息化从单个企业应用扩展到整个供应链协作的趋势将会更加明显。

电子商务和网络零售业的快速发展将推动快递企业的信息化步伐，据估计2012年电子商务将保持 50%左右的增速，这将带来快递量 30%的增幅，网购的小批量、多批次特征，要求专业化、个性化和柔性化的配送体系，这对第三方物流企业的信息化水平提出了更高的要求。

（二）物流公共信息平台

物流公共信息平台建设将不再停留在供求信息发布、产业政策发布的层面，与政府监管部门和相关服务部门的衔接将不断加强，物流信息化标准也将进一步完善。

开放的技术架构、良好的运维模式、清晰的盈利模式是物流公共信息平台成功的关键。政府引导、企业运维、市场运作将是物流公共信息平台持续发展和不断壮大的保障。

（三）物联网技术应用

随着物联网技术的不断成熟和市场配套环境的不断完善，将推动物流行业进入智能物流的时代。

物联网技术在物流行业的市场规模和应用范围将进一步扩大，据中国物流技术协会信息中心预测，2012年，物流领域的应用规模将达到2000亿元以上，这将催生和培育一批具有相当实力的物联网企业。

物联网技术的应用深度将进一步增强，智能传感技术的应用和大量采集数据的积累，将推进企业和行业数据中心的建设，这也为云计算、数据挖掘等商业智能分析和优化技术的应用奠定良好的基础。

（撰稿：同济大学　杨东援）

第六届中国智能交通年会概况

2011 年 9 月 6～10 日，中国智能交通协会联合全国智能交通系统协调指导小组、全国清洁汽车行动协调领导小组在北京主办了“2011’中国智能交通年会暨中国国际智能交通展览会、第七届国际节能与新能源汽车创新发展论坛暨展览会”。活动以“智能交通 新能源汽车——低碳绿色出行”为主题，有来自国内外智能交通及节能与新能源汽车领域的近 2000 人次参加。本次活动为推动我国智能交通、节能与新能源汽车、汽车电子等产业战略发展，促进交通、汽车行业的技术融合和创新成果推广应用做出了积极贡献。

1. 论文征集、评审、出版工作

协会面向中国智能交通行业广泛征集论文，发出征集通知 1500 余份，截止 2011 年 4 月共收到投稿论文 230 篇。2011 年 6 月，组委会邀请协会学术委员会专家通过通讯与集中会议评审等方式，评选出活动录用论文 220 篇（汽车方向 68 篇，智能交通方向 152 篇），其中，优秀论文集收录论文 174 篇（汽车方向 48 篇，智能交通方向 126 篇），推荐到核心期刊 53 篇（汽车方向 14 篇，智能交通方向 39 篇）。协会与科学技术文献出版社合作出版了大会优秀论文集、会议电子光盘，与《西南交通大学学报》编辑部、《吉林大学学报（工学版）》编辑部、《交通运输系统工程与信息》杂志社等合作刊登了大会精华论文。

2. 协会积极开展邀展工作，并最终取得良好成效

中国国际智能交通展览会、第七届国际节能与新能源汽车展览会是本次活动的亮点之一，活动前期，活动组委会共发动协会及协办单位共 8 人参与招展、邀展工作，通过各种途径先后共寄送宣传资料 3579 份，邮件发送 2350 封，电话、传真直接联系近 2000 家单位。邀展工作最终取得良好成效，来自北京、上海、广州等 3 省市组团参展，来自智能交通与节能与新能源汽车领域的企业、院校、研究院所的展商共计 70 家单位参展，室内外展览总面积达 1.2 万平方米。

3. 协会通过多种途径积极宣传本次活动

活动前期，协会通过多种途径扩大本次活动的影响力度。2010 年 12 月 20 日，协会通过召开新闻发布会的方式，共邀请到中央级媒体及相关行业媒体 30 余家，通过广播、电视、报刊杂志、网站等媒体向社会各界发布宣传本次活动的信息。协会还通过为相关单位邮寄活动宣传资料、发送邮件、传真等方式进一步扩大活动影响。此外，协会确定了凤凰网为本次展会独家新闻媒体，支持媒体达 20 余家。前期，平面媒体如《运输经理世界》、《交通标准化》及网络媒体《太平洋汽车网》、《慧聪汽车网》、《智能交通网》等主要通过刊登文字介绍、插页广告等方式发布活动信息或在其首页及展会频道为本次活动作广告位链接，可点击链接进入官方网站，查询论文征集、展览招商、活动赞

助等信息。活动期间，相关支持媒体通过发布新闻稿、制作专题页面等多种方式对本次活动进行了详细报道。同时，协会积极开展活动现场媒体邀请工作，通过多条渠道积极联系媒体参会报道，共邀请到50家媒体参与活动现场报道。

4. 积极组织开展丰富多彩的学术交流活动

9月6日下午，2011’中国智能交通年会在北京召开。来自智能交通领域相关企业、研究机构、大学院校的近300名代表参加了本次活动。吴忠泽理事长出席年会并作《中国智能交通协会工作报告》，回顾了中国智能交通协会过去一年多来在协会自身建设、搭建行业服务平台、科研项目管理、国际合作方面所取得的进展与成果并展望了明年协会的重点工作安排，报告中指出要继续发挥协会的行业导向和引领作用，积极推进行业评奖及会员服务工作等。同时，来自北京、上海、广州、深圳、香港、台湾等城市交通管理部门的代表应邀出席，并从城市智能交通建设与发展，交通信息服务保障等多角度发表演讲。中国智能交通年会为推动智能交通领域前沿技术的研究，推广我国智能交通系统的应用做出了贡献，已成为我国智能交通领域规模最大、范围最广、影响最强的综合性会议。

9月6日下午，节能与新能源汽车示范推广试点城市论坛在国家会议中心举行，会议为来自新能源汽车示范推广试点城市政府代表、整车企业和高校科研机构提供了一个交流平台， 25个试点城市主管领导、整车及零部件企业代表等共聚一堂，围绕新能源汽车技术创新和示范推广工作进行深入而具体的交流讨论，在认真总结新能源汽车技术研发状态、示范运行成果和经验基础上，与会代表共商下一步技术研发要求和示范推广工作方向。来自节能与新能源汽车领域相关企业、研究机构、大学院校的280余名代表参加了本次论坛。

9月7日上午，第七届国际节能与新能源汽车创新发展论坛隆重举行，来自国家863计划现代交通技术领域专家组、节能与新能源汽车总体专家组等节能与新能源汽车领域的权威专家就我国在新能源汽车战略研发等国家重点课题的最新进展以及“十二五”期间的相关规划、设想，电动汽车科技发展规划与展望等问题进行了探讨，让社会各界全面了解了我国节能与新能源汽车领域的最新科技成果及未来发展动向。同时来自美国能源与交通创新中心、日本NEDO电池协会、中国汽车工程学会、中国汽车技术研究中心等国内外知名机构的代表也就节能与新能源汽车技术和最新成果进行了精彩汇报。来自汽车领域研究院所、高校、企业的300余名代表参会。

9月7日，协会组织了智能交通领域和节能与新能源汽车领域的6个技术专场。其中，智能交通领域分为车路协同、综合交通技术、城市交通建设与运营、城市道路交通管理四个技术专场；节能与新能源汽车领域分为电池和电机技术专场。每个专场邀请到2位专家担任主持人，同时，58名来自智能交通及新能源汽车领域的专家、学者、优秀论文作者就智能交通技术在城市、公路、铁路、航空、水运等领域的发展和应用、新能源汽车技术和产业发展、鼓励性政策及示范推广经验等主题发表精彩演讲，并通过现场提问的方式与参会代表展开热烈讨论。通过组织多种形式的学术研讨，本次活动充分展现了我国智能交通及新能源汽车领域一些国家重点项目的最新进展和成果，代表们交流了国内外最新的技术进展，探讨了智能交通及新能源汽车领域的技术发展趋势，促进了两个领域的发展和进步。

9月8日，协会与ERTICO（欧洲智能交通协会）共同举办了中-欧智能交通研讨会，来自协会会员单位、欧洲智能交通协会合作伙伴、智能交通企业、研究机构等近60名代表参加了研讨会。本次研讨会加强了中欧智能交通领域的交流,促进了中欧智能交通企业的合作，并分享了中欧智能交通先进技术和案例，就多模式出行、交通及出行者信息服务及智能通讯系统等主题展开了研讨。与会代表对会议给予了高度评价，并表示希望今后能长期举办此类研讨会，为中欧智能交通搭建起合作与发展的平台。

5. 表彰优秀单位会员

北京宏德信智源信息技术有限公司、北京四通智能交通系统集成有限公司、青岛海信网络科技股份有限公司、安徽科力信息产业有限责任公司、北京市公安局公安交通管理局交通科研所、北京市交通信息中心、同济大学、清华大学、北京交通大学、北京航天航空大学10家单位为优秀单位会员。此次表彰旨在希望各会员单位更多的支持和参与协会的活动，为协会的发展献言献策，为我国智能交通事业的发展贡献更多的力量。

6.《中国智能交通行业发展年鉴（2010）》首发式

协会组织业内专家和有关单位共同编写了《中国智能交通行业发展年鉴（2010）》。在9月6日的年会上，吴忠泽理事长为《中国智能交通行业发展年鉴（2010）》正式出版发行进行揭幕,并对年鉴编辑出版中表现突出、工作优秀行业的单位和个人予以表彰。此外，还向他们颁发了荣誉证书。《中国智能交通行业发展年鉴（2010）》的编辑出版，是我国智能交通领域具有里程碑意义的盛举。年鉴比较全面的总结和反映了现阶段我国智能交通行业的主要情况和发展趋势,可为智能交通行业和社会各界关注和推动智能交通发展提供相关的信息资料。年鉴的出版，必将对我国智能交通领域的技术进步和应用发展起到积极的促进作用。

7. 展览及技术考察等活动充分展示我国最新科技成果

“第六届中国国际智能交通展览会、第七届国际节能与新能源汽车展览会”吸引了70家来自智能交通与节能与新能源汽车领域的企业、院校、研究院所积极参展，室内外展览总面积达1.2万平方米，同时本次活动得到了来自智能交通领域及新能源汽车领域的多家知名企业的大力支持。2011年9月8日下午，吴理事长在金茂菁副秘书长的陪同下参观了本届展览，并与参展企业代表进行了深入的交流。

本次展览全面展示了我国节能与新能源汽车及智能交通领域最新科技成果，为让社会各界更多地了解我国汽车、交通领域所取得的成就，促进国际间交流与合作做出了积极贡献。

活动期间协会精心组织的技术考察吸引了100名参会代表报名参加，技术考察路线分为北京市交通委员会交通运行协调指挥中心、北京市公安局公安交通管理局指挥控制中心两条路线，参会代表参观了指挥中心和控制中心，进一步了解了北京市政府及交管部门的运作模式，此项内容很好地展示了我国在交通领域的科研成果的先进应用。

活动期间，新华社、中国经济导报、新能源汽车网等多家媒体报道了活动盛况，相关媒体合计发稿 40 余篇，全面提升了活动的社会影响力，实现了向社会各界普及智能交通领域与新能源汽车领域知识的目的。同时活动期间，通过发放协会会刊等宣传资料、在展览现场循环播放协会宣传片等，进一步提升了协会在业内的影响力。

（供稿：中国智能交通协会）

第十八届世界智能交通大会概况

第十八届智能交通世界大会（以下简称“世界大会”）于 2011 年 10 月 16 日～20 日在美国奥兰多市成功举办，中国智能交通协会吴忠泽理事长率领中国代表团参加了本次大会并盛载而归。

一、大会概况

本届大会由美国智能交通协会、欧洲智能交通协会、亚太智能交通协会联合主办，以“智能交通促进经济增长”（Keep the Economy Moving）为主题，共安排全体大会、高层论坛、特别会议、科学/技术论文会议等 250 余场会议，集中讨论先进的交通管理技术、电子收费技术以及实时的交通出行服务技术等。展览面积超过 32 000 平方米，200 余家智能交通企业、研究机构和协会参展展示智能交通先进技术。本次世界大会展览的另一个特色是在室外有四个展示区域,美国交通部携部分智能交通企业如福特、丰田集中展示了车联网技术如何降低驾驶成本、减少交通拥堵、提高交通安全性和减少交通污染。本届大会吸引超过 75 个国家的 10000 余名代表参加，本届大会探讨的主题对于推动智能交通的发展以及如何运用先进的智能交通技术促进经济发展具有重要意义。

（一）大会开幕式

2011 年 10 月 16 日下午四点，第十八届智能交通世界大会开幕式在美国奥兰多市橙县展览中心一号厅成功举办，来自近 20 个国家的部长，政府官员，企业代表，近 2000 名代表参加了开幕式，第十八届智能交通世界大会主席帕特里克·麦高恩先生（Patrick McGowan）和佛罗里达州州长里克·史考特先生（Rick Scott），美国交通部研究和科技创新管理局执行局长格雷戈·温弗里先生（Greg Winfree），代表活动主办方以及主办城市进行致词，大会主席帕特里克先生（见图 1）在开幕致词中指出：“如果我们需要参与全球竞争，我们的城市就必须向着智能化的方向发展，先进的交通技术及其解决方案能够满足这一需求。”美国交通部格雷戈·温弗里先生也在发言中表示：“我们有着共同的目标—挽救生命，创造便捷出行，减少交通拥堵和环境污染。通过智能交通技术能达成这些目标，本次大会提供了一个很好的平台，全球各国可以紧密合作使智能交通和车联网技术变为现实，并得以广泛应用。”

美国通用汽车公司全球研发副总裁陶蔼伦先生（Alan Taub）和 Telvent 公司首席执行官多明盖兹先生（Domínguez）分别代表本届大会主要合作企业做了主题报告,分享企业在智能交通研发方面的经验。此外， 日本经济产业省制造产业局副局长黑田笃郎先生（Atsuo Kuroda）和欧委会信息社会与媒体总司副司长卓然·斯坦契奇先生（Zoran Stancic）分别代表亚太地区、和欧洲地区进行致词。

图 1　第十八届智能交通世界大会主席帕特里克先生致辞

本届大会开幕式上具有美国本土特色的精彩的爵士乐表演和街舞表演贯穿始终，除此之外大会的另一特色是由美国智能交通协会主席阿巴斯先生主持的“荣誉堂”环节。为美国公共交通协会的威廉姆 • 米勒先生（William Millar），美国交通研究委员会的托马斯 •迪恩先生（Thomas Deen）和德州农工大学的威廉姆 •哈瑞斯先生（William Harris）颁奖，感谢他们为推动智能交通发展所做出的杰出贡献。

（二）全体大会

2011 年 10 月 17 日上午，第十八届智能交通世界大会全体大会在奥兰多市橙县展览中心南大厅召开，来自美洲、亚太、欧洲地区的政府官员齐聚一堂，围绕“通过高科技交通解决方案推动经济的增长”这一主题展开讨论，分享各地政策如何推动智能交通技术的应用，进而促进经济的增长、推动就业、改善现有的交通基础设施、减少交通拥堵、降低交通成本并满足未来对交通的需要等。

佛罗里达洲交通厅厅长普拉萨德先生（见图 2）（Ananth Prasad）受邀主持本次大会，中国智能交通协会吴忠泽理，事长（见图 3）率领中国代表团参加大会并作主题演讲。吴理事长介绍了中国智能交通建设的基本情况，回顾了中智能交通的发展历程，总结了“十一五”期间中国智能交通所取得的成果，吴理事长详细介绍了智能交通在国内外大型活动、基础设施、铁路等领域的应用情况，并提出依靠科技创新，构建更加便捷、高效、节能、畅通、安全的交通体系的愿景，同与会的各位同仁分享了未来中国智能交通的发展趋势。

图 2　佛罗里达洲交通厅厅长普拉萨德先生受邀主持本次大会　图 3　协会吴忠泽理事长做主题报告

在发言结束后的互动环节中， 吴理事长与主持人针对全球范围内广受关注的交通安全问题，中国的智能交通发展对经济的带动具体发挥作用的情况以及智能交通对发展中的中国社会起到的积极作用等问题进行了互动交流与探讨。

二、中国代表团参加大会概况

在中国智能交通协会的组织下，国内来自政府部门、研究院所、大学和企业的100余名代表参加了本次大会。会议期间，40 余名中国企业、学校、科研机构代表分别在特别会议、科学论文会议、技术论文会议上发言，就中国智能交通前沿技术和参会代表分享经验。

本届大会美国交通部主持召开了主题为“交通和经济”部长级圆桌会议（见图 4），近 20 个国家的政府部门代表参加了会议共商如何通过加大交通基础设施投入，鼓励交通技术创新促进经济增长。中国交通运输部翁孟勇副部长，协会吴忠泽理事长受邀参加了会议。翁部长就中国“十二五”期智能运输发展重点作重要阐述。翁孟勇指出，中国是全球经济发展最快的发展中国家之一，单一依靠基础设施建设的投入不能带来交通运输业的可持续发展，建设资源节约型、环境友好型交通运输行业，是实现中国经济可持续发展的重要手段之一。为此，以节能减排、提高效能为目标，加强先进技术的应用和推广，是发展智能交通运输的重要使命。

图 4　部长级圆桌会议现场

本届世界大会期间，协会与美国、欧洲协会通过开展企业交流会，签署合作备忘录等形式加深了沟通和了解，为以后的深入合作奠定了良好的基础。

（一）中美智能交通协会合作备忘录签署仪式暨中—美企业交流会

2011 年 10 月 17 日，中美智能交通协会合作备忘录签署仪式暨中-美企业交流会在奥兰多展览中心成功举行，活动吸引了中美智能交通协会、来自中、美双方的知名智能交通政府、科研机构及企业代表 80 余人参加。

交流会上，美国智能交通协会主席阿巴斯先生致欢迎辞，中国智能交通协会吴忠泽理事长进行了致辞，致辞展望了双方的合作前景，并对美国智能交通协会在中国代表团参加本届智能交通世界大会事宜上的大力协助致以诚挚的谢意。双方表达了希望加强在建立信息共享机制、开展项目交流合作、举办智能交通研讨会以及利用合作平台更好地服务双方会员等方面展开积极合作。

阿巴斯主席、吴忠泽理事长分别代表美国智能交通协会、中国智能交通协会签署合作备忘录（见图 5）。合作备忘录的签署是中美智能交通领域合作的良好开端，未来双方将开展更加深入、广泛的合作。

图 5　中美合作备忘录签署现场

（二）中欧智能交通协会签署合作备忘录

为了加强中欧协会的合作，10 月 17 日，中欧智能交通协会合作备忘录签署仪式在奥兰多展览中心欧洲智能交通协会展台成功举行（见图 6）。中国智能交通协会吴忠泽理事长、欧洲智能交通协会首席执行官赫尔曼·迈尔先生（Hermann Meyer）分别代表双方签署了合作备忘录。双方希望加强和扩大智能交通服务领域的合作，通过智能交通技术进步，带动行业发展，应用先进的智能交通技术推动中欧安全、清洁、便利的出行服务及运输业的发展。

图 6　中欧合作备忘录签署现场

（三）学术交流活动

来自国家智能交通系统工程技术研究中心、北京交通信息中心、北京交通委、上海交通信息中心、山东大学、北京科技大学等科研院所及高校的近 40 余名中国代表在特别会议、科学论文会议、技术论文会议上发言。其中国家智能交通系统工程技术研究中心总工王笑京就“智能交通和经济增长”、北京交通信息中心主任郭继孚就“利用先进技术收集数据,促进交通的低碳、可持续发展”做主题演讲，协会受邀在主题为“通过加强国际合作应对全球可持续交通发展问题”的特别会议上介绍了中国交通面临的问题以及应对方法同时分享协会在与国际汽联基金会、欧洲智能交通协会等机构开展国际合作方面的经验。

三、中国展台

2011 年 10 月 17 日上午 11 点半，第十八届智能交通世界大会展览开幕式在美国奥兰多橙县展览中心成功举行，中国智能交通协会吴忠泽理事长出席了剪彩仪式（见图 7），与参会的其他来自世界各国的政府代表，智能交通协会主席，企业 CEO，共同见证了展览会的启动，第十八届智能交通世界大会展览正式拉开帷幕。

本届大会中国展台占地面积 54 平米（去年参展面积为 44 平米），采用展板、实物、多媒体互动等多方式联合展出，展示我国智能交通发展和企业形象，将国内先进的智能交通管理经验传递给世界各国交通领域的专业人士，并借助此次与国际智能交通领域交流、学习的机会，促进我国智能交通技术的进步和发展。图 8 所示为吴理事长和展商亲切交流，青岛海信网络有限公司、北京世纪高通科技有限公司、北京易华录信息技术股份有限公司 3 家企业参展，各企业均派出包括研发、技术支持等专业技术人员组成的代表团参加了本次大会，并在会上同行业内的知名专家和企业代表进行了交流。

图 7　展览剪彩现场

图 8　吴理事长和展商亲切交流

本次协会组团参加智能交通世界大会得到了主办方的高度重视，中国代表团活跃在各技术会议和特别会议上，向世界展示中国智能交通发展的先进技术。协会圆满完成为中国代表团的大会注册和行程安排工作，并通过展台展示和展台间的拜访互动，与国外智能交通企业、机构加强联系。同时，借助世界大会平台，协会和美国、欧洲协会举办企业交流会，签署合作备忘录，为以后开展深入合作指明了方向。

（供稿：中国智能交通协会）

第十一届 ICCTP 大会概况

2011 年 8 月 14－17 日，由海外华人交通协会（Chinese Overseas Transportation Association，COTA）和东南大学共同主办的第十一届交通运输领域华人学者国际会议（The 11th International Conference of Chinese Transportation Professionals）在江苏南京举行。国外 50 多所知名大学学者、世界银行、美国土木工程师协会（ASCE）、美国 Reason 基金会等组织的交通专家以及国内 80 余所高校、科研机构的 800 多名交通领域专家和学者出席了本次大会，包括美国科学院院士 Kumares Sinha、加拿大工程院院士 Said Easa、国际知名大学校长、系主任在内的来自美国、英国、德国等 10 多个国家和地区的 80 多位海外交通领域知名专家和 80 多位国内学者在会议上进行了发言。

大会开幕式（见图 1）由会议联席主席、东南大学交通学院院长王炜教授（见图 2）主持，东南大学副校长沈炯、江苏省交通运输厅厅长游庆仲、南京市副市长郑泽光分别为大会致开幕辞，江苏省公安厅交通管理局副局长李洪武、南京市科协副主席尹聚杭、美国科学院院士 Kumares Sinha（见图 3）、加拿大工程院院士 Easa Said（见图 4）、美国土木工程师协会理事 Robert D. Stevens、世界银行资深交通专家 Gerald Ollivier、美国 Reason 基金会城市土地与交通研究中心主任 Samuel R. Staley 及会议联席主席、海外华人交通协会会长、美国华盛顿大学王印海教授出席了开幕式。美国科学院院士 Kumares Sinha、加拿大工程院院士 Easa Said、意大利帕尔玛大学 Alberto Broggi 教授、美国麻省理工学院 Ralph Gakenheimer 教授首先作了大会主题报告。

图 1　开幕式现场

图 2　王炜教授主持开幕式

图 3　Kumares Sinha 院士做主题报告

图 4　Easa Said 院士做主题报告

本次会议的主题围绕“综合交通运输系统：绿色·智能·可持续发展”，关注中国交通运输发展现状，集中探讨城市交通发展和智能化进程中所面临的热点问题及国内外先进的经验和技术。会议主要议题包括：交通运输经济、政策与战略；交通运输规划与建模；交通运营、管理与控制；智能交通系统；交通安全与应急管理；交通与可持续发展；公共交通与轨道交通；交通基础设施设计与施工；道路路面和材料工程与养护；物流工程；载运工具；水运与航空。会议共录用论文 434 篇，大会收录论文由美国土木工程师协会（ASCE）出版、被 EI 收录，部分优秀论文选送国际 SCI 收录刊物推荐发表。

在 3 天的会议议程中，共安排了 5 场全体会议、10 个特邀论坛、9 个技术论坛、1 个大学交通学院院长/系主任论坛、1 个世界银行特别论坛、1 个政府论坛、1 个 Reason 基金会论坛以及 1 个大学教育论坛。

此次会议是一次高规格的国际会议。来自 10 多个国家和地区交通运输领域的学者围绕交通领域热点问题做了有关最新研究进展报告，得到了学术界的高度关注。

东南大学王炜教授、北京航空航天大学王云鹏教授、同济大学杨晓光教授、哈尔滨工业大学安实教授在全体会议中围绕城市智能公交、车路协同技术、城市与智能交通、交通应急管理等进行报告，探讨了未来中国城市智能交通的发展趋势；美国华盛顿大学 Gregory R. Miller 教授、马里兰大学 Ali Haghani 教授、普渡大学 Darcy Bullock 教授、华盛顿大学王印海教授在全体会议中围绕移动数据平台、蓝牙、可视化以及先进数据采集与传输技术等进行报告，介绍了信息技术在智能交通中的应用发展趋势；美国华盛顿大学 Mani Soma 教授、加州大学伯克利分校 Wei-Bin Zhang 教授、东南大学冉斌教授、美国 Old Dominion 大学 Asad J. Khattak 教授在全体会议中围绕智能车辆、自动驾驶等技术进行报告，介绍了该领域最新的技术发展趋势；国家发改委综合运输研究所郭小碚教授、香港科技大学杨海教授、美国夏威夷大学 Panos D. Prevedouros 教授在全体会议中围绕智能交通与综合运输体系发展进行报告，介绍了有关的发展政策与措施。

本次会议首次设立了交通发展政府论坛，来自海内外区域与城市交通政府管理部门的专家分别围绕中美两国交通系统规划、建设、管理与维护中的工作机制与政策进行了介绍，交流了各自的先进经验，扩宽了视野。会议期间举办了全国交通学院院长/系主任论坛，来自全国 45 所高校的交通学院院长（系主任）围绕学科的发展规划进行了热烈的讨论，交流了各学校交通学院（系）在高质量人才培养、高水平科学研究、重点实验室建设、学科管理等方面的经验，促进了各校交通学科的建设水平提升。在世界银行特别论坛上，世行道路安全顾问以及来自国内公安部、交通运输部、高等学校的学者围绕中国道路安全面临的挑战、道路安全改善以及国家道路交通安全行动计划等内容进行了深入的交流。

本次会议是中国交通运输领域最具影响力的大型学术年会之一。此次会议的成功召开，提供了交通运输领域国际交流的广阔舞台，在追踪国际最新研究成果、宣传中国交通运输系统的跨越发展、提高我国在国际学术界的声誉、促进相关学科的研究与发展等方面发挥了重要作用。

（撰稿：东南大学　陆建）

第十一届海峡两岸智能运输系统学术研讨会

海峡两岸智能运输系统学术研讨会是由武汉理工大学和淡江大学共同发起的旨在增强海峡两岸智能交通领域学术交流的重要会议。该会议每年举办一次，其中两年在大陆办，一年在台湾办。自2001年在武汉（武汉理工大学）举办以来，已经先后在北京（交通部公路科学研究所）、台北（淡江大学）、哈尔滨（哈尔滨工业大学）、上海（同济大学）、新竹（中华大学）、天津（中国民航大学）、广州（华南理工大学）、台中（逢甲大学）、重庆（重庆交通大学）举办了十届，在国内外产生了很大的影响。第十一届会议又回到武汉举办。

2011年6月29日至7月1日，由武汉理工大学、淡江大学等主办，哈尔滨工业大学、同济大学、逢甲大学和台湾大学等单位协办的第十一届海峡两岸智能运输系统学术研讨会在武汉召开，本次研讨会的主题为"物联网、车联网与智能运输系统"，议题包括智能运输系统理论及应用、先进的交通管理系统、交通信息融合与数据挖掘、智能车辆与智能公路、先进的车辆控制技术及应用等。

武汉理工大学副校长严新平教授，前台北市交通局长、淡江大学运输管理学系罗孝贤教授出席开幕式并致辞，开幕式由武汉理工大学智能交通系统研究中心、水路公路交通安全控制与装备教育部工程研究中心吴超仲教授主持。来自武汉理工大学、同济大学、中国民航大学、吉林大学、清华大学、深圳大学、哈尔滨工业大学、华南理工大学、北京工业大学、北京交通大学、公安部交通管理科学研究所、武汉工程大学、武汉市交通规划设计研究院、西北工业大学、淡江大学、逢甲大学、台湾大学、嘉义大学等海峡两岸智能运输系统领域主要科研院所的专家、学者参加了研讨会，并作了精彩报告。

研讨会上，罗孝贤教授作了题为"交通台北，有爱无碍"的大会报告，介绍了台北市智能交通系统的应用与发展，详细描述了公交优先、智能运输、无缝运输、无障碍运输、优质服务及加强交通安全等交通施政措施，这些措施在为台北市民出行提供便利和安全保障的同时，还兼顾环境的可持续发展，为大陆一些城市的交通建设与发展提供了良好的借鉴与参考。吉林大学交通学院施树明教授以"基于马尔科夫链的交通网络道路权重计算方法研究"为题，深入阐述了城市交通系统这样一个复杂网络系统，以及如何根据复杂网络特征来确定道路权重，此项研究对于城市运行工况的设计有至关重要的意义。

在随后的学术报告与交流中，参会代表们围绕近年来智能运输系统研究领域的最新动向和发展趋势，详细汇报了他们的研究成果，并展开的激烈的讨论，会场气氛非常热烈。期间，有学者研究了智能车路协同系统下的交通信息采集与处理问题，包括车辆轨迹数据的特征、数据记录的标准与格式，以及数据平滑、滤波等处理方法。同时，有学者还针对汽车在黑夜转向行驶过程中，前照灯偏转动作带有明显滞后性这一问题，将车辆行驶前方道路环境信息，如道路线形等通过智能车路协同系统引入到车载单元中，设计了一种车路协同环境下的前照灯自适应控制系统。在交通管理方面，有学者针对交通状态变化的实时性和连续性，提出了一种基于新的交通状态判别方法，该方法基于传统的浮动车数据分析，并考虑交通阻抗及临界跳变现象的影响，通过预判别及二次修正的方式来优化交通状态判别结果，取得了良好的效果。还有学研究了一种虚拟交通控制中心的系统构建，将虚拟交通控制中心软件所得到的时制计划及其绩效，透过数据库同步方式将交通控制策略回馈给政府交通控制中心，开发了一种交通控制策略的绩效平台。近年来，交通安全问题日益突出，安全辅助驾驶系统成为解决这一难题的有效途径之一，正逐渐得到交通运输系统领域各研究人员的重视。有学者专门从长途客车的行车特点出发，分析目前长途车事故现状和致因，结合驾驶员的管理现状、驾驶行为和成图客车安全现状等，提出了具有建设性的对策。出行者信息系统的研究在提高道路通行效率方面的作用毋庸置疑，有学者提出了这一系统架构，设计了车辆自动辨识子系统的车牌配对逻辑及出行者信息发布策略，最后将此系统运用于实际中并取得了较好的效果。

该会议已成为海峡两岸智能运输系统领域交流和对话的重要平台，通过高层次的学术交流与专家互访，增进相互了解，建立彼此友谊，共同推动了海峡两岸在智能运输系统方面的建设与发展。

（撰稿：武汉理工大学　吴超仲）

第二篇

政策及标准篇

第一章

国家、行业政策

国家“十二五”科学和技术发展规划

科学技术部　2011 年 7 月

（节选）

“十二五”是我国全面建设小康社会的关键时期，是提高自主创新能力、建设创新型国家的攻坚阶段。为贯彻党的十七届五中全会精神和《国民经济和社会发展第十二个五年规划纲要》的战略部署，全面落实科教兴国战略和人才强国战略，深入实施《国家中长期科学和技术发展规划纲要（2006—2020 年）》（以下简称《科技规划纲要》），充分发挥科技进步和创新对加快转变经济发展方式的重要支撑作用，制定国家“十二五”科学和技术发展规划。

一、形势与需求

“十一五”是全面贯彻落实《科技规划纲要》、科技发展取得重要成就的五年。在党中央、国务院的正确领导下，我国科技工作坚持“自主创新，重点跨越，支撑发展，引领未来”的指导方针，坚定不移地走中国特色自主创新道路，把提高自主创新能力摆在全部科技工作的突出位置，顺利完成“十一五”主要目标和任务，我国科技发展进入重要跃升期。

……

二、总体思路、发展目标和战略部署

……

三、加快实施国家科技重大专项

实施国家科技重大专项是科技工作的重中之重。将实施国家科技重大专项作为深化体制改革、促进科技与经济紧密结合的重要载体，加快建立和完善社会主义市场经济条件下政产学研用相结合的新型举国体制，加强围绕产业链的系统部署和产业技术创新战略联盟建设，集中力量突破一批关键共性技术，研发一批具有自主知识产权和市场竞争力的重大战略产品，建设一批技术水平高、带动性强的技术创新平台和产业化示范基地，培育一批具有国际竞争力的创新型企业。同时，结合培育发展战略性新兴产业的紧迫需求，充实调整国家科技重大专项。

……

四、大力培育和发展战略性新兴产业

培育和发展战略性新兴产业对推进产业结构升级、加快经济发展方式转变具有重要意义，必须把突破一批支撑战略性新兴产业发展的关键共性技术作为科技发展的优先任务。在节能环保、新一代信息技术、生物、高端装备制造、新能源、新材料和新能源汽车等产业领域，集中优势力量进行攻关，为增强战略性新兴产业的核心竞争力奠定坚实基础。充分发挥国家科技重大专项的核心引领作用和高新区的辐射带动作用，大力推进创新成果的集成应用和商业模式创新，加快战略性新兴产业成为国民经济的先导性产业和支柱性产业的步伐。

1. 节能环保

大力发展高效节能、先进环保和循环应用等关键技术、装备及系统。实施半导体照明、煤炭清洁高效利用、“蓝天”工程、废物资源化等科技产业化工程。加强技术的集成和推广应用，快速提高我国节能环保领域整体技术能力及产业竞争力。

专栏：节能环保产业技术

……

“蓝天”工程。大力推进工业废气、燃煤烟气、机动车污染物、室内空气等净化技术与装备的研发及产业化，加快大气监测先进技术与仪器研发，积极发展温室气体减排与资源化技术及装备。引导产业发展，改善环境质量。

……

2. 新一代信息技术

推动下一代互联网、新一代移动通信、云计算、物联网、智能网络终端、高性能计算的发展，实施新型显示、国家宽带网、云计算等科技产业化工程。积极推进三网融合，加快网络与信息安全技术创新，保障网络与信息安全。着力发展集成电路、智慧城市、智慧工业、地理信息、软件信息服务等相关技术，促进信息化带动工业化。

……

4. 高端装备制造

重点发展大型先进运输装备及系统、海洋工程装备、高端智能制造与基础制造装备等。实施高速列车、绿色制造、智能制造、服务机器人、高端海洋工程装备、科学仪器设备等科技产业化工程。研发高速列车谱系化和智能化、绿色产品设计、机器人模块化单元产品等重大关键技术，提升我国制造业的国际竞争力。

专栏：高端装备制造产业技术

高速列车。重点发展高速列车的智能化、谱系化与节能核心关键技术，提升高速列车技术装备、基础设施服役状态检测监测关键技术及高速铁路减振降噪技术，形成我国高速列车智能化安全技术装备和车型系列，构建技术装备及基础设施服役状态检测技术和装备体系。“十二五”高速列车产业总产值预期超过3000亿元。

……

5. 新能源

积极发展风电、太阳能光伏、太阳能热利用、新一代生物质能源、海洋能、地热能、氢能、新一代核能、智能电网和储能系统等关键技术、装备及系统。实施风力发电、高效太阳能、生物质能源、智能电网等科技产业化工程。建立健全新能源技术创新体系，加强促进新能源应用的先进适用技术和模式的研发，有效衔接新能源的生产、运输与消费，促进产业持续、快速发展。

……

7. 新能源汽车

全面实施“纯电驱动”技术转型战略。实施新能源汽车科技产业化工程。坚持“三纵三横”的研发布局，建立“三纵三链”产业技术创新战略联盟。全面掌握核心技术，加快整车系统技术成果的产业化和规模示范，形成整车及零部件工业体系，建设新能源汽车基础设施、产业标准体系和检验检测系统，使我国跻身新能源汽车产业先进国家行列。

专栏：新能源汽车产业技术

新能源汽车。重点推进关键零部件技术（电池-电机-电控）、整车集成技术（混合动力-纯电驱动-下一代纯电驱动）和公共平台技术（技术标准法规-基础设施-测试评价技术）的研究与攻关。继续实施“十城千辆”工程，形成一批国际知名、具有自主知识产权的关键零部件与整车企业。到2015年，突破23个重点技术方向，在30个以上城市进行规模化示范推广，5个以上城市进行新型商业化模式试点应用，电动汽车保有量达100万辆，产值预期超过1000亿元。

五、推进重点领域核心关键技术突破

紧紧围绕我国产业转型升级和改善民生的重大需求，以突破重点领域核心关键技术和掌握自主知识产权为重点，引导产业链向高端延伸，为形成现代产业体系提供有力科技支撑，大力发展惠及民生的科学技术。

……

（二）促进重点产业技术升级

围绕发展现代产业体系和提升产业核心竞争力，加强产业关键共性技术研发，加快行业先进适用技术研发和创新成果推广应用，促进高新技术产业化，支撑重点产业振兴和传统产业改造升级，促进产业整体技术水平明显提高，科技成果转化和产业化能力不断增强，重点产业能耗和排放进一步下降，在关系国计民生的若干重点领域基本建成具有国际竞争力的现代产业技术体系。

1. 强化关键共性技术攻关，提升重点产业核心竞争力

……

加强现代交通运输业技术攻关。突破重大运输通道建设工程、综合交通枢纽等交通基础设施建设关键技术。加大内河航运综合能力提升关键技术研发，提升内河航运技术水平。推进交通核心重大装备研制，重点发展汽车节能减排、高性能船艇、安全高效民用飞机等关键技术，深入推进高速铁路重大装备、绿色船舶装备等现代交通领域重大装备发展。加快交通信息系统和智能化技术的发展应用，有效支撑各种运输方式的无缝衔接，提高综合运输效能。

专栏：产业关键技术攻关示范重点

……

导航与位置服务。突破导航原子钟、无缝导航定位技术、全息导航地图、位置信息挖掘与智能服务等关键技术，开展公众、行业、区域应用示范，加快技术和产品研究，促进相关科技成果的转化和产业化，培育导航与位置服务战略性新兴产业。

……

（三）加快推动现代服务业科技创新

发展知识和技术密集型服务业，加强现代服务业重点领域技术攻关，加大技术集成和商业模式创新，推出一批系统解决方案，建设现代服务业科技创新和产业发展的支撑体系，大力提升我国现代服务业创新能力，加快形成现代服务业集群，显著提高现代服务业比重和水平。

1. 加强技术集成与模式创新，发展知识和技术密集型服务业

大力开展服务模式创新，加强网络信息技术集成应用，着力推进网络化、个性化、虚拟化条件下服务技术研发，建立支持服务全过程的技术体系，形成若干行业技术解决方案、技术平台和标准规范。重点发展电子商务、工业设计、现代物流、系统外包、制造业服务等，改造提升生产性服务业；重点发展现代化教育教学、数字文化、数字医疗与健康、数字生活、数字旅游、空间位置信息服务等，大力培育和发展新兴服务业；重点发展研发设计、技术转移转化、创新创业、科技咨询和科技金融等服务，推进科技服务业创新发展。在现代服务业的若干重点领域加强应用示范，建设一批现代服务业科技创新示范城市、示范园区、示范企业和产业化基地，构建特色明显、优势互补的现代服务业发展格局。

专栏：现代服务业科技行动

……

数字生活。开展数字生活服务共性技术支撑与应用聚合服务、智慧城市应用服务、

移动生活服务云聚合、数字生活信息精准搜索聚合服务、社区生活圈互动服务、家庭智慧生活主动服务等平台建设与应用示范。

现代物流。开展集装箱海公铁多式联运、港航物流综合服务、网购物流服务、物流公共信息平台资源整合集成、供应链全程第三方物流服务、物联网环境下智慧物流等领域技术研发及示范应用。

……

……

六、前瞻部署基础研究和前沿技术研究

基础研究和前沿技术研究是提升我国原始创新能力和科技长远发展能力的重要基础，是推动科技进步和创新的源泉，必须依据国家重大战略需求和世界科技发展趋势，予以强化部署。

（一）继续加强基础研究

坚持面向国家重大战略需求和瞄准世界科学前沿，进一步完善学科布局，大力推动学科交叉和融合。积极营造有利于自由探索的学术环境，引导兴趣驱动的科学研究聚焦于国家战略需求。加强在若干科学前沿和事关经济社会发展重要方向的战略部署，突破一批关键科学问题，取得一批重大原始创新成果，显著增强我国在世界科学研究中的地位和影响力，为科技长远发展奠定重要基础。

……

专栏：需求导向的重大科学问题研究领域和方向

……

制造与工程科学领域。重点支持极端服役装备设计与强场制造，高速铁路安全监控与保障，信息器件与微纳制造，能源装备设计制造，高性能构件跨尺度制造，数字制造与智能制造，生物制造与仿生制造，超精密、超高速、超常能量条件下的极端制造，以及重大工程自然灾害灾变机理和风险研究，重大工程的减灾和安全设计，重大工程健康状态的检测、监测以及诊断和处置，重大工程对自然环境的干扰及控制，大型工程的关键生态效应和生态调度基础理论研究等方向。

综合交叉领域。重点支持航空航天中重大力学问题，空间探测与对地观测新原理与技术，灾害形成演变规律和防灾减灾理论与方法，城市发展过程中生态环境、交通以及安全问题的调控与设计，科学、工程与社会问题的建模与计算，合成生物学与生物制造，绿色化学工程，生命科学与多学科的交叉与融合，基于大科学装置和新原理的科学实验方法、技术、仪器与设备等方向。

（二）强化前沿技术研究

前沿技术是高技术领域中具有前瞻性、先导性和探索性的重大技术，是未来高技术更新换代和新兴产业发展的重要基础。加大对代表世界高技术发展方向、对国家未来新兴产业的形成和发展具有引领作用的前沿技术的前瞻部署和研发力度，积极抢占前沿技术发展的制高点。对有利于重点产业技术更新换代、实现跨越发展的前沿技术，要集中力量予以攻克，力争形成一批重大产品和技术系统。

1. 信息技术

突破光子信息处理、量子通信、量子计算、太赫兹通信、新型计算系统体系、网构软件、海量数据处理、智能感知与交互等重点技术，攻克普适服务、人机物交互等核心关键技术。研发未来网络/未来互联网、下一代广播电视、卫星移动通信、绿色通信与融合接入、高性能计算与服务环境、高端服务器、海量存储与服务环境、高可信软件与服务、虚拟现实与智能表达等重大技术系统和战略产品。

……

9. 现代交通技术

重点发展大运量高速载运、新能源载运、一体化交通系统安全等技术与装备，实现高效运输服务。重点突破汽车动力系统、重型直升机和船用中速柴油机等制约交通装备发展的重大技术。重点发展交通系统信息化、智能化技术和安全高速的交通运输技术，提高运网协同能力和运输效率。突破交通运输安全保障、资源节约与环境保护、智能化养护等方面的关键技术。

10. 地球观测与导航技术

大力开展先进遥感、地理信息系统、导航定位、深空探测等前沿技术研究。重点建立全球二氧化碳监测、遥感感知网、全球空间信息主动服务、导航定位与位置服务等重大技术系统，培育以授时、导航与位置服务为核心的空间信息产业，形成遥感信息、导航定位和移动通信卫星新兴产业增长点。

七、加强科技创新基地和平台建设

科技创新基地和平台是支撑科技进步和创新的重要物质基础。要以加强自主创新能力建设为目标，优化科技资源配置，推进科技资源开放共享和高效利用，基本建成满足科技创新需求的资源和条件支撑体系。

……

八、大力培养造就创新型科技人才

人才资源是第一资源，规模宏大的创新型科技人才队伍是加快我国科技进步和创新的根本保障。把科技人才队伍建设摆在科技工作的突出位置，以培养、引进和用好高层次创新型科技人才为核心，创新人才培养体制机制，营造人才成长良好环境，造就规模宏大、结构合理、素质优良的创新型科技人才队伍，为创新型国家建设提供强大的人才保障和智力支持。

……

九、提升科技开放与合作水平

扩大科技开放、加强合作交流是适应国内外新形势新变化、深化改革开放的重要内容。研究制定我国科技发展国际化战略，以全球视野搭建合作创新平台，营造开放创新环境，充分吸引全球创新资源，推动我国科学技术事业融入全球科技发展潮流，在更高起点上提升我国科技创新能力。

……

十、深化科技体制改革，全面推进国家创新体系建设

加强科技体制改革的统筹规划和系统推进，在促进全社会科技资源高效配置和综合集成、加快科技成果向现实生产力转化、激发各类创新主体的活力等方面取得突破性进展，全面推进国家创新体系建设。

……

十一、强化科技政策落实和制定，优化全社会创新环境

进一步加强科技政策法规的落实，加强创新政策措施的衔接配套，进一步营造有利于科技进步和创新的环境。

……

十二、切实保障规划实施

为有力推进规划顺利实施，必须周密部署，落实责任，强化监督，形成规划实施的强大合力与制度保障。

……

关于发布2012年度产业技术创新战略联盟试点名单的通知

国科发体[2012]293号

各省、自治区、直辖市及计划单列市科技厅（委、局），新疆生产建设兵团科技局，各有关单位：

根据科技部等部门《关于推动产业技术创新战略联盟构建的指导意见》（国科发政[2008]770号）、科技部《关于印发<关于推动产业技术创新战略联盟构建与发展的实施办法（试行）>的通知》（国科发政[2009]648号）等文件精神，在联盟自愿申请的基础上，经审核，同意抗体药物产业技术创新战略联盟等39个联盟开展产业技术创新战略联盟试点工作（名单见附件），试点期2年。

各试点联盟要通过试点建设运行，围绕培育发展战略性新兴产业和改造提升传统产业，积极探索构建产学研合作长效机制，加强产业技术研发创新和成果扩散，完善产业技术创新链，带动中小企业创新发展，提升产业核心竞争力，为更多联盟健康发展提供经验。

科技部将加强对试点联盟的跟踪指导，加大科技计划、创新基地和科技政策对联盟的支持力度，试点期满后组织评估考核。

各地方科技管理部门、各有关单位要加强对试点联盟的联系和支持，促进联盟健康发展。试点过程中的重要情况和问题，要及时报告科技部。

联系方式：科技部创新体系建设办公室　010-58881762

附件：2012年度产业技术创新战略联盟试点名单

科学技术部

2012年4月

附件：2012年度产业技术创新战略联盟试点名单（共39个）

1.抗体药物产业技术创新战略联盟

2.高效精密磨具产业技术创新战略联盟

3.淮河流域再生水利用与风险控制产业技术创新战略联盟

4.四方国件中间件产业技术创新战略联盟

5.抗肿瘤药物产业技术创新战略联盟

6.高档重型机床产业技术创新战略联盟
7.滚动轴承产业技术创新战略联盟
8.数控成形冲压装备产业技术创新战略联盟
9.数字音视频编解码（AVS）产业技术创新战略联盟
10.激光加工产业技术创新战略联盟
11.光刻设备产业技术创新战略联盟
12.电动汽车产业技术创新战略联盟
13.火力发电产业技术创新战略联盟
14.智能交通产业技术创新战略联盟
15.光纤材料产业技术创新战略联盟
16.生物医用材料产业技术创新战略联盟
17.非晶节能材料产业技术创新战略联盟
18.激光显示产业技术创新战略联盟
19.集成电路设计产业技术创新战略联盟
20.智能数字家电产业技术创新战略联盟
21.煤炭地下气化产业技术创新战略联盟
22.生物质能源产业技术创新战略联盟
23.玉米产业技术创新战略联盟
24.食用植物油产业技术创新战略联盟
25.有机（类）肥料产业技术创新战略联盟
26.食品装备产业技术创新战略联盟
27.冷链食品物流产业技术创新战略联盟
28.农作物种业产业技术创新战略联盟
29.南海区海水种苗产业技术创新战略联盟
30.果蔬加工产业技术创新战略联盟
31.通用名药物品种产业技术创新战略联盟
32.新型健身器材产业技术创新战略联盟
33.住宅科技产业技术创新战略联盟
34.干细胞与再生医学产业技术创新战略联盟
35.烟气脱硝产业技术创新战略联盟
36.肿瘤微创治疗产业技术创新战略联盟
37.有色金属短流程节能冶金产业技术创新战略联盟
38.节能降耗水处理装备产业技术创新战略联盟
39.国产科学仪器设备应用示范产业技术创新战略联盟

交通运输“十二五”发展规划

交通运输部　2011年4月

（节选）

前言

“十二五”时期，我国经济社会发展将进入一个新的历史阶段，交通运输也将进入新的发展时期，依据《中共中央关于制定国民经济和社会发展第十二个五年规划的建议》和《国民经济和社会发展第十二个五年规划纲要》，根据国务院批准交通运输部的职责和工作要求，我部组织编制了《交通运输“十二五”发展规划》（以下简称《规划》）。《规划》以科学发展为主题、以加快转变交通发展方式为主线、以交通运输结构调整为主攻方向、以科技进步和创新为重要支撑、以保障和改善民生为根本出发点和落脚点、以建设资源节约型环境友好型交通运输行业为着力点、以改革开放为强大动力，积极推进现代交通运输业的发展。《规划》包含了综合运输、公路交通、水路交通、民用航空、邮政服务以及城市客运管理等方面，反映了加快交通基础设施网络建设，提高运输服务水平，加强养护管理，强化科技进步和信息化建设，构建绿色交通体系，提高安全与应急保障能力，推进行业精神文明建设，大力提高行业发展软实力等内容，体现了交通运输业发展的时代要求，描绘了交通运输未来发展的蓝图，提出了交通运输发展的行动纲领，对“十二五”时期交通运输发展具有重要的指导意义。

第一章　指导思想和发展目标

“十二五”时期是全面建设小康社会的关键时期，是深化改革开放、加快转变经济发展方式的攻坚时期。纵观国际国内形势，世情国情发生深刻变化。世界多极化和经济全球化深入发展，国际金融危机影响深远，不稳定、不确定因素进一步增加，发展格局面临深度调整。我国经济社会发展呈现新的阶段性特征，工业化、信息化、城镇化、市场化、国际化深入发展，经济发展方式转变加快，经济社会发展长期向好的趋势没有改变，我国发展仍处于重要战略机遇期。同时，必须清醒地看到，我国发展中不平衡、不协调、不可持续问题依然突出，深层次矛盾日益凸显。面对新的发展形势，交通运输发展必须科学判断和准确把握趋势，紧紧抓住战略机遇，积极应对各种挑战，加快交通发展方式的转变，大力发展现代交通运输业。

第一节　发展需求

……

三、充分发挥科技引领作用，不断提高交通运输科技含量和信息化水平

科技进步和信息化发展势头迅猛，科技创新孕育新突破，物联网、云计算等新一代信息技术的出现，将极大地促进人类社会的发展进步。科技进步和创新是加快转变经济发展方式的重要支撑，交通运输加快转变发展方式、发展现代交通运输业，要继续实施“科技强交”战略，加强技术创新，推进现代信息技术在交通运输领域的集成应用，充分发挥科技的引领作用，极大地提升交通基础设施、运输装备的现代化水平。因此，交通运输行业要着力加强科技创新体系建设，提高自主创新能力，大力推进信息化建设，努力提高交通运输科技含量和信息化水平。

四、落实建设“两型”社会发展战略，加快构建绿色交通运输体系

建设资源节约型、环境友好型社会是我国一项长期的战略任务，交通运输行业是能源资源消费和温室气体排放的重点领域之一，根据国家对节能减排的总要求，交通运输业节能减排的任务非常艰巨；交通运输发展面临的土地、岸线等资源紧缺的刚性约束将进一步强化，环境和生态保护任务更加繁重，推进资源节约和环境保护，促进经济发展模式向高能效、低能耗、低排放模式转型，对交通运输绿色发展提出了更加迫切的要求。因此，必须树立绿色、低碳发展理念，以节能减排为重点，加快形成资源节约、环境友好的交通发展方式和消费模式，构建绿色交通运输体系，实现交通运输发展与资源环境的和谐统一。

……

第三节　发展目标

一、总体目标

到 2015 年，基础设施网络更趋完善，结构更加合理，交通运输供给能力明显增强，运输装备进一步改善，运输组织不断优化，运输效率和服务水平明显提升，创新能力不断增强，科技进步和信息化水平不断提高，行业监管能力明显加强，以低碳为特征的交通运输体系建设取得成效，资源节约型、环境友好型行业建设取得明显进展，交通安全监管体系逐步完善，应急反应能力进一步加强，安全保障能力明显提高。便捷、安全、经济、高效的综合运输体系初步形成，基本适应国民经济和社会发展的需要。

……

三、主要指标

按照初步形成便捷、安全、经济、高效的综合运输体系的总体目标要求，以提高交通运输保障能力和服务水平为核心任务，围绕加快交通基础设施网络建设、提高运输服务水平、强化交通科技进步和信息化建设、构建绿色交通体系、提高安全与应急保障能力等主要方面，提出“十二五”时期交通运输发展主要指标如下：

表 1　“十二五”交通运输发展主要指标表

	指标	2010 年	2015 年
基础设施	公路网总里程（万千米）	398.4	450
	高速公路总里程（万千米）	7.4	10.8
	高速公路覆盖 20 万以上城镇人口城市比例（%）	80	≥90
	二级及以上公路总里程（万千米）	44.5	65
	国省道总体技术状况（MQI，%）	72	＞80
	农村公路总里程（万千米）	345.5	390
	沿海港口通过能力适应度	0.98	1.1
	沿海港口深水泊位数（个）	1774	2214
	内河高等级航道里程（万千米）	1.02	1.3
	民用机场总数（个）	175	≥230
	邮政局所数量（万个）	4.8	6.2
运输服务	营运中高级客车比例（%）	28	40
	营运重型车、专用车、厢式车比例（%）	17.9、5.4、19.2	25、10、25
	内河货运船舶船型标准化率（%）	20	50
	乡镇、建制村通班车率（%）	98、88	100、92
	国道平均运行速度（千米/小时）	57.5	60
	沿海主要港口平均每装卸千吨货在港停时下降率（%，基年：2010）	15	
	民航航班正常率（%）	81.5	＞80
	乡（镇）邮政局所、建制村村邮站和邮件转接点覆盖率（%）	75、51	＞95、80
	300 万人口以上、100～300 万人口以及 100 万人口以下的城市，公交车辆拥有率（标台/万人）		15、12、10
科技与信息化	科技进步贡献率（%）	50	55
	国省道重要路段和内河干线航道重要航段监测覆盖率（%）	30	≥70
	重点营业性运输装备监测覆盖率（%）	70	100
绿色交通	营运车辆单位运输周转量能耗和二氧化碳排放下降率（%，基年：2005）	10、11	
	营运船舶单位运输周转量能耗和二氧化碳排放下降率（%，基年：2005）	15、16	
	民航运输吨千米能耗和二氧化碳排放下降率（%，基年：2010）	＞3	
	国省道单位行驶量用地面积下降率（%，基年：2010）	5	
	沿海港口单位长度码头岸线通过能力提高率（%，基年：2010）	5	
	总悬浮颗粒物（TSP）和化学需氧量（COD）等主要污染物排放强度（吨/亿吨千米）下降率（%，基年：2010）	20	

续表

	指标	2010 年	2015 年
安全应急	营运车辆万车千米事故数和死亡人数下降率（年均%）	3	
	城市客运百万车千米事故数和死亡人数下降率（年均%）	1	
	百万吨港口吞吐量事故数和死亡人数下降率（年均%）	5	
	沿海重点水域监管救助飞机应急到达时间（分钟）	≤150	≤90
	民航运输飞行百万小时重大事故率（五年累计）	0.05	<0.2

第二章　综合运输

推进综合运输体系建设是发展现代交通运输业的重要任务，也是现代物流业发展的重要前提和保障。“十二五”时期，要统筹各种运输方式发展，加快综合运输体系建设，强化基础设施优化衔接、发挥综合运输的整体优势，促进现代物流发展、培育交通新兴战略产业，加强城市客运管理、支撑城镇化加快发展。提高综合运输服务水平、满足多样化运输需求是各种运输方式发展共同肩负的重要使命。

……

第三节　加强城市客运管理

……

二、提高城市客运信息化和智能化水平

发展面向不同层级政府部门的客运管理信息系统，建立面向公众的客运信息服务体系，初步实现向社会提供全方位、多方式、跨地区的一站式客运信息查询服务。建设以中心城市为节点的国家级城市公共交通运行状态数据中心。发展包括城市公共交通在内的公共客运综合信息平台，支撑对多种交通方式的信息查询、应急保障、综合调度及动态监控等功能。

三、规范城市公交运营管理

加快建立以《城市公共交通条例》为龙头，以配套规章为基础，以地方性法规、规章为补充的法规体系，将优先发展公共交通纳入规范化、法制化轨道。加快理顺城市公共交通管理体制，统筹城乡公共交通一体化发展。建立完善城市公共交通定价、调价机制。扶持公交企业发展，规范城市公交服务标准，建立政府购买公交公共服务制度。制定“公交都市”建设评价标准和办法，实施示范工程，提高城市公交出行分担率。

专栏 3　“十二五”国家“公交都市”建设示范工程

结合国家低碳城市建设需要，选择 30 个城市实施“公交都市”建设示范工程。研

究制定“公交都市”建设目标和评价指标体系。支持综合客运枢纽、智能交通系统和公共服务信息系统建设，鼓励新能源公交车辆的更新使用和配套服务设施建设，提升公交运营效率和服务品质。通过5年的努力，在示范城市实现主城区500米上车，5分钟换乘，公共电汽车运行速度明显提高，公交出行分担率达到50%以上。

……

第四节　提高综合运输服务保障能力

……

二、建设公共信息共享平台

加快建设综合运输管理和公共信息服务平台。继续推进交通运输各行业的信息化建设，建立综合运输信息采集和共享机制，切实加强信息资源的开发利用，促进各运输方式信息系统对接和资源共享，减少票证及单据的流通障碍，为公众出行和货物、邮件、快件运输提供全面覆盖、及时可靠、选择多样的信息，提高交通运输管理效能和服务水平。

三、制定与完善标准规范体系

制定与完善综合运输政策和标准规范，改造提升客货运输服务体系，促进运输方式之间运输组织与市场的衔接。从运输、包装、装卸、信息等各环节，逐步建立和完善多式联运的技术、服务、管理的标准规范。通过行业管理机构设定强制标准，引导企业使用，推进运输组织、运输行为衔接的标准化。

……

第三章　公路交通

公路交通要坚持建、养、运、管并重，完善国家公路网规划，基本建成国家高速公路网，加大国道改造力度，加强公路科学养护，优化营运车辆结构，创新运输组织模式，规范建设和运输市场管理，全面提升公路运输保障能力和服务水平。

……

第二节　加强公路养护管理

……

二、推进公路科学养护

基本建立国省道养护管理科学决策体系，主要路况检测指标基本实现自动化，路况评价及养护决策实现信息化和制度化。

实施公路大中修养护工程。确保全国每年对不少于17%的国省道实施大中修工程。组织开展公路养护示范工程创建活动。

加快推行预防性养护。研究制订预防性养护指导政策、技术标准。加强预防性养护新设备、新材料、新技术和新工艺的研究，推行低碳、环保、节能养护，努力形成成套技术标准体系。

专栏5　“十二 五”推广多功能路况快速检测系统

全面推广多功能路况快速检测系统，定期检测国省道路况。一是进一步完善路况检测指标，增加公路几何线形、地理位置、沿线设施等信息的数据采集功能，并应用到公路资产的科学化养护管理中。二是提高数据采集的频率和准确性，将路况快速检测系统的适用范围从路网级大规模宏观路况检测扩展到项目级的损坏数据精细检测。三是开发操作方便、成本低廉、功能实用的路况快速检测系统系列装备，为农村公路和低等级路网的科学化养护管理提供技术支撑。

……

第三节　提升公路运输服务水平

一、引导发展现代化营运车辆

引导营运车辆向专业化、标准化、清洁化方向发展。鼓励发展大中型高档客车，大力发展适合农村客运的安全、实用、经济型乡村客车。鼓励发展集装箱、厢式、冷藏、散装、液罐、城市配送等专用运输车辆和标准车型。重点推进干线公路营运货车的轻质化、标准化。加快更新老旧车辆，促进高效、节能运输车辆的发展。建立健全推荐车型制度，促进车型标准化。

……

第四节　完善公路市场管理

一、完善运输市场管理

以安全、节能减排和服务质量为重点，完善道路运输市场准入和退出机制。加强行业诚信体系建设，完善对道路运输企业质量信誉考核和从业人员的诚信考核。建立驾驶员培训、机动车维修、汽车租赁业的服务质量监测和考核体系，逐步建立全国汽车维修质量检测及汽车配件质量保证和追溯体系。

大力发展汽车租赁业，推动建立全国性的汽车租赁业服务网络，完善汽车租赁业管理制度，规范经营行为。扶持推广“物联网”技术在汽车租赁业的应用，完善租赁车辆调度管理系统。建立顾客诚信管理档案，健全电子支付系统。引导汽车租赁企业以资产和品牌为纽带开展加盟连锁经营，鼓励企业异地设置网点以及与汽车生产企业、汽车维修企业实行联合经营，扩大服务覆盖范围。

……

三、完善信用体系建设

加强信用管理，规范信息采集、评价、发布、监督、应用等各环节工作要求，促进信用信息互联互通，形成全国共享的信息管理网络。逐步扩展评价主体，将信用评价范围扩大到项目法人、招标代理、勘察设计、工程咨询、设备材料供应等市场主体。

……

第四章　水路交通

继续有序推进沿海港口基础设施建设，优化沿海港口结构与布局，着力拓展港口功能，提升港口的保障能力和服务水平。充分发挥内河水运优势，发挥内河水运对沿江产业布局的引导作用，认真贯彻落实《国务院关于加快长江等内河水运发展的意见》，加快以高等级航道和主要港口为重点的内河水运基础设施建设，大力提高运输服务水平，建设现代化的内河水运体系。

……

第三节　提升水运服务能力和水平

一、提升运输装备水平

调整运力结构，促进运输船舶向大型化、专业化方向发展，到“十二五”末，远洋、沿海、内河船舶平均吨位分别提升到25000吨、6500吨和800吨。壮大海运国轮船队，提高进口能源、重要原材料运输保障能力。提升沿海船舶技术水平，鼓励发展液化气船、商品汽车滚装船等专业化船舶。加快推进内河船型标准化，大力发展江海直达船舶。严格实施和完善老旧船舶强制报废制度，加大船舶技术更新改造力度，改善安全性能，提高技术水平。

二、加快提升港口服务水平

积极发展港口现代物流功能。依托主要港口打造区域物流中心，构建以港口为重要节点的物流服务网络，拓展仓储、货物贸易服务等功能。加强港口物流园区、货运场站及物流通道建设，推进港口物流公共信息平台和电子商务平台建设，推进内陆无水港发展。

发挥保税港区政策优势，积极发展国际中转，促进配送、出口加工等保税业务发展。

利用现代信息技术，提升港口服务效率和水平。重点推进港口集装箱多式联运信息服务系统示范工程，基于港航 EDI 中心，结合航运中心建设，依托沿海和长江沿线主要港口，建立多种运输方式一体化单证体系和信息服务体系，实现信息共享和通关一体化服务。

三、完善运输组织体系

继续完善远洋、沿海和内河运输体系。推进内河干支直达和江海直达运输发展，有条件的地区发展顶推船队运输，提高运输效率，降低运输成本。大力发展内河集装箱运输，完善集装箱、大宗物资、汽车滚装运输网络。

积极推进多式联运，重点推进集装箱、大宗物资水铁联运、江海联运。

……

第五章　民用航空

以建设民航强国战略统领民航业发展，以确保持续安全为前提，加快基础设施建设，完善航空运输网络，全面提升运输质量，积极发展通用航空，显著提高民航综合保障能力和服务水平。

……

第二节　建设现代空管服务系统

一、完善空中交通网络

规划调整航路网，形成枢纽航路网、区域干线航路网和区域支线航路网有机结合的航路网络构架。建设国内大能力空中通道，在北京至广州、北京至上海等繁忙地区，增加干线航路数量或划设平行航路，构建大能力枢纽航路和区域干线航路。扩大空中交通网覆盖范围。优化繁忙地区航路航线结构。

二、提高空管运行效率

深化区域管制区重组，调整为 8 个高空管制区和 27 个中低空管制区。加强管制中心建设，在高空管制区推行大区域管制运行。施行缩小飞机间隔。建设空管运行管理系统。完善空管运行协调机制，不断推进空域管理和使用机制创新。加强气象和情报服务能力建设。

三、加强空管技术保障

提高空管自动化水平，以高空区域管制中心为核心，建立全国一体化空管自动化系统框架。提高空管通信、空中导航和监视能力。提高空管设备运行管理水平。推广应用空管新技术，加强技术服务平台建设。重点推广应用自动化系统融合处理、航空电信网/空管服务信息处理系统（ATN/AMHS）、地空数据链系统、地基增强系统（GBAS）、航路对流天气预报系统、高原机场气象预报系统等新技术。

……

第四节　加快发展通用航空

一、推进基础设施建设

探索建立通用航空低空运行服务模式。布局建设通用航空机场、起降点，建立完善空管、维修、航油配送等保障能力，形成一批航空服务站，引入固定基地运营商（FBO）。支持在东部沿海、东北和西部地区构建农林防护、海洋维权、应急救援等公益性航空服务网络。加快特殊地区的通勤机场布局和建设。

……

第五节　确保航空持续安全

一、完善安全监督管理体系

建立健全覆盖全行业的安全监管体系，实现跨专业、跨地区紧密联合作业的网状监管运行模式。完善和创新监管方式和手段，打造闭环监管系统，建立并实施重点领域监管机制。加强事故调查能力建设。

完善航空安全规章标准体系及其修订机制。建立并持续改进安全管理体系。实施航空安全方案内部定期评审机制。推进安全信息分析中心建设。提高飞行校验能力。

……

第七章　交通科技与信息化

科技进步和创新是推动交通运输科学发展、转变发展方式的重要支撑。“十二五”时期，要以科技进步为引领，强化科技创新，加强科技成果推广和应用，推进交通信息化建设，大力发展智能交通，提升交通运输的现代化水平。

第一节　推进科技进步

一、推进科技创新能力建设

继续推进行业重点实验室建设。完善行业重点实验室布局，优化实验室研究方向，重点加强交通安全、节能环保、智能交通、决策支持等领域实验室建设，对符合国家重点实验室建设领域和方向、对交通运输行业发展有重大作用的行业重点实验室，继续加大支持力度，力争培育2～3个国家重点实验室。

稳步推进行业研发中心建设。在明确总体布局、建设模式、实施方式、管理机制和发展政策的基础上，稳步推进行业研发中心建设，力争在基础设施建设与养护、综合运输与现代物流、民航工程技术、交通运输安全与应急保障等领域建设15个左右行业研发中心，促进行业技术开发和成果工程化、产业化。

加快培育国家级科研基地建设。继续加大对直属交通运输科研机构基础条件投入，重点支持应用基础研究装备、重大关键仪器设备和大型综合试验场建设；继续支持工程建养、运输、信息、安全、节能、环保和决策支持等领域科研条件建设；注重发挥中央财政资金投入的引导性作用，鼓励企业以多种形式参与科研基础条件建设。

二、加强重大科技研发

支持重大交通科技专项。以重大关键技术开发与集成应用为主，依托重大工程建设，着力支持跨江海通道大型结构工程建设关键技术、内河航道通过能力提升关键技术、新一代智能交通技术开发与应用、新一代公路基础设施维护技术与装备开发、水上搜救打捞、航空安全等重大关键技术与装备开发等重大科技专项，力争形成一批拥有核心自主知识产权、技术水平国际领先、实用性强的重大科研项目研发成果。

突出交通科技研发重点。以实用性、前瞻性技术为主，紧密结合全国和区域交通运输发展需求，开展公路基础设施建设与养护、港口与航道建设与养护、内河通航枢纽、交通运输组织与管理、城市客运、交通安全与应急保障、交通资源节约与环境友好、交通运输信息化、交通运输科学决策支持等重点方向研发，显著提升交通运输发展的科技含量和技术水平。

专栏12　“十二五”重大科技研发专项

重点开展以下五个方面的专项研发：

大型跨海通道工程建设关键技术：重点攻克超长跨越桥梁、海底超长隧道、大型海上人工岛等建设的核心技术，提升跨海大型结构工程建设质量和耐久性。

长江航道通过能力提升关键技术：重点突破通航设施建设、安全保障和航运信息服务等关键技术，支持干线航道通过能力的显著提升。

城市智能交通关键技术：重点研发智能车载终端设备、公共交通信息采集监测与服务、运营监管和应急保障等关键技术，显著提高城市交通运营管理与服务水平。

新一代公路基础设施维护技术与装备：重点突破公路、桥梁和隧道结构状况无损检测、全寿命养护与管理、结构物安全预警与保障、材料循环利用和快速维修等方面的核心技术，构建我国新一代公路维护技术体系。

水上溢油事故应急反应与污染控制技术：重点突破水上溢油立体监测与追踪、反应辅助决策、回收与处置等技术及装备，有效提升我国水上溢油应急反应处置能力。

三、促进科技成果推广应用

推进科技成果转化。紧密结合行业实际需求，通过开展示范工程及专项行动计划等各种方式，加强基础设施建设、运输组织优化、智能交通、资源节约、环境保护、安全保障、邮政专用技术装备等重点领域的成果推广应用。

建立科技成果推广规章制度。重点在资金投入、人才保障、激励措施、信息共享、知识产权保护等方面完善促进科技成果推广的制度保障与动力机制，探索建立专业化科技成果推广机构，促进成果推广应用。

建设交通科技信息资源共享平台。整合科技信息资源，推进交通运输科技数据中心建设，建立覆盖全国的交通运输科技信息资源共享体系，强化科技信息资源服务能力，提升科技成果推广信息服务水平。

专栏13 “十二五”科技成果推广应用重点领域

重点推广应用以下六个领域先进适用技术：

基础设施建设技术：重载交通长寿命半刚性基层沥青路面设计与施工技术、大跨径桥梁建设技术、长大隧道建设技术、深水筑港技术、内河航道整治技术等。

运输组织优化技术：甩挂运输技术、物流公共信息服务平台技术、船货动态集成一体化监控技术、多式联运组织优化技术等。

智能交通技术：联网不停车收费技术、电子证件技术、船舶交通监管技术、集装箱信息化管控一体化、集装箱码头集卡全场智能调度系统技术等。

安全保障技术：交通安全设施设计技术、山区公路运输安全保障技术与产品、水上危险品运输安全保障技术等。

资源节约技术：沥青与水泥混凝土路面材料再生利用技术、废旧轮胎橡胶粉筑路应用技术、隧道照明与通风节能技术、港口装卸机械“油改电”技术、港口船舶岸电利用技术、太阳能一体化航标灯等。

环境保护技术：路域生态工程技术、路域生态环境监测技术、航道整治工程生态环境保护技术、疏浚土利用技术、散货码头防风除尘体系等。

四、强化科技标准化建设

推进技术标准制修订和宣贯实施。促进标准化建设的协同管理，加强现代物流、道路运输、建设养护、内河船舶、城市客运、智能交通、交通信息化、安全保障、节能环保、邮政服务等技术标准的制修订，积极推进交通运输国际标准化工作，促进交通运输标准化建设质量与应用水平的有效提升。

加强计量检测技术体系建设与产品质量监督。针对交通产品质量和基础设施建养质量，加强计量检测机构与基础条件建设，开展计量技术规范及校准技术研究和规程制修订工作；完善交通运输产品质量抽查、质量认证工作，提高交通产品质量监督水平。

第二节 加强信息化建设

一、加强行业管理服务应用系统建设

深化各业务领域管理服务应用系统建设，完善公路养护管理、收费管理、路政管理、交通情况调查等系统，并加强联网管理和集成应用。深化部省道路运输信息系统联网工作，推进部省水路运输信息系统、港口管理信息系统联网工作。积极开展港航公共基础设施运行和维护管理系统建设。开展内河水网重点区域数字航道建设，深化水上重点物资跟踪管理系统。完善海事管理信息系统，积极推进地方海事信息系统建设，加快救助打捞管理信息系统、交通公安综合业务应用系统、交通运输行政执法综合管理信息系统建设。加快建设民航电子政务技术平台、民航综合信息平台以及民航网络与信息安全保障系统。建立邮政行业服务水平监测和综合评价系统，健全邮政行业监管体系。完善行政许可在线办理平台，推动各级交通政务网站开展路政管理、运政管理、海事管理、港政管理等交通行政许可的“一站式”服务。推进交通电子口岸建设，并与国家电子口岸对接，促进外贸和物流便利化。推进民航简化商务信息系统工程、新一代全球分销系统工程、航空物流信息平台建设。继续推进国家交通运输物流公共信息共享平台建设，建设以行业监测分析、政务公开、行政执法和社会应急等为重点的邮政行业公共信息服务平台。到“十二五”末，力争部省两级电子政务核心业务信息化覆盖率达到85%以上。

二、加强公众出行信息服务系统建设

深化完善省域公路交通出行信息服务系统，强化路况、养护施工、交通管制、气象等实时信息的服务，实施省域、跨省域客运售票联网和电子客票系统建设，力争实现以全国统一特服号、统一交通广播频率为特征，提供有机衔接的多种服务手段，并覆盖高速公路、国省干线及广大城乡地区的交通出行信息服务体系。

加快建设内河航运综合信息服务系统，强化航道状况、水位水深、水上水下施工、交通管制、水文气象等信息的服务，在重点水域实施水路客运售票联网和电子客票系统建设，进一步完善水路客运出行信息服务系统建设。

在地市级以上城市加快建设覆盖城乡的公共交通信息服务系统。鼓励和引导社会力量广泛参与，培育交通出行信息服务产业的健康发展。

三、加强行业市场信用信息服务平台建设

建设完善公路水路交通建设市场信用信息服务平台，推广普及公路水运建设工程项目管理、工程标准规范管理系统，建设公路水运工程招投标管理等系统。

建设完善公路水路运输市场信用信息服务平台，深化完善公路水路运输管理信息系统，推广普及IC卡道路运输电子证件、船舶船员“一卡通”、船舶电子签证等系统，实现公路水路运输行政执法信息、信用信息跨区域、跨部门的交换和共享，形成政府监管、企业自律、社会监督的信用管理和服务体系。

四、加强安全畅通与应急处置系统建设

积极引导建设、推广跨省市高速公路联网收费系统和区域联网不停车收费系统（ETC），“十二五”末，实现全国高速公路ETC平均覆盖率60%，ETC车道数6000条，ETC用户量500万个。

建设信息互通、协同高效的部省两级路网管理平台，完善对国省道重要路段、特大型桥梁、长大隧道等重点监控目标运行状态、气象条件等的监测、监控和预警。

完善海事、航道管理、港口安全管理信息系统，健全沿海港口重点水域及内河高等级航道的船舶交通、通航环境、港航设施、水文气象等状态的实时监测和安全预警体系。

建立健全重点营运车辆和船舶的监测监控系统，重点跟踪“两客一危”车辆（长途客车、客运包车和危险货物运输车）和重点营运货车、“四客一危”船舶（客渡船、旅游客船、高速客船、滚装客船和危险品运输船）的安全技术状态和运行状况。

建设多网联动的交通运输安全监管与应急处置平台，满足“监管到位、协调联动、上下贯通、左右衔接、响应迅速、处置有效”的要求。

五、加强交通运输经济运行监测预警与决策分析系统建设

建设与业务系统相融合的交通统计信息系统，依托业务管理与服务系统，完善交通统计信息指标体系，实现统计数据从交通运输业务系统的有效获取。

在行业统计、各主要业务系统基础上，建设部省两级行业经济运行监测预警和决策分析系统，开展重点物资运输、基础设施运行、固定资产投资、生产安全、运输市场、行业能耗等交通运输经济运行状态的监测、预警和综合分析，研判经济社会发展趋势对交通运输行业的影响，适时调整行业发展政策，面向社会及时发布相关信息，发挥导向性作用。

专栏14　“十二五”信息化示范试点工程

在4个左右特大型或大型城市试点开展综合客运枢纽协同管理与信息服务系统建设，实现枢纽内不同运输方式的协同运转、安全监测及紧急事件联动处置，提供枢纽内外旅客出行、换乘及交通诱导信息服务。

示范开展港口集装箱多式联运信息服务系统建设，实现港口集装箱水水、公水、水铁等联运信息服务，实现多种运输方式单证信息共享和通关一体化服务。

推进国家及区域物流公共信息服务平台建设，促进东北亚物流信息服务网络建设，整合物流服务供需双方信息资源，提供政府公共信息、物流交易信息和增值信息服务。试点开展道路货物甩挂运输信息平台建设，实现甩挂运输智能运营调度管理、运行监测与综合分析。

推广城市公共交通智能系统建设，开展城市公交与轨道交通智能调度与管理、动态停车诱导等智能化系统的推广应用。在10个左右的城市试点开展出租汽车服务管理信息系统建设。

六、加强信息化基础工作和保障能力建设

完善行业信息基础设施，提升通信信息网络支撑能力。利用全国高速公路光纤、管道资源，适时组建连接部省的交通运输行业专网，有条件的省份可根据本地区发展的实际需要，充分利用高速公路通信网络资源开展行业专网建设。完善应急指挥通信系统，建立应急联合通信保障机制。

完善部省两级数据中心体系，提升行业数据服务能力。完善交通行业信息资源目录体系建设，结合重大工程和核心业务系统建设，健全和完善行业基础信息资源数据库；完善部省两级数据交换平台，满足行业数据交换和共享要求；建设运行维护综合管理平台，实现数据和设施设备的维护管理。

完善行业信息标准框架体系，提升信息共享协同能力。加快制定交通信息化基础性关键标准，按照行业标准体系框架，结合重大工程和示范、试点工程的建设，及时提炼和完善相关信息标准规范；加快制定基础性关键标准，建设标准一致性和符合性检测平台。

构筑行业信息安全体系，提升信息安全防范能力。建设交通运输行业统一的信息安全认证体系；完善交通运输行业信息系统分级保护和等级保护系统；加快建立部级数据容灾备份中心。

第八章　绿色交通

交通运输行业要以节能减排为重点，建立以低碳为特征的交通发展模式，提高资源利用效率，加强生态保护和污染治理，构建绿色交通运输体系，走资源节约、环境友好的发展道路。

第一节　强化节能减排

一、结构性节能减排

充分发挥各种运输方式比较优势，优化交通运输资源配置，发挥综合运输的整体优势和组合效率，降低能源消耗强度；加快发展城市公共交通、水运等低能耗运输方式，倡导低碳型交通消费模式和出行方式。

大力优化公路网结构，提高路网通行能力和效率，提升公路技术等级和路面等级，调整公路运输运力结构；推进港口结构调整，发展大型化、专业化港口；提升航道技术

等级，加快形成以高等级航道为主体的内河航道网。推进交通能源消费结构优化，鼓励替代能源在营运车船中的应用。

二、技术性节能减排

积极采用混合动力汽车、替代燃料车等节能环保型营运车辆以及双尾船、新能源动力船等节能环保型营运船舶，推广应用自重轻、载重量大的运输装备。对营运车船设置能耗和排放限制标准，提高准入门槛，淘汰低标准及老旧车船。鼓励使用天然气动力和电动车等节能环保型城市公交车，开展混合动力、电能出租汽车试点工作。与2005年相比，力争“十二五”末营运客车、货车单位运输周转量能耗分别下降6%和12%，海洋和内河营运船舶单位运输周转量能耗分别下降16%和14%。

大力研发推广隧道智能通风照明控制技术，推行隧道“绿色照明工程”。加快发展高能效电力驱动港口装卸设备，研发推广电能回馈、储能回用等新工艺新技术，基本完成轮胎式集装箱门式起重机“油改电”技术改造，推进船舶靠泊使用岸电技术改造。逐步推广港口太阳能、地源及海水源能、潮汐能、风能等新能源利用技术。与2005年相比，力争“十二五”末港口生产单位吞吐量综合能耗下降8%。

推广高速公路不停车收费（ETC）系统，推广内河船舶免停靠报港信息服务系统，完善公众出行信息服务系统，促进客货运输市场的电子化、网络化，实现信息共享，提高运输效率，降低能源消耗，实现节能减排。

三、管理性节能减排

发展先进公路运输组织方式，加强货运组织和运力调配，利用回程运力，降低车辆空驶率。鼓励厢式运输、集装箱运输等专业化运输方式，发挥甩挂运输效率高和减排效果好的优势。合理安排客运线路，完善道路客运信息监测、分析和发布制度，提高客车实载率。推动建立绿色汽车维修体制机制，建立较完善的驾培行业节能减排体系。加强水路运输组织管理，鼓励航运企业联合经营，发挥规模优势，提高运输组织化程度。发展大宗散货专业化运输、多式联运等现代运输组织方式，全面提升船舶营运组织效率和节能减排水平。优化港口机械作业和港内运输组织管理。鼓励道路运输企业及港口企业完善能源管理体系，推广能源合同管理。

发挥港口、公路枢纽站场在物流发展中的节点作用，引导运输企业向依托港口、公路货运枢纽的物流园区集聚，提高不同运输方式间货物换装效率，促进节能减排。

加强民航业节能减排，以航空公司、机场、空管为主体，政府主导与市场调节相结合，加强监督检查和综合协调，控制航空排放。

专栏15　“十二五”交通运输节能减排示范推广工程

营运车船燃料消耗量准入与退出工程：实施营运车辆燃料消耗量限值标准，加快淘汰高能耗、高污染的运输车辆和船舶。

节能与新能源车辆示范推广工程：促进混合动力、纯电动、天然气等新能源和清洁燃料车辆在公共汽车和出租车领域的示范推广应用，在城际客货运输和城市物流配送车辆中试点推广新能源和天然气车辆。

绿色驾驶与维修工程：大力推广绿色节能驾驶技术，组织实施绿色维修工程。

智能交通节能减排工程：推广电子不停车收费技术、内河船舶免停靠报港信息服务系统，建设物流公共信息平台、公众出行信息服务系统。

公路建设和运营节能减排技术推广工程：推广应用温拌沥青铺路技术、交通建设材料循环利用技术，实施公路隧道通风照明智能控制、高速公路服务区、收费站等节能减排技术改造，大力推进太阳能、风能等可再生能源利用，建设低碳服务区等一批试点工程。

绿色港航建设工程：加快港口集装箱码头轮胎式集装箱起重机“油改电”和船舶靠港使用岸电技术改造，积极推广太阳能、地热能等再生能源利用。

合同能源管理推广工程：逐步使合同能源管理成为交通运输行业节能技术服务市场的重要机制。

船舶能效管理体系与数据库建设工程：参照国际上在船舶能效改进方面的先进做法和经验，积极推动航运企业将船舶能效纳入体系管理。

第二节　节约集约利用资源

一、节约土地和岸线资源

统筹利用综合运输通道线位资源和运输枢纽资源，协调通道内各种运输方式的线位走向和技术标准，促进各种运输方式在枢纽节点的有效整合，提高枢纽建设对土地资源的利用率。

大力推广节地技术，优化公路工程建设方案，高效利用线位资源，合理确定建设规模和技术标准。鼓励利用旧路改扩建，因地制宜的控制公路建设永久用地和临时用地，提高土地资源综合利用效率。加强对施工临时用地的恢复管理，严格执行工程建设中采取改地、造地、复垦等措施要求，集约节约利用土地资源。

完善港口岸线使用管理，坚持统筹规划、深水深用、合理开发，保障港口岸线资源合理、有序开发利用。鼓励通过提高等级、改进工艺、更新设备、扩大陆域、完善配套等方式，加强老港区技术改造工作，提高老港区生产能力和技术水平，发展集约化、专业化、现代化港区，提高港区岸线资源利用效率。

二、循环利用资源

积极探索交通运输资源循环利用的发展模式，完善相关标准规范和评价指标体系。推广使用交通废弃物（废水）循环利用的新材料、新工艺、新设备，倡导标准化设计及工厂化预制，提高资源再利用水平。

加强港口、公路等的生产、生活污水循环利用，大力开展路面材料、施工废料、弃渣、港口疏浚土等资源的再生和综合利用，建设资源循环利用试点工程。以工程应用急需的高性能材料、工艺和装备为重点，积极推广废旧路面材料冷再生、热再生等循环利用技术和施工工艺。推广航空水资源综合再生利用技术，促进航空垃圾资源化利用。

第三节　加强生态保护和污染治理

一、加强工程建设生态保护力度

研究制订生态型公路、港口、航道等工程的技术指南，逐步建立交通基础设施建设的生态保护激励机制。

继续加强公路生态保护。优化公路建设路线，合理避绕生态敏感区。公路建设尽量拟合原地形，减少高填深挖，采取水土保持、动物通道设置、植物和湿地保护等有效措施，减少公路建设对生态环境的影响，对生态敏感区域路段，注重生态修复建设，有效改善公路路域生态环境功能。

强化港口航道工程的生态保护。港口和航道建设过程中尽量避免或减少对水生动植物生存环境的改变、湿地破坏、海岸非正常侵蚀等生态问题，注重湿地保护、生态护岸、生态缓冲带建设以及重大港口工程的生态修复等工作。

二、加强污染治理

加强公路、港口、机场等施工和运营过程中的污染治理，确保污染物达标排放。

控制并逐步减少公路施工期污染。提升高速公路服务区污水处理效果，因地制宜的推广生态型污水处理技术。对营运期超标的高速公路路段，实施声屏障、隔声窗等噪声治理工程。推广应用公路营运期固体废弃物分类收集、处理等环保技术。

推进港口污水回用系统建设，在部分客运量较大的港口、内河水上服务区及京杭运河全线，建设船舶生活污水接收处理设施。加强煤炭、矿石码头的粉尘防治。加强对运量较大、周边居民密集的集装箱作业区的噪声治理。加强远离市区的分散小型港点的垃圾处理。

强化对营运车船定期监督、检查和维修，严格控制和减少营运车船的污染排放。全面实施船舶污染治理，对营运船舶强制要求安装污水处理（或储纳）设施和垃圾回收设施。

……

第九章　安全与应急保障

安全是交通运输发展的永恒主题，是交通运输可持续发展的基本保障。要加强安全生产管理，加强交通安全监管和应急体系建设，更好地保障经济社会持续健康发展和人民群众安全便捷出行。

……

第二节　加强交通安全监管体系建设

一、加强水上安全监管能力建设

加快实施国务院批准的《国家水上交通安全监管和救助系统布局规划》，以沿海和长江干线水域为重点，基本建立全方位覆盖、全天候运行、具备快速反应能力的现代化水上交通安全监管系统。

全面建成覆盖我国沿海近岸水域和长江干线的甚高频（VHF）安全通信系统，优化调整现有中高频海岸电台布局。加强主要港口及地区性重要港口、内河主要干线航道、重要航运枢纽、跨江跨海大桥通航水域监测系统建设，完善并有效整合沿海和长江干线重点水域船舶交通管理系统（VTS）、船舶自动识别系统（AIS）和船舶远程跟踪与识别系统（LRIT），对重点关联水域 VTS 系统进行区域联网。强化重点物资、危险品装卸作业以及客运、客滚运输的监视监测。加强沿海和长江干线重点水域海事监管设施和海事船艇建设，支持推进其他内河干线和重要支流航道、界河航道海事巡航救助一体化船艇和有关设施建设，进一步提高我国管辖水域水上交通安全监管的能力。

二、加强航海保障能力建设

调整完善沿海航标配布，实现重要水域助航服务系统多重和立体覆盖；整合现有航标测绘系统资源，构建统一的航标测绘业务管理平台和信息服务平台。

加快航标船、测量船开发和更新建设，满足航标维护、深海航道测量、气象观测、扫海等航海保障任务。

建造具备破冰功能的大型航标船和大型救助船，保证北方海区冰期各港口正常运营和船舶航行安全。加快内河航道维护船舶更新升级，开发适用于日常航道维护、应急打捞、水下清障等需要的新型船舶，提升长江干线和界河航道维护能力。

三、提升交通治安保障水平

根据国际安全公约和国家安全规定，在国际航行船舶及跨境营运车辆上配备保安设施，加强大型公路客运枢纽、重要的水路客运及滚装码头、城市综合交通枢纽的安全检测，完善反恐怖防范等级标准，推进港口保安体系建设，加快沿海港口和长江等内河水上治安防控体系建设，增强治安管理、反恐怖防范和突发事件的处置能力，加快监管系统区域联网，实现监管信息互联互通，满足多区域协同监管需求。

第三节　加强交通运输应急体系建设

一、完善交通安全应急预案体系

按照国家确定的应急体系，制定交通运输行业应急预案体系框架，完善各个领域不同层次的应急预案。修订《国家处置城市地铁事故灾难应急预案》等国家专项应急预案、部门预案及分项预案，制定《交通运输突发事件总预案》等国家专项应急预案、部门预案及分项预案。

二、加快交通安全应急指挥体系建设

建设国家级安全监管和应急指挥系统，推进省级（含部属一级单位）交通安全应急指挥系统建设，整合交通安全与应急信息，实现信息统一报送和统计，确保与政府、行业、部门内部信息平台互联互通和共享。

完善公路、水路、城市客运及交通工程建设等方面的安全应急专项指挥系统建设。加快建设路网运行管理、交通运输应急指挥调度、交通运输建设施工安全生产管理、港口安全和保安管理等专项安全应急平台。

支持各省（自治区、直辖市）配置移动应急指挥通信装备，充分利用国际海事卫星等多种通信手段，形成快速、灵活、畅通的应急通信指挥系统。

三、加强应急监测系统建设

加强国家高速公路、重要国省道路段、重点客货运输站场、通航枢纽、大型桥梁、长大隧道、大型互通式立交桥的监控设施建设；加快治超检测站联网，完善治超监控网络。

建设营运车辆联网联控系统，实现对危险品运输车辆、三类以上班线和旅游客运车辆行车路线、连续驾驶时间等的运行监控；推进建设二级及以上汽车客运站重点区域的视频监管系统。

加强紧急状态下的水路重点物资运输监控，强化港口作业现场管理，加强客滚码头安检设施建设，重点加强危险品码头和客运码头的动态监管，逐步实现视频监控。

依托气象监测网络，逐步形成覆盖全国重要干线公路和沿海港口的气象预警系统，实现恶劣气候 6 小时内预警。

积极推进城市客运（换乘）枢纽、公共汽车、轨道交通日常运行状态和突发事件监测监控系统建设。

四、加强交通运输应急能力建设

加强水上交通事故应急能力建设。在沿海重点水域加快监管救助机场和飞机起降点建设，加大监管救助直升机配置，启动固定翼飞机建设，有效扩大监管救助飞机覆盖范围。继续推进救助船舶、救助基地和救助站点建设，完善沿海、长江干线和其他内河水域救助力量布局，提升恶劣海况下人命救助能力。充分利用卫星和航空遥感资源信息，提升海区船舶溢油监视监测能力，加强国家船舶溢油应急设备库和溢油应急船舶建设，同时通过政策扶持，逐步建立起广泛的社会清污力量。

加强交通抢险保通能力建设。统一协调中央与地方、交通运输部门与其他部门、专业力量与社会力量的交通应急保障物资，充分发挥全社会资源优势。结合武警交通部队兵力部署和公路养护队伍现状，构建平时服务、急时应急的交通应急物资保障体系。在全国部署10个左右区域性国家公路应急保障中心，提高国家处置重特大公路交通突发事件的能力。组建以地方公路养护部门、路政管理部门及日常养护机构为主体的省级公路应急养护中心。加快推进大型起重船、大型半潜式打捞驳船等水上抢险打捞装备的建造，提升沉船整体打捞能力和水下救援打捞深度。加快建设水路抢通应急设施和物资储备库，保障沿海重要通道和长江干线、珠江、黑龙江、京杭运河航道畅通。

加强紧急运力储备，建立紧急运力动员调用机制。按照“平急结合”原则构建应急保障运力，以省为基本单元，构建满足抢险救灾人员、物资和战略物资运输需要的国家应急运输保障车队。以地（市、州、盟）为基本单元，组建省级道路客、货应急运输保障队伍。完善港航企业联动机制，依托大中型港航企业提供运能保障，建立部级、省级水路紧急运力储备。

提高城市轨道交通应急处置能力。开展城市轨道交通运营安保工程，改造运营控制中心，增配安检设备。组织开展城市轨道交通应急演练，提高城市轨道交通的安全防范水平和应急保障能力。

解读《交通运输“十二五”发展规划》

交通运输部

2011 年 4 月 13 日，交通运输部正式印发了《交通运输“十二五”发展规划》（以下简称《规划》）。《规划》紧扣 “科学发展”这一主题，围绕“加快转变发展方式”这条主线，包含了综合运输、公路交通、水路交通、民用航空、邮政服务以及城市客运管理等方面内容，体现了交通运输业发展的时代要求，体现了“适度超前”的交通运输发展战略，是指导“十二五”时期交通运输发展的重要纲领性文件。

一、《规划》编制的过程

按照交通运输部党组的要求，2007 年我部就着手准备“十二五”规划编制工作，组织开展了 20 多项重大课题研究，并取得了一批研究成果。2009 年 8 月，我部在贵州召开规划前期工作会议，就《规划》编制工作在行业内做了专题部署，提出了工作目标、工作任务和具体要求，明确了完成各阶段工作任务的时间节点。紧接着我们在部内召开了“十二五”规划第一次专题工作会议，建立了部内协调联动工作机制，明确了部内有关司局工作分工，并对各司局提出了工作要求。一年多来，部党组多次召开党组会议和专题工作会议，对规划进行研究讨论，对一些重大问题作出了重要指示。期间，我部多次征求地方交通运输管理部门、交通运输企业以及行业内外的意见，召开了三个片区的行业座谈会、两次专家咨询会、部长政策咨询小组会征求意见，征求了民航局、邮政局以及部内有关司局的意见，并通过网络、报纸等媒体广泛征求公众意见建议。经过一年多的反复修改论证和广泛征求意见，形成送审稿，经部党组审议，原则通过了《规划》，要求做进一步的修改完善，并与国民经济和社会发展第十二个五年规划做进一步衔接。最终于 2011 年 4 月 13 日正式印发了《交通运输“十二五”发展规划》。

二、《规划》的主要内容框架

《交通运输“十二五”发展规划》，是按照国务院批准的交通运输部的职能和工作要求制订的，内容包括综合运输、公路交通、水路交通、民用航空、邮政业、城市客运管理等交通运输部职责范围内的全部内容。《规划》全文由前言和十章组成，共分为四个部分。第一部分是指导思想和发展目标，主要分析了“十二五”交通运输发展需求，明确了“十二五”交通运输发展的指导思想、基本原则和发展目标。第二部分是专业篇，包括综合运输、公路交通、水路交通、民用航空、邮政业五章内容，提出了推进综合运输体系建设的主要任务以及公路、水路、民航和邮政发展的目标、任务和重点。第三部分是专题篇，包括交通科技与信息化、绿色交通、安全与应急保障三章内容，这部分是行业健康、可持续发展的保障体系，也是对经济社会和交通运输发展时代特征与要求的集中体现。第四部分是保障措施，主要从加强组织领导，强化规划的指导性；完善投资政策，加强资金保障；深化体制机制改革，健全法规体系；加强人才队伍建设，提供人才保障和智力支持；加强精神文明建设，提供精神动力和思想保障等五个方面，提出了保障行业发展规划目标实现的政策措施。

三、《规划》的主要特点

《规划》体现了四个方面的特点。

一是在内涵上，着力贯彻落实国家“十二五”经济社会发展战略对交通运输发展的新要求，在确立指导思想、基本原则以及确定重点任务、政策取向、资金安排等方面，认真贯彻了党的十七届五中全会精神，充分体现了国家“十二五”规划以科学发展为主题、以加快转变经济发展方式为主线的根本要求，紧密结合了国家提出的区域发展总体战略和主体功能区战略的实施。

二是在外延上，以构建“便捷、安全、经济、高效”的综合运输体系为战略目标，不仅着眼于稳步推进交通基础设施建设，还着重强调了建设、养护、运营、管理并重以及更多地依靠科技进步和信息化引领和支撑，规划范围从基础设施建设扩展到运输服务、科技进步、信息化建设、绿色交通和安全应急等行业发展的各个方面，努力实现从以前的单纯建设规划向行业发展规划转变，充分反映了发展现代交通运输业的客观需要和时代要求。

三是在内容上，包含了交通运输部的全部职能，反映了综合运输体系建设、促进现代物流发展、城市客运管理、公路、水路、民用航空及邮政业发展等内容，加快发展方式转变，突出“把经济结构战略性调整作为主攻方向，把科技进步和创新作为重要支撑，把保障和改善民生作为根本出发点和落脚点，把建设资源节约型、环境友好型社会作为重要着力点，把改革开放作为强大动力”这五个方面的基本要求。体现了交通运输发展的阶段性特征，使交通运输发展更好地适应经济社会发展对交通运输提出的新要求，更好地满足人民群众对交通运输发展的新期待。

四是在形式上，力求《规划》文本结构更加合理、逻辑关系更为清晰、规划内容更趋完整、文字表达更加精炼。《规划》文本采取章节结构，一些专题研究成果或规划亮点采取专栏的形式体现在规划中。

四、《规划》的总体思路及核心内容

《规划》以党的十七大精神为指导，贯彻落实五中全会对“十二五”发展提出的新要求，提出了基本的技术路线和总体思路。可以概括为：根据国家发展战略和经济社会发展新要求，以科学发展为主题，以转变发展方式、发展现代交通运输业为主线，以持续发展、协调发展、创新发展、绿色发展、安全发展为原则，以构建“便捷、安全、经济、高效”的综合运输体系为战略目标，以提高交通运输保障能力和服务水平为核心任务，以“五个努力”为切入点和着力点，以深化改革和创新为保障，开展“十二五”时期各项交通运输发展工作。

“五个努力”实际上就是《规划》提出的重要任务。

一是努力推进综合运输体系发展。推进公路、水路、民航、邮政基础设施网络建设，强化基础设施衔接，优化综合运输基础设施网络布局，增强综合交通运输供给能力。

二是努力促进现代物流业发展。提高交通运输服务水平，满足多样化的运输需求，逐步提升运输准备专业化、标准化水平，显著提高运输组织化程度，不断延伸运输服务范围，显著提升现代物流业发展水平和服务效率。

三是努力提高交通运输设施装备的技术水平和信息化水平。以科技进步为引领，推进科技创新能力建设，加强重大科技研发，促进科技成果推广应用，强化科技标准化建设；推进交通信息化建设，加强行业管理服务应用系统建设，大力发展智能交通，提升交通运输的现代化水平。

四是努力建设资源节约型环境友好型行业。以节能减排为重点，建立以低碳为特征的交通发展模式，提高资源利用效率，加强生态保护和污染治理，构建绿色交通运输体系，推进废旧材料的循环利用，走资源节约、环境友好的发展道路。

五是努力提高安全监管和应急保障能力。加强交通运输企业、从业人员和运输工具的安全管理，加强交通安全监管体系建设，加强交通更运输应急体系建设，更好地保障经济社会持续健康发展和人民群众安全便捷出行。

五、贯彻落实科学发展主题和主线的具体表现

通过深刻学习和领会五中全会精神，准确把握科学发展为主题、转变发展方式为主线的实质，贯彻落实国家科学发展的主题和主线的要求，具体表现在：

一是紧紧扣住了“科学发展”这一主题。《规划》坚持以科学发展观统领交通运输全局，把科学发展观落实到交通运输工作的各个环节和各个方面。提出了“保持持续发展、推进协调发展、鼓励创新发展、促进绿色发展、坚持安全发展”的原则。集中体现了科学发展在交通运输发展中的本质要求，反映了推进交通运输科学发展的实质内容。

二是紧紧围绕了“加快转变发展方式”这条主线。结合交通运输发展实际，要加快发展方式转变，关键是要大力推进现代交通运输业的发展。推动现代交通运输业发展，集中体现在“四个着力”上，即着力调整交通结构，着力拓展服务功能，着力提高发展质量，着力提升管理水平。就是说，要把调整交通运输结构作为转变发展方式的主攻方向，把拓展交通运输服务功能作为推进综合运输体系建设、促进现代物流发展的重要推手，把提高交通运输发展质量作为转变发展方式、提高效率和运输保障能力的有效途径，把提升交通运输管理水平作为强化行业管理、更好地做好“三个服务”的核心任务，即服务国民经济和社会发展全局，服务社会主义新农村建设，服务人民群众安全便捷出行。

三是切实突出了做好“三个服务”这一交通运输发展的宗旨。交通运输强调服务是交通运输本质属性的要求，是交通运输发展的出发点和落脚点。提升三个服务的水平，就是要着力抓好交通运输发展中的薄弱环节。比如，努力促进区域、城乡交通协调发展，重点支持西部地区、农村地区、老少边穷地区的交通发展出发，推进公共服务均等化，提升交通运输服务水平，使人民群众共享交通运输改革发展成果。

四是充分体现了“适度超前”的交通发展战略。当前交通运输发展总体进入了网络完善、结构优化和运输一体化发展的新阶段，按照中央提出的“适度超前”的要求，交通运输仍处于大建设、大发展的关键时期，必须继续加强基础设施建设，尽快形成基础设施网络，不断优化交通结构，提升交通发展质量和效益，实现速度、结构、质量、效益相统一。

五是明确了将科技进步、信息化建设作为推进现代交通运输业发展的重要支撑。坚持以科技进步为引领，加快交通科技研发和应用，推进信息化建设和智能交通发展，以信息化推动交通运输的现代化。

六是凸显了把资源节约、环境友好型行业建设作为转变发展方式的着力点。深入贯彻落实节约资源和保护环境的基本国策，着力构建以低碳为特征的交通运输体系，加强节能减排和环境保护工作，走可持续发展道路。

七是强调了坚持以人为本、安全第一，把安全应急体系建设作为交通工作的重中之重。交通运输安全是行业可持续发展的根本保证，坚持安全生产，加强交通安全和应急反应体系建设，不断提高保障人民群众安全便捷出行的能力。

八是强化了把深化改革和创新作为推动交通运输科学发展的强大动力和保障。《规划》加强了体制机制改革、法规建设、人才队伍建设、交通文化建设、行业精神文明建设以及廉政建设等方面内容，在这些工作中，有许多的创新点，反映出交通运输行业开拓进取、勇于创新的精神风貌。

六、“十二五”期间交通基础设施建设的重点任务

“十二五”时期交通基础设施建设的重点任务主要包括六个方面。

一是公路交通方面：全面完善公路网规划，推进国家公路网建设，形成布局合理、层次清晰、功能完善、权责分明的干线公路网络。重点建设国家高速公路网，实施国、省干线公路升级改造，继续推进农村公路建设。到2015年，公路总里程达到450万千米，国家高速公路网基本建成，高速公路总里程达到10.8万千米，覆盖90%以上的20万以上城镇人口城市，二级及以上公路里程达到65万千米，国、省道总体技术状况达到良等水平，农村公路总里程达到390万千米。

二是沿海港口方面：有序推进主要货类运输系统码头建设，加强航道、防波堤、公共锚地等港口公共基础设施建设，优化沿海港口结构与布局，促进港口结构调整，着力拓展港口功能，提升港口的保障能力和服务水平。到2015年，形成布局合理、保障有力、服务高效、安全环保、管理先进的现代化港口体系，沿海港口深水泊位达到2214

个，能力适应度达到1.1。

三是内河水运方面：认真贯彻落实《国务院关于加快长江等内河水运发展的意见》，实施长江干线航道系统治理，加快以高等级航道为重点的内河航道建设，加快内河港口规模化、专业化港区建设，推进内河船型标准化，加强航道养护管理。到2015年，内河航道通航条件显著改善，“两横一纵两网十八线”1.9万千米高等级航道70%达到规划标准，高等级航道里程达到1.3万千米，内河水运优势进一步发挥。

四是民航方面：以建设民航强国战略统领民航业发展，以确保持续安全为前提，加快基础设施建设，完善航空运输网络，全面提升运输质量，积极发展通用航空。到2015年，民用航空保障能力整体提高，初步建成布局合理、功能完善、层次分明、安全高效的机场体系，运输机场数量达到230个以上，大型机场容量饱和问题得到缓解。

五是邮政方面：充分依托综合运输体系，加强邮政和交通运输资源的合理配置，强化邮政基础网络，促进快递大发展、上水平。到2015年，邮政服务范围进一步扩大，能力进一步增强。基本建成覆盖城乡、惠及全民、水平适度、可持续发展的邮政普遍服务体系，邮政普遍服务局所总数达到6.2万个。

六是综合运输方面：统筹各种运输方式发展，加快综合运输体系建设，强化基础设施优化衔接，优化综合运输基础设施网络布局，加快综合运输枢纽建设，发挥综合运输的整体优势。到2015年，运输枢纽建设取得明显进展，建成100个左右铁路、公路、城市交通有效衔接的综合客运枢纽，建设200个功能完善的综合性物流园区或公路货运枢纽，使交通运输服务水平显著提高。

公路水路交通运输信息化“十二五”发展规划

交通运输部　2011月4月

（节选）

前言

“十二五”期是我国经济结构战略性调整和转变经济发展方式的重要时期，是推动信息化、工业化深度融合和加快经济社会各领域信息化进程的重要阶段。交通运输业坚持以科学发展为主题，以转变发展方式、发展现代交通运输业为主线，着力调整交通结构、拓展服务功能、提高发展质量、提升服务水平，构建便捷、安全、经济、高效的综合运输体系。必须充分发挥信息化对改造传统产业、发展现代交通运输业的支撑和保障作用，着力在信息化环境下强化各种运输方式高效衔接，提高公众信息服务水平，规范市场运行秩序，增强安全监管和应急处置能力，提升政府决策管理效能，促进行业可持续发展。

……

一、“十一五”公路水路交通信息化发展回顾

“十一五”时期，交通运输行业全面推进信息化建设，切实加强部省联动、共建共享，以示范、试点工程建设为依托，不断提高信息资源开发利用水平，在交通运输动态信息采集与监控、交通信息资源整合开发与利用、交通运行综合分析辅助决策和交通信息服务四个方面取得了较好的成效，公路水路交通信息化发展开始进入协同应用和综合服务的新阶段。

（一）加强公路水路交通基础设施运行管理系统建设，通行效率明显提高

重点加强了高速公路、普通国省干线公路重要路段、大型桥梁、长大隧道、高风险水域、重要航段和公路客货运输枢纽、港口等基础设施运行监测与监控系统的建设，深化了路网、航道运行和养护管理的信息化应用，有效保障了交通基础设施的通行能力，提高了服务水平。

——20 个省（区、市）实现了高速公路联网监控，路网监控与信息采集设备布设逐步加密，部分高速公路重要路段实现了全程监控。

——28 个省（区、市）实现了高速公路联网收费，已开通电子不停车收费系统（ETC）的车道数约为 1300 个，平均覆盖率（设置 ETC 车道收费站数量占高速公路收费站点总

数量的比例）约为15%，全国ETC用户数量突破50万，提高了车辆在收费站的通过效率，降低了油耗，有效缓解了收费口交通拥堵。

——开发了1∶25万全要素全国公路电子地图、1∶5万全国农村公路电子地图、257幅电子海图和2068幅港口电子平面图，有效支撑了公路水路交通运输规划、建设、运行管理和服务。

——国省干线交通量调查系统建设进一步加快，已建成连续式交通量观测站1428个，间歇式交通量观测站22778个，数据采集自动化程度逐年提高。

——各地建设了超限运输车辆监控、治超检测站远程监控等系统，部分省市实现了省内检测站点治超管理信息联网，车辆超载超限率控制在5%以内，在治超工作中发挥了重要作用。

——全国初步建设了52个重点水域船舶交通管理系统，实现了所辖水域内船舶的跟踪监控；结合卫星定位系统开发的船闸过坝管理系统，实现了船舶合理编队，提高了船闸通过能力。

——“数字航道”示范工程在珠江三角洲、长江三角洲、长江干线和京杭大运河逐步开展，航道管理模式从现场管理向远程管理转变，提高了航道通行能力和利用效率。

（二）加强行业公共信息服务平台建设，信息服务水平明显提升

公路水路交通公共信息服务水平稳步提高，内容逐步丰富，手段更加多样，服务覆盖范围愈加广泛。

——各级交通运输主管部门的交通政务门户网站建设全面推进，逐步扩大了行政许可网上受理和政策法规等政务信息服务，逐步深化和丰富了出行信息服务，得到用户的好评，部网站在政府政务网站评比中名列前茅。

——交通出行信息服务系统建设全面启动。交通运输部网站提供了全国路况快讯、公路气象预报、航道通告、海事气象等信息服务。在全国23个省（区、市）组织实施了交通信息化示范工程和推广工程，推动了各省级交通出行信息服务系统的建设。

——公路同城、异地客运联网售票系统和港口客运联网售票系统在部分城市得到应用，方便了公众购票。

——部分地区建设了公共物流信息平台，在提高物流效率、降低运输成本、提升服务质量方面进行了有益探索。

——依托交通科技信息资源共享平台试点工程建设，重点整合和共享了交通运输行业公益性、基础性、增值性科技信息资源，并面向社会和行业提供了交通科技信息服务。

——依托交通统计信息系统工程建成了交通统计数据电子图书馆和统计信息数据库，提高了交通统计工作的服务水平。

（三）加强公路水路交通运输管理服务系统建设，市场监管能力明显增强

加强了公路水路运输经营业户、从业人员、营运车辆、船舶等重要基础数据库的建设，并在公路水路建设和运输市场监管信息化应用方面取得了重要进展，市场秩序得到

进一步规范。

——通过部省道路运输信息系统联网试点工作，已有28个省（区、市）实现了部省联网，初步建立了全国道路运输经营业户、从业人员和营运车辆基础数据库，为实现全国范围道路运输信息共享和业务协同奠定了基础。

——全国27个省（区、市）开发应用了省级统一的道路运政管理系统，并由原有单一许可办证功能向运政协同管理延伸；全国IC卡道路运输电子证件的应用试点工作逐步开展；道路运输移动稽查系统在部分地区得到应用，有效提高了执法效率。

——组织开展了水路运政管理系统的升级改造工作，并在各省（区、市）逐步推广应用，初步实现了对水路运输企业、船舶、航线的信息化管理；通过海事信息一、二期工程和船舶、船员“一卡通”工程建设，规范了全国船舶管理和船员管理业务。

——组织开发了部级公路水路建设市场诚信及工程质量信息服务系统和公路及水运工程评标专家管理系统，部分省市开展了公路水路建设市场、运输市场信用信息系统建设，对加强工程管理，维护市场秩序，规范市场经营行为发挥了重要作用。

（四）加强交通安全监管和应急系统建设，保障能力明显提高

运用船舶自动识别、船舶交通管理、全球卫星定位、低极轨道搜救卫星、高频、甚高频、卫星通信、视频监控等多种技术，加强了对公路水路基础设施和运输装备的监测监控，交通运输安全监管与应急反应能力显著增强。

——以国家公路网管理与应急处置中心建设为依托，初步实现了对全国部分重点公路路段的视频图像、交通流数据的接入，路况阻断信息的汇总分析和气象对区域路网的影响分析，为跨省市公路交通突发事件的协调处置奠定基础。

——依托上海世博会入沪营运车辆联网联控专项工程，重点营运车辆动态监管的试点地区已经扩大到30个省（区、市），车辆范围由长途客运、危险品运输车辆逐步向旅游包车、重型载货汽车、半挂牵引车等重点营运车辆延伸，初步建立了全国重点营运车辆动态信息交换平台。

——覆盖全国沿海和重要内河水域的船舶自动识别岸基网络系统基本建成，包括132座基站和22个中心，实现了300总吨以上船舶的有效监控；基本实现全国沿海和长江干线多种安全和遇险通信方式的连续覆盖；建成了52个船舶交通管理中心、202个雷达站；沿海重要港口进港航道、重点码头和内河重点航段的视频监控系统基本建立；整合了雷达、船舶自动识别、卫星定位、视频监控、海岸电台和卫星通信等监控和通信手段，提高了船舶日常监管和应急处置能力。

——完成了海事应急辅助指挥系统试点工程、中国船舶远程识别与跟踪工程建设，提高了水上安全监督管理水平和应急反应能力。

——海事卫星通信建设成效显著，在海上遇险救助、处置重大突发事件、应对重大自然灾害的应急通信保障中发挥了关键作用。

（五）加强信息化发展条件建设，发展环境明显改善

交通运输信息化发展理念显著提升，组织机构逐步健全，标准规范相继出台，运行机制在探索中取得积极进展，公路水路交通运输信息化发展环境得到明显改善。

——交通政务内网、政务外网、行业专网的架构基本形成，行业专网联通了部与41个省厅级单位、90多个大中型港口以及190多个政务信息报送单位。

——信息化规划与制度建设不断推进。19个省（区、市）制定并实施了地方交通信息化“十一五”规划，各级交通运输主管部门陆续制定了交通信息化建设、管理等方面的制度和规范。

——交通数据中心建设初见成效。初步构建了部省两级交通数据中心框架，形成了一批行业基础数据库，数据服务能力得到有效提升。

——交通信息化建设与管理的组织机构初步建立，90%的省级交通运输主管部门设立了信息化组织管理机构，队伍规模不断壮大，人员结构合理性有所改善，专业化水平逐步提升。

——信息化标准体系不断完善，制订了交通信息化标准建设方案，颁布了交通基础数据元集、信息资源目录体系总体框架等一系列标准规范和指南。

……

二、“十二五”交通运输信息化发展需求

当今世界，信息技术发展突飞猛进，引发社会生产方式的深刻变革。党中央、国务院高度重视信息化工作，做出了以信息化带动工业化、以工业化促进信息化、走新型工业化道路的战略部署。交通运输信息化是国家信息化建设的重要组成部分，是破解交通运输业发展难题、促进交通运输行业发展方式转变、全面提升交通运输管理能力和服务水平的重要抓手。信息化不仅将覆盖交通运输现代化建设全局，同时也将成为交通运输运行管理和社会公共服务的关键载体。

（一）保障交通运输系统的畅通、高效，要求加强对交通基础设施和运输装备的运行监测，提高其运营管理水平和运行效率

……

（二）满足人民群众安全便捷出行，要求为公众提供优质的出行信息服务

……

（三）保障交通运输安全发展，要求提升交通运输安全监管和应急处置的监测预警、通信保障和决策支持水平

……

（四）推进综合运输体系建设和发展现代物流，要求促进多种运输方式的信息共享和业务协同

……

（五）提高决策的前瞻性和科学性，要求准确把握交通运输经济运行状况，深化行业综合运行分析

……

（六）构建绿色交通，要求利用信息技术优化运行组织模式和流程，节约能源，减少排放

……

三、指导思想、基本原则和发展目标

……

（二）基本原则

覆盖全局，深化应用

以信息化覆盖交通运输现代化建设的全局，实现信息技术在交通运输系统运行监测、管理与服务领域的深度渗透与融合，加速推进深化应用，促使交通运输信息化在加快转变发展方式中发挥更重要的牵引和支撑作用，有效提高交通运输的发展质量和效益。

共享资源，业务协同

基于信息化环境优化业务流程，利用信息技术促进业务流程再造，支撑业务发展，提高行业信息资源共享、业务协同能力和服务水平，充分发挥信息化建设的综合效益。以构建和完善交通信息资源体系为核心，着力加强全行业信息化发展的统筹协调力度，下大力气扭转原有信息化建设条块分割、各自为战的局面，形成行业发展合力，实现建设整体效果。

注重实效，提升服务

坚持以人为本，以具有鲜明时代特征和行业特点的交通信息服务为重点，以重大信息化工程为推手，以支撑解决行业发展中的重大经济社会问题为宗旨，以需求、效果并重为导向，加快推进交通信息服务产业化发展，推动建立丰富实用、经济便捷的综合交通运输信息服务体系，使交通信息服务惠及全民。

示范引领，分类指导

继续以“行业联动、共建共享”的有效推动模式，围绕发展重点，集中优势资源，深入实践和深度应用物联网等先进技术，建设一批带动性强的重大工程及示范、试点项目。分别按照“政府主导”、“政府引导”、“政府倡导”的推进方式，加强对不同领域、不同区域信息化建设的分类指导，采用差别化投资政策，促进行业信息化协调发展。

（三）发展目标

“十二五”公路水路交通运输信息化发展总体目标：建立更加全面、高效的交通运输运行监测网络，进一步提升交通运输信息资源的深度开发与综合利用水平，交通运输系统全网联动、协同应用程度进一步提高，在保障畅通运行方面取得显著实效，在提升运行效率、服务公众出行方面取得明显突破，在规范市场秩序、强化安全应急、服务决策支持方面全面提升，在推进综合运输体系建设、发展现代物流、实现低碳绿色交通方面取得重大进展，为现代交通运输业发展提供坚强支撑与保障。

具体目标：

1. 推进交通基础设施的数字化和智能化，交通基础设施和运输装备运行监测网络基本建成，干线公路网重要路段和内河干线航道重要航段监测覆盖率达到 70%以上，重点营业性运输装备监测覆盖率达到 100%。

——依托交通运输运行监测系统建设，在全国所有省（区、市）实现高速公路联网监控，对高速公路和国省干线重要路段、特大桥梁、长大隧道、大型客货运输枢纽、重点水域、航道、港口和通航枢纽的运行状态、环境、气象与灾害实现动态监测。

——完成 80%以上国家高速公路网交通情况调查站点建设；完成全国所有Ⅰ、Ⅱ类治超检测站和省级管理中心建设，实现部、省、站三级超限信息系统全国联网。

——实现对“两客一危” 车辆（长途客车、客运包车和危险货物运输车）和重点营运货车、“四客一危”船舶（客渡船、旅游客船、高速客船、滚装客船和危险品运输船）的动态定位跟踪监测。

——初步建立公路水路客货运输市场动态运行信息监测体系。

2. 提高信息资源开发利用水平，部省两级公路、航道、港口、营运车辆、船舶、经营业户、从业人员等行业核心的基础性、战略性数据库 100%建成。

——加快行业基础信息资源建设，形成部、省、市三级交通数据中心体系，在有条件的地市，重点建设城市公交、出租、轨道交通、运输枢纽、农村客运、农村公路等基础数据库。

——完善信息资源共享与更新机制，实现跨区域、跨行业的信息交换与共享，全面改善数据质量，数据更新及时率满足应用需求。

——鼓励交通运输信息资源公益性开发利用，探索建立公益性信息资源开发与服务的长效机制，引导公益性信息服务机构的发展。

3. 推进行业重大应用工程建设，全面提升行业业务协同、科学决策和信息服务能力，对促进服务型政府建设的作用更加显著。

面向公众服务：

——交通运输电子政务服务质量大幅提高，80%以上的行政许可项目和公共服务事项实现在线办理。

——全国高速公路ETC平均覆盖率达到60%，ETC车道数达到6000条以上，ETC用户量超过500万个。

——形成以全国统一特服号、统一交通广播频率为特征，覆盖国家高速公路、重要普通国省干线及广大城乡地区的交通出行信息服务体系，信息服务满意度达到70%以上。

——依托全国特大城市综合客运枢纽建设，建成若干个城市综合客运枢纽协同管理与信息服务系统。

——建成若干有较好应用实效，具备可持续发展前景的区域物流公共信息服务平台，并形成统一的标准规范体系，实现平台间的互联互通和信息共享，适时开展全国性物流公共信息交换系统建设。

面向行业管理：

——交通运输核心业务信息化应用的广度和深度达到较高水平，核心业务信息化覆盖率达到 85%以上，并在交通运输行政执法、市场诚信体系建设、安全监管与应急处置等领域实现跨区域、跨行业的综合性应用。

——初步建成覆盖全国的部省两级公路水路安全监管与应急处置平台，全面掌握交通运输风险源，并实现对II级以上突发事件的及时接报和处置信息的分发处理。

——基本建成部省两级公路水路建设和运输市场信用信息服务系统，形成政府监管、企业自律、社会监督的信用管理和服务体系。

——建设部省两级交通运输经济运行监测预警与决策分析系统，实现对交通基础设施和运输市场的运行状态、发展态势等的综合分析，基本形成以数据挖掘分析为重要支撑的交通运输决策支持体系。

4. 创新信息化管理机制，交通运输信息化发展保障环境基本适应信息化发展的要求。

——基本建立与行业发展相适应的交通运输信息化标准体系，完成标准框架体系中基础性、通用性标准和专用标准的制（修）订工作。

——按照国家有关要求，实现交通运输行业信息系统的分级保护和等级保护，形成较完善的信息安全保障体系。

——进一步完善交通信息化建设与运营保障体系，在信息化运行管理机制方面务求取得新的突破，增强交通运输信息化可持续发展能力。

四、建设重点

（一）实施交通运输行业信息化重大工程

……

1. 公路水路安全畅通与应急处置系统建设工程

——积极引导建设、推广跨省市高速公路联网收费系统和区域联网不停车收费系统，有效缓解收费站拥堵、提高通行效率，促进节能减排、节约用地。

——建设互联互通、协同高效的部省两级路网管理平台，完善对国省干线公路重要路段、特大桥梁、长大隧道等重点监控目标运行状态、气象条件等的监测、监控，强化预测预警及评估，加强路面、桥梁管理系统的普及应用，实现养护、收费、路政、治超、交通情况调查等管理系统的联网应用，统筹安排养护计划，及时发布路况、气象、交通管制和疏导分流信息，为路网区域协调管理、保通抢通和出行服务提供支撑。

——完善船舶交通管理、航道管理、港口安全管理信息系统，健全沿海港口重点水域及内河高等级航道的船舶交通、通航环境、航道变迁、港航设施、水域污染、水文气象等状态的实时监测和安全预警体系，整合现有各种交通动态监控资源，合理调度船舶安全通过风险水域，防止航道阻塞，及时发布航行通（警）告、航道通告（通电）等信息，避免船舶交通事故发生，并为水上人命救助、通航水域清障、船舶污染防治、船舶消防等应急抢险提供信息支撑。

——建立健全重点营运车辆和船舶的监测监控系统，重点跟踪监测“两客一危”车辆、重点营运货车和“四客一危”船舶的安全技术状态和运行状况；建立公路水路危险品运输全程联网监管系统，加强源头管理，强化过程控制，打击非法营运，实现跨区域、跨部门信息共享和联防联控。

——建设多网联动的部省两级公路水路安全监管与应急处置平台，实现信息接报、监测预警、风险评估、辅助决策、信息发布、资源管理、异地会商、统计分析等功能，满足“监管到位、协调联动、上下贯通、左右衔接、响应迅速、处置有效”的要求，加强行业内外安全监管与应急处置信息的交换共享，实现应急资源动态管理和科学调度，确保重点物资和抢险物资紧急运输，保障人民生命财产安全。

2. 公路水路交通出行信息服务系统建设工程

——深化完善省域公路交通出行信息服务系统，积极推动跨区域交通出行信息的交换共享。依托路网监测监控系统的完善，强化路况、养护施工、交通管制、气象等实时信息服务，并在完善网站、服务热线、交通广播、短信平台等服务方式的基础上，充分利用路上固定和移动式可变情报板、服务区显示终端、车载终端等服务手段，为公路出行者提供覆盖高速公路和国省干线普通公路的出行信息服务。引导开展省域、跨省域客运售票联网和电子客票系统建设，以网上购票和电话购票等多种形式，方便出行者购票，并为长途客运乘客提供相关信息服务。引导建设机动车维修救援信息服务网络，为驾车出行者提供救援信息服务。

——建设内河航运综合信息服务系统，依托海事、航道和运政管理信息系统建设和完善，强化航道状况、水位水深、水上水下施工、交通管制、水文气象等信息服务，并利用网站、呼叫中心、航行广播、短信平台等多种服务方式在内河干线和重要水网地区为通航船舶提供航行信息服务。进一步完善水路客运出行信息服务系统建设，在重点水域引导开展客运售票联网和电子客票系统建设。

——在地市级以上城市加快建设覆盖城乡的公共交通信息服务系统。积极推进开展动态车载导航系统的研发与产业化应用试点。鼓励开展汽车租赁网络化信息服务系统建设。

——建设以全国统一特服号、统一交通广播频率为特征，提供有机衔接的多种服务手段，并覆盖国家高速公路、重要普通国省干线及广大城乡地区的交通出行信息服务体系。鼓励和引导社会力量广泛参与，培育交通出行信息服务产业的健康发展，方便百姓安全便捷出行。

3. 公路水路建设与运输市场信用信息服务系统建设工程

——深化完善部省两级公路水路交通建设市场信用信息管理系统。推广普及公路水运建设工程项目管理、工程标准规范管理系统，建设公路水运工程招投标管理等系统，构建涵盖勘察设计、施工、监理、试验检测等从业单位和人员的信用监管、征集、发布和奖罚机制，实现公路水路建设市场责任主体基本信息、信用信息、工程建设项目信息的公开、共享，规范公路水路建设市场秩序，提高工程质量。

——建设完善部省两级公路水路运输市场信用信息服务系统。深化完善公路水路运输管理信息系统、职业资格管理信息系统，深化部省道路运输信息系统联网工作，推进部省水路运输信息系统联网工作；推广普及IC卡道路运输电子证件、船舶船员“一卡通”、船舶电子签证等系统；引导汽车、船舶维修及配件质量追溯信息服务系统建设；建设省级统一、覆盖市县的运输企业和从业人员信用管理系统，实现对各类信用信息的分级分类管理和动态更新。依托部级系统建设，实现公路水路运输行政执法信息、信用信息跨区域、跨部门的交换和共享。及时发布交通运输行业经营主体信用信息，为社会提供从业企业、人员的资质和资格认证及信用信息查询服务，形成政府监管、企业自律、社会监督的信用管理和服务体系。

4. 交通运输经济运行监测预警与决策分析系统建设工程

——建设与业务系统相融合的交通统计信息系统，完善交通统计信息指标体系，依托业务管理与服务系统，逐步实现统计数据从交通运输业务系统的有效获取，提高统计数据的真实性、及时性、准确性。

——建设部省两级行业经济运行监测预警和决策分析系统，构建动态运行监测信息指标体系及信息采集机制，实现重点物资运输、基础设施运行、固定资产投资、生产安全、运输市场、行业能耗等交通运输经济运行状态的监测和预警。结合国际和国内、国家和区域经济运行动态，面向行业管理部门开展行业发展态势的综合分析，研判经济社会发展趋势对交通运输行业的影响，适时调整行业发展政策。按国务院有关部门要求，及时上报相关信息，反映国民经济运行和国际贸易情况。面向社会及时发布相关信息，发挥导向性作用，引导行业投资者、运营者进行合理决策。

（二）开展重点领域示范试点工程建设

……

1. 综合运输协同服务示范工程

——试点开展特大城市综合客运枢纽协同管理与信息服务系统的建设。建立多种运输方式管理和运营信息的交换和共享平台，实现枢纽内轨道、公交、长途客运等不同交通方式的协同运转，实现枢纽内的安全监测及紧急事件下联动处置，提供枢纽内外旅客出行、换乘及交通诱导信息服务，促进多种运输方式的高效衔接，提高旅客换乘效率，缓解城市交通压力，增强枢纽内的安全监测及紧急事件下联动响应能力建设，提高客流快速组织和应急疏散效率。

——示范开展港口集装箱多式联运信息服务系统建设。基于港航电子数据交换（EDI），依托沿海和长江沿线重要港口，实现港口集装箱水水、公水、水铁等联运信息服务，实现多种运输方式单证信息共享和通关一体化服务，提高集装箱整体周转效率，降低物流成本，促进港口集装箱多式联运事业的发展，提升港口竞争力。

2. 区域物流公共信息服务示范工程

——政企联合试点推进区域物流公共信息服务平台建设，以物流信息服务需求为导向，以标准规范建设为基础，整合物流领域政企相关信息资源，提供货运物流企业和从业人员资质和资格认证、信用等政府公共信息，物流采购招投标、物流设施设备供求、车货交易、船舶交易、船员劳务服务、订舱等物流交易信息，卫星定位与货物追踪、车船维修救援等物流保障信息，金融、保险等增值信息，以及物流应用软件系统托管等服务。积极探索不同地区、不同特点的平台运作模式，加强跨区域物流信息的交换与共享，优化资源配置，显著改善物流系统的运作效率，降低物流成本。

——试点开展道路货物甩挂运输信息平台建设，推进甩挂运输车辆智能车载终端的研发和应用，实现甩挂运输智能运营调度管理、运行监测与综合分析等功能，提高运输效率，降低能源消耗。

3. 城市客运智能化应用示范工程

——试点开展城市出租汽车服务管理信息系统建设，更新改造出租汽车智能车载终端设备，整合建设出租汽车电召服务和监控指挥中心，实现电召服务、监控调度、市场监管、运行分析等功能，提升出租汽车行业管理水平和服务水平，缓解道路拥堵，降低能源消耗，减少尾气排放，并适时在地市级以上城市逐步推广应用。

——推广城市公共交通智能系统建设，开展城市公交与轨道交通智能调度与管理、动态停车诱导等智能化系统的示范建设与推广应用；大力推广普及城市公交“一卡通”，在有条件的区域，积极推进跨市域公交“一卡通”的互联互通，提升城市公共交通的协同运行效率和服务能力，提高公交出行分担率，缓解城市交通拥堵。

（三）继续深化各业务领域管理和服务信息化应用

1. 深化各业务领域的管理应用，完善发展基础

——加大路面、桥梁预防性养护以及状况评价的信息化应用，深化完善公路收费管理、路政管理、治超管理、交通情况调查等系统，并加强联网管理。

——推进国际道路运输管理与服务信息系统的建设完善与推广应用。

——重点开展长江干线、西江干线、京杭大运河、长三角、珠三角等内河水网地区

数字航道建设，发布和应用内河电子航道图；加强航标遥测遥控、船闸联合调度等系统建设；积极推进港航公共基础设施运行和维护管理系统建设；深化港口设施安全和保安系统建设。

——深化水上重点物资跟踪管理系统；积极推进船舶不停靠报港系统；引导建设完善全国港口信息服务网络，统一发布港口有关公共基础设施运行和生产动态信息。

——完善并建设海事综合业务协同管理信息系统，推进省市运政、港政、航政、海事一体化管理信息系统建设。加快救助打捞管理信息系统、交通公安综合业务应用系统和重点水域、沿海港口治安防控信息系统建设。

——推广建设交通运输行政执法综合管理信息系统。

——加快推进交通科技信息资源共享平台各子平台建设，形成较为完善的部、省两级科技信息共享平台体系，实现跨行业的科技信息资源共享；完善各级交通远程教育与培训信息系统。

——积极推进我国第二代卫星导航系统在交通安全、船舶航行、交通基础设施监测监控、公路运输和公众出行等领域的民用化应用建设。

2. *深化各业务领域的服务应用，增强公共信息服务能力*

——深化行政许可在线办理平台建设，简化和理顺行政许可事项办理流程。开通省级交通政务服务热线，完善各级交通政务网站建设，重点解决社会上针对交通行业投诉和建议的接收和处理，提高交通政务公共信息服务能力。

——引导交通电子口岸建设，开展港口船舶电子结关、查验、危险品申报、港政管理、运政管理等交通行政许可的“一站式”服务，并实现与国家电子口岸对接，为港口生产部门、船舶、船东、货主等提供信息服务。

——引导建设航运交易信息服务平台，整合港口、企业、海事等部门数据资源，实现货物交易、船舶交易、船员劳务服务交易信息服务。

（四）进一步完善信息化发展条件

1. *完善行业信息基础设施，提升通信信息网络支撑能力*

——完善交通行业信息专网建设，统筹考虑行业通信信息网络建设需求，充分利用全国高速公路光纤、管道资源，组建连接部省的交通运输行业专网，全面提升通信信息网络的支撑能力；鼓励各省充分利用高速公路通信网络资源开展行业专网建设。

——完善应急指挥通信系统，充分利用并整合海事卫星、甚小孔径卫星地球站（VSAT）、我国第二代卫星导航、海岸电台、公共通信等手段，建立应急联合通信保障机制，提升交通应急指挥通信保障能力。

2. *完善部省两级数据中心体系，提升行业数据服务能力*

加快交通行业信息资源目录体系建设，完善信息共享规则、标准和机制，提高数据资源共享水平，有效避免数据重复和无效采集。完善行业基础数据库建设，结合重大工程和核心业务系统建设，健全和完善公路、港口、航道、车辆、船舶、从业人员、经营业户、建设项目等行业基础信息资源数据库，积极推进 1:50000 交通地理空间基础信息库建设，全面提升行业基础信息共享和服务能力。完善部省两级数据交换平台，满足行业数据交换和共享要求。建设运行维护综合管理平台，实现数据和设施设备的维护管理。

3. 构筑行业信息安全保障体系，提升信息安全防范能力

建设交通运输行业统一的信息安全认证体系，为行业提供统一安全认证服务。根据国家有关规定和技术标准规范，开展交通运输行业信息系统分级保护和等级保护体系建设，完善信息安全防控技术措施和手段，建立健全信息安全制度。建立部级数据容灾备份中心，提高重要信息系统的可靠性和安全应急能力。

4. 完善行业信息标准框架体系，提升信息共享协同能力

加快制定交通信息化基础性关键标准，按照行业标准体系框架，结合重大工程和示范、试点工程的建设，及时提炼和完善相关信息标准规范，组织建设标准一致性和符合性检测平台，并采取有效措施，保障信息标准的贯彻执行。

……

解读《公路水路交通运输信息化“十二五”发展规划》

交通运输部

（节选）

2011年4月27日，交通运输部正式印发了《公路水路交通运输信息化“十二五”发展规划》（以下简称“规划”），该规划是《交通运输“十二五”发展规划》的重要组成部分，提出了公路水路交通安全应急、出行服务、市场监管、决策支持等方面的信息化建设任务和重点，充分体现了发展现代交通运输业的要求，描绘了交通运输信息化发展的蓝图，提出了信息化建设的行动纲领，对“十二五”时期公路水路信息化发展具有重要的指导意义。

一、《规划》编制的背景

部党组高度重视信息化工作，在规划编制工作开始之初就提出“必须把推进交通运输信息化建设摆在‘十二五’规划中的突出位置，通过一批带动性强的行业重大信息化项目的实施，全面提高交通运输智能化、现代化水平。”为此，部综合规划司组织有关部门，依托前期工作研究，历时一年半左右的时间完成了规划的编制工作，期间广泛征求了部有关司局、省级交通运输主管部门、典型交通信息化相关企业的意见和建议。

《公路水路交通运输信息化“十二五”发展规划》是在认真总结“十一五”行业信息化发展经验基础上开展编制的。“十一五”是交通运输行业信息化发展速度较快、发展质量较好的一个时期，其突出特点是坚持了“整合、应用、服务、效益”的发展理念，以强化管理与服务绩效为重要衡量标准，以完善运行管理机制为保障，切实加强了部省联动、共建共享，部以示范、试点工程建设为依托，不仅加大了对省级交通运输信息化建设项目的资金支持力度，更加强了对项目的技术指导和监督，取得了较好的应用实效。

总之，行业对信息化建设的认知程度有了较大提高，领导重视，业务人员支持，并且已培养出一批复合型人才，在部分领域已基本形成了三级信息化队伍。通过采集、整合、共享等技术的应用，行业动态信息采集能力明显提升，大多省厅已建设了数据中心，在安全监管与应急处置、科学决策方面发挥了重要作用，一些省厅的信息化工作获得了当地人民政府的高度肯定，这些有力地支撑了交通运输事业的发展，也为交通运输信息化向全行业跨区域、跨部门的综合应用发展奠定了较好的基础。

但同时，我们也清醒地认识到，交通运输信息化整体水平还不能适应现代交通运输业发展的需要，还存在许多亟待解决的突出矛盾和问题，动态信息采集能力相对薄弱，行业属地化管理与交通运输流动性、网络化特征给行业监管和服务带来的困扰一直没有得到有效解决；信息化建设还处于各自为战的阶段，导致信息化在各业务领域、各地域间发展不平衡，信息化整体效果和规模效益难以充分发挥；交通信息化建设已覆盖了主要业务领域，但业务流程不规范、不统一，导致应用系统生命周期短；行业数据库建设已有一定基础，但标准不统一，共享度不高，总体上，交通信息化对行业发展的贡献度尚未得到充分体现。另外，目前行业信息化的主要推动力量来自于各级交通主管部门，针对信息服务类和电子商务类系统建设，市场驱动力量仍显不足，信息服务产业化发展仍然任重道远。

二、《规划》在体现服务现代交通运输业方面有哪些调整

交通运输行业的分散、流动性特征，要求在行业的监管和公众服务方面要实现全国一盘棋，而信息化是突破体制机制束缚，实现这一目标的重要途径，这其中的关键是必须能够形成跨地区、跨部门的行业性应用，才能够充分发挥信息化的优势，最大化体现信息化应用的效益。我们在推进全行业应用的工作中取得的成果和总结的经验也再次证明，部应当亦必须在引领行业信息化发展，推进覆盖全行业的重大应用建设方面发挥更大的作用，承担更重的责任，这是国家赋予我们使命，行业对我们的要求，公众对我们的期望。

针对当前行业信息化存在的问题，本次规划以解决或缓解“十二五”交通发展中存在的突出矛盾和重大问题作为“十二五”行业重大信息化的建设主题，充分利用和完善已有信息化成果，通过整合共享、部省联动，以跨区域、跨部门重大信息化工程为牵引，力求全面推动行业管理与服务协同机制的建立，改变以往分散建设、各自为政的局面，形成行业信息化发展合力，凸显信息化建设整体效果和规模效益。这也是不同于以往信息化发展规划的一个突出特点。

为此，我们在规划中提出由部统一组织开展“公路水路安全畅通与应急处置系统”、“公路水路交通出行信息服务系统”、“公路水路建设与运输市场信用信息服务系统”、“交通运输经济运行监测预警与决策分析系统”四个重大工程建设，并在综合运输、区域物流、城市客运等三个领域开展信息化示范试点工程，探索发展路径，由此带动公路水路管理与服务领域业务应用的深化与完善。

三、《规划》的核心建设内容及意义

四个重大工程是“十二五”规划的核心建设内容，其意义可归纳为“坚持三个面向，提升三个能力”，即面向行业管理部门，提升管理协同能力；面向行业决策部门，提升科学决策能力；面向社会公众，提升公共服务能力。其建设重点是以综合应用需求为导向，通过统一标准和技术要求，一是切实加强交通运输动态信息的监测与采集，二是以行业基础数据库建设为核心，力争形成较完备的行业数据资源体系，三是开展跨区域、跨部门协同共享机制和综合应用系统建设。

信息化发展环境是信息化建设可持续发展的重要基础，为使全行业高度重视，我们将“进一步完善信息化发展条件”列入了“十二五”信息化建设重点。

四、相比“十一五”，在“十二五”期间行业信息化建设中的重点

在“十二五”行业信息化建设中，我们突出强调更加重视应用效能，围绕“十二五”行业发展战略目标，以服务公众为出发点，以解决行业和社会关注的重大问题为落脚点，深入开展需求分析，合理规划信息资源，梳理核心业务流程，制定统一标准，科学量化效能目标，强化部门间、部省间分工合作，推动跨部门、跨区域的业务协同和资源共享。为此，在保障措施部分特别强调，必须统一思想、转变观念、统筹协调、形成合力，加强执行力度，注重新技术应用，有序推进重大工程建设，并通过建立后评估制度，进一步强化建设效能，必将全行业信息化发展水平提升到新的高度。

五、《规划》的保障措施

为切实保障规划的顺利实施，本次规划充分借鉴其他部委组织开展“金字工程”的建设经验，结合行业的实际特点，提出按照“三统三分一加强”的原则全面推进“十二五”信息化建设。

“三统”就是统一规划、统一标准和统筹协调。统一规划，基于顶层设计的思想，由部统一制订重大工程的总体建设方案、技术指南、标准指南、管理办法，各省在部总体方案的基础上，制订本地区工程建设方案。统一标准，由部统一制订重大工程的数据标准和采集标准、部省信息交换标准、部级数据库标准，部省按照统一标准开展工程建设，并通过工程建设完善标准。统筹协调，由部统筹全局，协调部省间、部门间和不同区域间的资源共享、业务协同，合力推进重大工程建设。

“三分”就是分级建设、分步实施和分类指导。分级建设，部统一组织重大工程和示范试点工程建设，并负责部级系统的开发建设和维护；各省在部总体方案的指导下，负责本省范围内的应用系统开发建设和运营维护。部对省级项目的支持，将根据规划确定的“政府主导、政府引导、政府倡导”不同类型，区别对待，给予资金支持的建设项目将按统一标准给予资金补贴。分步实施，根据工程特点、项目划分和建设基础，采用分期分批或先试点、再推广等方式开展工程建设。分类指导，对于不同类型的系统，采用不同的组织管理模式、工作机制和推进方式，部与省、政府与市场发挥不同的作用，以政企互动方式，推进信息服务的产业化发展。

“一加强”，就是加强管理。所有项目应严格遵循国家发改委2007年55号文《国家电子政务工程建设项目管理暂行办法》的规定开展项目管理工作。严格落实信息化建设项目需求分析制度，加强建设过程管理，实施工程效能评价。

公路水路交通运输“十二五”科技发展规划

交通运输部

（节选）

前言

“十二五”时期，是加快转变发展方式、推进现代交通运输业发展的关键时期。面对交通运输发展的新形势新需求，必须深入实施科技强交战略，不断提高自主创新能力，加强科技研发，促进成果转化，充分发挥科技进步与创新在推进交通运输科学发展中的支撑和引领作用。

……

第一章　发展现状与需求

一、发展现状

“十一五”以来，交通运输行业深入实施“科教兴交”战略，坚持科技工作面向交通运输发展主战场，围绕交通基础设施建设与维护、安全保障和环境保护等领域关键技术问题，加大科技投入，强化科技管理，推进产学研相结合，开展重大科技研发和创新能力建设，取得了显著成效。五年来，全行业投入科研经费 120 亿元，比“十五”增长近一倍，取得了一大批重大科技创新成果，部分成果达到国际领先水平；获得国家级科技奖励 30 多项，自主创新能力与水平明显提高，行业科技进步贡献率达到 50%，科技发展效能显著提升。

……

二、发展需求

“十二五”时期是全面建设小康社会的关键时期，是深化改革开放、加快转变经济发展方式的攻坚时期，交通运输发展仍处于重要战略机遇期和科学发展的关键时期。面对艰巨的发展任务与诸多的发展难题，交通运输科技发展必须紧紧围绕科学发展这一主题、加快转变发展方式这条主线，着力提高创新能力，持续推进科技进步与创新，支撑和引领交通运输科学发展。

……

第二章　指导方针与发展目标

一、指导方针

深入贯彻落实科学发展观，深入实施科技强交战略，围绕交通运输建设、管理、服务的共性和核心技术，提升发展理念，攻克技术难题，搭建创新平台，健全创新体系，统筹推进创新能力建设、重大科技研发、成果推广应用和标准化建设，加快创新型行业建设，为转变发展方式、加快发展现代交通运输业，构建安全畅通便捷绿色的交通运输体系提供重要支撑。

二、发展目标

创新体系进一步完善，创新能力明显提升，科技研发取得一批国际领先水平的自主创新成果，成果推广应用取得显著成效，标准化建设适应行业发展要求，信息化水平明显提升，支撑实现《交通运输"十二五"发展规划》确立的有关公路水路交通运输基础设施、运输服务、绿色交通和安全应急等方面的发展目标与重点任务，行业科技进步贡献率达到55%。

……

第三章　主要任务

一、创新能力建设

（一）重点科研基地建设

研究制定行业科研基地的总体布局与功能定位，继续推进行业重点实验室建设，加快推进行业研发中心建设，积极培育建设国家科研基地，不断改善科研基础条件，全面提高科技创新能力，持续支持行业科技进步与创新。

1. 行业重点实验室建设

结合行业科技创新的现实需求与长远需要，完善行业重点实验室布局，优化实验室研究方向，新建6～8个行业重点实验室，重点加强交通安全、节能环保、智能交通、材料工程和决策支持等领域实验室建设，支持行业重点实验室开展应用基础研究和重大科技研发。完善行业重点实验室建设模式与管理制度，推动行业重点实验室间的交流合作，促进行业重点实验室仪器设备向社会开放，发挥好行业重点实验室的公用科研平台作用。

对符合“十二五”期间国家重点实验室建设领域和方向、对交通运输行业发展有重大作用的行业重点实验室，继续加大支持力度，重点培育2～3个国家重点实验室。

2. 行业研发中心建设

行业研发中心是行业科技创新体系的重要组成部分，是实现科技成果工程化应用与产业化推广的重要平台。在明确总体布局、建设模式、实施方式、管理机制和发展政策的基础上，加快推进行业研发中心建设，力争在基础设施建设与养护、综合运输与现代物流、交通安全和节能环保等领域建设15个左右行业研发中心，使之成为开展科技研发与成果转化的重要平台；培育建设10个左右国家工程研究中心（工程实验室）。各地交通运输主管部门和有关单位根据自身情况加强科技资源条件的培育建设，积极组建本区域或本单位研发中心，支持条件较好的科研基地建设成为行业研发中心。

3. 科研基础条件建设

继续加大对交通运输主力科研机构科研基础条件投入，重点支持应用基础研究装备、重大关键仪器设备和大型综合试验场的建设，加快建设现代科研院所。继续支持工程建养领域科技基础条件建设，依托行业重点实验室，建设典型自然条件下公路水路交通运输基础设施长期性能观测和数据采集系统；着力支持运输、信息、安全、节能、环保和决策支持等领域科研条件建设。注重发挥中央财政资金投入的引导性作用，鼓励企事业单位以多种形式参与科研基础条件建设。

（二）科技信息资源共享平台建设

（1）以服务于行业科技创新为目标，以加强科技信息资源整合利用为主线，完善行业科技信息资源共享机制，着力整合科技信息资源，推进交通运输科技数据中心建设，建立覆盖全国的交通运输科技信息资源共享体系，提升科技信息资源服务能力。

（2）以服务科技管理信息化为重点，强化共享平台应用，推进科技项目管理、科技成果管理、科技信息服务等系统应用，探索开展科技信用管理等服务，为行业科技宏观决策与管理等提供支持。

（三）科技创新人才梯队建设

（1）加强高层次创新型科技人才队伍建设。采取倾斜政策，强化鼓励创新的动力机制与政策环境，依托重大建设工程、重大科研项目和重点科研基地，支持科研骨干潜心开展基础研究和科技攻关，参与国际国内学术交流，使之成为在国内外具有较高知名度和较大影响力的学术带头人。

（2）注重优秀青年科技人才队伍建设。以培养优秀青年科技骨干为目标，鼓励青年人才深入生产建设一线开展科技创新实践；本着鼓励创新的宗旨，支持优秀青年人才追求真理、敢于创新、勇攀高峰，支持开展探索性研究；支持优秀青年人才参与学术交流、考察培训与国际合作；加大对优秀青年人才的培养、评选与发现力度，引导和激励青年人才健康快速成长。

二、科技研发

（一）重大科技专项

以重大关键技术开发与集成应用为主，依托重大工程建设，重点支持对行业自主创新能力整体提升、支撑引领行业发展效果显著的重大科研项目，力争形成一批拥有核心自主知识产权、技术水平国际领先、实用性强的研发成果。

1. 大型跨海通道工程建设关键技术

围绕港珠澳大桥等大型跨海通道高耐久结构工程建设需要，针对复杂海洋环境与远海深水施工，重点突破超长跨越桥梁、海底超长隧道、大型海上人工岛等建设的核心技术，提升跨海大型结构工程建设质量和耐久性。重点攻克：

——跨海大型结构工程综合防灾减灾理论、技术及装备

——超大跨桥梁结构体系与设计技术

——远海深水桥梁基础施工技术及装备

——跨海超长隧道结构体系、建造技术及装备

——海上人工岛适宜结构体系、修筑技术及装备

2. 长江黄金水道通过能力提升关键技术

围绕长江等内河干线航道建设，以提高通过能力、确保航运安全为目标，重点突破通航设施建设、安全保障和航运信息服务等领域关键技术，实现内河航道治理技术的国际领先，支持干线航道通过能力的显著提升。重点攻克：

——长江航道急、浅、险滩整治关键技术

——长江中游航道系统整治技术

——长江口深水航道上延及多汊通航整治技术

——长江口航道回淤机理及减淤技术

——内河航运安全保障与船舶助导航智能化技术

——内河航运信息服务关键技术

3. 基于物联网的城市智能交通关键技术研发及应用

促进民生改善，着眼于便民、惠民、安民，充分运用物联网技术，感知城市交通基础设施、车流、客流动静态信息，采用多模信息服务技术，重点加强公共交通信息服务、运营监管和应急保障等关键技术的研发及应用，有效缓解交通拥堵，显著提高城市交通运营管理与服务水平。重点攻克：

——城市客运智能车载终端设备研发

——公交线路优化及信号优先保障技术

——公共交通动态信息采集监测、服务及安全预警技术

——公共交通信息综合管理与决策支持技术

——城市交通共用信息平台建设、运营与服务技术
——城市客运综合枢纽换乘服务及客流诱导技术
——出租车运行管理及服务技术
——轨道交通安全运营及应急保障技术
——城市交通出行电子支付技术
——智能停车管理与动态诱导技术

4. 新一代公路基础设施维护技术与装备开发

以确保公路基础设施通畅运行为目标，重点突破公路基础设施无损检测、病害诊断、快速维修和材料循环利用等方面的核心技术，构建我国新一代高性能、高效率公路维护技术体系，填补国内相关技术领域的空白，实现公路维护关键技术、材料和重大装备的自主供给与产业化发展。重点攻克：

——公路基础设施结构状况无损检测评价技术与装备
——高等级公路路基病害快速综合诊断及加固新技术
——公路基础设施快速维修技术、材料与装备
——不中断交通的公路预防性养护与补强加固技术及装备
——公路废旧材料低碳高效循环利用产业化技术及装备
——半刚性基层路面性能保持与提升关键技术及装备
——交通工程及沿线设施快速修复技术

5. 水上溢油事故应急反应与污染控制技术研究及示范

以提高水上溢油应急反应和快速处理能力为目标，重点突破水上溢油应急反应处置成套技术，攻克水上溢油围控、回收与处置技术与装备的技术瓶颈，为显著提升水上溢油应急反应处置能力提供技术支撑。重点攻克：

——水上溢油事故预防技术
——水上溢油围控技术
——水上溢油回收与处置技术及装备
——水上溢油立体监测与追踪系统集成技术
——水上溢油应急反应辅助决策系统技术开发及示范
——水上溢油生态环境污染损害评估技术
——大型溢油应急技术实验与检测关键技术

（二）重点研发方向

以实用性、前瞻性技术为主，引导各级、各地交通运输部门紧密结合全国性或区域性交通运输发展需求，开展共性关键技术研发，力争取得重要突破，显著提升交通运输发展的科技含量。

1. 公路基础设施建设与养护

围绕提高公路基础设施耐久性和安全性，开展结构、材料、设计、施工和养护等方面关键技术研发，为降低工程造价、养护成本和保障运营安全提供技术支撑。

重点研究：高耐久路面结构设计与材料制备技术；持久稳定路基设计技术；高强复合纤维加筋混凝土桥梁设计与施工技术；高耐久桥梁结构表面防护材料与在役桥梁再涂装技术；山区公路建设与养护关键技术；冬季道路养护技术等。

2. 港口和航道建设与维护

围绕水运基础设施重大工程建设与维护，开展外海港口与航道建设、港口码头养护、内河航道治理等方面关键技术研发，为提升我国水运整体实力和国际竞争能力提供技术支撑。

重点研究：航道治理模拟技术；复杂自然条件下深水海港及航道工程建设技术；港口基础设施耐久性关键技术研究；港口码头健康检测评估、修复加固和改造技术；渠化河段航道与枢纽下游近坝段航道整治技术；航道整治建筑物新型结构技术等。

3. 内河枢纽通航

围绕提升内河通航枢纽运行维护水平，开展枢纽通航安全和通航建筑物健康检测等方面关键技术研发，为提高内河枢纽通畅运行与安全保障能力提供技术支持。

重点研究：船舶过闸交通组织与枢纽联合调度技术；通航建筑物检测和安全评估技术与设备开发；船闸运行与船舶过闸安全状态监测技术；枢纽通航安全应急技术与装备开发；通航建筑物运行维护技术；枢纽航运扩能技术等。

4. 交通运输组织与管理

围绕提升交通运输服务的品质和效率，促进综合运输体系和现代物流业发展，开展综合运输枢纽建设、多式联运和运输生产等方面关键技术研发，为提高运输组织与管理水平提供技术支撑。

重点研究：综合运输通道资源优化利用与综合运输枢纽建设运营技术；公铁水联运关键技术；公路网络状态检测与运营效率提升关键技术；物流资源优化配置与协同服务关键技术；城市物流配送及安全监管技术；公路甩挂运输、滚装运输和汽车列车技术；运输船舶动力装置故障监测与诊断技术；港口装卸机械健康监测与性能改造技术等。

5. 交通运输信息资源开发利用

围绕交通运输信息资源开发利用，开展共性关键技术与基础性研究，夯实交通运输信息化建设的技术基础，为促进行业信息平台数据交换与协同服务，显著提升交通运输信息资源的共享与服务水平提供技术支撑。

重点研究：交通运输信息化顶层设计与系统整合技术；交通运输数据中心建设与运营管理技术；交通运输密钥管理与安全认证体系建设技术；交通运输信息化标准一致性和符合性检测技术；交通地理信息系统整合与服务技术；交通运输信息服务平台建设技

术；交通运输经济运行监测预警与决策分析系统建设技术等。

6. 智能交通

推进物联网、云计算等新一代信息技术在交通运输领域的研发与集成应用，开展运输装备身份识别、交通流感知等共性技术与关键设备研发，为加快发展智能交通提供技术支撑。

重点研究：交通要素标识与编码体系；交通运输电子标签及身份识别技术；智能车路协调技术；道路与航道环境信息感知技术与设备；智能航标与电子海图测绘技术；交通流信息智能化采集、传输、处理技术与设备；基于北斗二代卫星的定位导航应用关键技术等。

7. 交通运输资源节约与环境友好

为缓解资源与环境制约，开展资源节约、生态保护与恢复、污染治理等方面的应用基础及实用技术研究，为建设资源节约型和环境友好型交通运输行业提供技术支撑。

重点研究：公路、港口建设集约节约利用土地和岸线技术；公路废旧材料循环利用及地方材料利用技术；运输装备清洁燃料、替代能源和可再生能源应用技术；运输装备节能环保应用技术；交通运输基础设施建设生态环境保护与修复技术；水上油品、化学品、危险品污染监测和处理技术；交通运输能耗及碳排放统计、检测与认证技术等。

8. 交通运输安全与应急保障

针对我国自然灾害频发，交通运输安全应急保障水平急需提升的需求，开展主动预防、安全监管、应急处置等关键技术研发，为全面提高交通运输安全监管与应急处置能力提供技术支撑。

重点研究：公路交通安全设施设计开发与应用技术；公路网运营风险评估与安全管理技术及装备；重点营业性运输装备监管体系及联网联控关键技术；危险品运输应急反应与处置技术及装备；海事监管与航海保障技术；水上安全与搜救打捞关键技术及装备；交通运输大型基础设施灾害风险预警与防灾减灾技术；交通抗灾抢险与应急指挥系统技术；港口设施与船舶保安技术及装备等。

9. 交通运输科学决策支持

紧密结合交通运输改革发展中的重大问题和热点难点问题，开展现代交通运输发展战略规划、政策法规、体制机制等研究，为交通运输科学决策提供理论依据和实践操作方案，促进交通运输科学决策水平迈上新台阶。

重点研究：综合运输与现代物流发展战略与政策；交通运输体制改革与法制建设；道路运输与城市客运发展政策；内河航运与国际航运发展政策；低碳交通运输体系建设框架与发展政策；交通运输信息化发展政策；交通运输科技教育与人才发展；交通运输投融资和资产管理等。

三、成果推广应用

（一）成果推广的重点领域

基础设施建设方面，重点推广重载交通长寿命半刚性基层沥青路面设计与施工技术、路面温拌沥青技术、大跨径桥梁建设技术、长大隧道建设技术、深水筑港技术、内河航道整治技术、交通基础设施健康诊断技术等。

运输组织优化方面，重点推广甩挂运输技术、物流公共信息服务平台技术、船货动态集成一体化监控技术、多式联运组织优化技术等。

智能交通方面，重点推广联网不停车收费技术、电子证件技术、船舶交通监管技术、集装箱信息化管控一体化、集装箱码头集卡全场智能调度系统技术等。

安全保障方面，重点推广交通安全设施设计技术、山区公路运输安全保障技术与产品、道路安全评估技术与装备、水上危险品运输安全技术等。

资源节约方面，重点推广沥青与水泥混凝土路面材料再生利用技术、废旧轮胎橡胶粉筑路应用技术、隧道照明与通风节能技术、港口装卸机械“油改电”技术、港口船舶岸电利用技术、太阳能一体化航标灯等。

环境保护方面，重点推广路域生态工程技术、路域生态环境监测技术、航道整治工程生态环境保护技术、疏浚土利用技术、散货码头防风除尘体系等。

（二）成果推广的重点工作

（1）完善成果推广方式。制定加强科技成果推广工作的指导意见，定期发布成果推广手册、指南或目录；依托工程建设和运输生产，重点在综合运输、现代物流、智能交通、交通安全、节能减排等领域开展10个左右的科技示范工程及专项行动计划；组织开展先进适用技术培训与成果推广经验交流，促进成果推广应用。

（2）健全成果推广机制。建立健全促进成果推广的规章制度，重点在资金投入、人才保障、激励措施、信息共享、知识产权保护等方面完善促进科技成果推广的制度保障与动力机制。完善以政府部门为指导、交通企业为主体、科研机构为支撑、中介机构为桥梁的组织体系，探索建立专业化成果推广机构，促进成果推广应用。

（3）成果推广信息平台建设。强化科技信息资源共享平台的成果推广功能，整合科技成果信息、供求信息、服务信息和管理信息等科技成果推广相关信息，为科技成果推广做好信息服务。

四、标准化建设

（一）标准规范制修订

促进标准化建设的协同管理，加强重点领域标准化体系建设，形成基本适应现代交通运输业发展需要的标准规范体系。加强标准规范的前期研究，促进先进适用科技成果及时纳入标准规范，加快标准规范更新。重点开展基础设施建设养护以及运输管理、行业物流、城市客运、智能交通、信息化、交通安全、节能环保等领域标准规范的制修订。鼓励结合区域特点制定地方标准。推动企业积极参与制修订标准。积极吸纳重点领域的国外先进标准和国际标准，积极参与国际标准的制修订，提高我国交通运输国家标准和行业标准制修订水平。

（二）标准规范监督实施

推进交通运输标准化建设的政策制定，组织开展标准宣贯、应用培训与经验交流，促进标准的推广应用。研究建立标准监测系统，开展标准使用监测，监督标准的有效实施，促进标准化建设质量与应用水平的有效提升。加强国际标准化工作，组织推介国家标准，支持我国标准“走出去”，提高我国交通企业和科研机构参与国际竞争的能力。

（三）计量检测和产品质量监督

加强计量技术规范的研究与计量检定规程制修订，开展检测设备的计量校准技术研究，加强检测计量技术交流。完善交通运输产品质量抽查制度，加强产品质量检测能力建设，重点加强交通运输安全、重点工程原材料、节能等方面产品的质量监督，推进交通运输产品质量认证工作，保障工程建设和产品质量的提升。

……

第二章

标准化

2011年中国智能交通标准化发展

2011年，ITS标委会参与国际标准化组织标准草案投票共54项，其中新工作项目提案(NP) 11项，委员会草案(CD) 8项，国际标准草案(DIS) 9项，国际标准最终草案(FDIS) 3项，技术规范草案(DTS) 10项，技术报告草案(DTR) 4项，系统回顾（SR）8项，委员会内部投票（CIB）1项。

2011年全国智能运输系统标准化技术委员会共出版简报6期，ETC专刊6期，每双月底发行。标委会简报及时通报ITS标委会近期的国内外活动情况，相关会议的举办，标准制定的进程，以及国际对口组织ISO/TC204的工作状况，国际、国外标准化最新发展动态等。

2011年7月21日下午，全国智能运输系统标准化技术委员会在天津滨海召开了2011年年会，会议由全国智能运输系统标准化技术委员会主办，交通运输部公路科学研究院、国家智能交通系统工程技术研究中心承办。

2011年5月24～25日，由交通运输部公路科学研究院主办，全国智能运输系统标准化技术委员会承办的“智能化城市公交培训班”在长沙举行。2011年11月9～10日，由交通运输部公路局支持，交通运输部公路科学研究院主办，全国智能运输系统标准化技术委员会承办，深圳市金溢科技有限公司协办的“收费公路联网电子不停车收费技术要求宣贯会暨技术培训会”在成都理工大学顺利召开，共计近300人参加了此次会议。

2011年9月9日，国际标准“The use of Nomadic and Mobile devices to support ITS Service Provision for Travellers”（便携式移动设备支持出行者智能交通服务的应用）讨论会在北京召开。

全国智能运输系统标准化技术委员会工作组工作状况如下：

——联网电子收费工作组在前期工作成果的基础上，完成了《电子收费关键设备检测评定技术标准》1项行业标准的申报并获批，目前完成征求意见稿的编制工作；在停车场电子收费应用方面，完成了《停车场电子收费 CPU卡数据格式和技术要求》、《停车场电子收费 终端设备技术要求》、《停车场电子收费 交易流程》、《停车场电子收费 关键设备检测技术要求》4项国家标准的申报并获批，初步完成标准草案的编制工作；在数据安全方面，完成了《智能交通 数据安全服务》、《智能交通 数字证书应用接口规范》2项国家标准的申报并获批，初步完成标准草案的编制工作。

——交通信息工作组组织《交通信息服务系列标准研究》项目的结题工作，该项目已完成项目验收申请工作。目前正在积极参与相关的国际交通信息服务标准化工作。

——为进一步推动公路网管理与服务领域研究与标准化，规范相关标准、规范的起草与宣贯，2011年3月5日，“路网管理与服务工作组”成立，依托单位为交通运输部公路科学研究院 ITS 中心，工作组主要工作是在标委会的总体部署下，向标委会及有关行政主管部门提出路网管理与服务领域标准化工作的技术方向及措施的建议。

2012 年 3 月 27～31 日，交通运输部公路局主办、部公路科学研究院承办的《公路网运行监测与服务暂行技术要求》、《高速公路通信技术要求》和《高速公路监控技术要求》等三项技术要求的宣贯会先后在福州和西安成功举办，三项“技术要求”已于 2012 年 1 月 11 日起施行，相关公告（《交通运输部公告》2012 年第 3 号）于 3 月中旬发布。三项“技术要求”的宣贯进一步落实了“公告”精神，指导了“十二五”信息化重大工程建设。此外，在标准研究方面，2012 年 2～4 月，由交通运输部公路局组织，部路网中心承担，部公路科学研究院、部规划研究院参与编写的《2011 年度全国干线公路网运行分析报告》编制完成。此外，4 月，工作组全面梳理了与公路网运行监测与服务系统相关的现有、列入标准计划以及未来计划编制的标准规范，编制了《公路网运行监测与服务系统标准体系表》草案稿。

2011 年完成 20 项标准的报批稿（见表 1），新发布智能运输标准 12 项（见表 2）。

表 1　2011 年度完成审查报批的 20 项国家标准

序号	标准名称	项目计划号
1	实时交通信息服务数据结构	GB 20090363-T-469
2	视频交通事件检测器	GB 20080573-T-469
3	城市公共交通调度车载信息终端与调度中心间数据通信协议	GB 20067076-T-469
4	公路地理信息数据采集与质量控制	GB 20075378-T-469
5	公路路网图像信息管理系统　平台互联技术规范　第 1 部分:系统架构模型	GB/T 28059.1-2011
6	公路路网图像信息管理系统　平台互联技术规范　第 2 部分:视频格式与编码	GB/T 28059.2-2011
7	公路路网图像信息管理系统　平台互联技术规范　第 3 部分:接口与通信控制协议	GB/T 28059.3-2011
8	公路路网图像信息管理系统　平台互联技术规范　第 4 部分:图像资源及系统设备编码与管理	GB/T 28059.4-2011
9	智能运输系统　消息集模板	GB 20030277-T-348
10	交通电视监控系统设备用图形符号及图例	GB 20030278-T-348
11	机动车号牌自动识别系统	GB 20067083-T-469
12	道路交通管理数据字典　交通检测器	GB 20067058-T-469
13	道路交通管理数据字典　交通事件数据	GB 20067059-T-469
14	道路交通管理数据字典　交通网络	GB 20067060-T-469
15	道路交通管理数据字典　交通信号控制	GB 20067061-T-469
16	电子收费　集成电路(IC)卡读写器技术要求	GB 20067063-T-469
17	电子收费　车载单元初始化设备	GB 20067064-T-469
18	电子收费　车道系统技术要求	GB 20067066-T-469
19	电子收费　车道配套设施技术要求	GB 20068316-T-469
20	道路交通运输　地理信息系统　数据字典要求	GB 20067062-T-469

表2 2011智能交通系统发布的主要标准

序号	国家标准号	标准名称	发布日期	实施日期
1	GB/T 28059.1-2011	公路路网图像信息管理系统 平台互联技术规范 第1部分:系统架构模型	2011-12-30	2012-07-01
2	GB/T 28059.2-2011	公路路网图像信息管理系统 平台互联技术规范 第2部分:视频格式与编码	2011-12-30	2012-07-01
3	GB/T 28059.3-2011	公路路网图像信息管理系统 平台互联技术规范 第3部分:接口与通信控制协议	2011-12-30	2012-07-01
4	GB/T 28059.4-2011	公路路网图像信息管理系统 平台互联技术规范 第4部分:图像资源及系统设备编码与管理	2011-12-30	2012-07-01
5	GB/T 26766-2011	城市公共交通调度车载信息终端	2011-07-20	2011-12-01
6	GB/T 26767-2011	道路、水路货物运输地理信息基础数据元	2011-07-20	2011-12-01
7	GB/T 26768-2011	道路、水路货物运输基础数据元	2011-07-20	2011-12-01
8	GB/T 26769-2011	路面损坏视频检测方法	2011-07-20	2011-12-01
9	GB/T 26770-2011	停车诱导信息集	2011-07-20	2011-12-01
10	GB/T 26771-2011	微波交通流检测器的设置	2011-07-20	2011-12-01
11	GB/T 26772-2011	运输与仓储业务数据交换应用规范	2011-07-20	2011-12-01
12	GB/T 26773-2011	智能运输系统 车道偏离报警系统 性能要求与检测方法	2011-07-20	2011-12-01

（供稿：交通部公路科学研究院 杨琪）

第三章

中国智能交通协会科学技术奖

中国智能交通协会科学技术奖管理办法

中国智能交通协会

第一章　总则

第一条 为奖励在中国智能交通科学技术发展中做出突出贡献的个人和单位，加速智能交通科学技术事业的发展，根据国务院《国家科学技术奖励条例》和《社会力量设立科学技术奖管理办法》，制定本管理办法。

第二条 经国家科技主管部门中华人民共和国科学技术部和国家科学技术奖励工作办公室批准，中国智能交通协会面向全国智能交通行业设立中国智能交通协会科学技术奖。

第三条 中国智能交通协会科学技术奖贯彻尊重知识、尊重人才的方针。

第四条 中国智能交通协会科学技术奖的评审、授予，不受任何组织或者个人的非法干涉。

第五条 中国智能交通协会设立中国智能交通协会科学技术奖奖励委员会（简称奖励委）负责中国智能交通协会科学技术奖的宏观管理和指导；依托中国智能交通协会秘书处设立中国智能交通协会科学技术奖奖励办公室（简称奖励办），负责中国智能交通协会科学技术奖的评审组织和其他日常工作。

第六条 奖励委聘请有关方面专家、学者组成中国智能交通协会科学技术奖评审委员会（简称评审委），负责中国智能交通协会科学技术奖的评审工作。

第七条 中国智能交通协会科学技术奖面向全国智能交通行业，在奖励活动中不收取任何费用。

第二章　中国智能交通协会科学技术奖的设置

第八条 中国智能交通协会科学技术奖授予具有下列条件之一的科学技术工作者和组织：

（一）在设计项目的总体技术方案中有所创新；

（二）在关键技术和疑难问题的解决中做出贡献；

（三）在成果转化和推广应用过程中做出贡献；

（四）在高新技术产业化方面有所创新；

（五）在重大工程建设方面做出重要贡献。

第九条 中国智能交通协会科学技术奖分为一等奖、二等奖、三等奖共三个等级；以精神鼓励（证书等）为主，以物质奖励为辅；每次奖励成果总数不超过总受理数的30%，其中一等奖不超过五项。

第十条 中国智能交通协会科学技术奖可根据智能交通产业发展需要和成果情况，由奖励委进一步完善奖项的设置和授奖数量。

第三章　中国智能交通协会科学技术奖的评审和授予

第十一条 中国智能交通协会科学技术奖每年评审、奖励一次。

第十二条 中国智能交通协会科学技术奖推荐单位或个人应当填写统一格式的推荐表，并提供其他真实、有效的证明材料。

第十三条 中国智能交通协会为获得中国智能交通协会科学技术奖的个人和组织颁发证书及奖金。

第十四条 中国智能交通协会科学技术奖的资金来源为中国智能交通协会筹措、单位或个人捐赠等。

第四章　罚则

第十五条 剽窃、侵夺他人的发现、发明或者其他科学技术成果，或以其他不正当手段骗取中国智能交通协会科学技术奖的，由中国智能交通协会撤销奖励，追回奖金，并向社会通告。

第十六条 推荐单位或个人提供虚假数据、材料，协助他人骗取中国智能交通协会科学技术奖的，由中国智能交通协会通报批评，情节严重的，暂停或者取消其推荐资格。

第十七条 在中国智能交通协会科学技术奖评审活动中弄虚作假、徇私舞弊的人员，将给予处罚。

第五章　附则

第十八条 本管理办法由中国智能交通协会负责解释。

第十九条 本管理办法自公布之日起施行。

中国智能交通协会科学技术奖实施细则

中国智能交通协会

第一章 总则

第一条 为加快中国智能交通行业发展，促进科学技术进步和科技人才成长，根据《中国智能交通协会科学技术奖管理办法》（以下简称奖励管理办法）特制定本实施细则。

第二条 本实施细则适用于中国智能交通协会科学技术奖的申报、评审、授奖等各项活动。

第三条 中国智能交通协会科学技术奖贯彻尊重劳动、尊重知识、尊重人才、尊重创造的方针，鼓励团结协作、联合攻关、自主创新，促进科学研究、技术开发与经济、社会发展密切结合，加快科技成果商品化和产业化，加速我国智能交通行业的发展。

第四条 中国智能交通协会科学技术奖的申报、评审和授奖等工作，实行公平、公正、公开的原则，不受任何组织或个人的非法影响。

第五条 中国智能交通协会科学技术奖授予在中国智能交通领域的科学研究、技术创新开发、科技成果推广应用、高新技术产业化、重大工程建设等方面做出突出贡献的组织或个人。

第六条 中国智能交通协会科学技术奖是授予个人或组织的荣誉，授奖证书不作为确定科学技术成果权属的直接依据。

第七条 中国智能交通协会科学技术奖奖励委员会（简称奖励委）负责中国智能交通协会科学技术奖的宏观管理和指导。依托中国智能交通协会秘书处设立中国智能交通协会科学技术奖奖励办公室（简称奖励办），负责中国智能交通协会科学技术奖的评审组织和其他日常工作。奖励委聘请有关方面专家、学者组成中国智能交通协会科学技术奖评审委员会（简称评审委），负责中国智能交通协会科学技术奖的评审工作。

第二章 奖励对象与评审标准

第八条 中国智能交通协会科学技术奖一等奖单项授奖人数不超过15个，授奖单位不超过10个；二等奖单项授奖人数不超过10个，授奖单位不超过7个；三等奖单项授奖人数不超过7个，授奖单位不超过3个。

第九条 中国智能交通协会科学技术奖获奖组织或个人应当具备下列条件之一：

（一）在设计项目的总体技术方案中有所创新；

（二）在关键技术和疑难问题的解决中做出贡献；

（三）在成果转化和推广应用过程中做出贡献；

（四）在高新技术产业化方面有所创新；

（五）在重大工程建设方面做出重要贡献。

第十条 中国智能交通协会科学技术奖候选单位应当是在项目研制、开发、生产、应用和推广过程中提供技术、设备和人员等，是对项目的完成起到组织、管理和协调作用的主要单位，并具有法人资格。

第十一条 中国智能交通协会科学技术奖按项目类型主要分为以下四类：

（一）基础研究类：在智能交通基础研究或应用基础研究方面有重大科学发现，丰富和拓展了学科理论，带动了学科或相关学科领域的进步，为国内外同行所公认，对科学技术发展和社会进步做出贡献的项目；

（二）技术开发类：在智能交通相关科学技术活动中，运用科学技术知识实现产品、工艺、软件、系统等科技创新，带动该领域技术的发展，促进产业结构的变革，创造显著的经济、社会效益，对促进经济、社会发展做出贡献的项目；

（三）工程应用类：在智能交通成果研究、开发、推广、应用等方面做出贡献，促进技术发展或行业结构优化，在实施重大工程项目中，保障工程完成并创造显著经济、社会效益的项目；

（四）社会公益类：在智能交通企业管理、标准、档案等科学技术工作和社会公益性事业中，有所发明和创新，创造显著社会效益的项目；

第十二条 中国智能交通协会科学技术奖不涉及国防、国家安全领域的项目。

第十三条 基础研究类项目授奖等级评定标准：

（一）在科学上取得突破性进展，学术上为国际先进水平，并为学术界所公认和广泛引用，推动了本学科或相关学科的发展，或对经济建设、社会发展有重大影响的，可评为一等奖。

（二）在科学上取得重要进展，学术上为国际先进或国内领先水平，并为学术界所公认和引用，推动了本学科或其分支学科的发展，或对经济建设、社会发展有较大影响的，可评为二等奖。

（三）在科学上取得明显进展，学术上为国内先进水平，并为学术界所认可和引用，带动了本学科或其分支学科的发展，或对经济建设、社会发展有积极影响的，可评为三等奖。

第十四条 技术开发类项目授奖等级评定标准：

（一）属国内外首创，或国内外虽已有、但尚未公开的，技术思路独特，技术上有重大创新，技术经济指标达到了同类技术的先进水平，对推动相关领域的技术进步有较大意义，并产生了显著的经济效益或社会效益，可评为一等奖。

（二）属国内外首创，或国内外虽已有、但尚未公开的，技术思路新颖，技术上有较大的创新，技术经济指标达到了同类技术的先进水平，对本领域的技术进步有推动作用，并产生了明显的经济效益或社会效益的，可评为二等奖。

（三）属国内外首创，或国内外虽已有、但尚未公开的，技术思路新颖，技术上有创新，技术经济指标达到了同类技术水平，对本领域的技术进步有促进作用，并产生了经济效益或社会效益，可评为三等奖。

第十五条 工程应用类获奖项目应在技术创新、经济效益或社会效益上有所贡献，并推动行业科技取得进步。

第十六条 工程应用类项目授奖等级评定标准：

（一）有重大创新，总体技术水平和主要经济指标达到国际先进水平，行业覆盖面大，创造了巨大的经济效益，对行业的进步和产业结构优化升级有重大作用，对推动本领域的科技发展有重大意义的，可评为一等奖。

（二）有较大创新，总体技术水平和主要经济指标达到了国内领先水平，接近国际先进水平，行业覆盖面较大，创造了显著的经济效益，对行业的进步和产业结构调整有较大意义，对推动本领域的科技发展有较大意义的，可评为二等奖。

（三）有所创新，有一定技术难度，总体技术水平和主要经济指标达到了国内先进水平，在行业内有一定覆盖面，创造了较好的经济效益，对行业的技术进步和产业结构优化升级有积极作用，对推动本领域的科技发展有积极意义的，可评为三等奖。

第十七条 社会公益类获奖项目，应是在标准的制定应用、企业或生产管理、科技信息、科技档案、公益推广等科学技术工作中取得的重大成果并得到应用推广。

第十八条 社会公益类项目授奖等级评定标准：

（一）有重大创新，对促进行业发展、技术进步具有重大推动作用，并在行业内得到广泛应用，取得巨大的社会效益，对科技发展和社会进步有重大意义的，可评为一等奖。

（二）有较大创新，对促进行业发展、技术进步具有较大推动作用，并在行业内得到较大范围应用，取得显著的社会效益，对科技发展和社会进步有较大意义的，可评为二等奖。

（三）有所创新，对促进行业发展、技术进步具有较好推动作用，在行业内得到较大范围应用，取得较好的社会效益，对科技发展和社会进步有积极意义的，可评为三等奖。

第十九条 其他类项目根据项目实际情况，参照前述标准进行评定。

第三章 评审机构

第二十条 奖励委由中国智能交通协会相关领导、智能交通行业知名专家和中国智能交通协会科学技术奖奖励基金委员会（以下简称奖励基金会）理事单位相关负责人组成，设主任1名，副主任若干人，体现以专家为主的原则，具有较好的代表性和较高的权威性。

第二十一条 奖励委的主要职责

（一）对中国智能交通协会科学技术奖进行宏观管理和指导，为完善奖励工作提供政策性意见和建议；

（二）对中国智能交通协会科学技术奖获奖项目、单位及个人、奖种和等级做出决议；

（三）研究、解决中国智能交通协会科学技术奖评审工作中的重大问题。

第二十二条 评审委设主任委员 1 人、副主任委员若干人、委员 20～30 人。评审委主任由中国智能交通协会聘任，每届任期两年。

第二十三条 根据评审工作需要，评审委可设若干专业评审组。专业评审组负责各自专业范围内评审工作，具体评审流程在第五章中详细阐述。

第二十四条 中国智能交通协会建立评审专家库，可视当年中国智能交通协会科学技术奖申报项目的情况，从评审专家库中聘请专业评审组成员。

第二十五条 评审委的主要职责：

（一）负责中国智能交通协会科学技术奖的评审工作。遵循公正、公平、公开的原则，依据评审规则开展评审工作。

（二）向奖励办提交评审报告，提出获奖项目和获奖等级建议。

（三）处理中国智能交通协会科学技术奖评审工作中出现的相关问题。

（四）对完善中国智能交通协会科学技术奖评审工作提出意见和建议。

第二十六条 评审委员和相关的工作人员对申报项目的技术内容及评审情况严格保密，不经允许，不得对外泄露。

第四章 推荐

第二十七条 中国智能交通协会科学技术奖 候选项目需具有下列推荐资质之一：

（一）国家一级行业社团组织、省级（自治区、直辖市、计划单列市）智能交通协会组织推荐；

（二）具有法人资格从事交通科学研究的厅局级（含）以上的事业单位（包括高校）推荐；

（三）省级（自治区、直辖市、计划单列市）科技或交通相关主管部门推荐；

（四）中国智能交通协会常务理事单位、理事单位推荐；

（五）中国智能交通协会科学技术奖奖励基金会理事单位推荐；

（六）中国智能交通协会专家委员会、专业委员会或评审委 3 名（含）以上专家联名推荐。

第二十八条 中国智能交通协会科学技术奖 实行限额推荐制度。国家一级行业社团组织、省级（自治区、直辖市、计划单列市）智能交通协会组织、具有法人资格从事交通科学研究的厅局级（含）以上的事业单位（包括高校）、每年可推荐 3 项；中国智能交通协会常务理事单位、理事单位，中国智能交通协会科学技术奖奖励基金会理事单位、每年可推荐 2 项。中国智能交通协会专家委员会、专业委员会或评审委联名专家每年可推荐1项。

第二十九条 推荐单位（人）应当填写统一格式的《中国智能交通协会科学技术奖推荐表》（以下简称推荐表），并提供完整、真实、有效的证明文件。证明文件可包括：工作报告和研究报告、科技成果鉴定证书、专利证书、论文、获奖证书、验收报告、评估报告、经济效益和社会效益证明，以及其他相关证明材料。

第三十条 多个单位共同完成的项目，参与完成单位和完成人应按照做出贡献的大小排序，必须经过所有参与完成单位加盖公章和主要完成人签名确认。

第三十一条 推荐单位（人）认为有关专家、学者参加评审可能影响评审公正性的，可以提出回避申请，需在提交材料时提出书面申请并说明理由和提供相关证明材料。

第三十二条 凡因知识产权以及有关完成单位、完成人员等方面存有争议的，在争议未解决前不得推荐参加中国智能交通协会科学技术奖的评审。

第三十三条 经评定未获奖的候选项目，原则上第二年不再受理申请。如在此后的研究开发活动中获得新的实质性进展，并符合奖励管理办法及本实施细则有关规定条件的，可以按照规定的程序重新申报。

第三十四条 同一技术内容的项目，不得在同一年度重复推荐参加中国智能交通协会科学技术奖中不同类别奖项的评审。

第三十五条 申报项目中主要成果权属需清晰，否则不得推荐参加中国智能交通协会科学技术奖的评审。

第三十六条 同一项目在同一年度内已被推荐其他同级别奖项评审的，将不予受理。已获同级别的其他奖励的项目，不予受理。

第五章 受理与评审

第三十七条 受理及评审过程分为形式审查、初评、终评、公示、最终审定5个环节。

第三十八条 奖励办负责对申报材料进行形式审查。审查的内容为：

（一）推荐单位（人）是否符合规定要求；

（二）被推荐项目是否符合规定的奖励范围；

（三）主要完成人和完成单位的数额是否符合规定要求；

（四）推荐表中有关内容的填写是否符合规定要求；

（五）项目的证明材料是否有效；

（六）是否符合当年推荐中国智能交通协会科学技术奖通知中规定要求。

第三十九条 对不符合规定的推荐材料，应要求推荐单位（人）和申报人在规定的时间内补正，逾期不补正或经补正仍不符合要求的，不予受理。对形式审查合格的申报材料，由奖励办提交评审委。

第四十条 项目初评可根据项目专业方向设立专业评审组。每个专业评审组由7-9名评审专家组成，设组长1名，副组长2名。初评对所有的项目材料进行全面的综合评审，填写《中国智能交通协会科学技术奖评审表》、对照《中国智能交通协会科学技术奖奖励评价标准》予以记分，提出初评意见并建议授奖等级。

第四十一条 奖励办对初评意见进行汇总和统计，作为终评的基础性文件。

第四十二条 评审委负责终评，须由评审委三分之二以上成员出席方为有效。

第四十三条 终评分为答辩和票决两个环节。初评推荐为二等奖及以上项目由评审委组织进行答辩。在答辩基础上，评审委通过票决确定评审结果。

第四十四条 票决时，全体到会评审委成员以无记名投票表决方式产生终评结果，得票数超过到会成员人数二分之一以上方能通过。

第四十五条 在中国智能交通协会网站上对终评结果进行公示，公示期为30天。经公示没有异议，或虽有异议但在规定时间内已解决的，由奖励办将终评结果提交奖励委进行最终审定。

第四十六条 奖励委以会议方式对公示后的评审结果进行最终审定。审定会议须有奖励委员会三分之二以上成员出席，审定结果有二分之一以上到会成员表决通过，即为有效。

第四十七条 中国智能交通协会科学技术奖评审实行回避制度。申报中国智能交通协会科学技术奖项目的完成人如果是奖励委或评审委成员，将不允许参加当年的评审工作。

第六章 异议与处理

第四十八条 中国智能交通协会科学技术奖通过公示方式接受社会监督。任何组织或个人对中国智能交通协会科学技术奖项目、完成单位及完成人持有异议的，应当在中国智能交通协会科学技术奖终评结果公示期内向奖励办提出，逾期不予受理。

第四十九条 提出异议的单位或个人应当提供书面材料和必要的证明文件。个人提出异议的，应签署真实姓名并提供有效证件复印件和联系方式；单位提出异议的，应加盖本单位公章。

第五十条 异议分为实质性异议和非实质性异议。凡对涉及项目的创新性、先进性、实用性等，以及申报书填写不实所提的异议为实质性异议；对完成单位、完成人及其排序的异议，为非实质性异议。申报单位、申报人及项目的完成人和完成单位对评审等级的意见，不属于异议范围。奖励办不接受匿名提出的异议。

第五十一条 奖励办在接到异议材料后，应当对异议内容进行审查，并对结果进行反馈。

第五十二条 实质性异议由奖励办负责协调，有关申报单位或申报人协助处理。涉及异议的任何一方应当积极配合，不得推诿和延误。申报单位或申报人接到异议通知后，应当在规定的时间内核实异议材料，并将核实、补充的材料提交奖励办审核。奖励办认为必要时，可组织调查，并提出处理意见。

非实质性异议由申报单位或申报人负责协调，提出初步处理意见报奖励办审核。涉及跨行业的异议处理，由奖励办负责协调，相关申报单位或申报人协助，其处理程序参照前款规定办理。申报单位或申报人在规定的时间内未提出调查、核实报告和协调处理意见的，不提交最终审定。

第五十三条 奖励办应当向评审委如实报告异议核实情况及处理意见，提请奖励委裁决。

第五十四条 异议原则上自受理之日起30日内处理完毕，可提交奖励委进行本年度最终审定，逾期待处理完毕后，另行提交奖励委进行审定。

第七章 授奖

第五十五条 由中国智能交通协会颁发中国智能交通协会科学技术奖证书和奖金。一等奖每项奖金三万元人民币，二等奖每项奖金两万元人民币，三等奖每项奖金一万元人民币。

第五十六条 在当年召开的中国智能交通年会（或其他公开会议）上对获得中国智能交通协会科学技术奖的项目进行表彰，并发布奖励公告。

第八章 处罚与监督

第五十七条 剽窃、侵占他人发现、发明或其他科技成果，或以其他不正当手段获取中国智能交通协会科学技术奖的，经核实后由中国智能交通协会撤消奖励、追回奖金，并向社会公布。

第五十八条 参与中国智能交通协会科学技术奖评审活动的评审专家和有关工作人员在评审活动中弄虚作假、徇私舞弊的，依情节给予处罚。

第九章 附则

第五十九条 本实施细则由中国智能交通协会科学技术奖奖励办公室负责解释。

第六十条 本实施细则自公布之日起施行。

中国智能交通协会科学技术奖申报及评审流程

中国智能交通协会

根据《中国智能交通协会科学技术奖管理办法》、《中国智能交通协会科学技术奖实施细则》中有关规定，中国智能交通协会科学技术奖申报及评审流程如附图所示，具体说明如下：

一、受理

推荐、申报者认真阅读《中国智能交通协会科学技术奖管理办法》、《中国智能交通协会科学技术奖实施细则》，填写《中国智能交通协会科学技术奖推荐表》连同附件材料按照有关要求装订后，提交奖励办。

二、形式审查

奖励办对推荐材料进行形式审查，主要审查内容包括《推荐表》填写是否全面准确、各项资料是否齐全准确、提交材料是否符合奖励管理办法、实施细则中的各项规定。如审查通过由奖励办提交给评审委进行评审。反之，通知推荐及申报者重新修改，并在规定期限内重新提交。

三、评审

奖励办组织评审委对推荐项目进行评审，分别进行初评及终评。初评对所有的项目材料进行全面的综合评审，提出初评意见并建议授奖等级。终评分为答辩和票决两个环节。初评推荐为二等奖及以上项目由评审委组织进行答辩。在初评结果和答辩基础上，评审委会通过票决确定终评结果。

四、公示

在中国智能交通协会网站（www.itschina.org）对终评结果进行公示，公示期为 30 天。经公示没有异议，或虽有异议但在规定时间内已解决的，由奖励办将终评结果提交至奖励委。

五、最终审定及颁奖

奖励委以会议方式对公示后的评审结果进行最终审定，确定项目的所授等级。在当年召开的中国智能交通年会（或其他公开会议）上对获得中国智能交通协会科学技术奖的项目进行表彰，并发布奖励公告。

附图：中国智能交通协会科学技术奖申报及评审流程

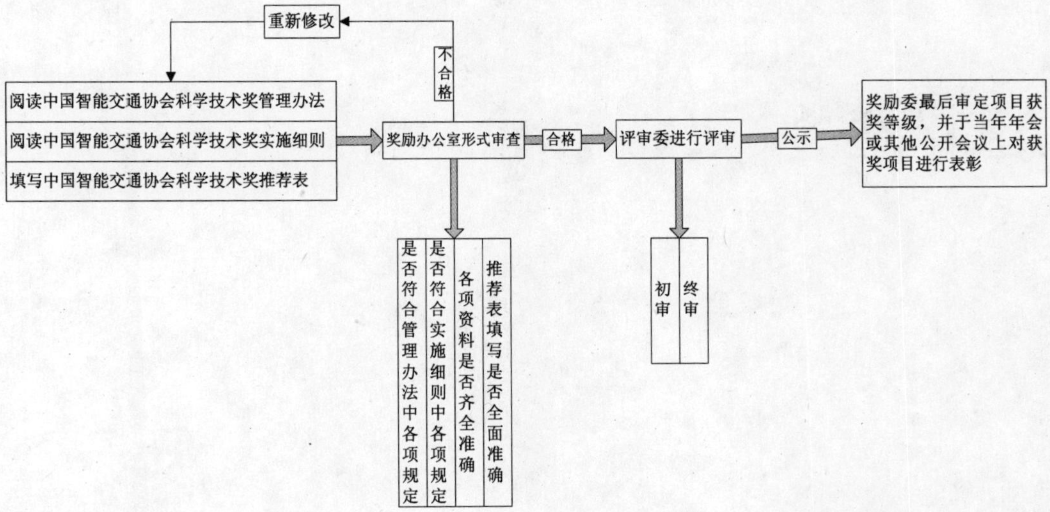

第三篇

技术篇

第一章

智能交通系统技术进展

共性基础技术

交通系统的建设与完善，其首要基础是丰富的交通基础信息及其所能提供的综合应用水平。因此，交通基础信息采集获取、交互处理和综合应用就构成了交通系统的共性基础技术。它是综合交通系统建设和发展过程中一个长期而艰巨的重要内容之一。

一、技术概述

近期我国发展交通系统基础信息的获取与应用技术的实质，就是要在包含空运、水运、公路和城市道路等不同复杂交通环境下，研究和发展包括路侧设备和车载系统等不同载体下的宽覆盖、长寿命、高精度、网络化的综合交通状态智能感知新技术、新装备，开发交通状态智能感知与交互处理关键技术和系统，以提高交通基础信息获取的技术水平和效率，为交通控制管理、决策和出行服务提供更加精准和丰富的基础数据，同时为交通系统的进一步发展提供不可或缺的共性基础技术。

二、关键技术及研究进展

近年来，随着国内交通系统信息采集手段和信息处理技术的不断更新，已获得和可获得的交通信息呈现出丰富性、海量性和异构性等特点，如何对这些信息进行处理、分析和挖掘并形成决策，对于改善我国综合交通控制与实时交通诱导等应用表现出了非常重要的作用。2011 年我国交通系统取得重要进展的共性基础技术主要包括交通状态感知技术、交通信息交互处理技术和交通信息综合应用技术等。

在交通系统状态感知技术方面，针对空地、水运、公路和城市道路等不同复杂交通环境下、公共交通和车载系统等不同载体下的宽覆盖、长寿命、高精度、网络化的综合交通状态智能感知新技术、新装备等，启动了较为系统的研究工作，推动了交通状态智能感知与交互处理关键技术和系统的开发。重点结合 RFID、传感器网络、移动通信和下一代互联网技术的最新发展，开始有效拓展了交通基础信息的获取途经和手段，为最终形成面向交通服务的多模式交通状态感知方法（即基于出行者视角的多模式交通状态感知方法、基于视觉感知的交通状态识别方法和基于移动式设备的交通状态感知方法）和应用环境奠定了一定的基础。

在交通系统信息交互处理技术方面，针对空地、水运、公路和城市道路交通系统管理与发展的需要，启动了多种综合交通状态信息一体化管理和交互处理关键技术的研究工作，以能够分别实现交通信息交互传输、交通状态表征、交通状态快速识别、交通状态分析和交通信息融合等，形成了较为全面和系统化的信息交互处理关键技术的攻关布局。同时，重点结合车路协同、车联网等相关研究项目发展和应用的需要，研究了特别适用于交通系统信息交互的通信传输技术，以支持多模式交通系统间、不同交通设备间和不同交通出行者间的多维、海量和异构交通信息的交互和应用分析。

在交通系统信息综合应用技术方面，注重交通管理和出行服务并重的原则。在交通管理方面，注重建立相关集成应用测试验证系统或环境，以实现对综合交通状态的评价分析、基于交通状态识别的预警、城市交通状态的战略研究平台、交通管理的应急指挥、干线公交的快速通行保障和绿色出行的诱导策略等的测试验证；在交通服务方面，拓展传统交通状态范畴，启动了基于出行者视角的多维交通状态感知以及基于机器视觉感知的交通状态识别方法，以建立满足效率和环保的多模式绿色出行诱导策略。同时，在车路协同、物联网和云计算等技术的环境支持下，启动开展了综合交通系统信息感知集成与多式协同出行诱导的实证研究工作。

现阶段交通信息采集获取技术发展最快的是基于移动手持终端（手机、蓝牙和 PDA 等）和车路协同（包括物联网和车联网）的方法，这些技术的引入和拓展，提供了种类更加丰富、准确度更高和实时性更强的交通信息，也可有效提升交通信息的交互技术和途经。

三、发展趋势

交通系统的发展已经经历了一个从局部到全局，从单一目标到多目标，从只考虑交通系统本身到考虑与交通系统相关的环境因素等的过程，其研究范畴也逐渐扩大，应用技术不断丰富，社会价值愈趋重大。

体现在空地环境下，就是融合直升机、交通指挥中心、移动应急指挥车辆三位一体的空地协同应急交通指挥体系，研究空地协同交通状态感知、交互处理等关键技术；体现在水运环境下，就是发挥内河航运具有运量大、成本低、能耗小、污染轻等优势，开展内河智能航运系统研究；体现在道路环境下，就是融合交通信息、天气信息、道路环境信息、行人非机动车信息、公共交通运行信息、车辆微观行驶状态信息等，形成网络化的交通状态感知与交互处理平台；此外，依托新兴的车联网和物联网技术，将人、车、路和环境有机结合，可进行广域多维多态环境下的智能交通信息感知与交互处理，从而形成从信息采集到信息处理再到信息服务全过程所需的系统性的关键技术。

在现阶段道路交通系统的研究中，以出行者的视角来重新定位、设计和评估交通系统，将具有重要的社会意义。因此，发展基于出行者视角的交通状态感知与交互处理技术，实现基于出行者视角的、包括出行者、运载工具和交通环境等在内的多维交通状态感知，研究包括安全状态、道路状态、混合交通和尾气排放等在内的交通状态感知新技术与方法，并实现面向效率与环保的多模式绿色出行诱导，将是我国交通系统发展未来一段时间的重要内容之一。

此外，将新技术包括无线通信、物联网、IPv6 和云计算等技术引入综合交通系统的管理和服务，将对交通与安全产生积极的促进作用，并可效促进综合交通相关技术、产品和系统的开发和应用；同时，综合交通系统是这些新技术的重要而不可替代的应用领域，只有将交通系统发展的需求与新技术的发展相结合，才能使新技术具有生命力。

（撰稿：清华大学　张毅）

智能化交通控制与管理

一、技术概述

交通控制与管理是对整个道路交通系统进行全面的实时监控，以系统延误、停车、油耗和废气排放最小化，或公共汽车交行驶率最大化，或特殊交通功能需求最佳化，对交通流实施优化组织和控制。

智能交通控制与管理是智能交通运输系统的关键功能之一，即运用高新技术从交通控制参数和状态采集、处理、分析与预测，到对象区域交通的智能化优化控制与管理，较传统的交通控制与管理技术，其控制与管理信息更加实时、真实与丰富，控制与管理方案更加科学地适应交通系统的状态变化及功能需求，并正向主动且有反馈的控制与管理方向发展。智能交通控制的基础信息不仅来自传统的交通信号控制系统的车辆检测器，还进一步利用了智能交通系统中的交通动态信息采集系统、交通视频监控系统等的动态交通信息，基于多源异构信息形成交通控制策略，进一步利用交通控制优化模型与算法，以及交通诱导系统，实施对控制区域的动态交通进行科学的控制。智能化交通控制的发展经历了点控、线控和面控三个阶段。典型的交通控制系统包括：TRANSYT（Traffic Network Study Tools，英国），SCOOT（Split Cycle and Offset Optimization Technique，1975 英国），SCATS（Sydney Co-ordinated Adaptive Traffic System，1980 澳大利亚），UTOPIA（Urban Traffic Optimization Integrated Automarion， 1985 意大利），RHODES（Real-time Hierarchical Optimized Distributed and Effeetive System，1996 美国），ITACA(Intelligent Traffic Adaptive Control of Areas，1990 西班牙）和 PRODYN（1990 法国）。其中 TRANSYT 系统是一种脱机操作的定时控制系统，SCATS 系统预先根据历史交通数据设计多套交通控制方案，根据路网感应检测器所采集的交通数据，对配时方案作局部调整的方案选择式感应控制系统；SCOOT 是一种方案自动产生，对道路交通网络实行实时协调的自适应控制系统；UTOPIA 是城市交通集成优化自动控制系统；RHODES 是实时递阶优化的分布式系统；ITACA 是智能交通自适应区域控制系统。

我国的交通控制系统研发始于 20 世纪 80 年代，最具代表性的系统是以南京为应用城市的国家“七五”科技攻关项目（75-2443）“南京城市交通实时自适应控制系统”。之后随着科技进步，多所大学、多个企业或基于国家和省部级的各类研究计划，自发地研发了不少系统，在一些城市得到了局部使用。但由于诸多原因，我国的城市交通控制系统主要仍靠国外引进，其中北京、上海、广州、武汉、杭州、沈阳等大城市皆是应用 SCOOT 系统或 SCATS 系统。

二、关键技术及研究进展

1. 引进的交通控制系统扩容技术

我国引进国外交通控制系统的城市基本上是特大城市和大城市。由于引进的SCOOT系统和SCATS系统基本上是20世纪70和80年代的技术和研究成果，如SCATS的路口机一般使用RS232串口与区域控制机通信，难以管理和扩容。近年来，上海、重庆、苏州等城市对系统的部分路口进行了IP化改造，广州也将对SCATS系统IP化改造，IP化后的SCATS信号控制系统更易于管理和扩容。

2. 交通控制系统改造和控制诱导一体化技术

我国大量城市的道路交通信号控制系统主要是单纯地以改善交通阻塞为背景发展起来的，随着智能交通运输系统的发展，交通诱导系统、紧急救援系统、先进的公共交通系统等诸多系统与交通控制系统紧密关联性越发凸显，特别是交通控制系统所采集的海量数据的利用、交通控制系统与多个关联系统的相互影响等基础理论和关键技术的研究已成为主要的研发方向。国家自然科学基金、863计划，以及科技支撑计划已资助了多项相关技术的研发。

通过整合与集成交通信号控制、视频监控、交通路况、事件管理、可变信息服务，以及交通诱导等子系统相关的交通信息资源，实现交通控制信号优化、交通管制与信息诱导等功能一体化，从而完善非饱和、近饱和和过饱和等不同状态下的交通控制策略；进行交通诱导信息发布，并可提供基于交通事件驱动的智能响应、紧急情况下的动态“绿波”路径和交通诱导协同，以满足交通临时管制、公交优先、救护、消防、特勤和安保车队的管理需求。

3. 交通控制与管理的仿真及评价技术

为了应对大范围和复杂的城市交通流的最佳控制与管理，发展基于在线和离线交通仿真的评价技术至关重要。城市大范围的交通仿真与评价系统主要集成于基于GIS的交通控制与管理系统中，可应用于信号配时方案评价、交通临时管制与交通事件影响评价，以及交通控制策略评价等；城市交通仿真系统与交通控制与管理系统的软件有机集成可搭建模拟运行环境，对全路网及局部区域的交通运行状态进行评价，提供信号配时、线控协调、区域协调的事前评估与事后评价，并对历史的信号配时与协调方案、统计数据、历史录像、车牌信息、交通流数据等的综合信息查询进行对比分析。目前，我国的部分城市如深圳、杭州已不同程度地建设了交通仿真与评价系统，但尚未大范围实现与交通控制系统的有机整合，更未实现在交通智能化控制与管理中的应用。

4. 中小城市交通控制系统存在的关键问题

中小城市建立智能交通控制和管理系统普遍存在资金和人才两大瓶颈，即使有资金投入，系统的应用、调试、维护、开发难度较大，需有一批专门的交通控制和管理人才做支撑，没有必要的技术支持，即使建立了交通控制系统，也不能充分发挥系统功效，很难达到规范路口秩序、减少交通事故和提高路口通行效率的目的。

针对上述问题，国内有关科研单位开展了有针对性的研究与开发，首先面向中小城市的交通特征和问题及应用特点，研发了相应的系统并投入实用；综合运用了主机远程托管的广域网络的交通协同控制、自适应交通信号控制、异构系统融合控制等技术初步解决了交通信号的广域控制问题，实现了多种交通控制系统对多城市、多区域的交通信号远程实时协调控制，并在两城市的两区进行了交通信号控制模式的远程服务，为系统的推广应用起到了一定的示范作用。

三、发展趋势

总之，作为技术应首先建立基于地理信息系统 GIS、多源异构数据和信息的、诱导和控制一体的城市交通综合管理与控制系统，简化交通控制与管理系统的管理界面，以适应不同水平的管理人员需求。其次，集成视频监控、交通路况地图、事件管理、可变信息诱导等子系统，建立城市交通管理与控制仿真系统，使得交通控制信号配时与协调方案修改、交通临时管制、公交优先、保警卫路线等需求下的事前方案评估、运行中多角度监控和事后效果评价等得以在统一系统和集成界面上完成，从而全面提升城市交通运行的综合管理与控制水平。

将来，随着车联网、车路协同等系统的研发和应用，亟需推进车联网与智能交通系统的信息资源整合，解决车联网和交通控制与管理系统的信息交互与共享和运用问题，并建立实现车联网和交通控制与管理系统之间交通信息资源整合的长效机制；利用现代信息处理技术分析与预测预报城市道路交通实时路况和行程时间等动态交通信息，智能化优化交通控制与管理系统，从而推进交通信息化建设由交通信息技术应用向交通信息资源开发利用，由管理向服务的转型。随着国家“十二五”期间关于广域交通管控系统关键技术的“863”计划的推进，以及本领域的产学研用结合的发展，我国城市交通智能化控制与管理系统的快速进步值得期待。

（撰稿：杨晓光、王殿海、徐亚国）

智能化交通信息服务

一、技术概述

智能化交通信息服务技术是先进的交通信息系统(Advanced Transportation Information System，ATIS)的基础。ATIS是智能交通运输系统(Intelligent Transport Systems，ITS)的关键部分，它主要由交通信息采集、数据处理和信息发布三个部分组成。

交通信息采集是ATIS的基础条件，它通过动态交通流信息采集技术采集某地点或区间的交通流信息，其主要特点是完全依靠采集设备(包括硬件和软件)自动感知道路使用者的通过或存在，实现对交通流信息的全方位、实时的采集；其优势则是能够长期、全面、较精确地采集到道路交通流信息。

交通数据处理常整合与集成来自交通信号控制系统、视频监控、交通路况地图、事件管理、交通诱导等子系统相关交通信息资源的多源（元）异构数据，首先将种类和格式互不相同的交通信息进行规范化；进一步通过交通信息处理，发掘隐藏在原始交通信息背后的有用信息并用于交通分析与预测，为出行者的出行提供有效指导，是ATIS的交通服务基础技术。

交通信息发布是通过网站、呼叫中心、可变情报板、广播电台、车载终端、手机等各种信息发布终端设备为公众提供交通信息服务。交通信息可以是文本、图像、视频、音频等多种形式，智能化交通服务可以为交通管理者和交通出行者提供定制或查询自己感兴趣的相关交通信息服务，其服务对象可以是群体或个体。群体的交通信息服务可以通过网站、呼叫中心、可变情报板、广播电台等发布动态信息，如路况、事故等信息；个体的交通信息服务通常是交通出行者或交通管理者通过定制出行者所处位置或将经过地点或到达位置，获取所需的交通信息。交通信息服务可以是通过先进的交通信息系统将交通信息主动发送给交通出行者或交通管理者，也可以是交通出行者或交通管理者主动要求提供相关的交通信息服务。

智能交通信息服务技术常在现有智能交通运输系统建设基础上，整合既有交通信息资源，并利用各种信息采集手段进一步获取更全面更实时的交通与运输基础信息，完善智能交通服务体系，建立交通信息数据库和公共信息服务平台，通过广播、电视、网络、手机、交通诱导屏、车载诱导终端等发布交通事件、交通拥堵、交通管控、道路施工、交通气象等交通信息，为其他子系统的使用和交通参与者服务，提高交通出行效率和系统服务水平。

二、关键技术及研究进展

（一）关键技术

1. 多源交通信息处理技术

多源交通信息处理技术是针对大量交通数据之间存在交叉、冗余甚至矛盾的现象，通过对实时数据和历史数据（如微波检测、线圈检测、无线车辆检测、视频检测等检测数据）进行融合处理，以保证数据间关系的正确性、可理解性并避免数据冗余。具体来说，包括整合与集成交通信号控制系统、视频监控、交通路况地图、事件管理、交通诱导等子系统的相关交通信息资源，从各子系统中提取共享数据，并对多来源渠道、相互不一致的数据，在规范化、标准化后进行整合管理；通过实时状况判别、交通流预测与分析等的数学模型对多源交通流数据进行综合分析和判断，生成实时路况和交通事件等信息；同时把人工采集和从其他渠道获取的交通信息进行融合处理，生成最为准确、可靠的发布信息，并把交通信息按标准进行封装处理，建立交通信息库，供交通信息服务和其他子系统使用。

2. 基于移动和车联网的交通感知与信息处理技术

感知（Perception ）是客观事物通过感觉器官（或检测系统）在人脑（或系统）中的直接反映。因此，基于车联网的交通感知技术包括：利用基于移动互联网的路网交通基础信息，实现基于移动定位（如 GPS）数据的 GIS 地图匹配技术，以获取更准确的实时路况信息；基于移动交通信息采集技术，包括信息采集的内容、频率，以及存储等；基于移动交通信息的路网交通状态判别算法，特别是移动定位等数据与智能交通系统固定检测器数据的多源交通信息融合技术等。

3. 基于车联网公共信息服务平台的交通诱导信息发布系统

基于车联网公共信息服务平台，是利用移动互联网等新技术，研究车联网环境下面向大规模出行者的交通均衡方法和技术，实现面向出行者的群体诱导信息服务；研究基于情景演算的交通信息服务动态组合发布技术，聚合城市道路、公共交通和高速公路等的多源交通信息和其他生活信息，强调公众出行者与交通管理者的互动与交流，鼓励广泛交通志愿者的参与和信息分享，支持移动终端设备（车载导航、智能手机、互联网站、普通手机）等多种渠道，提供文字、视频、图片、图示、语音、短彩信等多种方式的信息内容，为公众出行提供更个性化的交通信息服务。

4. 基于移动终端设备的交通信息服务应用程序

车载终端是建立车联网的重要节点。当前，很多车载导航娱乐终端并不适合“车联网”的发展，其核心原因是采用了非开放的、非智能的终端系统平台。随着智能手机的发展，利用其平台作为车联网终端产品运行平台，并整合应用微博、社交网络、地图、语音云等互联网开放平台资源，研发基于智能手机的交通信息服务应用程序，实现为车主提供更广泛的交通诱导信息和其他交通信息服务，已成为车联网终端产品研发的一个重要方向。

（二）研究进程

1. 国外

目前，在交通信息服务方面，全球典型的应用系统主要有英国的 FVD、欧洲的基于 RDS-TMC 的交通信息服务系统、美国的 ADVANCE 与 TRAVTEK 系统和 ATIS 系统，以及日本的 VICS 系统。

2000 年欧洲的 RDS-TMC 作为交通及出行信息系统的数据广播服务方式，已经基本覆盖整个 TERN 路网，目前在 11 个国家提供交通服务。英国的 Traffic-Master 系统是以伦敦为中心、在大范围的高速道路上已经实用化的系统，该系统有效利用现有的寻呼网络来提供交通信息。VICS 在日本早在 1996 年就试制了引导车辆到达各自目的地，并运用远红外信标、短波信标或调频广播副载波作为传输介质，发布实时交通信息的动态导航系统。美国 TRAVTEK 系统以实时的道路引导和信息服务系统的实用化为目的，由交通管理中心、信息服务中心和搭载了导航终端的车辆构成。车辆终端能够显示堵塞地点、事故和施工等信息，符合驾驶员要求的路径引导。

2. 国内

近年来，基于网络平台的公路交通信息的发布在国内有了一定的发展，许多省交通厅和公路管理部门建立了发布公路信息的网站，发布了一些公路交通信息。在城市方面，作为国家“十五”智能交通示范城市的上海、广州、杭州、济南、重庆等都认识到建立交通服务的重要性，开展了交通信息服务技术的研究。在北京奥运会、上海世博会和广州亚运会等大型活动中，智能交通系统，特别是智能化交通信息服务技术发挥了重要作用，为未来城市交通发展和出行服务升级提供了支撑。

目前我国北京、上海、南京、广州、深圳等城市正在开展研究公众交通信息服务系统的工作，并初步建立了交通信息服务系统，在交通服务的时效性、实用性、综合性、便利性等方面与国外相比均还有相当差距。

从以上分析可以看出，目前发达国家都根据自身的交通出行特点建立了各具特色的信息处理及服务系统，而国内整体上还处于起步阶段，并没有建立一整套的交通信息服务体系，缺乏对交通信息的深层次的加工处理和个性化的交通服务，信息发布手段仍不够多样化。

三、发展趋势

实现先进的公众出行交通服务的前提是能够实时、准确地识别道路交通运行状态，这就需要获得实时、充分、准确的道路网络的动态交通流信息。而基于移动传感网的交通信息采集技术将是对现有的动态交通信息采集技术的一种有效补充和完善，将是智能交通运输系统发展的一个重要方向。随着车联网技术的发展，现有的智能交通运输系统与车联网间信息资源整合成为智能化服务技术发展的一个重要趋势，而建立车联网公共信息服务平台，研发智能手机平台作为车联网终端产品是重要技术方向之一。

总之，随着智能化交通服务技术的发展，智能化交通服务系统不仅可为交通管理部门提供决策的辅助依据，同时，公众出行者可以随时随地通过电话、短信、网络等多种方式，获取交通运输系统的实时状况、管制措施、公交换乘、停车场有无等与自己出行相关的交通信息，使得其出行更加便捷和高效。

（撰稿：杨晓光、徐亚国、王庆、余志）

道路电子收费系统

一、技术概述

电子收费系统（Electronic Toll Collection，ETC）是国际上正在努力开发并推广普及的一种用于公路、大桥和隧道的电子自动收费系统，同时也是对移动中的车辆实施动态管理的先进手段。

ETC 是一个集成了无线电通信、计算机网络、信息处理及自动控制等多项高新技术在公路自动收费综合系统中的应用。它利用车载电子标签（OBE）自动与安装在路侧或门架上的路侧系统（RSE）微波天线进行信息交换，中心控制计算机根据电子标签中存储的信息识别出道路使用者，然后自动从道路使用者的银行账号中扣除通行费。该项技术最明显的优点是可以不停车收费，使整个收费过程更加人性化，从而大幅度提高了车道收费站的处理效率和收费公路的疏通能力。

发达国家和地区早在 20 世纪 80 年代就开始开发 ETC 的应用。目前 ETC 在欧洲、日本、东南亚、北美、南美等许多国家、地区的道路收费系统中得到了广泛的应用。而新加坡、英国伦敦为控制城市车辆的拥堵，也采用 ETC 技术实施“拥堵收费”，即对控制进入的区域进行高额收费，以抑制过多车辆的拥挤。

中国 ETC 确定的关键技术要素如下：

（1）采用了组合式电子收费+双界面 IC 卡技术；

（2）OBU 采用半主动式技术，载波由 OBU 主动发射，同时 OBU 采用休眠和唤醒机制，满足应用需求同时，达到降低 OBU 功耗的目的；

（3）安全机制基于符合《中国金融集成电路（IC）卡规范》的智能卡技术实现，达到与银行卡同样的安全级别；

（4）为保护 OBU 内关键信息（如车型等）数据的安全性，OBU 内数据采用安全访问模块（ESAM）作为存储介质，其安全机制也达到银行卡的安全级别；

（5）OBU 作为传输通道，仅存储与车辆有关的信息，所有涉及支付的交易由路侧 PSAM 与 CPU 用户卡实现。

二、关键技术及研究进展

（一）综述

我国从 1997 年开始研究 ETC 技术，在分析消化国际先进 ETC 技术的基础上，创建了具有自主知识产权的“双片式电子标签＋双界面IC卡”的组合式ETC技术标准体系，充分实现了 ETC 系统与现有人工半自动收费（MTC）系统的有机结合（见图 1），打破了欧、日等发达国家和地区垄断电子收费国际标准话语权的格局，有力支撑了国内电子收费技术及其产业链的成熟、发展和壮大。

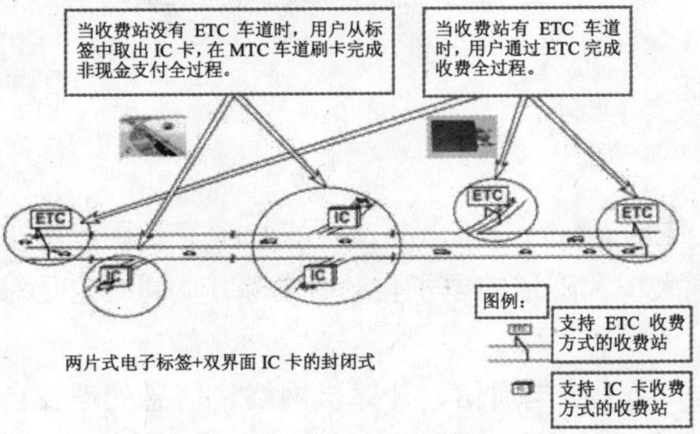

图 1　组合式联网电子收费系统模型

与发达国家 ETC 技术标准相比，中国标准在物理参数指标和安全性上均高于欧洲标准，与日本标准在物理参数指标上较为接近，但日本没有对车载设备（OBE）内信息提出安全性要求，中国标准产品则通过安全存取模块，同时保证 OBE 内信息和用户 IC 卡的安全性。

为加快 ETC 标准的制定速度，并适应工程建设和企业开发的要求，明确提出 ETC 标准体系结构（见图 2），明确了结构内各层次、各分部标准的主要涉及领域、相互关系和关键衔接控制参数，提出了体系结构中每个部分所需要制定的标准规范名称、主要内容等要素，为快速、并行实施标准化工程打下基础。

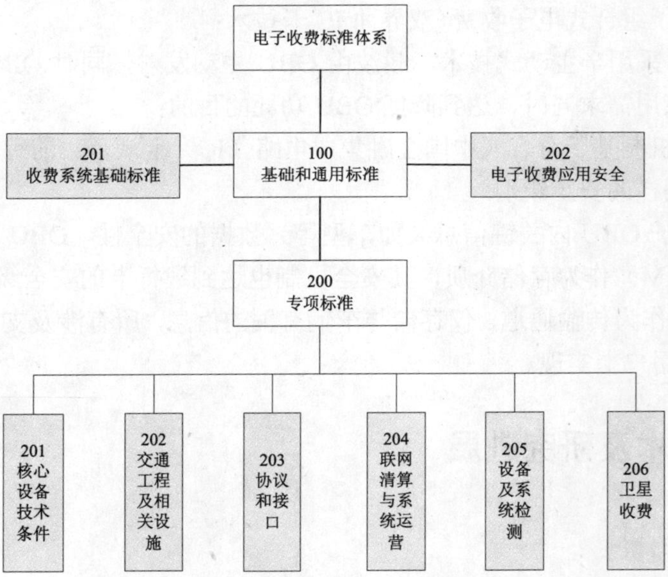

图 2　电子收费系统标准体系结构层次图

在 2007 年，我国正式颁布了 GB/T 20851-2007《电子收费专用短程通信》系列 5 项国家标准和《收费公路联网收费技术要求》（交通部 2007 年第 35 号公告）。随后，为确保示范工程建设的技术支撑及不同地区建设和服务的一致性，ITS 中心按照示范工程建设通知的有关要求，进一步规范了 ETC 工程建设中涉及安全支付、交易流程、设备接口、设备检测、互操作技术条件、跨省市数据交换、结算规则等各个环节的技术要求，形成了《高速公路区域联网不停车收费示范工程暂行技术要求》（共 22 个技术规范），并于 2008 年 8 月正式发布实施（交公路发〔2008〕275 号文件）。该系列规范的制定和实施为 ETC 示范工程建设提供了重要指导，并为 ETC 的大范围工程建设打下基础。2010 年底，ITS 中心在总结示范工程建设和运营过程中的经验和不足的基础上，对《高速公路区域联网不停车收费示范工程暂行技术要求》进行细化，形成《公路联网电子不停车收费技术要求》，并于 2011 年 3 月正式发布实施（交通运输部 2011 年第 13 号公告），用以指导全国范围内的 ETC 系统建设和运营。

（二）ETC 通信协议

ETC 通信协议主要分为：物理层、数据链路层和应用层。

物理层采用 5.8GHz 频段作为短程通信频段。下行链路 OBU 接收带宽为 5.825~5.845GHz，上行链路采用 ASK 或 FSK 的调制方式。

链路层主要参数见表 1。

表 1　链路层主要参数

参数	参数定义	参数取值
T1	下行链路帧与后面相邻的上行链路帧的最短间隔时间	160μs
T2	上行链路帧与后面相邻下行链路帧的最短间隔时间	32μs
T3	下行链路帧与后面相邻下行链路帧的最短间隔时间	10μs
Tu	时间单位	448μs
N1	专用链路建立请求延时计数器	0~7
N2	第二层帧的最长八位位组数	128
N3	内部传送计数器	—
N4	确认定时器	—

数据链路层信息交互应以帧形式进行，帧包含 MAC 地址、MAC 控制域、LPDU（可选）和帧校验几部分。根据 LPDU 的类型又分为含命令 LPDU 的帧和含响应 LPDU 的帧，分别如图 3 和图 4 所示。

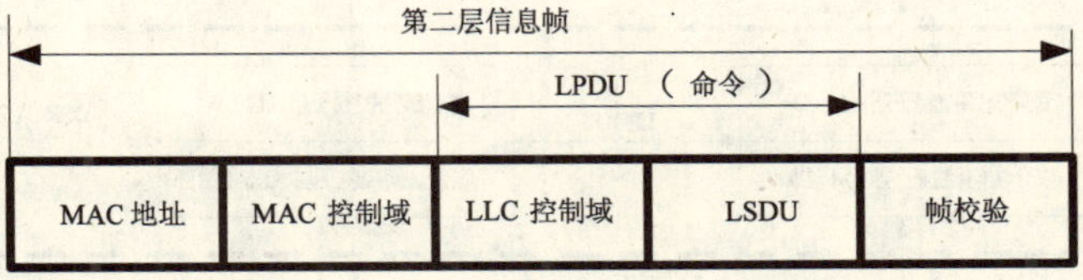

图 3　含命令 LPDU 的信息帧结构

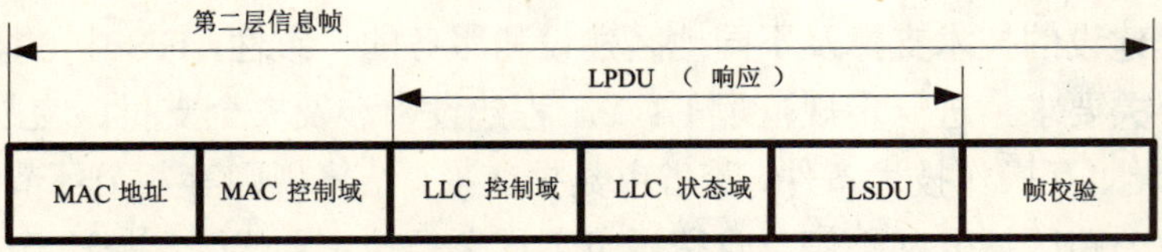

图 4　含响应 LPDU 的信息帧结构

不包含 LPDU 域的帧结构如图 5 所示。

图 5　不包含 LPDU 域的帧结构

信息帧采用同步传输方式，帧封装格式如图 6 所示。

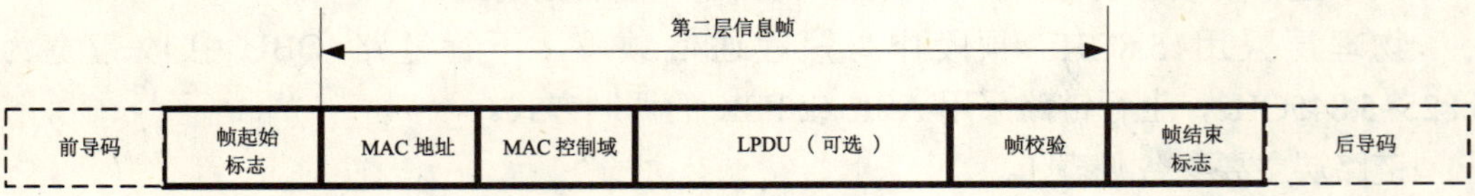

图 6　第二层信息帧封装格式

应用层核心包含传送内核、广播内核、初始化内核，其中传送内核提供初始化内核及应用所需的数据传输基础，如图 7 所示。

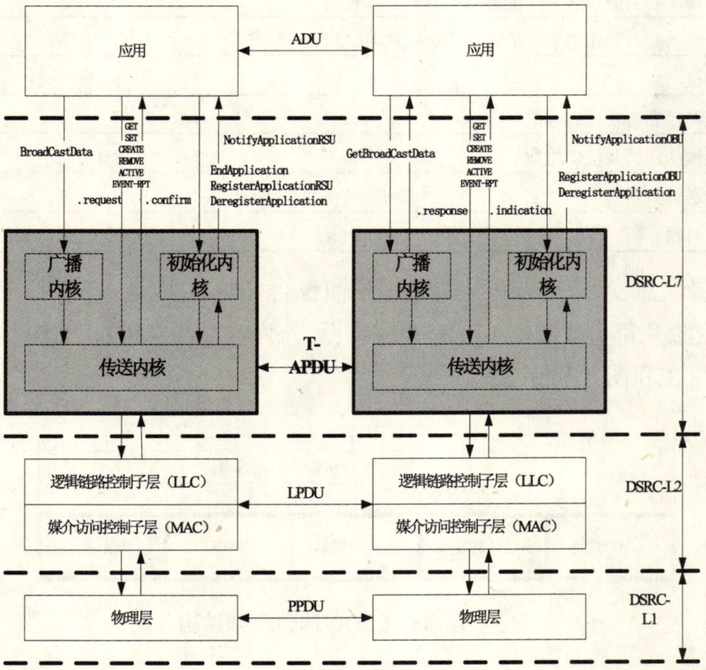

图 7　应用层核心架构

（三）交易安全保障技术

针对联网 ETC 技术的应用模式，建立了全国统一的联网电子收费密钥管理与安全认证系统，实现了各种密钥卡、传输卡、KEY 及各种母卡的生产、发放和管理，将密钥管理和安全认证体系有机融合引入高速公路收费领域。应用密钥采用两级分散的方式分别装载入车载设备内嵌的安全存取模块（OBE-SAM）和用户 IC 卡中，实现了路侧设备中的消费安全存取模块（PSAM）与 OBE-SAM 完成安全认证的同时，也可与用户 IC 卡完成安全支付的双重安全应用机制。

（四）检测技术

依据联网 ETC 技术标准体系，研究制定了我国相关产品在物理层参数、协议规程、安全机制，以及互操作性等方面的检测评价指标和评测方法，形成一系列检测评定技术标准及规范，并研发了具有自主知识产权的关键检测设备“电子收费专用短程通信设备协议测试平台”。解决了 ETC 产品标准符合性判定的问题，有效规范了产品市场，为联网电子不停车收费工程建设提供了先期保障。

交通运输部公路科学研究院 ITS 中心承担全国电子不停车收费关键设备（路侧单元、车载单元、IC 卡、IC 卡读写机具等）的测试工作，主要包括以下内容：

- ETC 设备测试：物理参数测试、协议一致性测试、互操作测试、环境条件测试。
- 智能卡测试：物理特性、化学特性、电特性、通信协议、基本功能、基本安全性能、稳定性、环境条件、文件结构、指令集。
- ETC 应用测试：交易流程测试、实际过车测试、通行速度、大样本量、互操作测试。

DSRC 协议测试平台（见图 8）主要是通过实现 DSRC 协议的各种机制，以及模拟 DSRC 设备通信中的多种正常、异常的数据帧和交互过程，来判断被测设备在通信数据帧结构、协议机制等方面与标准的符合性 DSRC 综合测试仪如图 9 所示，DSRC 协议测试系统主界面如图 10 所示。

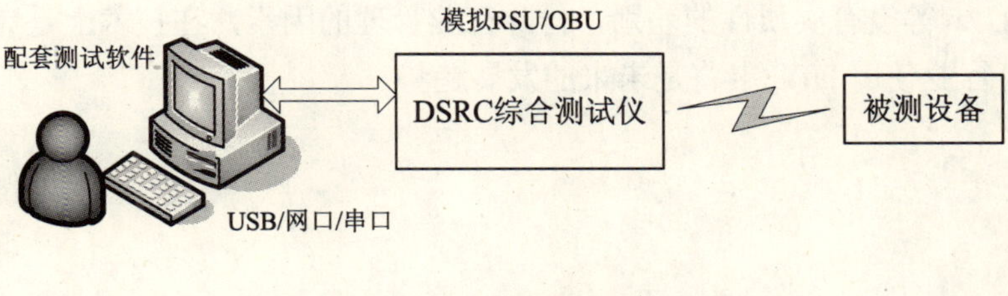

图 8　DSRC 协议测试平台

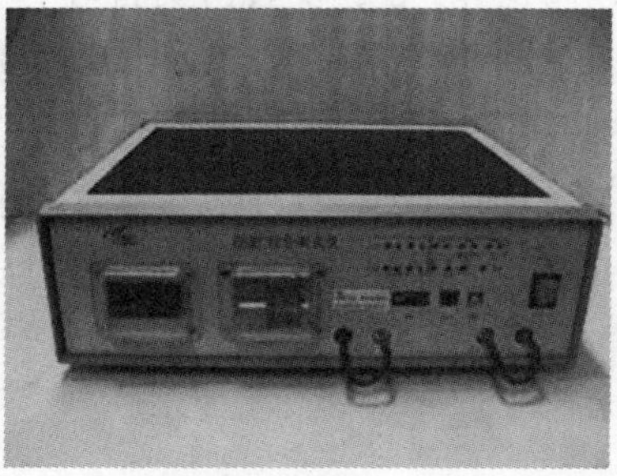

图 9　DSRC 综合测试仪

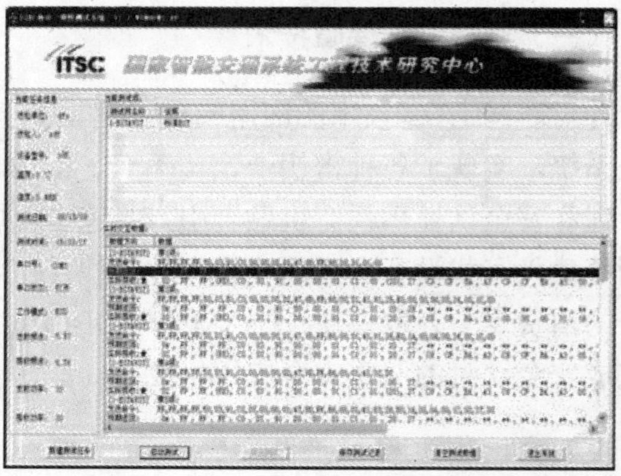

图 10　DSRC 协议测试系统主界面

三、发展趋势

在高速公路收费站出现两条 ETC 车道，甚至多条 ETC 车道的应用将是一个趋势。在这种模式下，邻道的干扰问题将显得日益突出，货车计重收费与 ETC 应用的结合成为亟需解决的迫切问题。目前通过微波信号区域的调整措施只能对邻道干扰起到一定的抑制作用。因为微波的反射特性，不同信道的设置不能从根本上解决问题。车牌识别可判断车辆行驶车道，但其识别准确率使其难以作为判别的依据。根据 DSRC 传播的特点，从微波信号强度检测的角度，应采用 OBU 定位技术来彻底解决邻道干扰问题。

目前产业界提供的基于国家标准 GB20851 技术体系的国标 ETC 产品，基本上是针对标准中 A 类技术指标开发的，此类产品适合于当前封闭路网条件下的匝道式收费模式，但是对于 ETC 发展到一定阶段后所延伸出来的新需求，如高速移动条件下的多车道自由流收费（需要 FDD+TDMA）、路网模式下的多义性路径识别收费，以及基于 DSRC 的 telematics 交通信息广播和双向通信等还未能很好适应，需要在核心技术上予以改进并取得新的突破。

组合式电子收费中使用了 CPU 卡作为电子支付介质，这与目前广泛应用的很多行业中的各种 IC 卡一卡通，如城市公交一卡通、小区门禁一卡通、EMV 标准金融小额电子支付 CPU 卡等没有实质性的差别，排除行业管理的因素，在技术上是完全可以互联互通的。跨行业使用 ETC 卡将是未来的发展趋势。

（撰稿：杨琪）

综合交通枢纽智能化

一、技术概述

综合交通枢纽是城市综合交通系统的关键节点。枢纽区域内，多模式交通在有限空间内实现衔接转换，大量个体交通、公共交通在短时间内实现聚集、疏散。信息化、智能化的交通管理对于提高枢纽的运行效率、优化网络多方式交通出行进而提高整个城市交通网络的运行效率至关重要。面向综合交通枢纽的智能交通系统就是以实现对枢纽客流与车流的有序组织、高效诱导、顺畅衔接和安全运行为目标。

枢纽智能交通系统的核心技术包括信息采集技术、信息处理技术和信息发布技术。由于综合交通枢纽涉及多种交通方式，信息采集对象涵盖车辆运行、乘客流动等多种群体、个体信息，信息采集技术要求高、难度大，除需获取接入枢纽的不同交通方式各自运营系统的相关信息外，对于大型停车场和公共区域内密集客流密度、流向的检测需求更是枢纽所特有的。信息处理技术以客流智能诱导系统为载体，以诱导策略为核心，基于采集到的各种信息，给出客流诱导的方案设计。信息发布技术以信息发布方式为核心，以信息发布终端设备与系统为技术载体，最终实现对枢纽内客流、车流的高效诱导和全方位信息服务。

二、关键技术及研究进展

（一）信息采集技术

枢纽交通信息采集技术涉及接入系统的所有交通方式的车辆运行、乘客流动信息的采集。其中，在各自系统内部运行的车辆、人流信息的采集由各系统完成，可参见相关系统的信息采集技术部分。对于这部分信息，枢纽交通信息采集系统的主要工作是完成信息的接入与融合。这里重点介绍枢纽特有的大型停车场和公共区域内密集客流的信息采集技术。

通常，综合交通枢纽都设有大型停车场，对于停车场信息的快速、准确采集是确保枢纽顺畅运行的关键之一。停车场信息采集技术包括采集设备选择与布设两个方面。停车场信息采集设备应具有交通信息采集与处理、数据存储、故障检测，以及通信功能。目前常用的信息采集技术手段包括感应线圈检测和视频检测两种：感应线圈检测具有廉价、技术成熟、易于掌握、计数精准、系统稳定、不受环境影响等优点，但安装过程对可靠性和寿命影响很大，维修或安装需中断交通，破坏路面，在重交通下易于损坏，维护难度较大；视频检测可提供全面的交通数据信息和事故检测信息，且提供信息的直观性强，但检测精度受光线影响大，虽可采用低照度的高灵敏度（红外补偿）黑白摄像机对检测与分割的效果进行改善，但成本高、改善效果有限。近年来，地磁检测作为一种新的停车场信息采集手段发展迅速。地磁检测采用无线 CDMA 数据传输方式，可避免供电线路和有线传输带来的麻烦，具有使用简便、大幅减少开挖工程量、可实现车辆行驶的双向识别的优点，目前相关技术正在逐步走向成熟。停车场信息采集设备的布设因停车场布局而异。城市大型综合交通枢纽停车场通常设计为多层停车场，且单层面积大，一条车流线不可能经过所有停车位，因此，近年来，停车子区的概念被提出，以方便驾驶员与车主寻找车位停车或离开。对于多层且划分有停车子区的大型停车场，需在上下楼通道和每个停车子区的出入口处布设双向信息采集设备，以判断每个停车子区的车位剩余状况。

在密集客流密度、流向采集方面，近年来，一种基于视频检测的人体多特征模糊检测技术被提出，其技术路线如图 1 所示。

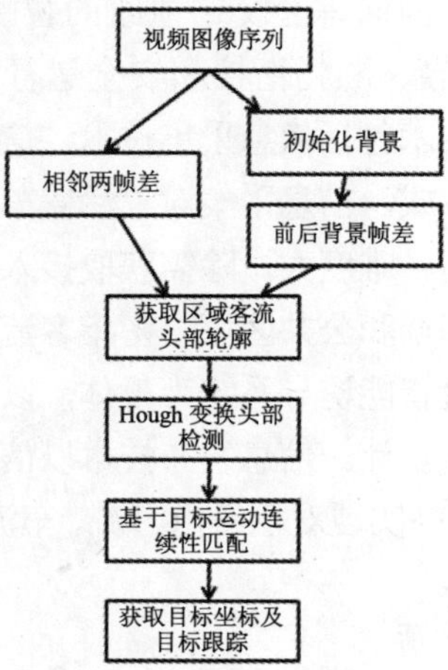

图 1　人体多特征模糊检测技术算法流程图

这一技术的特点在于：基于 Hough 变换进行头部检测，以 Hough 检测出的圆心作为运动人体的特征点，从而使得算法实现简单，计算量少，并可以用来解决遮挡问题。在获得较高的旅客识别率的基础上，客流密度与流向的检测方法被提出：客流密度检测的具体算法流程如图 2 所示；客流流向检测的具体算法流程如图 3 所示。

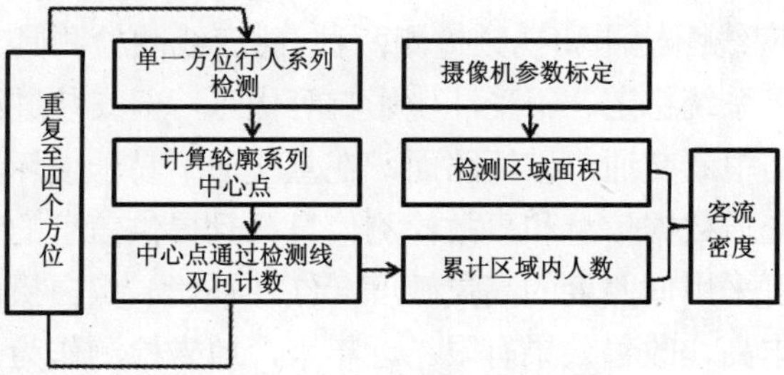

图 2　客流密度计算逻辑流程图

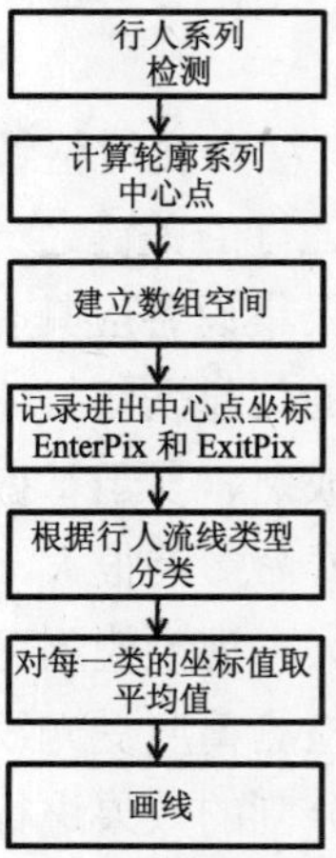

图 3　客流流向计算逻辑流程图

（二）信息处理技术

信息处理技术通过对采集的人流、车流信息的处理，为乘客提供合理的诱导信息，从而实现枢纽内、外人流、车流的顺畅流动。信息处理技术以客流智能诱导系统为载体，以诱导策略为核心。

诱导的类型可以分为主动型和被动型两种：主动型诱导是指交通枢纽管理者有意识或有目的地通过采取一定的方法和实时的技术手段对客流进行信息发布和路径诱导，希望旅客按照管理者的意图进行路径选择，从而满足管理上的需求；被动型诱导是指交通枢纽管理者向旅客提供路线指示信息，以帮助旅客顺利到达目的地的一种诱导方式。诱导的策略可以分为完全信息诱导与不完全信息诱导。其中，完全信息诱导是指将已知或预估的全部信息与旅客共享，由旅客自主选择其中的部分或全部内容，以完成对路径的选择，从而达到诱导的目的。不完全信息诱导是指将已知或预估的部分信息与用户/旅客共享，由旅客自主决策采不采纳该部分信息来完成对路径的选择，通过这种方式来实现对人群的诱导。不完全信息诱导属于主动型诱导，完全信息诱导属于被动型诱导。

在枢纽乘客诱导策略方面，新的全程化信息诱导策略被提出。枢纽全程化信息诱导以诱导的无缝化、信息的全程化为目标，定义为：从旅客以某种交通方式进入枢纽区域开始一直到旅客到达对外交通方式换乘点为止（或反向），进行旅客与车辆的全过程诱导，以达到系统整体最优化目标的诱导策略。图 4 和图 5 给出了枢纽全程化信息诱导流程。

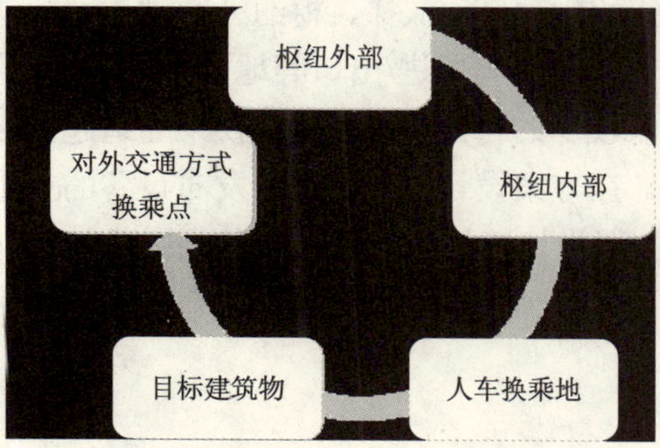

图 4　枢纽外部进入内部流程图

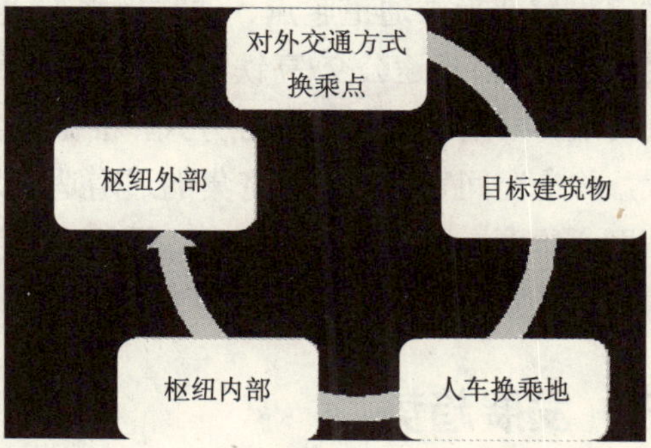

图 5　枢纽内部驶入外部流程图

枢纽全程化信息诱导可采用三级诱导策略。

（1）枢纽外部路网动态诱导：诱导车辆进入枢纽节点。

（2）枢纽节点至停车场动态诱导：诱导车辆寻找合适的停车场停车。

（3）停车场至目的地的动态诱导：诱导旅客选择合适的路径到达目的地。

（三）信息发布技术

信息发布技术以信息发布终端为载体。目前，交通信息发布终端由原来单一化向多样化发展，目前已采用的及有应用前景的信息发布终端主要有以下几种：交通指南、互联网、呼叫中心、广播、手机、引导显示屏、触摸屏。不同终端具有自身不同的特点，对不同信息发布的适应性不同。已有研究选取信息量、实时性、直观性、易获取性和受众面作为终端信息发布适应性的评价指标，采用模糊评价方法，给出了终端对不同类型信息的适应性评价结果。如表1所示。

表1　信息发布终端的适应性评价

发布信息内容	互联网	交通指南	呼叫中心	广播	手机	引导显示屏	触摸屏
前往枢纽的交通方式/交通线路信息	不适应	基本适应	基本适应	不适应	不适应	非常适应	基本适应
各交通方式的运营计划信息和动态信息	非常适应	基本适应	不适应	不适应	不适应	非常适应	非常适应
枢纽内各交通方式间的换乘信息	不适应	基本适应	不适应	不适应	不适应	非常适应	基本适应
枢纽内的路径信息	非常适应	基本适应	基本适应	不适应	不适应	非常适应	基本适应
竞争性信息	非常适应	非常不适应	非常适应	基本适应	不适应	非常适应	非常适应

基于对信息发布终端的适应性评价结果，目前被广泛采用的是以信息发布终端为引导的显示屏和触摸屏。

人因工程学被引入枢纽信息发布设备与系统方案的设计。从客流、车流的人因工程学角度研究引导显示屏、触摸屏的布设位置和设计方案。在布设位置方面：引导显示屏适宜设置在换乘通道起点、通往换乘方式的电梯/楼梯/自动扶梯、枢纽公交站点、轨道交通/磁悬浮/长途公交/高铁售票点、航站楼进/出口、停车场进/出口等地方；触摸屏（查询终端）采用一对一的服务方式，根据服务人数较少的特点，可在枢纽换乘通道起点设置，并在空间宽敞、客流密集的通道适当增设。在方案设计方面，信息发布设备的放置高度、角度、语言、文字大小、颜色、亮度、按钮设计等均应充分考虑使用人的特征与操作习惯，提高设备使用的舒适性与便利性。

三、发展趋势

国家中长期综合运输体系的发展规划中提出：为配合建设“五纵五横”的综合运输大通道，要建设42个综合交通枢纽型城市，并要在8个城市进行综合交通枢纽建设试点。这表明，我国将出现越来越多的大型综合交通枢纽，交通枢纽对于交通方式的融合程度也将越来越高。来自不同方式的交通行业在枢纽这一节点处将有越来越多的融合、共享需求，为了提高枢纽的交通智能化管理水平，不同行业交通数据的标准化与融合技术、语意一致的交通标志的设计技术将成为消除现有枢纽智能交通管理工作瓶颈的关键。同时，近年来备受关注的行人行为特征研究可能会催生新的枢纽客流智能诱导策略与方法，而一直以来快速发展的电子技术也将引领枢纽信息采集与发布技术的发展。

（撰稿：孙立军）

城市智能公共交通系统

一、技术概述

随着城市经济的持续发展，城市规模不断扩大，人口急剧增长，交通拥堵问题日趋严重。城市公共交通作为重点支持和优先发展的领域，是缓解交通负荷的有效方式。通过将智能化技术应用于城市公交，可有效提升公交服务水平，增强政府监管能力，提高公交运营效率。

智能公共交通系统(Advanced Public Transportation Systems， APTS)是在对公交系统优化的基础上，通过对现代信息技术和通信技术等先进技术的应用，形成集智能化调度、信息服务、网络通信等于一体的先进的公共交通管理系统。可具体描述为：根据实时采集的公共交通动态运行数据，在对公交线网布局、线路公交方式配置、停靠站点布置、发车间隔确定、票价制定等进行优化和设计的基础上，提供公共交通信息服务，提高公共交通的调度与营运的效率化、公共交通优先管理规范化，以达到公共交通的最佳指挥和调度，进而提高公共交通运行的便利性、安全性，以及通畅性。

智能公共交通系统主要包括以下四个子系统：

（1）智能公共交通优化与设计子系统。该子系统是对公交线网布局、线路公交方式配置、站点布置、发车间隔确定、票价制定等进行优化和设计，从规划层面提高公交服务水平。

（2）智能公共交通调度子系统。该子系统由调度中心、车载设备、电子站牌等几部分组成，其主要功能是实现公交车辆的自动调度和指挥，保证车辆的准点运行，并使出行者能够通过电子站牌了解车辆的到达时刻，从而节约出行者的等车时间。

（3）智能公共交通信息服务子系统，该子系统通过媒体（如可变信息牌、广播信息台、互联网等）将公交信息（如出行线路、换乘点、票价、车型等）通过多种渠道加以发布，使公交出行者可以方便地获得这些信息，从而吸引公交出行。

（4）智能公共交通评价子系统。该子系统通过建立一套科学的评价公交系统的指标体系对智能公交系统实施前后的经济效益、社会效益和服务水平等方面进行评价。

二、关键技术及研究进展

2011 年以来，我国在城市公共交通领域加大投入，出台了多项与智能公交发展紧密相连的政策措施，开展了一系列关键技术研究并进行了应用示范，为引导我国公共交通智能化发展方向和推进成果转化发挥了关键作用。

（一）政策措施引导我国智能公交发展

2011 年 4 月，交通运输部印发《交通运输“十二五”发展规划》，提出支持综合客运枢纽、智能交通系统和公共服务信息系统建设，期望通过5年的努力，在示范城市实现主城区公交500米上车，5分钟换乘，公交出行分担率达到50%以上的目标。

随后，交通运输部《关于印发〈建设低碳交通运输体系指导意见〉和〈建设低碳交通运输体系试点工作方案〉的通知》（交政法发〔2011〕53 号），以加快建设低碳排放为特征的交通运输体系为根本出发点，提出推进交通运输智能化进程。《通知》支持地方交通运输主管部门及企业推进智能交通技术在城市公共交通领域的应用，推广智能城市公交调度系统，优化城市公交网络和公交调度，推进智能化城市公共交通与运营管理，开展公共交通优质服务行动，提高城市公交的服务能力和服务效率。此外，于2011年12月1日起实施的《城市公共交通调度车载信息终端 GB/T 26766-2011》国家标准，也为实现城市公交的车辆智能化与自动化调度提供了规范支撑与指导。

同年11月，交通运输部《关于开展国家公交都市建设示范工程有关事项的通知》（交运发〔2011〕635号），明确指出我国将开展“公交都市”建设示范工程，大力推进城市公共交通发展方式转变，加快建立以公共交通为导向的城市发展模式，促进城市发展与城市交通的良性互动，缓解城市交通拥堵，并为全国其他城市公共交通发展积累经验。“公交都市”的建设示范首批将确定10个试点城市。

2012年，国务院印发《十二五综合交通运输体系规划》（国发〔2012〕18号），提出提高交通运输的信息化、智能化水平的要求。《规划》指出强化城市公共交通是城市交通的方向所在，提出了加快智能交通建设，合理引导交通需求，提升城市综合交通承载力的目标。

（二）智能公交系统关键技术

1. 公交数据采集与处理技术

海量动、静态交通数据的采集和处理技术是智能公共交通系统实施的基础。其中：动态数据包括公交车辆定位、公交客流动态分布、站点停靠及行程时间估算等；静态数据包括居民出行总量、距离及分布等。上述海量数据需要借助先进的分析和处理技术进行有效融合，由于涉及到的数据源多、数据量大，这项技术也是国际上公认的智能运输系统研究的难点问题。

2. 智能公共交通系统优化方法

常规地面公交是绝大部分城市公交系统的主体，由于和社会机动车辆共享交通资源，在路段、停靠站点及交叉口等所形成的各种瓶颈直接制约了公共交通的客流承载能力。因此，如何结合多模式公交线网（主干线、次干线、支线、辐射线等）的运行特征，将其城市道路等级结构、公交客流分布进行匹配，优化不同层次公交线路走向、数量、站点布置、车辆配置及发车间隔等具体方案，从规划层面提高公交服务水平，是智能公交系统优化的研究重点。由于公交线网结构复杂，所建立的优化模型往往存在多目标和多变量情况，需要借助系统工程的理论和方法加以解决。

3. 公共车辆智能调度技术

公交车辆智能调度是将先进的信息和通信技术应用于整个公共交通系统的指挥调度及车辆的有效控制。涉及的主要技术包括：①根据固定公交线路车辆定位信息和运行状态，自动调整发车时刻和频率；②根据不同公交线路车辆运行实时信息，协调线路之间的车辆运力配置；③在路段和交叉口运用公交优先通行措施，与其他交通方式协调运行，支持公交驾驶员和相关交通设施之间的双向通信；④采用视频和音频技术监控车辆，及时发现突发事件，并提供驾驶员诱导信息；⑤实时定位公交车辆并发送公共交通信息。

4. 智能公共交通信息服务

智能公共交通信息服务技术的难点在于如何向出行者精确、动态地提供出行前和在途公交路径诱导信息。该问题又可表述为研究智能公共交通系统与先进的出行者信息系统（Advanced Transportation Information Systems，ATIS）的信息共享与接口问题。通常需要建立大型的网络数据库和快速的查询系统，并设计基于人工智能的路径选择算法以保证查询时间短、结果准确。

（三）研究进展

2011 年至今，国内很多高校、企业和行业管理部门在城市公共交通智能化方面的关键技术研发和成果应用示范方面做出了贡献。例如，结合近年来大力发展的“无线城市”和无线通信技术，包括北京、上海、江苏、浙江、广东等在内的多地均已提供了智能化手机报站、公交车辆信息查询、智能化城乡公交网络运营的解决方案，实现了乘客、车辆、场站设施和道路交通之间的信息互动，由博康智能网络科技股份有限公司完成的“深圳巴士公交智能调度系统项目”获得 2012 年中国智能交通协会科学技术三等奖。其他一些主要研究进展如下。

西安市在 2011 年承办世界园艺博览会期间，为缓解交通压力，借鉴北京奥运会、上海世博会、广州亚运会的交通组织保障经验，建设了公共交通智能化服务平台，指挥调度系统覆盖了公交专线、公交枢纽站点、摆渡站点等，能及时通过网站、手机短信、呼叫中心等多种媒介，向游客和交通出行者发布实时信息，引导公众合理选择出行计划和方式。

2012 年 2 月，科技部组织专家对“十一五”国家科技支撑计划“大运量快速公交智能系统与公交优先关键技术研发与产业化”项目进行了成果验收。该项目研究了多公共交通方式负荷均衡优化理论和智能调度算法，开发了快速公交系统智能视频监控、车辆与车次自动识别、快速公交综合定位与无线传输等关键技术，研制出大运量快速公交智能系统和公交优先信号控制系统，建成了快速公交智能系统及公交优先系统示范线及系统测试试验基地。项目成果已推广应用到广州、乌鲁木齐、澳门、成都、青岛、无锡、中山等 20 多个城市。项目建立了具有自主知识产权的 BRT 智能系统成套技术和标准体系，为国家实施公交优先发展战略提供了科技支撑，为我国 BRT 行业的发展提供了重要的技术支撑和标准支撑。

由东南大学、常州市公安局交通巡逻警察支队、常州市公共交通集团公司等单位共同完成的“城市地面公交高效能组织与控制关键技术及应用”项目，以城市地面公共交通系统为研究对象，针对制约公共交通承载能力和运行效率提升的瓶颈问题，开展“路网协同式公交网络组织技术、公交主导型交通系统控制技术、公交主导型交通系统诱导技术”三个层面的技术研发，形成了由“地面公交运行信息感知、公交线网组织及运行瓶颈区域功能提升、公交线路－车站－路口协同控制、地面公交绿波通行控制、高密度路网公交优先控制、公交乘客出行诱导、公交快速通行诱导”等共同构成的一整套地面公交高效能组织与控制的理论方法、核心模型、实用技术与系统软件。并在江苏、浙江、安徽、江西、宁夏等省市进行了推广应用，城市公交运输能力与通行效率得到显著提高，城市道路交通压力得到有效缓解，取得了显著的社会经济效益。成果获得 2012 年中国智能交通协会科学技术一等奖。

三、发展趋势

近年来，与智能公共交通建设息息相关的各种重点科技立项与新技术成果的转化逐渐成为我国公交智能化发展的核心推动力。以交通运输部公路科学研究院、中国智能交通协会，东南大学、清华大学、北京交通大学、北京航空航天大学、北京四通智能交通系统集成有限公司、青岛海信网络科技股份有限公司等为代表的一批行业重点科研单位、高等院校与重点企业为我国智能公交技术的发展提供了很多重大科研成果。

2011 年以来，包括国家高技术研究发展计划（863 计划）《交通状态感知与城市干线公交通行保障》、《公交网客流态势评估关键技术研究与系统开发》、《城市公共汽电车安全运营与服务规范》、《面向城市客运行业管理的数据采集与应用服务技术研究》在内的多项国家级、省部级科研项目已经相继在研或获得相关部委的批复立项，研究范围覆盖了公交企业调度产品优化、公交智能化绿波通行技术、智能化公交运行信息发布、公交服务安全保障和服务水平提升等多个方面，已有及预期研究成果将对缓解我国大中城市交通拥堵、进一步提升公交系统的吸引力和承载力、居民出行效率、公交网络利用效率提供技术支持。

（撰稿：王炜）

铁路及轨道交通智能化

一、技术概述

2011 年铁路信息化、智能化建设和应用取得了较好进展。举世瞩目的京沪高速铁路开通，一批不断完善创新的系统投入运行。主要有：全国铁路互联网售票（12306 网站）开通；以各路局为中心的电话订票系统全覆盖；实行了实名制售检票；建设了铁路 12306 客户服务中心，开发了铁路信息综合查询、投诉受理服务平台；开展货运电子商务系统的研发；铁路电子支付平台的建设和应用；编组站综合自动化系统采取管控一体化技术，智能化水平进一步提高；建成了全路安全监督管理信息系统，实现了问题、故障的实时监控、检查及全闭环管理；动车组管理信息系统、车站旅客服务系统、牵引供电与电力远动系统、防灾安全监控系统不断深化应用，发挥了重要作用。伴随着这些系统投入运行，一些新的信息、智能技术，包括 SOA、虚拟化、云计算、物联网、信息共享、大型数据中心、工作流、智能优化、系统创新集成等技术在铁路中的应用不断深化。铁路信息技术、智能技术研究和开发也不断深入，包括：铁路多渠道售票大规模并发和流程优化技术、铁路电子商务技术、铁路资产管理技术、铁路绿色数据中心、铁路资源共享技术、铁路智能运输技术等。随着城轨交通智能化系统的不断建设，国产化基于通信的移动闭塞列车控制(CBTC)系统成套技术形成；综合监控系统不断扩展监控范围，实现深度集成；城轨交通线网指挥中心 TCC 系统技术形成；多线路中心系统逐步代替代单线路中心系统，实现资源共享。

二、关键技术及研究进程

1. 互联网售票大规模并发技术

2011 年铁路互联网售票系统的开通极大地方便了旅客购票，但春运节假日的大规模点击量给系统带来很大压力，为了更好地改善用户体验，在系统现有硬件能力条件下，采取了提高接入带宽，压缩网页数据流；优化用户登录处理流程、订单生成处理流程和支付流程，提高处理效率；优化排队机、负载均衡器等系统参数，提高通过效率；优化网络安全平台通道在高并发下的通过效率等一系列技术。同时采取了分时放票等业务措施，2011 年春运日互联网售票高峰达到 119 万张。下一步将在硬件平台扩容、云计算技术应用、互联网售退签等业务服务资源分区管理、各类数据分库分表并行处理、支持订票交易请求同步异步模式的自动转换和高峰期异步下单等方面采取措施，进一步提高互联网售票大规模并发能力。

2. 铁路实名制售检票技术

车票实名制带来的是售票效率的降低和检票的复杂，为了满足实名制售检票的需要，在客票系统中增加了常旅客管理、二代身份证快速识别和票面信息的优化显示；研发了车票、二代身份证快速实名制验票软件，提高了实名制验票的效率。互联网售票实名制带来电子客票实名制，因此实现了仅利用二代身份证的快速自动取票和直接自动检票进站，大大提高了实名制取、检票的效率。下一步将扩展到护照等其他证件，加快自动检票设备的安装，实现旅客一证在手，进出自由。

3. 动车组全生命周期管理和跟踪

对动车组及关键部件进行唯一编码，建立基于RFID的动车组及关键部件标志管理，建立动车组及关键部件的全生命周期模型，记录其从配属到报废全过程静态履历、走行千米、动态维修信息、故障信息和配件更换信息等动静态履历，实现动车组及关键部件的实时跟踪。建立动静态履历管理模块随着动车组配属变化、临时存放自动同步到新的运用所、基地或车辆工厂，方便动车组检修信息查询和录入。对于其他配件，为了节省成本，在动车运用所、动车基地维修中可采用动态条码、油漆印制等方式进行标志管理。

4. 动车组车载动态监控技术

动车组车载动态监控系统通过各类车载传感器，实时监控动车组运行状态，并通过车地无线传输通道落地铁道部动车组管理信息系统，部、局动车调度人员实时监控动车组运行状态，对于发现的故障，需要立即解决，指挥动车随车机师进行应急处置；对于不影响运行的故障，动车运用所技术人员及时纳入当日检修计划，并提前做好检修安排，提高检修效率。其中包括大量车载信息处理技术和策略、故障识别模型等。

5. 行车安全监控及闭环处理

加强铁路各专业安全监控系统的建设和人工专业安全检查，构建了部、局、站段三级联网应用的全路一体化安全监督管理信息综合服务平台，建立行车安全监测报警处置、安全检查处置、事故调查处置和综合分析处置四个核心业务闭环管理流程，规范处理流程，监督处理结果，提高处理效率，确保问题、故障的全消号。其中，基于工作流技术，创新业务重组和流程优化，实现了安全监督业务流程优化与再创新。

6. 编组站综合自动化、智能化

编组站综合自动化系统中研究了编组站日班计划、阶段计划、调车钩计划的自动编制方法，下达各种计划到集中控制系统进行列车到达、解体、编组、出发等各作业指挥。集中控制是实现作业自动化的核心环节，包括自动控制模式、人工控制模式和站控模式3种；在自动控制模式下， 编组站集中控制系统将自动分解、自动调整作业计划， 适时自动办理进路、自动调整、自动取消进路。驼峰解/编自动化控制系统采用分散控制、集中管理的模式， 实现驼峰调车进路、溜放速度、溜放进路自动控制。整个系统实现路局与车站一体化，管理和控制一体化，车站生产过程信息化，形成全闭环控制、完整准确的统计分析，实现解编作业的智能化和编组列车优化组合，提高了自动化水平，达到确保安全、减员增效。

7. 旅客服务系统集中管控平台

车站旅客服务系统主要实现车站列车到发管理、广播管理、导向管理、视频监控、设备管理、信息管理和综合指挥，通过建立路局级集成管理平台，实现所辖车站上述业务的集中管控和远程指挥，各车站配置应急管理平台，实现应急指挥。这种方式大大精简了服务器的配置数量和车站客运组织人员，统一规范了各车站指挥方式，提高了系统利用率，降低了维护成本。京沪高速铁路就实现了各铁路局对所属车站的集中管控和统一指挥。

8. 货运电子商务技术

铁路货运电子商务系统，对外重点突出营销服务，对内重点突出生产流程和组织管理优化。其中，搭建互联网营销和服务平台，建立网上营业厅，创新货运服务途径；拓展商务管理服务和综合物流服务，创新货运服务内容；实现智能卡控和信息自动维护，创新货运生产管理；实施货运精细化和扁平化组织，创新生产组织流程；建立完整的货运电子客户档案和交易记录数据库，创新客户关系管理；创新既有的纸质单证受理、传递方式，将客户需求及生产作业信息转化成电子信息流，从需求受理到交付完毕，客户编码、订单号、运单号、车号、货票号、物流单号及理赔号等都建立有效关联，形成前后一致、唯一关联的完整货物运输信息链。在技术方面，通过 Web 浏览器、移动终端、短信平台、电话接入、人工服务窗口等方式为内外部客户提供服务；采用数字证书和数字签名等技术，实现数据级电子签名应用；以统一的第三方身份认证为基础，对部、局两级平台提供统一认证和授权，实现在铁路货运电子商务平台上享受“一站式”服务；采用面向服务架构、企业服务总线等技术，并以信息集成、内部整合为基础，逐步向 B2C、B2B 融合方向发展。

9. 城轨交通线网应急指挥系统技术

城市轨道交通线网应急指挥协调中心定位于轨道交通多线运营的综合协调，在功能上，实现对多条线路、多运营主体的运营监管与协调功能，包括制定不同运营主体间的协调原则、节假日及重大活动的运营组织原则等；负责城市轨道交通所有线路的日常运营综合监视、突发事件时应急联动、线网信息和资源的共享，为政府/运营主体/乘客提供相关服务；常态下提供运营协调、协助功能，非常态下实现对重大突发事件统一指挥功能，实现各条线路及与外部单位的救援联动配合；实现与其他部门或单位的联系和协调，包括向市交委、市应急办的信息报送，与气象、公安、消防等联系和协调。技术上，实现 ATC、AFC、FAS、BAS、SCADA、FG、SIG、CCTV 等多个监控系统间的海量信息的共享，实现重大风险源预警和应急处置的紧密结合；集成了电话、语音、短信、图片、视频等各类应急通信技术，实现了突发事件信息的快速发布，提高应急通知的效率；采用城市轨道交通行业应急资源的分类和图符标准，并基于 WebGIS 技术，实现了城市轨道交通行业各类应急资源的统一管理、快速定位和动态调度；采用城市轨道交通行业突发事件的分级分类处理标准和数字化预案，实现应急预案的动态生成；建立了覆盖“突发事件接报—视频会商—处置—总结”全过程的应急管理，实现了事件相关的数据、话音、图像等各类信息的留痕管理，为事后总结和统计分析提供了基础；为重大赛事的应急资源协调、突发事件管控等提供了集中管理平台；便携式移动应急终端，可针对城市轨道交通行业突发事件处置特点，实现现场和应急指挥中心之间的事件报送、应急协同。积极探索应急指挥与日常运营分离设置的模式，遵循国家应急平台体系建设标准，实现全行业、全方位的应急管理将是轨道交通应急平台建设的新挑战和新机遇。

三、发展趋势

1. 数字轨道交通

数字轨道交通是基于地理信息系统(GIS)、全球卫星定位系统(GPS)、遥感(RS)、信息系统、物联网、虚拟化、信息集成等技术，研究中国轨道交通基础设施（包括线路、桥梁、隧道、车站、信号等）、移动装备（包括机车、车辆、动车组等）及轨道交通环境的数字化（包括动态、静态信息及其多分辨率、三维信息），实现轨道交通服务资源和运力资源的全面管理和直观展示，对内支持运输组织、客货营销、经营管理等的需要，对外支持旅程出行、货主与查询的直观展示，并综合内外部信息为各级管理者提供可视化综合决策支持的轨道交通信息系统。数字轨道交通具有信息化、数字化、智能化、网络化、虚拟化、可视化、自动化的特征，是对轨道交通信息化的发展。数字轨道交通建设目标一方面是实现轨道交通各业务系统的数字化和信息化，规范轨道交通基础信息和动态业务信息共享交换方式，另一方面是建立以轨道交通地理信息平台为核心的轨道交通信息化服务与共享体系，最终实现轨道交通各系统间的信息充分共享，全面提高轨道交通资源综合利用效率和展示服务水平。

2. 智能轨道交通

智能轨道交通就是广泛采用现代信息与通信、控制与决策、运筹与系统、人工智能，以及服务与管理等方面的技术，以实现轨道交通移动装备、固定基础设施、自然环境和运输服务状态的泛在感知与智能分析为基础，高效综合利用与轨道交通运输相关的所有移动、固定、空间、时间和人力等资源，实现轨道交通运输全过程的智能化，高效益地达到保障安全、提高运输效率、改善经营管理和提高服务质量目的的新一代的轨道交通运输体系。典型特征：实现轨道交通状态自感知，各系统间自协同，各类信息自处理，故障自诊断，系统自适应、自学习和自决策。主要研究内容包括轨道交通信息系统的整合、智能服务平台研发和信息系统智能化升级改造。

3. 运力资源全生命周期管理

轨道交通固定设施、移动装备等运力资源的全生命周期管理是运力资源维护管理的核心，建立静动态履历台账信息、重要故障及维修信息、服务年限和标志管理信息系统，实现轨道交通所有资源的实时跟踪，建立维护维修专家系统，支持维修维护的精细化和智能化。

4. 客户关系管理及营销决策

铁路客票实名制的实行，中铁银通卡的发行，客户关系管理平台的建设，为铁路个性化服务、营销决策提供了重要基础。随着铁路运能的不断提高，以及淡旺季的运输不均衡性，分析不同客户群的需求，开展积分奖励、促销活动是下一步铁路面对的新问题。需要研究客流预测模型、收益管理模型、营销辅助决策支持方法，满足铁路市场营销的需要。

5. 系统整合、资源共享和系统架构的集中化

目前轨道交通信息系统众多，存在资源重复、信息无法共享，各城市信息系统建设不规范，下一步分别修订完善铁路和城轨信息化总体规划，进行顶层设计，核心是要整合信息系统，构建面向专业的大系统；规范基础信息及编码，建设信息共享平台；建立逐步趋于集中的信息系统架构，建设双活大数据中心，实现灾难备份。

6. 系统安全性的强化

系统安全性包括逻辑安全和网络信息安全，近一两年连爆多起铁路、地铁信息系统逻辑安全问题和国外发生的多起控制系统、信息系统网络安全问题，提醒我们轨道交通安全技术及安全设计、测试尤为重要。因此必须建立严格的轨道交通控制系统、信息系统安全性需求分析、设计和测试，研究确保逻辑安全的软硬件技术、不断增强的网络信息安全的软硬件技术、轨道交通追尾/不安全交汇/正面撞击预警技术，实现轨道交通安全运输。

（撰稿：史天运）

民用航空智能交通系统

一、技术概述

新航行系统（CNS/ATM）由通信、导航、监视和空中交通管理四部分组成，其中通信、导航和监视系统以硬件设备和应用开发为主，空中交通管理则以数据综合处理和规程管理运行为主。该系统要求各部分之间相辅相成，在科学的管理方法指导下，高性能的硬件设备能为实现空中交通高效率运行提供潜能。

我国从 2008 年开始实施的 CNS/ATM 系统建设，在通信方面主要以基于先进的航空电信网（ATN）为基础的空中交通控制数据链为主，在导航方面以覆盖全球的增强型卫星导航系统（GNSS）为基础，在监视方面主要以自动相关监视（ADS-B）为主，在 ATM 方面要求全面满足国际民航组织的标准的全新意义的空中交通管理，实现自由飞行。目前我国民用航空将重点发展 ADS-B 监视技术与 PBN 导航技术。

二、关键技术及研究进展

广播式自动相关监视(ADS-B)是一种机载的电子设备，完全自动广播飞机的呼号、位置、高度、速度和其他一些参数的技术。一般情况下，只需机载电子设备(GPS 接收机、数据链收发机及其天线、CDTI)即可完成相关功能。其他的飞机、地面站、网关都可以通过数据链接收监视数据，并用于各种用途。

ADS-B 技术将由机载卫星导航设备获得的航空器实时经度、纬度、高度等位置信息和三维速度信息及其他可能附加信息（冲突告警信息、飞行员输入信息、航迹角、航线拐点等信息），再增加必要的航空器标志、航空器类别信息通过高速数据链向空中和地面进行广播，供其他航空器和地面设备接收和显示。除此之外，ADS-B 技术还具有广播式交通信息服务（Traffic Information Service- Broadcast，TIS-B）和广播式飞行信息服务（Flight Information Service-Broadcast，FIS-B）两项扩展功能。TIS-B 实现 ADS-B 飞机与未装备 ADS-B 的飞机之间的不同监视系统间的互通；FIS-B 通过数据链将气象信息上传给加装了相应设备的飞机。ADS-B 工作原理如图 1 所示。

ADS-B 监视系统主要由机载子系统、地面子系统和数据链子系统构成，分别需要实现 ADS-B 机载收发、ADS-B 地面接收和 ADS-B 数据通信等关键功能。

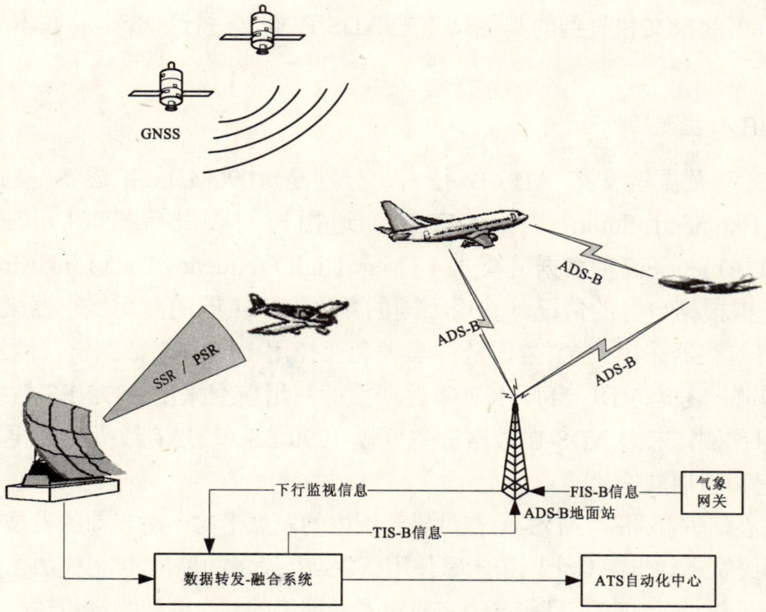

图 1 ADS-B 工作原理示意图

1. ADS-B 机载子系统

ADS-B 机载子系统主要由 ADS-B 机载应答机和机载座舱交通信息显示器(Cockpit Display Traffic Information，CDTI）组成。

ADS-B 机载应答机接收来自本机其他机载设备（如导航设备）发来的包含本机经度、纬度、速度、时间、高度等的数据，组装成多个适合于 1090 ES 数据链传输的不同类型的 ADS-B 消息，并按不同的速率将这些消息通过天线以广播的形式发射出去。同时，ADS-B 机载应答机也接收来自 ADS-B 地面站和其他飞机广播的基于 1090 ES 数据链的 ADS-B 或 TIS-B 消息，组装为符合标准的 ADS-B 报告，并通过控制接口将这些报告送给上层用户做进一步的应用处理。

交通信息座舱显示(CDTI) 能够完成机载交通信息的显示，使飞行员能够掌握空中交通状况，提高飞行器飞行活动的安全性和效率。

2. ADS-B 地面子系统

ADS-B 地面站获取通过空地数据链传输的 ADS-B 变速率报文，重新组装成符合 Asterix 标准的地地传输报文，并发送给 ADS-B 管制工作站以供处理和应用。

ADS-B 地面站接收通过全向天线接收的 1090 ES 空-地下行数据链信号，信号经过环行器到天线预放大器进行放大（15dB 增益），然后通过环行器送到 ADS-B 接收机，经过放大、混频、中放、对数放大后送出 1090 ES 原始视频信号到视频处理单元，视频处理单元对原始视频信号进行 6dB 检测、噪声去除等处理，形成的处理视频（PSV）送到 ADS-B 信号处理单元，信号处理单元对 PSV 信号进行反宽、反窄、解交织等处理，最后将解出的 ADS-B 报文进行组装、纠错、缓存，并通过 CPCI 总线送到单板计算机，单板计算机可将此报文和收到的其他站点的 ADS-B 报文进行融合，并在本地监视器上显示。

3. ADS-B 数据链

目前有 3 种数据链支持 ADS-B 技术，分别是 1090MHz 扩展 S 模式振荡电文（1090MHz Extended Squitter，1090 ES）、通用访问收发信机（Universal Access Transceiver，UAT)和甚高频数据链模式 4（Very High Frequency Data Link Mode 4，VDL M4）。世界各国根据自身的情况，选用不同的数据链，美国的商用航空器采用 1090 ES 数据链，通用航空器采用 UAT 数据链；澳大利亚使用 1090 ES 数据链；欧洲主要使用 1090 ES 数据链，考虑 VDL M4。ICAO 近期推荐商用航空采用 1090 ES 数据链。根据国际民航组织预测，未来 ADS-B 数据链主要以 1090 ES 和 UAT 数据链为主，分别主要用于商用航空和通用航空。

我国一直在研究和跟踪 ADS-B 在世界范围内的发展形势，对当前的发展情况进行前期研究。中国民航飞行学院是全国第一家使用 ADS-B 设备的单位， 已完成了六种机型近 200 架飞机的机载设备加装。目前已经完成对本场训练的初、中级教练机进行实时准确的跟踪监控，飞机之间能相互了解对方的位置和高度，提高飞行训练的安全性，为 ADS-B 系统在我国通用航空中的使用进行了有意义的探索。成都至九寨沟航线、南中国海空域正在进行 ADS-B 试验系统的建设，成都至拉萨航线的 ADS-B 工程项目也在建设之中。

目前，ADS-B 技术的应用主要集中在地空监视，空中交通态势感知技术(ATSAW)是 ADS-B 技术在空空和场面监视应用方面的最新进展。ADS-B 系统以其优越的性能和良好的经济效益，必将在不远的将来取得长足的发展。

PBN 是指在相应的导航基础设施条件下，航空器在指定的空域内或者沿航线、仪表飞行程序飞行时，对系统精确性、完好性、可用性、连续性，以及功能等方面的性能要求，如图 2 所示。PBN 运行的三个基本要素是导航应用、导航规范和支持系统运行的导航设施。导航规范是在确定的空域范围内对航空器和飞行机组提出的一系列要求，它定义了实施 PBN 所需要的性能及具体功能要求，同时也确定了导航源和设备的选择方式。PBN 包含两类基本导航规范：区域导航（RNAV）和所需导航性能（RNP）。其关键技术如下。

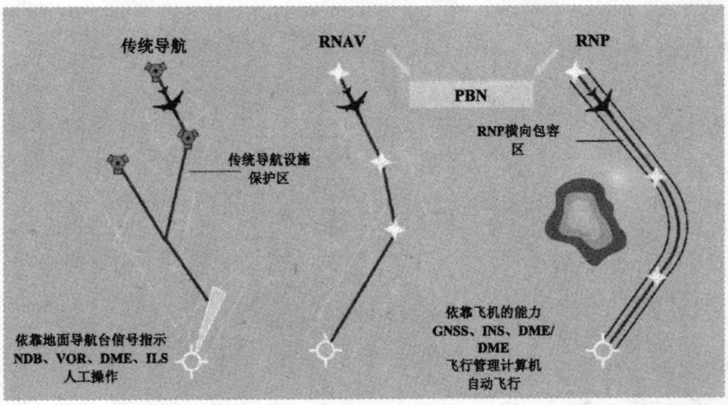

图 2　PBN 概念示意图

（1）卫星导航可用性预测技术

GPS 用于航空导航时，必须保证定位的精度和完好性、服务的可用性和连续性。可提供 GPS 完好性监测的方法有两种：GIC 和 RAIM。GPS 运行的动态特性和 RAIM 方法自身的弊端导致 RAIM 不能 100%可用，而且不可用区域实时变化。所以，需要在制订飞行计划和飞机起飞前给出 RAIM 不可用信息。2005 年中国民用航空总局飞行标准司下发了与 AC 90-94A 同等的咨询通告 AC-91FS-01，给出了 GPS 进行航路和终端区 IFR 飞行及精密近进的运行指南，其中对 FDE 预测程序的要求也是必需的。

（2）GNSS 完好性监测技术

根据 ICAO 国际民航公约附件十中 GNSS SARPs 的规定，GNSS 的增强系统共分为三类：

- 机载增强系统（Aircraft Based Augmentation System）
- 陆基增强系统（Ground Based Augmentation System）
- 星基增强系统（Satellite Based Augmentation System）

最常见的机载增强系统为接收机自主完好性监测（RAIM）技术，它利用 GPS 卫星的冗余信息，对 GPS 的多个导航解进行一致性检验，从而达到完好性监测的目的。当接收机视界内有 5 颗卫星时就可判定有无卫星异常。当有 6 颗可见星时，就可判断出是哪一颗卫星信号异常。根据美国联邦航空局（FAA）咨询通告 AC 90-94A 规定，所有航空用 GPS 接收机必须具有 RAIM 功能。2003 年，中国民航局启动 GNSS 地基区域完好性监视系统（GRIMS）项目，利用地基监测网对我国境内卫星导航完好性进行实时监测，并向相关用户进行警告，系统已经应用于成都—九寨 ADS-B 应用监测系统工程和成都—拉萨 ADS-B 航路应用工程，作为 ADS-B 的位置信息可信度判据。

三、发展趋势

根据我国 PBN 实施发展路线图，我国 PBN 的实施将分为近期（2009—2012）、中期（2013—2016）和远期（2017—2025）三个阶段。其中近期主要实现 PBN 重点应用，中期实现 PBN 全面应用，远期实现 PBN 与 CNS/ATM 系统整合，成为我国发展“新一代航空运输系统”的基石之一。

根据 PBN 路线发展图（见图 3）要求，未来几年的研究部署主要包括在海洋和西部地区航路使用 RNP-4 导航规范，实现更小的横向和纵向间隔（例如，基于 ADS-C 和 CPDLC 的 30nm×30nm）；在东部陆地繁忙空域将继续增加 RNAV/RNP 航路，并开辟 RNAV/RNP 平行航路；在 GNSS 或者 DME/DME 充分覆盖的航路，将继续使用 RNAV-2 导航规范；推广使用具有 Baro-VNAV 的 RNP APCH 进近程序；在有运行需求的机场推广使用 RNP AR 进近程序，引入 GNSS 及其路基增强设备的着陆功能（如 GLS），向高性能近进和着陆过渡。

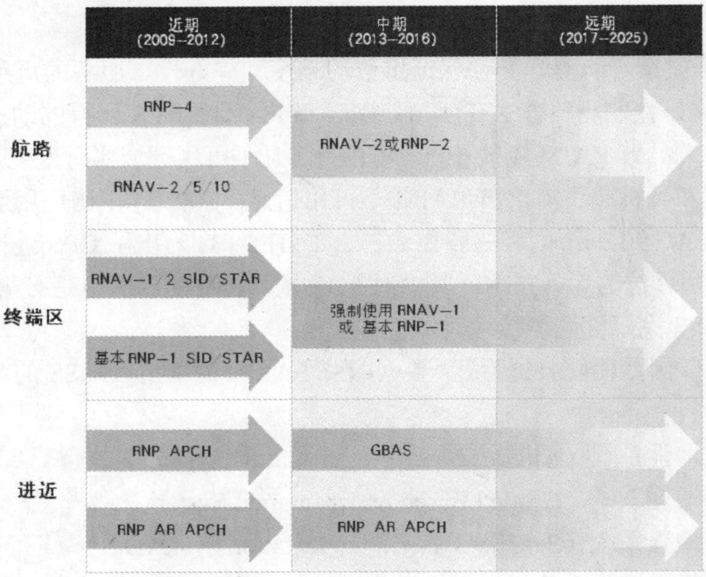

图3　中国PBN实施发展路线图

（撰稿：张学军）

交通安全

一、技术概述

中国的道路交通安全形势非常严峻，据相关数据资料表明，每5分钟就有一人丧身车轮，每1分钟就有一人因交通事故而伤残，每年因交通事故所造成的经济损失达数百亿元。因此，我国政府希望通过几年努力，实现“道路交通事故死亡人数逐年下降，特大道路交通事故进一步减少，万车死亡率接近中等发达国家水平”的目标，最大限度地保障人民群众生命财产安全。

交通系统包含“人、车、路、环境、管理”等要素，其安全保护工作需要结合现代化的手段，从保障驾驶员驾驶技术和驾车状态、安装车辆安全技术、完善道路安全设施、加强道路环境监控、完善交通管理方式等方面入手，积极开展道路交通安全领域关键技术研发，为道路交通安全提供技术保障。

二、关键技术及研究进展

（一）交通参与者行为安全管理技术

人是道路交通安全的主体，包括所有使用道路的人员，如机动车驾驶员、乘车人、骑自行车人、行人等。提高交通参与者的素质及交通安全意识可以有效提高道路交通的安全性。

对驾驶员进行驾驶技术培训及驾驶状态的实时监控，可以从源头上减少交通事故的发生，其具体措施有建立驾培管理信息系统、监控驾驶员疲劳程度等。

驾培管理信息系统可以从源头上确保驾驶员技能培训的有效性。充分应用科技信息化手段，防止驾校教练人为缩减学员学习时间，保障驾驶员的学习质量。现在不少城市采用了驾培管理信息系统，该系统通过对学员和教练的身份验证，对驾驶培训中的理论和实操学习过程全部进行计时，杜绝驾校培训“偷工减料”的现象。采用该系统的省市包括北京、上海、深圳、重庆、蚌埠、福建、昆明等。除了有计时保障之外，湖南省还对驾驶学习过程进行监控，该省于2012年在国内率先试点推行机动车驾驶员计时计程培训管理系统，其基本原理为：为车辆配置车载卫星定位系统、车载指纹计时计程仪，使之自动定时抓拍学员图像，并与道路运输管理部门的监管系统和公安交通管理部门的考试系统对接，实现信息共享，从而确保学员的学习质量，从真正意义上提高学员的驾驶技术。

监控驾驶员的生理信息与疲劳状况，可以减少因驾驶疲劳而导致的道路交通事故。监控方式分为接触式检测和非接触式检测两种，其中，非接触式的检测方式因为不影响驾驶员正常操作，成为发展的趋势。目前，国内在驾驶员疲劳检测方面的主要研究有吉林大学的嘴部状态检测、浙江大学的眼部状态疲劳检测等。但研究尚停留于实验测试阶段，离实际产业化、规模化应用还有一定距离。

（二）车辆安全技术

车辆安全技术分为车辆主动安全技术和车辆被动安全技术两类。

1. 车辆主动安全技术

车辆主动保护的先决条件是汽车感知技术，其主要通过传感器技术、RFID 技术、卫星定位感知技术等，实现车况及控制系统感知、道路环境感知、车辆位置感知等。车况感知技术就是利用车用传感器把汽车运行中各种工况信息，如车速、各种介质的温度、发动机运转工况等，转化成电信号输给计算机，中心控制系统通过对传感器传来的信息进行分析处理，控制车辆作出相应的反应，保证车辆的安全性。

道路环境感知是车辆与外部环境进行感知的主要技术，也是车辆与智能交通融合的关键技术。道路环境感知主要有路面感知、交通状况感知、交通信号感知、行人感知、智能交通感知等。路面感知主要是借助于预先部署的嵌入路面的电磁感应器及各种传感器感知路况及周边情况；交通状况感知主要借助于视频监控技术、RFID 技术和传感器技术等手段，感知行车速度、交通状况等信息；交通信号感知是无人驾驶汽车的重要技术，可通过视频、传感器等综合感知技术，判断交通信号，实现自然道路自动驾驶；行人感知也是汽车安全行驶和自动驾驶的基础，感知手段需要采用综合的技术手段；智能交通感知是车联网技术与智能交通的技术融合与集成，可用于不停车收费（ETC）、智能停车场管理等车联网应用。

车辆位置感知技术主要利用卫星定位技术实现，是车辆行车监控、在线调度、智能交通和辅助驾驶的基础技术。目前全球最重要的位置感知技术体系主要是 GPS 系统，中国北斗星系统也处于快速发展阶段。

2. 车辆被动安全技术

车辆被动安全包括安全气囊、安全带、安全玻璃、车辆碰撞测试、车辆报警求助系统等。

当汽车发生正面碰撞事故时，安全气囊控制系统检测到冲击力（或减速度）超过设定值时，安全气囊控制单元立即接通充气元件中的电爆管电路，点燃电爆管内的点火介质，火焰引燃点火药粉和气体发生剂，产生大量气体，在 0.03 秒内即将气囊充气，使气囊急剧膨胀，冲破气囊装饰盖板弹向驾驶员和乘员，使驾驶员和乘员的头部和胸部压在充满气体的气囊上，缓冲对驾驶员和乘员的冲击，随后又将气囊中的气体放出。现在汽车上的安全气囊基本上遍布乘员的各个方位，给乘员提供全方位的保护。

安全带是车辆被动安全的重要设施，其主要发展方向包括安全带提醒装置和带气囊的安全带。我国于 2010 年开始执行《GB/T 26149-2009 汽车安全带提醒装置》国标，其规定 M1 类汽车上驾驶员座椅和/或前排乘员座椅需设置安全带提醒装置。当驾驶员和前排乘员没有系安全带时，该装置会发出提示，要求使用安全带。带有气囊的安全带是被动安全系统的一个重要结合产物，是指在三点式安全带的肩带上安装气囊。该气囊折叠成带状藏于织带内，织带比普通织带略微厚一点。气囊充气膨胀时，会撕开织带上的气囊保护层，展开气囊于乘员胸前和汽车内饰之间，它将被动安全系统中的安全带和气囊两者的特点结合在一起，提升了车辆在发生碰撞时对乘员的安全保护。带有气囊的安全带是一个简单而合理的被动安全装置，它是一个新发明，还需要经反复试验和检测，以验证该技术的可靠性和稳定性，确保在碰撞中发挥其保护乘员的有效性。

汽车安全玻璃也是汽车被动安全设施之一，汽车玻璃必须满足以下安全因素：良好的视线、足够的强度、意外事故时对乘员起到保护作用。在碰撞的瞬间，安全的挡风玻璃对气囊膨胀和前排乘员的前冲起着强大的支撑作用，同时限制了前排乘员的前移距离，使安全气囊的保护作用真正发挥。中国保险行业协会财产保险工作委员会的统计表明，在交通事故中，由于汽车玻璃不合格，大约 10%的乘客受到二次伤害，乘客的死亡几率增加了 25%。

我国于 2003 年开始发布执行《GB11551-2003 乘用车正面碰撞的乘员保护》国标，用于汽车正面碰撞乘员保护的强制性检验，保证在发生正面碰撞后，车门可以打开、气囊可以爆开、燃油不泄漏和风挡玻璃不碎裂飞出。随着汽车安全技术的提升，国家于 2010 年对该标准进行修订，要求车辆具有安全气囊的提示信息和在具有安全气囊的座位上使用后向儿童约束系统的警告信息。2006 年起，我国新增实施《GB20071-2006 汽车侧面碰撞的乘员保护》、《GB20072-2006 乘用车后碰撞燃油系统安全要求》两项国标，把动态侧面碰撞与被“追尾”乘用车的燃油系统防泄漏和防火性能写进强制性国家标准。此外《GB 11557-1998 防止汽车转向机构对驾驶员伤害的规定》、《GB 15083-2006 汽车座椅、座椅固定装置及头枕强度要求和试验方法》、《GB 14167-2006 汽车安全带固定点》、《GB 17354-1998 汽车前、后端保护装置》等碰撞相关法规的相继实施，从全方位加强了对车辆碰撞测试的要求，提高了车辆安全性。除国家强制法规外，我国于 2006 年建立了中国新车评价规程（China-New Car Assessment Program C-NCAP），用以对新车进行碰撞安全性能测试，评价结果按星级划分并公开发布，旨在给予消费者系统、客观的车辆信息，促进企业按照更高的安全标准开发和生产，从而有效减少道路交通事故的伤害及损失。C-NCAP 要求对一种车型进行车辆速度 50km/h 与刚性固定壁障 100%重叠率的正面碰撞、车辆速度 56km/h 与可变形壁障 40%重叠率的正面偏置碰撞、可变形移动壁障速度 50km/h 与车辆的侧面碰撞等三种碰撞试验，根据试验数据计算各项试验得分和总分，由总分多少确定星级。2009 年时，该规程新增了对有 3 岁儿童假人与儿童座椅、侧气囊和气帘，以及安全带提醒装置的车辆的评分。从 2012 年 7 月 1 日起，该法规从管理规则评分体系、碰撞速度和试验项目方面将发生较大变化，即正面 40%偏置碰撞试验速度由原来的 56km/h 提高到与国际接轨的 64km/h；增加了低速后碰撞颈部保护试验项目；将主动安全项目引入 C-NCAP。

车辆报警求助系统也是汽车被动安全设施之一。当车辆发生危险时，可以通过车辆报警求助系统通知服务中心，然后由全球定位系统 GPS 确定车辆所在位置，由服务中心通知公共紧急救援协助服务机构，派出救护车、消防车、警车或其他紧急救援协助服务车辆和人员立即赶到事发地。此外，由上海安吉星信息服务有限公司开发推广的安吉星自动求助系统，能够通过碰撞程度和气囊状态，自动感知事故状态并通知服务中心。

（三）道路基础设施安全保障与环境安全监控技术

道路基础设施安全保障系统包括道路交通信息采集、路面状态信息采集、高速公路区间测速，以及高速公路事件监控等。

（1）交通信息的采集包括道路交通情况和车辆定位两类。通过感应线圈、微波检测、红外检测、视频拍摄等手段，获取道路的交通信息，如流量、断面速度等信息；通过 GPS 卫星定位系统、蜂窝网络采集技术、基于 RFID 的采集技术，可以实现车辆或行人的准确定位，定位与电子地图等资源相结合，还可用于计算平均速度、出行 OD 等交通信息。

（2）路面状态信息采集主要指对路面的运行条件和路面设施完好程度的监控。通过感应式数字水位传感器、温度传感器等路面状态感知设备，对路面因天气造成积水、结冰、积雪等路况进行感知，并将结果传输至监控中心。利用基于机器视觉的路面破损检测系统，对路面的完好程度进行监控，包括裂缝、坑槽，标线是否清晰，标志牌是否完好等现象。这类检测系统包括光源及图像传感器、图像预处理、缺陷检测与分类等模块。其工作原理为：摄取的图像信号传送给计算机系统，然后对路面图像进行缺陷检测及分类，利用计算机通信模块把路面破损的尺寸、部位、类型等信息传送给服务器，服务器对其进行分类评级及缺陷图像数据库的管理。

（3）区间测速系统是基于车辆抓拍技术、车辆牌照自动识别技术、网络通信技术来实现的一种新型的超速违法取证系统。该系统通过计算车辆通过路段的平均速度来判断车辆是否超速，解决了单点测速的易躲避性，有效地减少超速等违法行为的发生。

（4）高速公路事件监控是指通过视频监测设备，对公路的运行状况进行全面监控。目前有新研发的交通事件智能检测器，它是在传统的检测器上，内置有基于视频分析的事件检测算法。通过对道路沿线的摄像机图像进行分析，根据图像处理算法产生事件告警。利用高速公路原有的摄像监控系统，再集成事件检测分析系统，就可以迅速分析出如车辆逆行、行人横穿公路、车辆堵塞、着火、路面有散落障碍物等异常情况，并马上报警或由系统自动将现场视频图像切换到监控中心监控屏幕，确保第一时间发现警情和准确定位。然而，由于公路路况非常复杂，而且事件检测分析系统还尚未达到理想的效果，主要表现在误报警较多，譬如车辆行驶的正常变道也可能会引发误报警等，所以高速公路智能视频分析处理技术还需要进一步提高。

（四）交通管理与安全保障技术

用于交通管理和安全的保障技术主要有监控系统、事故反应与快速搜救系统、危险品运输在途检测等几类。

（1）监控系统主要用于监督驾驶员的交通违法行为和运营单位的违法事故，实现查纠违法录像、车辆超速拍照、盗抢车辆查询、堵截车辆布控、卫星定位查勤、远程调度指挥等功能，实现网上巡逻、全程监控、遥控指挥等智能化管理。具有代表性的监控系统有奥运会期间的奥运中心区综合监控系统，广州市智能交通管理指挥系统，江苏省网上巡逻系统，武汉、成都和济宁等城市的电子警察等。

（2）在事故预警和处理方面，公安部建立了交通事故统计系统，用于记录、统计和分析交通事故发生的特点，为减少交通事故的发生提供科学决策的依据。此外，北京、深圳、广州等城市建立了交通事件的自动检测报警系统，可在第一时间发现交通事故等意外事件，对事故报警并进行全程录像。在此基础上，吉林、江苏等省市利用现代通信、多媒体网络、计算机、GPS 定位系统等媒介，开发了高速公路紧急救援决策支持系统，为开发交通事故救援体系提供了信息化支持。

除了事故预警之外，部分机构还研发事故再现系统，包括虚拟实现技术、事故现场勘查系统、事故现场绘图系统等。通过图形识别、特征点匹配、图像测距等技术，对事故现场进行自动化勘测，可靠地记录事故现场信息，并利用虚拟实现技术对事故现场进行再现。

（3）目前，中国国际海运集装箱（集团）股份有限公司、武汉理工大学、北京航空航天大学、北京化工大学、深圳大学等单位开展产学研结合，开展在动态条件下对信息源的获取和对货物的识别跟踪，主要通过 GPS 实现对合法运输的车辆监控，对无运输资质、车货中途分离等非法运输设有监测手段。综合运用射频识别、身份认证、卫星导航、传感器、电子关锁、无线通信等技术，通过嵌入式平台的应用，研究开发危险货物多式联运安全监管信息采集与动态识别跟踪设备，实现对人（驾驶员和押运员）、车（路线、姿态、车胎等）、货（包装、数量、性质、存储温度、压力等）的信息采集、安全通信及数据融合，完成对危险货物多式联运安全状态监测。

为实现对危险货物多式联运事故的提前预防，需要在运输状态出现异常时提前进行安全评测和预警。在现有危险货物多式联运监控系统中，对运输环节的安全状态基本没有监测手段，即使有少部分车辆安装了车辆姿态监测设备，也是在出现事故时进行翻车、撞车等状态告警，无法做到对安全事故的提前预警。研究在多式联运的动态条件下对危险货物、车辆和驾驶员的安全状态检测、智能诊断和优化控制技术，提出状态检测方法和评价模型，研究开发嵌入式智能安全检测设备。在危险货物状态监测及预警方面，针对各种危险货物的特性，研究危险货物多式联运条件下的状态评价方法及预警技术；在车辆状态监测及预警方面，对车辆速度、车辆姿态、轮胎气压等数据进行分析和处理，当存在安全隐患时，及时发出预警；在驾驶员状态监测及预警方面，对驾驶员及押运员的身份、工作状态等进行判别，当存在异常情况时，及时发出事故预警。

三、发展趋势

交通安全管理是综合“人、车、路、环境、管理”五个要素的综合管理，管理的有效性直接影响着道路交通安全的状况。道路交通的安全需要整体协作来保证，要做到各要素之间的协同与配合，实现道路交通的安全，保证道路使用者的出行安全。

（一）车车协同与车路协同

基于无线通信、传感探测等技术进行路信息获取，通过车车、车路信息交互与共享，实现车辆与车辆之间、车辆和基础设施之间的智能协同与配合，实现由车辆智能化向交通网络智能化的发展，达到优化利用系统资源、提高道路交通安全的目标。

（二）汽车自主驾驶

利用 GPS 及数字地图，定位自身及目的地，并规划行车路线；雷达、.计算机图像识别、红外传感器等各种传感器，识别周围环境情况；伺服机构控制汽车的加减速、转弯等动作。真正实现由计算机代替汽车司机。

（三）车辆主动安全与被动安全一体化

汽车安全一体化融合了主动安全技术与被动安全技术，增强智能化驾驶辅助系统及预碰撞安全技术。即“整合式主被动安全系统”，集主动安全系统、驾驶员辅助系统、被动安全系统，以及车辆通信系统四大系统于一身的一体化安全系统。发挥车辆在碰撞事故发生前、事故发生过程中、事故后三个时间点上的不同安全保护作用。

（撰稿：邵毅明、胥耀方、王云鹏、吴超仲、王长君）

智能交通系统集成

一、技术概述

城市智能交通系统集成技术依据城市道路交通信息采集、处理、决策、发布的过程，综合运用先进的计算机技术、数据通信技术、传感器技术、电子控制技术、自动控制技术、运筹学、系统工程、人工智能等先进的技术和科学方法，集有线无线通信、GIS/GPS、计算机网络、智能控制、信息采集、信息处理等先进技术于一体，建立面向城市道路交通管理部门的智能交通控制、交通管理和交通决策系统，以实现实时、准确、高效、智能的交通管理功能，提高管理水平和管理效益，为交通使用者提供有用的信息，保障其安全、便利地通行，解决当前道路交通拥堵、事故频繁发生和环境污染严重的问题。

智能交通系统集成技术主要包括：GPS 车辆定位技术、交通流采集技术、电视监控技术、电子警察技术、公路车辆检测记录技术、交通信号控制技术、信息发布技术、122 接出警技术，以及目前新兴的车路协同技术和车联网技术等。

智能交通系统集成技术的主要功能有:

（1）建立标准化的信息交换、共享、存储平台；

（2）交通流宏观与微观数据采集、分析与处理；

（3）交通状态的自动识别与报警；

（4）实时交通流的预测预报；

（5）道路交通的诱导分流与信息发布；

（6）车辆行驶行为的实时控制与干预，实现对车辆行驶行为跟踪和布控；

（7）GIS 综合应用展示；

（8）结合交通诱导、交通控制、勤务调度，为指挥调度提供决策支持。

二、关键技术及研究进展

（一）多源异构信息融合技术

信息融合是交通信息采集系统的核心技术之一，通过对来自多种或多个传感器的多元异构交通信息或数据融合处理，可以得到更为准确可靠的交通流状况信息，从而减少在信息处理中可能出现的失误。近年来，众多学者对多传感器信息融合技术进行了大量研究，提出了多种切实可行的信息融合算法。其中，RBF 网络作为前向网络中完成映射功能的最优网络，算法实用且训练过程快速，应用于信息融合领域取得了较好的效果，受到了广泛的关注，研究成果凸显，出现了基于分布式体系结构的多元数据源交通信息融合方法等专利。

（二）交通信息数据的交换、共享、存储技术

EDI是近年来在交通运输领域应用较多的数据交换技术，为支持事务处理而在异构的平台或应用间用电子格式进行数据交换的一种集成方式。企业间通过共同制定的协议和开发专用接口，将不同公司企业应用或商业运营的数据进行交换和共享。XML(Extensible Markup Language，可扩展标记语言)是交通信息数据共享的一种元语言，可以有效地解决新旧系统平台、不同应用系统平台之间或者不同数据源之间的数据共享与交换问题，提高在应用程序之间或者应用程序的组件之间通过网络交换数据时共享数据的可靠性和互操作性。XML是目前信息资源集成的很好的技术和工具，为交通综合信息平台和交通综合数据库的实现提供了可行的解决方案。XML是为分布式环境所开发的，非常适合于ITS的应用环境，同时其数据格式是公用的，可以为多个用户所使用。XML在数据交换等方面所体现出来的优势使人们开始将其应用到交通信息共享与交换中，并取得了良好的效果。XML技术的出现使得对于各种交通信息的标准化描述成为可能，同时，数据库中的数据在被转换成XML文档之后可以直接在Web页上进行发布，在未来XML将成为建立交通综合数据库而进行的数据交换的一种有效方式。

（三）信息数据深层挖掘、分析与处理技术

数据挖掘是在数据仓库中提取隐含的、先前未知的、潜在有用的知识或信息模式的决策支持方法。在数据挖掘领域，重点研究回归分析和时序分析等数据挖掘基础理论、数据的整理归纳及数据仓库。在信息分析和处理方面，全面引入神经计算、模糊计算、进化计算等智能计算技术，通过联机分析处理，为交通信息的综合管理、智能分析和实时决策支持提供可行方案。当数据集稀疏时，可采用稀疏矩阵压缩技术提高存储效率。

（四）各系统联动与决策支持技术

在采集的综合交通数据的基础上，通过数据融合、数据挖掘、专家系统等技术的应用，获得有用知识，为交通管理提供开放、智能、分布式信息管理，为用户提供知识编辑、推理、学习等智能化决策支持功能。数据仓库、联机分析处理和数据挖掘作为相互独立又相互联系的信息处理技术成为构建智能化决策支持系统的基础。

（五）地理信息系统关键技术

地理信息系统是用于获取、存储、查询、分析，以及显示具有地理参照数据的一种计算机系统，它能够把空间数据整合起来进行辅助决策。由于交通管理各系统在空间上或功能上是分散的，其数据结构有所不同且信息量巨大，需要相互之间密切协作。因此，需要建立综合交通信息平台，将开关属性数据有机地结合起来，实现地理数据和属性数据的共同处理、查询和分析。由于交通信息与地理空间数据密切相关，而地理信息系统集成了计算机数据库技术和计算机图形处理技术，具有强大的数据管理和空间分析功能，因此借助地理信息系统来管理大量的交通信息，具有功能上的优势和鲜明直接的优

点。目前，地理信息系统已被广泛的应用于城市交通规划、交通管理指挥、车辆运营调度、信息发布等方面，为城市交通职能部门的业务处理提供了强有力的支持。目前，地理信息系统研究已深入到空间数据和交通数据的高级分析，实现了 PGIS 和 GIS 平台的融合应用。在地理信息系统上集成交通管理综合信息平台应用子系统，与六合一系统共享数据信息；系统可视化提供城市交通的整体态势，为智能交通管理提供空间地理环境信息工作平台，使指挥、控制、信息等都能在工作平台上定位、定量和定性地运行。

三、发展趋势

随着智能交通系统研究应用的深入发展，未来的智能交通系统集成技术朝着数据融合、智能化的方向发展。交通管理系统在宏观的功能层面和微观的技术层面都存在着集成的需求，即各系统之间的信息共享及决策集成(宏观)和各系统内部多种技术和方法的集成运用乃至人工智能的高度集成(微观)。同时，各个交通管理系统在功能、结构及实现途径等方面而存在着较大的差异，实现多个系统的集成需要一个系统集成平台，通过对数据和信息的收集和共享提高和增强各交通管理系统的功能，对各交通管理系统进行功能扩展和集成，在综合信息的基础上通过数据挖掘和决策支持等技术来提高交通系统的综合水平。其中，GIS 发展趋向于 PGIS 的综合、智能交通管理。信息数据深层挖掘、分析与处理技术趋向于综合知识工程、人工智能、数据挖掘技术等方面的研究成果对交通信息进行智能分析。车路协同技术侧重于通信协议标准化、兼容 Zigbee、WIFI、WIMAX、RFID、蓝牙、3G、IPV6、DSRC 通信方式的通信平台、车载终端的集成服务、人机协作和人机交互。车联网技术朝着信息安全、通信协议标准化和结构统一化、3D 智能导航、低成本方向发展。未来智能交通系统集成技术在充分整合资源的基础上，将融合更多高新技术，实现应用服务。

（撰稿：刘静、王家捷、汤如冰）

智能交通节能与环保

一、技术概述

机动车尾气污染仿真与控制是智能交通节能与环保的重要方向之一，研究包括：机动车尾气污染监测、模拟、评估及控制。机动车尾气污染监测是指单车排放因子的测试，测试结果能反映单辆车在不同行驶状态的排放特征，可用于验证排放因子模型和评价某辆车或某类车的排放水平。机动车尾气污染模拟包括排放过程的模拟和污染物进入大气时各种物理和化学过程的模拟，前者主要依据机动车燃料燃烧原理和大量的测试数据建立基础排放模型，再结合驾驶员驾驶习惯、排放末端控制装置等进行模型修正；后者主要根据流体力学模型描述主要污染物在大气中的扩散、传输和转化过程，这类模型与污染源排放类型无关，模拟结果不仅可反映出污染物的时空分布特征，还可定量描述各类污染源在何种气象条件下对关注区域的空气质量影响，起到污染溯源的作用。常见的有高斯烟羽模型和大气数值模型：高斯模型多用于局地尺度的污染模拟；数值模型中，既有可用于微小尺度的 CFD 模拟技术，也有可用于中尺度的空气质量数值模型，如 CMAX、CMAQ 等。机动车尾气污染的模拟和评估离不开机动车尾气排放测算技术，基于行驶里程的静态测算方法已满足不了动态数值模拟和分时段、分区域及分类型的模拟和评估需求，基于智能化的交通信息采集技术的排放测算方法才能更好地满足这一需求。因此，机动车尾气污染的评估及控制是基于地理信息系统（GIS）平台，监测与模拟技术的综合应用，为使用者提供可视化、一体化评价结果和综合解决方案。

智能交通环保领域的一个重要方面是交通噪声污染的防治与管理，包括交通噪声的监测、模拟、评估及治理。在噪声监测方面，噪声监测方法已由传统的手工监测逐渐过渡到自动监测，自动监测技术能够全时段、多方位反映噪声环境状况，解决手工监测获取的数据实时性、代表性差等缺点。目前在道路交通噪声模拟中应用较多的技术是模型计算和计算机模拟。国内已初步建立了城市交通噪声预测模型，诸如统计模型、基于人工神经网络及基于灰色系统理论的交通噪声预测模型等。由于模型计算无法反映噪声的实时变化和波动特性，计算机模拟技术在交通噪声模拟方面得到了更广泛的应用。在城市道路交通噪声评价方面， 国内已由采用“监测为主、面向声源”的评价方法逐步过渡到采用“预测为主、实测为辅及面向受体”的评价方法，并形成了结合人口密度、人的主观烦恼度等因素的综合交通噪声影响评价技术。另一方面，由于地理信息系统（GIS）强大的空间数据采集、存储、分析处理及输出显示等功能，结合交通噪声预测模型与 GIS 技术建立的集成交通噪声预测评价系统已成为提高城市道路交通噪声评价的效率、客观性和准确性的重要技术手段。传统的噪声治理技术主要考虑从噪声源、传播途径、城市规划管理及法律法规等四个方面来控制交通噪声，而结合计算机软件仿真模拟技术与 GIS 技术绘制的交通噪声地图，可直观展示城市区域环境噪声污染普查和交通噪声污染模拟与预测的成果，以数字与图形的方式再现城市交通噪声污染的分布情况，目前已成为城市交通噪声评估及治理的一个重要技术手段。

二、关键技术及研究进展

车载排放测试系统测试单车排放因子主要选取车载排放测试仪和搭建实验平台。测试仪器采用美国 Clean Air Technologies Inc 生产的 OEM-2100 车载排放测试仪器，即 PEMS，可实时测得机动车排放尾气中 HC、CO、CO_2 和 NO_x 这 4 种气体的质量排放率。车辆行驶状况监测系统主要是在 GPS 基础上开发的测试系统，可实时获得车辆速度与加速度。

过去机动车尾气污染模拟受制于难以获取动态的机动车排放量，模拟结果多数为假设单位时间内稳定排放情况下的污染物浓度值，与实际情况有较大差别。将智能化的交通信息采集技术引入到机动车尾气污染模拟中可有效改善这一状况：即基于动态交通流的机动车尾气污染模拟技术采用了动态交通流仿真技术、GPS 浮动车技术，考虑车辆在不同运动状态下的排放特性，搭建基于实时路况的机动车实时排放仿真平台，建立了以秒为单位的机动车尾气实时排放计算模型。并结合污染物的扩散、传输与转化原理，可模拟各种道路类型的实时污染物浓度，以及在各类气象条件下的污染分布情况等，解决了传统模型计算方法无法反映实时交通和气象条件引起污染物浓度实时变化和波动特性等缺点。目前，这一方法已应用到城市典型道路场景（交叉口、高架路、峡谷型道路等）的机动车尾气污染动态模拟和大区域机动车尾气污染的动态模拟中。同时，将智能化的交通信息采集技术引入不仅能解决机动车尾气污染动态模拟的输入问题，还为局部或全局的交通组织和控制方式的环境效益评估提供了发展空间。

环境噪声自动监测技术是传感、自动测量、自动控制和计算机、网络传输等现代化科学技术有机结合集成的综合应用技术，采用无人值守的自动监测仪器和设备对监测点位的环境噪声进行连续采样、传输、存储和统计分析处理等，解决了噪声自动测量、自动存储并传输、信息网络互联、工作环境不受限制等技术问题。我国的环境噪声自动监测起步较晚，目前北京、上海、广州等十余个城市已安装了环境噪声自动监测系统，虽已展开了一些应用研究工作，但因为相应标准的缺失，没有明确的指导，大多仍处于小规模试点阶段。值得一提的是，广东省环境保护厅在 2010 年和 2011 年分别发布了(DB44/T 753-2010)《环境噪声自动监测技术规范》及(DB44/T 975-2011)《环境噪声自动监测系统安装、验收、运行与维护技术规范》，这是国内最早的关于噪声自动监测的技术规范。

基于交通仿真的交通噪声计算机模拟技术采用动态交通流仿真技术，考虑车辆在不同运动状态下的噪声排放模型，并结合声音的传播衰减原理，可模拟各种类型道路的实时交通噪声，以及在各类障碍物遮挡下的噪声衰减，得到噪声的瞬时声压级、连续等效声级及统计声级等，解决了模型计算方法预测目标单一、无法反映噪声的实时变化和波动特性等缺点。目前这一方法已经应用到临街建筑物内的道路交通噪声动态模拟、大区域交通噪声的动态模拟，以及城市典型道路场景（交叉口、高架路、峡谷型道路等）的交通噪声动态模拟中。

基于 GIS 的交通噪声预测与评价技术将交通噪声预测模型与 GIS 结合起来，建立整体集成的交通噪声预测评价系统，最大限度地发挥了 GIS 对空间数据采集、存储、分析处理及显示输出的功能。特别是在大尺度的城市区域交通噪声预测与评价方面，基于 GIS 的交通噪声预测与评价技术有其他技术无法比拟的优势，不仅可以从 GIS 系统自动获取噪声计算所需的道路及各种障碍物的信息以预测城市交通噪声的分布和变化趋势，还能以噪声地图的形式直观展示预测结果，并对多种交通噪声降噪措施的效果进行评估。在国内，基于 GIS 的交通噪声预测与评价已取得一些显著成果，但仍存在一些局限性，如现阶段国内成熟的交通噪声预测模型相对缺乏，GIS 还基本停留在对二维空间处理的层次，完全的三维模型和时间模型尚未普遍使用，还不能在大区域上实现对交通噪声的三维实时模拟。

噪声地图综合了两项科技前沿技术——计算机软件仿真模拟技术与 GIS 技术，是将噪声源的数据、地理数据、建筑的分布状况、道路状况等交通资料，以及相关地理信息综合、分析和计算后生成的反映城市噪声水平状况的数据地图，一般以不同颜色的噪声等高线、网格和色带来表示，可直观展示噪声污染在交通干道沿线和城市区域范围内的分布状况，为城市总体规划、交通发展与规划、噪声污染控制措施提供科学的决策依据。目前，我国除香港环保署开发了基于网络的噪声地图，台湾利用噪声监测数据绘制了台南市四季的昼夜噪声地图外，北京市劳动保护科学研究所绘制了国内首张面积为 12.7 平方千米的区域噪声地图，广东省智能交通研究中心也已完成了广州市道路交通噪声地图的绘制工作，面积达 2000 多平方千米。但从总体上看，目前国内对噪声地图的研究仍比较少，起步较晚。

三、发展趋势

在未来相当长的时期内，机动车尾气污染除受机动车自身性能和政策与法规的这一具有静态特征的因素影响外，具有时态和空间特征的交通运行环境、实际交通状况和气象条件将起到越来越重要的作用，因此，总体而言，机动车尾气污染仿真与控制技术的研究将朝着综合化、智能化和一体化发展。

机动车尾气污染对大气环境的影响越来越大，机动车尾气污染的监测内容不仅包括单车排放因子的测试，还将包括道路交通空气环境质量的自动监测。在单车排放因子的测试上，简易工况法将在我国相关业务部门应用上有着良好的前景，而车载排放测试系统（On–Board Measurement)利用车载的测量仪器得到现实路面行驶的机动车动态的排放状况与对应的工况，可以为实际道路机动车排放特征的分析和模拟提供可靠的数据支持，将是今后相当长一段时间内的一个重要发展方向；在道路交通空气环境质量的自动监测上，监测方法将朝着自动化、智能化、网络化的方向发展，同时实现常规污染物、特征污染物、交通流要素、气象要素、噪声要素监测的一体化。

在机动车尾气排放测算技术上，综合GIS技术、 GPS浮动车技术、交通仿真等交通信息采集类技术将在动态的尾气排放测算上得到更多的应用，不同尺度的交通仿真模型与排放模型的融合可提供更细致的机动车动态的排放状况。同时，未来将会考虑中微观的道路交通运行环境、机动车运行状态对常规污染物和特征污染物排放的影响，针对不同类型的污染物建立更为准确的排放模型。

综合GIS技术、GPS浮动车技术、交通仿真等技术的机动车尾气污染与评价将会得到广泛的应用，GPS浮动车的数据将应用到机动车尾气污染的模拟与评估中，机动车污染模拟与GIS技术的交互式应用也将使机动车污染评估与控制朝着智能化、自动化、可视化的方向发展。

交通噪声监测将朝着自动化、智能化、网络化的方向发展，同时实现交通噪声、交通流要素、气象要素、污染物要素监测的一体化。对于交通噪声预测，未来将会考虑不同车型的机动车运行状态对交通噪声的影响，建立更为准确的考虑加速度的机动车噪声源强排放模型，同时分析不同车型的噪声频谱特性，实现预测目标多元化，不仅关注噪声的能量值（分贝）还要关注噪声的频谱特性。综合GIS技术、 GPS浮动车技术、交通仿真等技术的城市交通噪声预测与评价将会得到广泛的应用， GPS浮动车的数据将应用到交通噪声的模拟与评估中、交通噪声预测与GIS技术的交互式应用也将使交通噪声预测与评价朝着智能化、自动化、可视化的方向发展。

对城市噪声地图的研究力度将会得到加强，并将形成基于噪声地图的环境噪声影响评价技术体系。利用噪声监测数据建立准确的噪声预测模型，进行噪声的预测计算并绘制成噪声地图以直观展示城市的噪声污染分布情况，同时通过噪声监测数据对噪声地图进行校正，然后以噪声地图为基础，指导交通噪声的监测、评价与防治工作，形成集噪声监测-模拟-评估-治理为一体的完备研究体系，这将是未来智能交通节能与环保领域的一个重要发展趋势。

（撰稿：余志、邓小勇、李克强）

车联网与车路协同

一、技术概述

车联网是物联网在交通领域的体现，广义地说，车联网将车内网（如CAN总线）、车间网、车路网、互联网结合在一起，通过互联互通实现在对所有车辆动态和静态信息的有效获取，并根据不同的功能需求对所有车辆的运行进行有效的监管和提供综合服务。

车路协同系统是指采用先进的无线通信和新一代互联网等技术，全方位实施车与车之间、车与路侧设备之间动态实时信息交互，在全时空动态交通信息采集与融合的基础上开展车辆协同主动安全控制和道路协调管理，充分实现人-车-路的有效协同，保证交通安全，提高通行效率，从而形成安全、高效和环保的道路交通系统。车路协同技术已经成为当今国际智能交通领域的前沿技术，是解决道路交通安全、提高通行效率和减少交通污染的有效途径。

车路协同应用具有极高的实时性和可靠性，其核心在于面向道路交通的安全和效率应用；而车联网的核心是信息共享和信息服务，以及物体之间的互联互通。车路协同与车联网在信息服务方面具有交集，但是也存在不少差异。

二、关键技术及研究进展

车路协同技术是当今智能交通领域发展的趋势和热点，车联网技术则是物联网技术的重要分支,是满足现代道路交通发展需要、提升道路交通智能化水平和通行能力的有效解决方案。目前，世界各国正在积极进行车路协同和车联网技术的研究与实验，并将其作为改善道路交通安全和效率、提升出行舒适度的重要手段，其中美国、日本和欧洲处于领先地位。

在“十二五”的第一年车路协同系统关键技术研究列入国家863主题项目，随后车联网也被列入863支持计划，代表国家对车路协同和车联网技术研究的重视和鼓励。

（一）车路协同关键技术

1. 车路/车车无线数据交互技术

车路协同技术与传统智能交通系统的最大区别是引入了车辆与车辆、车辆与路侧设施之间的数据交互。由于车辆的移动性，数据交互只能采用无线通信方式，而车路协同的应用对数据交互的实时性和可靠性提出了很高的要求，针对无线通信的覆盖范围和数据包的传输表现则具有苛刻的指标，目前没有满足其要求的商业化产品。另外，为保证足够的车辆能够运行车路协同应用，需要统一的数据交互系统来支持，清华大学依托

863 计划主题项目开发了基于多模式无线通信的数据交互平台，支持多种无线通信模式，实现了对不同类型的车路协同应用需求的有效响应，能够很好的适应车辆移动性的要求，并将作为车路协同系统的基本运行条件，在车载和路侧设备的信息交互的底层条件进行运转，有效攻克了车路/车车无线通信技术的难点。

2. 车辆传感器和控制技术

汽车是交通系统的主要参与者，也是影响道路交通安全和效率的关键因素。在车路协同系统中，汽车需要实时感知车辆的位置和行驶状态，并根据检测到的信息和通过无线通信接收到的信息对车辆进行实时的控制。车辆传感器所采集到信息的准确性和有效性对于车辆周边环境感知意义重大，直接关系到本车和周边车辆是否安全；另外，车辆制动和转向控制器是车辆主动安全控制系统的执行设备，其可靠性对保障驾驶员安全事关重大。由清华大学基于重庆长安悦翔轿车改装和研制的车路协同试验车，搭载了高清视频摄像头和雷达设备，通过对传感器采集到的数据和通过无线接收的数据进行融合，可以获取准确的周边环境信息；同时采用自主研发的电子真空助力器可实时可靠的对车辆进行制动控制。

3. 智能路侧系统

车路协同系统中的路侧单元充当了交通信息采集者和发布者的角色，道路上车辆的信息和路面状态信息通过路侧节点采集和汇聚，并传输给区域信号控制设备或交通指挥中心；另一方面区域交通诱导和控制信息通过路侧设备发布给周边的包括车辆在内的交通参与者。交通管理者基于车路协同系统采集到的全时空信息进行协调控制。武汉大学研制了一体化的路侧设备能够与信号机、视频雷达设备、智能车载单元和其他的路侧单元进行数据交互，是智能路侧单元的重要载体。

（二）车联网关键技术

1. RFID 技术

RFID 是一种非接触式的自动识别技术，它通过射频信号自动识别目标并获取对应的信息，RFID 终端具有数据存储量大、小巧轻便、使用寿命长、防水防刺等特点。基于 RFID 的电子车牌在一定范围内得到了推广，但是其安全性和可靠性还要得到进一步验证。

2. 异构网络融合技术

车联网是依托于互联网进行构建的，车辆需要与互联网进行互联互通，但是车联网的主要实体是车辆，其所构建的车载自组织网络需要具备异构网络一体化技术的接入设备来保障对网络的兼容性，还需要高效的路由算法来保障数据传输的可靠性。物联网需要把交通系统中的各类参与者结合为一体，各种不同类型终端数据的整合给车联网也提出了很大的挑战。在车联网的构建方面，国内刚刚起步。

（三）车路协同和车联网共性关键技术

1. 通信协议

目前，在世界范围内，仍然没有统一的车路协同和车联网通信协议，车路协同和车联网都面临着需要重新设计网络协议栈的问题。适应于我国国情的各层协议也在制定的过程中，在2012年2月，工信部批准了《高频谱利用率和高数据吞吐的无线局域网技术要求》等两项推荐性行业标准，但其是否能够满足交通领域的需要仍需要探讨。交通部下属的全国智能运输系统标准化技术委员会也正在制定满足道路交通需求的车联网和车路协同通信标准。

2. 数据融合技术

车路协同和车联网系统中，采集到的和需要处理的数据都是海量的，数据来源于不同的交通参与者和各种类型的传感器，数据具有相当的冗余度，如何充分利用这些数据，提高信息的准确度和可用性对于车路协同系统和车联网是一个非常重要的环节。同时车路协同和车联网系统的数据也存在很大的关联性，如何有效桥接这两大系统也是富有挑战性的任务。目前在车路协同和车联网系统中，还没有一个非常好的应对策略。

三、发展趋势

（一）多模式通信接口

车联网中，不同数据业务对通信的传输时延、传输带宽、误码率和传输距离等都不同。通常可以把车联网数据分为三种：车辆安全业务、路况信息业务和非安全信息业务。现有常用与车辆网络的无线技术有 WLAN(如 IEEE802.11a/b/g/n/p 协议)，WIMAX (IEEE802.16a/e)，超宽带通信 UWB(IEEE802.15.3a)，3G/4G 通信以及卫星通信等。 未来车联网终端将兼容有多个不同网络的接口，并能根据不同类型的业务提供不同的服务质量保证。

（二）数据交互平台的开放性

发达国家无一例外的认识到建立一个开放式的车路通信平台是实现车路协同系统的基础保障之一，也是一条实际可行的路线。美国从 VII 到 IntelliDrive 的转变，日本提出的开放共用的基础平台以及欧洲提出的CVIS项目都强调了通过多种通信手段实现车路、车车间的信息交互，提供不同种类的服务。同时这样也能满足不同的通信终端的信息交互需求，便于车路协同系统向上/下兼容，也有利于车路协同系统的各项应用功能的实现。

（三）车载终端的一体化

日本强调将 VICS 终端、ETC 收费终端以及 SmartWay 等特殊终端一体化，通过统一的车载装置提供不同的服务。美国和欧洲也意识到了多终端带来的负面效益，并努力通过技术研发实现车载终端的一体化。车载终端一体化对于车路协同和车联网的广泛和便捷部署具有重要意义。

（撰稿：王云鹏、姚丹亚、陈晓博、周双全、田大新）

车辆智能安全控制

一、技术概述

车辆是智能交通系统的重要载体，是关键的交通参与者。在智能交通系统安全框架中，车辆通过无线通信技术、网络技术和车载传感器技术，感知宏观交通状况、微观的交通环境、自车和驾驶员状态，消除冲突风险，提升整个交通系统的安全性。车辆智能安全控制技术包括自主式车辆安全技术和协同式车辆安全技术。

自主式车辆安全技术是指车辆通过自车状态传感器（加速度、速度、惯性传感器、GPS 等）和车载行驶环境传感器（机器视觉、雷达、红外等）感知行车状态及交通环境，判断车辆危险状态、驾驶危险行为和交通冲突风险，为驾驶员提供安全信息服务，必要时采取主动控制的技术。

协同式车辆安全技术是指车辆通过无线通信和网络技术（3G/4G、WIFI、DSRC、GPS 等）感知行车环境和交通状态，结合自车状态，判断危险行为和冲突风险，为驾驶员提供信息服务，必要时采取主动控制的技术。

在车辆主动控制技术迅速发展的情况下，随着汽车对环境感知和理解能力的提高，出现了智能车辆（Intelligent Vehicle），也称为自主式车辆（Autonomous Vehicle）。智能车辆融合了自车状态辨识、环境感知和理解、车车和车路通信、路径规划和优化、自主驾驶等关键技术，是车辆发展的最高形式。

二、关键技术及研究进展

（一）车辆状态监测

车辆状态信息包括车速、轮速、横摆角速度、方向盘转角、加速度、车辆位置（经度、纬度）、转向灯信号、制动踏板开度、油门踏板开度、质心侧偏角、轮胎/地面力、路面附着系数、驾驶员状态等参数。这些信号大部分可以从车载 CAN 总线网络获得，也可以从车载传感器上获取。

质心侧偏角等车辆参数通常需要通过状态估计的方法得到，利用组合惯性传感器与车辆动力学模型估计器联合进行状态估计是最常用的方法，可以通过线性观测器、非线性 Luenberger 观测器 、扩展卡尔曼滤波器（EKF）、无迹卡尔曼滤波（UKF）、滑模观测器（SMO）对质心侧偏角进行估计，改善轮胎模型可以提高估计的精度和鲁棒性。也可以通过多个 GPS 进行合理的布置，来测量车辆的横摆角、侧倾角和俯仰角，以及侧偏角等车辆姿态参数，但是价格较为昂贵。

驾驶员状态可以通过监测驾驶员的眼睛眨动状态、注视状态、面部表情、操作动作，对疲劳状态、不良行为等作出判断，也可以通过记录方向盘转角速度、加速度、油门脚踏板等参数，监测驾驶员的行为状态。

（二）行车环境感知

车用机器视觉是指通过辨识视频图像，获得驾驶员感兴趣信息的技术。车用机器视觉系统主要有可见光视觉和红外视觉两种。目前，在驾驶辅助系统中，车用机器视觉技术已经用于车道线识别、车辆识别、行人识别、交通标志识别等，而在智能车辆领域，机器视觉技术已经被应用于更为复杂的道路环境识别，如越野条件下的各种障碍物和路面条件的识别等。车道线识别主要用于车道偏离系统、换道辅助系统等横向驾驶辅助系统中，也可以作为其他驾驶辅助系统的辅助信息，目前该技术在国外发展较为成熟，国内在 LDW 系统中也基本达到实用化的程度。国内的厦门金龙、郑州宇通、苏州金龙等企业已试装应用或将 LDW 系统作为选配件。车辆识别技术有较大的发展，MobileEye 公司开发的 EyeQ 系统结合 SVM 分类器和光流场进行目标车辆检测和跟踪，取得了良好的检测效果，但由于 SVM 分类器和光流场的计算量大，系统必须提供专门的硬件电路来实现目标检测。国内清华大学在该领域也开展了积极的探索，在昼夜环境下，基于 DSP 技术也取得了良好的车辆识别效果，在接近同类国际技术水平的同时，有效降低了硬件成本。基于机器视觉和红外探测的行人识别技术目前已经成为研究热点，多种识别方法的融合使用有效提高了识别的准确率和实时性。

微波雷达能够通过简单的信号处理，提供较为准确的目标距离和速度，因此，在汽车传感器中，基于车载雷达系统的车辆动态识别研究得到了较大的发展和应用。德国、美国、日本、法国相继开发了短距离雷达（SRR）和长距离雷达（LRR），这些雷达采用 24～25GHz、60～61GHz 和 76～77GHz 载波频段，距离探测、速度探测与方位角探测性能达到了多种驾驶辅助系统如 CW/CA、ACC 系统性能的要求。激光雷达能够检测到汽车与障碍物间的距离，能够准确、快速地测量目标物体的轮廓，其类型主要有单光束激光雷达、一维扫描式激光雷达、变功率扫描式激光雷达及二维扫描式激光雷达等。激光雷达因价格比毫米波雷达更有优势，在车辆安全控制领域尤其是驾驶辅助系统中也得到了广泛的应用。

（三）自主式汽车安全技术

自主式汽车安全技术以汽车自我感知、自主控制为基础以保障行车安全。驾驶辅助系统通过将环境信息（如目标、速度、距离等）传递给驾驶员，结合车辆当前运行状况，辨识行车危险状态，为驾驶员提供安全信息服务，必要时采取措施控制汽车，使汽车主动避开危险。典型的自主式车辆安全技术包括主动安全控制系统，如汽车制动防抱死系统（Anti-Lock Brake System or Anti-lock Braking System,ABS）、牵引力控制系统（Traction Control System, TCS; Acceleration Slip Regulation, ASR; Automatic Traction Control, ATC; Traction Control System, TRC）、主动横摆力偶矩控制（Active Yawing (Yaw) Control, AYC; Direct Yaw-moment Control, DYC）、电子稳定程序（Electronic Stability Program, ESP 或 Electronic Stability Control, ESC）等，驾驶安全辅助系统（Driver Assistance Systems or

Driving Assistance Systems, DAS），如碰撞报警（Forward Collision Warning, FCW）、车道偏离报警（Lane Departure Warning, LDW）、主动避撞（Collision Avoidance, CA），自适应巡航（Adaptive Cruise Control, ACC）、换道辅助（Lane Change Assistance, LCA）车道偏离防止（Lane Departure Prevention, LDP）等，驾驶视觉增强系统，如盲区监测系统（Blind Spot Detection Systems, BSDS）、红外夜视系统（Infrared Night Vision Systems, INVS）、自适应前大灯系统（Adaptive Front-lighting System, AFS or Adaptive Headlamps Control, AHC）等。

国外自主式汽车安全技术的发展较快。基于机器视觉或微波雷达的车道保持辅助系统、自适应巡航系统、泊车辅助系统等驾驶辅助系统正逐渐成为国外汽车的标准配置。目前国内与行车安全相关的电子产品还主要集中在倒车显示、道路导航等方面，真正意义上的车载安全系统市场还基本处于空白状态，与国外特别是欧美和日本相比还有很大的差距，但这也为产品提供了巨大的市场空间。清华大学已与成都华川电装有限责任公司、湖北华中光电科技有限公司合作，针对汽车驾驶安全辅助技术开展了深入的研究，其中包括自适应巡航控制、车道保持、前向追尾报警、车道偏离报警、泊车辅助等多种系统，目前已研发出原理样机，具备产业化条件。

（四）协同式安全控制技术

随着智能交通系统的发展，全球定位系统（Global Position System, GPS）和无线通信技术开始广泛应用于交通管理与车辆控制领域，基于车路协同（Vehicle to Infrastructure, V2I）和车车协同（Vehicle to Vehicle, V2V）的车辆安全技术得到广泛研究。典型的协同式车辆安全系统（Cooperative Vehicle Safety Systems, CVSS）包括协同式驾驶安全辅助系统（Cooperative Driving Assistance Systems, CDAS），如协同式自适应巡航控制（Cooperative Adaptive Cruise Control, CACC）、协同式碰撞预警（Cooperative Collision Warning, CCW）、 协同式主动避撞（Cooperative Collision Avoidance, CCA)等系统，交叉路口安全支持系统（Intersection safety support systems），如交叉路口防撞系统(Cooperative Intersection Collision Avoidance Systems, CICAS)、违章报警（Violation Warning System，VWS）、停车标志辅助（Stop Sign Assist，SSA）、左转向辅助（Signalized Left-Turn Assist，SLTA）、面向安全的交通信号灯自适应控制（Traffic Signal Adaptation，TSA)等，智能车速自适应（Intelligent Speed Adaptation, ISA）系统。

国外在协同式安全控制领域进行了深入的研究，在 CVIS（Cooperative Vehicle Infrastructure System）、SAFESPOT（Cooperative System for Road Safety）、COOPERS（CO-Operative Systems for Intelligent Road Safety）、INTERSAFE 等项目中取得了一系列的成果。国内在该领域刚刚起步，清华大学在“十一五”期间开展了 863 项目“交通要素自适应式车辆纵向安全驾驶辅助系统”，对车辆协同式纵向安全控制进技术行了研究；“十二五”期间，又开展了“智能车路协同关键技术研究”，对多模式车车/车路自组织网络信息交互技术，基于车路协同的车辆交叉口安全辅助技术，基于车车协同的车辆跟驰、换道和安全预警技术等进行了研究。

三、发展趋势

协同式车辆安全控制技术进一步拓展了车辆安全领域的研究范围,在传统的自主式安全控制技术的基础上,通过环境感知技术、无线通信和网络技术,实现了车辆的智能化控制。复杂条件下的行车环境感知、无线通信和网络技术将是该领域的主要发展方向,在综合自主式和协同式车辆控制技术的基础上,发展智能车辆是未来车辆技术发展的大趋势。

1. 复杂条件下的环境感知技术将成为研究热点

在自主式车辆安全控制技术领域,车用机器视觉是动态感知技术,受光照、场景、路线、气候等环境因素制约较多,在高速行驶的汽车中,既要满足环境的多变性,又要满足算法的实时性,因此复杂条件下的环境感知技术是目前研究的难点之一。针对车道线和车辆的识别技术还需要解决识别算法在复杂条件下(如弯道和复杂光照)的有效性;对普通道路的路面和边界识别还有待进一步研究;行人检测还受到姿态、服饰、动作、轮廓等因素的影响,是环境感知技术的研究热点。

2. 无线通信和网络技术日渐成熟

在协同式车辆安全控制技术领域,DSRC 与 UMTS、WiMAX IEEE 802.16 和 Bluetooth 等具有更大的优势。与传统 Wi-Fi 技术相比有着更低的延迟和更好的移动性,与 WiMAX 技术相比各项指标基本持平,尤其是在技术复杂性和成本方面有着明显优势,有望成为车联网车间通信的全球通用标准。2004 年,IEEE 成立了 802.11p 工作组以制定 IEEE 802.11 在车辆环境下无线接入(Wireless Access in the Vehicular Environment, WAVE)的版本,并以 IEEE1609 系列协议作为上层协议,从而形成 DSRC 的基本协议构架。2004 年 11 月 IEEE 开始制定工作于 5.9GHz 频率上的 IEEE 802.11p(WAVE)标准,并于 2010 年 11 月颁布。

3. 智能车辆研究领域的竞争愈加激烈

智能车辆在民用和军用领域上存在广泛的应用前景,其发展代表了车辆发展的最终方向。目前的智能车辆还是以半自主驾驶为主,只能在一定时空条件下才允许自主驾驶,但是随着汽车对环境感知和理解能力的加强,以及通信和车用互联网技术的应用,智能车辆技术的发展将更加迅速,各国在该领域的竞争也将加剧。

(撰稿:李克强、王建强、谢伯元)

第二章

国家智能交通科技项目

近十年我国智能交通科技发展综述

我国自20世纪末开始推进和发展智能交通系统（Intelligent Transportation System，ITS）技术，十年来，我国智能交通系统科技发展迅速，从“十五”期间科技部智能交通科技攻关计划的实施和示范城市的建设，到“十一五”期间科技部863计划、科技支撑计划的一系列项目部署，我国智能交通领域科技水平取得了长足进步，科技为智能交通系统发展起到了良好的引领和支撑作用，奠定了了我国智能交通领域的研究基础，培育形成了智能交通产业。

1997年中欧智能交通系统国际会议在北京召开，智能交通科技开始为我国社会所关注并受到重视。2000年科技部成立了全国ITS协调领导小组，并相继批复成立了国家智能运输系统工程研究中心、国家铁路智能运输系统工程中心、国家道路交通工程研究中心。科技部还设立了中国ITS体系框架、中国ITS标准体系等专题研究项目，为中国智能交通系统科技的发展奠定了基本的基础。

“十五”期间，国家科技攻关计划ITS重大专项启动了12个研究课题，同时科技部支持在全国12个城市进行了ITS示范城市建设，对智能交通科技的发展起到了积极的推动作用，部分地方政府和城市也都设立了智能交通科技项目，投入了相应的经费对研究进行支持。

进入“十一五”，国家高技术研究计划（863计划）设立了现代交通技术领域，在现代交通技术领域具体设立了“综合交通运输系统与安全技术”专题。“综合交通运输系统与安全技术”专题以“提高交通运输的效率和安全”为指导思想，按照综合交通运输和服务的网络优化与配置技术、智能化交通控制技术、综合交通信息采集、处理及协同服务技术、交通安全新技术等技术方向进行了总体部署。“863计划”对智能交通科技的发展起到了重要的引领作用。

2006年科技部启动实施了“十一五”科技支撑计划项目“国家综合智能交通技术集成应用示范”。项目设立了“国家高速公路联网不停车收费和服务系统”、“北京奥运智能交通集成系统”、“上海世博智能交通技术综合集成系统”、“广州亚运智能交通综合信息平台系统”、“远洋船舶及战略物资运输在线监控系统”等课题。项目面向重大技术问题和重要活动的交通保障，开展集成创新研究和应用，取得了一系列成果，对我国智能交通系统发展起到了积极的推动。

2008年，科技部、公安部和交通部联合开展了国家道路交通安全科技行动计划，作为行动计划的重要技术支撑，科技部组织了“重特大道路交通事故综合预防、处置集成技术开发与示范应用”科技支撑计划项目。项目从信息共享平台、山区公路安全保障、高速公路安全控制、营运车辆运行安全、全民交通行为安全提升、路网安全态势监测、交通安全执法等多个方面部署了多个研究课题，对交通安全的主要问题进行研究和示范应用。该项目跨部委联合、多单位协同攻关、研究与示范紧密结合，对提高我国道路交通安全水平具有重要意义。

在国家科技计划项目实施的同时，地方政府和相关部委也对智能交通科技发展给予了必要的支持，有关高校、研究单位和企业也积极投入力量，对智能交通科技进行研究，涌现出了许多具有创新意义的技术成果和产品，共同推进我国智能交通系统的建设和发展，取得了显著成效。

在经历了两个五年计划的发展之后，我国智能交通科技的发展总体上取得了积极的成果，构建形成了我国智能交通科技的基础。科技创新推动我国智能交通系统的建设和发展后来居上，为世界瞩目。2009 年在北京召开的第 14 届世界 ITS 大会，集中展示了我国智能交通领域的科技和建设成就，受到来自全球智能交通领域的广大与会代表的赞赏。

历经十余年的发展，我国在智能交通关键技术领域取得了多项突破，形成了大批具有自主知识产权的创新科技成果，智能交通技术集成应用取得了显著的社会经济效益，在 2008 北京奥运会、2010 上海世博会、广州亚运会，以及建国 60 周年大庆等重大活动的交通保障中发挥了重要作用。

总体上，我国智能交通科技发展取得了以下成就：

- ❑ 形成了我国智能交通科技创新发展的重要基础，培育并促进了我国智能交通产业的发展；
- ❑ 科技支撑建设了一系列具有广泛影响的智能交通系统示范工程，在重大国际活动交通保障中发挥了重要作用，带动了城市交通管理现代化水平的提升；
- ❑ 智能交通科技创新推动了我国交通运输系统的发展转型。

目前，我国的社会发展正处于城市化进程加快、机动化程度迅速提高的阶段，交通运输效率、交通服务水平、交通安全、交通环境、交通拥堵等诸多问题集中出现，成为制约社会发展的重要问题。智能交通系统对于缓解和解决上述问题具有直接的作用和意义，大力发展智能交通科技是我国交通科技领域长期的重要战略任务。

（撰稿：金茂菁、黄　玲、关积珍）

国家智能交通科技总体技术布局

一、总体情况

交通运输作为国家的基础产业和支撑经济社会发展的基础设施，在优化国家产业布局、促进经济结构调整、降低发展成本、实现低碳节约发展等方面具有极为重要的战略作用。信息化、智能化是现代交通运输发展的重要方向，党和国家对交通科技的发展予以高度重视并进行了重大战略布局。《国家中长期科学和技术发展规划纲要》（2006—2020 年），明确提出把智能交通管理系统作为交通运输领域的 6 个优先发展主题之一。

我国智能交通起步较晚，智能交通科技发展水平距离交通运输现代化体系建设的要求和国民经济社会发展的总体要求存在较大的差距，科技基础相对薄弱，关键核心支撑技术缺乏，综合集成应用程度不足。在借鉴国际智能交通技术发展经验的基础上，结合我国交通发展的实际需求，科技部对智能交通科技发展进行了整体规划布局，充分发挥了科技对智能交通系统发展的引领作用和科技支撑作用。

“十五”初期，国家将发展智能交通的研究和应用列入国家计划，ITS 受到交通管理和交通运输各个方面的重视，为引导 ITS 的发展，科技部全国智能交通系统协调指导小组提出了“十五”期间智能交通系统发展按照“结合国情，突出重点，攻克关键，培育市场，支持产业，促进发展”的指导思想。2001 年科技部启动了国家“十五”科技攻关“智能交通系统关键技术开发和示范工程”重大项目。2002 年，科技部在“九五”制定 ITS 标准体系表的基础上，在“十五”国家基础公益研究项目中开展了 11 项急需的 ITS 标准的制定工作。

“十一五”期间，863 计划“现代交通技术”领域设立了“综合交通运输系统与安全技术”专题。“综合交通运输系统与安全技术”专题以“提高交通运输的效率和安全”为指导思想，按照综合交通运输和服务的网络优化与配置技术，智能化交通控制技术，综合交通信息采集、处理及协同服务技术等方向进行了总体部署。

2008 年 2 月 18 日，科技部、公安部、交通部在北京人民大会堂签署合作协议，共同启动了“国家道路交通安全科技行动计划”，这是中国规模最大的一次道路交通安全科技合作行动。作为“国家道路交通安全科技行动计划”的技术支撑，科技部启动实施了“重特大道路交通事故综合预防与处置集成技术及示范应用”支撑计划项目。

智能交通科技项目的实施，极大地提升了我国智能交通科技总体水平，对我国智能交通系统的建设发展起到了重要的引领和支撑作用，培养形成了智能交通领域的专业研究队伍和基地，有效推动了我国智能交通产业的发展。

二、主要技术布局

立足我国智能交通系统建设和发展的实际需求，瞄准国际智能交通系统发展趋势，科技部在智能交通科技领域从智能交通共性基础技术、智能化交通管理与控制技术、智能化公交运营与服务技术、交通安全技术、综合智能交通技术集成与应用示范等方面进行了系统规划布局。

1. 智能交通共性基础技术

主要围绕交通信息采集、处理与协同服务，综合交通运输网络优化，综合交通系统的分析与评价等问题进行了研究部署。

（1）交通信息采集、处理与协同服务

针对综合交通系统信息获取手段不足、信息资源共享不够的实际问题，对交通出行行为特征获取、交叉口和路段交通状态检测、不良气候条件下交通信息获取、区域交通系统状态特征提取与集成、新型交通态势获取与处理技术、下一代交通信息发布与服务技术等技术进行了研究，研究成果突破了一批制约交通信息采集、车路交互的前沿技术，为构建综合交通信息平台及协同服务提供了技术支撑。

（2）交通运输网络配置优化与评估

针对综合交通运输网络配置与优化，重点布局研究了交通方式间的资源配置优化、经济圈交通网络结构优化、快捷货运网络运能配置与优化等关键技术，在综合交通运输网络配置与优化技术基本框架、关键模型、理论方法及支持软件方面取得了多项成果。

在综合交通系统分析与评价技术方面，重点在城市综合交通网态势仿真、城市综合交通系统规划的评估与通用软件等关键技术方面开展了技术开发。在基于分布式并行算法的城市交通系统中，微观一体化仿真技术及基于软件工程技术的城市交通规划软件平台开发等方面取得了突破性进展。

2. 智能化交通管理与控制技术

主要围绕智能交通控制基础技术和智能交通控制系统技术等问题进行了部署，为智能交通控制系统提供核心技术支撑。

围绕制约城市交通系统效能的关键问题，突破了基于多源实时数据的交通状态预测、控制小区动态划分技术、交通行为干预与控制、协同控制和大城市宏观交通联动诱导等关键技术，形成了新一代城市交通控制系统的基础理论和方法，部分解决了制约新一代城市交通控制系统的关键技术，研制了新一代交通信号控制器、新一代智能化交通控制系统，建立了智能化交通控制系统测试与认证平台。

3. 智能化公交运营与服务技术

重点研究了公交网络运营优化、公交优先信号控制、公交运营智能化调度，以及大运量快速公交（BRT）智能系统等关键技术，研究工作成果为提高公交运营管理现代化水平和智能化运营服务提供支撑。

在综合公共交通网络运营优化技术研究方面，对公共交通线网优化、复杂综合公共交通网络划分、网络运营优化，以及公共交通的综合评价等关键技术进行了深入研究。提出了公交站点生成及需求总量预测技术，开发了多模式公共交通网络综合评价与优化技术系统。研究形成的关键理论技术应用到实际数据背景下的综合公共交通网络运营优化中，效果良好。

在网络化公交优先信号控制技术方面，研究实现了公交信息的实时采集及处理、触发式公交优先控制技术和优化式公交优先控制技术，完成了网络化公交优先信号控制效果影响因素分析、信号控制关键技术与方法选择、VISSIM 仿真平台搭建等基础研究。开发了公交信号优先设备与装置。

在公共交通智能调度技术方面，研究提出了“由点到线、由线到面、点面协调、逐步优化”的公交线路运营协调技术，建立了短期公交客流预测模型，开发了公交运营调度优化技术。研发了智能化公交调度关键技术设备，开发了智能调度管理系统软件，可以实现公交智能化运营实时调度。

在大运量快速公交智能系统技术方面，研究了大运量快速公交系统规划、运营与多公共交通方式衔接负荷均衡优化理论，开发了大运量快速公交智能系统和公交信号优先控制系统关键技术和装备，初步形成了快速公交智能系统的技术标准。研究完成的快速公交智能系统在厦门、常州、枣庄等 BRT 项目上获得应用和验证。相关的产品也普遍应用到了成都、乌鲁木齐、昆明、常州等公交项目。

4. 交通安全技术

围绕安全保障、事故处理与救援、事故致因综合分析等问题进行了研究部署，在汽车安全辅助驾驶、应急交通组织与事故救援、在途安全状态获取、车辆运行系统状态监控与安全预警、交通安全仿真评估等方面展取得了标志性成果。

在汽车安全辅助驾驶技术方面，研究实现了车辆的前方障碍物碰撞、夜间行车视野增强、智能前照灯随动、安全车距等预警控制技术，开发了具有前撞报警、主动避撞、自适应巡航等多种纵向安全功能的一体化控制系统。

在城市客运应急交通组织方面，开发了客运应急交通指挥信息平台、应急预案管理、应急指挥方案智能化生成及仿真优化软件系统。在高速公路应急交通组织方面，研究形成了紧急交通组织、信息发布及事故预警系统，开发了高速公路交通事故影响预测与控制软件。针对重大灾害条件下交通组织问题，研究开发了重大灾害条件下大规模路网应急交通协调组织与调度决策平台。

针对在途安全状态获取，研究了非常态下交通异常状态信息获取技术、危险货物在途安全状态监测技术、混合交通条件下行人安全状态识别技术、重载列车运行危险状态监测技术和重特大交通事故信息快速获取技术。

针对车辆运行系统状态监控与安全预警，重点研究了驾驶人安全状态监控预警、道路营运车辆运行危险状态监控预警、路网运行监控预警等技术和重大交通基础设施运营安全技术，开发了驾驶人实时监控预警、车辆运行安全状态监控预警等装置，形成了公路网交通管理和重特大交通事故应急处置系统和重大公路交通基础设施动态运营安全管理系统。

在事故致因分析与仿真评估技术方面，建立了道路交通事故致因分析指标体系，结合驾驶模拟实验平台开发了道路交通事故多元致因分析模拟实验技术。提出了事故多发点鉴别及成因分析系列方法 14 种，构建了面向道路交通运行安全评价与管理的模型与方法库，建立了基于 GIS 平台的道路交通运行安全仿真评价与管理系统，开发了道路交通事故微观仿真分析与再现系统平台。

5. 综合智能交通技术集成

重点组织实施了“国家智能交通综合技术集成与应用示范”、“重特大道路交通事故综合预防与处置集成技术开发与示范应用”等科技支撑计划项目。

（1）“国家智能交通综合技术集成与应用示范”

面向大型国际活动的城市智能化交通管理和出行服务、面向国家综合交通智能化服务与管理，对综合智能交通关键技术进行研究，实现了智能交通技术的集成应用，构建形成了我国智能交通技术集成的核心支撑体系，在为百姓出行服务、为政府管理服务、实现技术创新和带动产业发展等方面取得了显著成果，对提高既有交通设施的服务水平和效率，提高国家应对重大、突发事件的能力具有积极的意义。

面向大型国际活动的城市智能化交通管理和出行服务，针对 2008 北京奥运会、2010 上海世博会和广州亚运会的交通保障重大需求，实施了北京奥运智能交通管理与服务综合系统、上海世博智能交通技术综合集成系统、广州亚运智能交通综合信息平台系统项目，研究实施了智能化交通信号与诱导系统、综合性智能化公共交通调度管理系统及综合交通信息集成服务系统，在北京和上海重点进行了城市交通智能化控制、城市主干线道路交通诱导和公交信息服务等技术开发与集成示范，广州进行了区域性综合交通信息平台的应用示范，探索了区域性综合交通信息平台的建设和运营模式。项目主要成果在 2008 年北京奥运会、2010 年上海世博会，以及 2010 年广州亚运会的交通保障中发挥了突出作用，提高了我国应对国际大型活动交通保障的能力，提升我国在国际上的声誉和地位。

以国家高速公路和远洋运输为背景，组织实施了国家高速公路联网不停车收费和服务系统、远洋船舶及货物运输在线监控系统，突破了跨区域网络化不停车收费、远洋船舶及货物运输在线监控等关键技术，建立了国家高速公路联网不停车收费示范与服务系统，研究开发了远洋船舶及货物运输在线监控技术与系统。

（2）重特大道路交通事故综合预防与处置集成技术开发与示范应用

“重特大道路交通事故综合预防与处置集成技术开发与示范应用”科技支撑计划项目，围绕科技行动计划确定的“通过一段时间的努力，实现道路交通事故死亡人数逐年下降，特大道路交通事故进一步减少，万车死亡率接近中等发达国家水平的目标，最大限度保障人民群众生命财产安全”战略需求，针对遏制重特大道路交通事故、减少交通事故伤亡的目标需求，并结合公安部、交通运输部当前面临的交通安全方面的主要工作，以多部门合作、采取综合措施的途径，重点突破交通安全信息集成平台构建技术、山区公路网安全保障体系化技术、国家高速公路安全和服务技术、营运车辆运行安全保障技术、全民交通行为安全性提升综合技术、区域公路网交通安全态势评估及应急指挥技术，以及道路交通安全执法技术；研制相应的装置、设备和系统；通过实施规模化示范工程，形成行业标准和规范体系；实现示范区道路安全状况的明显好转，初步构建我国道路交通安全技术支撑体系。

（撰稿：金茂菁、黄　玲、关积珍）

我国智能交通科技主要研究成果与示范应用

一、智能交通系统关键技术开发和示范

2002 年 4 月，科技部正式批复“十五”科技攻关计划重大项目“智能交通系统关键技术开发和示范工程”实施。主要通过智能交通关键技术开发、环境建设和示范应用，重点解决交通智能控制、集成信息服务、专用短程通信、智能车路和标准规范等关键技术，研究适合我国国情的智能交通系统发展模式和技术，为我国智能交通系统的开发、应用及产业化奠定基础。

（一）智能交通关键技术开发

重点对智能交通系统项目评价方法、快速路系统通行能力、ITS 数据管理等共性基础技术进行了研究，形成了较系统的 ITS 理论方法和技术框架。“具有我国自主知识产权的面向 ITS 领域的应用软件”研究课题，完成了软件系统的数据集成、模块开发，得到实际应用。开发完成了“车载信息装置”、“汽车安全辅助装置”、“专用短程通信设备”、“交通信息采集设备”等关键技术设备并进行了小批样机的试验、测试，部分成果完成了样机的产品化，进入大批量的生产和应用。

（二）城市智能交通系统应用试点示范

选择了北京、上海、天津、重庆、广州、深圳、济南、杭州、青岛、中山等十个城市作为首批智能交通系统应用试点。对十个城市的示范工程项目进行了系统的需求分析、方案设计和工程建设。在城市智能化交通管理、公交智能化管理、共用信息平台建设等方面取得了良好成效。

1. 北京“科技奥运”智能交通应用试点示范工程

北京“科技奥运”智能交通应用试点示范工程是攻关项目中重点的示范工程应用项目。示范工程包括如下几项。

（1）奥运智能交通系统规划

包括奥运会期间的交通需求分析、北京交通矛盾及症结分析、奥运 ITS 规划等三项内容。其中奥运 ITS 规划一项包括奥运智能交通管理系统规划、奥运交通信息服务系统规划、奥运停车诱导系统规划、奥运先进公交系统规划、奥运紧急情况交通保障系统规划等。

（2）北京市交通综合信息平台示范工程

包括技术方案研究、实施方案研究、示范工程的推广和长远规划等研究工作。通过交通综合信息平台示范工程的建设，探索切实可行的部门间信息共享机制，以及能够保证北京市交通综合信息平台顺利建设实施和今后可持续发展的系统建设机制；完成交通

综合信息平台及其配套工程；逐步完善交通综合信息平台的功能；面向公众开展交通信息服务；形成相关接口和数据交换标准与规范；在系统建设和运行机制、技术方案、应用技术和标准等方面，为国内其他城市建设交通综合信息平台积累经验，提供示范。

（3）北京市智能交通管理系统示范工程

包括先进的交通指挥调度系统、先进的交通管理信息系统等两大系统的工程建设。其中先进的交通指挥调度系统建设包括实时交通信息监测系统、交通信号控制系统、智能交通综合集成系统三个项目；先进的交通管理信息系统建设包括现代化交通管理信息通信系统、智能化的网络安全监控系统、交通管理宽带通信综合业务网、交通管理综合信息应用系统、交通管理对外信息发布系统等。北京市智能交通管理示范工程初步建成了集高新技术应用为一体的智能化道路交通管理体系，基本实现了交通指挥现代化、管理数字化、信息网络化、办公自动化，使首都道路交通管理达到世界先进水平。

（4）停车诱导系统应用试点示范工程

包括停车诱导系统研究、西单地区停车诱导系统示范工程建设、北京市停车诱导系统建设可行性研究等工作。

（5）北京市先进公交系统示范工程

包括区域调度示范工程和西客站枢纽建设工程。区域调度示范工程包括技术支持系统研究和应用系统建设等工作。应用系统建设工作包括运营作业计划编制系统、公交区域运营辅助调度系统、运营统计分析系统、区域运营组织与调度管理信息系统、乘客信息服务系统、公交客流采集系统六个系统的建设。通过示范工程探索适合中国国情的公共交通区域运营组织与调度模式；开发与公共交通区域运营组织与调度相适应的技术支持系统；建立一个区域运营组织与调度实体的示范工程；为在奥运村建立高效的公交运输组织系统提供样板。

通过研究成果示范应用，北京市整体路网容纳能力和使用效率得到提高，交通需求与供给之间的矛盾得到缓解，路网负荷度降低，减少了总出行时间或行程，降低了能耗，减少了汽车尾气的排放，提高了道路交通的安全可靠性，获得了巨大的社会效益。

2. 上海市智能交通系统应用示范工程

示范工程的总体目标是初步通过示范工程的建设，形成适合上海大都市型的快速道路交通管理系统。具体包括：建成实际运行的上海快速道路 ITS 示范工程，包括分布式智能交通管理中心和应用系统；形成一套先进、实用的 ITS 技术产品，包括从交通信息的实时采集、分析、决策到信息发布的成套算法、技术和软件产品。

根据上海市的状况，通过示范工程的建设，研究开发了适合上海大都市型的快速道路交通管理系统，包括分布式智能交通信息中心，以及覆盖城市快速道路和高速公路的先进交通管理系统。

示范工程建设的具体内容包括：高架公路及相关高速公路、地面快速道路的交通信息采集系统，交通状况的分析、判别和预测系统，交通信息的发布系统，以及交通信息中心建设，形成较为完整的、适用于大都市的交通管理系统，并对该交通管理系统的效果进行评估。

示范工程建设的规模包括上海市延安高架道路和相关的外环线、高速公路，东起上海外滩、西至沪青平高速公路，全长 20.7km，覆盖了城市快速道路、高速公路和城市出入口的交通管理，目前的交通状况已经饱和。

示范工程应达到的功能：及时、系统地积累交通流数据，及时发现示范工程范围内的交通事件并作出迅速反应；形成交通信息交换或共享协议，形成不同部门协同作业的技术模式和管理模式。

3. 天津市智能交通系统应用示范工程

天津市 ITS 示范工程的主要内容包括以下几项。

（1）天津市 ITS 规划研究

以满足天津市社会经济中长期发展战略为目标，在国家 ITS 体系框架下，在研究国内外城市 ITS 规划、组织实施方法的基础上，结合天津交通设施条件和信息化实践，提出符合天津实际的 ITS 体系结构、规划方案和实施方案。方案应具有足够的权威性和良好的可操作性，并随着情况变化滚动发展。

（2）机动车、驾驶员信息管理与服务系统建设与示范

该系统是应用计算机网络、数据库、数字通信等技术，记录、统计、分析驾驶员交通违章、交通事故、年检审验等信息。建立以机动车身份编码（VIN）为基础的 VINNET 网络系统，在车辆年检数据库中，通过 VIN 实现对车辆的跟踪识别；在车辆失盗数据库、车辆故障与交通事故数据库中，通过 VIN 实现车辆跟踪、故障信息统计与反馈。本信息管理与服务系统还将在政府政策制定、交通管理、城市规划与建设等方面发挥重要作用。

（3）奥运会快速通道智能化交通管理系统建设与示范

快速通道智能化交通管理系统，包括信号控制系统、交通诱导系统、指挥调度系统、视频监测系统等子系统。在现有 SCAT 等系统的基础上，建设扩展各子系统，并实现各子系统功能的高度集成、协调运作。

（4）天津市 ITS 通用信息平台建设与示范

ITS 信息服务通用平台是至关重要的 ITS 基础设施。根据天津 ITS 总体框架和规划，初步搭建天津市 ITS 通用信息平台。主要实施内容包括：建立各个信息子系统的物理连接、建立通用信息平台主中心、建立信息共享体系、建立面向用户的应用系统；研究信息平台系统的协议、标准和接口，保障平台的先进性、开放性、兼容性和扩展能力；开发基于平台的交通监控设备驱动程序，完善数据的融合、挖掘功能等。

（5）路面巡查（车）指挥调度系统建设与示范

配合天津市警用巡查车的配置计划，在示范期间，建立巡查车的定位、跟踪和指挥调度系统，为巡查车配备车载端，提高公安交警路面快速反应能力。同时，设想将巡查车作为交通调查样本车辆，完善交通信息（特别是普通路段交通信息）采集。

（6）天津市停车信息发布及诱导系统建设与示范

建设一个覆盖整个地区的停车场管理网络，使智能停车诱导系统成为系统内各个停

车场的信息采集、信息处理、信息存储交换的中心。网络系统可连接各个停车场系统，以及相关部门，各信息显示系统（大屏幕显示器）。在任何时候都能保证信息处理的通畅、及时、可靠。并能达到显著提高信息收集的速度和质量，监控突发事件，实现信息共享，充分提高工作效率和管理水平的目的。

4. 其他城市智能交通系统应用示范工程

（1）广州市智能交通系统应用示范工程

广州市智能交通系统示范工程主要目标是建立共用交通信息平台并开展面向社会公众的交通信息服务。示范工程主要内容是通过相关标准规范的制定、相关技术的融合、相关产品的集成，形成具体的ITS共用信息平台，承载ITS的规划、管理控制和业务发展等功能，科学合理地指导ITS及其子系统的建设，最终形成交通的信息化、智能化。

广州市交通共用信息平台由以下几个支撑子平台与模块组成：通信网络子平台，交通信息发布子平台，交通地理信息支撑子平台，共用信息数据库子平台，接入/融合子平台，ITS网管系统，交通决策支持子平台，定位/导航服务子平台。

（2）重庆市智能交通系统应用示范工程

重庆市是典型的西部地区山城，山区城市在路网结构、交通构成、出行方式等方面具有不同于平原城市的特殊性，修路造桥对投资和技术的需求比一般平原城市要大得多，应用ITS技术，从系统和科学的管理角度来解决交通问题就显得更为重要和迫切。

重庆市ITS示范工程的主要内容包括：重庆市城市交通指挥与自动控制系统，重庆市城市交通事故/紧急事件管理系统，重庆市ITS共用信息平台。

（3）深圳市智能交通系统应用示范工程

结合深圳市物流信息系统发展规划和交通物流行业发展的目标，深圳市以现代物流信息系统建设作为“十五”国家科技攻关“智能交通系统关键技术开发和示范工程”的内容。

深圳市现代物流信息系统的战略总目标是：建设现代物流信息系统，满足现代物流业对信息的综合需求，支撑物流业的发展。通过示范工程建设，深圳市组建了物流信息管理中心，完成了物流信息管理中心的所有软、硬件设备的采购和相关系统的建设工作，开发的海事“危险品申报客户端”系统和“风险分析系统”在海关成功使用。

（4）杭州市智能交通系统应用示范工程

杭州市主要的交通供求矛盾在道路交通方面，而道路交通的供求主要矛盾在市区。从管理的角度出发，市区道路交通的关键在于公安交通管理。结合科技部和专家对《杭州市智能交通系统示范工程可行性研究》的有关评审意见，杭州市智能交通系统示范工程的总体目标定位于城市公安道路交通管理。

结合科技部ITS示范工程有关要求，杭州市智能交通示范工程的具体示范内容确定为综合的交通信息系统、面向混合交通的交通控制系统、智能化交通管理系统、先进的公共汽车交通系统。

（5）青岛市智能交通系统应用示范工程

青岛市智能交通系统示范工程是智能化公共交通调度管理系统和先进的城市交通

指挥系统。青岛市完成的“智能化公交调度系统示范工程”，实现了公共交通智能化调度，充分满足了工程中最大的受益者——出行者出行时对公共交通信息的需求，为2008年奥运会水上项目在青岛市举办时的交通控制和公共交通服务做好了充分的准备。

（6）济南市智能交通系统应用示范工程

济南市针对本市交通存在的主要问题，结合济南市交通运输系统的实际情况、资源和条件，将“城市交通共用信息平台”、“城市交通智能化管理系统”、“区域物流管理服务系统”三个方面作为济南市智能交通系统应用试点示范工程。

通过示范工程建设，济南市完成了城市交通共用信息平台的初期研究、协调工作，以及平台的搭建工作，通过对共用信息平台的建设，实现了ITS各系统信息互通，资源共享；城市交通智能化管理系统的建设使整个交通管理系统实现信息资源共享，通过信息发布系统、诱导系统等引导合理的交通消费模式，使交通和出行由无序变为有序；区域物流管理服务系统的建设，形成了科学管理与优质服务融为一体的布局合理、功能齐全、装备先进、设施配套、信息互通、管理有序的智能化信息网络。

（7）中山市智能交通系统应用试点示范工程

中山市示范工程的总体目标是以信息技术为主导，以计算机通信网络和智能化管理平台为基础，初步建成集高新技术应用为一体的智能化道路交通管理体系，基本实现交通指挥现代化、管理数字化、信息网络化、办公自动化，使中山市道路交通管理现代化达到先进水平。最终目标是改善中山现有路网的运行状况，充分、高效地利用现有交通基础设施，缓解交通堵塞、减少环境污染、节约能源、提高驾驶员驾驶车辆的安全性和舒适性。

中山市智能交通系统应用试点示范工程的主要内容是“城市交通管理系统”和“公共交通管理系统”。

二、国家综合智能交通技术集成应用示范

（一）北京奥运智能交通管理与服务综合系统

1. 概况

根据北京市申办2008年夏季奥运会时的承诺和北京奥运交通要达到的目标要求，针对2008年奥运会的特殊需求，建设智能化奥运交通运输与管理系统示范工程，使奥运会期间奥运大家庭成员由驻地到比赛场馆耗时不超过30分钟；监控车辆不少于5000辆，交通事件检测和响应时间控制在3分钟以内，准确率大于90%；交通数据系统具备不少于10000辆车辆位置信息的数据采集能力和不大于5分钟的动态交通状态数据处理能力；快速路和主干路的群体交通诱导系统覆盖范围达到80%。为奥运会提供高质量、高效率、有序的交通服务创造有利条件。

2. 主要成果和技术创新

重点研究和开发了大型城市交通信号控制平台系统集成技术及其支撑数学模型和交通仿真软件、平面道路交通群体诱导系统、基于道路检测器和车辆位置信息的综合道路交通状态获取技术，升级完善了交通指挥控制系统和调度系统，研发了北京奥运交通管理指挥调度系统、分布式综合交通信息集成技术与系统、基于卫星定位的服务于奥组委所管理的T1～T5类车辆实时监控管理系统、综合交通数据发布系统，面向公共交通的车辆运营管理系统建立了以“奥运交通指挥中心”、“交通数据中心”、“交通信息发布中心”和“交通应急中心”为核心的北京市综合交通信息平台，改善了公众出行环境，增强了对北京市交通紧急事件的处理和应变能力，以高效、安全的奥运交通服务，确保了2008年奥运会的顺利召开。

（1）奥运综合交通信息平台

建成了“奥运交通指挥中心”、“交通数据中心”、“交通信息发布中心”和“交通应急中心”，在此基础上建成了北京奥运综合交通信息平台，包括以下几项。

- ❑ 建成了北京奥运交通管理指挥调度系统，市区快速路高峰时段平均车速达到35～50km/h，一般干道平均车速达到20km/h；交通事件检测和响应时间控制在3分钟以内，准确率大于90%。奥运会期间，运动员、教练员及奥运官员由驻地到比赛场馆时耗不超过30min，奥林匹克交通优先路线平均车速不低于60km/h。
- ❑ 开发了分布式综合交通信息集成技术与系统，增加了路面交通信息采集设备100套，事件检测系统200套，数字化视频系统200套，断面交通流检测系统150套，旅行时间检测系统50套。交通数据系统具备不少于10000辆浮动车的数据采集和处理能力，实现了出租车出行特征分析及出租车行业运营状况分析功能，车辆采样比例大于全市出租车辆总数量的10%。
- ❑ 完成了基于卫星定位的奥运车辆监控调度综合管理系统，建成了奥运车辆监控中心和应急中心，能够为5000辆车提供监控和服务。
- ❑ 开发了综合交通数据发布系统，建设交通信息发布中心，提供了网络、广播、交通枢纽信息屏、场馆信息屏、短信等5种以上的出行服务。
- ❑ 完成了公共交通的车辆运营管理系统，建设1个总调度（指挥）中心、4个区域调度中心；保障约35条奥运公交临时线路的调度工作，其中包括服务奥运公园的21条临时线路；保障3500辆专线公交车及50辆公交救援车的调度工作。

（2）城市交通数据系统关键支撑技术研究

- ❑ 开发和建立了面向奥运的城市交通仿真评价系统，建立了宏观、中观和微观交通仿真模型。
- ❑ 开发了北京市交通规划、交通设计、交通管理仿真测试平台。
- ❑ 完成了交通数据融合技术、决策支持等技术的研究。实现了五环内主要道路（快速路、主干路、次干路和支路）实时交通状况信息的采集分析功能。

（3）平面道路交通群体诱导系统及示范工程

- 完成了路侧室外显示屏的研制开发，分为道路总况综合显示、区域路段路况显示和综合路况显示三大类。
- 完成了五环路以内的交通快速路及主干道的交通实时动态交通信息展示系统，实现路况实时显示，并显示事故信息和施工信息。设立了路侧室外显示屏200套。
- 路侧室外显示屏显示道路交通流实时动态状况，实现了交通诱导信息量化图形显示，采用颜色代表交通拥堵状况的群体交通诱导覆盖范围达到80%，数据更新周期为3分钟。系统相关设备支持无线、有线通信。
- 完成了交通诱导信息网络传输控制及网络可信技术规范的制定，完成了群体交通诱导信息算法模型的研制开发。系统实现了主中心、分中心、本地三级控制，提供群体交通诱导信息显示功能、群体交通诱导信息自动生成功能、群体交通诱导信息的管理维护功能。

3. 示范应用情况

（1）现代化的交通指挥调度系统

该系统集成了电视监控、交通信号控制、诱导显示、单兵定位等多个应用系统的相关数据，通过制定的预案进行智能化的指挥调度。依托交通指挥调度系统，市交管局建立了由现代化的奥运交通指挥中心、仰山桥交通勤务指挥中心和38个场馆群交通指挥所组成的三级奥运交通指挥科技体系。对社会交通和奥运交通进行有效组织、精确管理，保证奥运交通和社会交通有序并行、和谐运转。

遇有突发事件，指挥人员通过警力定位系统，实时掌握全局路面警力部署，动态调整警力投入；也可以根据需要，调派装备卫星通信、无线传输、图像采集等科技系统的交通指挥通信车赶赴现场，实现快速反应，扁平指挥。同时，在指挥调度集成系统可视化的图形界面下，可以按照预案同步实现电视监控、交通控制和交通诱导等多个技术系统联动，一方面利用信号系统对事件周边路口、快速路出入口进行控制，减少附近车辆向事件地点的汇聚，另一方面利用路侧大型可变情报信息板发布诱导信息，提示附近驾驶员绕行，缓解事件点段交通拥堵。

（2）交通事件的自动检测报警系统

奥运会期间，由安装在道路上的上百台交通事件检测器等组成的交通事件检测系统，可在第一时间发现交通事故、路面积水等各种意外事件，自动报警并对事件过程全程录像，在指挥中心实时显现，指挥人员使用警力定位系统迅速显示事件区域的警员、警车分布，指派最近民警在最短时间内到达现场进行处置。意外事件自动报警应用以来，对交通意外事件的处置时间平均减少了3分钟至5分钟，大大提高了对交通意外事件的快速反应和处置能力，确保城市主干道的安全与畅通。

（3）自动识别“单双号”的交通综合监测系统

遍布全市快速路、主干路网和奥运专用路线，交通综合监测系统的上万个检测线圈、超声波、微波设备，是城市交通管理的神经末梢，24 小时自动准确采集路面交通流量、流速、占有率等运行数据。系统还能对每天上路的几百万车辆进行自动检测，包括违反“单双号”限行规定等多种违法车辆，为保证道路的通畅，创造良好的交通环境提供强有力的技术支撑。

（4）数字高清的奥运中心区综合监测系统

在奥运中心区，建成的基于高清数字化技术的综合监测系统，实现了对进出中心区车辆的全时空、全方位监测。这个系统的路面监测设备把原来视频监控、流量统计、车辆识别、事件检测、违法检测等 5 种功能融为一体，一个设备替代多个设备，如此高集成度的应用在我国也是首次。

（5）闭环管理的数字化交通执法系统

固定安装在路面上的 1100 套的电子警察全部联网，对闯红灯、超速等 9 种路面违法行为进行 24 小时自动监测，并将违法信息上传到中心数据库，与 42 个车辆检测场、车管所、执法站高度共享，实现了科学的闭环执法管理。此外，利用移动的巡逻警车车载交通监测设备，在行驶过程时随时随地无线联网中心数据库，对过往车辆进行实时检测、抓拍，自动识别逾期未检、套牌车等涉车交通违法行为，每小时可检测车辆 2200 辆左右，从识别到系统终端报警不超过 1 秒。

（6）智能化的的区域交通信号系统

根据北京路网结构和行人、机动车、非机动车混合的交通特点，市交管局在城区建成了交通信号区域控制系统，系统通过埋设在路口的交通流检测器采集到的交通流信息，对路口交通信号进行实时优化，可以实现单点的感应优化控制、干线绿波协调控制和区域优化协调控制。可以在中心随时查看路口信号控制的实时显示界面。近两千台信号机在计算机自动控制下协调联动，实时检测并根据路网流量变化，在高峰时进行最大通行量控制、在平峰时进行协调控制、在低峰时进行感应自适应控制。能够通过合理调整车辆通行时间来优化车辆在道路空间的分布，大大提高了路口、路段的放行效率，增强了路网整体管控能力，路网综合通行能力提高了 15%。另外，在奥运中心区内的信号灯控路口，还首次增加了行人过街绿灯倒计时和盲人语音提示功能，最大限度提供人性化服务，礼让民权、保障行人安全。

（7）灵活管控的快速路交通控制系统

快速路网，也就是我们常说的环路及其联络线，是北京市道路交通的主动脉，承担了城区一半以上流量，也是奥运专用路线的组成部分。市交管局建成了目前世界上规模最大、最智能化的快速路交通控制系统，利用设置在二、三、四环及其联络线主要出入口的信号灯，根据流量变化自动关闭和开启出入口，对进出快速路交通流进行智能控制。在快速路主路流量达到拥堵警示标准时，通过信号灯控制进出主路车流，诱导司机从辅路通行。当快速路主路出口由于拥堵造成车流不畅时，出口信号灯控制出口上游辅路车流量，为主路出口提供更为顺畅的通行条件，保证主动脉的畅通；并通过可变信息板及时提示驾驶员选择路线，注意进出口车辆，有效预防出入口交通事故。

（8）公交优先的交通信号控制系统

优先发展公共交通是缓解城市交通拥堵，改善城市交通环境的根本出路。奥运期间，北京市交管局在已经施划公交车道和奥运专用道的道路上，建设了126个具有公交优先控制的信号灯路口。当公交车辆通过这些路口时，设置在道路上的公交车辆检测器将检测到的公交车辆信息传送给信号控制系统的计算机，计算机根据当前路口的信号放行状态和流量情况，或是缩短另一方向的放行信号时间，或是延长本方向的绿灯放行时间，使公交车辆在路口的延误时间最短，达到优先放行的目的。充分满足大容量、高速度的客运需求，为奥运大家庭成员、观赛人群提供高效、快捷的交通服务。

（9）连续诱导的大型路侧可变情报信息板

利用分布在全市主干路、环路的228块大型路侧可变情报信息板，每两分钟一次将本区域个性化地，以红、黄、绿三种颜色分别表示拥堵、缓行和畅通的实时路况信息，提供给道路交通参与者，同时，每天发布奥运交通管制、道路限行、绕行路线等交通服务信息上千条，实现对奥运车辆和社会车辆的全程连续诱导。

（10）交通实时路况预测预报系统

系统对交通检测设备采集来的全市路网交通流数据，进行深层次挖掘分析，准确掌握实时的路网运行状态，并通过预测预报数学模型，预测路网流量变化。在该系统的支持下，利用互联网站、手机WAP网站和各种媒体，为广大民众提供最权威、最及时、最准确的个性化交通信息服务。不仅包括实时交通路况信息、交通管制信息，而且提供交通预报和行车路线参考，做到随时随地贴身服务。

奥运智能交通管理系统的建成、投入使用，极大提高了首都科学交通管理水平，为保障道路交通安全、有序、畅通，实现平安奥运，提供了强有力的技术支撑和保证。

（二）上海世博智能交通技术综合集成系统

1. 概述

上海世博会是首次在我国举办的国际博览盛会，要使世博会成功、精彩地举办，交通服务保障是关键要素之一。与北京奥运会相比，上海世博会无论在举办持续时间、游客数量与来源、场馆分布等方面都有较大的差异，世博交通也随之表现出点向集聚性，与日常交通长时间的交织、叠加与冲突性，交通管理的复杂与协同性等特征，面临的形势更为复杂和严峻。因此，除了采取相应的交通管理与组织措施外，应用智能交通技术辅助管理，将是保障世博交通畅达的重要手段之一。

由于世博交通的特殊性，需要针对世博交通特征，根据世博交通对智能交通的需求，开展上海世博智能交通技术综合集成系统的研究与示范。在世博交通组织和管理总体策略引导下，开展世博交通综合信息整合、世博道路网络协调控制管理、交通枢纽公众交通信息服务、交通紧急事件智能检测、世博交通决策管理技术支撑等世博智能交通技术系统的研发及其相应的工程示范，为保障世博交通安全、快捷、畅达提供辅助管理，为世博智能交通工程建设积累实际经验。

2. 主要成果和技术创新

总体目标可概括为“提出一个战略，建设一个平台，整合六个系统，实现四项服务”。即：研究提出世博优先的交通战略和技术手段；建设完成具有开放体系结构的市域综合交通信息服务基础平台，整合城市快速道路、地面道路、轨道交通、公共交通、航空港、水路码头六大行业系统的综合交通信息；以平台的集成信息为基础，扩展在城市交通枢纽中的公众出行服务功能，以及快速道路、地面道路一体化城市道路网络的协调控制管理功能，开展面向公众的信息服务、面向产业的技术服务、面向世博的交通管理服务，以及面向政府的决策支持服务的工程示范。

（1）世博交通信息整合处理方面

针对世博游客和世博交通管理者对世博交通综合信息全面、准确的需求，重点研发了“综合交通信息平台构建技术”，研发了平台系统构架、数据标准、网络通信、数据存储与管理、信息共享、运行管理等技术，支撑交通综合信息平台的建设与世博交通信息服务的发布。

针对世博交通流数据采集需求，特别是世博客流采集和多种交通流参数整合处理需求，研发了“综合交通动态信息获取技术”，包括基于手机移动定位的广域公路交通流参数采集技术、密集客流视频检测技术、多源道路交通流参数整合处理技术等，在原有交通流数据采集技术基础上，进一步丰富了手机采集交通流、GPS 采集交通流、视频采集客流技术等交通动态获取技术手段。

研发了“复杂环境交通交通状态分析技术”，提出了在强干扰环境下交通状态的判别、分析技术模型。

（2）世博交通协调控制管理方面

世博交通的单点聚集性，以及在长达半年时间内与日常交通的交织、叠加、冲突，使得使世博交通适当优先、世博交通与日常交通的分离，保持世博交通通道交通流的均衡显得尤为重要。为此，重点研发了“网络路由优化诱导控制技术”、“交通走廊协调控制技术”，从网络层面，提出了城市快速路、地面主要干道交通流的有效诱导、合理控制和均衡交通流相关技术，以及研究针对高架道路入口匝道控制、出口匝道临近地面交叉口的信号协调等的相关技术，实现快速路与平行地面道路交通流的均衡控制，以及面向多层次交通系统进行交通走廊协调控制，保证世博交通走廊的畅通和高效运行，支撑世博优先的道路交通协调管理示范工程。

采用集约化交通工具运载世博游客是世博交通组织策略的重要组成部分。由于世博场馆的单一性，保持世博径向通道上专线公交车的适当优先权，对安全、快速集散世博客流意义重大，为此，研发了“世博专线车信号优先技术”，提出了基于车头时距均衡的信号优先策略，建立了主动式请求公交信号优先、车道预信号、公交绿波 3 种公交优先模型，创建了 SCATS 环境下基于倒计时状态的信号优先特征参数动态调整技术，支撑世博专线公交信号优先示范工程。

任一世博交通主要通道、主要节点发生异常交通事件，对整个世博交通网络运行的影响都将是十分严重的。为此，研发了“世博交通紧急事件检测与管理技术”，提出了新型单线圈检测器检测异常事件、现场 IPC 完成判别技术方案，提高了检测速度和精度，大大减轻了信息传输负荷，降低了中心计算机工作负荷，并编制了世博交通紧急事件预案库及相应软件，支撑世博交通紧急事件管理系统示范工程。

（3）世博交通出行信息服务方面

世博游客来源的广泛性、世博交通枢纽承担集散世博游客数量的集中性、政府管理部门决策对量化数据的依赖性，表现出对世博交通信息服务的需求是十分强烈的。特别是由于交通枢纽是承载、集散世博游客的重要节点，客流集散效率直接影响城市内部交通。为此，以浦东国际机场为例，研究了“城市交通枢纽出行信息服务系统技术”，提出了交通枢纽交通信息服务发布的内容、手段、设备、枢纽内部客流组织方案等，以提高交通枢纽的换乘效率、出行安全性和舒适性，均衡交通枢纽与游客集散目的地之间道路交通流量分布，支持交通枢纽出行信息服务系统示范工程的建设。

3. 示范应用情况

为实践上述研发的各项技术成果，开展了 4 项已在世博交通主要通道和主要交通枢纽节点现场建设的示范工程，以期将示范工程所取得的实践经验和示范效应，在大规模世博交通建设工作中加以应用和推广，使科研成果能有效地服务于世博交通组织管理。

（1）交通综合信息平台示范工程

基于研发的“综合交通信息平台构建技术”等技术，依托于上海交通综合信息平台的建设工程，重点开展航空港、码头等对外交通枢纽相关交通信息接入、交互、共享建设示范，建成了整合全市快速路、地面道路、轨道交通、公共交通、航空港、码头等六大行业系统综合交通信息的**交通综合信息平台示范工程**，汇聚上述行业系统的基础数据、实时数据、历史数据，实现了不同行业系统信息互联与共享，为世博交通信息服务、世博交通管理提供强大的数据支撑服务。

（2）“世博优先”的道路交通协调管理示范工程

此工程由网络路由优化诱导控制示范工程、匝道协调管理示范工程、世博专线车信号优先示范工程三部分组成。

基于研发的“网络路由优化诱导控制技术”、“交通走廊协调控制技术”等技术，完成了网络路由优化诱导控制示范工程建设。该示范工程以城市快速路和与之相邻的平行地面道路为研究对象，通过对通往世博园区的三条路径不同行程时间的预测和发布，来诱导、均衡快速路和相邻地面道路的车流量，使通往世博园区的道路通行能力达到优化，行程时间尽可能减少。

完成了匝道协调管理示范工程建设。该示范工程以入口匝道动态控制技术为基础，在通往世博园区的高架路上匝道范围，通过设置检测线圈、可变信息标志、匝道控制器、信号灯等设备，动态调节均衡上匝道进入高架主线的车流量，实现世博优先的道路交通协调管理目标。

基于研发的“世博专线车公交信号优先技术”等技术，完成了世博专线车信号优先示范工程。在通往世博园区的南北高架地面道路 6 个交叉口，采用车头时距均衡策略，主动式请求公交信号优先模式，对 SCATS 特征参数在倒计时状态下进行动态调整，并在 35 辆上示范车辆上安装了基于 Zigbee 的射频电子标签，通过路边阅读器等设备，完成信号优先请求与相应动作，实现世博专线车的优先通行。

（3）城市交通枢纽出行信息服务系统示范工程

此工程由浦东国际机场、吴淞客运码头、人民广场三个城市交通枢纽的交通综合信息发布服务系统组成。

基于研发的“城市交通枢纽出行信息服务系统技术”等技术，依托浦东国际机场二期航站楼建设工程，完成浦东国际机场出行信息服务系统示范工程。通过浦东机场交通信息发布屏、可变信息标志，发布公交、磁悬浮列车换乘等信息、至中心城主要道路节点与城市快速路实时交通状态信息，实现浦东国际机场与交通综合信息平台的互联与信息交换。

完成了吴淞客运码头出行信息服务系统示范工程。实现客运码头与交通综合信息平台实时互联，并在客运码头设置 2 套大型显示屏和 1 套综合交通信息查询终端，发布快速路实时状态信息，查询通往世博园区、中心城区公交换乘等综合交通信息。

完成了人民广场出行信息服务系统示范工程。在人民广场地铁换乘通道设置综合交通信息查询终端，查询轨道交通与地面公交换乘、周边商业设施信息、快速路交通状态信息和世博会相关信息。除此以外，在世博局等政府管理部门、火车站、长途汽车客运站、地铁中山公园站、高速公路收费站、上海宾馆、正大广场等共安装 20 套查询终端。完成 1000 套公交电子站牌建设。完成 250 套社会停车场库动态泊车位信息接入。

（4）世博交通紧急事件管理系统示范工程

基于研发的“世博交通紧急事件检测与管理技术”等技术，完成世博交通紧急事件管理系统示范工程。该示范工程以通往世博园区的南北高架、内环高架、南北高架地面道路为示范工程范围，设置新型单线圈检测器检测异常事件，在检测现场完成判别，通过紧急事件管理中心处置，与预先设计的紧急事件处置预案库自动相连，及时给出应对处置方案，发布事件信息，及时诱导疏散被事件影响的相关车辆，降低事件对整个交通网络面的影响。

主要技术和示范工程成果在世博交通建设和管理运行中得到了全面的应用。提出的世博智能交通建设框架和实施方案直接指导了世博智能交通系统的建设；交通信息整合平台为世博交通指挥和调度工作提供了先进的技术手段；出行信息服务系统为各来源地客流提供了及时、可靠的出行参考，均衡了路网压力；包括路由控制等一批 ITS 新技术的应用，不仅服务了世博，也在其后的日常交通管理工作中发挥了巨大的作用。

（三）广州亚运智能交通系统及应用

1. 概况

第 16 届亚运会和亚残运会在广州举行，是继北京、上海分别成功举办了奥运会和世博会之后的又一次成功的盛会，也是广州第一次承办国际性综合体育文化盛会，这给广州的城市建设、交通发展带来了难得的机遇，也给城市带来了严峻的挑战。广州第16届亚运会和亚残运会前，广州智能交通管理与指挥系统和ITS共用信息平台等已建成并投入使用。这些基础设施在日常交通管理指挥、动态交通组织与控制、出行信息发布、公共交通调度、运政执法等应用中发挥了重要作用，为更好地实施“科技亚运，激情盛会”的目标打下了良好的基础。

2. 主要成果和技术创新

广州亚运会的开闭幕式与以往的运动会不同，它的开闭幕式是在开放式的场地举行，而不是在体育运动场馆内进行；赛事的各运动场馆又分散在各区。亚运会的举行，必将产生新的交通需求，同时亚运会期间的交通管制会导致道路通行能力降低，进而影响整个城市交通系统。其影响涉及了城市道路系统、公交系统、慢行交通系统。为此，事前做好交通预测和交通仿真是确保为广州亚运会提供高效交通服务同时尽量减少对社会正常交通的影响。

（1）亚运交通模型及评价体系

广州亚运交通模型包含了基础数据平台、宏观仿真模型、中观仿真模型和微观仿真模型四个层次体系，形成了一套完整的亚运模型体系，从不同的层面分析广州亚运交通运作情况。根据亚运交通需求预测及仿真需要，还建立了广州市亚运期间交通运行状态仿真模型子系统、亚运专用车道系统仿真模型子系统、亚运会开闭幕式仿真模型子系统和重点赛区仿真模型子系统。

根据亚运交通组织的相关目标，遵循可达性、可靠性和公平性三个原则，从城市整体交通运行状况（宏观）、亚运专用道和主通道路网（中观）、比赛场馆（包括开闭幕式会场，下同）周边区域（微观）三个层次建立了亚运交通组织评价指标体系。

（2）广州亚运智能交通管理系统

亚运会智能交通管理系统的建设涉及到了信息采集、现场管理、中心指挥调度、信息管理及信息发布各个环节。亚运会智能交通管理系统主要包括以下五个模块的内容。

实时交通信息采集模块。主要包括了基于感应线圈的交通流量采集系统、基于微波的测速系统、基于监控视频图像的采集系统（人工识别）、基于视频的事件检测系统和基于市民举报的电话接警。从亚运通道的覆盖情况看，还需要新增基于线圈和微波的检测点位，同时要针对专用车道及重要的通道建立事件检测系统。

现场交通管理模块。主要包括信号控制系统（以SCATS为主）、电子警察系统、CCTV视频监控系统、警力定位系统、车牌识别系统和现场指挥部。从亚运重要场所周边及连接通道的安全保障需求看，需要进一步增加这些重要区域及通道的信号控制系统、视频监控系统和电子警察系统的覆盖率，并增加移动执法系统、车牌识别系统及重要场所的现场指挥部等内容。

交通指挥调度中心模块。指挥调度中心是整个亚运智能交通管理保障系统的核心，主要包括外场信息的接入端口、信息平台、可视化视频监控平台（电视墙）、122接出警系统和集成调度指挥系统等。为了更好地满足亚运会期间的综合指挥调度需求，需要进一步完善中心的信息整合和系统联动功能，同时还要制定一套保障整个大系统正常运行的保障方案，提高亚运会智能交通管理系统的稳定性。

交通信息管理模块。主要包括了机动车与驾驶员管理信息系统、交通违章信息系统、亚运特殊车辆信息系统、交通设施管理系统和警力资源管理系统。这些系统功能基本可以在现有信息管理系统中进行扩展和完善得以实现。

交通信息发布模块。主要包括交通网站（即现有的金盾网）、交通广播电台、移动查询终端、可变情报板及其他信息发布渠道。为了在亚运期间提供更加丰富、准确和覆盖面更广的信息发布服务，首先需要在重要的亚运通道上增加动态诱导系统的布设，并将其与实时交通信息采集系统整合在一起，提高信息的准确性。同时，要在现有网站、广播电台增加更加丰富的交通实况信息。

（3）亚运交通信息资源整合服务系统

亚运交通信息资源整合服务系统包括以下3大系统：亚运交通信息资源整合与公众服务系统、亚运公共交通管理与车辆调度系统、亚运公交视频交通运行保障系统。

亚运交通信息整合与公众服务系统通过收集浮动车的实时位置信息，经过浮动车、视频分析路况信息识别模型的处理和加工，结合亚运赛事组织的实际情况，形成覆盖整个亚运城市的综合交通信息；通过基于交通GIS技术的交通信息发布系统，借助无线通信运营商的短信、彩信、坐席等渠道，向亚运城市出行者提供实时动态的交通信息服务。

亚运公共交通管理与车辆调度系统作为唯一在亚运会期间服务于运动员、技术官员、注册媒体和贵宾的车辆调度平台，该系统基于全球定位系统（GPS）和地理信息系统（GIS），建立起了智能调度与现场调度相结合的车辆调度指挥体系，为组委会运动会服务部提供车辆交通服务、驾驶员及调度员管理、用车规划、智能调度、实时监控及突发事件应急处理等服务，基本实现了所有亚运服务车辆调度的数字化、现代化管理。

亚运公交视频监控系统，在亚运前，广州市完成了全市8000多辆公交车的公交视频监控系统的安装和优化升级，还将无线传输技术融入该系统，实现监控录像数据的无线传输和备份，后方管理中心可根据监控图像实时与治安监控联动。在广州市主要道路建设了60多路移动视频，实现从后方管理中心对各主干道路况的实时监控，在亚运会开幕前，广州市在黄沙码头、天字码头、芳村码头等6大主要码头建设了移动视频监控系统，可实时监控码头船只抵离和客流运输情况。

3. 示范应用情况

（1）亚运会交通组织模型的应用

通过亚运交通模型的仿真测试，比较了亚运期间交通组织方案，使研究制定的亚运交通政策、亚运通道和专用车道规划、开闭幕式和赛事期间交通组织、风险评估及应急预案等亚运期间交通组织方案更加合理，约80%的方案在亚运期间得到了应用且实施效果良好，保障了亚运交通的顺利运行。

通过亚运交通模型在实际中的演练和亚运会开幕式的彩排测试，对广州市在亚运期间实施多项亚运交通政策（包括机动车单双号限行、黄标车禁行、公务车封存、扩大货车限行范围、设置亚运专用车道、开闭幕式放假等）对交通的影响的评估，以及亚运会、亚残运会开闭幕式交通运作与赛事四大赛区、大学城交通运作评估，为亚运交通组织提供了科学的基础数据。

（2）亚运会智能交通管理系统的应用

在现有智能交通管理系统的基础上，以满足亚运交通安保的需求为主要目的，根据所制定的亚运交通组织方案规划建设了亚运会智能交通管理系统，主要工作包括：

- ❑ 新建 130 个交通流检测点，实现对主要道路的实时交通信息采集。
- ❑ 新建和接入 1300 余路交通视频信息，完善对亚运通道运行秩序的监控。
- ❑ 新增 100 套新型电子警察系统，为亚运交通政策的落实提供技术保障。
- ❑ 新增和改造 589 个信号控制系统，保障重要会场周边交通的顺利集散。
- ❑ 新建 78 套交通事件检测系统，实现对城市交通运行的主动管理。
- ❑ 新建 38 套车辆自动识别系统，保障主要亚运通道的运行秩序和安全。
- ❑ 新增 20 块动态交通诱导屏，全面完善亚运交通信息发布。

（3）亚运会智能交通信息资源整合与服务系统的应用

①亚运交通信息资源整合共享平台

亚运交通信息资源整合共享平台整合了包括市交委、市交警、广铁、民航、白云机场、地铁、亚组委、市环保局、市水务局、市供电局、市建委、移动、联通、电信、各高快速公路公司等 20 多个政府部门和企业的与交通相关的数据，建立了一个既辅助决策于行业监管部门，又能进行权威交通信息发布的平台。

为了使经过整合的各类交通信息能够及时向社会发布，使“亚运交通信息资源整合共享平台”能够为广大人民群众提供贴心的交通资讯服务，通过广州广播电视台、羊城交通电台、广州交通电台、中国移动、中国联通和中国电信等进行发布播报，全方位多渠道服务于广大市民。其中，广州广播电视台移动频道专门推出了全国第一档以交通路况信息播报为专题的电视节目《亚运交通直播室》，并于 2010 年 11 月 6 日正式开播。该节目首创性地同时利用了广州有线电视网络、移动数字电视网络，以及 CMMB 中国移动多媒体广播电视网络，以全天滚动直播的方式，从早上 8 点到晚上 8 点，把来自于“亚运交通信息资源整合共享平台”的交通路况视频、亚运场馆信息、天气信息和交通管制信息等向广大市民实时播报，无论是家庭用户，还是在城市公共区域的出行者，都可以随时随地收看实时的交通路况视频。

同时，平台还将交通信息通过 12580、手机短信、彩信等多种服务发布方式为市民和亚运旅游者等提供快捷、全面、人性化的出行信息服务。截止目前，已有 6 万多用户成功订制交通出行信息业务，使用短信、彩信、WAP、USSD、12580 语音等服务进行交通出行查询的业务总量已突破 10 万余人次，且正以较快的速度稳步增长。

亚运期间广州市为服务广州亚运会期间市民出行而专门建设了广州亚运交通网（www.gzyyjt.cn），网站在亚运期间发布最新的亚运交通信息，市民登录网站可以浏览和查询亚运通道实时路况信息、亚运专线和公共交通前往场馆信息、主要交通枢纽前往场馆信息、亚运场馆周边停车场信息、高速入口前往亚运场馆信息、出租车实时信息、公交车实时到站信息和航班/列车实时信息等亚运交通全方位信息，并可为市民提供实时的公交、出租车、航空、列车、停车场等各类交通信息，为出行规划和路径选择提供决策支持，真正实现"足不出户，知晓广州交通"。网站运行不到半月，日均浏览量已达 4200 次。

亚运期间广州市还利用 96 900 客服中心系统为外宾提供在线外语翻译服务，为亚运出行者提供出租车电召预约、公交线路查询、交通道路状况等交通业务一站式服务，使所有亚运会参与者感受到出行的便利。亚运开幕式以来中心共服务市民 5 万多次，其中为亚运旅游外宾外文翻译近 400 次，为市民提供电召服务 1.1 万多次，为司机导航 17 027 次，下发加气站信息、天气预报等服务信息约 107 985 次，为亚运旅行者出行和交通运输保障做出了重要贡献。

②亚运公共交通管理与车辆调度

通过建设亚运车辆调度信息系统、城市交通运行智能分析与评价平台、亚运会公共交通管理辅助决策系统、亚运北斗应用示范项目，提前分析、预测和响应亚运期间可能出现的各种状况，制定合适的交通管理措施。

车辆调度信息系统：作为唯一服务于运动员、技术官员、注册媒体和贵宾的亚运公共交通管理车辆调度平台，在亚运期间投入使用，已调度 499 条场馆线路约 3500 台亚运车辆，覆盖广州十区两市及佛山、东莞、汕尾共 72 个比赛和训练场馆，通过系统日均发车约 6000 班次，发班率 100%，发班准点率 90%以上，切切实实为 3.1 万亚运会注册人员提供安全、便捷、准点的交通服务，满足亚运交通的保障和组织的需求。

城市交通运行智能分析与评价平台：在亚运期间的两次亚运单双号限行演练期间，实时采集广州各道路约 18000 多台浮动车数据，综合分析得出车流速度、平均延误、拥堵指数等交通状况指标，对比限行前后的交通数据，预测车速同比增长 10.8%，为亚运限行措施的制定提供数据支持。

亚运公交保障子系统：该系统实现了对全市 500 多条线路 9000 多台公交车，以及 400 多台中小巴的实时监控，并且还开发了应急处理功能，在发生应急事件时可在最短时间内筹集运力，及时地疏散群众到大型交通枢纽等临时疏散地；亚运期间，调度人员通过系统分别日均发送常规公交、亚运公交专线、BRT 线路 111086 次、4136 次、11640 次，分别疏运旅客约 676.51 万人次、12.12 万人次和 81.90 万人次。并通过系统的统计、监控每日客流变化情况，分析运力配置合理性，及时调整以优化乘客出行服务。还通过亚运出租车监控子系统，实现了对全市 18000 多台出租车的实时监控，亚运期间，每日利用系统调集出租车约 3100 车次，疏运 6820 人次。

亚运公交专线车辆北斗应用示范：在亚运期间，在 5 辆亚运公交专线车辆上安装北斗-GPS 双模导航终端和普通 GPS 导航终端，验证北斗-GPS 双模卫星导航系统，展现北斗卫星导航技术的最新研究成果，同时研究比较北斗-GPS 双模与普通 GPS 卫星导航系统在精度、性能等方面的差别，为北斗技术的进一步发展提供实际数据支持，推动北斗导航产品民用化的应用进程。

③视频监控保障交通运行

亚运公交视频监控保障系统完成了全市 8000 多辆公交车的公交视频监控系统的安装和实现监控录像数据的无线传输和后方管理；设置了 60 多路移动视频，实现了从管理中心实时监控客流。在黄沙码头、天字码头、芳村码头等 6 大主要码头建设了移动视频监控系统，实时监控码头船只抵离和客流运输情况。

广州亚运会及亚残运会的举行，为广州市智能交通系统的发展创造了有利条件，亚运智能交通系统在亚运期间取得了良好的实施效果，使亚运期间整体交通运作安全、有序、平稳，交通组织井然有序，保证了亚运会及亚残运会的顺利进行，兑现了申亚承诺。

- ❑ 在亚运期间确保了党和国家领导人、参会各国和亚奥理事会重要来宾交通警卫线路的安全顺畅，确保了各代表团、技术官员、运动员和媒体等参会人员的交通便捷、准时有序；
- ❑ 在亚运会及亚残运会开、闭幕式进场时保证了人流、车流聚集时间小于 90 分钟，散场时人流、车流疏散时间基本控制在 60 分钟内；
- ❑ 亚运期间没有发生一起亚运交通晚点误时、迟赛误赛和交通安全事故，交通组织应急预案无需启动。
- ❑ 赛事交通与城市交通高峰重合未带来明显影响，亚运赛事期间各大赛区人流和车流运作安全、顺畅。
- ❑ 亚运期间广州形成以轨道交通为骨干，常规公交、亚运公交专线为补充的公共交通系统，较好地鼓励了观众选择公共交通出行，在一定程度上改变了市民出行习惯。

（四）京津冀、长三角区域联网不停车收费系统

1. 概况

随着我国公路里程数的不断增加，社会出行需求持续不断增长，尤其是高速公路，随着区域经济的发展，公众跨区域出行需求增加，公众对出行服务水平的要求不断提高，随着高速公路交通量的不断增加，高速公路收费站的瓶颈效应越来越明显，已经严重影响了高速公路的服务水平。社会经济发展、技术进步、公共出行等对国家高速公路收费和服务提出了新的要求，需要开展联网不停车收费，跟踪发达国家技术发展，掌握核心技术，突破技术壁垒，满足产业化的需求，打破体制枷锁，提高公路服务水平，在经济发达区域联网不停车收费系统需求尤其迫切。

针对上述需求，交通运输部提出开展京津冀、长三角区域联网不停车收费系统示范工程，整个示范工程依托于“十一五”科技部的国家科技支撑计划“国家高速公路联网不停车收费和服务系统，课题，选择京津冀、长三角地区进行联网不停车收费系统应用示范，根据技术研发和应用编制相关技术标准规范。

（1）示范工程目标

实现不停车收费系统的跨省（市）运营，使示范工程区域省（市）际高速公路主线收费站和大中城市周边主要出入口收费站通行能力明显提高；建立健全联网不停车收费的相关技术标准规范体系，为全面实施高速公路联网不停车收费奠定基础；运用现代经营方式，依托信息技术，初步建成覆盖面广、服务优质的区域联网不停车收费客户服务体系。

（2）示范工程主要内容

- 制定总体方案，确定示范工程组织形式，以及技术路线、实施规模、计划安排等。
- 在交通流量大、社会关注度高的省(市)际高速公路主线站、大中城市周边收费站点设置专用电子不停车收费车道。
- 对示范工程路网内不能提供不停车收费服务的收费站，升级、改造人工半自动收费车道系统，使其支持非现金支付功能。
- 通过示范工程的实施，研究、开发联网不停车收费的成套技术、关键设备，编制相关技术标准和规范；制定联网电子收费数据传输协议；完成关键设备选型、测试及系统建设；建设电子标签发行及客服系统等。
- 制定示范工程联网不停车收费运营管理、清分结算与客户服务等规定和协议，并对类似的工程系统进行技术指导。
- 宣传实施联网不停车收费的意义和使用不停车收费系统的便利，制定吸引用户的优惠政策，发展用户群。

（3）示范工程总体技术要求

“统一标准，一卡通行”：示范工程采用国家和交通运输部统一标准，示范工程中发行的电子标签（含非现金支付卡）可以在示范工程范围内所有路网实现跨省（市）应用。电子收费用户在经过示范工程内任何 ETC 车道时，将非现金支付卡插入电子标签，可实现不停车通过。电子收费用户在经过示范工程内任何支持非现金支付的 MTC 车道时，需停车刷卡，在入口车道写入口信息，出口车道实现非现金支付。

四个基本维持：基本维持既有的联网收费管理体制不变，保留现有的主线收费站；基本维持现有的人工半自动收费系统和通信系统不变，升级人工车道、收费站、收费（分）中心、市联网收费结算中心的软件，增加或者改造必要的硬件设备；车型分类原则上要求符合全国统一标准《收费公路车辆通行费车型分类》（JT/T489）；基本维持现有的人工半自动收费方式（包括收费、拆分、结算等）不变，对示范工程中涉及的技术标准、收费管理制度、收费结算时间、划账时间等进行协商；

自主收费，两级清算：自主收费：示范工程各省（市）负责本省（市）收费工作，将交易数据上传到本省(市)联网收费清算中心。第一级清算：跨省（市）交易的清算工作在区域联网收费管理中心进行(区域中心结算模式，京津冀采用此种模式)，并将清算结果返回参与收费的各个省（市）联网电子收费管理中心，或省间直接清分结算（两两结算模式，长三角采用此种模式）完成。第二级清算：在第一级清算的基础上，由各省（市）联网收费管理中心协调本省（市）电子收费发行机构完成跨省（市）电子收费交易资金划拨，以及本省（市）电子收费交易的资金结算。

2. 主要成果和技术创新

（1）示范工程研究成果

研究形成了区域联网不停车收费运营管理架构、国家高速公路区域联网电子不停车收费系统安全可信技术，研发了ETC与MTC混合车道控制器及ETC路侧控制单元、区域联网电子不停车收费密钥安全系统、跨省市ETC联网收费结算中心软件，并制定了联网电子不停车收费系统应用示范技术规范，并将其成功应用于京津冀、长三角区域联网不停车收费系统中。

（2）示范工程主要技术创新点

完成了适合我国特点的区域联网电子不停车收费标准软硬件系统的研发，为区域联网不停车收费的应用奠定了技术基础。研发了ETC/MTC混合式收费车道控制器、ETC专用车道控制装置和ETC嵌入式车道控制软件；开发了跨区域联网电子不停车收费计算中心管理中心软件，充分满足区域联网不停车收费结算和管理的要求，为不同省市发行ETC车载设备和支付卡跨区域使用和通行费统一结算提供了技术保障；完备的测试方案（设备层面、工程层面）为区域系统的互联互通提供了有力的保障。

兼顾对长远发展的宏观指导性和对示范区域的可操作性，提出了适合我国国情的区域联网电子不停车收费运营管理架构，为区域联网不停车收费的应用奠定了运营管理基础。构建了具有一般指导性的区域联网不停车收费运营模式框架模型，明确了区域联网不停车收费的业务流程、交易规则，以及业务实体间安全规则，提出了特殊事件的处理流程，明确了区域联网不停车收费系统采用两级清算模式，由交通部收费公路（交通行业）密钥管理与安全认证系统下发的消费密钥实现跨省（市）支付交易，建立了用户服务体系和运营体系。

建立了区域联网电子不停车收费系统安全可信技术体系，形成了联网电子收费通行介质密钥安全体系、联网电子收费多层次可信支撑体系和联网电子不停车收费系统灾难防范与恢复技术；成功研制了适用于区域联网不停车收费系统的密钥安全系统；制定了密钥管理与安全认证管理制度和标准规范。为区域联网不停车收费系统支付的安全性，提供了可靠的技术保障。

首次编制完成了高速公路区域联网不停车收费示范工程技术规范体系，该标准由20项标准规范构成，内容全面覆盖了设备技术要求、检测测试、信息编码、数据规范、接口规范、密钥管理、形象标识、标准标线、运营管理等各个方面，为区域联网不停车收费的应用奠定了标准规范基础。

3. 示范应用情况

2007年1月25日，交通部在京召开京津冀和长三角区域高速公路联网电子不停车收费联席会议，明确在京津冀、长三角（三省一市）两个片区实施ETC联网示范工程；

2007年4月10日，交通部发布交公路[2007]161号文件：《关于开展京津冀和长三角区域高速公路联网不停车收费示范工程建设的通知》，标志着示范工程正式启动。

按照交通运输部要求，京津冀(北京、天津、河北)、长三角(上海、江苏、浙江、安徽)于2007年从区域不停车收费的需求出发，由交通运输部公路科学研究院提供技术支持，统一按照国家和交通部电子收费技术的相关标准，开始着手建设“京津冀、长三角区域高速公路联网不停车收费示范工程”。实施初期江西省申请加入了长三角联网收费示范工程。

联网示范工程三方通过联席会议方式，建立起紧密配合的工作协调机制，定期召开会议讨论并解决区域联网中出现的问题，推动电子不停车收费联网工作快速实施，由交通运输部公路科学研究院提供相应的技术支持，组织专门的技术力量，制定确保互联互通的相关的标准规范，并提供关键设备检测、工程咨询等工作，确保了整个示范工程按照原定计划顺利、高质量地实施完成。

2010年9月28，京津冀区域电子不停车系统实现两市一省跨区域联网，开通仪式在京哈高速香河收费站举行。至此所有安装京津冀区域内发行的电子收费车载装置的车辆，可通过ETC或人工刷卡的方式实现京津冀区域内的跨省（市）通行，由系统后台完成通费的跨省（市）结算。

京津冀三地联网后，推动了ETC用户的快速发展。截止到2011年1月，北京市高速公路已建成1088条人工刷卡车道和365条不停车收费车道，ETC标签用户已达39万，日均通行量16万车次，占北京高速公路总通行量的20%，自建网点43个，银行网点500个，ATM机3000个；天津市高速公路已建成669条人工刷卡车道和41条不停车收费车道，ETC标签用户7000，自建营业网点3个；河北省境内一、三片区已建成1732条人工刷卡车道和 57 条不停车收费车道，ETC标签用户1.3万，自建网点10个。

上海和江苏于2008年12月31日在沪苏高速公路的省界收费站进行了ETC联合试运行开通，实现沪苏互联。2009年11月28日，安徽加入联合运行，实现了沪苏皖三地互联。2010年7月28日，江西也加入联合运行。此次沪苏皖赣三省一市高速公路电子不停车收费系统联网开通，掀开了上海、江苏、安徽、江西高速公路联网合作、人民群众出行更加快捷高效、长三角加速交流融通、互利双赢的新篇章，标志着长三角区域交通无缝对接和一体化进程又向前推进了一步。

截止到2011年1月，上海市高速公路已建成114条ETC车道，19个发行网点，120个充值网点，用户数约为10.5万，日均通行量6.5万。截止到2011年1月，江苏省已建成224条ETC专用车道，22个服务网点，合作银行网点57个，用户数约为8.4万。浙江省已建成109条ETC车道，22个服务网点，用户数约为2万。江西省已建成ETC专用车道102条，建成客服点约20个，覆盖所有地级市，建立银行充值点60个左右，发展用户数1.2万个，日通行量3000。安徽省已建ETC车道14条，客服网点1个，合作银行网点15个，用户数约8000，日通行量600。

联网收费示范工程区域高速公路ETC跨省市互联，将为该区域带来更为便利的区域通行条件，不仅可以大大提高通行效率，加速城市间信息、资源流动速度，而且对于交通低碳化发展具有积极意义，将直接为京津冀、长三角区域经济圈带来经济效益和生态效益，并为未来全国电子不停车联网提供了宝贵的建设、运营、管理经验。

（三）重特大道路交通事故综合预防与处置集成技术示范应用

1. 概况

针对我国目前重特大道路交通事故频发问题中最突出的矛盾，建立适合我国国情的道路交通安全综合技术体系，增强对道路交通事故的预防、预警、控制和应急救援能力，有效遏制群死群伤特大恶性交通事故，预期实现以下主要目标：

（1）开发山区公路安全综合保障系统，研制新型路侧安全设施和低成本交通运行状态获取设备，示范路段一般交通事故率降低20%以上，群死群伤事故率降低30%。

（2）开发高速公路安全保障和服务系统，实现100公里以上范围安全诱导和气象服务，事件响应时间小于15分钟。

（3）开发覆盖路网能力达到千公里量级的交通安全执法和应急指挥系统和覆盖2个省规模的交互式交通安全教育网络系统，达到国内领先水平。

（4）研制营运车辆安全性能检测装备和标准，大型客车安全准入水平达到国际同类产品水平。

（5）形成交通安全相关技术标准30项以上；开发和规模应用拥有自主知识产权的交通安全软硬件产品40项以上。

（6）公路交通安全综合保障体系示范应用总里程不少于5000公里；建成覆盖里程不少于5000公里的区域公路网安全执法和应急指挥集成示范系统；建立2个省涉及5000名以上驾驶人的驾驶培训和考试改进技术示范系统；建立覆盖2个省的营运车辆安全准入管理示范系统。示范区域内，年亿车公里交通伤亡人数同比2007年下降20%；年亿车公里特重大交通事故数同比2007年下降30%；合法营运车辆安全受检率达到90%以上。

2. 主要内容

（1）交通安全信息集成、分析及平台系统

重点围绕“平台构建、数据接入和互操作”问题展开研究。研究基于政府内网的跨部门交通安全数据共享交换需求，制定跨部门交通安全信息共享交换的规则、机制和操作流程，形成跨部门交通安全信息共享交换技术体系，构建物理上分设、逻辑上根据应用功能各自集中的数据交互代理。研究构建基于互联网的交通安全信息集成管理与应用服务平台，形成平台的技术支撑体系，研制基于跨部门交通安全数据的状态评估、决策支持和交通安全信息服务系统，开展跨部门交通安全信息的综合分析应用与社会化服务。

利用技术研究和系统开发成果，进行实际应用实验，验证研制的系统可为各部门提供基于更全面的交通安全信息的决策支持，为政府和社会提供大范围、跨区域、可定制的交通安全信息服务。

（2）公路营运安全服务保障示范应用

重点围绕山区公路网安全保障技术体系、国家高速公路安全和服务技术、营运车辆安全保障技术开展研究，对研究成果建立应用示范。

山区公路网安全保障技术体系研究充分分析我国山区公路网交通安全的现状和特点，通过自主创新和山区国省干线安全保障技术的集成应用，形成山区公路网交通安全保障的成套技术及装备，并建成覆盖里程4900km的示范工程，提高山区公路网对交通事故的主动和被动防护能力，示范路段一般交通事故降低 20%以上，群死群伤事故降低30%。在此基础上形成一系列标准、规范和技术指南，并应用于全行业。

国家高速公路安全和服务技术研究重点研究形成国家高速公路安全与服务技术支撑体系；依托高速公路改扩建工程，开展我国新一代智能化、信息化的高速公路安全管理、控制与服务系统示范应用，搭建高速公路安全信息服务走廊系统原型，形成人、车、路一体化高速公路安全信息服务体系与运营模式；提升我国高速公路的安全信息服务和管理水平，为我国下一阶段高速公路新建及改扩建工程建立示范样板。依托国家公路网管理与应急处置中心，进一步提高国家高速公路网应急调度与资源调配的效率，提升政府应对突发事件的能力。

营运车辆安全保障技术研制营运车辆安全性能试验、检测成套装备和评价系统，制定营运车辆安全性准入标准，形成国家营运车辆安全性准入体系；研制营运车辆运行安全检测、监控，以及营运车辆驾驶人适宜性甄别等关键装备，制定相应的标准规范等，并大范围示范应用。在示范工程中，在安徽、河南、四川三省示范应用的运输企业营运车辆安全受检率达到90%以上，培训专业驾驶人员5000人以上。营运车辆主动和被动安全装置的技术等级和安装率明显提高，使得车辆在运营周期内具有安全性保障和技术保持，并在营运过程中实现动态实时监控和全程科学调度管理，促进我国道路交通运输安全、快速、健康、可持续发展。

（3）交通安全水平提升与服务保障示范应用

重点开展全民交通行为安全性提升综合技术、区域公路网交通安全态势监测、评估及应急指挥、道路交通安全执法技术等研究。

全民交通行为安全性提升综合技术研究研发提高驾驶员技能和应变能力的驾驶训练与考试新装备；提出适于不同类型交通参与者的交通安全科普教育内容、形式与体系，创新研发科普教育系统装备，建立基于现代信息技术的交通安全科普教育基地，并形成标准模式示范推广，促进交通安全科普教育的针对性，创新交通安全科普教育新模式和驾驶培训考试新模式，提高全面提升全民交通行为安全性的能力，形成可持续发展的机制，从源头上有效遏制交通事故尤其是重特大事故的发生。

区域公路网交通安全态势监测、评估及应急指挥技术研究通过对区域公路网交通安全信息采集成套关键技术及设备和区域公路网交通安全监控信息网络化集成应用技术的研究和开发，建立示范路网重要节点和安全敏感路段交通安全态势实时监控系统、交通安全态势信息综合集成平台，在1000公里以上的公路网上进行大范围示范应用，提升区域公路网诱发重特大交通事故的突发交通事件检测和路面管控水平；开发区域公路网交通安全态势评估系统，形成区域公路网交通安全多级预警体系，实现跨区域跨路网的交通安全信息实时发布与诱导，解决跨部门、跨地域、跨路网交通安全应急指挥水平低、应急响应速度慢、资源应用效率低等问题，示范工程覆盖路网长度≥2000km，示范路段上一般交通事故率降低20%以上，群死群伤事故率降低30%；形成路网交通安全管控成套技术及装备。

道路交通安全执法技术研究重点突破交通事故快速处置及现场防护、交通事故调查与鉴定、交通安全执法取证与处理、车速管控集成等技术，研制相应的装置、设备和系统；通过实施规模化示范工程，形成行业标准和规范体系；实现示范区道路安全执法状况的明显好转，构建我国道路交通安全执法技术支撑体系。实施规模化示范工程，包括：在广东、山东全面推广应用便携式交通事故快速绘图系统、重特大交通事故快速勘查系统、交通事故现场及个人防护装备、交通事故现场痕迹物证勘验装备、交警专用移动执法平台及终端、交通安全现场取证设备等；在广东、浙江选择2个公路路段进行超速执法和车速管控技术示范。

（撰稿：金茂菁、黄 玲、关积珍）

863 计划主题项目“大城市区域交通协同联动控制关键技术”

863 计划主题项目“大城市区域交通协同联动控制关键技术（2011AA110300）”，于 2011 年 9 月 1 日由科学技术部正式批复立项。执行期为 2011—2013 年。

项目瞄准交通控制发展前沿，以大城市区域交通协同联动控制技术为突破口，攻克重点关键技术，研制符合国情的大城市区域交通控制技术和装备，构建完备或准完备网络化全景交通信息环境，实现区域出行调控、网络化诱导、时空动态优化的协同联动控制，为提升交通运行效能、缓解拥堵和产业发展提供技术支撑。

北京四通智能交通系统集成有限公司为该项目依托单位，北京四通智能交通系统集成有限公司董事长关积珍博士为项目首席专家，负责项目总体管理与研究工作。项目研究团队集中了全国在该领域具有较好研究基础的高校、研究单位、企业和应用单位，包括北京四通智能交通系统集成有限公司、北京交通发展研究中心、北京交通大学、同济大学、浙江大学、北京宏德信智源信息技术有限公司、清华大学、东南大学、中山大学和北京通达交安科技发展中心等。

项目参与单位集中了国内城市交通领域的一流研究单位，涵盖产、学、研、用各个方面，研究核心团队由相关单位该领域知名专家组成，势力雄厚。围绕项目目标，充分发挥各自的专业技术优势，体现协同攻关优势。随着项目研究的进行，国内外专业领域具有一定优势的单位也将参加项目研究的相关工作。

项目研究内容涉及传感网络、广域通信传输、海量终端交互、协同诱导与控制以及交通工程和仿真等多个技术领域，结合智能交通应用发展，对宽带通信、新一代互联网、高清视频、移动感知与互联、信息物理系统、云计算等前沿新技术也将有广泛的探索。项目研究成果将引领我国大城市交通控制的发展，并形成具有自主知识产权的城市交通控制系统和装备，带动现代通信、控制等信息技术在交通领域的应用提升。

项目研究内容包括：

（1）网络化动态交通信息获取与交互技术。研究低功耗的普及型动态交通信息采集、多功能集成化交通信息综合监测等技术和装备。研究完备或准完备网络化全景交通信息环境构建技术，研制网络化多维交通信息交互系统装备。

（2）面向出行行为的区域交通智能分析与控制技术。研究区域出行行为分析与需求辨识、动态 OD 获取、路网智能监测与态势分析、动态预报、需求控制等技术，研制区域交通智能分析与决策支持系统。

（3）区域交通网络化智能诱导控制技术。研究区域网络化智能导向系统设计与评估、动静态一体化协同诱导、诱导策略优化、诱导与信号协同、诱导与出行行为调控协同等技术，研制区域网络化智能诱导控制系统。

（4）区域交通动态协同优化控制技术。研究区域交通控制策略优化、平衡控制、动静态协同、子区智能划分、不同信号系统协同控制等技术，研制区域交通动态协同优化控制系统。

（5）特殊需求下区域交通协同管控技术。研究区域交通特殊需求下的网络交通状态识别、网络变结构协同控制、网络阻塞疏解协同控制、特殊交通分级优先通道协同控制等技术，研制特殊需求下区域交通协同管控软件和系统。

（6）区域交通协同联动控制集成与测试。研究区域交通协同联动控制策略优化、运行支撑和评测等技术，研制区域交通协同联动控制集成平台，集成区域交通智能分析与决策支持系统、网络化智能诱导控制系统、动态协同优化控制系统并实现协同联动控制。

（7）区域交通协同联动控制技术实地测试验证。选择北京主城区至少100个路口的典型区域，对研究技术成果进行实地测试验证。区域内包含快速路和主干路等典型路段、地铁和地面公交以及代表性的节点。

根据上述研究内容，项目划分为六个课题，具体见表1。

表1　项目划分的六个课题及相应的承担单位和负责人

编号	课题名称	课题承担单位	负责人
1	网络化动态交通信息获取与交互技术	北京宏德信智源信息技术有限公司	吴　旭
2	面向出行行为的区域交通智能分析与控制技术	北京交通发展研究中心	温慧敏
3	区域交通网络化智能诱导控制技术	北京交通大学	关　伟
4	区域交通动态协同优化控制技术	浙江大学	王殿海
5	特殊需求下区域交通协同管控技术	同济大学	吴　兵
7	区域交通协同联动控制集成与测试	北京四通智能交通系统集成有限公司	关积珍

通过项目研究，将形成交通信息获取与交互新技术装备，研制开发出区域交通智能分析与决策支持系统、区域网络化智能诱导控制系统、区域交通动态协同优化控制系统、区域交通协同联动控制集成平台等，并在典型大城市内100个以上路口的区域对技术成果进行实地测试验证。

（撰稿：金茂菁、黄玲）

863 计划主题项目“智能车路协同关键技术”

863 计划主题项目“智能车路协同系统关键技术研究（2011AA110400）”，于 2011 年 9 月 1 日，由科学技术部正式批复立项。项目执行年度为 2011—2013 年。

项目针对我国日益严重的交通安全问题，重点研究智能车路协同系统关键技术，建立我国车路协同技术体系框架，抢占车路协同前沿技术战略制高点，促进道路交通安全保障从被动防护到主动预防的技术转型，培养智能交通产业发展新的增长点。

清华大学为该项目依托单位，姚丹亚教授为项目首席专家。项目研究团队集中了全国在该领域具有较好研究基础高校、研究院（中心）和汽车企业，包括清华大学、北京航空航天大学、北京交通大学、武汉理工大学、同济大学、武汉大学、东南大学、交通部公路科学研究所、中国汽车研究中心和重庆长安汽车集团。

项目组成了一支产学研结合的科研队伍，团队不仅仅囊括了国内对车路协同领域涉足最早的研究单位，也覆盖了车路协同系统所涉及的所有技术领域，对车路协同技术有着深刻的理解和充分的储备，并积累了一支经验丰富的人才队伍，具备了完善的支撑条件。

项目分为 5 个相互紧密关联的课题展开研究，分别是：

课题一：车路协同系统设计、信息交互和集成验证研究

主要研究项目的总体设计、集成以及各课题之间数据交互的共性技术，主要研究包括：车路协同系统框架、项目总体设计，多模式车车/车路自组织网络信息交互技术，统一的信息交互、控制与管理平台开发，以及交叉口环境下车路协同系统集成验证。

课题二：车路交互式行车安全系统关键技术

主要研究基于车路数据交互和共享主动安全技术，主要研究包括：车载感知的车辆与行人识别、危险辨识技术，车路协同感知的车辆行驶状态及行为识别技术，车路协同的车辆安全控制技术（信号路口车辆安全通行协同控制技术、车路协同的车辆主动避撞技术、基于路面状态的车速自适应控制技术），另外，智能车载一体化设备的研制开发也由该课题完成。

课题三：车车交互式协同控制系统关键技术

主要研究基于车车数据交互和共享车辆避撞和协同控制技术，主要研究包括：车车信息交互与融合技术，车车交互冲突分析与危险辨识技术，车车交互冲突消解与协同避撞技术（车车协同的交叉口路口冲突消解、车车协同的路段行车危险预警与辅助控制）。

课题四：车路协同系统交通协调控制关键技术

课题四主要研究基于车路数据交互的交通协同控制技术，主要研究包括：车路协同交通控制信息特征提取，车路协同交通协调控制模型/算法（单车的交通协调控制评价模型与算法、交叉口进口道的交通控制模型与算法、安全效率协调的交通控制方案优化间隔、不同智能车辆占有率下的交通协调控制模型与算法），另外，智能路侧一体化设备的研制开发也由该课题完成。

课题五：车路协同系统仿真、测试与验证关键技术

课题五是为了研究大规模应用环境下车路协同技术的可行性而设置的，主要研究包括：构建车路协同系统仿真测试平台，车路协同系统交通仿真、信息交互仿真等关键技术（交通流仿真与时空交通信息提取技术、基于多模式的车路协同系统车车/车路信息交互仿真技术、车路协同主动安全及交通协调控制仿真），多交叉口、多路段、多车的车路协同仿真、测试与验证。

各个课题的承担单位和负责人见表 1。

表 1　项目课题承担单位及负责人

编号	课题名称	课题承担单位	负责人
1	车路协同系统设计、信息交互和集成验证研究	清华大学	姚丹亚
2	车路交互式行车安全系统关键技术	清华大学	郑四发
3	车车交互式协同控制系统关键技术	北京航空航天大学	鲁光泉
4	车路协同系统交通协调控制关键技术	同济大学	杜荣华
5	车路协同系统仿真、测试与验证关键技术	北京交通大学	陈后金

项目旨在建立智能车路协同技术体系框架，攻克智能车载系统、智能路侧系统、车车/车路协同信息交互与控制、车路协同系统集成和仿真测试等关键技术，研制支持典型应用的系统装备，形成我国道路交通主动安全保障和交通协调控制的核心技术体系。

“智能车路协同关键技术研究”项目组正在向着突破车路协同共性基础技术和系统集成关键技术，研制支持典型应用的系统装备，建立智能车路协同技术体系框架，形成我国基于车路协同的道路交通主动安全保障技术基础的目标前进。

（撰稿：金茂菁、黄玲）

“十二五”国家863计划现代交通技术领域专家名单

为落实《国家中长期科学和技术发展规划纲要（2006—2020年）》，做好“十二五”国家高技术研究发展计划（863计划）各项工作，根据《国家高技术研究发展计划（863计划）管理办法》，科技部设立了“十二五”863计划专家委员会和主题专家组。

863计划专家委员会主要负责对计划发展战略和目标、战略任务和部署等重大事项的决策提供咨询，并对计划的实施进行监督。“十二五”863计划专家委员组成如下：

主　任： 马颂德

副主任： 干　勇、卢锡城

成　员： 马　克、方滨兴、王天然、冯　飞、甘中学、石定寰、宁　滨、任茂东、旭日干、曲久辉、江　雷、何鸣鸿、吴一戎、吴启迪、张守攻、张晓鲁、怀进鹏、李国安、李俊峰、李培根、杜铭华、陈　志、陈晓亚、欧阳平凯、欧阳明高、郑南宁、贺福初、赵福全、唐启升、袁士义、徐　坚、郭华东、陶　平、黄伯云、强伯勤、曾恒一、蒋开喜、褚　健、赖　明、黎懋明、薛　澜

863计划主题专家组主要负责对本领域各主题方向的发展战略和组织实施提供咨询与技术指导，参与项目管理。

“十二五”863计划现代交通技术领域主题专家组成如下：

1. 先进载运技术主题

吴光辉（召集人）、李开国、方攸同、项昌乐、刘宝波、孙培廷

2. 高效运输服务技术主题

张军（召集人）、唐涛、孙立军、李建华、马林、关积珍

3. 交通安全技术主题

王勇（召集人）、王长君、田红旗、王云鹏、杨志杰

4. 交通基础设施技术主题

李惠（召集人）、刘辉、何川、李术才、王复明

第三章

国内智能交通重点科研基地

重点科研机构一览

序号	研究机构名称	依托单位
1	国家智能交通系统工程技术研究中心	交通部公路科学研究院
2	国家道路交通管理工程技术研究中心	公安部交通管理科学研究院
3	国家铁路智能运输工程技术研究中心	铁道科学研究院
4	轨道交通控制与安全国家重点实验室	北京交通大学
5	轨道交通国家实验室	西南交通大学
6	轨道交通运行控制系统国家工程研究中心	北京交通大学
7	高速铁路系统试验国家工程实验室	北京交通大学
8	汽车安全与节能国家重点实验室	清华大学
9	交通安全应急信息技术国家工程实验室	中国交通通信信息中心，武汉理工大学
10	综合交通运输智能技术国家工程实验室	西南交通大学
11	微波与数字通信技术国家重点实验室	清华大学
12	移动通信国家重点实验室	东南大学
13	智能技术与系统国家重点实验室	清华大学
14	网络与交换技术国家重点实验室	北京邮电大学
15	信息安全国家重点实验室	中国科学院
16	工业控制技术国家重点实验室	浙江大学
17	交通运输智能技术与系统铁道部重点实验室	北京交通大学
18	广东省智能交通系统重点实验室	中山大学
19	安徽省智能交通重点实验室	安徽省智能交通工程研究中心
20	综合交通运输智能化四川省工程实验室	西南交通大学
21	国家空管新航行系统技术重点实验室	北京航空航天大学
22	车路协同与安全控制北京市重点实验室	北京航空航天大学
23	软件开发环境国家重点实验室	北京航空航天大学
24	水路公路交通安全控制与装备教育部工程研究中心	武汉理工大学
25	道路与交通工程教育部重点实验室	同济大学
26	道路安全与环境教育部工程研究中心	同济大学
27	铁道部交通信息工程重点实验室	西南交通大学
28	铁道部智能控制与仿真工程研究中心	西南交通大学
29	北京市交通工程重点实验室	北京工业大学
30	综合运输四川省重点实验室	西南交通大学
31	道路工程四川省重点实验室	西南交通大学
32	交通信息工程与控制四川省重点实验室	西南交通大学
33	城市交通复杂系统理论与技术教育部重点实验室	北京交通大学
34	城市轨道交通自动化与控制北京市重点实验室	北京交通大学
35	运输自动化与通信铁道部重点实验室	北京交通大学

续表

序号	研究机构名称	依托单位
36	中国城市轨道交通研究中心	北京交通大学
37	中国综合交通研究中心	北京交通大学
38	车辆与交通安全先进理论和关键技术研究创新基地	湖南大学
39	汽车电子与控制技术教育部工程研究中心	湖南大学
40	广东省智能交通系统重点实验室	中山大学
41	系统控制与信息处理教育部重点实验室	上海交通大学
42	智能网络与网络安全教育部重点实验室	西安交通大学
43	城市交通运行仿真与决策支持北京市重点实验室	北京交通发展研究中心
44	城市交通节能减排检测与评估北京市重点实验室	北京交通发展研究中心
45	北京市城市交通国际科技合作基地	北京交通发展研究中心

重点科研机构简介

□ 微波与数字通信技术国家重点实验室（清华大学）

微波与数字通信技术国家重点实验室是国家计委于 1988 年利用世界银行贷款筹建的。1991 年国家教委批准作为开放研究实验室提前运行。1995 年通过国家级验收，作为国家重点实验室正式运行，1998 年通过教委验收。2002 年 3 月通过国家级评估。实验室以面向 21 世纪的无线信息系统和数字通信系统为应用背景，研究微波与数字通信领域中的新理论、新技术、新应用和相关的网络、系统与电路技术，培养高素质、高层次、创新性人才，立足于无线数字通信领域发展的国际前沿，为新一代的微波与数字通信系统做好理论、技术和人才准备，促进新型通信产业的形成与发展，服务于国民经济主战场的新经济增长点，服务于科技强军，提高国际竞争能力。实验室当前以无线数字通信新技术为主要研究方向，按照通信信息处理的流程特点进行“链式”布局，设立了四个研究室：

（1）信源编码及信源信号处理；

（2）信道编码及传输信号处理；

（3）微波、天线及空间信号处理；

（4）无线数字通信网理论与技术。

同时，作为公共技术资源，设立两个技术中心：测量技术中心和 CAE 技术中心。

□ 移动通信国家重点实验室（东南大学）

移动通信国家重点实验室是 1990 年经国家教委和国家计委评选，利用世界银行贷款及国内配套资金在东南大学建立的开放性研究机构。1995 年通过国家教委验收。

实验室先后牵头承担了国家 863 计划第三代移动通信研究开发重大项目、Future 重大项目、国家自然科学基金未来移动通信基础理论技术重大项目、国家科技重大专项 IMT-A 无线组网技术研究开发课题等重要科研任务，在多径能量窗的 CDMA 接收、宽带移动通信容量逼近传输、分布式组网等理论与技术研究方面取得了在国内外有重要影响的研究成果，为我国移动通信技术历次升级换代做出了突出贡献。

实验室在 CDMA 与扩展频谱通信、现代信号处理及其在移动通信中的应用、移动通信网络与系统理论及应用等方向上进行了长期的研究工作，形成了从理论研究、系统仿真、算法优化、软硬件设计与调试，直到现场试验完全自主地完成复杂系统研究开发的优势和特色。由本实验室牵头承担的国家 863 重大项目“第三代移动通信系统研制开发”，在国内首次进行了现场实验，掌握了多项国际独创性的核心技术，标志着我国成为国际上为数不多地掌握第三代移动通信系统关键技术的国家。为中国企业生产

CDMA 移动通信设备提供有力的支撑。

□ 智能技术与系统国家重点实验室（清华大学）

智能技术与系统国家重点实验室于 1987 年 7 月筹建，1990 年 2 月通过国家验收并正式对外开放运行。实验室由中心实验室（智能技术与系统）和三个分室（智能信号处理、智能图形图像处理、人机交互与媒体集成）组成，分别设立在清华大学计算机科学与技术系、自动化系和电子工程系。

实验室主要从事人工智能基本原理、基本方法的基础与应用基础研究，包括智能信息处理、机器学习、智能控制，以及神经网络理论等，还从事与人工智能有关的应用技术与系统集成技术的研究，主要有智能机器人、声音、图形、图像、文字及语言处理等。

实验室建成以来，承担了许多国家级的重大基础与应用基础研究项目，取得了一批重要研究成果。它们或者具有较高的理论水平和潜在的应用价值，如人工智能的问题求解理论及应用、地球物理信号处理与识别方法及其应用、智能装配机器人、自主式移动机器人和临场感技术等，或者兼具学术研究与工程应用两方面的重要价值，并已推广应用，取得较明显的经济与社会效益，如有大时延遥操作系统的实时三维图形仿真、指纹自动识别系统、多字体印刷汉字识别系统、交互式自学习脱机手写汉字识别系统、连呼多字词大字表特定人汉语语音识别系统和中字表非特定人汉语语音识别系统、THOCR97 综合集成汉字识别系统等。

□ 轨道交通控制与安全国家重点实验室（北京交通大学）

轨道交通控制与安全国家重点实验室紧密结合国家轨道交通的长远发展与现实需求，秉承“结合背景开展应用基础理论研究，结合实际重大需求形成关键技术”的研究理念，致力于轨道交通控制与安全科学技术方面具有创新性的应用基础理论和基础性工作研究，为中国轨道交通控制与安全保障技术整体达到世界先进水平进行前瞻性理论技术储备，以形成适合我国国情的具有自主知识产权的轨道交通控制与安全核心技术及装备体系，建成轨道交通领域从事应用基础理论和基础性工作研究的国际一流的学科基地，为我国轨道交通控制与安全领域的原始创新、集成创新、引进消化吸收再创新，以及高水平人才的培养提供平台。实验室在整合教育部重点实验室“交通运输智能技术与系统实验室”、铁道部重点实验室“运输自动化与通信实验室”、“交通运输系统模拟实验室”、北京市重点实验室“城市轨道交通自动化与控制”、国家认可实验室“电磁兼容实验室”，以及铁道部“GSM-R 研究与应用模拟系统实验室”的基础上，依托“交通运输规划与管理”、“交通信息工程及控制”、“通信与信息系统”三个国家级重点学科及全国评估排名第一的“系统科学”学科而成立。 实验室通过整合确定了 4 个重点研究方向：①轨道交通流特性分析及控制理论；②轨道交通安全保障与运输组织理论及关键技术；③轨道交通运行控制系统分析与集成；④轨道交通专用移动通信理论与关键技术。

□ 汽车安全与节能国家重点实验室（清华大学）

汽车安全与节能国家重点实验室依托清华大学，是国家计委利用世行贷款建设的75个国家重点实验室之一。1989年该重点实验室经国家计委批准立项，1993年基建工程竣工，1995年11月通过国家验收正式运行和对外开放。1998年在由教育部组织的高等学校国家重点实验室的评估中以较好成绩通过。

汽车安全与节能国家重点实验室始终围绕汽车安全、节能、环保三大主题，瞄准国际前沿、国家目标，定位于汽车工业共性关键基础技术、汽车工程交叉学科基础理论、汽车领域宏观发展基本问题，致力于绿色化、智能化的生态汽车的研究与发展。经过七年的艰苦努力，逐步形成了自己的优势领域和研究特色。主要包括：汽车主动与被动安全性（碰撞安全性、制动安全性、主动避撞与智能交通），新能源汽车（纯电动汽车、混合动力电动汽车、燃料电池电动汽车及代用燃料汽车），汽车环保技术（汽车排气污染控制、汽车噪声控制、汽车绿色设计与制造）。

自开放运行以来，该实验室已获得多项国家和部委科技奖励。“汽车碰撞试验及测试分析处理系统的研究”、“电控汽油喷射技术研究”、“电动车关键技术研究”、“汽油机排气净化催化剂性能评价试验方法和试验装置”等21项科研项目通过了国家验收和鉴定。其中，获国家科技进步二等奖1项，国家“八五”攻关重大科技成果奖2项，获汽车工业科技进步一等奖1项，部级科技进步奖5项。2001年共发表论文155篇，其中国内核心刊物76篇、国际会议39篇、国外刊物9篇、SCI和EI检索论文12篇。

□ 网络与交换技术国家重点实验室（北京邮电大学）

网络与交换技术国家重点实验室于1992年（当时名称为：程控交换技术与通信网国家重点实验室）正式运行并对外开放，1995年实验室通过国家验收，2002年通过科技部对国家重点实验室进行的评估。2004 年由科技部正式批准实验室更名为“网络与交换技术国家重点实验室”。

实验室的研究方向和研究内容如下。

网络智能：下一代网络控制和业务支撑环境、网络智能模型及其分层结构、增值业务、网络智能化服务平台、语义网与本体理论、Web服务。

网络管理：网络管理系统体系结构理论和成套关键技术，包括网络管理的信息模型、系统结构、测试、接口、接入的理论、方法和技术。

网络安全：网络安全（网络攻防、安全评估）、移动通信安全、现代密码理论与应用、信息伪装理论与应用、安全系统实现技术。

交换技术：软交换体系结构、通信协议、安全性、开放性及其性能；服务质量理论和技术；网络可靠性和生存性、业务量建模、流量控制和路由算法；下一代GMPLS光IP网络；光交换理论和技术。

在标准研究方面，有7项研究成果形成国际标准（ITU-T标准），其中M.208.3和

M.3108.3 是我国提出的系列化建议首次被 ITU-T 采纳。

实验室积极开展国内外学术交流与合作，举办和主持国际会议十余次，与国外同行建立了密切的合作关系。实验室在应用基础理论研究、标准研究、关键技术方面有了长足的进步和比较好的积累。提出了具有创新性的系列化方法，创造性地解决了若干关键科学技术问题，丰富和完善了相关的理论，掌握了成套的关键技术，完成了一批示范工程建设，取得了显著的社会效益和经济效益。实验室已成为国家解决网络智能、网络管理、网络安全和交换技术方面重大问题的研究基地。

□ 信息安全国家重点实验室（中国科学院）

信息安全国家重点实验室筹建于 1989 年，1991 年通过国家验收并正式对外开放。实验室由中国科学院主管，依托于中国科学院软件研究所和中国科学院研究生院。

实验室的总体定位是：瞄准国际信息安全学科发展前沿，密切结合国家信息安全战略需求，进行信息安全前沿性和前瞻性科学问题创新性研究和自主信息安全关键技术研发。

实验室的总体目标是：为国家信息安全保障体系建设提供理论指导和科学依据；对前沿性和前瞻性信息安全科学问题进行创新性研究，以促进和推动信息安全学科的发展；研发具有自主知识产权的关键安全技术和系统，以满足国家和行业部门的需求；为国家培养高水平的信息安全专业人才。

截止到 2009 年 9 月，实验室在科学研究、人才培养、学术交流、科研成果转化等方面取得了丰硕成果。已发表学术论文 1900 余篇，出版著作（译著）80 多部，承担国家级和省部级项目 300 多项，科研成果获国家级、省部级奖励 20 多项，其中获国家科技进步一等奖 1 项，国家科技进步二等奖 4 项，国家自然科学三等奖 2 项，省部级一等奖 6 项。实验室现有固定人员 66 人，流动人员（包括高级访问学者、博士后、博士生、硕士生等）270 余人。实验室拥有 5000 平方米的办公用房，已建成一流的网络安全实验环境。

□ 工业控制技术国家重点实验室（浙江大学）

工业控制技术国家重点实验室是国家计委于 1989 年批准建设的第一批国家级高科技研究重点实验室之一，依托单位为浙江大学。1995 年通过国家验收，正式对外开放。

实验室根据国民经济对自动化发展的实际需要，本着基础理论与应用研究紧密结合的原则，以控制理论、自动化仪表及系统、系统工程与优化，以及机器人技术为主要研究方向，力求缩小工业控制领域中存在的理论与实际之间的差距，提高大型工业企业的自动化水平。

自建成以来，实验室承担了国家九五和十五攻关、863 计划、国家杰出青年科学基金和国家自然科学基金等重要研究课题近百项，获国家和省部委科技进步奖 20 余项，其中国家科技进步奖二等奖2项、三等奖1项，省部委科技进步一等奖3项。实验室通过广泛开展国内外学术交流与合作，与德国柏林工业大学、法国洛林信息研究所、香港科技大学等许多国际知名的自动化研究单位建立了良好的合作关系。

实验室主要有4个研究方向：控制理论研究、自动化仪表及系统研究、系统工程与优化研究、机器人技术研究。

□ 国家道路交通管理工程技术研究中心（公安部交通管理科学研究所）

国家道路交通管理工程技术研究中心组建于1992年，1995年通过国家科技部组织的验收，依托单位和技术依托单位均是公安部交通管理科学研究院。目前，国家道路交通管理工程技术研究中心共有员工130人，其中技术人员105人，硕士以上人数18人，大学本科人数71人。

国家道路交通管理工程技术研究中心技术设施比较齐全，掌握全国公安交通管理综合信息系统、公安交通指挥系统及其集成系统、交通管理规划、车辆智能监控等核心软件与技术，拥有全国一流的智能交通实验室、车辆安全实验室、光学实验室、摩托车头盔实验室、高低温实验室等一系列实验、检测设备。中心主要研究领域包括交通管理信息应用、交通控制指挥中心、交通管理规划、车辆智能监控、交通安全产品质量监督检测等。中心已取得的成果有：交通信号控制系统、多功能事故现场照明车、公路车辆智能监测记录系统、警用无线应用系统、便携式制动性能测试仪、透光率计、交通管理综合信息系统等五十余项，先后获得国家级、省部级各类奖励二十余项。

□ 国家铁路智能运输工程技术研究中心（铁道科学研究院）

国家铁路智能运输工程技术研究中心以铁路运输高速、重载、扩能、安全、信息服务为重点，以快速扩充运输能力，快速提升技术装备水平，实现运输服务质量全新飞跃为已任。

“工程中心”拥有行车指挥自动化、车站计算机联锁、列车运行自动控制、编组站自动化、城市轨道交通、现代通信、铁路客票发售和预订、行车安全监控网络和铁路地理信息等优势专业和支柱产业。DMIS与调度集中系统、计算机联锁系统、铁路客票发售和预订系统等核心产品，在铁路运输生产现场得到了大面积推广应用。

“工程中心”还拥有行车指挥自动化等 4 个铁道部一级维修中心和无线通信等 5个全路中心实验室，立足铁路、面向行业、面向社会，实行开放式服务。

在“工程中心”组建期内，成功实现了客运专线综合调度系统及配套技术等核心项目研究成果的工程化和产业化，取得了显著的社会效益和经济效益。这些新产品、新设备的工程化水平达到了国内领先水平，“计算机联锁系统”和“车辆减速器”等6项被列为国家重点新产品，在国内居领先和主导地位，核心技术达到国际先进水平。其中“计算机联锁系统”还荣获了铁道部科技进步一等奖、国家科技进步二等奖。“铁路客票发售和预订系统”荣获铁道部科技进步一等奖、国家科技进步一等奖、“九五”国家重点科技攻关计划重大科技成果奖，同时还获得了2000年度COMPUTERWORLDSMITHSONIAN国际信息技术决赛奖，并被美国国家历史博物馆的信息技术馆收藏为永久馆藏。

□ 国家智能交通系统工程技术研究中心（交通部公路科学研究院）

国家智能交通系统工程技术研究中心（National Center of ITS Engineering & Technology，ITSC）是1999年科技部批准成立，依托交通运输部公路科学研究院运行，并与智能交通技术交通运输行业重点实验室、全国智能运输系统标准化技术委员会（SAC/TC268）三位一体，构成面向全国智能交通运输领域技术研究和应用开发的国家级高新技术研发实体。

ITSC以国民经济、交通运输行业和市场需求为导向，针对智能交通发展中存在的重大技术问题进行研发，对有市场价值的重要科技成果进行共性技术、关键技术的系统集成，以及后继工程化、产业化；为中央部委、地方政府，以及城市管理部门提供政策咨询与技术支持，是我国智能交通战略思想的主要源泉之一；为国内外企业提供智能交通方面的技术开发、成果转化、产品测试、咨询和评估等服务。

近年来，ITSC承担完成国家级、省部级重大项目近百项，在智能交通发展战略、框架、标准、关键技术、产品、系统集成及评价等方面取得了创新性的技术突破，形成了自有知识产权的成套技术成果，多项成果处于国内领先水平，部分达到国际先进水平，如智能交通系统体系研究与应用、电子不停车收费标准体系及成套检测技术、交通信息采集、处理与服务、交通运输安全预警与保障等；先后完成成果转化和推广应用10余项，加快了交通运输行业信息化、智能化建设步伐，为提高我国道路交通供给能力、服务管理能力和可持续发展能力提供有力的技术支撑。

ITSC是我国智能交通领域国际交往的主要窗口。国际标准化组织智能交通系统标准化技术委员会（ISO/TC204）中国秘书处设在ITSC，跟踪国际ITS技术的最新发展动态，与日本、美国、欧洲等国家和地区的政府、智能交通协会、企业等保持着密切的技术交流与合作，参与组织第十四届智能交通世界大会，国际影响力不断提高。

□ 水路公路交通安全控制与装备教育部工程研究中心（武汉理工大学）

水路公路交通安全控制与装备教育部工程研究中心（以下称交通工程中心）在2006年6月由教育部批准立项建设，由教育部主管，教育部与交通部共建，依托单位为武汉理工大学。上海交技发展股份有限公司、武汉南华高速船舶工程股份有限公司、国家火炬计划武汉汽车电子产业基地、孝感市捷能特种光源照明器具有限公司参与投资和建设；

交通工程中心以武汉理工大交通工程设计研究院名称注册，具有独立法人资格。交通工程中心以合作协议和资源共享的方式取得了中国远洋运输（集团）总公司、国家海事局、中国船级社、中国长江航运（集团）总公司、国家智能交通系统工程技术研究中心、青岛北海船舶重工有限责任公司等单位的支持与合作。

交通工程中心致力于发展交通安全共性关键技术，促进交通安全技术的交叉与应用，提高科技资源的使用效益。主要建设内容有：交通安全监控与装备实验平台、交通系统仿真实验平台、交通安全评价与预警实验室、水路公路交通安全控制与装备中试及产业化基地。中国远洋运输（集团）总公司技术中心（国家级）武汉理工大学技术分中心挂靠交通工程中心。

交通工程中心拥有以严新平教授为首的学科带头人队伍，在交通安全监控及装备、交通系统仿真、交通安全评价与预警领域形成了稳定的研究团队，拥有学术骨干 30 人，产业化技术人员 13 人，近几年承担了包括国家重点基础研究发展计划（973）项目、国家高技术研究发展计划（863）项目、国家自然科学基金项目和国家攻关项目、教育部博士点基金及省部级项目在内的各类科研项目 200 余项，年均研究经费近 3000 万元。交通工程中心设立董事会和技术委员会，实行董事会领导下的主任负责制，付新平教授任交通工程中心主任，兼任中远集团技术中心武汉理工大学技术分中心主任。

交通工程中心拥有智能交通系统研究所、控制与仿真研究所、水上安全与环境研究所、桥隧健康研究所、航运（远洋运输）技术研究所、《交通与计算机》杂志社等专业机构；与孝感市捷能特种光源照明器具有限公司合作在孝感设立研发基地和研究生实习基地。中远集团技术中心武汉理工大学技术分中心依托武汉理工大学相关学院和研究机构开展前瞻性软科学研究、重大关键技术研究和高新技术成果转化等工作，为中远集团整体发展的重大问题提供咨询意见和建议，为中远集团国际航运与物流、船舶营运与修造、相关工业产品开发等业务提供技术支持。中远集团和武汉理工大学互派人员组建分中心管理委员会、技术委员会。

□ 道路与交通工程教育部重点实验室（同济大学）

道路与交通工程教育部重点实验室是“985 工程”一期建设期间，规划建设了交通设施使用和系统运行基础数据采集处理、测试分析、仿真实验平台，初步形成了道路交通系统的仿真分析能力、方案分析能力、技术验证能力；建设了交通基础设施技术实验平台，形成了比较系统的材料力学和路用性能测试系统；交通运输信息资源平台建设了融合实时代表性路段交通信息和城市道路交通监控系统数据的分析系统；交通运输系统仿真分析平台以多媒体数据采集、通信、计算机、可视化等高新技术为依托，以先进的交通仿真建模技术为核心构建了接近于真实道路与城市轨道交通系统的仿真环境。与此同时，实验室还利用与上海市市政工程管理局、上海市公安局交巡警总队等单位的合作关系，成立了“科技部 ITS 培训分中心”、“上海道路交通研究中心”，基本建成了基于上海市全域、国内领先的’道路与交通信息资源’、’交通系统仿真分析’基础平台，聚集了一批高效精干、勇于创新、具有国际合作背景和交流能力的科研队伍，有专门从事系统集成、设备管理和实施的技术队伍。

□ 道路安全与环境教育部工程研究中心（同济大学）

道路交通安全与环境教育部工程研究中心是一支在道路交通安全与环境领域具有技术研究、创新、开发与系统集成世界一流水平及可持续发展能力的队伍、具有产业链特征的技术产品，构筑了道路交通安全与环境产业链上产、学、研环节的高水平合作及成果转化的开放式平台，系统研究道路安全与环境发展的瓶颈问题，推动本行业技术进步与快速发展，同时带动相关产业的发展。

道路交通安全与环境教育部工程研究中心所依托的同济大学交通运输工程学院在科研创新方面一直处于国内交通运输领域的前列，在我国道路交通运输业发展和科技进步的历史中创立了一系列标志性的成果，其中许多成果被编入有关的标准、规范、指南及其他的行业性文件。在道路安全与环境方面，同济大学在我国首次建立了公路安全审计程序《新疆国省干线公路安全审计程序》，并在新疆 S201 省道改建中得到应用；参编了我国第一部交通行业道路安全指南《公路项目安全性评价指南》；首次提出了基于累计频率曲线法的事故黑点鉴别方法，并在主编公安部行业技术标准《道路交通事故多发位置认定方法》中得到体现；另外，同济大学还建立了我国第一个路面管理系统；首次成功在上海开展 ITS 示范工程建设；率先开展了《道路规划与设计的环境影响评价》、《城市交通规划环境影响评价与声环境评价》等方面的研究。

□ 系统控制与信息处理教育部重点实验室（上海交通大学）

系统控制与信息处理教育部重点实验室于2007年3月由教育部批准正式立项建设。该实验室依托上海交通大学控制科学与工程一级学科，联合仪器科学与技术一级学科的相关研究方向共同建设。

根据国家中长期发展规划和经济建设、社会发展的需求，实验室将围绕复杂系统预测、控制与优化技术、全自主监测与服务系统、面向健康与安全的图像信息处理等三个主要方向，全力发展和构建系统控制与信息处理的理论和技术平台。当前的主要研究内容为：复杂网络和预测控制理论，复杂生产系统的优化控制与调度，城市交通实时监测，预报与优化，大型过程和装备的监测与系统集成，人体全消化道微型智能介入式诊查系统，平流层空中平台关键控制技术，助老助残自主服务机器人，智能自主车，基于图像的医疗诊断与手术导航，目标识别与跟踪，人脸，指纹，虹膜识别与遥感遥测与空间信息系统。实验室由三个研究团队和十余个研究组构成，目前有专职教师 40 余人，其中正副教授 30 余人，包括国家百千万人才计划、教育部长江学者、国家杰出青年基金获得者、教育部跨世纪和新世纪人才、上海市曙光学者、上海市启明星计划等优秀中青年学者 10 余人。实验室的办公和实验用房面积 3200 平方米，现有仪器设备总价值 1700 万元，万元以上设备 116 台/件。

□ 北京市交通工程重点实验室（北京工业大学）

依据北京工业大学“立足北京，融入北京，辐射全国，面向世界”的办学方针、北京市交通工程重点实验室以服务北京为根本，以实验平台建设为重点，以队伍建设和人才培养为核心，力争将实验室建设为国内一流、国际知名的交通工程实验室，成为北京市交通科技的研究基地和交通科技人才的培养基地。

实验室的主要研究方向为智能交通系统、交通安全理论与方法和交通规划理论与方法。

智能交通系统研究主要是以交通流检测系统、交通控制实验系统和交通信息系统等构成的智能交通系统平台为基础，通过对智能交通控制、车载导航系统和商用车辆运营管理系统中的关键技术的研究，制定相关的技术规范，开发系列应用产品和系统，为缓解北京市交通拥堵，提高交通出行的服务品质，提升物流运营效率和管理水平奠定基础，为发展北京市智能交通产业提供技术储备。

交通安全理论与方法研究是借助驾驶模拟舱和驾驶适应性检测系统构建的交通安全研究平台，从交通安全的道路条件、交通条件、环境条件和驾驶员信息处理/分析模式等角度综合分析交通事故产生的机理和规律，从而科学地预测、预报交通事故，为完善《公路工程技术标准》提供技术支持，为北京市提高道路设计和交通运营的安全水平提供理论依据和分析手段。

交通规划理论与方法以完善的交通规划软件系统和交通仿真系统为支撑，开展交通规划、交通管理规划和项目交通规划研究，在城市建设过程中，通过系列规划研究，不仅保证规划阶段交通供需之间的平衡；同时，使交通规划的意图落实到具体的交通设计之中，最大限度地保证交通系统从总体到局部的协调一致，实现交通系统高效运行。

□ 广东省智能交通系统重点实验室（中山大学）

广东省智能交通系统重点实验室经广东省科技厅批准，以中山大学智能交通研究中心以主体，联合广东省公安科学技术研究所和广东省交通科学研究所，于2002年成立了广东省智能交通系统重点实验室（以下简称实验室）。在广东省科技厅和中山大学的大力支持下，实验室正朝着建成广东省内智能交通领域重要科研、教育、产业化基地的目标努力推进各项工作。

实验室设有交通仿真与环境研究室、ITS-3S研究室、交通导航与监控研究室、ITS规划与政策研究室等四个研究室和交通信息服务中心；实验室占地面积1600余平方米，拥有卫星地面站2套、各种国内外主流GIS平台（价值300万）、各种比例尺的城市电子地图及广东省公路路网图、全广东省30米分辨率的卫星影像、部分地区10米和1米卫星（航片）影像、计算机网络系统、GPS导航系统等研究开发设备及条件。

主要研究方向包括：交通地理信息系统平台及二次开发、交通数据采集及图像处理、交通流仿真及交通环境仿真、交通导航与信息服务系统、交通安全监控及管理系统、交通政策规范与技术标准研究。

主要技术及产品包括：警用地理信息系统平台开发技术，车牌识别与卫星，遥感影像信息提取技术，移动式数据采集系统（道路测量车），公交换乘及网络发布技术，微观交通流仿真及其应用技术，交通污染仿真与评价技术，汽车行驶记录仪与车辆跟踪与监控系统，FW-251、FW-252 汽车导航系统，FW-0301、FW-0302 机动车行驶速度监测系统，城市道路编码技术及计算机自动编码系统。

□ 智能网络与网络安全教育部重点实验室（西安交通大学）

智能网络与网络安全教育部重点实验室是我国在智能网络与网络安全研究领域的重要科研基地，主要研究人员包括系统工程和网络安全领域的国际知名专家管晓宏教授（IEEE Fellow，“长江学者”特聘教授），多源信息融合领域著名专家韩崇昭教授，天地网、远程教育领域著名专家郑庆华教授、网络安全著名专家李卫副教授等。该实验室是国家 985 工程重要建设单位，具有世界一流的研究环境。

在“十一五”期间，智能网络与网络安全教育部重点实验室负责承担复杂网络化系统、网络与信息安全、网络教育、信息融合等领域多项国家重点研究项目，包括 863 目标导向、探索，国家自然科学基金重点，国家科技支撑等项目。

智能网络与网络安全教育部重点实验室的研究方向有：复杂网络理论与应用、网络与信息安全、复杂网络化系统优化。

□ 安徽省智能交通重点实验室（安徽省智能交通工程研究中心）

安徽省智能交通(ITS)工程研究中心由安徽省发改委批准成立，安徽省公安厅交通管理局、中国科学技术大学共同联合建设。中心围绕“安徽省公安交警科研及培训基地”建设，坚持“警产学研”合作，建立了道路交通工程与交通安全设计、 交通信息采集与发布、交通信号控制及交通仿真、警用装备四个研究室，一个成果转化中试生产部及拥有覆盖合肥市高新区二环路以西、长江西路以南约 9 平方千米的全国首屈一指的 ITS 科研实验场地。

著名 ITS 专家方廷健研究员担任中心首席顾问。中心在安徽省 IT 领军人朱晓光研究员的带领下，其“道路交通信息采集与应用”研究进入国际先进水平行列。承担的“安庆 ITS 示范工程”获安徽省科技进步一等奖，成为公安部“中小城市交通指挥中心模式与集成应用技术”成果推广项目；研制的“交通警务车载信息平台”获公安部创新应用项目，填补了这一领域的空白；承接的义乌市城市道路交通指路标志设计、参加和实施的合肥市徽州大道快速公交(BRT)系统设计与建设项目在全国处于领先水平；作为安徽省智能交通联席会议协调领导小组技术依托单位，参加安徽省智能交通发展“十一五”规划编写，承担建设全省公安、交通信息共享及社会化服务平台任务。

其中，安徽省智能交通重点实验室研究方向有：开展信息科学技术在交通系统可持续发展中的作用和应用研究；开展道路交通信息采集的方法和实时分析技术研究；开展支持低碳出行的动态交通信息服务；研究区域交通优化控制和城市管控集成方法。

□ 轨道交通国家实验室（西南交通大学）

轨道交通国家实验室是以高速铁路和高速磁浮轨道交通、重载铁路、新型城市轨道交通（简称"一高一重一新"）为核心的轨道交通体系为研究对象，以高速轨道交通为目标的科学研究和技术创新基地。重点建设具有国际先进水平的高速列车基础研究实验平台、高速列车服役性能研究实验平台和高速列车数字化仿真平台，通过平台建设系统地掌握时速350千米及以上高速列车及其耦合关系的基础理论，支撑京沪新一代高速列车的自主创新，抢占世界高速列车技术发展的制高点，把轨道交通国家实验室建设成为轨道交通领域的理论与技术创新基地、科学试验基地、创新人才培养基地和国际学术交流中心，使国家实验室成为轨道交通领域国际一流的实验室。

□ 铁道部智能控制与仿真工程研究中心（西南交通大学）

西南交通大学智能控制与仿真工程研究中心（以下简称"中心"）是以科学研究为主的学校二级单位，设有仿真技术、控制技术及模式识别三个研究方向。中心近年完成几十项铁道部、相关铁路局下达的纵向与横向科研攻关项目，科研经费充足。是一个真正实现了产、学、研一体化的，具有创新能力和行业特色的科研机构。在相关领域的研究成果居国内领先水平并达到国际先进水平，为进行科研成果转化和产业化创造了条件。中心的科研成果转化产值已实现连续五年以30%～50%的速度增长，2007年成果转化产值超过1亿元。

中心自2001年成立以来，在学校的大力支持下，引进优秀人才，建立了一支有较强科研创新能力的团队；中心现有教职工10人，其中教授级研究员1人、副教授2人、高工1人、讲师3人、助教2人；多年来承担高水平科研项目数十余项；结合科学研究撰写发表科技论文数十篇；招收并培养硕士研究生五十余人；拥有电气检测、图像仿真、电气控制的技术设备100余台套。

□ 综合运输四川省重点实验室（西南交通大学）

综合运输四川省重点实验室是国内第一家综合运输领域的重点实验室，始建于2000年，2007年被批准为四川省重点实验室，本实验室所在学科是交通运输工程国家一级重点学科，具有博士学位点和博士后流动站，一级学科下的四个二级学科均为国家重点二级学科。

本实验室主要围绕综合运输的一体化内涵及其相关要求，结合当前国际上综合运输研究的热点和难点开展研究和科技服务工作，目前，形成了四个稳定的研究方向：综合运输系统规划与资源配置；综合运输系统组织管理优化理论与方法；综合运输系统环境与安全技术；综合运输系统信息化、智能化实现技术。

实验室主要学术带头人有四川省学术和技术带头人、西南交通大学交通运输学院院长、四川省教学名师、铁道部有突出贡献的中青年专家彭其渊教授，以及全国政协委员、西南交通大学交通运输学院副院长、四川省学术和技术带头人、四川省青联副主席、成都市政协常委罗霞教授，主要研究骨干有15人，青年学术骨干有20人，现有专职实验员5名，在站博士后2名，在读博士研究生30名、硕士研究生220名。

实验室成员近5年来出版著作30部，在国际国内学术刊物发表研究论文300余篇，国际会议论文200余篇，发明专利5项。承办了第一届交通运输工程国际会议。近年来，实验室获得多项国家863高科技计划项目、国家自然科学基金面上项目、教育部项目、铁道部项目交通部项目、建设部项目、公安部项目等研究资助。

本实验室形成了四个稳定的研究方向，各方向的主要研究内容如下：综合运输系统规划与资源配置、综合运输系统组织管理优化理论与方法、综合运输系统环境与安全技术、综合运输系统信息化及智能化实现技术。

□ 道路工程四川省重点实验室（西南交通大学）

该实验室是四川省重点开放研究实验室，是西南交通大学道路与铁道工程国家级重点学科的重要科研基地，并覆盖交通运输工程、土木工程、地质工程、测绘工程等多个研究领域。

实验室设备系统、先进，拥有道路材料、路基土工、离心机、道路勘测设计现代技术等实验室，以及大型并行计算站与分析软件。现有教职工35人（含教授19名、副教授9名、高工2名，具有博士学位者27人）。其中:四川省学术和技术带头人11人，国家级教学名师1人，省级名师2人，省部级突出贡献中青年专家3人。近5年来承担了一大批包括国家973和863项目、国家自然科学基金、教育部博士点基金、交通部、铁道部、四川省等重要科技项目，以及成渝高速、西攀高速、国道213线、国道318线、成都市南部新区、三环路改造等大量工程横向课题和技术咨询，取得了一大批代表性科研成果，解决了道路工程领域的诸多技术难题。获各类奖励30余项，其中，国家科学技术进步一等奖1项、二等奖2项，四川省科学技术进步奖2项。已培养硕士120余名，博士（后）30余名，留学生8名。为四川路桥集团、成都路桥公司等多个单位开展了工程技术培训。实验室国际合作交流频繁。多人在国外留学、讲学或进修。

实验室立足四川、面向行业、服务社会，致力于道路工程领域的基础及应用基础研究，以及关键技术攻关，培养高素质工程应用型专业人才和创新性复合型高级人才，为四川乃至西部的交通基础设施建设提供重要支撑。

□ 云计算与智能技术四川省重点实验室（西南交通大学）

云计算与智能技术四川省重点实验室（原神经网络与信息技术研究所）成立于1992年，依托轨道交通国家实验室（筹）、计算机科学与技术和软件工程一级学科博士点、交通信息工程及控制国家级重点学科、计算机科学与技术国家级特色专业，以及计算机应用技术省级重点学科，具有博士、硕士学位授予权和交通运输工程和信息与通信工程博士后流动站。

西南交通大学云计算与智能技术省重点实验室拥有由教授、副教授和博士后、博士、硕士研究生构成的研究团队60余人，其中全国“五一”劳动奖章获得者1名，国家级有突出贡献专家1名，全国优秀教育工作者1名。实验室先后承担了60多项国际合作项目、国家科技支撑计划、973项目、863项目、国家自然科学基金和省部级等项目，发表学术论文500余篇，其中被SCI/EI检索100余篇，出版5部著作，主编9部国际会议论文集和4部国际SCI期刊专辑，完成了5项高新技术产品的开发，获专利6项。实验室先后与国内外多个大专院校、科研院所及企业建立了广泛的科技合作与交流关系，在国内外有一定的影响。实验室主要研究领域包括计算智能和智能系统、云计算、数据仓库与数据挖掘、知识工程与知识发现、粗糙集与粒计算等。

目前实验室已与中国西部信息中心共同成立了“中国西部信息中心云计算高校联合实验室”。该实验室是依托中国西部信息中心强大的云计算基础资源与技术力量，联合川大、电子科大、西南交大三所国家“211”大学的云计算科研力量共同成立的。联合实验室主研究中心将设立于中国西部信息中心位B幢，同时在川大、电子科大、西南交大设立三个分中心，西南交大分中心依托于本实验室进行建设。联合实验室将作为三所高校云计算方向的“博士后科研流动工作站”，并作为筹建中的“智能城市工程技术中心”的重要组成部分，同时也是“中国移动互联网应用产业技术创新联盟”、“四川省移动通信联盟”的重要科研支撑平台。

□ 交通信息工程与控制四川省重点实验室（西南交通大学）

交通信息与控制实验室成立于1998年，2002年成为四川省高校重点实验室，该实验室是交通信息工程与控制国家级重点学科的主要依托实验室之一，也是交通信息工程与控制博士点与硕士点的重要依托实验室。

实验室的主要研究方向有：列车运行控制系统理论与技术、铁路信息化理论与技术、铁路信号自动控制理论与技术、铁路信号安全性与可靠性理论与技术。

实验室的研究特色：应用计算机技术、网络通信技术、现代控制技术、可靠性技术、铁路信号技术及其他信息技术，研究交通运输领域的自动控制及信息化理论与应用技术，为提高运输效率，保证运输安全做出贡献。

实验室具有较好的科研和学术环境。近年来，实验室承担了多项国家、铁道部及其他省部级科研项目及企业委托项目，已完成科研项目总经费500多万元，年均科研经费超过百万元，并将许多项目进行了推广使用，得到了使用单位及同行专家的好评，为我国铁路建设事业做出了贡献。获省部级科技进步奖两项。现有多项成熟技术及产品。实验室重视理论研究，在国内外学术刊物发表学术论文200余篇，近3年来被3大检索收录论文30篇，并出版多本专著，在国内外具有一定知名度。

□ 轨道交通运行控制系统国家工程研究中心（北京交通大学）

轨道交通运行控制系统国家工程研究中心（以下简称”工程中心”）于 2008 年 1 月经国家发改委批复立项建设，由北京交通大学牵头， 联合中国铁路通信信号集团公司、中国铁道科学研究院共同组建。工程中心立足于国家和轨道交通行业发展的高度，针对国家需求与要求， 加强和产业、科研单位等联系和沟通， 形成国家轨道交通运行控制系统研究与技术转移体系；注重将科研机构的研究成果转换为生产力， 充分发挥产业与科研之间的“桥梁”和 “纽带作用”。

工程中心依托股东单位的资金、政策、基础研究、科研和综合实验等优势， 严格依照现代化企业经营管理模式进行实体公司运作。针对发改委、铁道部和教育部对工程中心的定位，工程中心筹建期主要建设以下5个平台：轨道交通列车运行控制系统实验平台、轨道交通列车运行控制系统关键技术研究平台、轨道交通列车运行控制系统集成与仿真平台、轨道交通列车运行控制系统产业化平台、轨道交通移动通信关键技术研究与测试平台。工程中心的最终目标是: 按照国家发改委、铁道部和教育部的统筹部署在高速铁路和城市轨道交通领域整合目前国内的优势资源; 采取产学研结合的方式进行高速铁路和城市轨道交通的核心共性技术的研发、系统集成和研究成果的工程化与产业化;努力承担国家或企业的重大科研课题， 建设中国轨道交通运行控制系统核心技术的展示、研究与产业化转化平台。

工程中心的研究方向有：轨道交通流特性分析及控制理论、轨道交通安全保障与运输组织理论及关键技术、轨道交通运行控制系统分析与集成、轨道交通专用移动通信理论与关键技术。

□ 城市交通复杂系统理论与技术教育部重点实验室（北京交通大学）

城市交通复杂系统理论与技术教育部重点实验室以系统科学、交通运输工程学理论为基础，以城市综合交通系统为研究对象，结合我国城市道路交通流低速、混合、高密度的特点，开展城市交通系统复杂性理论、智能交通系统理论和关键技术、城市轨道交通运营理论与技术、城市交通组织优化理论与方法、城市交通可持续发展理论与技术等方面的研究，开发城市交通复杂系统分析实验、城市轨道交通系统基础数据、城市轨道交通系统运营和调度分析决策、城市公共交通智能化指挥调度、驾驶人行为分析实验，以及实时路况下汽车尾气分析等科学实验平台，构建我国城市交通复杂系统基础理论体系，为缓解城市道路交通拥堵，降低城市交通污染，提高城市交通管理水平等提供理论和技术支撑。

实验室研究紧密结合我国的国情及城市交通的发展状况与重大需求，利用系统科学的思想，把握我国城市综合交通系统需求的生成机理、交通与城市土地利用、交通网络结构复杂性；研究复杂环境下城市居民的出行规律、道路交通系统拥堵瓶颈的演化规律，以及实况环境下的汽车尾气污染排放规律；揭示交通需求在复杂网络的分布与传播机理，道路混合、低速、高密度交通流的非线性特性，网络交通流组织，网络运营可靠性等复杂系统理论和科学问题；开发复杂网络条件下的智能化交通、城市轨道交通和地面公共交通系统的运营组织与调度指挥系统；构建我国城市综合交通系统一体化规划、组织设计和运营管理系统。

□ 城市轨道交通自动化与控制北京市重点实验室（北京交通大学）

城市轨道交通自动化与控制北京市重点实验室所依托的北京交通大学自动化技术研究所专门从事轨道交通运输自动化及安全控制系统研究，是铁道部批准建立的“铁路运输自动化与通信”部级重点实验室的重要组成部分之一。“运输自动化与控制”是北京交通大学“211 工程”重点建设项目之一。

主要研究方向有城市轨道交通运营管理、运行监控、超速防护、自动驾驶及综合自动化等关键技术及设备，城市轨道交通自动化系统集成方案。以自动控制技术、电子技术、计算机技术、通信技术为基础，通过多学科、多技术的互相渗透，综合交叉确保城市轨道交通系统安全、高效、快捷、舒适、节能运行。

近几年，通过部级重点实验室及“211 工程”建设，实验室得到了重点投资，建立了若干个用于轨道交通自动化的研究测试平台，承担了国家、省部级以上的重大项目，取得了一系列科研成果，并在国内铁路和地铁广泛推广使用，建设了一支以中青年教师为骨干的学术队伍，青年学科带头人正在成长。研究队伍中获得博士学位者占 24%，获硕士以上学位者占 80%。

□ 交通运输智能技术与系统铁道部重点实验室（北京交通大学）

“交通运输智能技术与系统实验室”是北京交通大学自 20 世纪 80 年代以来结合第一批国家重点学科“运输管理工程”（1986 年）和第二批国家重点学科“交通运输规划与管理”（2001 年）建设的实验室。实验室的建设还涵盖了我校“控制科学及工程”一级学科下的二级学科“系统工程”学科（部级重点学科，具有博士学位授权）、“系统科学”一级学科下的“系统分析与集成”二级学科的建设。1999 年，该实验室被铁道部批准为重点（开放）实验室。2001 年申请教育部重点实验室、2002 年经教育部批准筹建，2003 年 4 月通过验收，同年 4 月正式批准挂牌。在过去的五年里，实验室在有关部门的大力支持和全体员工的共同努力下，充分利用“交通运输规划与管理”（国家重点学科）、“系统工程”（博士点学科）和“系统分析与集成”（硕士点学科）等学科的人才基础和科技优势，面向我国交通运输主战场，在积极加强科学研究工作的同时，推进高新科技在交通运输系统中的应用，获得了多项国家级和部级成果奖励。

实验室以交通运输系统为对象，以现代通信信息技术及计算机模拟理论和方法为主要手段，综合运用最优化技术、信息与控制技术、计算机模拟技术、交通运输组织与管理技术等多学科知识，为交通运输宏观决策的科学化、交通运输经营管理的现代化、运输调度指挥与交通控制的智能化提供研究平台和相关的软件支持环境、模拟实验环境和数据分析与处理环境。

目前，实验室已拥有固定研究人员和技术与管理人员 40 余人，包括访问学者、博士和硕士研究生在内的研究人员总数已超过 100 人。近五年来，实验室固定人员每年新增科研经费总数达 800 万元以上，在国际、国内刊物上发表了一系列有影响的论文，部分论文进入 SCI、EI 和 ISTP 检索系统；实验室每年接待来自国内外的学者、专家和领导 500 余人；每年有 200 余名本科生到实验室完成实践教学环节并获得学分。为我国交通运输事业的建设与发展做出了重要贡献。

□ 中国城市轨道交通研究中心（北京交通大学）

城市轨道交通研究中心是北京交通大学和北京城建设计研究总院共建，挂靠在北京交通大学土木建筑工程学院的产学研机构。

其宗旨是以中心为研究基地，联合国内外从事城市轨道交通的设计、施工、运营、生产、科研、教育等单位及专家共同工作，对城市轨道交通的新理论、新技术、新设备、新材料、新工艺等进行科学研究和技术开发；承担城市轨道交通工程项目的前期论证、评估咨询，以及设计、施工、运营中的专题研究；培养硕士、博士、博士后，以及其他高级专业人才，进行国内外学术交流和举办学术会议等。

中心的主要研究领域为：城市轨道交通工程的基础理论和综合技术；城市轨道交通各专业（土木、通信、供电、运输等）的技术开发；城市轨道交通的环境问题、施工方法、机械装备和工程项目管理；城市轨道交通的信息化技术；新型直线电机城市轨道交通综合技术；城市轨道交通设计、施工、运营规范和标准。

□ 中国综合交通研究中心（北京交通大学）

中国综合交通研究中心 2008 年 9 月 28 日在北京交通大学成立，中心是国内高校设立、基于社会资源的第一个综合交通研究机构，它的成立弥补了当前综合交通研究投入不足的问题。

中国综合交通研究中心由北京交通大学主办，中国系统工程学会交通运输系统工程专业委员会理事长、国务院参事石定寰教授担任中心主任。

中心将依托北京交大的学术力量，在保持铁路领域传统优势的基础上，积极拓展城市与区域交通及公路、水运、航空、管道等领域的研究与合作，联合国内外知名学术机构、学术顾问单位，全力配合国家综合交通体系建设和交通运输系统的改革，研究相关领域内的综合交通问题，建成国内知名、有一定权威性的综合交通研究机构、政策研究咨询机构、高级人才培养机构。

据介绍，建校112周年的北京交通大学是我国交通学科发展历史最悠久的大学，是我国交通领域第一个“973”计划项目的主持单位。近十几年，学校利用“交通 7+1论坛”、“中国交通高层论坛”等平台，与国内外交通界建立了广泛的合作联系，具备了成立综合交通研究中心的良好条件与学术环境。

□ 汽车电子与控制技术教育部工程研究中心（湖南大学）

汽车电子与控制技术教育部工程研究中心经教育部2006年批准立项建设，其依托单位是湖南大学。在四年的建设期间，根据建设项目可行性研究报告的要求，在依托单位的大力支持下，中心在内部管理机制、研发的基础条件建设、研究成果的转化、产业化及人才培养等几方面得到了较大的发展并形成了自己的特色。

中心现有研究人员124人，固定教师与技术人员43人，其中中央组织部“千人计划”1人、国家“百千万”人才一二层次人选1人、湖南省“百人计划“2人，正、副教授及相应高级职称人员31人，博士22人，硕士15人，博士后人员6人。现已招收博士研究生30人、硕士研究生74人。中心承担科研项目46项，合同总经费8783万元，其中承担国家级项目14项，经费3305.6万元；省部级项目6项，经费655万元；市局级项目6项，经费440万元；中心获湖南省科技进步二等奖3项，联合产业化基地申请并授权国家发明专利2项，实用新型专利13项，软件著作权4项；发表期刊论文50余篇。

□ 软件开发环境国家重点实验室（北京航空航天大学）

软件开发环境国家重点实验室建立于1988年。车联网与动态交通信息集成技术是本实验室的重要研究特色之一。实验室先后承担了国家自然科学基金重大项目“面向车联网的可信网络应用软件系统试验环境与示范应用”、国防科工委重大项目“北京市（奥运）交通与导航定位服务系统”、科技部“863”项目 “面向导航运营服务的高质量动态交通信息关键技术研究”、国家发改委CNGI项目“新一代公众出行服务系统及其终端应用示范项目”等一批重大重点项目，“基于大规模移动位置传感器的城市动态交通信息处理技术与服务系统”获得北京市2010年科技进步一等奖。

□ 国家空管新航行系统技术重点实验室（北京航空航天大学）

国家空管新航行系统技术重点实验室是由国家空管委依托北京航空航天大学交通信息工程及控制学科建立的首批重点实验室，主要研究方向包括航空通信、航空导航、航空监视、协同管制和航空电子系统等。实验室拥有1个国家自然科学基金创新研究群体，研制的中国民航飞行校验系统（CFIS）已通过美国FAA适航认证，填补了亚洲空白。获 2004 年国家科学技术一等奖和 2009 年国家技术发明一等奖。

□ 车路协同与安全控制北京市重点实验室（北京航空航天大学）

车路协同与安全控制北京市重点实验室建于 2007 年，2011 年被北京市科学技术委员会认定为北京市重点实验室。本实验室设有综合交通系统规划与需求管理、车路信息获取与交互技术、车路信息综合集成与服务技术、车路协同控制技术等研究方向，重点开展智能车载、智能路侧、车车/车路信息交互、车路协同安全保障等基础理论和关键技术研究，已形成车路协同、空地协同和空地信融合的研究优势与特色，是国内唯一一个车路协同技术领域的省部级重点科研基地。

□ 城市交通运行仿真与决策支持北京市重点实验室（北京交通发展研究中心）

本实验室是北京市科委 2010 年度第二批认定的北京市重点实验室。该实验室基于城市交通领域的国内外发展趋势，结合北京市政府、交通主管部门缓解交通拥堵，公众交通信息服务的需求，以信息化为依托，在城市交通运行分析、城市交通仿真、海量交通数据采集、交通节能减排等方面开展创新性研究，全面支持城市交通战略决策、规划设计、运营管理、出行服务的科学化和可持续发展。

□ 城市交通节能减排检测与评估北京市重点实验室（北京交通发展研究中心）

本实验室是依托于北京交通发展研究中心、北京交通大学、北京城市系统工程研究中心建立，并紧密联系北京市交通行业节能减排中心，于 2012 年由北京市科委认定。该实验室跟踪节能减排的国内外发展趋势，准确把握北京市和我国交通能源、温室气体排放、污染物排放清单的需求，以信息化、精细化为依托，在海量能耗排放因子数据采集、城市交通能耗及排放仿真模型开发、交通节能减排决策支持系统建设等方面开展创新性研究，为城市交通节能减排的战略决策、动态监测、监测评估等工作提供技术支撑。

□ 北京市城市交通国际科技合作基地（北京交通发展研究中心）

本实验室是北京市科委认定的第一批北京市国际科技合作基地。该基地立足北京、放眼世界，以解决北京及我国大城市交通问题为总体建设目标,重点进行城市交通运行监测分析（重点在交通拥堵的全面诊断和预测预警），城市交通节能减排测算，城市规划与交通协同发展研究，智能交通新技术研发和转化等领域研究，建立起国内和国外信息共享、快速响应的国际合作网络，并形成一套国际科技合作基地项目研发、成果转化链条。

第四章

中国智能交通主要研究单位

中国智能交通研究单位名录

华北地区
国家智能交通系统工程技术研究中心
国家铁路智能运输系统工程技术研究中心
国家道路交通管理工程技术研究中心
北京交通发展研究中心
城市交通运行仿真与决策支持北京市重点实验室
北京市交通信息中心
北京交通大学城市交通复杂系统理论与技术教育部重点实验室
北京交通大学轨道交通控制与安全国家重点实验室
北京交通大学中国综合交通研究中心
北京交通大学中欧智能交通培训中心
北京交通大学中英智能交通研究中心
北京工业大学交通研究中心
北京航空航天大学国家空管新航行系统技术重点实验室
北京航空航天大学车路协同与安全控制北京市重点实验室
北京航空航天大学北京市智能交通研究实验中心
北方工业大学智能交通系统研究所
清华大学交通研究所
清华大学自动化系 ITS 联合实验室
清华大学汽车安全与节能国家重点实验室
城市交通技术转移（北京）中心
北京世纪新运交通运输科技应用研究所
北京四通智能交通系统集成有限公司 ITS 研究中心
亿阳集团智能交通研究院
北京易华录信息技术股份有限公司智能交通研究院
中国智能交通系统（控股）有限公司研究院
天津市公安局公安交通管理局科研所
军事交通学院交通信息工程及控制学科实验室
交通运输部科学研究院城市交通研究中心
东北地区
黑龙江省交通科学研究所
大连理工大学交通运输学院智能交通研究所
哈尔滨工业大学交通安全特种材料与智能化控制交通行业重点实验室
黑龙江省智能交通管理与技术重点实验室
吉林大学交通学院
辽宁公安厅公安交通管理局科研所

华东地区
公安部交通管理科学研究所
上海市交通信息中心
上海市城市综合交通规划研究所
同济大学智能交通运输系统研究中心
同济大学道路与交通工程教育部重点实验室
同济大学中德交通研究中心
同济大学智能交通高等研究院
上海市智能交通与系统仿真技术研究所
上海交通大学智能车辆技术研究所
上海交通大学智能机电系统控制研究所
中国科学院上海微系统与信息技术研究所
浙江大学交通工程研究所
浙江工业大学智能交通联合研究所
上海电科智能系统股份有限公司智能交通研究院
东南大学智能运输系统研究中心
东南大学教育部智能运输系统工程研究中心
浙江省交通科学研究所
江苏省感知交通信息服务工程技术研究中心
杭州市综合交通研究中心
南京智能交通产业研究院
青岛市智能运输系统工程技术研究中心
无锡物联网产业研究院
上海市路网智能交通技术研究所
安徽省智能交通（ITS）工程研究中心
安徽省智能交通重点实验室
华中地区
武汉市交通科学研究所
武汉大学交通研究中心
武汉理工大学智能交通系统研究中心
水路公路交通安全控制与装备教育部工程研究中心
长沙理工大学智能交通与车路协同技术研究所
湖南大学
华南地区
广州市交通规划研究所
广州交通信息化建设投资有限公司智能交通研究中心
华南理工大学智能交通系统与物流技术研究所
中山大学智能交通研究中心
中山大学广东省智能交通系统重点实验室
深圳市智能交通中心

西南地区
昆明市城市交通研究所
重庆交通大学畅通重庆研究所
重庆市交通运输工程重点实验室
西南交通大学
西北地区
长安大学
兰州交通大学
西安交通大学

第四篇

市场篇

第一章

2011 年智能交通市场发展分析

2011年中国主要城市智能交通市场发展分析

一、概述

（一）细分行业统计范围

一般来说，城市智能交通系统的主要细分行业包括智能交通管理系统、智能公交系统、停车管理与停车诱导系统、出租车信息服务管理系统、综合交通枢纽信息系统和智能物流系统等。根据近几年城市智能交通领域的热点投资细分行业、产业主要构成企业业务组成，以及社会民众的主要关注点，我们将城市智能交通市场规模等相关统计的范围定义为以下八个细分行业：

交通指挥类系统与设备、电子警察系统与设备、交通视频监控系统与设备、卡口系统与设备、交通信号控制系统与设备、智能公交系统与设备、交通信息采集发布系统与设备、GPS与警用系统与设备。

（1）交通指挥类系统与设备

交通指挥类系统与设备包括成系统建设的专用软件与硬件设备（含系统建设时必需的数据库、操作系统），其范畴包括警用指挥中心平台、三台合一等公安部门专用系统、城市交通应急指挥平台，但不包括单独采购的通用型软件、计算机、服务器等设备，以及单独采购的土建与基础设施项目。

（2）电子警察系统与设备

违章自动记录相关的固定式与移动式系统与设备，包括中心系统、设备、附件等，但不包括单独采购的土建与基础设施项目。

（3）卡口系统与设备

道路车辆视频识别记录相关的系统与设备，包括成系统建设项目，以及单独采购的设备、附件等，但不包括单独采购的土建与基础设施项目。

（4）交通视频监控系统与设备

用于监控道路车辆与的系统与设备，包括成系统建设项目，以及单独采购的设备、附件等，但不包括单独采购的土建与基础设施项目。

（5）交通信号控制系统与设备

用于道路交通管理信号控制的系统与设备，包括与道路交通信号控制相关的系统、设备等，其范畴包括用于路段与路口、快速路车行道、出入口的交通信号控制设施。包括成系统建设项目，以及单独采购的设备、附件等，但不包括单独采购的土建与基础设施项目。

（6）交通信息采集、发布系统与设备

包括视频、线圈、微波等形式的交通数据采集设备与系统,交通数据处理系统，用于道路与停车、出行者信息发布诱导设施与设备，交通信息发布系统和设备。包括成系统建设项目，以及单独采购的设备、附件等，但不包括单独采购的土建与基础设施项目。

（7）GPS与警用系统与设备

包括交通管理与交通部门使用的车载或个体携带的具有定位及定位显示功能的产品，包括警务通、移动警务、单兵作战等设备与中心对应的GIS定位显示系统。

（8）智能公交系统与设备

用于快速公交与普通公交的智能系统与设备，包括调度、运营监控、电子站牌、乘客信息的系统与设备。包括成系统建设项目，以及单独采购的设备、附件等，但不包括车辆、单独采购的土建与基础设施、普通公交站台设施设备，以及归属于信号、交通视频监控等其他项目范畴的内容。

（二）地域统计范围

本篇数据统计区域限于中国大陆地区，不包含台湾、香港和澳门。文中定义的中国市场指建设资金最终使用在中国大陆地域上所涉及的相关内容市场，包括世行、亚行等国外资金对中国城市智能交通的援建投资等。

（三）时间统计范围

本篇数据统计时间基于中国官方使用的2011财年的界定（2011年1月1日—2011年12月31日）。

二、市场整体状况

（一）项目数量

2011年，我国城市智能交通8个领域共发生自然采购项目[1] 3117个，同比增长46%；细分采购项目[2] 4240个，同比增长33%。

（二）市场规模

2011年，我国城市智能交通8个领域市场总规模为131.4亿元，同比增长31.1%，年增长率创历史新高（见图1和表1）。对于城市智能交通市场而言，2011年属于爆发式增长的一年。

---

[1]自然采购项目：项目公开招投标的数量，也可以理解为项目立项时不同编号的数量。一个自然项目可能包括几个分包。

[2]细分采购项目：在项目公开招投标的数量基础上，计算自然项目可能存在的分包数量，并根据8个行业数据统计需求，对只包含一个包的自然项目也进行了分类，分别统计。如无特殊说明，报告以下涉及到的“项目数量”称呼皆为此项统计口径。

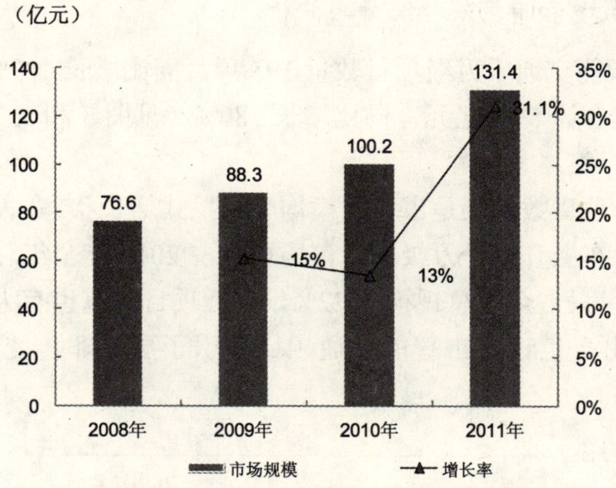

2008—2011 年城市智能交通市场规模及增长趋势

表 1　2008—2011 年城市智能交通市场规模及增长趋势表

年份	市场规模（亿元）	增长率
2008 年	76.6	—
2009 年	88.3	15.3%
2010 年	100.2	13.5%
2011 年	131.4	31.1%

31.1%的增长率不但远高于我国 GDP 的增长速度，与往年增长速度相比还有大幅提升，其原因主要有以下几点：

城市交通拥堵压力之下，一些城市开始规划、筹备建设智能交通系统，这类城市的资金方面酝酿一般需要两三年，2011 年部分城市的投资得到释放。2011 年突出的热点投资城市和地区较往年增加很多。乌鲁木齐、合肥、兰州、中山、深圳、沈阳、大连、南宁、贵阳等城市 2011 年之前都不是重点投资城市。

非传统城市智能交通企业的市场进入优势之一就是资金实力强，他们的进入也带来了更多的 BT 项目，使得以政府投资为主要建设模式的城市智能交通，在使用社会资金方面更加频繁。

2011 年三大运营商总营收约为 6 亿元，较 2010 年增长 100%，他们使用 BT 模式较为频繁。

除此之外，2011 年有较多的非传统企业中标千万级项目、几千万级项目，他们也多使用 BT 模式。

（三）千万级项目分布

近年来，城市智能交通千万级项目数量和金额均有增长趋势，这是整体市场升温的一个表象。对企业来说，千万级项目的运作成功提升了企业营收状况，同时，他也是企业市场竞争力的重要表现之一。

1. 千万级项目数量和市场规模统计与分析

2011 年，城市智能交通千万级项目数量 195 项，同比增长 129%（见图 2 和表 2）；千万级项目市场规模合计 57.9 亿元，同比增长 180%（见图 3 和表 3）；占 2011 年全年市场总规模的 44%。

千万级项目无论项目数量还是市场规模均呈爆发式增长状态。从增长趋势来看，单个项目的平均额度也在上升。千万级项目市场规模占 2011 年全年总规模接近一半，相比 2010 年千万级项目只占全年总规模的 22%，千万项目比重也有大幅提升。

千万项目的频出，也让城市智能交通领域吸引了更多非传统企业的关注和市场进入。

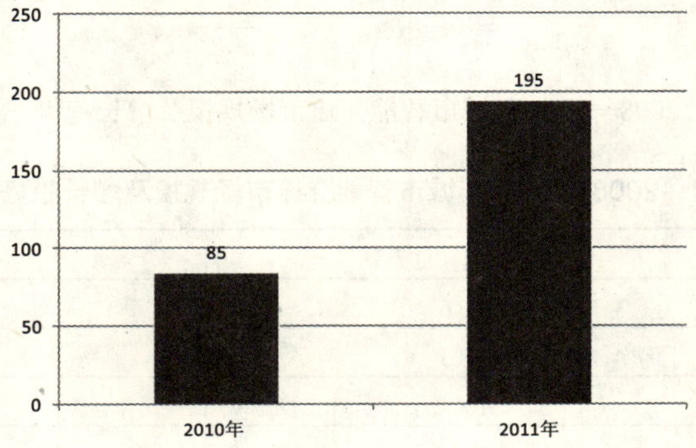

图 2　2010—2011 年城市智能交通千万级项目数量

表 2　2010—2011 年城市智能交通千万级项目数量表

	项目数量	增长率
2010 年	85	129%
2011 年	195	

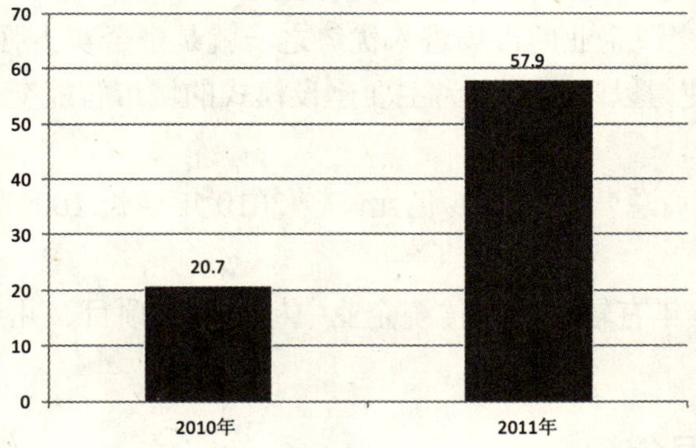

图 3　2010—2011 年城市智能交通千万级项目市场规模

表 3　2010—2011 年城市智能交通千万级项目市场规模表

	市场规模（亿元）	增长率
2010 年	20.7	180%
2011 年	57.9	

千万级项目频出，并且合同额度还有不断增大的趋势，这说明了：

- 各地方经济状况足以支撑这样大规模的投资建设；
- 城市交通拥堵状况日益恶化，人们对出行质量的要求不断提高，交通管理工作任务繁重；
- 经济状况较一般的城市，在准备建设几年后，开始进入实施建设阶段。目前国内这种集中、多系统、大投资的城市智能交通建设较多，其准备期也较长，但投资的可持续性较差；
- 各地方政府之间关于政绩工程的比对，需要大投资大建设。一千万的项目要整合成两千万的建设，三千万的项目还要整合成五千万建设，治安建设与智能交通一起建设；
- 非传统企业的市场进入带来了更多 BT 项目建设的可能，这些项目往往金额超千万、几千万；
- 市场在向规范化方向发展，政府对大项目的监管更有力。

2. 千万级项目规模区间分布

- 2011 年千万级项目数量呈大幅增长趋势，除 4000 万～5000 万金额项目数量与 2010 年基本保持一致外，以 1000 万起至 5000 万及以上，每 1000 万为一个统计区间，每个区间的项目数量都呈大幅增长趋势。
- 特别值得注意的是，5000 万级以上项目数量 22 项，比 3000 万～4000 万、4000 万～5000 万两个区间的项目还多，金额区间的项目数量并不是由低金额区间向高区间逐级上升的（见图 4 和表 4）。
- 遵义城市报警与监控暨智能交通管理指挥平台建设工程 BOT 投融资建设，55551.52 万元，是 2011 年最大的城市智能交通建设项目。另外，无锡市金城东路、太湖大道交通监控工程，5528.22 万元；乌鲁木齐 2011 亚欧博览会道路交通设施综合整治项目道路监控系统工程第一标段，5040.493709 万元；太原新晋祠路等 11 条道路交通监控系统采购，7033 万元；辽宁省公路高清卡口综合管理系统，5566.4423 万元；镇江道路监控网建设工程，6490.7224 万元都是 5000 万元以上级别的典型项目。

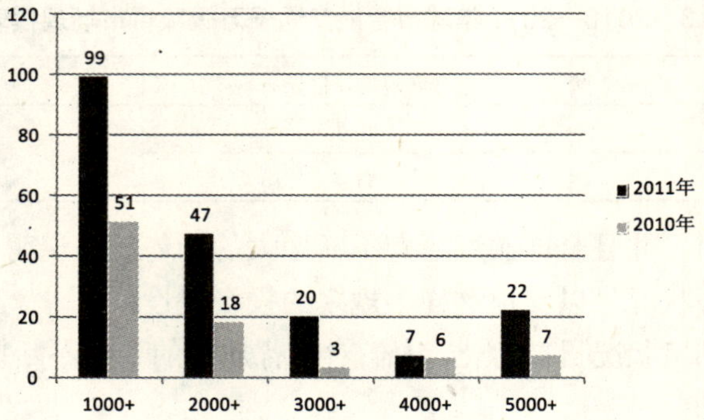

图 4　2010—2011 年城市智能交通千万级项目量级区间分布（项目数量）

表 4　2010—2011 年城市智能交通千万级项目量级区间分布（项目数量）

	2010 年	2011 年
1000+	51	99
2000+	18	47
3000+	3	20
4000+	6	7
5000+	7	22
汇总	85	195

从千万级项目各个区间的合计市场规模来看，5000 万以上项目规模最多，达到 22.5 亿元；其次是 1000 万～2000 万，规模合计 13.6 亿；再次是 2000 万～3000 万，规模合计 11.6 亿。2010—2011 年城市智能交通千万级项目量级区间分布（市场规模）如图 5 所示。

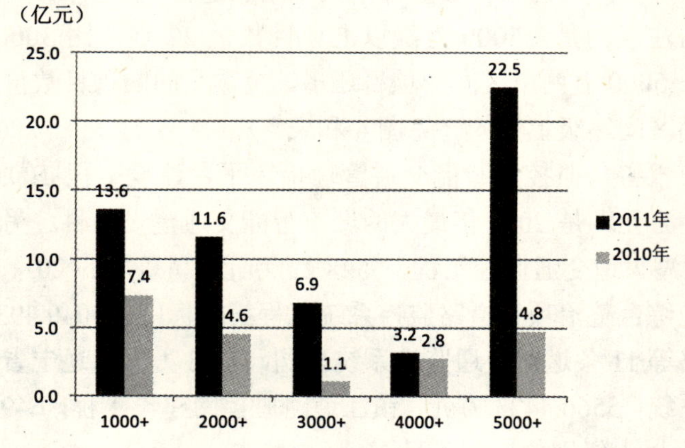

图 5　2010—2011 年城市智能交通千万级项目量级区间分布（市场规模）

从 2010 年和 2011 年两年的千万级项目各区间市场规模所占比例来看，2011 年较为显著的变化是 1000 万～2000 万间项目规模比例下降 12 个百分点，2000 万～3000 万间项目规模比例下降 2 个百分点，4000 万～5000 万间项目规模比例下降 8 个百分点，而 5000 万以上项目比例上升 16 个百分点，无论是项目数量还是合计规模，整体上均呈上扬趋势。相对来说，金额更大的项目数量也越来越多。

2010—2011 年城市智能交通千万级项目量级区间分布（市场规模与所占比例）见表 5。

表 5　2010—2011 年城市智能交通千万级项目量级区间分布（市场规模与所占比例）

规模区间	2010 年		2011 年	
	市场规模（亿元）	千万项目规模比例	市场规模（亿元）	千万项目规模比例
1000+	7.4	36%	13.6	24%
2000+	4.6	22%	11.6	20%
3000+	1.1	5%	6.9	12%
4000+	2.8	14%	3.2	6%
5000+	4.8	23%	22.5	39%
汇总	20.7	100%	57.9	100%

3. 千万级项目省直辖市区域分布

由于企业的销售网络建设往往是根据自身经营状况进行，并不是按照常规行政大区进行划分，这里我们按照省份、直辖市给出千万级项目的区域分布统计结果，给企业提供更有针对性的使用参考。

目前中国有 34 个省级行政区，即 4 个直辖市、23 个省、5 个自治区、2 个特别行政区，其中有 28 个地区有千万级项目发生，西藏、青海、江西没有千万级项目发生。

2011 年城市智能交通千万级项目省、直辖市区域分布表见表 6。

表 6　2011 年城市智能交通千万级项目省、直辖市区域分布表

编号	省、直辖市	项目数量（项）	市场规模（亿元）
1	江苏	34	8.9
2	贵州	4	6.3
3	河北	8	5.9
4	广东	19	4.1
5	浙江	18	3.2
6	山西	6	2.9
7	辽宁	8	2.7
8	北京	13	2.6
9	安徽	13	2.4
10	山东	10	2
11	上海	8	1.9
12	天津	4	1.7
13	福建	7	1.5
14	四川	6	1.5
15	黑龙江	3	1.2

续表

编号	省、直辖市	项目数量（项）	市场规模（亿元）
16	河南	5	1
17	湖南	5	0.9
18	宁夏	2	0.9
19	云南	2	0.9
20	甘肃	3	0.8
21	广西	4	0.8
22	新疆	3	0.6
23	湖北	3	0.5
24	内蒙古	1	0.5
25	陕西	2	0.4
26	海南	1	0.3
27	重庆	2	0.2
28	吉林	1	0.1
合计		195	57.9

三、市场投资行政区域分布特征

从各省、直辖市、自治地区内的行政区划[3]角度来分析城市智能交通市场的投资特点，全国共有地级城市3344个，其中2011年有城市智能交通投资项目发生的城市为218个，占比为65%；全国共有县级城市370个，其中2011年有城市智能交通投资项目发生的城市为141个，占比为38%；全国共有县（自治县）1606个，其中2011年有城市智能交通投资项目发生的县为252个，占比为16%。

除北京、上海、天津、重庆四个直辖市外，在其他27个省、自治区统计范围内，城市智能交通投资分布比例由高至底的前几位依次是（有城市智能交通投资项目城市占比）：浙江（84%）、江苏（75%）、海南（50%）、宁夏（50%）、安徽（49%）、山东（47%）、福建（41%），共有7个省、自治区城市投资分布比例超过40%。

这些数据说明了目前我国城市智能交通发展的重点地区，也说明了市场的未来发展潜力。全国各省、直辖市、自治区项目分布统计表见表7。

表7　全国各省、直辖市、自治区项目分布统计表

GDP排名	省份	GDP[5]（亿元）	地级市			县级市			县			城市覆盖率
			有项目	总数量	覆盖率	有项目	总数量	覆盖率	有项目	总数量	覆盖率	
1	广东	46013.06	16	21	76%	6	23	26%	7	44	16%	33%

[3] 本节地级市、县级市、县数量统计来自行政区划网（www.xzqh.org）
[4] 含地级市、自治州、地区、盟等行政地区
[5] 2010年数据，来源为2011年中国统计年鉴，国家统计局

续表

GDP排名	省份	GDP[6]（亿元）	地级市			县级市			县			城市覆盖率
			有项目	总数量	覆盖率	有项目	总数量	覆盖率	有项目	总数量	覆盖率	
2	江苏	41425.48	13	13	100%	20	26	77%	14	24	58%	75%
3	山东	39169.92	17	17	100%	17	31	55%	17	60	28%	47%
4	浙江	27722.31	11	11	100%	21	22	95%	26	36	72%	84%
5	河南	23092.36	17	17	100%	8	21	38%	24	88	27%	39%
6	河北	20394.26	9	11	82%	6	22	27%	22	114	19%	25%
7	辽宁	18457.27	11	14	79%	4	17	24%	2	27	7%	29%
8	四川	17185.48	14	21	67%	7	14	50%	21	124	17%	26%
9	上海	17165.98	1	1	100%	0	0	/	0	0	/	100%
10	湖南	16037.96	11	14	79%	4	16	25%	16	72	22%	30%
11	湖北	15967.61	7	13	54%	9	24	38%	6	41	15%	28%
12	福建	14737.12	8	9	89%	9	14	64%	11	45	24%	41%
13	北京	14113.58	1	1	100%	0	0	/	0	0	/	100%
14	安徽	12359.33	15	17	88%	4	5	80%	19	56	34%	49%
15	内蒙古	11672	5	9	56%	2	11	18%	7	69	10%	16%
16	黑龙江	10368.6	5	13	38%	0	18	0%	0	46	0%	6%
17	陕西	10123.48	8	10	80%	0	3	0%	7	80	9%	16%
18	广西	9569.85	11	14	79%	3	7	43%	10	68	15%	27%
19	江西	9451.26	6	11	55%	7	11	64%	14	70	20%	29%
20	天津	9224.46	1	1	100%	0	0	/	0	0	/	100%
21	山西	9200.86	5	11	45%	2	11	18%	2	85	2%	8%
22	吉林	8667.58	3	9	33%	0	20	0%	0	20	0%	6%
23	重庆	7925.58	1	1	100%	0	0	/	0	0	/	100%
24	云南	7224.18	4	16	25%	2	11	18%	2	106	2%	6%
25	新疆	5437.47	3	14	21%	7	19	37%	8	68	12%	18%
26	贵州	4602.16	3	9	33%	0	9	0%	1	69	1%	5%
27	甘肃	4120.75	5	14	36%	0	4	0%	5	65	8%	12%
28	海南	2064.5	2	2	100%	2	6	33%	5	10	50%	50%
29	宁夏	1689.65	4	5	80%	1	2	50%	4	11	36%	50%
30	青海	1350.43	1	8	13%	0	2	0%	2	37	5%	6%
31	西藏	507.46	0	7	0%	0	1	0%	0	71	0%	0%
32	汇总	437041.99	218	334	65%	141	370	38%	252	1606	16%	26%
33	比例		65%			38%			16%			

[6] 2010 年数据，来源为 2011 年中国统计年鉴，国家统计局

四、市场投资区域分布特征

按照我国四大经济区域，即东部、中部、西部和东北地区来分析对比一下我国城市智能交通市场发展的区域分布特征。

东部10省（市）包括北京、天津、河北、上海、江苏、浙江、福建、山东、广东和海南；

中部6省包括山西、安徽、江西、河南、湖北和湖南；

西部12省（区、市）包括内蒙古、广西、重庆、四川、贵州、云南、西藏、陕西、甘肃、青海、宁夏和新疆；

东北3省包括辽宁、吉林和黑龙江。

我国四大经济区域中，东部地区的经济总量占全国53%，城市智能交通项目数量与市场规模均略高于GDP的全国占比，应该说这些地区的投资稍稍超前；中部地区的经济总量占全国20%，市场投资则相对滞后，2011年投资额占全国16%；西部地区与东北部地区的经济总量占全国比例与市场投资占比基本一致，分别为20%左右和8%左右。

我国城市智能交通建设投资主要依靠政府财政，虽然近两年BT项目逐渐增加，但归根结底这些项目还是需要地方财政给予支持、偿还，BT项目等融资方式的增加并没有改变城市智能交通投资分布格局。

中国四大经济区域城市智能交通发展状况对比见表8。

表8　中国四大经济区域城市智能交通发展状况对比

	GDP[7]（亿元）		项目数量（项）		市场规模（亿元）	
	GDP	比例	数量	比例	规模	比例
东部	232030.67	53%	2449	58%	74.0	56%
中部	86109.38	20%	828	20%	21.6	16%
西部	81408.49	19%	749	18%	25.6	20%
东北部	37493.45	9%	214	5%	10.1	8%
汇总	437041.99	100%	4240	100%	131.4	100%

（撰稿：中国交通技术网　徐赫）

[7] 2010年数据，来源为2011年中国统计年鉴，国家统计局

2011 年中国智能交通主要技术产品市场分析

（一）重点投资细分行业

目前我国城市智能交通建设投资的重点是交通信号控制、交通视频监控和电子警察三个细分行业，三个行业占市场总投资的 68.7%,，虽较 2010 年的 73%下降了约 5 个百分点，但仍是目前城市智能交通的主要投资细分行业。

城市智能交通建设重硬不重软，重管理轻服务的状况没有变化。交通信号控制、交通视频监控和电子警察连续多年市场规模位居全行业前三位说明了以下几个问题。

（1）三个行业属于交通管理的基本功能系统，体现了目前城市智能交通重管理轻服务的特征。

（2）电子警察除了服务于交通管理部门，增加交通安全可靠性外，通过违章抓拍罚款的经济来源也是他目前发展较快的一个重要原因。这也是电子警察除交通信号控制最基本的交通管理设施建设之外，采购项目数量最多的重要原因。我国目前每年交通违法业务为 2.5 亿笔，按照每笔平均 200 元的罚款计算，一年罚款金额为 500 亿元[1]。

（3）体现了公安部目前交通管理主要目标：交通安全和提高通行效率两个方向中更强调交通安全。

（4）我国的城市智能交通建设仍然处于基础设施建设中，重硬不重软的特征明显。

如图 1 所示为 2011 年城市智能交通市场细分行业项目数量。

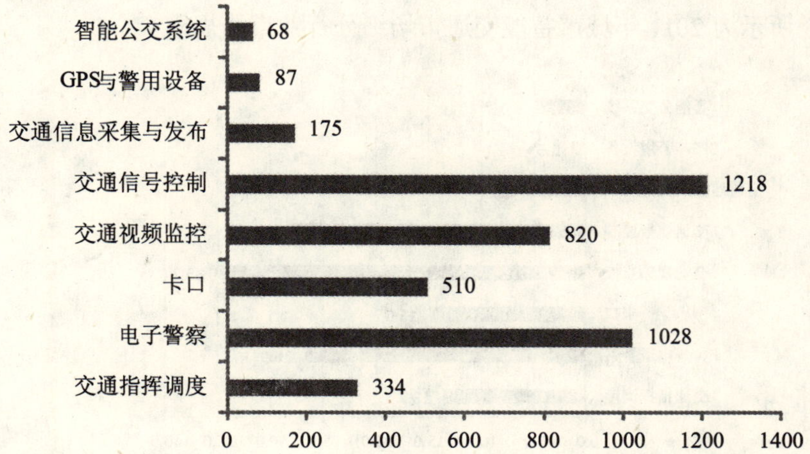

图 1　2011 年城市智能交通市场细分行业项目数量

图 2 所示为 2011 年城市智能交通市场细分行业项目数量分布。

[1]公安部《“十二五”道路交通管理科技信息化发展规划》

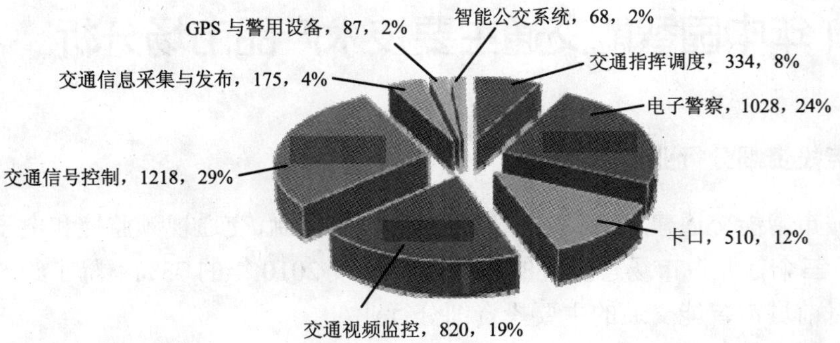

图 2　2011 年城市智能交通市场细分行业项目数量分布

表 1　2011 年城市智能交通市场细分行业项目数量表

项目数量排名	细分行业	项目数量	细分行业比例(%)
1	交通指挥调度	334	8
2	电子警察	1028	24
3	卡口	510	12
4	交通视频监控	820	19
5	交通信号控制	1218	29
6	交通信息采集与发布	175	4
7	GPS 与警用设备	87	2
8	智能公交系统	68	2
	汇总	4240	100.0%

如图 3 所示为 2011 年城市智能交通市场细分行业市场规模。

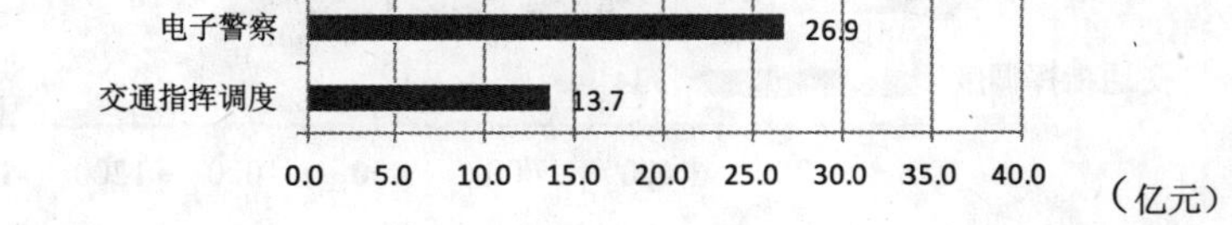

图 3　2011 年城市智能交通市场细分行业市场规模

如图 4 所示为 2011 年城市智能交通市场细分行业市场规模分布。

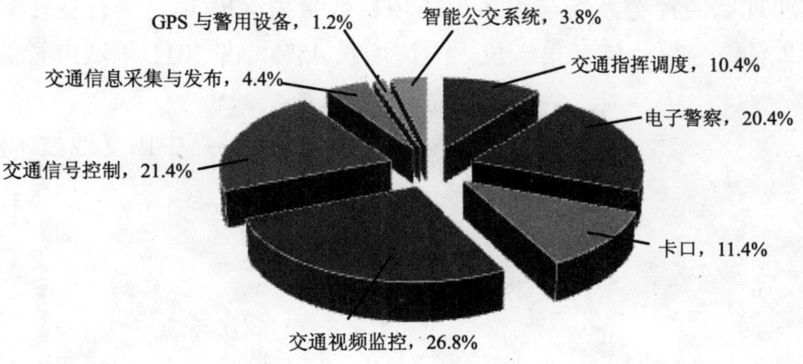

图 4　2011 年城市智能交通市场细分行业市场规模分布

表 2 为 2011 年城市智能交通市场细分行业市场规模表。

表 2　2011 年城市智能交通市场细分行业市场规模表

2011 年市场规模排名	细分行业	2011 年市场规模细分行业比例	2011 年市场规模细分行业比例
1	交通视频监控	35.2	26.8%
2	交通信号控制	2.1	21.4%
3	电子警察	26.9	20.4%
4	卡口	15.0	11.4%
5	交通指挥调度	13.7	10.4%
6	交通信息采集与发布	5.8	4.4%
7	智能公交系统	5.0	3.8%
8	GPS 与警用设备	1.5	1.2%
	汇总	131.4	100.0%

（二）信号控制系统与设备

2011 年交通信号控制类系统与设备市场项目数量为 1218 项，全行业排名第一位；市场规模为 28.1 亿，全行业排名第二位，同比增长 6%。交通信号控制类系统与设备市场占 2011 年城市智能交通市场总规模的 21.4%。

（三）电子警察系统与设备

2011 年电子警察类系统与设备市场项目数量为 1028 项，全行业排名第二位；市场规模为 26.9 亿，全行业排名第三位，同比增长 26%，占 2011 年城市智能交通市场总规模的 20.4%。

（四）交通视频监控系统与设备

2011 年交通视频监控类系统与设备市场项目数量为 820 项，全行业排名第三位；市场规模为 35.2 亿，全行业排名第一位，同比增长 45%，占 2011 年城市智能交通市场总规模的 26.8%。

（撰稿：中国交通技术网 徐赫）

中国企业在海外智能交通市场发展分析

随着国内智能交通市场升温，一些大型智能交通集成商或技术突出的设备生产企业具备了较为丰富的项目经验、也有了相对成熟的产品。同时，国内综合性大型企业的实力逐渐增强，部分企业在世界范围内业务得到逐步拓展、稳扎，中国交通基建援外项目不断增加，在这种发展环境下，第一批在国外智能交通市场立足的国内企业群逐渐开始出现。作为一种市场观察、产业发展动向，我们也较早地就这发展状况进行了调研、梳理，以推荐给相关企业拓展国外市场作为参考。

一、中国企业在海外智能交通市场分布

（一）地域分布

中国企业主动在国外智能交通市场发展是近 2 年左右开始的，而且积极拓展国外业务的企业并不多。从目前国外市场地域分布来看，整体而言主要集中在以下四类国家。

亚洲国家：亚洲市场主要是泰国、越南、印度、印度尼西亚、缅甸、孟加拉、新加坡、菲律宾、马来西亚等国家。

非洲国家：非洲市场主要是乌干达、苏丹、阿尔巴尼亚、尼日利亚、马里等国家。

欧洲国家：欧洲市场主要是罗马尼亚、摩尔多瓦、土耳其、匈牙利、波兰、法国等国家。

美洲国家：美洲市场主要是乌拉圭、多米尼加等国家。

这其中，泰国、印度、苏丹、罗马尼亚、摩尔多瓦等国家经济状况相对落后，交通基础设施投资发展较为缓慢，交通基础设施建设中使用中国企业提供的电子警察、高速公路机电系统等智能交通系统；而经济实力较为发达、交通发展较为成熟的日本、新加坡、法国、西班牙等国家较多的是使用中国企业提供的停车管理、停车诱导产品。

（二）业务分布

在国外智能交通市场中，国内企业市场进入的细分领域包括城市智能交通管理、城际智能交通，以及智能停车等领域。在智能交通产业链角色中，中国企业在城市智能交通管理和城际智能交通两个领域中几乎全部都是产品供应商的角色，这也是进入国外市场成本最低、最快捷的方式。而系统集成商的角色往往要求企业对当地的系统建设需求、背景、当地的交通发展等内容有深入理解，市场培育期会比较长。

城市智能交通管理：国内企业在国外智能交通市场主要开拓的业务是电子警察。不少企业做了试水性项目，少部分企业已经将国外业务作为重点业务发展，在一些国家地区连续获得四五个项目，单个项目金额也有达到千万级规模。代表企业有上海东川交通科技有限公司、北京易华录信息技术股份有限公司、南京莱斯信息技术股份有限公司等。

从产品技术水平来看，用在国外的产品基本与国内产品同步，并没有制定由低级技术水平产品逐步过渡到高级技术水平产品，以此来保持技术领先性、保持稳定较高产品利润空间的市场销售策略。这一方面是由于中国企业市场进入的这些国家本身经济水平并不发达，经济能力并不能支持持续的产品更新换代建设；另一方面是中国企业市场进入，还远达不到实施这一策略的市场影响力；第三，相对华为、中兴这些国内大型企业而言，智能交通企业的发展规模还比较小，产品线较短，不足以支撑多个产品线共同运营的需求；第四，技术产品同步，也降低了企业备品备件、不同产品线人力投入等方面的成本。

除了电子警察产品之外，在企业做得比较深入的国家地区，与国内城市智能交通管理内涵一样的交通视频监控系统、卡口系统、交通诱导系统、指挥平台、交通信号控制系统等在国外均有不同规模的使用。这也是中外国家层面交通管理部门交流，以及国内企业积极运作，邀请相关人员来中国考察共同努力的结果。这些经济不太发达的东南亚、非洲，以及东欧国家的城市智能交通管理建设，局部地区开始复制中国智能交通的建设内容，逐步有了中国的烙印。

城际智能交通：中国企业在城际智能交通领域有国外市场进入的地区主要是非洲国家，项目不多。这些国家高速公路投资不多，高速公路安全等级也不高，很多情况下也没有全封闭。中国在这些国家主要还是规划设计、监理，以及土建施工等援建内容，但近几年随着这些援建项目的实施，高速公路收费系统建设也开始有中国企业的身影。代表企业有中兴智能交通（无锡）有限公司等。

智能停车：在国外市场有停车管理、停车引导、停车诱导等智能停车类项目的中国企业一般是东南沿海一带的停车专业化公司。代表企业有深圳市捷顺科技实业股份有限公司、厦门科拓通讯技术股份有限公司（下称“厦门科拓”）等。

厦门科拓早期进入智能停车市场的时候就瞄准了国外市场，一是因为国内智能停车市场也未成熟，高端智能停车设备没有被市场广泛接受；二是因为周边国家的智能停车市场已经开始形成规模，市场机会多；三是国内的产品生产成本要低于国外同类型产品，在市场上有较强的竞争力。通过低成本、灵活的定制服务，满足客户多变的需求，厦门科拓很快打开了国外市场。公司创立初期，海外业务可以占到公司业务的 60%左右，在公司发展初期起到非常关键的支撑作用。近几年，随着国内市场逐渐形成规模，海外业务下降到公司的30%左右，依然占据很高的比例。但是，海外市场营收并没有降低，比如在新加坡停车引导市场，厦门科拓已经可以占到 60%的市场占有率。公司的服务提供也不仅仅局限在产品上，而是向解决方案提供商角色转变，同时公司通过代理机制，在东南亚、欧洲等国家建立起销售网络。

国内智能停车的优势企业在国外市场已经占据一定位置。

二、中国企业在海外智能交通市场的SWOT分析

（一）优势（Strengths）

与欧美国家智能交通企业相比，虽然欧美发展智能交通早于我国，但从国家发展历程、国家经济发展状况、交通基础设施从无到有的发展阶段、交通安全交通文明环境，以及对这种环境下的交通理解等方面看，中国可以给东南亚、非洲、东欧等经济不发达国家提供更多的交通发展经验。实际上，这些不发达国家对中国的智能交通发展模式也比较感兴趣，愿意来中国参加学习、考察和交流。通过企业，也在复制中国的智能交通建设模式。

与欧美国家相比，成本优势是显而易见的，这对于目前中国智能交通企业主要海外市场——经济不发达国家来说吸引力很大。面对非洲、东南亚等风沙强烈、机器设备常年处于高温工作状态环境下的现状，在设备选型、技术处理等方面需要做不同与欧美国家、中国本地使用产品的研发工作。另外，在用户多变需求下，特别是智能停车的个性化需求下，市场进入需要做大量的定制研发工作。这些研发和人员投入的成本，中国要大大低于欧美国家。

欧美国家的产品一般都是经过多年发展，比较成熟，在面临设备改型、定制开发需求时，他们往往不希望进行二次开发，这也给中国企业的市场进入来带机会。

欧美国家电子警察的功能较为单一，多为闯红灯抓拍、超速抓拍，中国的电子警察产品相对来说功能最多，比较完善，也更能满足不发达国家各种交通违章的抓拍问题。

另外，中外国家层面的友好、交流，以及援建项目的实施也为中国企业海外市场的开拓创造良好环境，在非洲国家市场中这种利好比较明显。

（二）劣势（Weaknesses）

东南亚、非洲一些国家很多年前都是欧美国家的殖民地，他们对欧美电子技术水平的理解、认知较早，为数不多的智能交通标准规范也多为照搬欧美国家，欧美国家的产品有先入为主的优势。这就需要国内企业在开拓市场的前期对客户做大量的讲解、引导等培育性工作。

欧美国家产品市场进入时间相对较长，在对市场的培育、客户的引导方面已经做了很多工作，客户很多时候理解的产品就是他们设计思路的产品。

在电子警察海外市场中主要是欧洲的一些公司比较活跃，德国、荷兰、英国等，他们有很长发展的历史，部分品牌有已经做了五六十年，他们的在雷达超速方面做得很早，技术成熟、产品技术优势比较明显。

对于智能停车这类面向经济较为发达国家市场、高端用户的细分行业，中外企业核心竞争力体现在品牌和口碑上，相对而言，产品质量不是竞争重点。早期在海外市场销售的中国产品（泛指中国制造的产品），质量低劣，市场形象受到严重影响，给后来企业拓展市场带来“天生的”致命影响。

（三）机会（Opportunities）

中外国家间的友好关系，带来了越来越多的对外援建项目，特别是经济欠发达的非洲地区援建项目最多。交通基础设施援建项目也给中国企业带来了智能交通，特别是城际智能交通市场进入的空间。

近些年，国内大型企业实力逐渐增强，华为、中兴，以及其他大型央企积极拓展国外业务，在全世界建立了庞大的销售网络。在承接海外综合业务中会有遇到包含智能交通内容的项目，这也为国内智能交通企业走出国门提供了机会。

与中国早些年经济水平、交通环境相似的不发达国家相对更愿意参考中国的交通发展经验，中国的交通发展模式和理念也更适合这些国家复制。这为中国企业敲开海外市场的门提供了前提条件。

（四）威胁（Threats）

中国企业在海外市场做智能交通项目，产品设备的质保期会根据项目合同利润空间为 1～3 年不等，但为了降低成本，并考虑当地的技术工作人员水平，设备产品的运输往往在国内组装成整机，在项目所在地直接拆封安装使用。项目完成后，一般需要留下比较多的备品备件以供后期维护维修使用，如果在本地解决不了出现的问题，要将设备拆卸邮寄回国进行修理，再返回安装，从而造成成本过大。

开拓海外市场，人才的短缺是困扰企业的重要问题。近几年国内智能交通市场快速发展，整个行业集体性感觉到人才缺乏，常年招聘，人才缺口大，需求多。对于海外市场人才，既要求懂外语又要对智能交通有了解，还能做一些脏活累活。人才缺乏更加严重。

海外项目的回款情况各异，主要还是看市场进入的模式和项目的选择。有部分项目回款良好，但也有项目滞后比较严重。

对于通过当地政府及相关人脉运作的市场和项目，存在一定的政治风险，政府的换届选举会导致一些项目被叫停。

三、海外市场进入模式

从市场进入模式来看，主要有主动式和被动式两种，其中主动式市场进入又分独立式进入和伴随式进入。

独立式市场进入：企业主动出击，在国外积极寻找合作伙伴，拓展业务。这类企业数量比较少。

伴随式市场进入：智能交通企业是某大型央企的下属企业，而央企实力雄厚，在海外市场建设有广泛的销售网络。智能交通企业的市场进入对于央企来说是海外业务市场的扩展。这类市场进入方式的企业数量相对较多，也有望成为未来若干年中国智能交通企业海外市场进入的主要模式。对于不是央企下属或央企本身没有合适海外业务的智能交通企业，也可以与类似华为这类全球性公司形成合作关系，借用合作伙伴的网络向海外拓展业务。

被动式市场进入：主要分为两种模式。一种是需求由生活在国外，从事交通基础设施建设相关工作的中国人发起。遇到合适的项目，回国寻找相关产品生产企业，以与当地的中国人团队以合作模式进入市场，实施项目。另外一种是中国对外援建项目，项目中涉及智能交通建设内容，由援建项目承包单位回国寻找相关产品生产企业，进行项目实施。被动式市场进入模式的企业数量目前为最多。

四、结语

中国智能交通企业在海外业务的地域分布是点状的，整体而言也没有形成规模，绝大部分智能交通企业在海外市场每年最多做到两三千万收入规模，并且已经凤毛麟角，更多时候是两三百万的规模，也可能在某年就没有任何海外项目。

在企业拓展海外业务的积极性方面，更多企业还是被动式市场进入或者处于一种有就做，没有也不去积极争取的状态中，毕竟国内智能交通市场近几年投资发展较快，市场格局还在不断形成当中，企业更多的关注点还是放在国内市场。

在目前中国智能交通企业主要开拓的东南亚、非洲、东欧等经济不发达国家市场，电子警察和信号机是主要的细分行业市场切入点，这也是这些国家需求最多，在我们国内发展相对较为成熟、标准较为完善的细分行业。但整体而言，这些国家对智能交通的概念还处于初级阶段，市场很不成熟，企业开拓一个新的市场往往要扮演老师的角色，就好像我国在 20 世纪 80 年代末和 90 年代初，SCOOT、SCATS 进入中国实际是给中国人上了一课，从无到有的变化。

综合以上分析，中国智能交通企业要在海外市场形成规模性的市场进入，还需要相当长时间的努力和培育。

（撰稿：中国交通技术网　徐赫）

第二章

2011 年中国主要城市和地区智能交通建设发展

北京市道路交通智能化管理系统

一、系统概述

北京市交通指数分析与发布系统是北京市交通运行仿真和决策支持重点实验室历经多年沉淀、自主研发的，集交通系统实时数据采集、动态运行评价和规律挖掘、趋势预测为一体的一套信息化应用系统。2011 年 1 月 11 日，北京市刘淇书记、郭金龙市长在现场考察时，多次指示“要面向公众发布交通指数，服务公众出行”。

北京市交通运行监测调度中心（以下简称 TOCC）成立于 2011 年 5 月，TOCC 一期工程基础性建设工作于 2010 年年底完成。本着边完善边使用的原则，2011 年主要开展了应用系统接入及迁移、数据整合接入、日常监测、决策支持与信息服务等工作。TOCC 整合数据和接入系统已覆盖城市道路、国省干线公路、高速公路、轨道交通、地面公交、出租车、省际客运、交通执法等交通行业各业务领域，并涉及民航、气象等其他运输方式或行业领域，初步具备了对全市交通运输系统运行进行监测的能力，在推进全市综合交通运输的协调运行方面发挥了积极的作用，并为后续建设和进一步完善奠定了良好的基础。

二、系统组成及功能

系统采用面向应用的四层次功能架构，包括采集层、分析层、应用层、支撑层，如图 1 所示。

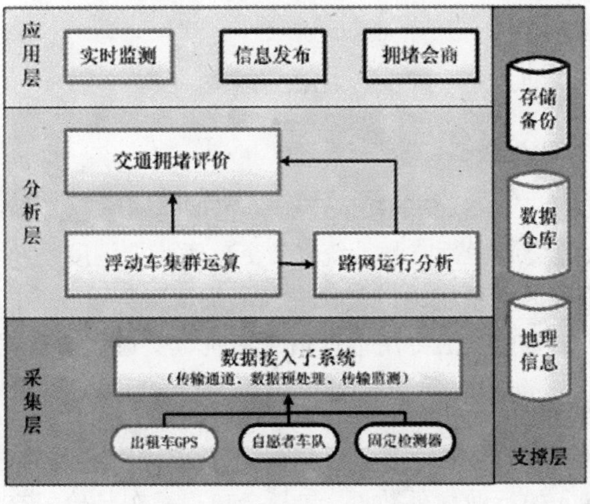

图 1　交通拥堵指数发布系统逻辑架构

围绕交通拥堵指数发布，重点建设数据源和采集手段，实现市域、区县、功能区实时监测评价，公共出行指数评价分析，交通拥堵预报预警和会商决策支持。包括八项建设内容：

（1）数据采集；

（2）数据接入子系统；

（3）浮动车集群运算平台；

（4）交通拥堵评价子系统；

（5）路网运行监测子系统；

（6）数据集群仓库；

（7）信息发布子系统；

（8）备份系统。

北京市交通运行监测调度中心（TOCC）主要由图 2 所示的功能模块构成。

图 2　TOCC 体系架构

1. *应用系统接入及迁移*

完成 15 个行业内外应用系统的接入工作，包括路网运行监测系统、公路路网管理与应急处置系统、轨道交通运行监测系统、公交车辆监控调度系统、两客一危营运车辆监管平台、出租车监控调度系统、市气象局气象决策服务系统等。完成 11 个重要业务系统的迁移工作，包括委内交通专用地理信息系统、交通行业数据中心等。

2. *数据整合接入*

2010 年整合路网运行、综合运输、行业执法等 22 个业务系统近 3000 项数据，2011 年进一步拓展实时接入的行业内外数据，包括全市出租车计价器交易数据，首都机场航班计划、航班动态、到离港航班和旅客数量，智能化交通运行分析平台交通指数和路网速度数据，交通应急值守系统应急事件，出租车 GPS 数据接入扩展到 4 家监控调度中心，完成两万多路视频监控图像的接入工作，已基本形成覆盖交通行业各业务领域，并涵盖民航、气象等其他运输方式或行业领域的综合交通数据体系。

3. 日常监测

TOCC 重点开展了城市路网和公共交通的日常运行监测工作，初步形成了涵盖城市路网运行、国省干线公路及高速公路、地面公交、轨道交通、出租、两客一危、交通枢纽的综合交通运行监测框架。

4. 决策支持与信息服务

TOCC 建成交通运输动态分析平台，通过网站、微博、热线、手机等多种方式提供实时的交通出行信息服务，在黄金周、小长假，通过广播电视媒体向公众发布综合交通运行状况信息和出行参考，为交通运输部、市经信委、市公安局、市统计局、市应急办、市外联办、区县政府等政府部门提供数据共享。

三、应用案例

1. 实现了对路网运行的长期监测

从 2007 年至 2008 年 6 月，北京市交通拥堵状况严重，监测显示交通指数一直处于“中度拥堵”以上等级。2008 年北京在奥运会期间实施了“单双号”尾号限行政策，交通拥堵明显缓解，指数下降到“基本畅通”、“畅通”等级。2008 年 10 月之后，在分阶段实施了不同缓解交通拥堵措施后，交通拥堵急剧增长态势得到明显抑制，特别是 2011 年北京市实施“缓解交通拥堵综合措施 28 条”以后，在机动车同比大幅增长的背景下，2011 年工作日平均交通指数较 2010 年同比下降 21.3%，拥堵持续时间减少 75 分钟。对城市道路路网运行长期监测，通过交通指数等指标对不同交通管理政策的实施效果进行评价，为政府交通决策提供指导。图 3 所示为北京市从 2007 年以来每月的交通指数变化趋势。

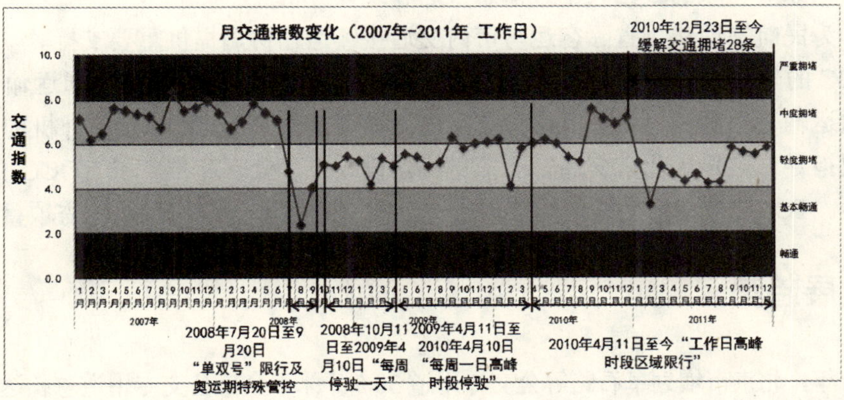

图 3　北京市 2007 年以来月交通指数演变趋势

2. 实现交通拥堵的预测预警

2011 年依托北京市交通指数分析与发布系统，先后开展了中秋节前、圣诞节前、春节前等交通拥堵预测预警工作。在此基础之上，通过大力宣传及有效引导，有力保障了节假日前后等关键时间节点的城市交通运行平稳有序。

3. 多渠道发布交通指数

2011 年 1 月后，通过“交通北京”（交通委微博，见图 4）、北京市交通委见图 5、北京交通发展研究中心网站、“市民主页”、手机短信的方式向公众发布交通指数，服务公众出行。

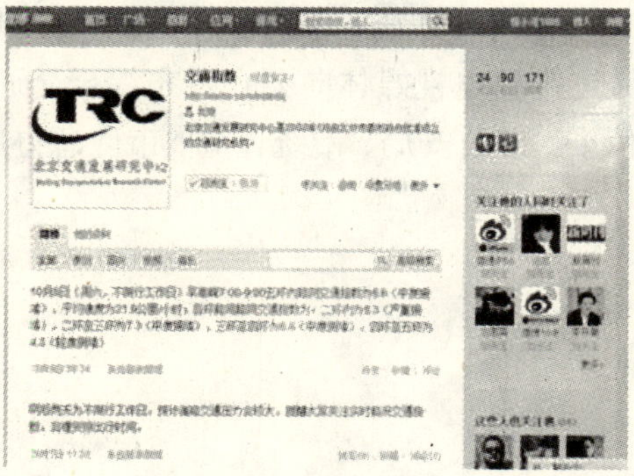

图 4　新浪微博（交通指数）

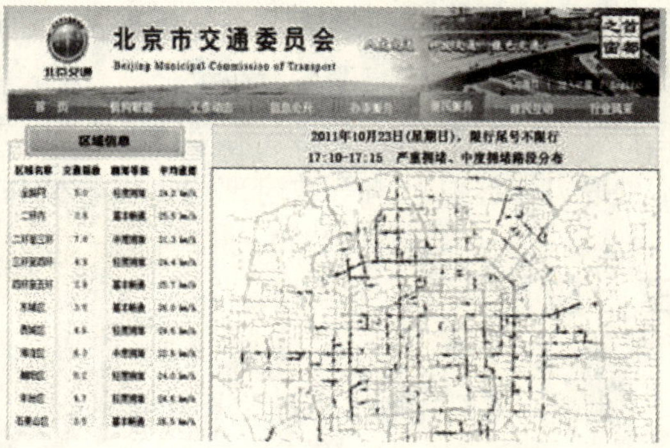

图 5　北京市交通委员会网站（www.bjjtw.gov.cn）

TOCC 基本建成全国首个城乡一体化的综合交通运行协调指挥管理平台，已在缓解交通拥堵效果评估、公众信息服务、行业运行监测、交通应急指挥和春运保障，特别是多种交通方式协调联动方面发挥了积极的作用。

- ❑ 与民航实现城市路况信息、机场周边高速公路视频与航班动态、航班计划等信息共享联动。
- ❑ 春运期间，为 33 家春运小组成员单位提供民航、铁路、市内公交、省际长途、气象等领域的数据共享、信息报送和统计分析。
- ❑ 为民航、铁路、省际客运与市内交通接续运输协调提供重要支持。

TOCC 的建设成果得到北京市委市政府领导的高度认可，已接待交通运输部，兄弟省市交通运输管理部门，北京市相关委办局、科研单位、企业，以及国外机构共计 300 余次参观指导，展示了北京交通行业信息化建设成果，分享和推广了 TOCC 的建设成果和经验。TOCC 被评为交通运输部“十一五”交通运输行业信息化优秀项目。

四、发展趋势

2011 年，北京市增划阜石路等公交专用道 30.5 千米，全市公交专用道总长达 324.5 千米。其中，在京通快速路施划公交专用道，开创了北京市高速公路启用公交专用道的先例。新建平安大街、朝阜路、北苑路等交通干线公交优先系统 98 处，公交优先系统覆盖路口总数达354个，覆盖里程达168.8千米，涉及公交线路130余条，公交车辆4000余辆。

新建交通信号控制点400处，城区灯控路口全部实现系统控制。新增电视监控85套，加装警车GPS系统415套，接入东城、西城、朝阳、房山、通州分局视频图像7500路，确保对全市重点路口、道路、地区交通情况的有效监测。安装交通流检测设备145套，完成3.5万辆出租车浮动车数据的接入融合工作，为下一步在全市范围内发布全面翔实的交通信息奠定基础。加快非现场执法设备建设，共新增固定式违法监测、旅行时间检测等设备740套，全年非现场执法比例达81.3%。

配合缓解拥堵综合措施出台，开发申请购车资格审核、指标使用情况反馈、非本市进京载客汽车禁限措施、违反尾号限行连续处罚等多个专项系统。完善指挥调度集成系统，开发可视化指挥、3G视频回传、勤务运行监测等功能，实时掌握路面警情。建设拖车管理系统、协管员参与违法停车管理系统、“疑似涉牌车辆”专项数据库，提升信息化监管力度。

颁布实施北京市《道路智能化交通管理设施设置要求》，实现交通安全科技设施与新改、扩建道路同步规划、同步建设，《要求》作为国内第一部道路智能交通领域综合性标准，在天津、深圳、中山等城市推广应用。按照科学化、系统化、人性化要求，健全交通标志设施动态管理机制，确保科学合理、清晰醒目。全年共增设、调整各类标志2.6万面、护栏153千米，新增、复划标线7149.4千米、施划彩色路面13万平米，新建、改建信号灯481处，有效提高了行车安全系数。

全面采集了13项59类交通影响因素，加强分析研判和交通预测预报，通过媒体、室外显示屏、网络、车载导航、手机短信等渠道，实时动态发布路况信息，为市民出行提供指南。在室外显示屏上，实现“节点—路段—区域”三级信息播发。

通过继续加强60个场站、750个中途站和1377辆车内图像信息系统的管理和维护，综合获取数据、图表和图像数据，为运营管理、调度指挥、安全保卫、社会治安和防恐等提供了可视化支持，提高了安全防范能力。利用车辆或场站录像，分公司和车队在行车安全管理、车厢服务等方面又有了新的管理手段，且取得了良好的效果。在途经京通快速的300辆公交车上安装了公交专用道抓拍系统，为有效保障京通快速的实施提供了有力的技术支持。

（撰稿：邓小勇）

北京市交通运行监测调度中心（TOCC）

依托2010年底基本建成投入试运行的北京市交通运行协调指挥中心（一期工程），2011年北京市交通运行监测调度中心（Beijing Municipal Transportation Operations Coordination Center，简称TOCC）完成了起步和初期发展工作，组建了专门机构，实现了正常和规范运转，成为全国首个建成并投入运行的省级综合交通运输运行协调和监测中心，并已在缓解交通拥堵效果评估、公众信息服务、行业运行监测、交通应急指挥和春运保障等方面逐步发挥了越来越为重要的作用。

一、基本情况

1. 基本宗旨

北京市交通运行监测调度中心旨在促进交通发展模式“从各行业独立运行向综合协调”转变，实现全市综合交通运输的统筹、协调和联动，建立常态化综合交通运输协调管理体系，提升北京市交通系统的运行效率和服务水平，增强交通安全保障、应急处置和防灾减灾能力，为缓解交通拥堵、服务百姓出行提供保障。

2. 总体定位

TOCC定位为四个中心：交通行业权威、全面、实时的数据中心；交通运行状况的分析、监测预警中心；多种交通方式的运行协调中心；统一对外的综合交通信息发布中心。通过整合综合运输相关数据资源，TOCC实现日常监测、协调联动、决策支持与信息服务三大功能，做好政府决策、行业监管、企业运营、百姓出行等四项服务。

3. 运行模式

TOCC运行采用“平战结合”的模式。在日常情况下，以运行监测、预警预报、数据分析、信息服务为主；在重大活动或应急情况下，依据预案由相关机构进驻指挥大厅进行应急指挥，TOCC设置应急值守、指挥座席，为相关单位预留座席，并提供IP电话、800兆电台、视频等应急保障技术手段。

二、组织机构建设情况

根据2011年5月30日市编办《关于同意设立北京市交通运行监测调度中心的函》（京编办事〔2011〕53号），成立北京市交通运行监测调度中心，为北京市交通委所属相当正处级全额拨款事业单位。核定的主要职责为：

承担本市交通运行状况的监测、预测和预警工作；

承担日常交通行政管理、交通运行组织协调和交通应急处置的信息保障工作；

承担交通运行调度的事务性工作。

为有效整合资源，加大统筹协调力度，北京市交通委员会成立了 TOCC 管理委员会，由市交通委党组副书记、副主任张树森同志任主任，委相关分管领导、两局一队主要领导任副主任，信息中心、交研中心，及委办公室、综合运输处、科技处、应急处、缓堵处、财务处、人事处等部门参加。

2011 年 TOCC 完成了机构设立相关工作。TOCC 内设运行管理、信息服务、综合保障三个部门。

三、系统建设情况

通过 TOCC 信息化建设一期工程，2011 年度 TOCC 主要完成了以下系统建设任务。

1. 应用系统接入和重要业务系统迁移

完成了路网运行监测系统、公路路网管理与应急处置系统、轨道交通运行监测系统、公交车辆监控调度系统、“两客一危”营运车辆监管平台、出租车监控调度系统、市气象局气象决策服务系统等 15 个应用系统的接入工作。

完成了委内交通专用地理信息系统、交通行业数据中心等 11 个重要业务系统的迁移工作。

2. 数据整合接入

完成了首都机场实时数据、交通指数、交通应急事件、备案停车场、出租车计价器数据等数据接入，扩展出租车 GPS 数据接入，现已整合城市道路、公路、地面公交、轨道交通、出租汽车、省际客运、民航、铁路、气象等行业近 3000 项动静态数据和 6000 多路视频。（见图 1）

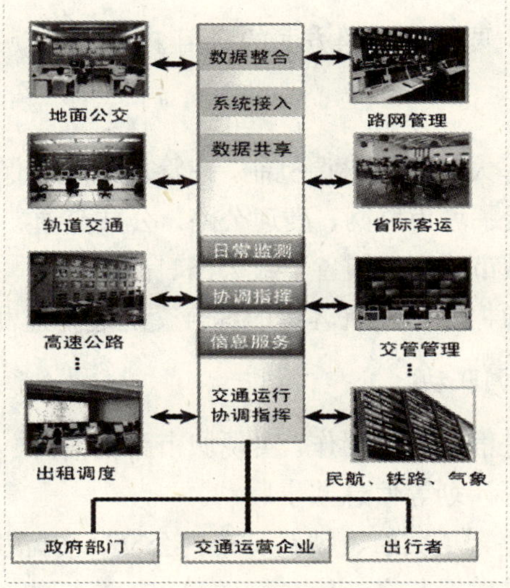

图 1　TOCC 接入数据示意图

3. 交通运输动态分析平台建设

依托整合接入的近3000项动静态数据，构建了交通运输动态数据的统一门户，面向交通运输各业务领域，提供交通运输动态数据查询和统计分析的一站式服务。年内已接入委内第一批用户办公桌面试用。

4. TOCC监测指挥大厅建设

本着资源共享、设施共用的原则，TOCC与北京首发集团高速公路监控指挥中心共用监测指挥大厅。共分为监测大厅、决策会商室、媒体报道间、高速公路呼叫中心四个功能区。

监测指挥大厅占地840平方米，设72个座席（其中TOCC设50个座席）。

图2 TOCC监测大厅

四、应用情况和综合效益

2011年度，TOCC主要开展了四方面的应用工作。

1. 日常监测

建立定期巡检及指挥大厅共用协调机制，在管理制度的保障下，规范开展交通运行日常监测工作。重点开展了城市路网、高速公路、公共交通、出租汽车的运行监测及服务工作，初步形成涵盖城市路网、国省干线公路、高速公路、地面公交、轨道交通、出租汽车、两客一危、交通枢纽、民航客运的综合交通运行监测框架。

2. 多种交通方式协调联动

与民航部门积极推进信息共享工作，实现城市路况信息、机场周边高速公路视频与首都机场航班动态、航班计划等信息共享联动。

春运期间，TOCC整合了民航、铁路、市内公交、省际长途、气象等数据，为33家春运小组成员单位提供数据共享、信息报送和统计分析的一站式服务。

在民航、省际客运与市内交通接续运输协调方面进行了积极的探索。

3. 决策支持

建成交通运输动态分析平台，接入委领导和委内业务部门办公桌面，为行业决策和业务管理提供了重要支持。 通过对出租车实时运行监测，为行业监管提供支撑。为交通运输部、市经信委、市公安局、市统计局、市应急办、市外联办、区县政府等政府部门提供数据共享服务。

4. 信息服务

通过网站、微博、热线、手机等多种方式提供实时的交通出行信息服务。在黄金周、小长假，通过广播电视媒体直播综合交通信息和出行参考。

TOCC 已在缓解交通拥堵效果评估、公众信息服务、行业运行监测、交通应急指挥和春运保障等方面逐步发挥了重要的作用，在构建全市综合交通运输运行协调体系方面发挥了显著的综合效益。建设成果得到了市委市政府领导的高度认可。全年接待交通运输部、兄弟省市交通运输管理部门、北京市相关委办局、科研单位、企业，以及国外机构共计 300 余次参观访问，展示了北京交通行业信息化建设成果，分享和推广了 TOCC 的建设成果和经验。被评为交通运输部“十一五”交通运输行业信息化优秀项目。

五、主要创新

作为全国首个建成并投入运行的省级综合交通运输运行协调和监测中心，TOCC 的创新性主要体现在以下方面。

1. 理念创新

TOCC 的建设和应用，适应了交通发展模式“从各行业独立运行向综合协调”的转变，突出全市综合交通运输的统筹、协调和联动，最终实现人车路和环境协调运行的新一代综合交通运输管理体系。

2. 机制创新

为了保障 TOCC 系统的正常运行和持续发展，设立了北京市交通运行监测调度中心这一专门机构，建立了专业队伍。初步构建了以 TOCC 为龙头，以政府监管分中心、城六区交通运行监测分中心、行业企业调度中心为支撑的全市交通运行监测体系。

3. 业务创新

TOCC 的建设和应用，突出了交通动态运行监测、综合运输协调联动、综合数据深度挖掘与关联分析等核心业务，是对传统交通运输管理业务的重要创新，有助于从根本上推动交通运输管理的效能提升。

4. 技术创新

通过 TOCC 的建设和应用，初步形成了综合交通运输运行协调技术体系，在海量动态交通数据平台构建技术、交通运行状态评估技术、多源交通数据深度挖掘与关联分析技术、综合运输协调联动技术等方面取得了重要的突破。

六、未来展望

TOCC 旨在促进交通发展模式“从各行业独立运行向综合协调”转变，实现全市综合交通运输的统筹、协调和联动，构建人车路和环境协调运行的新一代综合交通运输管理体系。这将是 TOCC 长期持续追求的目标。

2011 年度 TOCC 已完成机构设立和一期系统建设，日常运行已步入正轨，成为全市交通运输信息资源的集成平台和综合展示窗口，有效提升了我市交通运输行业的整体形象，并为我市交通运行状况的全面监测、综合交通运行协调和交通应急处置提供了良好的技术支撑环境。2012 年将是 TOCC 工作由建设向建设与运行并重过渡的重要时期，将进一步完善 TOCC 工作体制机制，加强 TOCC 对于全市交通运行监测调度工作的支撑力度，提升全市综合交通运输的协调运行水平和综合服务能力。

下一步 TOCC 主要的工作方向包括提升综合交通运行监测水平、构建各级中心协同工作体系、加强多种交通方式协调联动、提高综合运输决策支持能力、拓展公众交通出行信息服务、完善交通运行监测体制机制等六个方面，并将不断提升应用效能，为构建全市综合交通运输协调体系而持续努力。

（撰稿：张可）

上海客流密度与分布检测系统

一、系统概述

近年来我国经济建设飞速发展，城市化进程逐步加快，流动人口急剧增加，人员出行和物资交流频繁，需要对动态变化的客流从时间和空间上掌握其变化规律。

随着智能交通技术的发展，出现了一些新型的客流信息采集手段。如特定区域视频检测客流的方法、结合GPS的交通IC卡数据检测方法、红外检测技术、压力检测技术，以及基于手机检测的信息数据技术等，表1对这几类客流检测技术手段进行了对比分析。

表1　各类客流检测技术对比

采集技术	覆盖范围	精度	投资成本	运营成本	使用寿命
红外检测技术	低	高	高	高	中
压力检测技术	低	高	高	高	低
IC卡读取技术	低	高	高	高	中
视频图像处理分析技术	低	中	高	高	低
基于手机检测的信息数据技术	高	中	低	低	高

近年来手机的普及，使得出行人员群体的手机拥有率和使用率达到了相当高的比例。通过对广域范围手机用户群体连续位置数据的处理分析，可以获得出行者随时间改变的空间位置变化信息，持续动态地生成广域范围的人员出行特征数据，从而成为传统客流数据采集方式的有益补充。

基于手机信令数据的客流密度与分布检测技术，作为智能交通管理系统中的重要组成部分，通过采集日常运营中的客流数据，可以为城市管理部门提供广域范围内的实时客流信息，同时，通过长期积累的数据，还可以提取广域范围内客流在时间、空间上的动态变化规律，有助于及时把握客流需求特征并据此优化调整交通组织，改善交通供应能力，为合理引导客流提供决策依据。

二、系统组成及功能

基于手机信令数据的客流密度与分布检测系统主要由5部分组成：手机信令数据的获取、基于手机数据的区域客流密度与空间分布检测子系统（见图1）、基于手机数据的轨道交通换乘客流检测子系统、数据存储和客流数据应用展示。

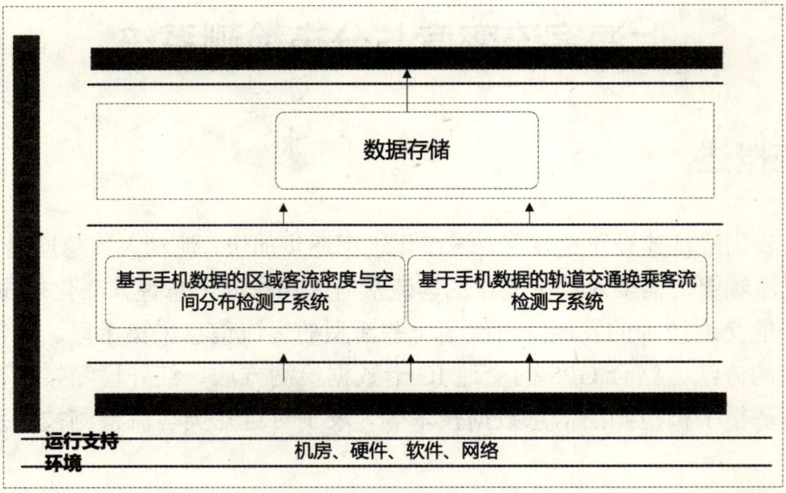

图 1　基于手机信令数据的客流密度与分布检测系统组成

1. 手机信令数据的获取

系统接收原始信令采集系统采集的手机信令数据，通过专线传输通道，提供给基于手机数据的区域客流密度与空间分布检测子系统与基于手机数据的轨道交通换乘客流检测子系统。

2. 基于手机数据的区域客流密度与空间分布检测子系统

利用获取的实时手机信令数据，预处理成标准化格式电子化出行轨迹，过滤掉无效数据和不相关数据，并将手机用户匹配至各个交通分析区域，得到手机用户在真实道路交通网络中的电子化出行轨迹，利用区域进入、离开、停留客流处理模型，得到区域客流密度与空间分布数据。

3. 基于手机数据的轨道交通换乘客流检测子系统

利用获取的实时手机信令数据，预处理成标准化格式的手机用户在轨道交通范围内移动通信网络中的电子化出行轨迹，过滤掉无效数据和不相关数据后，将手机用户匹配至具体的轨道交通线路站点，得到手机用户在真实轨道交通网络中的电子化出行轨迹，利用轨道交通换乘客流处理模型算法，得到实时的轨道交通换乘客流数据。

4. 数据存储

（1）手机原始数据和过程数据的存储，按照具体要求组织本地存储。

（2）处理生成采集周期组织的城市人员动态出行信息数据，在本地存储，并实现数据的实时传输。

（3）实现对存储记录在采集处理系统中的结果信息，进行远程调用。

5. 客流数据应用展示

根据客流数据内容自身的特征和需要展示内容之间的逻辑关系，对各种界面展示功能进行科学合理的组织，以交互式界面、数据图表等形式，对研究分析成果进行应用展示，简单、直观地向用户展示分析成果。

三、应用案例

基于手机信令数据的客流密度与分布检测系统的研究应用，得到了上海市科委、上海市交通管理部门的重视和支持。由上海市科委立项，上海市交通信息中心和上海美慧软件有限公司共同承担研究示范任务，历时 2 年，于 2012 年共同研制开发完成基于手机信令数据的客流密度与分布检测应用示范系统，在陆家嘴区域、轨道交通常熟路站、南京东路站与人民广场站三个换乘站点进行示范，实现了断面客流流量检测、区域客流密度与空间分布检测、轨道交通站点客流换乘量检测等功能，成为上海市综合交通信息平台的一项重要组成部分。

该系统通过采用三屏形式（主屏 GIS 地图、副屏表格、三屏曲线图），实现了区域客流数据和轨道交通换乘客流信息的检测，完成了统计分析结果的应用展示。

（一）区域客流

区域客流的主屏展示客流的区域时空变化规律、客流与路网拥堵的变化规律；副屏以表格形式展示区域的当前客流人数、当前进入区域客流、当前累计客流、当前离开区域客流及累计离开区域客流；三屏显示所选区域的统计日客流与历史某一天的客流对比，如图 2 从左往右所示。

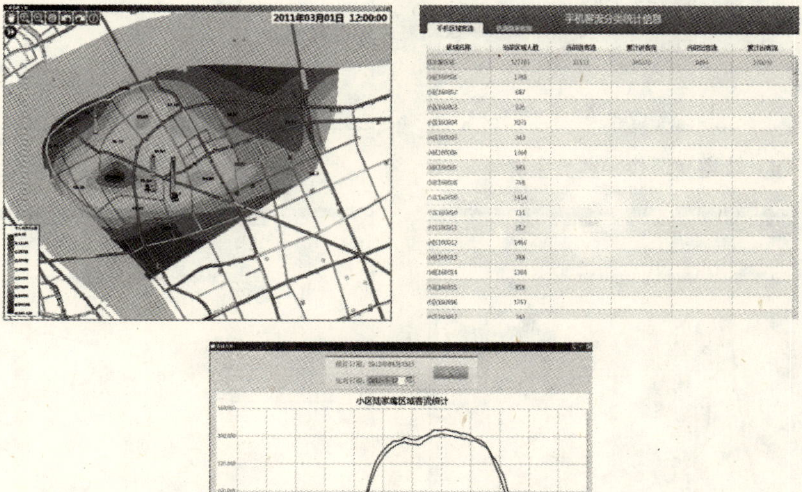

图 2　区域客流应用展示

通过采集特定区域动态实时集散客流信息，以及客流在各子区域的空间分布情况，构建基于手机的客流密度与分布检测应用示范系统，解决现有采集手段无法采集总体人群客流出行特征的问题，为把握大型活动期间客流集中程度与集中时段规律、城市范围内客流迁徙规律、热点区域客流集散规律，以及不同区域交通需求生成与变化规律等提供数据支撑，同时与信息平台现有交通状态数据及车流量数据等其他交通特征参数进行关联分析，深入探究上海市交通问题的形成机理，为上海交通问题的缓解和改善措施的制定提供精细化的数据支撑。

（二）轨道交通换乘客流

轨道交通换乘客流的主屏显示轨道站点的平面图，并以两条运动的曲线表示该站点当前两条或者多条线路间的正反向换乘客流量，曲线的粗细反映客流量的多少；副屏以表格形式展示示范站点的起始线路、终点线路、当前15分钟的换乘客流量、换乘比例及当日累计换乘客流量；三屏展示某一站点的一条线路到另一条线路的统计日与历史某一天的15分钟与累计换乘客流量对比，以及两条线路间的15分钟与累计换乘客流量对比（见图3）。

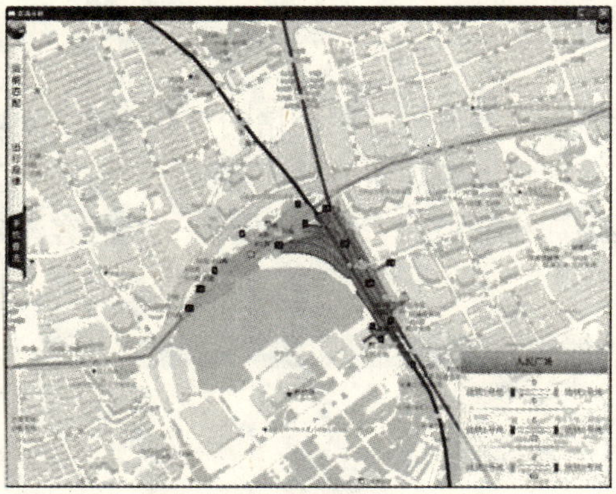

（a）轨道交通换乘客流主屏

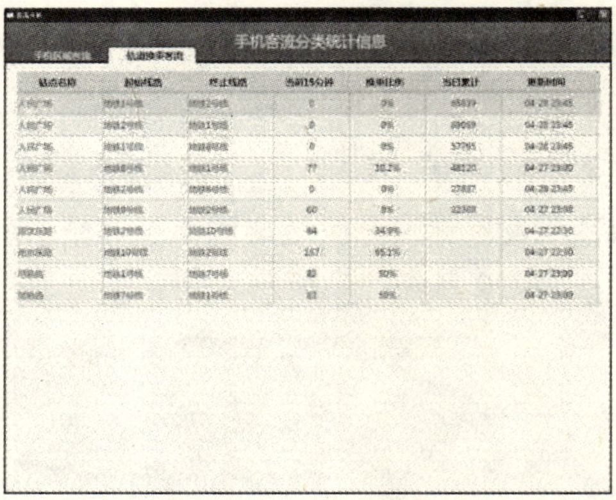

（b）轨道交通换乘客流副屏

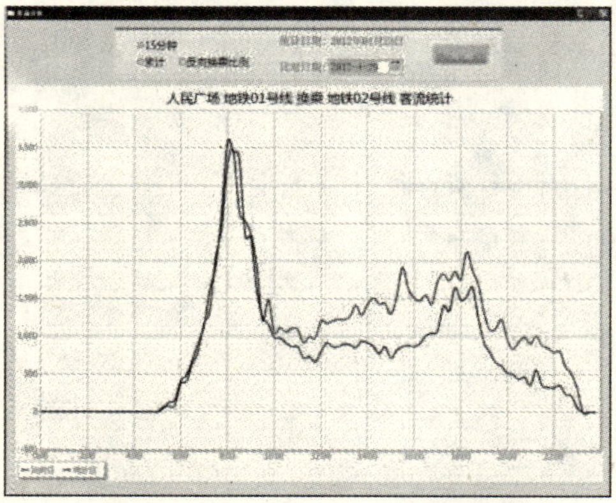

（c）分钟换乘客流量对比

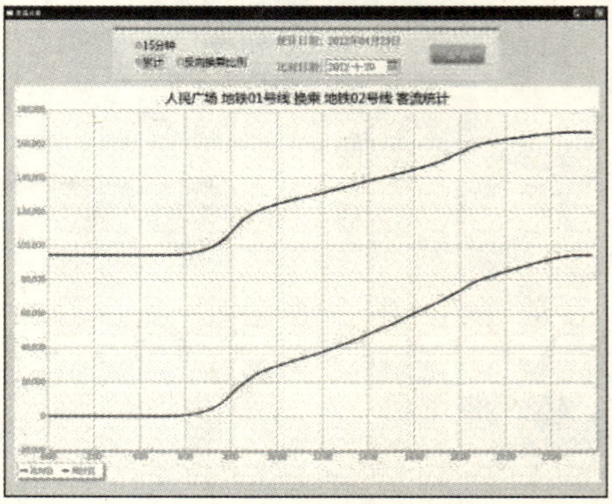

（d）累计换乘客流量对比

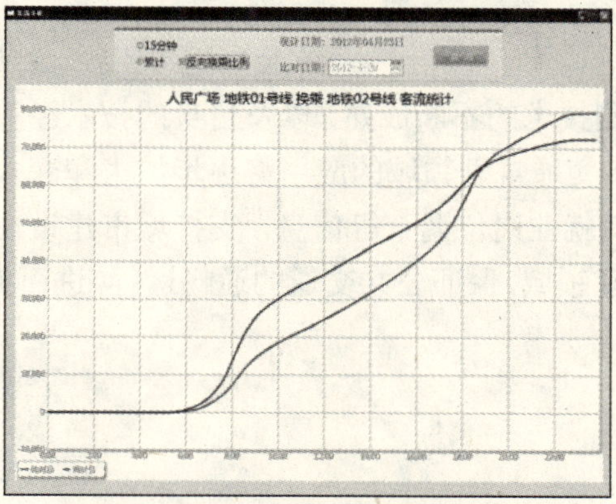

（e）线路间累计换乘客流量对比

图3 轨道交通换乘客流应用展示

通过采集轨道交通站点的换乘客流检测信息，并有效地结合IC卡数据，可以获得相对准确的换乘数据，包括换乘客流量、换乘比例及当日累计换乘客流量等，为城市轨道交通总客流量估算、线路间客流清分、枢纽站点换乘客流疏导提供决策参考。

四、发展趋势

基于手机信令数据的客流检测技术，凭借其更高的更新频率、更大的覆盖范围等优势，可以弥补传统客流采集技术实时性差、范围小等缺点，为多模式综合客流信息关联应用、信息集成提供基础，将成为客流实时检测、客流预警技术发展方向之一。

未来在基于手机信令数据的客流密度与分布检测方面将呈现的发展趋势主要可有如下几点。

（一）客流密度与分布检测精度更加准确化

经实测数据及票务数据对比等多方案的多次评测，目前基于手机信令数据的客流密度与分布检测系统检测的地铁进站、出站客流的准确度为86.6%，换乘客流的准确度为92.4%，检测区域客流的准确度为89.8%。随着手机信令数据采集技术的继续发展及3G定位技术的发展，客流密度与分布检测技术的检测精度也将随之提高，使得客流检测信息更为精确。

（二）客流密度与分布检测技术覆盖范围扩大化

客流密度与分布检测技术的研究对象将逐步扩大，分析断面从单个断面到多个断面，或分析区域从单一类型区域到不同类型区域，从单个区域到多个区域；分析层面从空间维度扩大到时空维度。

（三）应用领域更为广泛

客流密度与分布检测技术的不断成熟，以及自身的技术经济优势，将会得到越来越多领域的关注。该技术在交通规划领域的应用将逐步扩大和深入，为规划部门提供城市客流 OD 分布矩阵、人口就业岗位调查等信息，支持城市建设规划和评估。同时，还可应用于交通运营组织管理领域，保证公共交通的通畅运行，进而提高道路交通运行效率。

（撰稿：顾承华、裘纬毅）

上海市闵行区交通信息管理平台建设

一、系统概述

从 2004 年开始，上海市相继实施了多项交通信息化建设重大项目，为上海市日常道路交通管理和道路交通信息服务提供技术支撑。但是从实施范围上看，上海市中心城外围区域地面道路网没有纳入其中。随着城市规模的不断扩大，中心城外围区域的交通需求也日益增长，中心城与外围区域之间的交通潮汐现象日趋明显，交通拥堵向中心城外围区域扩散。因此，以信息化手段加强中心城外围区域交通管理势在必行。

闵行区紧邻上海市中心城区，在社会、经济活动等方面都与中心城紧密相关。区域内的许多主要道路与中心城道路相连接，因此，闵行区道路交通信息化是上海市道路交通信息化建设的重要组成部分和延伸，也将为上海探索市-区二级交通综合信息平台建设和管理模式打下良好的基础。

闵行区交通信息管理平台是闵行区道路交通信息化工程一期项目，主要完成区域内道路采集与发布系统建设，实现道路交通参数采集、交通路况处理及交通信息诱导发布、区域内视频信息共享，与市交通综合信息平台数据和视频信息交换共享，与区公安和应急指挥体系建立一体化的交通指挥调度业务联动，实现指挥调度高效和统一，增强交通管理的应变能力。

二、系统组成及功能

（一）交通管理功能及系统组成

闵行区交通信息管理平台是一个以行政区划范围为主、以信息化手段实现区域道路交通智能管理的综合管理系统。建设内容主要包括：区域内交通信号控制系统、道路交通信息采集处理系统、交通路况监控及诱导发布系统、视频管理系统、交通设施设备管理系统等（见图 1)，基本实现了区域内交通信息采集、处理、发布和管理业务功能，其系统基本结构如下。

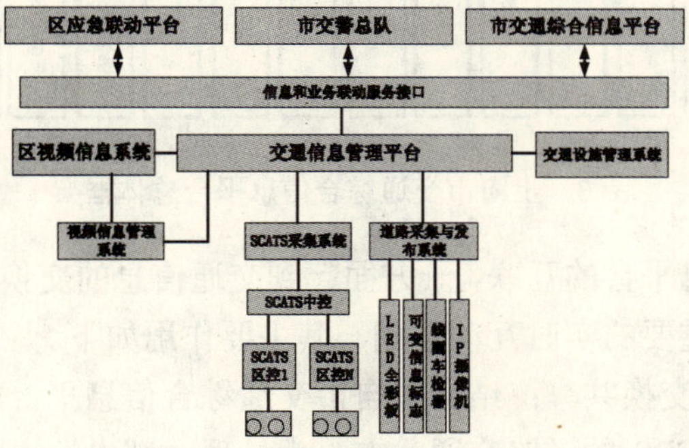

图 1　闵行交通信息管理平台应用系统框架

（二）实现区域道路交通信息精细发布

闵行交通信息管理平台目前共涉及闵行区控 SCATS 路口管控 120 个，路边发布 5 块可变信息标志（见图 2）、1 块 LED 屏和 1 套触摸屏，平台平均每月发布诱导信息 600 条，信息发布内容和诱导方式包括了区域地面道路路况信息发布、地面与快速路道路路况信息发布、广域城区道路路况信息发布和基于事件信息的联动发布等模式，实现了基于区域道路特点的路况信息精细发布，为区域内出行者提供了有效的道路交通诱导信息服务。

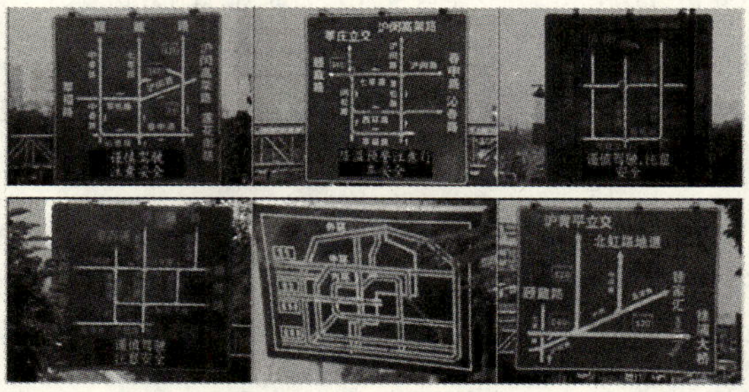

图 2　闵行各类可变信息板显示设备

（三）实现与市交通综合信息平台信息互联共享

闵行区交通信息管理平台的建设，实现了对区域内道路交通信息的采集和发布，但作为一个区域性的交通管理平台，与中心城区交通管理互动也是区域型交通管理的一个重要组成部分，其手段之一是实现与上海市交通综合信息平台（见图 3）的互联。

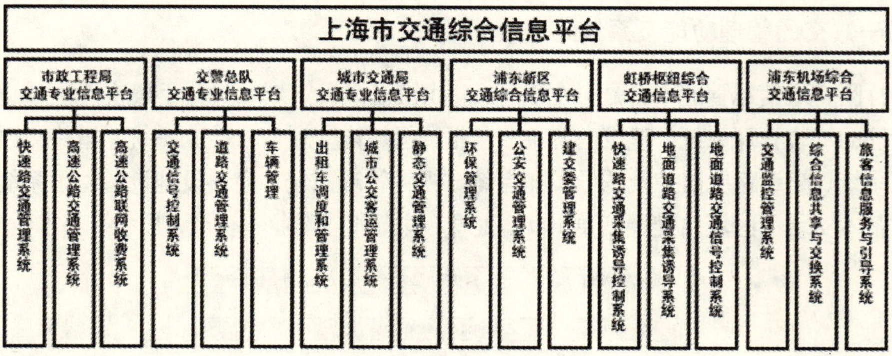

图 3　上海市交通综合信息平台总体框架

与市交通综合信息平台的互联，一方面起到交通信息的交换共享作用，另一方面也为交通管理业务提供重要的实时互动基础，其主要作用如下。

（1）信息资源的交换共享：结合来自市交通综合信息平台的快速路及高速公路交通状态，基于出租车 GPS 的道路交通状态，为处理区域内的道路交通路况信息提供可靠的信息资源；

（2）交界区域的联动诱导：在中心城区与闵行区交界区域，通过诱导板发布交界及关联区域的道路交通路况，对跨区域行驶的车辆进行路径诱导，可以实现道路交通路况的跨区域联动发布；

（3）交通事件的联动处置：在交界及周边区域，对于发生的交通事件实现联动处置，并且以诱导信息发布联动发布，提高交通管控的效率；

（4）常态拥堵的规律分析：通过对交界区域交通流、车辆号牌数据的分析，分析潮汐车流的OD组成，从而掌握常态拥堵道路时空分布规律。

（四）实现与市交警总队业务协同

闵行区交通信号控制系统（SCATS）作为区域级控制，需要接入市交警总队的中控系统，使区域信号控制系统能够纳入全市交通信号控制系统，实现协调控制。其次，通过市交警总队的信息采集系统，从SCATS系统获取各类交通参数信息，作为闵行区优化信号控制方案、监控道路路况的重要数据来源。第三，通过与市交警总队交通管理平台及图像综合应用平台的互联，使双方能够共享交通信息资源，在交通管理和指挥业务中起到信息联动的作用。而这一切，都通过闵行区交通信息管理平台与市交警总队进行互联，实现了区域交通控制管理与中心城区交通控制管理业务协同，提高了交通管理效率与水平。

（五）实现与区应急指挥系统联动工作

交通信息资源及交通管理指挥业务，与公安及区级应急指挥有着密切相关的业务关联。从信息资源来说，公安及区级应急指挥系统的视频、卡口和交通应急信息库，都是闵行区交通信息管理平台在处理应急事件时的重要资源。同时，闵行区交通信息管理平台的交通信号控制系统、交通信息诱导发布系统等信息化系统的功能，也是协同处置应急事件的重要手段。因此，通过闵行区交通信息管理平台与区域应急联动指挥平台的信息共享与业务联动，实现了应急事件处置中道路交通控制的协同配合，极大地提高了应急事件处置效能。

三、关键技术

（一）信息的多级访问和互联

上海市交通综合信息平台（见图4）自2008年建成以来，作为市级交通信息汇聚管理中心、行业交通信息共享交换枢纽，通过一级市平台、二级行业平台及三级交通信息化系统的模式实现各类交通信息共享。闵行区交通信息平台在网络层通过与市交警总队二级通信节点接入市交通主干专网，在逻辑链路上与交警总队二级行业平台、市交通综合信息平台互联，与闵行区周边接壤的区域及行业平台互联，实现交通信息与业务信息的交互。

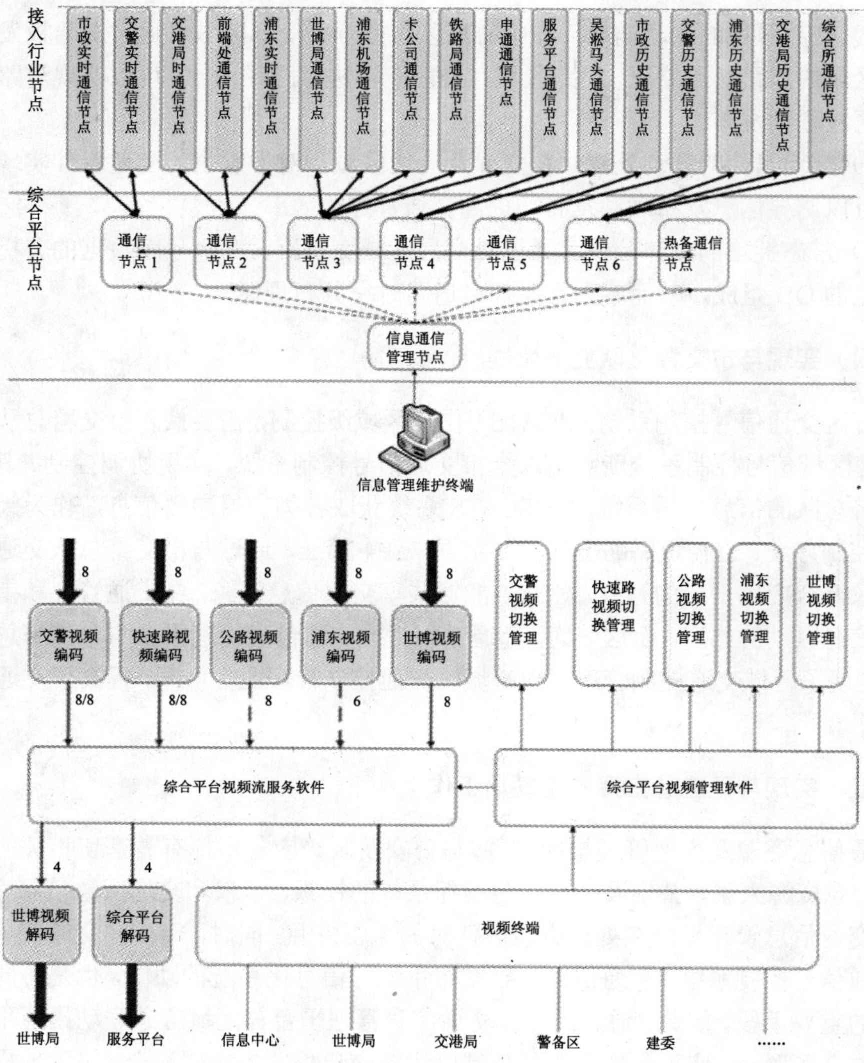

图 4　上海市交通综合信息平台分级通信构架

（二）路口渠化及信号配时优化

SCATS 系统实现对交叉口信号机的固定方案控制、自适应控制、感应控制等功能。闵行区交通信息化建设项目，在区域内的主要干道及周边道路的路口建设了 SCATS 信号控制系统，并作为区域控制中心接入市交警总队的 SCATS 中央控制中心。在建设过程中，充分考虑了中心城外围区域在早晚高峰与中心城区间的车流潮汐现象，通过不同的信号方案与绿波方案，有效协调了区域内主干道路及与其相邻其他 SCATS 路口间的控制策略（见图 5）。通过 SCATS 系统的建设，使闵行区主要道路进出中心城区的交通通行能力大大提高。

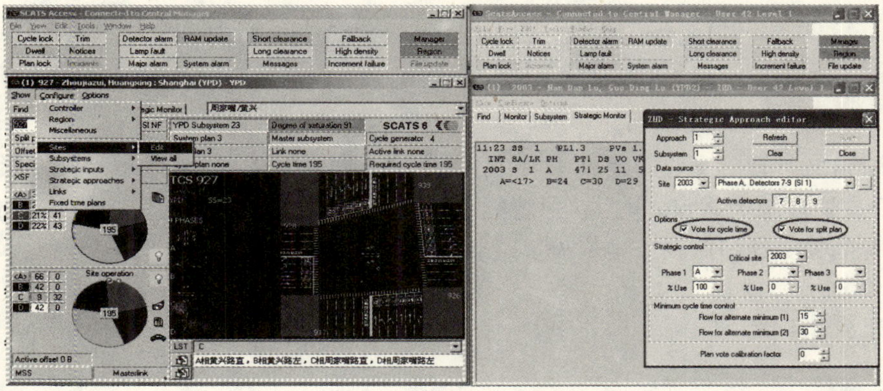

图5　SCATS路口渠化及方案优化

（三）事件自动检测与联动处置

针对交通事件的检测与发布，闵行区建设了基于视频的自动检测和面向诱导的事件联动发布系统（见图6）。同时，作为区域型的交通管理中心，其事件处置系统也通过市交通综合信息平台的区域间交通事件联动流程和规范，与周边区域和周边路网管理中心进行联动，实现了大范围交通事件（如灾害性天气预警、大面积交通拥堵等）的联动发布和诱导。

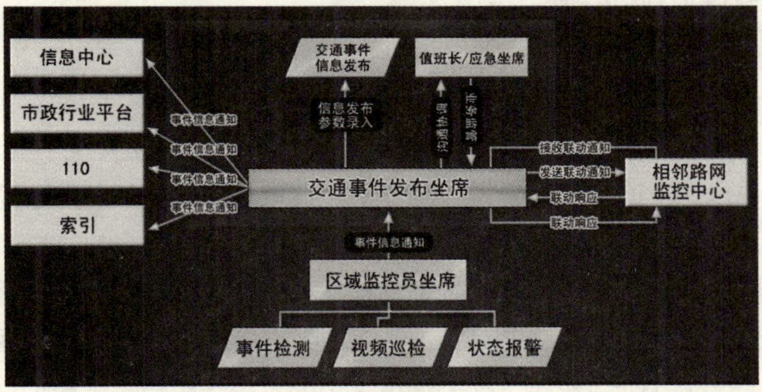

图6　事件联动处置

四、发展趋势

闵行交通信息管理平台建设是闵行区交通管理信息化建设迈出的第一步，平台增加了闵行区交通管理的科技含量，提高了闵行区交通管理信息化水平，适应了上海城市空间结构优化、加强中心城区外交通管理的发展趋势，也迈出了以行政区划为主、加强区域性交通信息化管理可喜的一步。平台尝试的多级信息交互、业务联动、视频共享、分级指挥等技术应用，以及实现的中心城区外围区域与中心城区交通信息联动诱导和发布，对进一步提高上海整体交通信息化水平、实现区域性交通精细化管理等都具有重要的意义。

（撰稿：顾承华、汤如冰、郑　钢）

长三角城市智能交通应用现状

长三角城市智能交通的建设，以缓解城市交通拥堵为基点、保障道路交通安全为重点、提升交通环境为亮点，着力解决智能交通系统发展过程中的信息共享、信息准确性、信息服务的多元性问题，逐步形成了服务社会的智能交通系统。

一、系统概述

我国的交通管理体系，交通信息多元化，信息利用率低，建设重复投资，制约着我国城市智能交通的发展。长三角城市交通相关部门，在政府的指导下，决定进行智能交通系统的设计和建设。智能交通的重点集中在四个方面：一是以交通信息共享为目标，构建智能交通信息网络；二是建立多元化的交通信息采集系统，实现交通信息的高度融合；三是交通信息服务个性化，智能交通诱导各具特色；四是利用交通信号控制，实现交通控制应用的全方位拓展。

二、系统的组成及功能

长三角城市通过多年的智能交通建设，基本构建了基于动态信息的城市道路智能交通系统。其大部分城市的智能交通系统从结构设计上可分为数据采集层、数据处理层和用户层三个层次。数据采集层的主要功能是采集多源静态和动态交通信息；数据处理层则针对每一数据源数据进行相应的单一或融合处理，并将相应的信息存储在对应的数据库之中；用户层则主要通过系统处理及界面层来实现交通管理与控制、公众交通信息服务。系统设计的具体应用系统包括交通状况实时监测与预测预报系统、动态交通信息发布与诱导系统、基于动态交通信息的交通信号控制优化系统等。部分城市采用的系统结构层次一般划分见图 1。

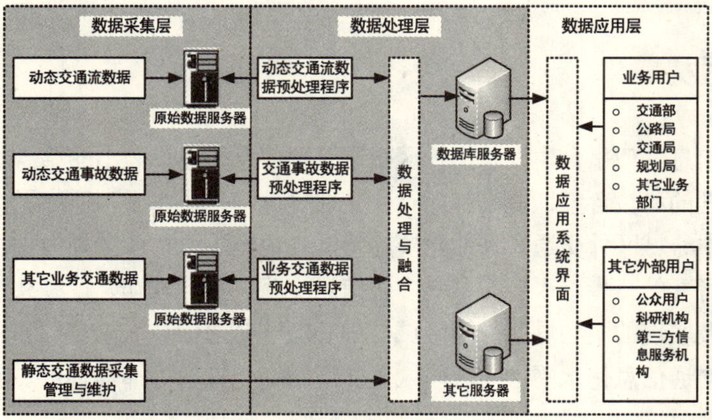

图 1　现有智能交通系统的结构层次

交通信息采集包括静态交通信息与动态交通信息两类数据。静态交通信息包括：①公路与桥梁地理信息；②公路基本信息；③交通工程设施（包括信息控制、车辆检测器、视屏摄像设施）；④其它业务信息。动态交通信息主要包括：①动态交通流信息；②公路交通事故信息；③其他业务需要动态交通数据等。

数据处理层的功能主要包括三个方面：一是单一动态交通数据预处理；二是多源静态与动态交通数据信息处理及融合；三是数据的存储管理。动态交通数据预处理指的是实时获取对应动态交通数据，并进行数据标准化，以便于各类数据的数据库自动存储管理。多源静态与动态交通数据处理及融合指的是在交通状况性能评价指标体系及数据估计方法的基础上，同时对多种数据进行整合，并对各类交通状况评价指标进行估计、预测及判别。数据的存储管理指的是在系统数据库构建基础上，将实时采集的动态交通与动态交通原始数据、实时处理交通状况性能评价指标等数据等实时存储至对应的系统数据库表格，以满足系统数据应用层各类业务系统的实时调用。

三、应用案例

（一）智能交通信息网络的建设

上海市的交通信息已运行于 ITS 和公安的网络之上。ITS 网络为上海市交通信息中心、市政管理和交通运输管理等部门联合构成的 ITS 专网。公安网络上有交通违法、交通事故、道口车驾查控等信息，ITS 网络上有交通信号控制、快速路上匝道控制、地面和快速路交通信息、交通事件检测等系统的信息。

杭州市建立了 ITS 交通综合信息系统，实现了交通管理信息资源充分共享和利用。通过对杭州市现有各类交通业务信息系统进行整合，对已有各系统的信息集成，以实现各相关子系统间的数据共享，建立起杭州市交通管理的数据仓库系统。通过数据整合、数据清洗、数据分析和数据挖掘将各子系统所采集的数据融合为一个总的数据平台，为交通管理、趋势预测、预案制订、效能改进提供科学的依据。目前杭州市 ITS 综合信息系统数据库中现有记录数已达到约 5 亿条，并且还以每年约 1 亿条的速度增加。

南京市依托政务外网建成了支撑“智能交通”、“智慧医疗”、“地下数字管网”等工程的基础平台。在政务外网上构建了“智能交通”专网,已经完成了公安、交通、环保等部门在“智能交通”网络上的信息共享，双基信息采集基站接入点达 165 个，接入交通信息采集点达 518 个。

（二）交通信息的高度融合

完备的交通信息是智能交通系统的基础。长三角地区城市根据各地具体的交通服务和交通管理需求，通过路口、路段的交通检测，综合信号控制和交通监控等系统的信息，对市区道路交通状态进行较为全面的采集和分析，为交通信息服务、交通管理提供了实时的交通状态信息。

上海市在地面主干道、越江桥隧和高架道路每隔500米埋设了感应线圈采集路况信息，并布设了299套车牌自动识别设备，在道路制高点、交叉口和重要路段等部位布设了1.1万余个视频监控探头，在中心城区地面道路路口和高架路面布设了1万余个SCATS交通信号控制和流量感应线圈，逢重大节点还组织警用直升机开展“空中交通巡逻”，确保实时掌握全市主要道路交通状况，通过路口SCATS控制系统、行程时间检测系统、驾驶员手机信令和出租车GPS系统实时采集路口流量和交通饱和度数据。形成了“点”、“线”、“面”三个层次的路网交通信息，分析出高架断面车辆的“汇聚”和“消散”规律，掌握了高架道路和地面道路“三纵三横”相邻断面的平均行程时间、平均车速等中观的二次交通分析信息。

南京市整合8000多辆出租车的GPS定位信息，实现了对主城区重点路段实时路况检测，并整合现有的450路交通监控信息、8路隧道监控信息、300多处视频和RFID双基车流信息。建设42处微波流量自动检测点、4处视频检测点，集成25处320卡口检测点，5处快速内环线隧道流量检测点、10处高速公路收费站实时交通流信息点，检测范围基本覆盖市区主要路段与城市出入口。完善了四级停车诱导体系建设，实现110家停车场计费系统的接入。

苏州市利用线圈、视频、微波、浮动车等检测技术进行交通信息采集。目前，共建有采集点117个，正在建的有158个，主要集中在高架环线和环线内主干道。同时整合浮动车数据，积极开发应用GIS集成平台，目前已实现了流量地图显示、交通事件自动报警（四色警情）等功能，为实时掌握道路拥堵及突发事件提供科学依据。

杭州市结合SCATS系统的交通信息，利用视频和微波交通流采集系统，准确掌握杭州道路交通现状及其变化规律，从宏观上调节城市交通流，平衡城市交通流量，维持良好的城市交通秩序。杭州已建成视测检测系统326套，完成对市区95个点位、162个路段的流量、流速的实时采集，通过实时监控软件平台进行后台报表处理和历史数据统计。系统能为诱导平台、“错锋限行”等提供相应的接口和后台数据支撑。

（三）智能交通诱导服务

长三角城市在智能交通诱导建设中，既考虑了交通管理的需求，也满足交通出行者对交通信息的需要，形成了集群体诱导和个体诱导为一体的服务模式，充分发挥了交通信息在疏堵保畅、改善交通环境方面的作用。

上海市在高架道路安装了182块诱导信息牌，实时上发布动态交通信息，为驾驶员提供行车路线参考；利用279个车牌识别采集断面的实时数据和44个市境陆路道口交通流量数据进行了集散性的OD分析,将全市快速路网划分为20个“小区”，通过建模、计算，展现出“小区”间交通流转移的时空分布特征。

南京市已建设了51块LED交通诱导屏，其中包括15块复合光带式诱导屏，并通过118114语音、智能手机、互联网网站、交通广播电台、手机短信、“南京交管路况直播间”微博及触摸屏指路服务站等8类手段，提供多种实时路况播报和智能诱导。基于智能手机开发的“手机看交通”平台，已能够实时点播南京市主干道及重要交叉口的交通监控视频。目前已完成 120 块停车信息服务牌的建设。

苏州市除了利用现有的 123 块交通诱导屏发布文字形式路况信息外，还通过路况微博、104.8 交通广播、“96122”苏州交通管理信息服务中心等途径，及时发布拥堵、事故等诱导信息，为百姓出行提供实时、高效、准确的信息。

杭州市在较完善的道路信息采集设备基础上，建成了道路诱导信息发布点位 208 个，包括道路情报板 92 块、路网情报板 15 块、匝道控制点位 25 个、路口联动点位 76 个。通过实时或预测动态诱导信息的指路、停车等静态诱导方式，合理地选择行驶路线及停车场库，安全、畅通地到达目的地，确保交通流在时间、空间上的削峰填谷。

宁波市大力推进动态、静态两大交通诱导系统建设。安装了 70 块 LED 动态交通诱导屏以及交通音乐频道、互联网等渠道，及时发布交通流量、路况、道路施工、交通管制等交通信息。2011 年，启动了停车诱导系统建设，在中心城区范围内，共设置了 56 块停车诱导屏，形成了 4 个静态诱导片区。

（四）智能交通信号控制全方位拓展

交通信号控制作为城市智能交通系统建设的一个重要部门一直为各城市所重视。长三角地区城市在交通信号系统建设的同时，针对交通流特性和道路特性，不断将信号控制技术应用范围拓展。

上海市针对城市日常交通“早晨集中进城、傍晚集中出城”的“潮汐”特征，在全市 14 个路口、路段设置了可变车道，使相应路口通行能力平均提高 9.4%、路段通行能力平均提高 23.4%。对 76 个快速路上匝道实施控制措施，实时调节流入快速路的机动车流量，并结合快速路入口匝道控制关联信息的发布，有效均衡地面和高架道路流量。

南京市开展了中心区智能交通信号控制系统建设，在老城区 14 平方千米范围内 95 个路口实现区域协调信号控制，并试点开发了公交信号优先控制。加强绿波信号控制建设，绿波带总数达到 154 条，控制 990 处交叉口，其中包括 41 条潮汐绿波带，控制 287 个路口，绿波控制率达到 83%。

无锡市通过科学调整完善交通信号灯设置，进一步提高市区通行效率。对全市 585 个路口实现联网交通信号控制，对 52 条城市主干道的 196 个路口进行了“绿波带”交通信号协调控制，并在 116 个路口设置了能够根据交通流量自动调整周期的交通信号设施。还在“潮汐”特征明显的路口创新推出“可变导向车道”，进一步提高了道路的通行效率。

杭州市采用了 SCATS 自适应交通信号控制系统，根据交通流量的变化，对路口相位、周期进行精确的控制。系统采用实时运行模式，根据交通流量的变化调整信号配时，使系统运行在最佳状态。SCATS 系统具有采集、处理、存储、提供控制区域内的车流量、平均车速、停车率、排队长度等交通信息的功能，以供交通信号配时优化软件使用，同时供交通疏导和交通组织与规划使用。

截至 2011 年 6 月，宁波市 SCATS 系统已经控制了 468 个路口的信号机。对市区 298 个路口交通信号机进行智能化改造，目前 95%以上的信号灯控制路口都实现了自动控制，并建立了市区交通信号集中式控制平台，有效解决了原来单点固定配时信号不协调引发的交通堵塞，最大限度地挖掘了交叉口通行能力，提高了城市整个道路网络的通行效率。

四、发展趋势

长三角城市近些年基础设施日趋完善，大部分城市已经建成现代化的智能交通系统和设备。但城市之间还没有进行有效的交通信息和服务共享。借助于长三角公安道路交通管理警务协作机制，研究建立区域性智能交通管理系统，必将进一步提升长三角城市智能交通管理水平。目前长三角区域性智能交通管理系统建设可包括：区域性交通信息综合服务平台、城际及城市动态交通诱导系统、城际高速公路动态指路系统等。

（撰稿：顾怀中）

江苏南京市 RFID 系统建设

为缓解南京市交通拥堵，减少机动车尾气排放对大气的污染，提升治安水平，为青奥会顺利召开提供良好的交通支持。在南京市发改委的组织下，由南京城市智能交通有限公司承建南京市 RFID 系统。系统的建设，为城市道路、停车场、交通设施、公共交通等规划提供信息支撑；为解决不停车自动收费问题提供技术支持和管理平台；为青奥会的综合交通规划、区域交通管理等提供解决方案；带动物联网产业的上下游发展。同时将研发成果作为智能交通物联网的应用示范，探索城市交通信息化解决方案，推进自主知识产权的智能交通物联网系统的产业化。

一、系统总体架构

南京市 RFID 系统由信源层、信息采集层、传输网络层、数据层、应用服务层五部分组成。

1. 信源层

系统全面涵盖机动车环保标志电子标签（简称车辆电子标签或车辆电子卡，见图 1）。车辆电子标签以环保车辆电子标签的形式发放，覆盖全市所有机动车。其他信源主要通过系统集成，实现南京市所有涉车信息的全面整合，为综合应用提供支撑。

图 1　南京市机动车环保标志电子卡样式

2. 信息采集层

系统基站是成谱系的分型号基站，共有如下几种：道闸式基站、自由流式基站、制写卡基站、装验卡基站、车载移动基站、便携式基站、系统外基站等。信息采集类基站（道闸式基站、自由流式基站）采用双基识别技术，同时获取车辆射频信息、高清图像信息（含车牌识别功能）及动态视频信息。同时信息采集层还要整合集成异构系统的涉车信息。

3. 数据层

系统的数据层包括：数据模型、数据交换、数据服务。数据模型将所有相关的属性数据、基础数据、服务和交互历史数据等进行有效地关联。数据交换使政府各部门、数据中心、运营平台间实现实时无缝的数据交换。数据服务根据业务应用需求，向用户提供数据服务。

4. 应用层

系统应用层提供交通信息服务、交通管理与控制、交通仿真辅助决策、交通应急与安全、行业管理等各种管理或服务。系统除了向政府、企业提供丰富的车辆管理和服务功能之外，还需要向公众提供出行信息及相关增值服务。

二、系统标签设计

车辆电子标签，是专为车辆设计的车用电子标签产品。以专用高频陶瓷为基材，通过先进的微电子封装“绑定”工艺，采用新一代 RFID 芯片并容入多项革新技术开发而成，相对于其他同类陶基电子标签在性能、容量、安全、价格等多方面均有着明显优势。

1. 安全碎裂线

在标签基材中预制网格状破碎记忆线，保障标签粘贴后不影响风挡玻璃原有安全性能。在事故状态下能够与挡风玻璃“等效破碎”，从而有效地避免了对司乘人员造成二次伤害。

2. 粘贴固化设计

在标签上设置粘料固联槽，安装电子标签时能够与挡风玻璃更好地紧密固联，有效避免由于它们之间在安装时产生的缝隙而导致其脱落或完好拆卸的可能性。

3. 汽车专用耦合设计

标签微带电路经过专门设计，用以适应汽车挡风玻璃。当安装于汽车风挡玻璃后，利用车体金属腔体效应，使标签应用性能得到有效提升。支持与 PVC 介质的 UHF 附卡耦合配对使用。

4. 防拆设计

在标签基材中预制网格状防拆记忆线，并通过粘胶固联槽加固，当粘贴后的标签受到外力拆除时，基片将随应力变化沿记忆线破碎，保障标签不可被完好拆移。

三、系统的基站设计

信息采集基站主要应用在城市道路上，特点是车辆通行自由，没有栏杆。基站可以识别高速运行下的车辆信息。基站上安装有射频与高清智能抓拍设备，每个车道一套射频读取设备和抓拍设备，将采集到的车辆图片（包括速度）和电子标签信息进行组合匹配，利用计算机网络，实时传送到中心进行存储、记录，并将最终的数据写入数据储存系统，供有关部门日后查询和提取。

1. 基站工作原理

系统采用先进的射频、光电子学、计算机、图像处理、模式识别、远程数据访问等技术，在主要道路上建立检测过往车辆的记录系统，连续实时监控路面过往的机动车辆，采集车辆的电子标签及图片信息，并通过对图片的处理和模式识别，自动识别车辆的牌照与电子标签信息进行匹配。

2. 电子标签检测原理

电子标签(Tag)由耦合元件及其他器件组成，每个标签具有唯一的电子编码，安装在车辆上标志车辆信息，其中保存有约定格式的电子数据；当受到无线电射频信号照射时，反射回携带有数字字母编码信息的无线电射频信号，供阅读器处理识别。其工作频率一般在 915 MHz 以上。

阅读器(Reader)用以产生、发射无线电射频信号并接收由电子标签反射回的无线电射频信号，可无接触读取并识别电子标签中保存的车辆数据信息，从而达到自动识别车辆的目的。

微型天线(Antenna)也称路侧标志，用于在电子标签和阅读器间传递射频信号。

3. 基站系统功能设计

电子标签采集功能。电子车牌通过发卡管理系统事先写入该车辆的基本信息。识别系统全天候运行，当安装有电子车牌的车辆进入识别区域，识别天线就能够捕获电子车牌内的相关信息，并实时发送至后台，由后台做进一步的处理。

车辆自动检测、抓拍功能。本系统采用目前比较可靠有效的地感线圈检测车辆的方法来检测车辆。车辆触发线圈的瞬间（微秒量级的时间）采集一张图像，并同时对车牌及车身进行同步有效地补光，这样可有效地保证司乘人员的清晰表达，同时也可以获取很好的保证车牌图片。在监控区域内系统对 5～120km/h 行驶的车辆图像捕获率达 99%以上。

车辆信息记录功能。系统自动记录车辆信息的同时，能够同时记录车辆的附加信息，如车辆通过时间、通过地点、行驶速度、行驶方向、实时车牌大小等信息。

车辆测速功能。系统具有速度测定功能，其测速范围和道路实测误差符合 GB/T 21255-2007 的相关要求。当机动车速度小于 100km/h 时，道路实测误差应不超过-6～0km/h；当机动车速度大于或等于 100km/h 时，道路实测误差应不超过机动车速度的-6%～0%。

设备自动检测及远程维护功能。为保证系统能够稳定正常的工作，及时发现并排除故障，系统配有硬件看门狗（二级），如遇到系统因意外而死机及高清摄像机死机的情况，能自动重新引导系统，重新进入工作状态。前端设备机箱具有报警功能，当机箱遇到破坏，机箱门被意外打开时，前端机箱及中心软件可以自动报警。

四、系统运营支撑平台

总体应用架构包括基础信息管理平台、信息采集平台、业务支撑平台、数据分析平台、公用交通信息服务平台、行业交通信息服务平台和企业管理平台，另外还包括数据交换平台及运维系统。其中信息采集平台包括采集、控制、处理、监控等应用，行业交通信息服务平台包括交通收费应用、交通监控应用、企业应用等。

平台总体框架细化为运维管理、基础设施、支撑平台、数据中心、应用系统、接入渠道六个层面，包括标准化规范及系统安全及管理平台两套体系。自下而上说明如下。

运维管理：负责软件、硬件、机房日常的监控和管理。

基础设施：主要是基本的主机、网络系统，以及操作系统等底层支撑环境。

支撑平台：该层次基于 C/S、J2EE 应用服务、数据分析平台、数据交换平台、服务支撑平台、报表平台、业务规则管理平台，在此基础上采用构件化开发思路进行各种服务构件规划、开发及部署，最终通过服务发布平台对外发布业务服务。

数据中心：通过信息集成手段，将各类物流信息资源整合，达到信息交换和共享的目的。

应用系统：提供各个应用系统针对某一方向的业务实现和管理。

接入渠道：提供多种接入方式，供访问者访问应用系统。

五、系统的创新性

1. 系统技术创新

系统在国内首先利用 RFID 电子标签取代传统纸质电子标签，是 RFID 应用的创新和环保管理模式的创新。产品以专用高频陶瓷为基材，通过先进的微电子封装“绑定”工艺，采用新一代 RFID 芯片并融入安全碎裂线、粘贴固化设计、汽车专用耦合设计、防拆设计等多项革新技术开发而成，相对于国内外其他同类陶基电子标签在性能、容量、安全、价格等多方面均有着明显优势，处于国内领先、国际先进水平。

2. 系统建设模式创新

根据南京市政府〔237〕号文件精神，智能交通公共服务平台建设采用了政府引导市场化运作的方式，由投资商和南京市信息化控股有限公司合资，共同负责智能交通公共服务平台的建设和运营。这种模式也与国家十二五规划纲要中“创新公共服务供给方式”相符合，强调市场化和专业化。只有市场化和专业化，才能提高系统的高效性和灵活性，是解决城市交通这种复杂系统难题的最有效手段和模式。

3. 系统应用创新

全新的实时交通仿真模式。原有的交通仿真系统普遍缺乏完备数据的支撑，导致仿真结果可信度不高，且仿真范围有限。系统实现了闭环式实时交通仿真，从仿真数据提供、仿真功能扩展、仿真效果跟踪几个方面提升交通仿真的实效性。

平台在涵盖南京市公安320系统，实现全市的实时监控、报警管理、布控管理、黑名单管理等治安管理的基础上，还将对市区内所有停车场进行集成，将动态交通信息和静态交通信息相结合，实现涉车治安管理的无盲点全面覆盖。

环保低碳区应用。系统将实现环保低碳区电子围栏，率先实现对所有车辆按照排放等级进行精细化的自动管理，实现青奥低碳区的零碳排放目标。

利用交通数据采集子系统，根据基站布局构建环绕特定区域的电子围栏，准确分析特定区域的车辆进出数量，并结合赛事吸引量估算停车需求，为停车限制和换乘措施的制订提供依据。

利用数据采集子系统，根据进出口基站的数据记录，分析南京市机动车OD数据，定量化进行青奥车道的规划和公共交通运量运力优化规划。

4. 系统产业创新

通过运营商投资建设，运用物联网技术建设涉车（涉驾）信息公共服务平台。整合车、驾身份特征信息，车辆运行时空信息，消费和管理形成车辆事件信息，形成涉车（涉驾）信息资源，通过对这些信息资源的深度挖掘和开发为政府机关、涉车企事业单位、社会公众提供服务，由此将形成一个新的信息服务产业。

六、系统建设情况

目前，南京市已安装了62万张车辆电子卡。在道路上建成320个基站，基本上覆盖了市区的快速路和主干道。系统已存储车辆抓拍记录8.5亿条，标签记录4.5亿条，图片存储量达150Tb。

（撰稿：顾怀中）

广州智能交通管理指挥系统应用与发展

一、系统概述

1993 年，广州建立了交通控制指挥中心和系统，到 2005 年建立广州市智能交通管理指挥中心和系统（Guangzhou Intelligent Transportation Management System，简称“GZ-ITMS”）。GZ-ITMS 经逐年特别是 2010 年广州亚运会的系统完善，形成了广州市智能交通管理系统（简称 GZ-ITMS）“一个中心、两个平台、两套网络、十五个子系统”的规模，提升了广州市交通管理现代化水平，并顺利通过第 16 届广州亚运盛会交通安全保卫工作的考验。

广州市智能交通管理指挥中心根据常用功能分为指挥调度区、交通违法行为拍摄区、交通事故接处警区、交通采集信息发布区和交通信号控制区五个功能区。交通监控系统已建成 1 个中心、13 个分中心（区或大队），完成与省公安厅、市公安局的视频监控联网，达到资源共享。2011 年，广州市区（不含四区两市）的交通信号控制路口为 1053 个，纳入 SCATS 控制的路口为 768 个，基本覆盖市区环城高速公路以内的大部分路口；交通流数据采集点合计 369 个，动态交通信息板合计 102 块，覆盖市区部分主干道及重要交通节点；新建交通监控点 100 个，交通监控点位总数达到 652 个，监控覆盖广州市中心区所有主要道路。另外接入 16 条高速公路的 556 路交通监控、四区两市的 724 路交通监控，实现互联；共建设各式电子警察 299 个，电子警察总数达到 802 个，覆盖广州市中心区所有主要道路和交通违法行为多发点。2011 年，GZ-ITMS 无论在日常的交通拥挤，还是在大型活动的交通组织和应急交通处置中，都凸显了其强大功能，为广州的城市道路交通有序畅通提供更加有力的保障。

二、系统组成及功能

（一）系统组成

GZ-ITMS 的“一个中心、两个平台、两套网络、十五个子系统”为智能交通管理指挥中心（一个中心）、综合信息应用平台、与非公安信息系统数据交换平台（两个平台）、光纤数据通信网络、无线指挥调度通信网络（两套网络）、集成指挥调度系统、警务管理系统、移动警务应用系统（PDA）、短信息平台、交通管理信息查询中心、警车及警员定位系统 GPS、交通地理信息系统 GIS、交通设施管理系统、交通闭路电视监控系统、交通信号控制系统、电子警察前端系统、交通流采集分析系统、交通诱导系统、辅助决策系统、运维管理系统（十五个子系统），其系统框架图如图 1 所示。在广州亚运前，特别增强了交通情报信息研判分析系统（辅助决策系统），并建设了交通事件检测及车牌识别系统。

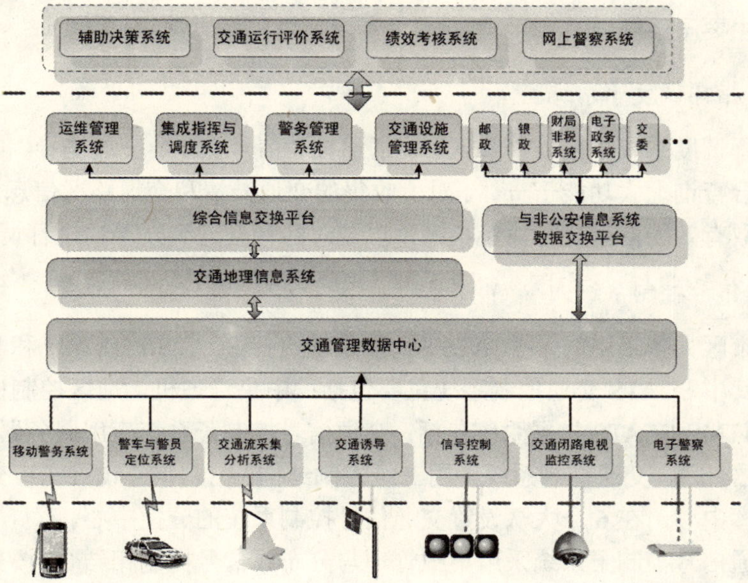

图 1　GZ-ITMS 系统框架图

（二）系统功能

GZ-ITMS 的功能如下。

一是快速监测、疏导交通的功能。道路一旦发生交通堵塞，安装在路面的交通流检测器能够迅速捕捉异常交通流量数据，传输给综合信息交换平台，集成指挥调度系统自动报警，指挥中心通过交通监控确认交通事件的地点、性质，选择并实施突发事件的处置预案。

二是交通诱导的功能。在突发事件处置过程中，交通指挥中心可通过交通电台、路面的可变情报板、互联网等途径发布交通实时交通信息，诱导车辆分流，为公众提供完善的交通信息服务。

三是自动协调控制交通的功能。交通指挥中心能够利用覆盖市区交通信号控制系统路口 1053 个（特别是 768 个路口的 SCATS 区域控制系统），对市区道路交通实现自动、合理的协调控制，并综合利用交通信号控制子系统采集的车流量信息与其他相关信息融合，为控制区域提供更佳的控制方案，提高道路的通行效率。

四是实现全方位的交通监控和非现场执罚。交通指挥中心能够利用覆盖全市的闭路电视监控点和“电子警察”，全天候对市中心区的主要道路进行有效的监控，对闯红灯、越线行驶、超速行驶和不按车道行驶等违章进行抓拍等非现场执罚。并可及时排查交通事故车辆和驾驶人，关联查询人车信息，发现被盗抢、假牌假证、不按时年检、有交通违法或交通事故未处理等记录的车辆能够自动提示，使违法车辆无处遁形。

五是对机动车、驾驶员、交通违章、交通事故、警务管理及内部办公均实行电子化管理，以信息网络化为基础，实现交通管理业务廉洁、高效、便民。

（三）主要子系统

1. 集成指挥调度子系统

集成指挥调度系统集接处警管理、交通监控、信号控制、交通诱导、电子地图、警力定位和综合查询七大功能于一体。对所收集的交通警情和交通路况信息汇集，进行分析过滤，获取有效的信息进行决策指挥，以及对各种交通突发警情进行调度处理。

2. 交通信号控制系统

广州市市区大多采用的是SCATS系统，系统包括SCATS控制系统和ITMS-SCATS扩展系统。其中SCATS交通控制系统主要包括：中央管理机、地区控制机、路口交通信号机。而ITMS-SCATS扩展系统包括：交通信号控制子系统应用服务器和SCATS数据备份服务器。广州交通控制系统采用三级控制结构，控制中心设置在市交警支队智能交通管理指挥中心，在6个大队设置交通信号控制系统的分控中心。

广州交通信号控制子系统采用集中管理与分布式信号控制相结合，按交通特性划分片区，实现单点感应、主干道线控、区域自适应控制结合的区域信号控制。对于环城高速公路、快速路、内环路作为封闭系统独立运行，而交通数据和与地面道路衔接区的监控信号则传输到智能交通指挥中心，以统一协调各区信号控制策略。

交通信号控制子系统应用服务器实现 SCATS 控制系统与其他系统之间的数据交换，通过SCATS控制系统的ITS接口与中央管理机连接，从SCATS控制系统中采集交通流数据、故障报警信息、拥堵信息和相位信息，进行相应处理后发送给交通信息处理核心服务。

3. 交通诱导系统

交通诱导子系统以交通状态信息数据库为基础，按照交通诱导数学模型，通过各种可变限速器、可变情报板、停车诱导信息牌等途径，发布实时的交通状态和方案，进而诱导交通流，帮助出行者快速、安全地抵达目的地。自2003年开始，广州市迄今共建设了4期交通流数据采集及诱导系统，包括交通流数据采集点合计369个（其中内环路布设了123个，地面道路布设了246个点），动态交通信息板合计102块（内环路布设了54块，地面道路布设了48块），覆盖市区部分主干道及重要交通节点。

4. 电子警察子系统

目前，广州市电子警察子系统主要包括标清摄像机、数码相机、高清摄像机、控制主机和通信设备等功能模块。前端系统拍摄的违法图片通过无线通信网传输回指挥中心交通违法管理系统。高清摄像违法图片则是通过光纤传回指挥中心，经综合检测器处理后，将车牌信息和车辆图片信息存入海量存储设备，并筛选出违法图片，传给交通违法管理系统，同时，将交通流量信息、交通事件报警信息、黑名单车辆报警信息等检测结果传给相关应用系统。

三、应用案例

1. 公交车专用道的管理应用

2011年广州市在公交车专用道的60套新型电子警察、63个交通监控点和106套车载式车载电子警察系统中，运用广州亚运会专用车道的车牌识别等技术，对违法使用公交车专用道的车辆进行执罚，大大提高了对公交专用道的管理力度，促进公交优先管理工作的开展。

2. 广州市南沙区环市大道西连续流绿波协调控制应用

2010年9月—2011年6月，广州市南沙区在环市大道西建立了一套连续流绿波协调控制系统。环市大道西位于广州市南沙开发区，为城市一级主干道，全长约为9.2千米，双向六车道，绿波设计车速为60 km/h，共连接21个信号交叉口。环市大道西连续流绿波协调控制系统受现场设备限制共接入4种不同类型的信号控制机，采用GPS授时装置进行信号控制机的时钟同步，利用交叉口群相序组合优化方法实现干道双向绿波协调控制功能。系统在保证支路过往车辆与过街行人通行权益的前提下，通过实施交通信号协调控制优化设计方案，实现了对环市大道西上21个信号交叉口的连续流绿波协调控制，实施后效果显著。

3. 高速公路新型电子警察应用

2011年建设了高速公路新型电子警察29套，具备测速或不按规定车道拍摄功能，加上原有的12套测速型电子警察，使测速型电子警察基本覆盖我市管辖的各条主要高速公路，有效打击了高速公路超速、变线等严重交通违法行为。

四、发展趋势

广州智能交通管理系统的发展与其交通拥堵治理目标和相关措施密切相关，未来的智能交通管理将主要从以下几个方面开展。

（1）从交通监控、勤务运行机制、绩效管理等多方面入手，通过交通指挥综合系统，对主干路网实行全天候监控，加强对交通拥堵点的交通管理与疏导。

（2）综合运用各种交通检测设备和手段，重点研究视频图像识别技术在交通监测中的深化应用，实现智能交通管理信息资源整合，全面掌控道路交通实况。并通过对多种交通数据源的整合与处理，建立统一的交通数据中心。

（3）扩大交通控制系统的覆盖范围，并优化相位设置和信号配时，以及确保公交优先等控制，努力实现交通信号控制从联网协调控制到“智能控制”的升级，并针对部分道路交通潮汐特征，进行可变车道信号控制。

（4）在市区内常发性拥堵点（路段）、市区各主要出入口，以及重要场馆周边道路附近扩大交通可变情报板布设范围，使其在交通管理中产生规模效应，引导车辆提前分流，以缓解交通压力，使市区主干道达到交通流均衡的状态。

（5）综合利用电台、电视、平面媒体、微博、网站、手机短信、3G视频等方式，建立面向公众的交通信息服务体系，及时将交通信息、运输信息、停车场停车位信息等动态向公众发布。

（6）利用交通违法“自动识别”和扩大非现场执法（新型电子警察与移动式电子警察）的范围和种类，遏制交通违法行为，有效改善交通秩序。

（7）充分利用交通流检测、交通信息控制、交通监控和交通诱导等系统中的数据，应用数据仓库与数据挖掘技术为辅助决策提供数据支撑。

（撰稿：徐亚国、李京、傅贵）

珠三角地区公安交通指挥中心应用系统

一、系统概述

近年来随着公安部、建设部在全国实施城市“畅通工程”的不断深入，全国各地有大批城市相继建立了或正在建设公安交通指挥中心。“十一五”期间，广东省，特别是珠三角地区，智能交通系统技术得到了广泛应用，公安交警作为道路交通的主要管理部门，充分重视智能交通系统技术在交通管理领域的集成应用，在不断提高信息化应用水平的基础上，通过智能交通系统技术、管理技术和计算机技术的集成，使智能交通系统在公安交警的业务管理实际工作中发挥了重要作用。公安交通指挥中心的建设工作已越来越受到各级政府的高度重视和大力支持，并且取得了较大的成就。

公安交通指挥中心是智能交通系统（ITS）的重要组成部分，是指由公安交通管理部门建设并管理的道路交通组织、监控、指挥与管理系统的统称，是应用电子、信息、指挥、控制、通信等技术，按照系统工程和交通工程的理论与方法，结合当地道路交通实际情况及其管理需求等条件，将交通信号控制系统、交通监视系统、交通信息管理系统、交通通信系统、交通诱导系统、车辆卫星定位系统（GPS）和交通地理信息系统（GIS）等子系统部分或全部有机地融合成为一个整体，具有信息采集、处理、组织、协调、决策和指挥能力的道路交通监控与管理中心。

公安交通指挥中心的建设与运行，使道路交通的信息采集、处理、监控与指挥等实现了动态、实时、科学、高效的控制与管理；对于公安交警部门充分利用现有交通资源，科学规范地组织交通，提高现有道路通行能力，协调处置突发事件，缓解交通拥堵，减少交通事故，降低车辆尾气污染与能源消耗，增强交警队伍快速反应能力与战斗力，促进交通与环境、经济和社会的协调及可持续发展等发挥了十分重要的作用。

二、系统组成及功能

广东省公安交警指挥中心系统以通信系统、图像处理及显示系统和计算机网络系统为核心，各类特种应用系统为外围，构成功能强大而扩展灵活的系统结构。我省公安交警指挥中心常见的系统架构如图 1 所示。其中几个重要的子系统或平台的功能如下。

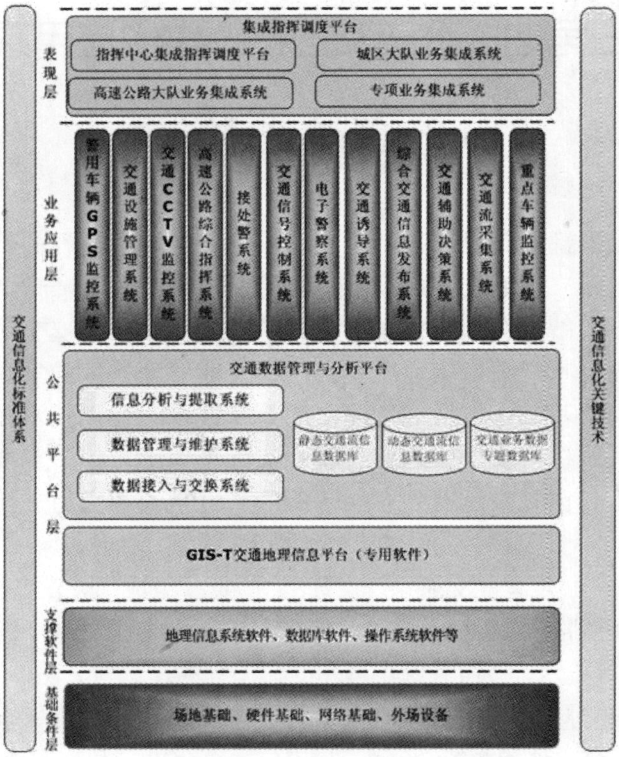

图 1　系统架构图

1. 集成指挥调度平台

实现跨地区的指挥、协调，快速高效地实现警务协同配合；同时可根据预案，联动其他警种和部门开展紧急救援，并对执行过程和现场态势进行跟踪。

2. 交通数据管理与分析平台

实现数据的接入交换、管理维护、分析处理等功能，实现整个控制中心信息数据的有效管理。通过数据的集中和融合，可有效解决信息孤岛的问题。

3. GIS-T 交通地理信息平台

GIS-T 交通地理信息平台的定位是作为整个控制中心的 GIS 数据的中心平台，为整个控制中心的各个子系统与集成平台提供 GIS 数据、GIS 引擎服务、交通管理业务数据空间分析服务等。

4. 交通信号控制系统

结合城市交通流特性，使机动车辆的停车次数、延误时间及环境污染减至最小，充分发挥道路系统的交通效益，可以达到对城市交通流的优化控制及管理的效果。

5. 电子警察系统

具备治安卡口的常规功能，并监控路口、卡口的实时视频图像，实现黄线抓拍、超速抓拍等相应扩展功能。

6. 交通流采集系统

建设以视频交通流检测为主要检测手段，线圈等其他检测手段为辅的交通流采集网络，采集主干道路段的交通流量、车速、占用率等交通流参数。

三、应用案例

“十一五”期间，广东省公安厅交通管理局以交通管理信息系统和省公安厅交通指挥中心为基础，构建了以省交管局交通指挥中心为中枢机构、各地市指挥中心及重点高速公路交警交通指挥中心为分中心机构的广东省公安交警 ITS 指挥中心的体系架构（见图 2），实现了省厅指挥中心与地市指挥中心与高速公路交通指挥中心职能的紧密结合。

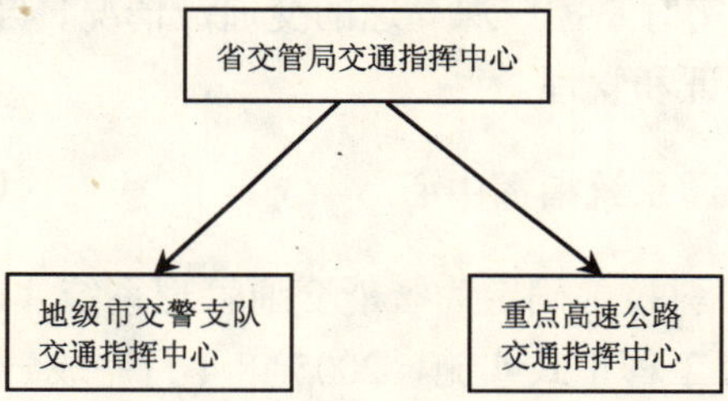

图 2　广东省公安交警 ITS 指挥中心体系

（一）广东省公安厅交通管理局交通指挥中心

广东省公安厅交通管理局交通指挥中心（见图 3）于 2007 年 2 月 1 日正式启用，指挥中心定位为省级交通监控中心、省级交通指挥调度中心、省级交通辅助决策支持中心、省级交通信息服务中心，指挥中心包括了地理信息系统、全省视频监控联网系统、重点车辆监控系统等二十个子系统，覆盖了交通指挥调度的各个流程，实现了相关系统和设备的调度集成。指挥中心的建成能有效实现对全省道路交通安全与畅通态势的宏观管控，为各基层民警和广大交通参与者提供优质高效的信息服务，为各级领导提供科学的数据分析和决策支持服务。

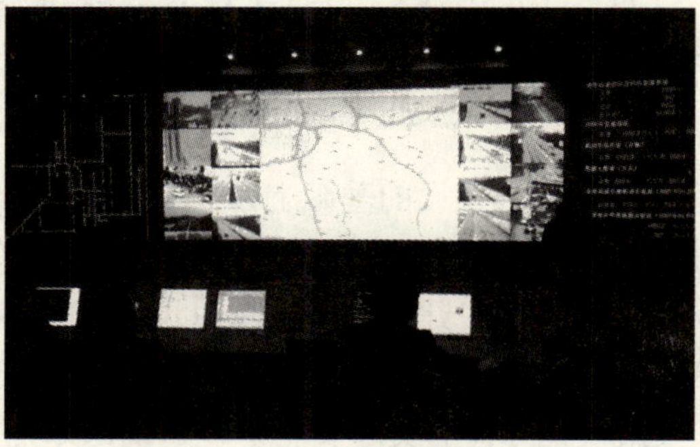

图 3　广东省公安厅交通管理局交通指挥中心

（二）广深高速智能化交通管理样板路工程项目

对于省内的城际间道路，特别是重点高速公路，广东省公安交警进行了高速公路指挥中心建设的尝试。建立了以交警高速公路大队为主要用户，以提升对高速公路实时状况掌控能力、减少高速公路拥堵、提高应急情况下的反应速度与指挥调度能力为主要目的的高速公路公安交警交通指挥中心（广深高速公路智能化交通管理样板路工程项目，简称 GS-ITMS）。GS-ITMS 项目从 2008 年 4 月开始实施，2009 年 2 月进入试运行阶段，至 2011 年 9 月，项目完成了所有分项的验收。

GS-ITMS 集交通流检测系统、事件检测系统、闭路电视监控系统及区间测速系统等系统于一身，包括数据中心信息管理软件、集成指挥调度软件、可视化三维地图等三大软件系统模块。系统建成后，广深高速全程 122 千米路段设有：视频监控 165 路，交通流检测 82 套，视频事件检测 15 路，区间测速设备 4 套。GS-ITMS 的建成实现了对广深高速的全程监控，实时掌控广深高速的交通流情况、自动判别拥堵，并实现了对交通违法行为的非现场取证和管理。

（三）中山市智能交通系统指挥中心

2002 年中山市被国家科技部确定为智能交通管理系统（ITS）十个试点城市之一，2003 年 5 月智能交通项目工程正式实施，2005 年 4 月完成一期工程，建立了核心平台系统和 11 个关键子系统。其软件平台如图 4 所示。

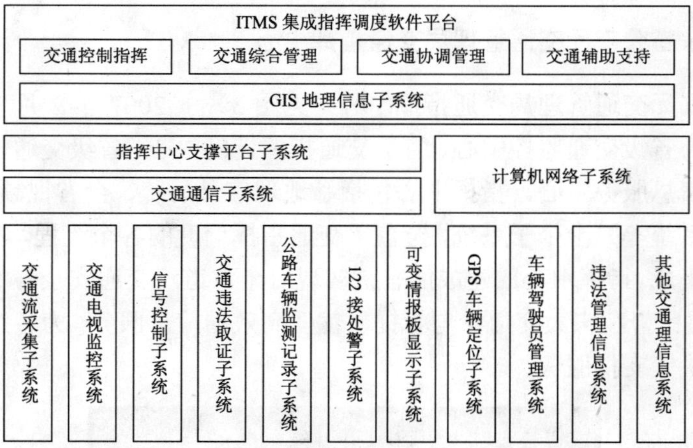

图 4　中山市 ITMS 集成指挥调度软件平台

在智能交通管理系统一期工程建设的基础上，中山市交警支队以“科技强警”为发展战略，为完善“智能交通管理系统”整体建设，最大程度发挥系统功能和系统效应，开始智能交通管理系统二期工程项目建设。二期项目于 2011 年 4 月正式开始实施，主要是以高速公路、国道、省道和城区道路为主，实施道路交通安全管理、监控、疏导、交通违法非现场执法、数据采集分析的交通安全管理系统，实现主城区和国省道主要路口路段摄像机全部覆盖，道路流量采集设备基本覆盖，路口监控设备设置率 100%；主城区和高速公路、国省道主要路口路段交通违法取证设备基本覆盖，非现场处罚率达到80%；实现区域范围内以网络发布和诱导标志为主要手段的道路交通信息发布系统，促进了智能交通管理系统一期扩展功能和延伸应用的充分发挥。目前，二期项目仍在建设实施中。

四、发展趋势

随着道路交通事业的发展，公安交警指挥中心需处理的数据量越来越大，实现快速接警和处警在交通指挥管理中的地位和作用日渐重要。建立结合现代高科技，依托信息技术、计算机系统、自动控制、人工智能、专家辅助决策系统等技术与一体的公安交通指挥中心，全面实现接处警系统的网络化、智能化、可视化、管理已成为广东-珠三角地区城市交通指挥建设的新趋势。

随着计算机网络技术、通信技术、电子地图技术，以及图像处理及显示技术的快速发展，公安交通指挥中心应用系统在未来的发展过程中将：

- ❑ 逐渐形成统一的体系建设规范，提高各子系统间的信息与资源共享。加强与其他指挥中心管理系统的互联互通，充分发挥系统的整体效益。
- ❑ 覆盖交通管理中的各个方面，汇集更多的应用系统，提高公安交警的交通管理效率与服务水平，为人民群众提供更方便的出行服务。
- ❑ 建设规模越来越大。如电子警察、交通诱导屏的建设数量的不断增加，重点车辆监控覆盖车辆数量的不断扩大。
- ❑ 交通信息数据的深化应用。通过数据积累、深层次加工处理、挖掘分析，深化对交通流数据、视频监控数据、车辆GPS数据等基础数据的分析与深化应用。如浮动车辆分析系统、多源交通流数据融合分析系统、路网交通运行评价系统等在公安交警交通管理业务中的应用。

（撰稿：余志、何兆成）

深圳市综合交通运行指挥中心应用系统

一、系统概述

截至 2011 年，深圳市拥有 178 千米的轨道交通网络和 130 多个地铁车站、800 余条公交线路、14000 多台的士，以及上千家交通运输企业和数以万计的从业人员。交通行业管理对象的范围和规模大幅扩展，增加了日常与应急管理工作的广度和难度。迫切需要建设统一的交通运行指挥中心，实现轨道交通与地面交通协同应急，保障交通安全运行。同时，通过统一的指挥平台对各种应急资源进行统一调度，各部门可相互配合，分级负责，联动应急，实现信息资源的优化配置和高效利用。

2011 年 8 月，世界第二十六届大学生夏季运动会在深圳召开。大型的集体性活动会在短时间内产生突发性的、集聚性的交通需求。因此，深圳市综合交通运行指挥中心（Shenzhen Integrated Transport Operations Command Center, TOCC）项目被市政府列为“办赛事、办城市”大运会工程项目，同时作为深圳市智能交通系统“1+6”工程的重要组成部分。通过建设指挥中心，对各种情况作出预测，并通过事先制定的应对预案，协助对全市运输车辆进行科学、统一调度，确保运力的充足，随时准备应对各种突发性事件，从而为大运会的顺利开展提供最强有力的安全保障。

二、系统组成及功能

指挥中心实现了交通信息采集与汇聚中心、交通信息分析与挖掘处理中心、交通信息交换与共享中心、交通信息源提供与发布主渠道、交通日常业务与管理工作支撑中心等职能，承担城市交通运行监管，大运交通运行监管和大运交通应急指挥功能，完成大运会期间城市交通与大运交通协调运行、统一指挥的重要任务。

指挥中心的建设，通过大屏幕系统，以城市空间结构及实时动态的区域/城市道路网络为基础，形成集道路网络、轨道线网、公交巴士线网、出租车动态分布等集图形、图表、文字、视频于一体的方式并对其进行集中展示，同时安排专业人员对区域与城市交通运行进行全面监视、对突发事件进行实时处置、对交通运行状态进行动态分析、对交通信息发布与服务进行统一管理，提高深圳市交通系统运行管理水平和应急指挥能力。

主要建设内容分为三部分：大屏幕系统、交通数据源接入分析处理系统和交通运行监测系统。交通数据源接入分析处理系统实现数据的接入、处理和分析，为交通运行监测系统提供反映交通系统运行状态的各种数据指标。交通运行监测系统以图形、图表、文字、视频等方式，通过大屏幕系统实现各种交通指标的可视化展示。

（一）基本情况

指挥中心（见图 1）位于福田综合交通枢纽三、四层。三层使用面积共 1022 m^2，包括指挥大厅、会议室、办公室、机房、卫生间。四层使用面积共 497 m^2，设有贵宾接待室和领导会商室。领导会商室会议桌为双层圆桌设计，墙面设有雾玻璃，可在会商室直接观看大屏幕。

指挥大厅总面积约 900 m^2，采用挑空设计，层高约 10 m。墙面和天花板设计有造型吸音板、穿孔铝单板，地面铺设地毯，以达到吸音要求。指挥大厅目前共设置了 46 个坐席，实现全天候的交通运行监测。

图 1　深圳市交通指挥中心

（二）大屏幕系统

大屏幕显示系统部分，指挥中心采用正投影及边缘融合的方式，可实现整屏高分辨率无缝显示。投影机选用科视（Christie）的旗舰产品 HD+35K，共 6 台，单台分辨率 2048×1080，流明达到 35000。6 台投影分为三组，融合后分辨率为 5330×1080。

屏幕采用黑栅精显，为无缝软幕，尺寸为 30 m×6 m。目前从融合分辨率和屏幕尺寸上看，均处于国内领先水平。

（三）交通数据源接入分析处理系统

系统为深圳市交通信息的采集和汇聚、共享和交换、分析与挖掘准备基础技术框架，为系统的未来扩展准备条件。主要建设内容包括：

（1）采集和汇聚系统正常运行所需要的数据，规划并创建满足交通运行监测系统运行所需要的主题数据库。

（2）创建交通数据处理模型，进行数据处理，生成道路网络交通指标。

（3）依托数据处理结果，自动生成大运交通日报，城市各行政区、各等级道路动态交通运行报告，二线关口交通运行报告等11类数据报表。

（4）创建深圳市交通数据规范，为深圳市交通数据接入、共享交换创建基础技术框架。

（5）创建深圳市交通数据流程规范，为交通数据的持续、稳定接入和汇聚、共享及交换准备条件。

（6）提供图形化界面，对数据接入过程进行配置和监控，并对数据处理过程进行监控。

（四）交通运行监测系统

交通运行监测系统依托大屏幕展示系统，以交通数据源接入分析处理系统所形成的交通指标为基础，实现各主题的相关指标展示。

（1）城市空间结构基础主题。可查看全市域、各行政区，以及大运会场馆周边相关信息。

（2）区域交通路网主题。可查询各行政区交通路网的实时路况，并对区域交通路网的路况数据进行统计和分析。

（3）城市交通路网主题。可查询拥堵路段的属性信息及依托基础地图和路况数据，规划最优出行路径。并可分区域、道路等级、具体道路查询路网的拥挤度、样本量、有效样本量、样本覆盖率和负荷度指标，以及各种粒度上的同比、环比、趋势分析和展示功能。

（4）出租车运行主题。展示选定区域的出租车时空分布，对比分析出租车行业的运营指标变化情况。对大运期间出租车行业的运营指标变化情况进行专题分析。

（5）交通运输主题。查询城市公交、轨道交通线路及站点信息，以及换乘信息。统计分析铁路、民航、码头、长途客运客流及班次信息等。

（6）交通气象主题。接入和展示市气象局处理完成的交通气象信息。对比气象信息图片查询省级高速公路路网、城市路网的路况信息。

（7）危险品交通运输主题。展示选定区域的危险品运输车的时间和空间分布，对比分析危险品运输车的运营指标。对大运期间危险品运输车的运营指标变化情况进行专题分析。

（8）城市旅游交通主题。展示深圳市旅游车的时间和空间分布，对比分析旅游车的运营指标，对大运期间深圳市旅游车的运营指标变化情况进行专题分析。

（9）交通应急主题。创建交通应急知识库，以示例方式描述常见的交通应急事件、风险的评定方法，以及应对措施。

深圳市综合交通运行指挥中心定位为全市交通行业数据共享、挖掘处理及数据发布中心、交通运行监管及应急指挥中心，并为政府管理决策、公众出行、企业运营提供支撑。具体的职能包括交通运行监测、安全管理、应急指挥、决策支持、信息服务五大方面。

- **交通运行监测**　实现对全市路网交通量、运行速度、事件、气象等运行状况的监测，对地面公交、轨道交通、出租、省际客运、旅游、危化运输、停车、租赁等运输行业的运行状况进行日常监测、分级预警、情况通报、趋势分析，为春运、黄金周、重大活动、大件运输、公共交通联动等方面提供交通运输保障支持。
- **交通安全管理、应急指挥功能**　实现应急值守，风险源、抢险物资及抢险队伍分布展示，图像信息统一接入及展示，综合通信，视频会议，应急预案管理，应急指挥调度等，通过信息化、智能化手段实现对全市交通资源的监控和调配，为实现“信息交互、统一协调、分级指挥、一致行动”的应急联动机制提供强有力支撑。配合委交通应急指挥机构协调相关单位和行业企业，提供交通运输保障支持。
- **决策支持、信息服务功能**　实现对交通行业数据的整合与分析，形成交通行业统一的综合信息报送体系，实现紧急信息的统一发布。以大屏展示、领导桌面、短信服务、网站、服务热线、动态导航等方式，为政府决策与管理、企业运营与服务、公众出行提供准确及时的信息服务。为领导和业务部门提供全市路网的实时运行状况、交通行业运行指标的分析，为交通运行分析和疏堵工程提供支撑。

在政府层面，支撑行业监管和精细化管理，提高政府服务、决策和应急处置能力；在企业层面，支撑行业企业间数据共享、协调联动，提高企业服务水平和运行效率；在公众层面，作为交通信息服务的基础数据唯一提供方，以保证数据的权威性和可靠性，并支撑政府与公众的沟通互动。

三、应用案例

（一）实时出行云服务系统

实时出行云服务系统包括云计算平台、应用服务器及智能手机终端三部分。云平台实时分析和处理深圳市全市约 14000 多辆出租车的 GPS 数据，准确过滤噪点并使用智能栅格技术，并行挖掘实时路况信息，历史热点区域和出租车司机驾驶行为特点，分析道路流量之间的相关性，预测路径流量、为出行者提供自适应出行规划服务。应用服务器提供信令交互服务，将用户需求翻译为相应的并行操作，并将计算数据以可视化方式展现给用户。最后，用户通过智能手机终端与云计算平台交互，能够实现实时交通信息查询、出租车在线预定等服务。

系统主要特点有：

（1）基于云平台的海量数据实时处理能力，具有支持高并发请求的高可用性和可靠性；

（2）实现用户对交通信息的实时查询，包括实时路况信息查询、出租车位置查询、乘车热区查询等服务；

（3）提供能够自适应实时路况的路径推荐功能；

（4）提供出租车在线预定服务，能够根据乘客当前位置，实时分配和预定附近空车。

（二）三维实景信息平台

三维实景信息平台的全景图像已经接入深圳市综合交通运行指挥中心和公众出行门户网站“易行网”。

通过为指挥中心应急指挥提供一个可视化、实景化的环境，可快速并精准定位，减少错误的发生，是城市交通整体调度、应急指挥的有效方式之一。通过接入公众出行门户网站，可有效服务市民，方便市民查找目的地，提高出行质量，节约出行时间。

（三）基于传感技术的出租车监管

系统在200辆试点工程的出租车上部署车载传感器系统，并重点对3D加速度传感器的应用进行了实验。实验车辆配有GPS定位系统、笔记本计算机和3D加速度传感器模块，对不同路面质量（凸包和凹坑两种情况）、不同设备安装位置、不同通过速度情况下，车辆的振动情况进行考察。

四、发展趋势

指挥中心目前汇聚了全市30余个交通信息化系统和海量的交通基础数据，其中包括14300多辆出租车、2400多辆长途客车、1900多辆旅游包车、2400多辆危险化学品运输车、800余条公交线路、9300个公交站点、118个地铁站点数据，700多路视频信号，以及东莞惠州共约10200多辆出租车的GPS数据，奠定了深圳市综合交通智能体系的基础。

下阶段，指挥中心将通过构建“智能公交、智能设施、智能物流、智能政务”四大平台，实现海量交通数据的深入分析和挖掘能力。

（一）智能设施平台

基于交通物联网、T-GIS地理信息系统技术，采集全市主要交通节点、路网体系和交通设施基础数据，实现交通基础设施的可视化、智能化管理。

（二）智能公交平台

通过建立轨道交通网络化运营智能管理系统，统一常规公交行业技术标准，搭建政府监管平台，建立企业调度、政府监管、公众服务三层次的公交智能应用服务体系，打造“以轨道交通为骨架、常规公交为网络、出租车为补充、慢行交通为延伸”的一体化都市公交体系。

（三）智能物流平台

深圳是我国唯一具备海、陆、空立体口岸的城市。为提高海港、空港和口岸运营效率，打造全球物流枢纽城市，深圳市大力推动电子数据交换（EDI）应用，建设全市统一的物流信息平台，实现电子大通关，全面提升港航货运管理服务水平。

（四）智能政务平台

整合原有分散的交通网站资源，建设“场景式、一站式”门户网站。建立完善交通阳光政务平台、视频联网监控、交运通移动执法、数字交通系统，形成监管有力、取证科学、查处快捷、信息公开的智能化运政执法模式。

（撰稿：余志、张昕）

深圳大运会智能交通系统建设

一、建设背景

第二十六届世界大学生夏季运动会在深圳举办，大运会举办时间为 2011 年 8 月 12～23 日，交通保障服务时间为 2011 年 8 月 5～26 日（赛前 7 天，赛后 3 天），历时 22 天。大运会交通保障工作具有以下特点：

（1）服务对象多、服务要求高。赛事期间要为来自 180 个国家的约 2 万名赛会注册人员、2.7 万名赛事志愿者、300 万人次的观众出行提供多种类型的交通保障服务。注册人员从驻地到场馆的专用交通在途时间不超过 60 分钟，开闭幕式散场观众疏散时间不超过 100 分钟。

（2）服务场所布局分散。大运会交通服务场所共 95 处，分散在全市各个区。其中比赛及训练场馆共 63 处、官方酒店 28 处、大型场站 2 处、抵离口岸 2 处。

（3）交通服务种类多。对于 FISU 大家庭成员及家属、代表团团部、VIP 赞助商、运动员及随队官员、技术官员、注册媒体、观众、工作人员及志愿者均需提供不同交通服务。

（4）参与交通服务的车辆、人员多。包括大巴车、中巴车、出租车、商务车、电瓶车、货车等在内的交通保障车辆共 2410 辆，人员 7317 人。

因此，深圳市开展了大运交通智能调度系统的建设工作，以实现贵宾、官员、运动员等专用车辆的监管调度，使大运服务车辆的管理在一个统一的平台上运行，完成车辆的实施监管、预约调度、统一指挥、应急处置，保障各级大运会官员、运动员等人员安全、整点出行。

二、建设内容

大运交通智能调度系统从基础硬件（车载终端设备，基础网络，服务器群，存储设备等）、基础网络协议（移动通信网络，基础通信协议）、操作系统（平台操作系统与终端嵌入式系统）、空间地理数据库（SuperMap GIS 引擎、电子地图等）构筑基础应用环境，最终实现大运车辆调度信息系统的各应用功能。主要建设内容包括软件平台、短信协同平台、通信对讲平台三部分。

（一）软件平台

其功能模块主要包括：基础信息管理、运行计划编制、车辆监控、车辆调度、统计分析、客服中心、通信服务器、系统管理以及系统外部接口等，如图 1 所示。

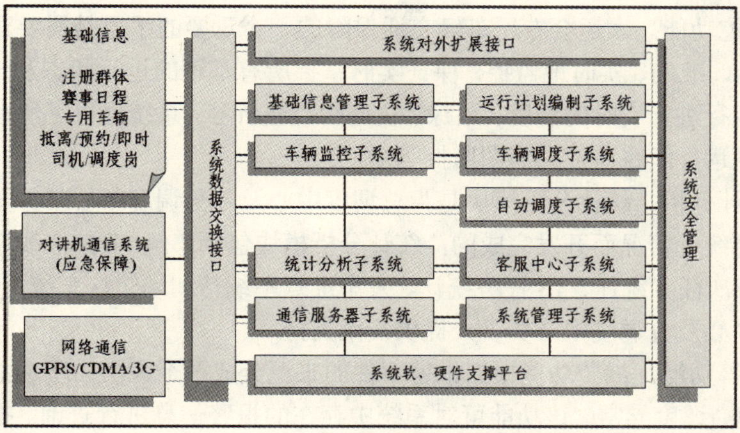

图1　深圳大运会智能交通系统软件平台

（1）信息查询。包括赛程信息查询、注册人员和人员抵离信息、赛事交通信息变更等功能。满足各分中心人员计划编制需要及呼叫中心客服人员信息查询的需求，调度系统与竞赛部赛事指挥系统、注册抵离部的注册抵离系统进行对接，导入各类竞赛日程信息、注册人员信息、抵离信息、代表团信息，以及赛时交通信息变更功能模块。

（2）人员机构管理。该模块是调度系统的基础数据管理部分，主要是提供各种基础数据的录入、修改及查询等。包括组织机构管理、工作人员管理、企业信息管理、变更通知联络人信息管理等功能。

（3）车辆驾驶员管理。系统实现驾驶员和车辆的基础数据管理，实现各类车辆信息及驾驶员信息的录入和管理，该模块也是计划编制模块的基础和核心数据部分。包括车辆管理、驾驶员管理、驾驶员指派等功能。

（4）运行计划编制。完成各机构车辆的发车排班计划编制功能。大运会期间运行的车辆按照类型可以分为大车、小车和货车；按照提供的服务可以分为T1、T2、T3、班车、集体用车、代表团专用车服务等。运行计划编制部分实现根据各种不同类型的车，各种不同的服务类型，依照服务对象的用车需求，制定车辆的运行计划及安排驾驶员，满足服务对象的交通服务要求。系统主要功能包括班次计划的查询、班次计划的制定（增加删除修改以及导入导出功能），以及为调度功能模块提供班次运行数据支持。

（5）排班查询。该功能模块是调度系统核心功能班车计划编制信息的查询窗口，是总调度中心、各分调度中心、各场馆酒店调度点，以及执行局INFO2011等业务接口的信息查询模块。针对这些特点，该模块功能对实时性要求很高，并要求支持多种方式查询。

（6）调度功能。智能调度系统在排班计划审核通过后，自动发送短信到相应的驾驶员和随车人员，同时在发车前10分钟，会自动将调度信息发送到车载终端。系统提供了实时监控调度信令下发的监控功能。此外，还有路单管理功能，主要包括：路单查询、添加路单、修改路单、路单审核、取消路单、导出路单、显示路单进出站信息、显示路单交互信息等。

（7）监控功能。大运会专用车辆交通保障的一个重要的手段是需要对所有专用车辆进行不间断、准确、实时地监控，保证实时掌握所有车辆的运行状态和地理位置，同时可对车辆运行进行实时的调度、跟踪、轨迹回放分析等。系统提供了所有车辆即时位置监控、车辆运行线路监控、简图监控等功能。

（8）统计分析。统计分析模块是为总调度中心及各分调度中心掌握车辆、班次、驾驶员等信息统计情况而开发完成的，统计分析模块包括车辆 GPS 在线率统计、车辆里程统计、班次任务统计、T3 任务统计、发车准点率统计和场馆接车统计等功能模块，可为总调度中心及分调度中心负责人提供决策支持。

（9）报警功能。报警功能根据报警事件的来源分成四个大类：车辆故障、司机乘客、车辆超速、调度异常。该功能可对系统中存在的报警信息进行查询。报警产生后会同时在报警页面中和车辆监控页面的车辆信息提示窗口中显示，只有在报警页面中做了处理，该车辆的状态才会置为正常。

（10）气象功能。调度系统与深圳市气象局的气象发布系统对接，实时接入深圳市大运会期间的全市天气情况及各个场馆的气象信息。

（二）短信协同平台

为确保大运交通组织保障通信的畅通，应对大运交通组织区域分散、场馆分散、运输跨度大、交通服务人员众多的不利局面，系统建立了统一的短信协同管理平台，与 GPS 监控、无线集群通信对讲相互配合与补充，实现大运交通人员管理的系统化、人员调度的信息化、任务通知的智能化。从而达到调度人员、驾驶员、大运志愿者等各类资源的合理调配，以及调度任务、通知信令的有效传递。

客户端通过 Web 页面实现各种管理功能，同时也可通过短信与安全员进行沟通。包括系统公告、业务管理，短信发送及定时发送、导入发送、通信录管理、记录查询、短信回复和个性短信。基础服务管理系统：包括数据查询、数据统计分析、内容管理、客户管理、日志管理、网关管理、权限管理、系统配置八个模块及配套子功能。

（三）通信对讲平台

通信对讲平台采用 QChat 产品，是承载在 CDMA2000 EV-DO 网络上的语音业务，它依托 CDMA 网络和天翼对讲机终端实现。该技术曾成功应于上海世博会、济南全运会、西安世园会等大型活动赛事。网络覆盖区域满足大运会所有场馆、酒店室内外信号的通信需求。

主要功能包括任意编群组，权限分级；群呼、组呼、私密呼叫等通信功能，与固网、移动网公网互联互通，传送中文短信息，以及后台处理功能等。

三、运行效果

大运交通智能调度系统首次在国际大型赛事上实现了计划精准编制、自动调度，同步响应竞赛指挥部（MOC）变更需求，同步向驾驶员、随车志愿者智能下达调度指令，同步向场馆交通经理布置接送班车的交通保障任务，同步实现不同群体在客服终端轻松查询交通班次信息及变更信息，同步实现应急处置等功能的有效协同。此外，首次为交警开发了带道警车及警员匹配录入端，提高了警车带道匹配效率，确保了交通保障的各岗位、各环节、各流程的无缝衔接。

大运交通智能调度系统的信息查询终端首次实时以中、英文两种语言方式嵌入大运会官方 INFO2011 系统，为各国来宾、技术官员、运动员、新闻媒体提供无处不在的 U（Ubiquitous）交通咨询服务。

从各分调度中心及场馆的运行情况看，大运交通智能调度系统充分体现了流程科学、监管到位、调度高效、评估精准、人工智能等特点，很多功能模块是国内首次运用，极大地提高了交通组织保障的工作效率，有效地减少了现场调度人员 300 余人，并大大降低了现场调度的劳动强度，为各岗位的 13 000 余名交通保障人员的有序组织，2410 车辆的安全、正点运行提供了可靠的技术支撑。

大运交通智能调度系统从 8 月 3 日正式运行至 8 月 26 号结束，共投入各类交通服务人员 9538 人，累计调度 66 803 辆次、载客 386 478 人次、车辆运行总里程 2 931 365 千米、监控车辆超速驾驶行为 400 余件、同步响应竞赛变更信息发出的交通保障任务 250 余件、发送智能短信信令 63 万余条。赛事期间，公共交通系统运送比赛观众 149.79 万人次，开行 9494 班次公交车（含地铁）。

大运会期间，未发生一宗安全责任事故，未发生一起注册群体乘车延误事件，未发生一起注册群体有效投诉事件，圆满实现了“安全、准点、可靠、便利”的目标要求，得到了大运会来宾的高度评价。新任世界大体联主席加利安盛赞大运会交通保障团队为“梦之队”。

（撰稿：张昕）

安徽高速公路交通综合管控平台技术应用

一、系统概述

近年来，我国高速公路里程不断增长，到2011年底，全国通车的高速公路已突破7.8万千米，排名世界第二位。同时，随着近来灾害性突发天气的频繁出现，以及因汽车保有量增长而引起的高速公路突发性事件不断增加，给高速公路交通参与者、高速公路管理部门的工作开展带来了新的挑战。高速公路交通管理部门缺乏与其他部门的信息共享，不能实现多元化数据采集和信息的及时有效分析与应用。处理应急事件也常常单兵作战，跨部门协作困难，路警不能联动。为解决高速公路交通管理中的瓶颈，需要通过高新技术手段，实现高速公路的跨部门联动管理，提高处理高速公路各类事件的水平。

高速公路交通综合管控平台是运用电子、信息、通信等高新技术和信息化手段，集成高速公路监控、雷达测速、气象站等设备，通过跨部门的交通信息采集、融合分析，实现高速公路交通日常管理、交通突发事件的检测与处置和交通信息的社会化服务功能，解决高速公路信息孤岛、部门不能联动、突发事件处置效率不高等问题。

系统设计原则包括：多元化资源整合、信息共享；高速公路标准化、规范化（接口）；实用性、先进性、开放性。

系统设计依据涵盖国家“十二五”规划和公安部、交通部的相关发展规划，国内外高速公路指挥系统建设的成功经验，以及国内外相关标准。

二、系统组成及功能

（一）系统组成

高速公路交通综合管控平台由信息采集、信息处理、信息融合分析与应用、信息控制与发布及信息社会化服务五个层次组成。信息采集主要实现公安交警管理部门、高速公路经营管理部门、交通运输路政管理部门、气象部门，以及社会其他部门的跨部门信息共享。信息处理是将分部门采集到的信息分类、融合，形成专项信息，包括基础交通信息、路况信息、流量信息、违法信息、事故信息、GPS信息、隧道信息、施工信息、路政违法信息、服务区信息、道路设施信息、气象信息和各类报警信息。在数据采集和融合的基础上，深入数据挖掘，实现多部门信息分析和综合应用，同时，采用基于稀疏交通信息的高速公路交通判别和预警模型算法，实现全省高速公路运行状态的监视和事件报警。信息控制与发布主要实现常态和应急状况下的交通管控、紧急事件的预案管理和调用，以及各类信息发布内容的审核。信息社会化服务主要有高速公路跨部门信息共享，高速公路各类信息社会化服务（政府相关部门、公路运输部门、规划设计部门等），高速公路安全宣传和公众出行服务（网站、手机、广播、专用车载终端等），实现常态化管理和应急事件处置时的信息发布和诱导。

（二）系统功能

高速公路交通综合管控平台具有互联网GIS和公安部PGIS融合的地理信息系统，跨部门多源数据采集、融合、分析与研判，高速公路常态化管理和应急指挥联动，高速公路交通信息社会化服务，公安交警信息接口标准化和公安交警信息与安全保障功能。

其中，互联网GIS和公安部PGIS融合的地理信息系统基于公安部PGIS平台和互联网GIS平台进行开发和应用，实现多警种的信息共享。通过多种电子地图展示形式，提高系统可视化管理效能。跨部门多源数据采集、融合、分析与研判系统，通过对全省高速公路网交通设施的接入和控制，构建基于稀疏交通信息的高速公路交通状态判别和预警算法模型，实现高速公路运行状态的监视和事件报警，建立了公安与公路、交通运输等部门的信息共享和联动机制。高速公路常态化管理实现高速公路交通状态监控、路面视频监控与图像分析、道路条件监测、警车等移动警务路面执法服务、拥堵与违法（超速、违法上下客等）等事件检测、交通服务水平分析、事故多发点段分析与研判以及公安交警业务数据监管与应用等功能。应急指挥联动实现各种突发事件检测、预警、报警、确认，预案管理和下发，以及相关部门联动调度、处置过程动态监管和辅助决策等功能。高速公路交通信息社会化服务实现高速公路跨部门信息共享，高速公路各类信息社会化服务（政府有关部门、公路运输部门、规划设计部门等），高速公路安全宣传和公众出行服务（网站、广播、手机、专用车载终端等），突发应急事件下的信息发布和诱导。公安交警信息接口标准化实现高速公路各种外场设备以标准化数据格式和传输协议接入平台。通过六合一系统数据应用和防火墙、网闸实现对平台的安全保障功能。

三、应用案例

“安徽省高速公路公安交通综合管控应用平台”是该系统在安徽省的成功应用。在“安徽省智能交通建设联席会议”工作机制下，由安徽省公安厅交警总队向公安部申请“安徽省高速公路公安交通综合管控应用平台”项目，于2009年获公安部批准，经过三年的时间，建立了该平台，实现了安徽省高速公路跨部门信息共享和联动，提高了高速公路管理部门的战斗力和应对突发事件的快速处置能力。

“安徽省高速公路公安交通综合管控应用平台”总体技术目标如下。

（1）充分整合高速交警部门现有科技装备，通过高速公路跨部门协同和智能化管控应用，构建高速公路交通管理部门与交通运输部门信息协调与共享机制，建立以科技手段提高高速公路管理水平的新模式。

（2）实现信息采集、处理、控制、诱导、指挥的一体化管理，包括：高速公路交通常态化管理、辅助决策支持和动态应急指挥联动功能，为公安交警高速公路安全管理提供应用示范。

（3）实现交通信息的社会化服务应用，建立高速公路管理效能的评价指标体系。

系统解决的关键技术如下。

（1）互联网 GIS 平台和公安网 PGIS 平台数据融合，集成了道路、气象、交通流等信息。

（2）跨部门多元信息采集的种类、手段、应用及传输网络结构与数据、接口标准化。

（3）交通信息数据的分类、融合、挖掘与交通流量融合分析/事件分析/收费站信息分析等应用。

（4）高速公路交通常态化管理，包括：交通态势监控（速度、流量、密度、服务水平、路段运营能力、黑点路段、气象、能见度等监控）、交通违法管理（道口拦截、超速、违法上下客、逆行等）、业务数据管理与应用（车辆、人员、物资等）、预警报警管理（接处警）、常态化交通诱导（交通拥堵路段的诱导绕行）、移动警务路面执法管理（GPS 警车巡逻和移动警务终端）、隧道管理（抛洒物和停车管理）、收费站管理（路况信息提示等）、服务区管理（停车位信息、加油站信息）、道路施工养护事件管理等。

（5）建立应急指挥联动系统，包括：应急事件报警确认、事件影响分析、预案管理、跨部门联动指挥调度。

（6）完善交通信息社会化服务系统，包括：常态网站、90.8 广播、诱导屏和警务通、车载、手机移动终端等社会化服务和恶劣天气、事故信息等应急交通信息社会化服务。

（7）信息与安全保障系统，包括：六合一系统中车辆、驾驶人、违法信息的提取与共享；事故黑点排查数据应用及防火墙、网闸的安全保障。

四、发展趋势

系统发展趋势趋向于集中数据，加强数据挖掘与信息融合分析，实现跨区域信息共享；高速公路与城市道路交通信息共享；高速公路管理评价指标体系日趋完善；在应用方面，系统同时应用于总体协调指挥中心和高速公路管理部门，形成总分式管理体系。

（撰稿：王家捷）

合肥“第四届全国体育大会”交通特勤应用系统

一、基本情况

合肥市交通指挥中心（见图 1）建设于 2007 年，系统经过多次扩容、升级、改造，在实时掌握全市道路交通运行情况的同时，提高了指挥调度的效能，实现交通指挥调度信息化、交通信号控制自动化、城市快速路网交通管理智能化等目标，圆满完成了奥运火炬传递、中国国际中小企业博览会等大型活动交通的安保工作。

图 1　合肥市交通指挥中心

全国体育大会是仅次于全运会、城运会的第三大全国性赛事，合肥市公安局交警支队以 2010 年“第四届全国体育大会”为契机，进一步建设、拓展了指挥中心系统。赛会期间，北京易华录信息技术股份有限公司承建的“合肥市交通指挥控制中心指挥系统”，圆满完成了开幕式交通组织、等级警卫等各类交通管控任务，受到合肥市交警支队嘉奖。

二、建设完成的主要系统

紧密结合合肥市智能交通管控系统建设情况和业务需求，以对外场子系统统一管理控制、应用；可用与易用；软硬件建设规范化与标准化为目标原则，北京易华录信息技术股份有限公司对管控中心系统进行了建设、升级。该系统从实战出发，进一步对 ATMS 集成平台及其各子系统的功能进行了科学的划分和定位，支撑硬件建设，有效解决交通拥堵等问题，节省人力物力，为城市大型活动更为快捷、有效地提供保障。

三、主要技术创新

1. 优化了系统集成平台功能

平台拥有交通态势监控、勤务指挥调度、交通稽查防控、交通信号控制、交通信息服务、管理运维保障六大体系，对各体系功能进行升级、优化，实现了全市外场交通子系统设备的集成控制与管理，以及警力及时通信与定位。各体系功能集成、性能优化如下。

- 交通态势监控体系：实现全市实时交通流状况显示，以及基于122、移动PDA、事件检测的多次报警区域自动提醒，并进行交通事故统计分析；
- 勤务指挥调度体系：实现与122联动的指挥调度、任务特勤、快速特勤，以及基于GPS的警车定位和移动警务管理；
- 交通稽查防控体系：实现卡口稽查布控管理与特定目标车辆追踪；
- 交通信号控制体系：实现干道绿波协调控制、区域协调控制、公交信号优先，以及中心对路口信号机的配时优化；
- 交通信息服务体系：将多源交通信息融合处理后的交通信息通过室外诱导屏、交通网站、交通广播电台、电视台、短信等方式进行发布；
- 管理运维保障体系：实现基于 GIS 的设备状态显示、设备统计、维修流程管理、系统权限管理。

2. 加强了指挥调度功能

建设勤务管理系统、警务考核系统，对预案管理模块、指挥调度模块、特勤任务模块、地理信息系统进行了升级优化，实现市局三台合一系统升级改造。

3. 升级了态势监控功能

对路况监控系统进行升级，并建成交通信息综合研判系统。

4. 优化了稽查防控功能

建设、优化机动车缉查防控系统和机动车查控分析系统。

5. 完善了信号控制功能

建设、完善了自适应信号控制系统。

6. 提升了信息服务功能

建设、完善停车场信息管理系统、交通信息发布系统、交通网站、交通台。

7. 扩展了交通设施管理功能

在原有交通设备管理基础上扩展了交通设施管理系统、实现了道路上交通标志标线、交通设施管理与交通设备的统一管理和维护。

8. 增加分控中心建设，形成完善的二级指挥调度

实现指挥中心和分控中心之间的二级指挥调度，提高了指挥调度的效率。

四、应用情况和综合效益

（1）快速处理由交通事故等原因造成的交通拥堵，变被动出警为主动干预，及时排除重要路线沿线的故障车、事故车、交通拥堵等突发事件，确保了交通警卫线路顺畅。

（2）减少特勤车队同行延误，并保证车辆不间断行进，降低对其他车辆的影响。

（3）节省人力物力，快速、准确地下达指令，警力定位技术提高了调度策略执行的效率和准确性。

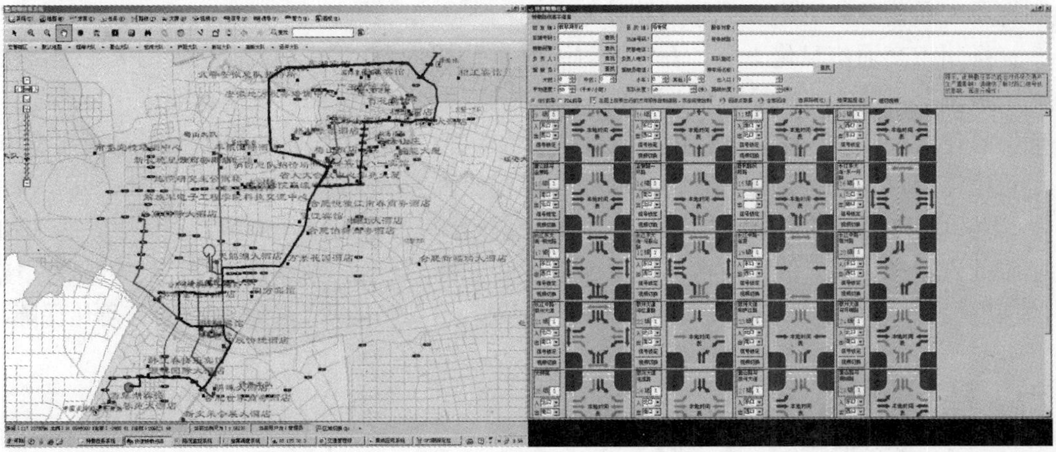

第四届全国体育大会期间，合肥市交通指挥控制中心使用该系统，为来自全国共计56支代表团、约3万名运动员提供了交通保障。顺利解决了比赛周期长、运动场馆与参会人员驻地分散等重大问题，共完成交通保障任务346次，总里程达1537千米。其中包括贵宾路线12条、运动员路线41条、线路里程324千米。

扬州市交通运输信息化“十二五”行动计划

交通运输部在交通运输信息化“十二五”发展规划中，明确提出：着力在信息化环境下强化各种运输方式高效衔接，提高公众信息服务水平，规范市场运行秩序，增强安全监管和应急处置能力，提升政府决策管理效能，促进行业可持续发展。为响应国家面向交通运输行业的整体发展策略，提升扬州市交通运输的综合能力，扬州市交通运输局制定了交通信息化“十二五”行动计划。

扬州市交通信息化“十二五”行动计划着重围绕“管理”与“服务”两大主题，从“宁镇扬”同城化、智慧扬州、惠民工程和构建综合交通运输体系总体要求出发，与省市信息化发展规划、行业信息化发展规划全面衔接；以资源整合与重点应用系统建设为信息化重心，规划信息化建设总体目标；以行业服务标准建设为着力点，推进公、铁、水、空和城市交通的数据交换和业务协同，进一步提升行业管理能力、公众服务水平和应急处置能力，推广信息技术与交通运输运行监测、交通运输综合管理、服务保障领域的深度融合，为 “十二五”期间“建设大交通、建功新扬州”提供全面的信息化保障。

一、建设框架

扬州交通信息化“十二五”行动计划确立了“一个中心、两大体系、三大应用”的信息化建设框架，如图 1 所示。

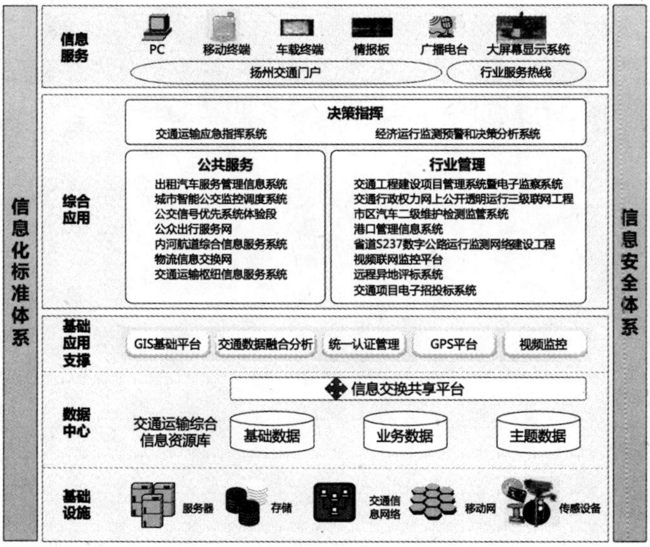

图 1　扬州交通信息化建设框架

总体框架共划分为基础设施层、数据中心、基础应用支撑层、综合应用层和信息服务层五个层面，将为扬州市交通运输信息化体系构建统一的系统框架与建设思路。

1. 一个中心

重点建设集中的统一数据中心，整合交通运输管理部门信息资源和外部信息资源，实现业务纵向协同和信息横向共享。通过数据的收集、存储、加工，生成全面、准确、及时的信息资源，实现资源整合，信息共享；通过信息资源的分析、决策、执行、反馈，为交通运输管理、监管和决策提供支持。

2. 两大体系

扬州交通运输信息化的实施依赖于两大体系的保障，包括信息化标准体系和信息安全体系。

3. 三大应用

三大应用包括公共服务、行业管理和决策指挥。

围绕构建综合交通运输体系的总体要求，以统一的数据中心建设为核心，以提升公共交通服务能力、提升公众出行服务体验、加强行业安全监管与应急指挥能力为建设重点，建立扬州交通信息化整体框架，构筑公共服务、行业管理和决策指挥三大综合应用平台，实现信息资源共享化、公众服务便捷化、行业管理精细化、应急处置快速化、决策支持科学化。

截至2015年，全市交通运输信息化整体发展水平达到省内领先，主要表现在：

- 建设数据中心和交通数据融合分析系统，实现交通运输信息资源的有效整合和挖掘分析。
- 建设出租汽车服务管理系统、城市公交智能监控调度系统、公交信号优先体验段、公众出行服务网和综合交通枢纽信息服务系统。
- 建设数字公路运行监测网络工程、视频联网监控平台和交通运输应急指挥系统，实现对营运车船、路网、航道和重要区域的实时监控。
- 建设公众出行服务网，提供一站式的、个性化的信息服务。既要提供铁路、公路、水路、航空和城市交通营运、实时路况、交通地图、气象等信息，又要提供驾驶员培训、汽车维修、车辆保障、二手车及零配件交易、交通运输诚信体系、行程规划等个性化信息服务，建设具有扬州特色的公众出行服务网。
- 建设物流信息交换网，面向社会公众、经营业户、货主单位和物流服务机构，提供行业信息发布、物流供求信息、企业黄页、诚信信息、物流交易撮合、订单管理、物流跟踪、物流服务等信息服务，形成覆盖市区、“沿江发展带”和“沿运河发展带”的物流市场、涵盖公、铁、水、空、综合运输、仓储、配送、装卸、加工、货代、船代、口岸服务的全方位、立体式的物流信息网。

二、建设内容

扬州市交通运输局制定了交通信息化“十二五”行动计划，主要工作任务如下：信息化标准规范建设、网络规划与扩容、数据中心建设、行业监管平台建设、公共服务平台建设和决策指挥平台建设。

1. 信息化标准规范建设

信息化标准体系为交通运输行业制定统一的数据标准、业务规范、数据交换规范、服务标准等，能够保证各行业单位以统一的标准进行对话和交互。

2. 网络规划与扩容

面向交通信息化应用的基础网络是数据传输、交换的基础设施，依托交通行业现有的网络资源，结合多种通信手段，完善覆盖市局、各下属单位、企业的主干交通通信网络，构建有线、无线、卫星等多种方式相结合的立体通信网络，为实现视频、语音及数据业务传输提供网络支撑。

3. 数据中心建设

交通运输基础数据中心实现全市交通系统的信息共享和信息交换，为交通行业的业务应用和管理决策提供有利的基础信息支撑，基于云计算技术构建，实现自动资源调度和分配，实现自动部署、自动管理和自动运维的数据中心。基于数据中心的交通数据融合分析为城市交通规划、交通运行指挥、应急指挥、拥堵管理、交通绩效管理、公众出行服务提供依据。

4. 行业管理平台建设

交通建设工程项目监察及异地评标系统：实现交通工程项目事权网上公开透明运行，满足对交通工程建设管理的“全事项、全流程、全领域”覆盖，异地评标系统能够完成评标专家资源整合，对于保证评标客观公正，解决围标、串标问题，具有重要的意义。

港口管理信息系统：实现各级港口行政管理部门之间、港口行政管理部门与港口企业之间的信息交流，成为港口行政管理信息公开、公众信息服务、政策宣传的重要窗口。

省道S237数字公路运行监测网络建设工程：实现交通运行监测、道路状况监控、路网调度、交通诱导、运营状况智能分析及辅助决策和查询、统计等功能。

视频联网监控平台：整合公路、运输现有的固定及移动采集设备，建立全市统一的视频监控管理平台，统一接入标准，统一授权管理，统一远程调度，为应急处理、科学决策和公众信息服务提供应用支撑。

交通行政权力网上公开透明运行三级联网工程：实现交通权力运行数据与市县政府行政权力网上公开透明运行系统之间的数据共享，推进行政权力网上公开透明运行工作的省市县三级联网，实现核心业务在横向上可以监察、行政权力在纵向上可以管理的目标，全面满足省委省政府关于“三个全覆盖”的要求。

5. 公共服务平台建设

出租车服务管理信息系统：将全面形成面向扬州市的出租汽车数据资源中心、出租汽车行业监控指挥中心，实现与扬州市交通应急中心的互联互通，提升出租汽车行业应急处置能力，统一电召服务将减少出租汽车空驶率。

城市智能公交监控调度系统：实现公交车辆运营调度的智能化、公交车辆运行的信息化和可视化，实现面向公众乘客的完善信息服务，通过建立电脑营运管理系统和连接各停车场站的智能终端信息网络，加强对运营车辆的指挥调度，推动智慧交通与低碳城市的建设。

内河航道综合信息服务系统：主要包括航道信息服务、水上交通信息服务、船舶交通监管服务、水上应急救援服务等多项服务，将视频监测与分析技术、船舶电子身份证(RFID)技术、智能船闸、一卡通等技术充分结合，并融合管理部门现有数据信息，形成统一、共享的内河航运信息中心，为服务、监管、收费提供一体化的系统平台。

交通运输枢纽信息服务系统：包括视频监控系统、客流检测系统、公用信息平台、旅客信息发布系统、指挥调度系统等。将以淮扬镇铁路东站为服务中心，整合机场、城市轨道、铁路、公路及水路运输，以零距离换乘为建设目标，逐步提升便民出行换乘服务。

公众出行服务信息系统：利用交通运输基础数据中心、GIS 平台、交通数据融合分析系统产生的数据，通过互联网、呼叫中心、手机、PDA 等移动终端、交通广播、路侧广播、图文电视、车载终端、可变情报板、警示标志、车载滚动显示屏、分布在公共场所内的大屏幕、触摸屏等显示装置，为出行者提供服务。

6. 决策指挥平台建设

交通运输应急指挥系统：实现面向大交通的“平战结合”指挥调度。应急指挥系统是一种多元复合的应用平台，负责信息采集、通信、监测、处置过程管理、人财物统一调度、事件分析、决策支持、多方协调、知识积累、预案电子化、模拟演练等多种功能，既需要与各交通主管单位与事业单位的指挥联动，又需要整合各种有效资源，因此应急指挥系统建设是个长期、复杂、循序渐进的重要工程。

经济运行监测预警和决策分析系统：对交通经济运行中各种交通经济现象的状态和发展趋势进行监测,对运行过程中出现的不正常先兆预先显示和报警的交通经济统计指标。经济运行年度监测和阶段监测的指标为交通经济运行监测指标,对交通经济运行失衡、增长波动进行预警的指标为交通经济运行预警指标。

扬州交通运输信息化“十二五”规划的实施，通过完善扬州市交通行业的信息化建设水平，提高城市的交通运输效率，降低拥堵问题，提高公众出行满意度，带来的社会效益主要表现以下几方面：

（1）建设交通枢纽信息服务系统，支持公众出行零距离换乘；

（2）采用时间预测算法模型，实现公交车辆到站时间预报；

（3）运用智能视频分析技术，支持异常事件检测预警；

（4）利用船联网系统，实现水路信息动态发布；

（5）建立物流信息交换网，支持货运流通无缝衔接；

（6）延伸智能公交，建立镇村虚拟电子站牌。

（撰稿：扬州市交通运输局 张新民、钱晨）

苏州工业园区智能交通建设与发展

一、基本情况

近年来，随着苏州工业园区道路建设的突飞猛进，路网结构的不断完善，社会公众对交管部门的管理效率、服务水平和应急处置能力提出了新的更高的要求。建立智能交通管理系统，充分利用交通信息化技术和成果，构建更加完善的城市道路交通管理体系，有效提升路网整体的管理水平、服务水平和运行效率，以及应对突发事件的快速处置能力，成为园区交通管理部门一项新的迫切的任务。

智能交通管理系统主要包括交通信号控制系统、交通电视监视系统、交通违法监测记录系统、交通信息采集系统、公路车辆智能监测记录系统、GPS 交通管理系统、交通诱导系统、移动警务系统、交通指挥集成系统、通信系统，以及集中存储应用系统等相关系统。它是基于交通工程技术，将先进的信息技术、数据通信传输技术、电子控制技术，以及计算机处理技术等高新技术有效地运用于整个城市交通管理系统，在现有道路交通资源有限约束条件下，以交通安全、畅通、环保及便捷为目标。

因此，为深入贯彻服务理念，提高园区交管部门管理水平，为社会公众提供及时、丰富、方便的交通信息，需对苏州工业园区今后一个时期内的智能交通管理系统进行总体规划，以大力推进苏州工业园区智能交通管理工作稳步、快速发展，全面整合和利用各类交通信息资源，有力保障苏州工业园区交通的安全畅通和高效运行，改善交通状况，缓解园区交通阻塞、交通事故、能源消费和环境污染等日趋恶化的社会问题，达到“保障安全，提高效率、改善环境、节约能源”为目的。

在科学发展观指导下，紧密围绕城市总体规划，依据综合交通规划，合理进行智能交通管理系统空间资源配置；适应城市道路交通系统发展要求，应对城市交通管理与控制问题；制定城市智能交通管理系统建设总体规划，为苏州工业园区新一轮经济社会发展提供支撑和保障，努力实现城市交通安全、有序、畅通及可持续发展。

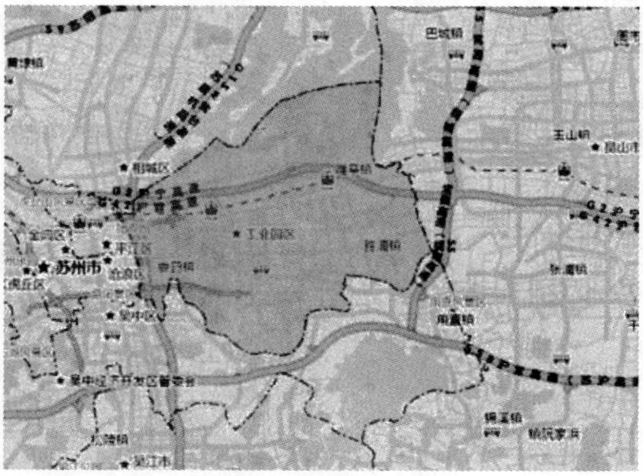

图 1　苏州工业园区示意图

针对目前苏州工业园区发展面临的交通问题，研究将从问题入手，按照总体考虑和分阶段规划设计的思路来进行，达到“近期有对策、远期能解决”的目标。

（1）总体跟进。智能交通管理系统建设总体规划与苏州市城市总体规划、综合交通规划及苏州工业园区空间发展战略规划、分区规划、综合交通规划进行总体跟进，相互衔接。

（2）分层规划。针对不同层面的问题采用分层的方式分别梳理，各自设计。

- 规划时间层面：依据总体规划、分步建设原则建设园区智能交通管理系统，将系统建设分为三期，合理配置各期建设项目，并充分考虑与已建系统的兼容性、一致性。
- 规划空间层面：从系统的观点出发，既要考虑苏州工业园区全区层面，又要考虑各区域城市交通管理与控制需求的不同，进行专项分区建设规划，同时考虑各区域之间的有效协调及与外部各单位的协同。
- 系统建设层面：采取具体问题具体分析的方式，将规划的智能交通管理系统设施落实到区域和线路，对各子系统明确建设原则，便于后期操作实施。

二、建设完成的主要系统

（一）交通信号控制系统

系统建设依据苏州工业园区路网结构，以及交通流分布状况,以合理组织交通流、完善城市道路交通基础设施、提高交通参与者的现代交通意识为前提，对控制区域内的交通流进行实时监视、检测、控制、协调，以有效地改善控制区域内的交通状况为目标。

为提高苏州工业园区路网的通行能力，解决城市交通拥堵问题，保障城市交通安全，为紧急事件提供特勤服务，根据目前国际、国内先进的控制理论及实践，规划采用区域协调控制系统，将园区全部交通信号控制机纳入统一的交通信号控制系统，作为一个交通管理控制中心管理下的一套有机结合的、整体的控制系统，系统应具备区域自适应控制、线协调控制、单点优化控制、感应控制、多时段定时控制、匝道控制、特勤控制服务及设备巡检功能，同时规划交通信号控制系统应能满足未来控制范围扩展的要求，具备分级式管理功能。如图2所示。

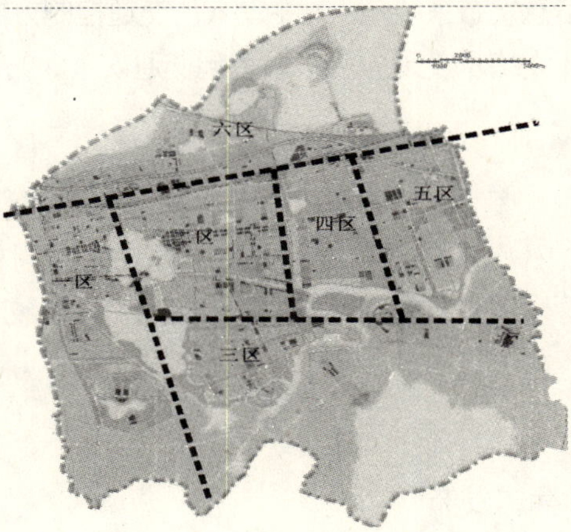

图2　交通信号控制系统控制区域划分图

（二）交通电视监视系统

交通电视监视系统是最常用也是最实用的交通信息采集手段之一。它能直观地反映道路交通信息与交通状况，便于掌握实时交通动态。由于交通电视监视系统所记录的图像具有很强的直观性、实时性和可逆性，使得它在交通事故处置、交通疏导、交通违法取证、及时响应交通突发事件、侦破刑事案件等方面发挥重要的作用。高清技术的数字电视监视系统应具备视频控制、违法抓拍、视频存储应用、设备巡检等功能。系统前端摄像机建议采用一体化枪式摄像机，通信链路建议采用光纤通信。

（三）交通信息采集系统

交通信息包括道路状况信息、交通状况信息、气象信息等。本规划中的交通信息采集主要是指采集交通状况信息，主要包括交通流量、车道占有率、平均车速等交通特性、交通事件和拥挤程度信息。

规划建立面向园区路网的交通信息采集系统。通过视频、微波、GPS、地磁等多种检测技术，融合交通信号控制系统、公路车辆智能监测记录系统、交通违法行为监测系统等多种业务系统采集的交通信息及人工采集信息，实时掌握重要路口、路段、园区全局路网的交通态势。通过对采集数据进行统计分析，由点到面地评价园区道路交通服务水平，及时发现道路突发交通事件，指引交通管理工作方向，为制定交通管理措施、交通组织并为交通诱导等服务提供数据支持。

规划建设统一的交通信息采集系统中心平台，对园区交通信息采集前端进行统一管理，具备流量数据采集、数据预分析处理、检测设备管理、数据存储、基于 GIS 系统的路网流量图形综合显示、综合统计查询、设备巡检等功能。

（四）交通诱导信息发布系统

交通诱导信息发布系统是指通过一定的信息传播媒介，向交通参与者提供道路的实际运行情况，提醒、建议或控制交通参与者选择最佳的行走路线，避免和减少行程延误和损失的一种交通控制方式。交通诱导信息发布系统是一种主动式的交通控制方式，其最大特点是通过传递诱导信息引导和控制交通参与者的交通行为，以达到交通安全、畅通、有序的控制目的。

1. 中心系统规划

规划在苏州工业园区“智能交通管理系统数据中心”建设统一的综合交通诱导信息发布系统中心平台，由中心授权各类用户共用，可设置不同权限以共享诱导资源，并具备交通诱导发布设备管理、数据存储、交通诱导信息综合显示、综合统计查询、故障巡检、系统管理等功能。

2. 发布终端规划

（1）LED 交通诱导标志发布

规划建设 LED 交通诱导标志发布系统，为路网交通参与者提供在途诱导信息。

（2）交通广播电视发布

规划建设电视、广播等方式的交通诱导信息发布终端，此类终端应以交警大队与电视台、电台等机构合作形式建设，管控中心负责提供交通诱导信息。

（3）Internet 网络诱导发布

规划管控中心自行建设或与政务网站合作建设 Internet 网络诱导发布媒体。

（4）其他诱导发布

规划在中远期逐渐建设手机短信、电话查询台、车载导航仪等其他渠道，发布相关交通诱导信息。

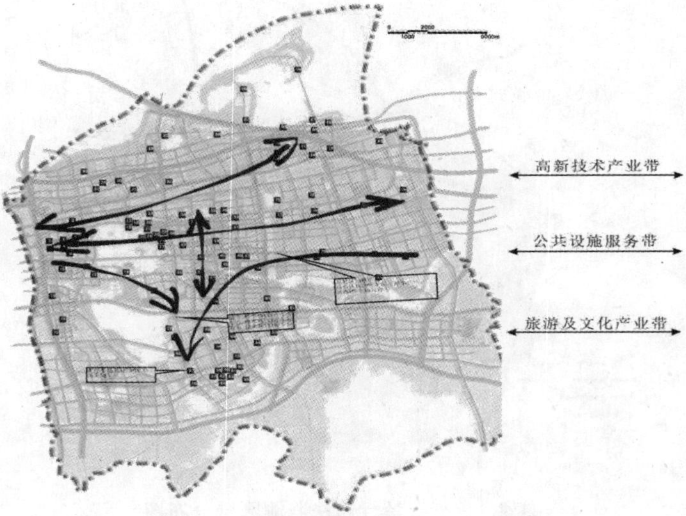

图 3　停车诱导系统建设区域分布图

（五）交通违法行为监测系统

交通违法行为监测系统基于先进的图像识别技术、运动检测技术，能够对违法车辆进行自动抓拍，记录违法车辆的外形、车牌号码，以及违法的过程等信息。执法部门可以依据抓拍记录图像处罚违法人员，以达到有效遏制车辆交通违法现象，消除事故隐患的目的。

中心系统：规划在园区“智能交通管理系统数据中心”建设统一的交通违法行为监测系统中心平台，系统应具备数据交换、后台违法信息转递、违法信息查询统计和系统管理等功能。

前端设备：交通违法行为监测系统前端设备主要由闯红灯自动记录系统、超速违法取证系统、闯禁行、逆行、占用公交专用道交通违法监测系统组成。

1. 闯红灯自动记录系统

规划应用高清摄像机方式的闯红灯自动记录系统，系统应具备证据采集、车辆检测、防伪、高清视频录像、防误拍、通信传输、远程管理、来电自恢复、设备巡检、自适应补光和自动对时等相关功能，其中高清视频录像时间不少于15天。

2. 超速违法取证系统

规划应用高清摄像机超速违法取证系统，系统应具备测速抓拍、违法图片自动生成、数据传输、设备巡检、自适应补光和自动对时等功能。

3. 闯禁行、逆行、占用公交专用道交通违法监测系统

规划应用高清摄像机闯禁行、逆行、占用公交专用道交通违法监测系统，系统应具备违法抓拍、违法图片自动生成、数据传输、设备巡检、自适应补光和自动对时等功能。

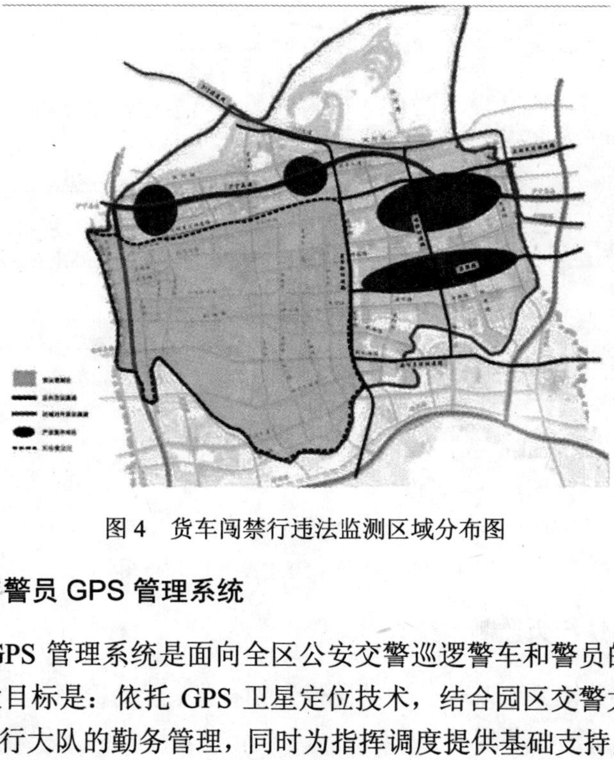

图4　货车闯禁行违法监测区域分布图

（六）警车与警员GPS管理系统

警车与警员GPS管理系统是面向全区公安交警巡逻警车和警员的指挥调度及勤务管理系统。其建设目标是：依托GPS卫星定位技术，结合园区交警大队日常勤务管理的特点，能有效进行大队的勤务管理，同时为指挥调度提供基础支持，提升公安交警的机动应急反应能力，从而解决目前交警大队管理中存在的业务管理问题。

1. 中心监控管理系统

在园区“智能交通管理系统数据中心”建设统一的GPS警用车辆监控系统，实现对园区警用车辆的监控和管理，系统应具备车辆GPS数据采集和预处理、车辆监控管理、GIS地图综合显示、车辆管理、故障监测、系统联动、信息查询统计、数据存储等功能。

2. 车辆前端设备

沿用园区大队已有的警务车辆GPS前端设备及交警的警务通，为未配发的车辆人员补充设备。

（七）集成系统

集成系统能够实现多种交通信息的采集、融合与集成、发布，而这些正是智能交通管理系统建设之关键。因此，集成应统是智能交通管理系统建设的核心内容之一。它实现了交通管理信息的高度共享和增值服务，使得交通管理部门能够决策科学、反应及时、响应快速，使交通资源的利用效率和路网的服务水平得到大幅度提高，有效地减少停车次数、行车延误、尾气排放，也使交通信息服务能够惠及千家万户，让交通出行变得更加安全、舒适和快捷。

集成应用系统从层次划分上是一个典型的三层结构模型：数据层、中间层/逻辑层和客户层/表示层，平台软硬件采用分层结构、分布式分布的方式，系统主要由 GIS 电子地图、集中显示与控制模块、交通实时信息管理模块、交通信息交互关联模块、辅助决策模块、交通指挥调度模块、交通管理信息查询统计模块、交通管理信息发布模块、勤务管理模块、设施管理模块、运行管理维护模块、道路编码功能模块、时间校准模块等构成，主要具备交通管理基础数据的采集、加工、查询统计分析、交通管理控制、交通管理信息发布、交通诱导、勤务管理考核、系统运行管理、交通状况分析预测、交通管理辅助决策、可视化指挥、交通态势监控、警情分析等功能。

同时，根据需要扩展交通管理指挥室（分控中心）交通电视监视违法抓拍、交通拥堵警情监测、指挥室勤务管理模块、特勤任务管理、指挥调度等功能。

三、建设发展与规划

智能交通管理系统包含的功能、子系统很多，且发展速度极快，如果政府部门对此没有很好的规划，将会造成投资上的损失与浪费。苏州工业园区智能交通管理系统从顶层设计着手，勾画出一个系统性和战略性的框架，为建设安全、高效、和谐的交通管理网络做出方向性指导。

苏州工业园区智能交通管理系统建设总体规划的目标是：

（1）提高交通出行安全，减少交通事故，重特大交通事故发生率降低 10%；

（2）改善交通拥堵，保障主干道交通流的畅通，停车次数减少 15%，交通延误减少 15%，主干道平均车速提高 15%；

（3）增强交通信息智能化发展，为出行者提供准确、实时的出行指导与规划信息，充分利用信息化来提高交通出行的效率，信息发布覆盖道路（仅限建设路面信息发布终端）至少达到 30%；

（4）促进交通系统的可持续性发展，改善人们的生活质量；

（5）推进公共交通的智能化运营，充分提高公共交通的运作效率。

（撰稿：苏州工业园区交巡警大队　朱建华、林玉峰）

湖北省智能交通建设进展

一、基本情况

2011 年是湖北省交通运输信息化、智能化快速发展的一年，智能交通在各个领域得到广泛应用，有效提升了交通运输系统的运行效率、监管能力和服务水平。深入实施“科技兴交”战略，围绕智能交通系统规划、设计、建设、应用等开展技术攻关，交通科技创新能力明显提高。交通信息化、智能化和科技创新对我省公路水路运输与经济社会发展的关系由“基本缓解”转变为“总体适应”发挥了重要的作用。

二、建设完成的主要系统及应用情况

湖北省各级政府部门和企业在交通基础设施运行监测、交通管理与控制、运输行业管理、出行信息服务、电子收费等方面建立了一系列应用系统，为提高交通运输管理和服务水平发挥了积极作用。下面分别介绍相关的典型应用系统。

1. 湖北省国省干线公路养护综合管理信息系统

湖北省国省干线公路养护综合管理信息系统以公路养护管理实际需求为依托，以网络技术、信息技术、GIS、GPS 等先进技术为主要手段，覆盖省、市（地区）、区（县）、养护道班的多级公路养护信息管理业务，实现全省公路养护信息的采集、汇总、上报与分析，为各级公路养护管理部门提供科学、准确的信息参考和决策支持，提高公路养护管理工作效率。目前，系统整理入库公路线路数据 18.4 万千米、公路桥梁 9700 座。已有全省公路养护系统用户单位 653 个，平均在线用户数 180 个。

2. 湖北省高速公路视频监控系统

通过整合全省已建成高速公路视频监控点的图像资源，开发了统一的高速公路视频监控系统，将分散的图像上传到湖北省交通厅监控中心，实现了对全省所有已建高速公路收费站口、服务区、重要路段及重要桥梁、隧道监控点等图像的实时监控。监控图像通过互联网为社会提供信息服务，通过电子政务网上传湖北省政府和国务院应急平台，通过互联网上传交通运输部路网管理应急处置会商室，为各级领导指挥调度提供实时的视频图像。

3. 湖北省高速公路电子收费系统

按照交通运输部相关标准和要求，大力开展湖北省高速公路电子支付和不停车收费系统建设，所有收费站口实现了电子支付。搭建了 ETC 3G 无线营销网络,为推广应用 ETC 提供了更大的便利。全省 30 个收费站建成 ETC 收费车道 52 条，覆盖率约为 14.9%；成立了 32 个高速公路电子支付客服中心，电子支付客户数突破 2.4 万，预存通行费金额 1.47 亿元，每天有近 8000 车次通行 ETC 车道。

4. 湖北省水上搜救应急管理系统

开展了湖北省水上搜救应急管理系统一期工程的建设，完成“三大系统、一个平台”，通过对我省湖泊水库、重点渡口、重点河段、滚装船码头、水上检查站、长江航道重点码头、海巡艇等地点和设施上新建 24 个视频监控点，整合 85 个视频监控点和安装 80 艘海巡艇、运政艇的 GPS 定位系统，可在湖北省地方海事局指挥中心真实、清晰、方便地显示视频图像，准确定位巡逻船舶，有效对重点航道、水域、码头实现实时视频监控。该平台建设全面提升了湖北省水上安全监管能力和水上重大突发事件的处置能力。

5. 湖北省物流公共信息平台

全面推进湖北省物流公共信息平台建设，已建成湖北省物流公共信息平台一期工程（诚信系统），目前注册企业达到了 1152 家，在册车辆 3144 辆，物流机构管理人员 130 个，企业入网率接近 30%。完成了《湖北省物流公共信息平台发展战略及总体建设方案》，为启动平台二期建设工作提供了依据。稳步推广 TMS 普货运输管理软件湖北专版，在全省推广企业 18 家，鄂州大通互联物流、咸宁安欣物流、武汉民生物流依靠软件基础功能搭建了符合自身业务特点的运营平台，取得了良好的经济和社会效益。

6. 基于浮动车的武汉市道路交通信息服务系统

基于浮动车的武汉市道路交通信息服务系统在充分利用现有交通信息采集设施和通信网络资源的基础上，以武汉市 14000 余台出租车 GPS 实时数据为主要数据源，整合有关企事业单位的动态交通信息资源，实现多源交通数据的融合、加工、处理，生成满足公众需要的实时路况、路径规划等信息，通过互联网向公众提供动态、实时的交通信息，为公众出行提供参考，对提高交通运行效率、缓解交通拥堵、降低燃油消耗和尾气排放具有积极作用。目前，系统用红、绿、黄三种不同颜色分别表示道路的拥堵、通畅、缓行等道路通畅情况，通过武汉交通网（http://www.whjt.gov.cn）的“实时路况”子栏目向公众发布实时交通路况信息。

三、建设发展规划与展望

湖北省智能交通经过多年的发展，取得了一定的成效。未来十年，湖北省智能交通将进入快速发展阶段，随着智能交通技术的深入应用，提高公共交通服务水平和城市交通协调管理能力、提高监管与应急处置能力、提高出行便利化水平和信息服务水平将是智能交通应用的三大热点。

（一）智能交通发展的战略目标

通过十年左右的发展，实现数据标准化、服务人性化、运输智能化、管理现代化的目标。新一代信息技术得到广泛应用，建立更加全面、高效的交通运输运行监测网络，实现交通基础设施、运输装备和交通运输运行环境的可视、可测、可控，进一步提升信息资源的深度开发和综合利用水平，信息共享和协同应用的程度显著提高，进一步加强信息化发展条件建设，发展环境得到明显改善，交通信息化对交通运输业的带动作用明显加强。建成基本适应现代交通运输业发展要求的智能交通系统及其关键技术体系、标准体系，面向大中城市、高速公路和内河高等级航道及主要港口，实现智能交通集成应用和协同运行，成为提高运行效率和安全监管的主要手段，为公众提供便利的出行服务。全面提升交通科技含量，科技对交通运输发展的支撑作用进一步加强，着力提高自主创新能力，推进制约行业发展的重大关键技术问题的解决，取得一批拥有自主知识产权的科技成果，成果转化和标准化建设取得明显进展，行业科技进步贡献率显著提高。

- 推进交通基础设施的数字化和智能化，交通基础设施和运输装备运行监测网络基本建成，干线公路网重要路段和内河干线航道重要航段监测覆盖率达到70%以上，高速公路重点路段运行实时监测覆盖率达100%，重点营业性运输装备监测覆盖率达100%。
- 提高信息资源开发利用水平，建成省级公路、航道、港口、营运车辆、船舶、经营业户、从业人员等行业核心的基础数据库，完善数据交换平台功能，建立信息资源共享与更新机制，面向行业管理和服务公众，实现信息资源跨部门、跨地区的综合利用，全面提升业务应用系统协同运行能力。
- 物联网技术在物流领域得到广泛应用，物流信息资源的开发利用水平显著提高，采用射频识别等技术完善物品编码体系，建成标准化、一体化的物流公共信息平台，实现平台间的互联互通和信息共享。
- 建成道路货物甩挂运输信息平台，大力推进甩挂运输车辆智能车载终端的应用，实现甩挂运输智能运营调度管理、运行监测与综合分析等功能，提高运输效率，降低能源消耗。
- 建成覆盖全省公路水路安全监管与应急处置平台，对高速公路和国省干线公路重要路段、特大桥梁、重要互通立交、长大隧道、大型客货运输枢纽、重要航道、主要港口、重点水域和航运枢纽等运行状态、交通流量和气象等实现动态监测，强化对“两客一危”车辆和“四客一危”船舶的动态定位跟踪，实现对交通基础设施和运输装备的可视、可测、可控。
- 在市州级以上城市建成覆盖公共交通、城市路网、相关高速公路，以及综合枢纽的集成化交通信息采集、处理、决策支持和服务系统，实现对公交车、出租车及客运枢纽运营车辆的智能监管。
- 完善交通公众出行信息服务系统，依托新一代宽带移动通信，运用多种手段和方式，为公众出行提供覆盖高速公路和国省干线及一江十六湖的出行综合信息服务。
- 不停车收费系统形成规模应用，到2015年，全省高速公路ETC平均覆盖率达到60%以上，到2020年，全省高速公路ETC平均覆盖率达到90%以上。
- 科技成果推广应用取得新成效，着力加强先进适用技术的推广应用，完善科技成果推广体系，全面提升行业发展的科技含量与水平。

（二）智能交通发展的重点任务

1. 提升行业数据共享和服务能力

- ❑ 建设省市两级数据中心。湖北交通运输数据中心由省级交通运输数据中心和市州交通运输数据中心两级构成。省级交通运输数据中心由省厅交通运输数据中心与各行业交通运输数据分中心共同构成，是物理分散、逻辑统一的整体。通过建设业务基础数据资源，形成行业基础性、战略性主题数据库，通过构建数据共享交通支撑平台，为安全监管与应急处置平台、物流公共信息平台、公共服务信息平台、综合管理信息平台等提供技术支撑，提升数据资源共享水平和服务能力。

按照统筹规划、统一标准的原则，省公路管理局、运管物流局、港航海事局、高速公路管理局分别建设各自交通运输行业数据分中心，省厅负责综合各分中心有关共享基础数据，形成省厅交通运输数据中心。各市州交通运输局（委）和相关业务管理部门根据自身业务发展的需要建设市级交通运输数据中心。

- ❑ 完善数据共享交换支撑平台。按照交通运输部颁布的编码标准、数据标准、行业规范等标准，省厅交通运输数据中心通过数据共享交换支撑平台的建设，对各中心数据进行采集、交换、整合，形成业务数据主题库，为各类平台、业务系统提供数据支持，并为交通运输部、省政府数据总中心提供数据访问接口。

2. 提高公共交通服务水平和城市交通协调管理能力

- ❑ 推进智能化公交管理与服务体系建设。推广应用公交智能化调度管理系统、公交信号优先系统和专用道运行监管系统，实现车辆监控和运力高效配置，提高公交运行效率。建设覆盖车辆、重要站点、公交枢纽的城市公交网运行状态监测与预警系统。满足常态和突发情况下行业监管与服务的需要。到2015年，在武汉市区建成城市快速公交（BRT）。
- ❑ 开展综合客运枢纽协同管理与服务体系建设。建设综合客运枢纽客流和运行状态监测与服务平台，实现综合枢纽的安全监测和突发情况的预警及联动处置，提高应急处理能力，实现枢纽内轨道、公交、长途客运等不同交通方式间信息共享和协同运行，为公众提供出行规划、换乘诱导和在线查询等服务。到2015年，在武汉、襄阳、宜昌三个城市开展试点。

3. 提高交通基础设施和运输装备监管与应急处置能力

- ❑ 建设安全监管与应急处置平台。按照“统一规划、联合建设，分步实施、分级建设，适度超前、安全可靠，互联互通、资源共享”的原则，建设我省交通运输安全监管与应急处置平台。

交通运输安全监管与应急处置平台主要由湖北省交通运输监控平台、干线公路网应急处置系统、高速公路应急指挥系统、路政执法巡查车辆卫星定位系统、道路运输视频监控与应急指挥系统、重点营运车辆卫星定位联网联控系统、港航海事应急指挥系统、应急指挥通信系统等组成。实现功能主要包括信息报送、统计分析、监测预警、辅助决策、信息发布、资源管理和异地会商等。通过整合公路建设、运营、道路运输、路政、重点水域等视频监控系统，实现我省交通监控系统的全覆盖，为各类突发事件的应急处置提供决策支持，为建立信息畅通、反映迅速、保障有力的交通运输应急保障体系提供基础支撑。

- ❑ 推进公路网运行监管与应急处置系统建设。建设覆盖全省高速公路和重要国省干线公路的路网运行监管与应急处置系统，完善对国省干线公路关键基础设施和交通运行状态、气象条件等的监测、监控，为公路网的协调运行提供有效手段，实现对突发事件的动态调度管理和应急处置。对高速公路重点路段运行实现实时监测、监控，建成提高以安全为主的预警预告系统。建立重要桥梁实时动态监控系统，运用感知网络和射频识别等技术，实现对重要桥梁进行实时在线的健康监测预警。
- ❑ 开展水上交通智能化安全监管与应急处置系统建设。建设水路危险品运输全程跟踪和联网联控系统，建立全方位、全天候的船舶电子身份识别、助导航、诱导控制与动态跟踪系统，。到2015年，实现覆盖全省“四客一危”船舶的水上运输全程跟踪和联网联控。
- ❑ 完善重点营运车辆运行监管与服务系统。实现对“两客一危”车辆、重点营运货车的安全技术状态和运行状态可视化监管，建立公路危险品运输全程联网监控，实现跨区域的信息共享和联防联控。到2015年，对重点营运车辆实现卫星定位监控系统的全覆盖。

4. 提高公众服务能力和信息服务水平

- ❑ 推进公众出行综合信息服务体系建设。建设覆盖高速公路、大中城市公共交通和重要枢纽的公众出行信息服务体系。集成应用城市公交、轨道交通、出租汽车、客运班线、国省干线、气象、民航、铁路、水路等信息资源，积极运用新一代宽带移动通信网和智能终端等，为公众便捷高效出行提供多种方式的信息服务。建设客运网上售票系统，实现全省市州级城市客运联网售票，以网上购票和电话购票等多种形式，方便出行者购票，并为长途客运乘客提供相关信息服务。建设机动车维修救援信息服务网络，为驾车出行者提供救援信息服务。
- ❑ 开展“数字航道”与航运综合信息服务体系建设。以高等级航道、重要航运枢纽和重点水域为重点，建设一体化的水上运行状态监测与地理信息公共服务系统。开展基于岸基、船载一体化应用的航运智能终端设备及应用系统在各航运参与方的集成应用。到2015，完成“数字航道”的建设。

（撰稿：张存保、吴超仲、石永辉）

武汉市交通信息系统

一、项目概述

随着社会经济的发展，国际国内各大城市陆续面临日益严重的交通问题。为了使交通规划与管理更加科学和精细化，国内外城市开展了以交通信息化系统建设为核心的智能交通系统（ITS）研究。交通信息系统为解决交通问题提供了新思路和新手段，对提高交通的运行水平，制定有针对性的交通改善政策和实施方案，最大限度地发挥道路交通系统的使用效率提供了技术支持。

目前，武汉市正处于机动化高速发展与道路基础设施大规模建设时期，“十一五”期间交通建设投资占国民生产总值的比重达到 7.4%；同时，机动化保持高速增长，过去 5 年，武汉市小汽车年度增速超过 20%；到目前为止，机动车拥有量已达到 126 万辆，交通拥堵已经成为政府和老百姓关注的重要问题。

对于武汉市这样城市规模较大、城市布局分散、交通构成多样、出行特征复杂、供需压力较大的特大城市来说，迫切需要整合各种信息资源，改进数据采集的手段，建立信息综合分析平台，建设国内领先的智能化的交通信息系统。同时，随着平安城市、数字城市、智慧城市的逐步推进，交通建设与管理也需要由粗放型转为精细型、由传统型转为智能型。

为了更好地提高武汉交通规划建设、管理水平和综合决策效率，在武汉市国土资源和规划局的领导下，由武汉交通发展战略研究院启动了武汉市交通信息系统建设的前期工作，于 2010 年完成了《武汉交通信息系统建设项目建议书》， 2011 年 6 月正式开始建设一期工程，并于当年 10 月投入试运营，继北京、上海、深圳等大城市之后，成为国内较早建立交通信息系统并投入运行的大城市，也开创了国内城市信息系统当年建设、当年投入运行的新记录，为实现在“十二五”建成国内一流交通信息系统的目标奠定了坚实基础。

二、系统组成及功能

（一）系统组成

武汉市交通信息系统由武汉市政府牵头协调，武汉市规划局直属的科研单位（武汉市交通发展战略研究院）负责实施，多方单位参与来完成，以“政府主导，部门联动，整合资源，科学集成，信息共享”为总体工作原则。

武汉市交通信息系统于 2015 年前分三期建设完成，主要包括“四大系统”和“一个平台”，即基础数据系统、数据接入采集系统、交通分析和评价系统、运营管理与反馈系统和会商决策平台。系统通过采集和汇集道路交通、城市公共交通、对外交通等多种交通方式的信息资源，运用数据过滤、数据融合、数据挖掘、仿真模型等技术手段，对交通信息进行处理、分析和预测，实现面向政府综合交通管理决策支持，面向公众、企业、个人的交通综合信息服务功能。

系统主要构成如下。

1. 基础数据系统

基础数据系统的数据内容涵盖交通运行分析涉及的道路交通流、公交、地铁、出租运行，以及居民出行等多类信息资源；数据的来源部分较为广泛，包括交委、交管局、城管局、地铁与公交运营单位、统计局、公安局，以及规划局内部的规划院、勘测院、交通院等单位。

2. 数据接入采集系统

对于实时交通运行分析来讲，仅有基础数据系统是不够的，还需要将城市各交通部门数据进行采集与接入，主要依托市交委、交管局等各类交通行业数据的接入，同时辅以自行采集的核查线交通调查数据。

3. 交通分析和评价系统

交通分析系统将对各类交通基础数据进行处理转换，从海量数据中挖掘出能为交通运行评价和规划所用的信息，同时为提供数据的其他部门提供信息反馈服务；在对交通行业数据进行基础分析后，可以通过交通评价系统进行汇总、整理与评价，这是对城市交通规划与决策提供的直接参考依据，同时评价结果也能对其他部门的交通运营与管理提供数据支撑。

4. 运营管理与反馈系统

该模块主要是通过交通分析模块对各部门基础数据的整合分析，集成各部门需要的交通分析数据，反馈给相应的部门，实现部门之间的数据共享机制，为交管部门、城管部门、公交运营管理等部门提供服务，提高各个部门的工作效率。

5. 会商决策平台

对于交通运行与交通评价情况实时、直观地利用平台进行展示，使得交通运行评价更为直观。交通信息展示平台包括前台 GIS 展示、三维动画展示和后台信息管理与发布三个子系统。利用先进技术，科学展现实时交通运行状况，及时发布城区拥堵运行监测周报与月报，参与市区两级会商决策工作。

（二）系统主要功能

武汉市交通信息系统主要实现的目的和功能如下。

1. 辅助政府决策与规划管理，全面提升武汉交通管理决策水平

通过创建交通信息化系统，能够对武汉交通历史、现状和规划数据实现全面整合，通过对历史数据的分析、规划数据的研判，为综合交通状况评价分析、交通规划与发展分析、交通仿真试验分析，以及政府决策提供可靠、及时的信息处理平台，全面提升交通基础数据的分析处理能力、交通规划决策支持能力和规划管理水平，为政府交通项目决策提供依据。

2. 建立数据反馈机制，促进数据接入单位的日常运营管理系统化、智能化

系统集成了各单位交通信息资源，支持管理、运营、决策，实现“平台”与各个相关子系统间的平滑接口和信息充分共享，同时结合了专业的交通数据分析软件和专业交通团队，系统输出的数据不仅能指导城市交通建设、辅助交通决策与管理，同时信息会反馈给数据提供单位，为交管部门、城管部门、公交运营管理等部门提供服务，不仅避免传统建设模式下各部门分别建设时容易出现的重复建设问题，节约信息系统建设的投资，同时提高各个部门的工作效率，促进数据接入单位的日常运营管理系统化、智能化。

3. 支撑交通规划研究，促进交通规划技术进步和水平提升

通过更为先进的技术手段，收集整理并分析数据，能确保数据信息的时效性、准确性，同时对实时交通流进行模拟，能够全面了解城市交通运行状况，对于交通政策制定前后的实施效果、规划新建交通设施、年度疏堵工程计划、公交运行情况等都能进行历史数据的对比分析，研究政策实施效果与建设工程效果情况，并能通过历史数据进行短期内交通流量预测分析，有助于提升交通研究科技水平。

4. 提高交通设施服务水平，缓解交通拥堵，减少环境污染，提升城市的可持续发展水平

通过创建交通信息化系统，为市政府高层决策部门、交通管理部门、交通运营部门、交通企业和社会公众等提供信息服务的通道，为社会公众日常出行提供智能化交通选择和交通管理的智能化辅助管理，提高交通设施服务水平，从而对城市交通系统建设、交通拥堵缓解提供巨大支持，提升城市的可持续发展水平。

三、一期工程主要应用

2011年6月，武汉市交通发展战略研究院引入了武汉市交委1.4万台出租车GPS数据，构建了武汉市五维的交通拥堵评价指标体系，完成了浮动车系统、拥堵评价系统和大屏展示系统等一期工程的开发与建设。武汉市交通信息系统成果也已经初步应用于城市道路实时监控，交通特征分析，常发拥堵路段识别，重大活动、极端天气和节日交通运行状况分析与拥堵预警，居民日常出行引导与建议，综合交通治理方案制定等众多方面。

1. 城市交通运行周报

每周发布武汉市城市交通运行周报，根据浮动车的运行情况，评价每周区域道路交通运行状况，包括每周的交通拥堵指数、拥堵持续时间、路网早晚高峰运行车速、重点路段运行车速、常发拥堵路段分布和分区域的路网运行指标，并与上周运行指标进行对比分析。

2. 交通拥堵分析和治理

分区域对武汉市总计约90千米的易发拥堵点段进行长期跟踪，分析节假日及恶劣天气对交通造成的影响，制定年度疏堵工程计划，并对周期内整治的拥堵点进行现场勘察，找出拥堵原因，制定区域路网规划方案或微观路口、路段整改建议。

3. 重大工程建设前后效果评估

针对武汉市重大开工建设项目，划定分析区域，研究建设前后、通车前后区域路网运行状况，对项目进行建设后评估（如辛亥革命前后一大批快速路通车后的交通运行状况分析）。

4. 客运枢纽站周边交通跟踪分析

对武汉市三大火车站及大型长途客运站周边交通进行跟踪分析，研究重大节日或活动周边路网的承受能力与易发拥堵点，提前制定节假日疏堵方案。

5. 大型活动区域交通分析

针对大型活动区域（如辛亥革命百年庆典、大型游园或庆祝活动等）进行跟踪分析，研究易发拥堵点，提前进行拥堵整治或制定交通管制方案。

6. 重大事件或大力度整治区域分析

针对大型事件（如汉正街搬迁）或大力度整治（如武汉老城区城管风暴）等重大事件，对整治前后和整治过程中的道路交通运行情况进行跟踪分析，评价整治后效果。

7. 交管部门的交管措施评价与建议

针对交管部门对区域路网实施的交通管制方案（如与ETC收费联系的过江通道单双号限行措施）进行评价，分析方案的实施效果，并提供相关改善建议。

8. 出租车行业相关分析

对出租车在不同时间、不同节假日的出租车运次和里程进行分析，同时可以得到不同时期出租车发生吸引点的分布，为出租车行业部门管理提供技术支持。

四、发展趋势

武汉市交通信息系统构建分为三期建设，实现近期打基础，中期成框架，远期成系统的目标。其中，武汉市交通信息系统一期工程已于2011年10月完成，下一步将着力建设信息系统二期与三期工程。二期主要在浮动车数据的基础上，完善一期工程，扩展交通分析系统内容，建立交通评价系统，初步建立集成展示平台。进一步整合交管局的定点流量检测数据、武汉通一卡通信息系统、地铁集团票务系统、ETC收费系统等，向政府提供决策支撑；同时按季、年对交通数据进行更新，向政府部门和规划设计单位发布交通信息，实现信息的共享与利用。三期主要建立三维动态交通数据仿真系统，实现交通动态模拟、状态再现和短期预测能力，为政策、方案制定提供多样化数据输出；丰富动态监控区域，与其他系统的数据进行整合，得到乘客出行信息，提供多方式信息发布，实现交通信息化系统建设的公众服务目标。

（撰稿：邓小勇）

武汉不停车电子收费系统

一、项目概述

ETC（Electronic Tol Colection,即不停车电子收费）是一种利用电子标签识别为主、车牌识别为辅的自动收费模式。通过收费节点天线读取已安装电子标签的机动车信息，确认车辆身份，按车辆类别和通行次数记录应缴纳通行费的数额，实现车辆不停车收费。

实行不停车电子收费，机动车可以在正常行驶状态下实现自动计次收费，机动车在通过收费路桥隧时无需停车或减速，不会因为收费而造成车辆滞留。

WHETC是武汉市不停车电子收费系统的简称，即武汉市采用不停车电子收费技术（ETC）征收贷款建设的城市道路桥梁隧道通行费。WHETC具有“用者付费”、有效提高通行能力、推动节能减排等明显特点和优势。是国内第一个实现全自由流的城市收费系统。

二、系统组成及功能

（一）系统组成

武汉市不停车电子收费系统由电子标签、天线、车牌抓拍系统、车牌自动识别系统、用户缴存账户及前端、后台、客服等系统组成。

（二）系统功能

1. 缓解过江交通压力，均衡过江交通流

当前，武汉市中心城区日过江交通量已达35万余辆次，是1998年的3倍多。主要过江通道在早晚高峰均出现明显的交通拥堵。通过计次征收车辆通行费这一经济手段，规避以往车辆按年缴费通行桥梁、隧道次数不受限制的弊端，减少不必要的过江交通流，促使广大市民理性出行。

2. 提升武汉市交通智能化管理水平

武汉着手建立的ETC是全国“第一尝试”，其背后是智能化管理。武汉市ETC收费系统还将与交通违法查处系统整合，对不遵守交通管控的车辆进行实时抓拍。通过ETC收费系统，还可开展交通流量监测分析、交通诱导、发布相关信息等工作，提高交通管理智能化水平。

3. ETC电子标签可严厉打击套牌车

当汽车经过ETC系统收费点时，系统会同时记录下两个信息，一是电子标签，二是车牌号。而当套牌车经过时，电子标签的信息是缺失的，此时系统主动识别并记录。

基于此，武汉目前正在试行套牌车报警系统，严厉打击套牌车。

三、主要应用

武汉市于 2011 年 7 月 1 日全面启动 ETC，即采用不停车电子收费方式对通过贷款建设城市道路桥梁隧道的机动车征收路桥隧通行费。路桥隧通行费征收方式将由现行的“年票制”转变为计次收费的 ETC 方式。

通行长江二桥、白沙洲大桥、晴川桥、月湖桥、长丰桥、天兴洲大桥、长江隧道、二七长江大桥等过江通道的机动车，均需按规定缴纳通行费。武汉市已在长江二桥、白沙洲大桥、晴川桥、月湖桥、长丰桥、天兴洲大桥、二七长江大桥，以及长江隧道等“七桥一隧”设置了 8 个收费节点。收费范围如图 1 所示。

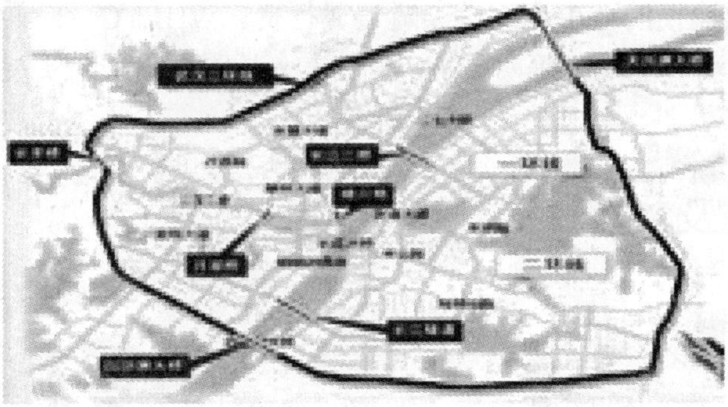

图 1　WHETC 收费范围

不停车电子收费方式，是在机动车通过上述收费节点时，由不停车电子收费系统按各类车型的次费标准自动按次收费。通行费可以选择按次缴纳，也可以选择购买年优惠票按一年期限一次性缴纳。选择购买年优惠票的机动车，按通行次数和对应机车型次费标准划扣，有效期内通行费总额达到年优惠票金额的，不再加收费用；有效期内不满年优惠票金额的，余额可结转下年继续使用。

无论选择按次缴纳或购买年优惠票，市籍机动车（摩托车除外）及在本市办理机动车定期检验手续的外籍机动车应当安装电子标签，对尚未安装电子标签的机动车，依据车牌抓拍系统记录的通行信息征收通行费。机动车首次安装电子标签免费。

摩托车和出租车实行定额费制，收费标准分别是每年 280 元和 500 元。

未安装电子标签的外籍机动车通行以上收费桥隧的，机动车所有人应当自欠缴之日起 7 日内到路桥收费管理中心设立的通行费征收服务站点或者代收单位设立的收费站点补缴通行费。外籍机动车通过服务管理站或代收站时应接受查验，根据系统记录的通行信息缴纳通行费。外籍机动车也可选择安装电子标签，预存通行费或购买年优惠票。

军队、武警车辆、统一标志的制式警车、经国务院交通运输主管部门或者省人民政府批准执行抢险救灾任务的机动车、公共汽车、电车和享受绿色通道优惠政策的运输鲜活农产品的机动车免收通行费。

四、发展趋势

武汉市不停车电子收费系统在城市建设中发挥了重要的作用，有效地改善了武汉市交通状况，调节过江车流；配合公安机关开展套牌车追缉，交通事故调查，各类治安、刑事案件调查等工作；配合武汉市环保局，稽查尾气排放超标车辆，有利于节能减排；并根据车辆行驶路径推算 OD，为掌握区域间的出行规律提供基础数据支撑；可以为“车联网”、“智慧交通”项目建设奠定一定的基础。

（撰稿：邓小勇、李建忠）

物联网警务联动交通信号控制机及控制系统

一、系统概述

"物联网警务联动交通信号控制机及控制系统"是2011年安徽省科技强警重大专项，由安徽省公安厅交通警察总队、合肥市公安局交通警察支队和安徽科力信息产业有限责任公司共同承担，与北京航空航天大学、同济大学、长安大学、合肥工业大学、公安部第三研究所和中国物联网研究院等国内一批重点大学和科研院所合作，针对安徽省城市智能交通系统应用现状，开展物联网技术的道路交通信息采集与控制系统的应用研究，重点研发基于DSRC技术的特种车辆信号优先控制系统及信号控制机的短距离无线控制系统及相应的产品，通过建立无线传感网络的路口交通流状态的采集，实现信号机与警用车辆、执勤民警手持机设备的信息传递和互动控制。依托智能交通安徽省重点实验室，已在合肥市高新区建立50个路口的物联网警务联动交通信号控制系统示范区，从交通管理与控制领域突破，为解决城市道路交通拥堵问题，提出一种先进的动态交通信息采集和智能交通信号控制技术，打破了国外信号控制产品和系统在国内交通控制领域的垄断。

二、系统组成及功能

物联网警务联动交通信号控制机及控制系统主要由以下几部分组成。

（一）基于物联网的警务联动信号控制系统

路口交通流组织和特勤指挥调度是交警日常交通管理工作中的重要内容，研究应用物联网技术实现民警在路口现场既能实现对信号控制、周边路况和特勤指挥调度的业务管理工作。研究运用短程无线通信技术，通过交警的手持终端实现从交通信息的获取、路口信号机的实时控制和实时路况信息的采集功能。实现运用无线短程通信技术实现车与路之间、车与信号灯之间和交警指挥人员与信号控制系统之间的信息交互与协调。

（二）基于无线传感技术的交通信息采集系统

交通信息采集是实现智能交通的基础关键技术之一，目前要实现大范围动态交通信息采集，传统的信息采集模式已经不能满足实际需要，也不符合目前我国智能交通发展现状。基于无线传感技术的交通信息采集系统解决了传统固定检测器所存在的问题，弥补了交叉口交通信息采集的弱点，采用基于物联网技术的交通信息采集系统主要包含下面几个关键技术：

1. 无线地磁传感器车辆检测技术

各向异性磁阻传感器能够灵敏的感知由机动车辆引起的地球磁性强度的变化，通过这细微的变化可以确定通过车辆的存在。

2. 超低功耗无线射频收发技术

采用低功耗射频收发器，并进行了分时处理、休眠唤醒转换、单一应答机制，进一步降低功耗。

3. 无线网络数据传输的准确性以及防止接收时数据冲突的技术

采用应答确认机制，防止数据丢失、传输出现错误；采用时分多址时间片轮循的方式接收发数据，减少数据冲突。

4. 车辆身份识别技术

机动车辆个体的铁磁性介质分布不一致，导致对地球磁场的影响有微小的差别，利用这种差别来区分不同车辆。每辆车基本对于一个特定的数值。

（三）基于 DSRC 的交通信号优先控制系统

为了满足特殊车辆（快速公交、警卫车辆等）的道路交通信号通行需求，利用物联网技术建立的交通信号优先控制系统。该系统除包含传统的公交优先控制技术（线圈技术、GPS 卫星定位技术、RFID 技术）外，重点采用 DSRC 无线通信技术，它是一种新兴的短距离、低成本、低复杂度的无线网络技术，设备之间实现实时通信，主要应用在无线数据采集、电子不停车收费系统（ETC）等智能交通系统中。

1. DSRC 无线通信设备

系统所用的 DSRC 无线通信设备包括车载移动单元 OBU、路侧单元（RSU)。移动节点自动地按固定时间间隔不断发射出包含多种信息的数据包，当特殊车辆经过某一固定单元时，该固定单元就可接收到车辆发出的数据包；固定单元要求具有中继功能，对接收到的数据包进行简单的信息处理后, 立即通过通信链路将处理后的数据包发送给基站或者相邻的其他固定节点。路侧单元是三种设备中最为复杂的一个，存储能力大，计算能力强，它发送网络信标、建立一个网络、管理网络节点、存储网络节点信息寻找一对节点间的路由。

车载移动单元发送给固定单元的数据包中包含这些信息: 车牌号（车载移动单元 ID)、公交线路号、发车起点、行车时间等。车牌号（车载移动单元 ID）和公交线路号分别用来区别不同的车辆和公交线路。发车起点用来区分该公交车在其公交线路上的两个不同的行车方向。行车时间由车载计时器记录该车由起点发车后行驶的时间, 通过与标准运行时间的比较, 可知该车在行驶过程中是否有晚点。

2. 信号优先信号控制机

交叉路口附近的路侧单元不断地发送数据包给信号控制机。预处理模块先对多个数据包中的信息进行处理，得到一个智能信号控制机的输入(相位优先级)；信号控制机通过比较不同相位的优先级，同时综合考虑其他车辆的流量信息，经过智能决策确定出一种公交优先的信号控制状态；通过输出模块以信号灯的形式输出结果。

3. 手持机设备

利用无线 DSRC 通信技术开发的一款手持机设备，以实现对路口信号机控制的无线遥控功能。执勤民警可以根据路口时间交通流量改变信号控制机各个方向的路灯放行时间。

（四）区域信号控制与优化系统

在信号控制系统软件的设计中，把城市交通路网分解为三层结构，即路口层、区域层和网络层，对应的控制策略也划分为三个层次，即路口控制层、区域协调层及网络负荷分配层。采用多目标优化和代理技术（Agent）来实现区域优化控制策略的具体实现。系统中设计的交叉口信号控制器具有如下模块：交通状态判别模块、优化目标函数计算模块、优化策略决策模块。相位设计采用的策略类似于交通工程师所使用的方法：提出较好的初步信号相位和配时方案，评价信号交叉口的运行情况，然后针对不足的运行状况进行设计方案修正，在设计者之间讨论和有关专家咨询会议获得相关知识，利用启发式方法选择新的相位。

三、应用案例

“物联网警务联动交通信号控制机及控制系统”项目采用安徽科力信息产业有限责任公司自主研发的智能型交通信号控制机，结合无线地磁流量检测器和短距离无线通信DSRC 设备在合肥市高新区建设了基于物联网技术基础的区域交通流状态采集、特种车辆优先控制、交通信号区域优化控制系统的示范区。完成了合肥市高新区 50 个路口的交通信息无线组网，并将高新区 50 个路口交通信号进行统一联网控制，成功实现基于物联网的警务联动交通信号优先控制以及区域交通信号自适应优化控制，应用成果能够为安装了 DSRC 移动车载终端设备的公交车、特种车辆等提供实时的途经路口的信号优先和红绿灯信号控制时间信息及专业服务，大大提高了路网运行效率，减少了交通拥堵。

目前，该示范项目取得的阶段性成果包括 8 项国家专利、3 项软件著作权以及“合肥市科技进步一等奖”、“国家重点新产品”、“安徽省自主创新产品”等多项奖励，并推广淮南和全国其他地市应用。

四、发展趋势

本系统主要融合了基于物联网的路口警务联动信号控制技术、信息采集与发布技术、交通信号优先控制技术及区域信号控制与优化技术等四项核心技术，并在 2011 年安徽省科技强警重大专项项目中取得了显著的成果，下一步将致力于项目成果的扩大化应用，在整个合肥市范围内实施应用，为向全省乃至全国的推广应用打下基础，以提高交警对交通流组织的管理水平，降低交警路面交通管理的劳动强度，并在我国混合交通管理方面广泛开展应用。

（撰稿：王家捷）

基于 Zigbee 的车路协同信号控制与车辆通信系统

一、系统概述

现阶段安全与效率已经成为制约我国交通运输发展的关键问题，急需通过车路协同等新技术的突破来推动安全改善与效率提升。突破车路协同智能控制关键技术，抢占智能交通前沿技术制高点，是未来我国能否形成智能交通产业核心竞争力的关键。

车路协同系统是国际智能交通领域研究的新热点，是引领未来智能交通发展的前沿技术，对提高交通系统的安全性和通行效率具有十分重要的作用。通过对基于 Zigbee 的车路协同信号控制与车辆通信系统的研究，主要是研究 Zigbee 技术和产品在智能交通系统的应用，利用 Zigbee 技术实现路口信号机和快速公交/特殊车辆的信息传递和互动控制。同时基于无线通信、传感探测等技术进行车路信息获取，进行车车、车路信息交互和共享，并实现车辆和基础设施之间智能协同与配合。使该系统可以完成在混合车道上的快速公交/特殊车辆的信号优先控制，以及警用车队与路侧设备的信息交互和车队内车辆之间的信息交互，提高快速公交/特殊车辆的运行安全和效率。车路协同系统的成功实施将为交通安全带来革命性变革，基于车路协同系统实现的主动安全保障技术能有效减少各种碰撞事故的发生。此外，车路协同技术也将在提高交通运输效率、缓解交通拥堵、减少尾气排放等方面发挥重要作用。

二、系统组成及功能

基于 Zigbee 的车路协同信号控制与车辆通信系统主要由以下部分组成：

1. 基于 Zigbee 技术的无线组网系统

Zigbee 是一种新兴的近距离、低复杂度、低功耗、低数据速率、低成本的无线网络技术，它是一种介于无线标记技术和蓝牙之间的技术提案。主要用于近距离无线连接。它依据 802.15.4 标准，在数千个微小的传感器之间相互协调实现通信。这些传感器只需要很少的能量，以接力的方式通过无线电波将数据从一个网络节点传到另一个节点，所以它们的通信效率非常高。

Zigbee 是一种高可靠的无线数传网络，类似于 CDMA 和 GSM 网络。Zigbee 数传模块类似于移动网络基站。通信距离从标准的 75m 到几百米、几千米，并且支持无限扩展。Zigbee 是一个由可多到 65000 个无线数传模块组成的一个无线数传网络平台，在整个网络范围内，每一个 Zigbee 网络数传模块之间可以相互通信，每个网络节点间的距离可以从标准的 75m 无限扩展。

Zigbee 采用的是自组网的通信方式，每个 Zigbee 网络节点不仅本身可以作为监控对象，例如其所连接的传感器直接进行数据采集和监控，还可以自动中转别的网络节点传过来的数据资料。除此之外，每一个 Zigbee 网络节点还可在自己信号覆盖的范围内，和多个不承担网络信息中转任务的孤立的子节点无线连接。

2. 智能交通信号控制系统

智能交通信号控制系统主要应用 Zigbee 技术结合我公司自主研发的交通信号控制机，实现混合车道上的快速公交/特殊车辆的信号优先控制：信号机将从长长的车流中准确识别出快速公交/特殊车辆，并做出信号调整对其优先放行，即当快速公交/特殊车辆行驶至路口处，绿灯要变成红灯时智能交通信号控制系统会适当延长绿灯时间，保证车辆顺利通过；而当为红灯时智能系统会适度缩短红灯时间，减少快速公交/特殊车辆在路口的等候时间，从而改善城市交通拥挤而引发的一系列交通问题。

我公司自主研发的信号控制机在信号优先控制功能有以下几种控制方式：

（1）绝对优先：可在任何相位进行，能实现插入相位、早断、延时。

（2）相对优先：只在协调相位、协调相位的上一个相位进行，只能实现早断、延时。

（3）不优先：功能屏蔽，可在绿波协调控制的前提下实现公交优先。

同时后台控制中心的信号机管理软件会对每个信号机的运行状态进行实时监控，并且能完成快速公交/特殊车辆的轨迹记录和回放。

3. 车车通信系统

为了满足特殊车辆（警卫车辆、消防车等）的道路交通信号通行需求，采用 Zigbee 技术建立车车通信系统。该系统在 GPS 卫星定位技术和车辆刹车信息采集技术基础上，在车队内传递每个车辆的速度、位置以及刹车信息，保障整个车队的通行安全的同时对路口信号产生较小的影响。系统主要包含以下两方面：

（1）车辆运行状态的信息采集技术

通过 GPS 卫星定位技术和对车辆刹车信息的采集，获取车队里每个车辆的运行状态信息，其中包括运行速度、位置以及车辆是否处于制动状态。

（2）车载终端

通过与路口信号的交互把路口信号信息发送到车队内的每个车辆上，同时会把车队中车辆的运行状态信息发送到路口接收设备，并通过路口网络发回控制中心。

三、应用案例

“基于 Zigbee 的车路协同信号控制与车辆通信系统”是 2011 年安徽省科技强警重大专项中的重要内容，依托安徽省智能交通重点实验室，通过引进日本先进的 Zigbee 短程无线通信技术解决物联网方面的技术难题，主要是在合肥市高新区几条主干道建设快速公交/特种车辆信号优先控制系统，在没有网络的路口采用远距离无线通信设备进行组网，所有外场数据统一连回至智能交通安徽省重点实验室。同时开展基于 Zigbee 技术的车路协同研究，实现在特殊车辆上读取路口的红绿灯信息、交通拥堵及事故信息的发送、车辆优先控制手动请求以及车车通信的功能。

目前已完成在高新区建成区的32个路口的基于Zigbee技术的无线组网系统建设，在高新区内4条主干道（25个路口）实现混合车道的快速公交/特殊车辆信号优先控制，并且完成由10辆警用车辆组成的车队在高新区内行驶的车车通信的实验。

四、发展趋势

近年来，由于中国机动车辆的迅猛增长，城市的道路供给和交通需求的矛盾日益突出，城市道路交通拥堵现象日益严重，导致行车时间加长、环境污染加重、交通事故增多，公众出行与道路拥堵已经成为中国城市发展中亟待解决的问题。因此，中国政府正加大力度建设城市快速公交系统，目前中国已经建设运营BRT的城市有北京、杭州、大连、常州、济南、合肥、昆明、厦门和郑州，另外武汉、长沙、重庆等城市也计划筹建中。但是综合中国快速公交的现状来看，目前的主要问题在于快速公交系统只在硬件上设置了公交专用车道和使用大容量的快速公交车辆，在路口的信号优先控制以及与路口信号机通信的车路协同应用上处于空白阶段，并不能实现真正意义上的快速公交。通过Zigbee技术，结合自主研发的信号机建立的快速公交信号优先控制系统能有效填补这一空白，项目成果率先在合肥市建立快速公交优先控制及车路协同应用示范工程，下一步马上推广到郑州、杭州等城市，并在全国全面展开应用。

同时警卫车、救护车、消防车等特种车辆在执行紧急任务时急需无停顿的快速通过城市交叉口达到目的地，特种车辆通过路口时的交通安全及交通信号绝对优先控制是亟待解决的难题。在中国，目前的解决方案是投入大量的警力在交叉口进行戒备和交通管制，或在后台指挥控制中心进行远程的交叉口信号灯强制控制。这样的控制管理效率十分低下，由于不能准确确定特种车辆的到达时间，人工干预会过早对路口进行管制，严重影响了其他方向社会车辆的通行，造成了极大的交通拥堵。 通过对于Zigbee技术的研究和与公司自主研发的信号机结合，可有效解决上述问题：一是通过Zigbee无线通信技术，路口信号机会准确感知特种车辆的到达，并自动给特种车辆开放绿灯信号；二是警卫车队之间可以实现车与车之间的通信，保证车队的通行安全；三是特种车辆通过路口后用Zigbee告知路口信号机，信号机自动恢复路口原有的信号运行，大大降低了交通干扰。合肥市和北京、上海、杭州、郑州、广州等大城市对特种车辆信号优先控制都有极大的需求，因此基于Zigbee的特种车辆信号优先控制在中国具有非常广阔的市场应用前景。

（撰稿：王家捷）

呼和浩特市智能交通管理系统与视频监控系统工程

一、基本情况

呼和浩特市公安局交通警察支队在2003年和2007年分别建设了一期、二期智能交通管理系统，建设了包括指挥中心、信号控制系统、交通视频监控系统、电子警察系统、超速抓拍系统、卡口系统、交通信息发布系统等相关智能交通管理子系统，然而，由于通信、电源、设备技术水平等方面的原因，目前呼和浩特市一期、二期智能交通管理系统的设备仅有部分还在正常运行，难以满足新时代下的呼和浩特市社会经济发展和城市建设、管理的需求，因此，呼和浩特市公安局交通警察支队遵照上级精神和从实际出发的原则，建设城市智能交通管理系统三期工程，其中主要包括智能交通集成指挥系统，并对原有建设的信号控制系统、交通信息发布系统、视频监控系统、电子警察系统、超速抓拍系统、治安卡口系统进行改造升级，以及根据实际需求新建部分系统，为创建和谐畅通的呼和浩特市道路交通环境提供技术保证。

呼和浩特市智能交通管理系统与视频监控系统的工程建设设计方案范围在呼和浩特市二环内及周边主要开发区的主要干道上，视频监控系统在考虑道路交通监控的基础上，充分发挥视频监控的作用，为大公安及政府部门提供视频资源。如图1所示。

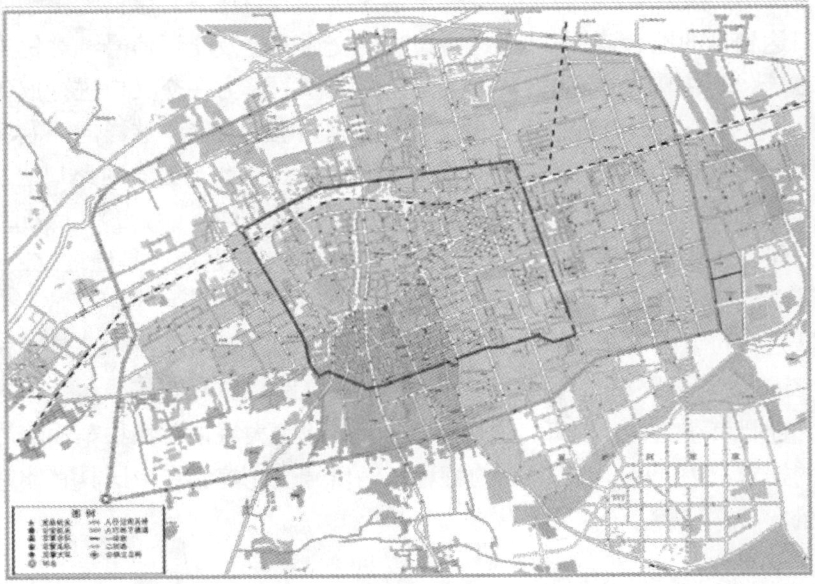

图1　呼和浩特市智能交通管理系统与视频监控系统规划范围

二、建设完成的主要系统

在设计内容上，主要包括如下城市智能交通管理系统的相关内容。

（1）指挥中心硬件升级改造；

（2）指挥中心交通管理综合信息平台；

（3）交通信息采集子系统；

（4）信号控制系统；

（5）视频监控系统；

（6）交通信息发布及诱导系统；

（7）机动车违法抓拍系统；

（8）卡口系统；

（9）移动警务系统；

（10）其他相关系统。

三、应用情况和综合效益

本次呼和浩特市智能交通管理系统的设计与建设，结合目前呼和浩特市已有的基础和未来的发展需求，在实际应用方面主要具有如下特点：

1. 把握并紧跟全国交通管理领域最新的科技发展规划

秉承“高起点”的建设理念，呼和浩特拟建的城市智能交通管理系统及管控平台应该定义到三代指挥管控平台的高度，并密切结合公安部交通管理行业的最新“十二五”相关科技发展规划，以及自治区交通管理业务科技发展规划，将行业监管、社会化服务、稽查布控、设备运维等新一代的智能交通管理系统发展理念融入其中。

三代平台的特点是要最大化地融入信息化理念，基本特征包括信息研判、数据共享、多维采集、智能控制、智能诱导、协同调度、可视管理、扁平指挥、精细管理等诸多方面，要摒弃“修修补补”的建设理念，在高起点上谋划建设思路和建设内容，通过建设使交通管理工作跃升至自治区乃至全国的先进行列。

2. 紧密结合大公安的需求，与其他公安领域融为一体

随着科技手段的不断发展，智能交通管理系统的建设也不能仅仅只局限在为交通管理部门所用的范围内，随着对信息共享需求的加强，在本次呼和浩特市智能交通管理系统的设计中，充分考虑了与大公安系统的融合发展，例如，在 PGIS 平台的建立上，与公安局密切配合，直接建设面向大公安的 PGIS 系统，并为智能交通管理系统所用；在监控管理方面，通过电子警察复用卡口，实现对百余个路口实时通过车辆的实时识别；通过对电子警察视频的复用及新增高清视频监控，实现对二环内所有主要交叉口 150～200 米范围内的无缝监控；在移动警务系统的建设上，则通过预留接口等的方式来为未来公安系统所使用的综合警务系统留有扩展余地。

3. 先集成平台、后外场设备的建设指导思想

在本期设计中，一方面强调集成平台功能的完备性，另一方面，在建设时序上，强调先集成平台建设、后外场设备的建设指导思想，即首先要建设符合国家及行业标准要求的指挥中心集成平台系统，并定义好开放式的接口，以实现对各类符合标准的外场系统的无缝接入，避免由于不同厂家建设同类系统而不兼容带来的信息孤岛乃至多个同类系统重复存在的现象。

4. 在硬件、平台等不同层面实现系统的真正集成

在硬件层面，结合各类科技装备的最新技术，在可能的情况下对多种设备功能进行复用，例如，将卡口与测速功能复用，实现一套设备两大功能；将电子警察与卡口功能复用，大大提高卡口系统的覆盖率；在系统层面上，通过指挥中心。集成平台系统的建设，将各类外场系统如信号控制系统、交通诱导系统、电子警察系统、卡口系统、信息采集系统等进行综合集成，真正实现数据共享、系统集成、综合应用、智能指挥。

廊坊市交警支队智能交通集成平台建设应用

一、基本情况

廊坊市公安交通警察支队指挥中心原有模拟视频监控系统，路口信号机为单点运行，相位单一，功能单一、设备陈旧损坏严重，完全不能满足现代交通管理要求。因此，经市长办公会议批准立项，开始本次廊坊智能交通管理系统建设。

本次项目建设完成后，使廊坊市智能交通管理水平达到全省领先、全国一流的标准。通过使用本系统，大大减少路口民警工作量，发挥本系统智能化、自动化的优势，为车辆提供更好的交通信息服务。

二、建设完成的主要系统

（1）交通信号控制系统，包括信号控制系统 UTC 软件（实现路口交通信号控制机与中心系统软件无缝连接）、中心服务器、60 台交通信号机，前端采用视频检测和线圈检测的方式，传输采用光纤方式。

（2）交通流采集系统，包括新建交通流采集系统软硬件、40 个微波检测器，传输采用无线方式。

（3）交通诱导系统，包括新建交通诱导系统软硬件、8 个全点阵诱导屏，传输采用光纤方式。

（4）交通电视监视系统。新建电视监控前端设备，数量为制高点监控 6 个、路口监控点 60 个。采用高清视频监控设备，新建交通电视监控系统中心平台，实现电视监控视频控制、存储应用、动态违法抓拍等功能。

（5）闯红灯自动记录系统。闯红灯点位主要建设在中心城区主要道路，本次主要是新建和改造闯红灯自动记录系统，实现违法数据上传、图像上传、布控报警等功能；并新建 30 路口 100 个方向闯红灯自动记录系统。

（6）管控中心显示系统，包括新建 DLP 大屏幕显示系统、LED 显示屏、LCD 液晶监视器。

（7）系统集成平台，包括新建中心集成系统软硬件，实现交通信息交互系统、集成控制与显示系统、交通实时信息管理系统、辅助决策系统、综合信息查询系统、外网网站、勤务管理系统、交通设施管理系统、运行与维护管理系统等功能。

（8）122 接处警系统，包括管控中心新建一套 122 接处警系统软件，并配备排队调度机、服务器、接警席工作站和值班长席工作站等。

（9）警车与警员 GPS 定位系统，主要建设系统中心平台软硬件和建设 100 套车载和 200 套单兵 GPS 定位系统。警车与警员 GPS 定位系统租用 3G 无线通信网络实现通信。

三、系统建设范围

廊坊市主城区七横八纵主干道交叉口及路段，如图1所示。

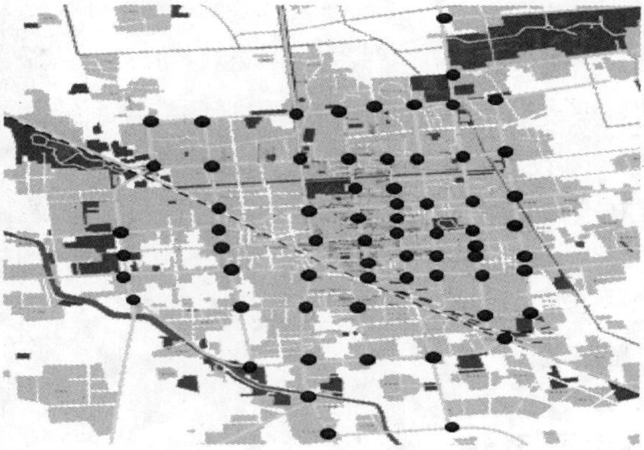

图1　廊坊市主城区七横八纵主干道交叉口及路段

四、项目建设特点

（一）采用高清720p数字监控系统取代模拟监控

本项目中采用高清视频监控系统采用高清数字摄像机，以数字信号的模式对视频图像进行传输和存储。传统的模拟监控分辨率低，为了满足局部细节清晰度，而不断增加成本、增加摄像机数量，包括摄像机、配套设备及辅材费用的增加；布线、安装及后期维护费用的增加。采用高清摄像机能够提供全景和细节的相互配合一种新模式，实现了交通和治安监控的结合，减少了重复投资。

（二）视频车辆检测器取代检测线圈

（1）本项目系统选择视频车辆检测器作为车辆检测设备。

（2）视频车辆检测器摄像机原则上依托于路口进口道附近的闯红灯设备杆件、标志牌杆件或悬臂杆安装，视频车辆检测设备检测的交通流数据直接输入路口信号机，如图2所示。

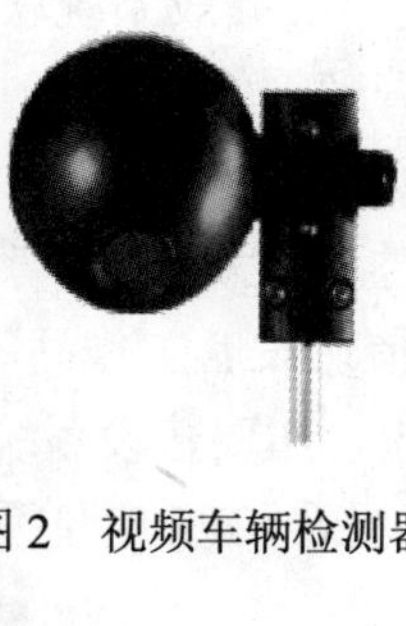

图2　视频车辆检测器

（3）一体化传感器：集成了摄像机和检测算法

（三）超分辨率大屏使用

在本项目中，对 DLP 显示系统进行升级改造，实现了大屏幕真正显示了本身分辨率的 GIS 地图，改善了指挥调度底图的显示效果，实现了 1 张高清 GIS 地图上显示交通态势、警力资源、设备状态、事故报警、实现了便捷快速的指挥调度，如图 3 所示。

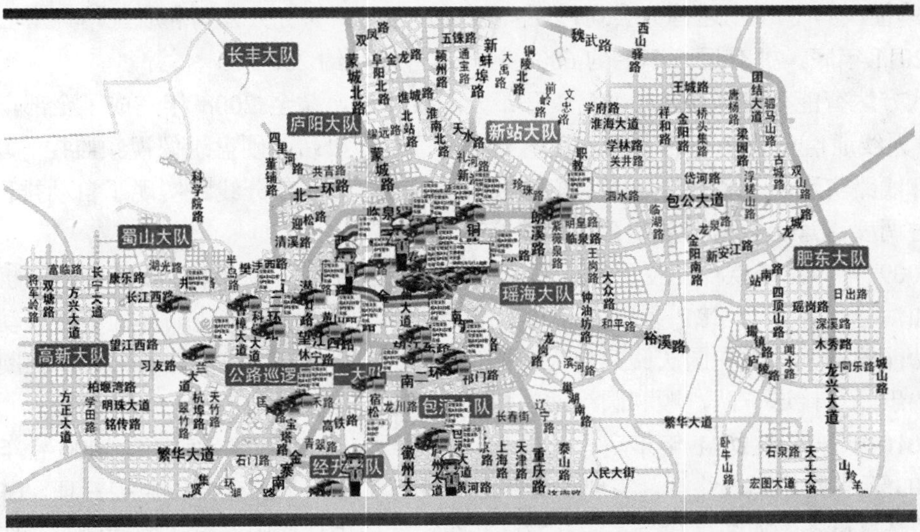

图 3　GIS 地图

（撰稿：姜延顺）

北京八方达智能公交系统

一、基本情况

北京八方达客运有限责任公司，隶属于北京公共交通控股（集团）有限公司，下属11个单位，其中8个运营分公司，还有保修分公司，物资分公司和职工培训中心，截至到2011年底，拥有运营车辆约6000部，运营线路约200条。

八方达智能公交系统从2006年开始分阶段建设，截至2008年完成了全部车辆的GPRS无线通信车载终端的安装，在车上实现了自动报站、硬盘录像视频监控等功能；在全部线路实现了车辆位置监控、车辆报警监控功能，在部分线路实现了自动排班、远程实时调度、营运数据自动统计等功能。

2009年，系统软件的使用推广到了全部的营运线路，并启动了票务管理、机务管理、加油管理等企业ERP系统的开发工作。同年，完成了3G传输远程实时移动视频监控功能的调试，并在国庆阅兵前为八方达的50多台车辆完成了功能部署，在阅兵期间服务于嘉宾接送车队，顺利圆满地完成了嘉宾接送任务。

2010年开始到2011年年底，随着车辆的更新，八方达已经有大约3000台车辆安装了3G无线通信车载终端，实现了对营运车辆、司乘人员的全方位监控管理。ERP系统的票务、机务、加油等功能完成开发，并在实际应用环境中通过了应用测试，在多个营运分公司推广使用后达到了预期的效果。

二、建设完成的主要系统

八方达智能公交系统主要建设完成了车辆监控调度和企业ERP两大部分，如图1所示。

（一）车辆监控调度系统

1. 车载设备实现功能

基本功能部分，实现了自动定位和数据传输、自动语音报站、接收、显示留言、固定业务短语回传、信息传输、信息浏览、信息存储、自动报警、司机专用键盘和显示器、车辆开关门信号采集、远程签到和语音通话等功能。

特色功能部分，实现了视频录像、视频实时传输、图片抓拍、本地录像播放、TTS中文语音播报、司机刷卡签到等功能。

2. 行车监控实现功能

车辆GIS监控功能。对上线营运车辆的运行情况进行全面、实时、直观监控，实现24小时监控，任一时间、地点均可查询行驶车辆的运行情况。

车辆视频监控。在监控中心和监控客户端可通过3G无线网络实现全部车辆的实时音视频监控管理。

场站视频监控。在监控中心和监控客户端可通过互联网监控全部停车场站的实时视频画面。

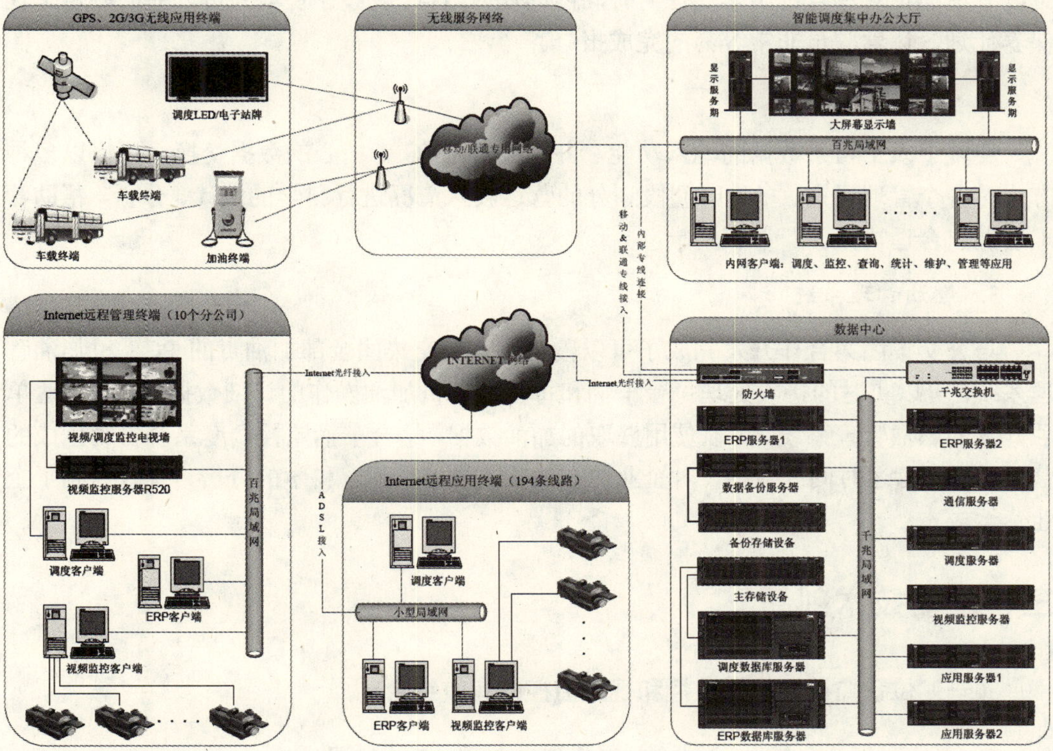

图1　八方达智能公交系统结构

车辆运营报警监控。在车辆的运营过程中，系统自动完整记录车辆发生超速、站点超时停车、越线行驶、甩站、运行大间隔等行驶信息。同时车载机具有车辆报警紧急自动提示功能，可使车辆在出现问题时能及时得到解决。

3．排班调度实现功能

计划排班管理。实现人员管理、车辆管理、计划排班管理（调度计划）。根据行车计划，线路车辆、人员配置等参数自动生成实际班次。

线路调度图功能。通过线路调度图，直观显示出在线车辆、当前运营车辆以及首末班停站车辆。

车辆调度实现。调度人员使用本系统，根据行车时刻计划和调度规则的要求，结合现场客流的实际情况，通过调整发车间隔，指定行车任务等方式，使线路运行符合客流规律、提高运输效率、实现车辆均衡满载。

（二）企业ERP系统

1．机务管理系统

实现了对车辆从开始使用到修理、保养、验车、最后报废的贯穿始终的数据管理。可以方便的记录和查询出车辆任何时间内的任何数据，能够让管理人员方便的制定车辆保养计划，让驾驶员非常容易的完成报修。

2．票务管理系统

实现了人工售票数据的输入功能，并完成了与IC卡中心的数据交换，可以以多种方式对多个管理级别、多种时间段划分的营运收入情况进行科学的统计、分析，帮助管理层做出合理决策。

3．燃油管理系统

与公交集团第合作开发完成了可以覆盖北京公交集团全部加油点的POS机加油管理系统，可以实时的接收处理每台车辆和每台加油机加油操作的详细数据。为八方达单独开发的燃油管理系统，可以使用获取的加油数据，结合车辆监控调度系统自动生成的营运千米、营运时间等数据，对企业的燃油成本做出准确、科学的分析，有效控制了企业营运成本。

三、主要技术创新

（一）位置监控、报警监控和视频监控的有效结合

将GPS定位、车辆行驶记录、车载视频监控3种设备的功能有效地结合为一体，全方位实现对车辆的监控。

（二）首次使用3G无线通信技术

国内智能公交行业首次使用了3G无线数据传输，实现了车辆移动视频的远程实时监控。

（三）调度信息接收使用TTS技术

调度信息的交互首次引入了TTS技术，将传统的文字显示模式改为语音报读模式，避免了调度信息对司机正常驾驶操作的干扰，监控调度系统的使用不再对安全生产造成影响，为系统的应用推广消除了不利因素。

四、应用情况和综合效益

（一）应用情况

全部车辆安装了智能车载终端，车辆监控调度系统在全部8个运营分公司的所有车

队和线路正常应用；场站视频监控在194个停车场站正常应用。

ERP系统的票务系统在100多条线路正常使用；机务系统在保修分公司正常应用，并在在3个营运分公司完成推广应用；燃油系统在1个分公司完成试点应用测试和推广应用。

（二）综合效益

通过监控司售人员行为、规范场站票务管理人员工作、杜绝司售人员违规等多种具体功能的应用，有效防止了票款流失。

通过规范车辆使用管理、提高车辆使用效率、提高人力资源使用效率、降低车辆维护成本、降低危机公关成本等多种应用功能体现，有效降低了企业运营成本。

车辆实现了准确的自动报站，车载视频监控提高了车内治安水平，配合位置监控的自动排班和远程实时调度可以合理的调整车辆间隔，发车站可以准确预报发车时间，这些都使企业的服务质量水平提升了一个极大的层次。

五、建设发展规划与展望

项目的后续发展规划主要体现在两个方面，一是随着车辆的更换，在2-3年内将所有车辆全部安装3G通信终端设备，并实现车内CAN总线的连接和数据应用；二是进一步完成企业ERP系统的建设，现在完成开发和测试的的部分要在2012年全部推广应用，同时物资、人力资源、企业OA等其他系统的开发和测试工作要尽快开始。

项目全部建设完成，可以完全实现八方达企业管理的信息化和自动化，保证企业的营运生产、安全、服务系统的正常有效运转。可以实现实现各营运公司的营运车辆的有效调配，保证线路营运车辆准点、均衡、有序运行，为广大市民提供好的出行服务；可以监督管理各种违规违章、违纪行为，保证车辆安全运行，及时有效处理安全事故，有力的保障企业年度战略目标。

（撰稿：姜延顺）

第五篇

产业篇

第一章

中国智能交通协会

中国智能交通协会常务理事会名单

理事长	
吴忠泽	中国智能交通协会理事长
副理事长	
何华武	铁道部总工程师
冯记春	原科技部高新技术发展及产业化司司长
赵玉海	科技部高新技术发展及产业化司司长
李江平	公安部交通管理局副局长
王凤武	原住房和城乡建设部城建司副司长
王笑京	交通部公路科学研究院总工
杨胜军	中国民用航空局人事科教司副司长
常务理事（以姓氏笔划排列）	
王　刚	北京市交通委科技处处长
王　炜	东南大学交通学院院长、教授
宁　滨	北京交通大学校长、教授
吕小平	中国民航局空中交通管理局原副局长
江运志	北京交科公路勘察设计研究院有限公司总工
江绵康	上海市交通信息中心主任
关积珍	北京四通智能交通系统集成有限公司董事长
严新平	武汉理工大学副校长
邹　平	北京市公安局公安交通管理局科信处处长
吴建中	中铁信息工程集团有限公司总经理
张　军	北京航空航天大学副校长、教授
张志宏	科技部火炬中心主任
张进华	中国汽车工程学会副秘书长
张遂征	北京宏德信智源信息技术有限公司董事长
杨东援	同济大学原副校长、教授
汪正胜	长安集团汽车工程研究院总工
陈志敏	国家奖励办公室副主任
陈维强	青岛海信网络科技股份有限公司总经理
陈红洁	上海电科智能系统股份有限公司董事长
武　平	科技部高新技术发展及产业化司处长
金茂菁	科技部高技术研究发展中心处长
俞春俊	公安部交通管理科学研究所所长
胡　宾	北京快通高速路电子收费系统有限公司总工
赵　航	中国汽车技术研究中心主任、研究员
康　熊	中国铁道科学研究院常务副院长、教授级高级工程师
谢　飞	中国汽车工程研究院有限公司副院长

中国智能交通协会理事单位名单

序号	单位名称
1	安徽博微广成信息科技有限公司
2	北京工业大学交通研究中心
3	北京航空航天大学
4	北京航天智通科技有限公司
5	北京宏德信智源信息技术有限公司
6	北京交科公路勘察设计研究院有限公司
7	北京交通大学
8	北京交通发展研究中心
9	北京九州联宇信息技术有限公司
10	北京快通高速路电子收费系统有限公司
11	北京理工大学电动车辆工程技术中心
12	北京全路通信信号研究设计院有限公司
13	北京市公安局公安交通管理局交通科研所
14	北京市交通信息中心
15	北京四通智能交通系统集成有限公司
16	北京四维图新科技股份有限公司
17	北京星通联华科技发展有限公司
18	北汽福田汽车股份有限公司
19	成都深港路通科技有限公司
20	东南大学交通学院
21	广东好帮手电子科技有限公司
22	高德软件有限公司
23	公安部交通管理科学研究所
24	广东联合电子收费股份有限公司
25	广州交通信息化建设投资营运有限公司
26	广州新软计算机技术有限公司
27	国家道路交通管理工程技术研究中心
28	国家智能交通系统工程技术研究中心
29	杭州市综合交通研究中心
30	华南理工大学智能交通系统与物流技术研究所
31	交通部公路科学研究院
32	交通运输部科学研究院
33	交通信息通信技术研究发展中心
34	普天和平科技有限公司
35	启明信息技术股份有限公司
36	青岛海信网络科技股份有限公司

续表

序号	单位名称
37	清华大学自动化系
38	清华大学汽车安全与节能国家重点实验室
39	上海电驱动有限公司
40	上海宝康电子控制工程有限公司
41	上海电科智能系统股份有限公司
42	上海汽车集团股份有限公司技术中心
43	上海市城市建设设计研究院
44	上海市交通信息中心
45	深圳市城市交通规划设计研究中心
46	深圳市金溢科技有限公司
47	水路公路交通安全控制与装备教育部工程研究中心
48	天津大学
49	同济大学智能交通运输系统（ITS)研究中心
50	武汉大学交通研究中心
51	武汉理工大学
52	武汉理工大学智能交通系统研究中心
53	浙江中控电子技术有限公司
54	中国北方机车车辆工业集团公司
55	中国城市规划设计研究院
56	中国第一汽车股份有限公司技术中心
57	中国交通信息产业杂志社
58	中国民用航空总局空中交通管理局
59	中国南方机车车辆工业集团公司
60	中国汽车工程研究院有限公司
61	中国汽车技术研究中心
62	中国人民解放军军事交通学院
63	中国铁道科学研究院
64	中国铁路通信信号股份有限公司
65	中山大学
66	中铁电气化局集团有限公司
67	中铁信息工程集团有限公司
68	中通客车控股股份有限公司
69	重庆长安汽车股份有限公司
70	安徽科力信息产业有限责任公司
71	深圳市易行网交通科技有限公司
72	广州华工信息软件有限公司
73	北京易华录信息技术股份有限公司
74	北京万集科技股份有限公司

中国智能交通协会专家委员会委员名单

主任		
黄　卫	新疆维吾尔自治区人民政府	院士、教授
委员（以姓氏拼音字母为序）		
顾怀中	南京市公安局交通管理局	高工
关积珍	北京四通智能交通系统集成有限公司	教授级高工
贾利民	北京交通大学	教授
江绵康	上海交通信息中心	教授级高工
李克强	清华大学	教授
廉玉波	比亚迪汽车公司	研究员级高工
刘小明	北京市交通委员会	教授
孙立军	同济大学	教授
王长君	公安部交通管理科学研究所	研究员
王　庆	东南大学	教授
王笑京	交通部公路科学研究院	研究员
吴　卫	中国汽车技术研究中心	研究员级高工
谢　飞	中国汽车工程研究院有限公司	研究员级高工
徐亚国	广州市公安局交通管理研究所	教授级高工
张　军	北京航空航天大学	教授
朱华荣	长安汽车（集团）有限公司	研究员级高工
朱　中	青岛海信网络科技股份有限公司	高工

中国智能交通协会专家委员会城市交通专业委员会成员名单

主　任		
关积珍	北京四通智能交通系统集成有限公司	董事长
副主任		
马　林	建设部城市交通工程中心	主　任
王　炜	东南大学	教　授
委　员（以姓氏拼音字母为序）		
陈红洁	上海电科智能系统股份有限公司	总经理
付长青	国家道路交通管理工程技术研究中心	主　任
郭继孚	北京交通发展研究中心	主　任
关志超	深圳市交通委交通运行指挥中心	总　工
顾承华	上海交通信息中心	高　工
黄建玲	北京交通信息中心	主　任
姜廷顺	大连交警支队	教　授
刘　新	青岛海信网络科技有限公司	副总经理
邵春福	北京交通大学	教　授
杨　琪	全国 ITS 标准化委员会	主　任
王家捷	安徽科力信息产业有限责任公司	董事长
杨晓光	同济大学	教　授
余　志	中山大学	教　授
张　毅	清华大学	教　授
张遂征	北京宏德信智源信息技术有限公司	董事长

中国智能交通协会会员单位名录

序号	单位名称	通信地址	邮编	电话
1	安徽博微广成信息科技有限公司	合肥市黄山西路605号民创大厦4楼	230088	0551-5319189
2	北京工业大学交通研究中心	北京工业大学交通研究中心	100022	010-67396460
3	北京航空航天大学	北京市海淀区学院路37号	100083	010-82338300
4	北京航天智通科技有限公司	北京市海淀区西直门北大街枫蓝国际中心A座1605	100082	010-62128888
5	北京宏德信智源信息技术有限公司	北京市海淀区西三环中路莲花苑华宝大厦12层1228房间	100036	010-68471762
6	北京交科公路勘察设计研究院有限公司	北京市海淀区花园东路15号旷怡大厦	100191	010-82010779
7	北京交通大学	北京海淀区西直门外上园村3号	100044	010-51688202
8	北京交通发展研究中心	北京市丰台区六里桥南路甲9号（首发大厦）A座	100055	010-57079808
9	北京九州联宇信息技术有限公司	北京市朝阳区安翔北里甲11号北京创业大厦B座501	100190	010-64830430
10	北京速通科技有限公司	北京市丰台区海鹰路1号2号院12层	100070	010-63947027
11	北京理工大学电动车辆工程技术中心	北京市海淀区中关村南大街5号	100081	010-68940589
12	北京全路通信信号研究设计院	北京市丰台区华源一里18号楼	100073	010-51865266
13	北京市公安局公安交通管理局交通科研所	北京市西城区阜成门北大街1号	100037	010-68398157
14	北京市交通信息中心	丰台区六里桥南里甲9号B座6层	100073	010-57079658
15	北京四通智能交通系统集成有限公司	北京海淀区皂君庙14号鑫三元写字楼5F	100081	010-62194622
16	北京四维图新科技股份有限公司	北京市朝阳区曙光西里甲5号北京凤凰置地广场A座写字楼16层	100028	010-82306399
17	北京星通联华科技发展有限公司	北京海淀区学清路8号科技财富中心B座1102	100192	010-82737172
18	北汽福田汽车股份有限公司	北京市昌平区沙河镇沙阳路	102206	010-80708888
19	成都深港路通科技有限公司	成都市洗面桥横街6号阳城大厦2单元1201	610041	028-85540762
20	东南大学交通学院	江苏省南京市四牌楼2号	210096	025-83795108
21	广东好帮手电子科技有限公司	佛山市山水区西南工业园C区	528133	0757-86166666

22	高德软件有限公司	北京市昌平区昌平科技园区昌盛路 18 号 B1 座	100080	010-84103699
23	公安部交通管理科学研究所	江苏省无锡市钱荣路 88 号	214151	0510- 85511965
24	广东联合电子收费股份有限公司	广州市越秀区白云路 27 号广东交通大厦 5 楼	510101	020-84203123
25	广州交通信息化建设投资营运有限公司	广州市天河区体育东路 108 号创展中心西座 1402 室	510405	020-38180318
26	广州新软计算机技术有限公司	广州市白云路 27 号广东交通大厦南座 15 楼	510101	020-83730474
27	国家道路交通管理工程技术研究中心	崇文区东兴隆街 56 号 6 层 B 段	100062	67022626
28	国家智能交通系统工程技术研究中心	北京海淀区西土城路 8 号	100088	010-82028595
29	杭州市综合交通研究中心	杭州市中河中路 275-1 号	310006	0571-87152926
30	华南理工大学智能交通系统与物流技术研究所	广州天河五山华南理工大学	510640	020-87114469
31	交通部公路科学研究院	北京市海淀区西土城路 8 号	100088	010-62079227
32	交通运输部科学研究院	北京市朝阳区惠新里 240 号	100029	010-58278412
33	交通信息通信技术研究发展中心	北京朝阳区安外外馆后身一号	100011	010-65293369
34	普天和平科技有限公司	北京市朝阳区将台路 5 号	100016	010-82055120
35	启明信息技术股份有限公司	长春市东风大街 2489 号	130011	0431-85904932
36	青岛海信网络科技股份有限公司	青岛市江西路 11 号海信研发中心 7 号楼 6 楼	266071	0532-80874666
37	清华大学自动化系	北京市海淀区清华大学自动化系	100084	010-62782189
38	清华大学汽车安全与节能国家重点实验室	北京市清华大学汽车工程系	100084	010-62788774
39	上海电驱动有限公司	上海市闵行区剑川路 953 弄 154 号	200240	021-64358622
40	上海宝康电子控制工程有限公司	上海市宝山区杨行工业园区锦富路 298 号	201901	021-51831088
41	上海电科智能系统股份有限公司	上海市武宁路 509 号电科大厦三层	200063	021-32557700
42	上海汽车集团股份有限公司技术中心	上海市嘉定区安研路 201 号	201804	021-61388990
43	上海市城市建设设计研究院	上海东方路 3447 号	200125	021-50890136
44	上海市交通信息中心	上海市徐汇区宛平南路 75 号 11 楼	200032	021-64048209
45	深圳市城市交通规划设计研究中心	深圳市罗湖区爱国路 3046 号惠民大厦 7 楼	518034	0755-83947519

46	深圳市金溢科技有限公司	深圳市南山区科技园北区清华信息港研发楼 A 栋 12 楼	510665	0755-26030388
47	水路公路交通安全控制与装备教育部工程研究中心	武汉市武昌区和平大道 1040 号	430063	027-86582280
48	天津大学	天津市南开区卫津路 92 号 9-305	302272	022-27403763
49	同济大学智能交通运输系统(ITS)研究中心	上海市曹安公路 4800 号同济大学校内	201804	021-69584674
50	武汉大学交通研究中心	武汉市珞瑜路 129 号武汉大学 P.O BOX C307	430079	027-68779405
51	武汉理工大学	武汉市武昌区和平大道 1040 号 125 信箱	430063	027-86582280
52	武汉理工大学智能交通系统研究中心	武汉市武昌区和平大道 1040 号 125 信箱	430063	027-86582280
53	浙江中控电子技术有限公司	杭州市滨江区六和路 309 号中控科技园	310053	0571-81118832
54	中国北方机车车辆工业集团公司	北京市丰台区方城园 1 区 15 号中国北车大厦	100078	010-51808076
55	中国城市规划设计研究院	北京市三里河 9 号	100037	010-58323101
56	中国第一汽车集团公司技术中心	长春市创业大街 1063 号	130011	0431-85788113
57	中国电信股份有限公司北京研究院	北京市西城区西直门内大街 118 号 509 室	100035	010-58552036
58	中国交通信息产业杂志社	北京亚运村汇欣大厦 A 座五层	100101	010-84990502
59	中国民用航空总局空中交通管理局	朝阳区东三环中路 12 号	100022	010-87786932
60	中国南方机车车辆工业集团公司	北京市海淀区西四环中路 16 号院 5 号楼	100036	010-51862017
61	中国汽车工程研究院有限公司	重庆市九龙坡陈家坪朝田村 101 号	400039	010-63324126
62	中国汽车技术研究中心	天津市河东区程林庄道天山路口	300162	022-84771621
63	中国人民解放军军事交通学院	天津市河东区东局子 1 号	300161	022－84657959
64	中国铁道科学研究院	北京市海淀区大柳树路 2 号	100081	010-51893204
65	中国铁路通信信号股份有限公司	北京市丰台区西四环南路乙 49 号	100071	010-51841408
66	中山大学	广州市海珠区新港西路 135 号中山大学东北区 312 栋	510275	020-84112683
67	中铁电气化局集团有限公司	北京市万寿路南口金家村 1 号院	100036	010-51846566
68	中铁信息工程集团有限公司	北京市海淀区首体南路 22 号国兴大厦 8 层	100044	010-51845656
69	中通客车控股股份有限公司	山东省聊城市建设东路 10 号	252000	0635-8322139

70	中咨泰克交通工程有限公司	北京北四环中路229号海泰大厦8层	100083	010-51726005
71	重庆长安汽车股份有限公司	重庆渝北区双凤桥空港大道589号	401120	023-67921021
72	安徽科力信息产业有限责任公司	中国安徽合肥黄山路628号	230088	0551-5338234
73	北京千方科技集团有限公司	北京市海淀区学院路39号 北航唯实大厦9层	100191	010-51691655
74	北京日立北工大信息系统有限公司	北京市朝阳区南磨房路37号华腾北搪商务大厦401室	100022	010-51908103
75	北京邮电大学计算机学院	北京市海淀区西土城路10号	100876	010-62281646
76	上海市城市综合交通规划研究所	上海市铜仁路331号11楼	200040	021-62890117
77	上海智合电子科技有限公司	上海市中山西路1919号B座411	200235	021-54992219
78	深圳市航盛电子股份有限公司	广东深圳市宝安区福永和平村福园一路航盛工业园技术中心	518103	0755-29776784
79	深圳市中盟科技股份有限公司	深圳市南山区海德三道天利中央商务广场C座30楼	518057	0755-26743399
80	沈阳聚德视频技术有限公司	沈阳市浑南新区高歌路2号第立信息园B座515室	110179	024-23921699
81	北京握奇智能科技有限公司	北京市朝阳区首都机场路万红西街2号燕东商务花园	100015	010-64722288
82	上海遥薇实业有限公司	上海市杨浦区黄兴路1675号五角场科技大厦4楼	200433	021-39199523
83	智能交通网	北京市海淀区阜成路甲28号新知大厦1826	100142	010-88893800
84	南京多伦科技有限公司	南京市江宁区科学园天印大道1555号	211112	025-52168888
85	北京交大科技孵化器有限公司	北京市海淀区高粱桥斜街44号一区科教楼1006室	100044	010-51686441
86	上海慧昌智能交通系统有限公司	上海市徐汇区桂平路555号45号楼	200233	021-64857700
87	上海经达实业发展有限公司	上海市建国西路285号科投大厦11层	200031	021-64452140
88	中国软件评测中心	北京市海淀区紫竹院路66号赛迪大厦12层	100048	010-88559301
89	惠州亿纬锂能股份有限公司	广州省惠州市仲恺高新区亿纬工业园	516006	0752-2610503
90	杭州立讯科技有限公司	杭州市莫干山路256号墅园大楼6楼	310005	0571-88826959
91	广州市埃特斯通讯设备有限公司	广东省广州市萝岗区永和经济开发区华峰路5号	511356	020-32677255
92	无锡物联网产业研究院	江苏省无锡市震泽路18号	214135	0510-81156953
93	中国移动通信集团辽宁有限公司	中国辽宁沈阳市浑南新区新隆街6号	110179	13889888988

94	深圳市易行网交通科技有限公司	深圳市福田区车公庙福安大厦三楼	518040	0755-83135079
95	四川省集创科技有限责任公司	成都市青羊区西华门街17号天府中心1012	610000	028-86639999
96	四川川大智胜软件股份有限公司	成都市武科东一路七号	610045	028-85372612
97	安徽汉高信息科技有限公司	安徽省合肥市高新区天达路71号华亿科学园E1座302/402	230088	0551-5397930
98	山东云锦成智能科技有限公司	山东省东营市东营区西五路765号（西五路与黄河路交汇处向南500米路东）	257000	0546-7777765
99	哈尔滨优先泊车管理有限公司	黑龙江省哈尔滨市司徒街101号	150036	0451-58957187
100	北京文通科技有限公司	北京市海淀区北四环西路9号银谷大厦1609	100190	010-62800286
101	爱立信（中国）通信有限公司	北京市朝阳区利泽东街5号爱立信大厦	100102	010-84769110
102	北方工业大学	北京市石景山晋元庄路5号	100144	010-88802226
103	固力保安全系统（中国）有限公司	上海淮海中路222号力宝广场1802-1803单元	200021	021-54662978
104	石家庄优创科技股份有限公司	石家庄市新华路159号华泰家园都市名苑E座	050000	0311-85271030
105	万达信息股份有限公司	上海市联航路1518号	201112	021-24178888
106	北京远特科技有限公司	北京朝阳区东四环北路88号院甲8号楼	100025	010-52820999
107	青岛依鲁光电显示有限公司	青岛市城阳区青威路南头流亭立交桥北	266108	0532-89087078
108	北京易华录信息技术股份有限公司	北京市石景山区阜石路165号中国华录大厦	100043	010-52281134
109	广州华工信息软件有限公司	广州科学城科汇金谷二街13栋8层	510663	020-22033993
110	辽宁奇辉电子系统工程有限公司	沈阳市铁西区建设东路43号和谐大厦A座2409室	110021	024-62057826
111	四川迈思特智能交通工程有限公司	四川成都高新区紫荆西路元华一巷6号	610041	028-81518399
112	上海美慧软件有限公司	上海市四川北路2261号嘉兰大厦12层	200081	021-56662788
113	北京万集科技股份有限公司	北京市海淀区上地东路1号赢创动力E座601	100085	010-51655012

114	大唐移动通信设备有限公司	北京市海淀区学院路29号	100083	010-58832000
115	北京金鸿泰科技有限公司	北京市海淀区大柳树富海中心4号楼608	100081	010-62130303
116	航天科技控股集团股份有限公司	北京市丰台区海鹰路1号海鹰大厦15层1510室	100070	010-83636065
117	上海博康智能网络科技有限公司	上海市徐汇区虹漕路456号光启大厦18-20层	200233	021-33637763
118	江苏盛天交通科技有限公司	江苏省常州市武进区科教城天鸿楼十楼1005室	213164	0519-89191760
119	深圳市凯达尔科技实业有限公司	深圳市南山区西丽同沙路168号凯达尔集团中心大厦A座23层	518055	0755-33286333
120	北京金地汇通停车服务有限公司	北京市丰台区南四环西路188号总部基地6区7号楼	100070	010-68986970
121	中兴智能交通（无锡）有限公司	北京市海淀区西三环北路89号中国外文大厦A座603室	100089	010-51261806
122	广东省智能交通协会	广东省广州市中山二路3号粤运大厦22A	516001	020-37620330
123	北京航天福道高技术股份有限公司	北京市海淀区闵庄路3号玉泉慧谷21号	100195	010-88850715
124	普天新能源有限责任公司	北京市海淀区北二街6号10层	100080	010-62683240
125	莱茵检测认证服务（中国）有限公司	北京市朝阳区中路乙10号艾维克大厦707室	100022	010-65666660

国家智能交通产业技术创新战略联盟单位名录

单位名称
中国智能交通协会
北京千方科技有限公司
北京航天航空大学
北京宏德信智源信息技术有限公司
北京市交通信息中心
北京四通智能交通系统集成有限公司
重庆长安汽车股份有限公司
东南大学
青岛海信网络科技股份有限公司
同济大学
中国汽车工程研究院有限公司
中国汽车技术研究中心
中山大学
清华大学
上海市交通信息中心
北京交通大学

第二章

智能交通行业主要企业发展

中国智能交通系统（控股）有限公司
China ITS(Holdings) Co.,Ltd.

中国智能交通系统（控股）有限公司

中国智能交通系统（控股）有限公司（China ITS（Holdings）Co.,Ltd 简称 CIC，港股：1900，HK），是中国领先的智能交通系统技术解决方案及服务提供商。

CIC 专注于中国智能交通系统的建设发展，在公路、铁路、民航、城市交通以及智慧城市等领域为客户提供智能交通系统整体解决方案、专业解决方案及增值运营服务，是中国唯一一家横跨多个交通领域、提供多种业务模式的智能交通高科技企业集团。

CIC 致力于成为中国 ITS 发展的领航者，在铁路、高速公路、城市交通、民航以及智慧城市等领域积极推进业务发展。CIC 开展的整体解决方案、专业解决方案、增值运营服务三种业务模式，全面覆盖智能交通系统价值链，协同发展，互为促进和推动。

CIC 通过产业和资本的紧密结合、行业的高度专注、业务的深度整合来发挥协同效应，旨在中国智能交通领域确立其不可复制的独特优势。经过十余年的发展与整合，集团旗下汇聚了 30 多家各具独特优势的智能交通专业技术公司和品牌企业，覆盖全部交通运输行业和智能交通系统各个专业领域。

CIC 总部位于北京，并在全国设立多家分支机构、研发机构和生产基地，业务遍及中国 30 个省、自治区、直辖市及部分海外市场。CIC 在行业内率先通过 ISO9001、ISO14001、GB/T28001、ISO27001 管理体系认证和 CMMI 3 认证，建立了全方位的工程管理与运维体系、信息化管理平台、供应链管理平台和内控体系。CIC 现有员工 600 余人，团队核心成员拥有 10 年以上行业从业经验，本科以上学历员工超过 80%，已形成一支市场开发、技术研发、项目管理、运营维护与业务支持的多层次复合型团队。

作为中国智能交通行业发展的参与者和见证者，CIC 紧紧把握住快速增长的市场机遇，凭借雄厚的实力和良好的信誉，取得了良好的经营业绩，奠定了在中国智能交通行业的领军地位。2009 年，CIC 在中国高速公路智能交通系统整体及专业解决方案、铁路专业有线及无线通讯解决方案市场中的占有率居首位，其中高速公路项目遍布全国 29 个省、自治区、直辖市。CIC 先后荣获“国家科技进步一等奖”、“鲁班奖”、“詹天佑奖”、“中国公路学会科学技术奖特等奖”等多项国家、行业大奖。

唯信至高，唯勤至远， 唯新至强，唯才至胜。CIC 将始终以客户需求为导向，以创新为支撑，持续推进发展智能交通产业。

地址：北京市朝阳区东三环中路 1 号环球金融中心西塔 17-18 层　　邮编: 100020

电话：+86-10-59330088　　传真：+86-10-59330999　　网址：www.its.cn

SITS 北京四通智能交通系统集成有限公司

北京四通智能交通系统集成有限公司（Beijing STONE Intelligent Transportation System Integreation Co,LTD，简称 SITS）成立于 1999 年，是国内最早致力于 ITS 发展的专业公司之一。

公司面向交通运输领域提供服务，以积极稳健的作风在实践中发展，具备优良的专业素质，是北京市道路交通管理部门的主要合作单位之一，与国内外交通运输领域的相关单位建立了紧密的合作关系。公司长期专注智能交通行业，特点突出、方向明确，在 ITS 领域取得了一系列突出业绩，成为我国 ITS 领域颇具影响力的专业公司。公司主导业务包括：智能交通系统集成、交通工程技术服务、交通专项产品经营、交通信息化。

公司以专业团队、创新技术和完善服务构建核心竞争力，具有以下综合优势：

- ❑ 扎实的交通工程专业基础，对交通运输业务运营和管理的充分了解，专业化、长期的技术服务支持。专业化的 ITS 综合集成涉及和实施能力。
- ❑ 智能化交通管理和智能化交通信息服务领域成熟经验和雄厚技术工程实力，动态交通信息采集、处理（分析）、发布系统建设的优良业绩和工程基础。
- ❑ 交通违法监测、交通诱导、信息资源整合等专业创新的技术、完善的软硬件产品、全面的系统解决方案。

SITS 在多年的发展中，实施了多项国内 ITS 领域具有代表意义的项目，形成了雄厚的专业技术积累。公司主持和参与近 30 项包括 973、863、支撑计划等在内的国家及北京市的 ITS 科技项目，参与多项标准制定，形成大批自主创新产品、产品专利等知识产权成果。“城市交通拥堵的形成机理与疏解方法研究”获北京市科技二等奖，“道路交通流信息采集、处理分析、发布系统”获北京市科技三等奖，“道路交通智能化诱导系统成套技术装备”获首届中国智能交通协会科技一等奖。

公司注重综合素质的提高，取得多项相关的专业资质，是多个全国性行业、学术团体的成员。公司是中国智能交通协会常务理事单位、国家智能交通产业技术创新战略联盟理事长单位、中国光学光电子行业协会副理事长单位、LED 显示应用分会理事长单位。公司积极关注和推动交通领域的学术交流和技术发展，是中国交通运输系统工程学会、北京交通工程学会等学术团体的主要支持单位，并协办《交通运输系统工程与信息》、《道路交通安全》等交通专业刊物。公司在专业技术、专项服务、推动行业发展等方面贡献突出，多次获得有关部门的嘉奖。

北京四通智能交通系统集成有限公司积极进取，坚持**“创新、专业、持久、完善”**的质量方针，倡导学习的整体理念。公司愿与国内外同行携手合作，共同推进智能交通的发展。

地址：北京市海淀区皂君庙 14 号鑫三元写字楼 5F　　邮编：100081
电话：010-62128800　　传真：010-62124578　　网址：www.sits.com.cn

上海电科智能系统股份有限公司

上海电科智能系统股份有限公司是国内最早从事智能交通业务的单位之一，通过长期坚持不懈的努力，如今已成长为国内智能交通行业领先的解决方案提供商和系统集成商，业务领域包括城市智能交通、高速公路三大系统、隧道桥梁机电工程、轨道交通工程以及数字水务工程等；业务范围涵盖咨询设计、系统集成、工程实施、技术研发、软件编制、产品制造及运维服务；业绩遍及国内二十余个省份。公司拥有国家建设部、交通部颁发的多项一级资质证书，设有多个国家和省部级重点实验室和工程技术中心，是国家级高新技术企业和软件企业。

公司由原科研院所转制而来，一贯注重行业前沿科技的研究开发；在长期的市场历练中，在密切关注和充分满足用户需求的基础上，注重将先进的科研成果转化为生产力，注重周到细致的专业服务。目前已形成了科研开发与成果产业化两支优秀的人才队伍，汇聚了交通工程、计算机、自动化等众多专业人才，其中享受国家政府津贴者 3 名，国家一级建造师 18 名、上海市优秀学科带头人 4 人；并设立由四十余名高素质优秀专业人才组成的企业研究院，专门从事核心技术创新研发及工程技术保障服务。公司承担了包括国家“863”计划、国家科技支撑计划在内的多项重点科研任务，科研成果荣获国家科技进步奖一项以及省部级科技进步奖十余项；历年累计荣获省部级市政工程金奖二十余项。公司团队相继多次荣获上海市劳动模范集体称号、上海市五一劳动奖状等荣誉。近三年来，累计产值近 16 亿元，2011 年产值 6.4 亿元。

公司专注于城市智能交通业务拓展，主持研发和建设的上海世博智能交通系统，有效解决了 2010 年上海世博会召开期间的交通管理难题，并在世博会后持续实现了长效的交通管理效益和交通信息服务效益，成为上海市城市智能交通建设和管理取得阶段性成果的重要标志；也成为国内乃至世界城市交通智能化管理的成功案例，其成就得到社会各界一致好评，并受到中共中央、国务院的表彰。

2011 年，公司在已取得成绩的基础上，更上层楼、再接再厉，积极将世博智能交通系统关键共性技术进行提炼和推广应用，并不断改进、完善省市级交通综合信息平台以及应用服务平台、道路交通信息采集处理发布系统、公安图像综合应用平台、公安交通集成指挥调度系统等专业业务关键技术和系统应用服务，并在全国各地开设分支机构，建立高效运转的市场营销体系，积极开拓国内市场。公司紧密结合当地独特的交通组织管理现状和需求个性，为用户定制开发相应的城市交通管理系统，已分别为国内规模各异的大、中、小型城市定制开发了交通管理控制系统，取良好应用成果；其中具有代表性的成果包括：成都市智能交通指挥系统、无锡市智能交通设施管理平台、江阴市交通信息采集诱导发布系统等；实现了世博交通关键共性技术推广应用的初步成果。为本企业，乃至整个智能交通行业的未来发展打下了良好基础。

上海电科智能系统股份有限公司是一家具有优良传统、富有创新能力、用心服务用户的优秀企业，致力于通过领先行业的专业技术和优质周到的专业服务，打造智能交通领域卓越品牌，引领我国智能交通行业发展。

浙江网新智能技术有限公司

浙江网新智能技术有限公司（以下简称网新智能）是浙大网新集团有限公司与网新中央创新研究院共同投资下创建的创新型高科技公司。浙大网新集团由中国工程院院士、浙江大学前任校长潘云鹤先生创建于 2001 年 6 月，已形成了包括 IT 服务、机电总包、城市建设服务三大业务单元的多元化经营格局，旗下拥有浙大网新科技股份有限公司（在上海证券交易所挂牌上市，代码 600797）、浙江众合机电股份有限公司（在深圳证券交易所挂牌上市，代码 000925）和浙大网新兰德科技股份有限公司（在香港交易所挂牌上市，代码 08106）等多家上市公司，2011 年资产规模与合同规模均超过百亿元，拥有员工近万名。

网新智能秉承“专注于客户的挑战和期望，提供卓越的智能解决方案和服务，持续实现客户价值最优化”的战略使命，致力于打造物联网领域的创新引擎和产业化阵地。基于传感器技术、传感网络技术、控制技术、信息识别技术、信息处理技术和信息系统技术等多项核心技术的突破和自主知识产权积累，网新智能致力于成为优秀的智能交通领域高端设备供应商和核心系统解决方案提供商。

网新智能拥有富有经验和实力的物联网研发团队，从“智能服务社会”的愿景出发，以国家战略、社会发展需求为导向，构建基于物联网、传感网技术的物联网应用平台，全方位提升交通及更多领域的发展；帮助不同地区的人们更加智慧、更加绿色的应对全球挑战，享受城市化、智能化进程中的巨大利益。在智能交通领域，通过提供以高性能智能传感器、传感网络为核心和以标签数据服务为核心的物联网综合解决方案，已取得在高速列车智能化行业的突破性进展，在航运船舶领域抓住新的突破点，并向轨道交通、高速公路、智慧城市、智能电网、科技地产等方向稳步拓展。

网新智能坚持“成就客户、开放进取、精诚合作、睿智创新”的核心价值理念，依托产学研平台，推进技术创新与商业模式创新，力争经过五年的发展，成为创新产业中的领先企业，企业价值超过 200 亿元。在智能化的时代，网新智能凭借自身的经验和能力，与中国交通行业及物联网领域一起抓住历史的机遇，实现智能信息的网络化，利用更透彻的感知和度量、更全面的互联互通和更深入的智能化实现企业内部及合作伙伴之间的信息互联与共享。

三大技术战略：

以高性能智能传感器、传感节点、传感信息处理为核心的传感网综合解决方案；

以标签数据服务为核心的物联网综合解决方案；

以产品研发流程优化管理为核心的管理软件服务解决方案。

北方工业大学城市道路交通智能控制技术北京市重点实验室

北方工业大学城市道路交通智能控制技术北京市重点实验室依托北方工业大学智能交通系统研究所、交通控制产品检测中心和控制科学与工程一级学科开展城市道路交通信号控制领域的相关研究、开发、设计和集成应用，是北京地区唯一一所以城市交通控制为特色的北京市重点实验室，在交通复杂系统建模与控制、异构交通信号系统融合控制、多源交通信息感知与交互处理、广域交通信号监控系统等方面具有鲜明的研究特色。

重点实验室目前有教授 16 人、副教授（博士后）25 人，专职工程技术人员 16 名，博士硕士 20 人；北京市高层次人才 3 人，北京市有突出贡献专家 1 人，全国优秀教师 1 人。三个团队分别被遴选为“智能交通系统北京市学术创新团队”(2005)、“基于知识发现的模糊专家系统北京市学术创新团队”(2006)和 “网络化控制北京市学术创新团队”(2007)。

近 5 年来，重点实验室承担了国家 863 项目、国家科技支撑项目、国家自然科学基金项目等在内的 50 多项国家级和省部级科研任务、出版交通控制学术专著 2 部，获得国家发明专利 19 项、软件著作权 22 项。其中，“公安交通紧急事件快速反应系统”(2006)、“机动车动态监控监管关键技术及应用”（2010）获国家科技进步二等奖、 “交通信号控制远程托管中心系统”(2010)获大连市科技进步一等奖、 “长安街交通信号控制系统” (2010)获北京市科技成果三等奖，在城市道路交通智能控制领域取得了卓越的研究成果。

重点实验室现建有国内领先的城市道路交通控制研究平台 13 个，协助北京市交管局完成相关技术和产品实验、配合公安部第一研究所实施智能交通设备检测、与 SIEMENS ITS 签订战略合作框架协议。自 2007 年以来，重点实验室承担了“北京奥运交通中心区 SCOOT 系统”、“建国 60 年长安街信号控制系统改造”、“北京市智能交通系统三年规划项目交通信号系统改造”、“北京市大兴区交通监控系统工程设计”等重大

科研项目的研究设计和工程任务；在自适应交通信号控制系统、交通信号控制装备、图像识别和综合视频检测技术、动态交通系统评估、交通控制工程等领域相继研发了一系列交通软硬件产品，其中：北京市智能交通综合管控平台完成北京市多个异构交通信号控制系统的接入与融合，交通控制远程托管中心系统实现了广大中小城市的远程交通系统控制，为北京、南京、大连、厦门等城市的交通建设和社会民生做出了重要贡献。

北方工业大学城市道路交通智能控制技术北京市重点实验室将以前瞻的理论和技术创新为支撑、以研发具有我国自主知识产权的城市智能交通系统和产品为核心，以引领国内智能交通控制技术发展为己任，通过领先的技术和研发实力、完善的设计和解决方案，打造我国智能交通领域的卓越品牌！

北京千方科技集团有限公司

北京千方科技集团有限公司（简称：千方集团）始创于2000年，主要从事交通行业信息化、智能化建设和服务，拥有从交通信息化项目建设，到交通信息采集、处理、发布和运营的完整产业链及成熟的运营管理、服务模式。千方集团致力于成为中国领先的智能交通产品和解决方案提供商、最优秀的车联网运营商。

千方集团立足交通运输信息化行业，坚持自主创新。公司成立十余年来，坚持遵循产业链整合推动“技术创新”，产学研用相结合带动“产品创新”，用户需求驱动“应用创新”的原则，已拥有百余项专利及软件著作权，并有幸成为中关村国家自主创新示范区首批“十百千工程”重点培育企业，中关村国家自主创新示范区核心区重点创新型企业，北京市经信委“四个一批”工程重点培育企业。千方集团连年承担了“十五”、“十一五”、“十二五”国家科技支撑计划项目，主持参与了多项国家“863”计划专项，不仅在业内建立起了良好的口碑及声誉，而且获得了多个国家级、省部级奖项。

随着中国交通运输行业的高速发展，千方集团连续多年保持销售收入50%以上的高增长率，荣膺德勤“高科技/高成长中国50强”，荣获福布斯“2011最佳中小上市企业”、“2011中关村高成长企业TOP100”评委会突出贡献奖等荣誉。

历经十多年的积累和沉淀，千方集团在智能交通领域已拥有成熟、完整的解决方案和丰富的运营管理经验，其中包括交通应急指挥系统、交通数据资源整合与服务系统、高速公路不停车收费系统、交通综合管理智能平台、交通枢纽综合管理平台、轨道交通PIS系统以及高精度客流量检测系统等在内的多项自主研发系统（产品），已成功应用于全国多个省、市、自治区以及奥运会、国庆六十周年庆典、世博会、深圳大运会等大型社会活动。

千方集团建设的高速公路机电工程覆盖全国近30个省份，累计建设里程占全国高速公路通车总里程的20%，为高速公路机电工程建设领域领军企业。

千方集团以积极推动中国道路运输行业的科学发展、规范管理、高效运行为己任，致力于综合交通信息运营服务平台的核心技术研发和高品质服务运营。通过大力发展卫星定位、汽车后服务及物流服务等主营业务，公司将持续开发更多的应用平台，从根本上提升行业的科学管理能力和服务保障水平，推动中国车联网产业的发展。

千方集团为公众出行提供全面的动态交通信息服务，以持续提升出行舒适度、改善交通拥堵、提高环境质量。通过旗下“掌城网”、“路况通”、“掌行通行人导航”等产品和新一代智能交通信息服务平台，向公众提供实时路况信息，制定出行路线规划，提供环保驾驶建议。

千方集团以“让交通更便捷，让运输更高效”为使命，以缓解交通拥堵，推动智能交通产业发展为己任，在今后的发展中将坚持自主创新，团结上下游企业，以拉动产业链并实现共赢为目标，努力发展成为信誉优良、技术领先、服务优质的具有强大竞争力和强烈社会责任感的企业，为中国交通运输行业的健康发展贡献力量！

博康智能网络科技股份有限公司

博康智能作为博康集团的实业旗舰，是中国领先的智慧安全及智慧交通专业解决方案提供商，为政府、公安、机场、城市交通、公交运营管理等专业领域客户提供以物联网智能感知技术为核心的智慧安全和智慧交通专业解决方案。多年来，先后参与了香港回归、50 周年国庆、APEC 会议、北京奥运、60 周年国庆阅兵、上海世博、深圳大运会等多项国家及各大城市的重点项目建设，以骄人的业绩赢得用户、专家、业界乃至政府机构的首肯。企业一直以来保持持续、快速增长，更是迎来了深创投、浙江红土、英特尔资本的战略投资。

坚持自主创新是博康智能发展的源动力。公司总部及研发中心位于上海，并在北京、深圳设有全资子公司。自 1995 年创立以来，博康智能一直专注于智慧安全和智慧交通产品的自主研发，从基于标清/高清图像监控的系统解决方案、到基于高清视频的智能应用系统解决方案以及公交运营智能调度系统解决方案的推出，始终把握着产品和技术的正确战略方向。不断探索创新，使得博康智能的市场定位和营销策略更加精准，企业的成长目标更加明晰。

经过十余年的市场磨砺，博康智能坚持贴近客户需求、服务客户需求的市场路径，秉承为客户创造价值、与客户实现共赢的愿景，凭借自身不断积累的深厚资源和对产业发展方向的准确把握，获得了迅猛的发展，在一些专业领域已经逐步树立了自身的行业龙头地位。

“智慧引领视界”，正是在智慧的引领下，博康智能坚持走专业专注、自主创新、合作共赢的道路，开辟了一个“实业+资本、专业领域信息化+专业领域”价值链整合的全新视界。相信经过下一个十年的辛勤耕耘和不断积累，智慧将把博康引领到一个更高、更远、更加广阔的新视界！

第三章

智能交通典型产品和应用工程

异构交通信息系统互操作平台

北京宏德信智源信息技术有限公司

一、概述

异构交通信息系统互操作平台主要由互操作服务系统和互操作管理系统构成，用于整合分布、异构的各类信息系统，为接入的信息系统提供数据共享交换和应用服务支撑；为加强信息资源管理，提升信息资源和应用系统的效能，实现跨部门、跨地域和跨行业的信息复用、信息流转、业务协同提供了安全、可靠、高效、易用的功能支撑。

二、系统构成

异构交通信息系统互操作平台主要由互操作服务系统和互操作管理系统构成。见图1所示。

图1　异构交通信息系统互操作平台设备

互操作服务系统依托嵌入式操作系统（Linux）、嵌入式数据库管理系统和内置Web服务环境，提供对数据库（包括Oracle、DB2、Sybase、SQL Server、MySQL等）、文件和应用系统等类型的互操作对象的互操作支持，并对互操作平台及互操作任务的运行状态进行自动监控。运行状态监控符合信息与应用资源监控管理系统（iARMS）接入规范，实现对互操作平台及其互操作任务的自动监控和集中管理。

互操作管理系统依托互操作服务系统中内置的Web服务环境，采用浏览器方式运行，用于为互操作平台提供系统管理、互操作管理、运行状态监控、互操作业务统计、日志管理等支持功能，接受互操作平台管理员对互操作服务系统及互操作对象的管理操作。

异构交通信息系统互操作平台的总体框架图示如图2所示。

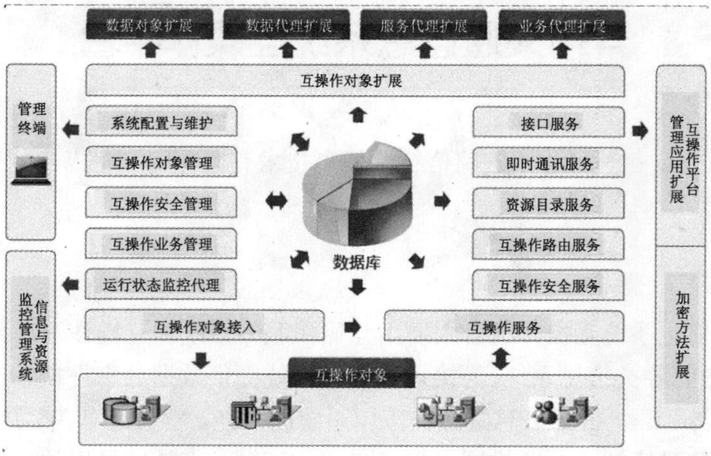

图 2　异构交通信息系统互操作平台的总体框架

三、主要功能

- **信息交换**　两个和多个互操作信息源（互操作对象）之间按照互操作策略定义进行业务信息自动交换。在信息交换过程中，可以对数据进行抽取、转换、合成与清洗。
- **信息共享**　为接入的业务信息系统提供统一的接入与数据访问接口，为业务信息互操作提供请求与服务路由通道，按照业务管理和授权要求，读取和应用互操作对象中的数据。
- **信息集成**　连接多个信息源，为业务或应用系统提供统一、组合的信息访问服务。
- **服务共享**　互操作对象之间按照要求和授权，为对方业务和应用系统提供统一的服务功能支持。
- **服务集成**　连接多个服务源，为业务或应用系统提供统一、组合的服务功能和业务组织支持。
- **负载均衡**　为接入互操作平台的分布式存储和分布式计算提供基于代价和效率的负载分配与互操作服务支持。

四、系统特点

- 采用浏览器方式进行管理操作和高度集成化的管理功能，使管理操作简单、应用方便。
- 灵活的扩展能力。提供规范的互操作对象、互操作安全（包括身份认证、数字签名、数据加密和访问控制）扩展接口和扩展模板，可以根据用户系统的实际情况和需要进行扩充，支持安全互操作。

- ❑ 强大的适应能力。支持互操作业务描述语言，用于对互操作业务进行描述，可实现对复杂的异构系统互操作业务逻辑进行表达。
- ❑ 丰富的应用模式。支持简单互操作、对称互操作和分级互操作三种运行模式，可适应分布式、管理自治等异构信息系统互操作要求，自动完成互操作路由生成与管理、互操作授权与审核、互操作访问控制与身份认证、互操作数据加密与传递、互操作任务一致性控制等功能。支持跨域互操作。
- ❑ 有效的可靠性保障。提供对网络接口、内置存储、服务器主机的冗余配置支持，可采用热备和并发方式运行，当主通道、存储和服务器故障时，互操作业务可由冗余配置自动接替。
- ❑ 可靠的安全保障。集成身份认证、访问控制、数字签名和数据加密等安全功能，保证异构系统互操作安全。
- ❑ 运行状态动态监控。运行状态监控符合信息与应用资源监控管理系统（iARMS）接入规范，可实现集中管理和自动监控。

五、典型案例

在国家支撑计划项目“重特大道路交通事故综合预防与处置集成技术开发与示范应用”中的“交通安全信息集成与应用服务平台”建设中应用，为交通安全业务主管部门提供跨部门交通安全数据集成服务。在北京市“城市运行保障和应急抢险车辆卫星定位管理物联网应用示范工程”中用于集成 12 个委办局的车辆运行状态数据，并为各委办局应用系统接入提供统一的接入服务。

交通状态传感网络系统

北京宏德信智源信息技术有限公司

一、概要

交通状态传感网络系统是国家高技术研究发展计划（863 计划）课题“交通状态获取的新型传感器、传感网络优化与融合（课题编号：2006AA11Z231）”和课题“网络化动态交通信息获取与交互技术（课题编号：2011AA110301）”的研究成果。

交通状态传感网络系统主要由交通状态检测器（感知节点）、接入节点、汇聚节点和中心节点构成，用于实时获取车辆、设施和环境等交通信息，如车型、车速、流量、占有率、平均延误、排队长度、温湿度、照度等，能够为交通优化控制、交通服务诱导和交通应急监管等提供全面的实时交通信息支持。

交通状态传感网络系统可广泛应用于城市交通管控与诱导、停车场智能管理、道路交通监控、交通枢纽管控等多种场合，为缓解交通拥堵、提高交通效率和通行能力等服务。

二、系统构成和主要特点

交通状态传感网络系统用于实时获取交通状态数据，主要由交通状态检测器（感知节点）、接入节点、汇聚节点和中心节点构成如图 1 所示。

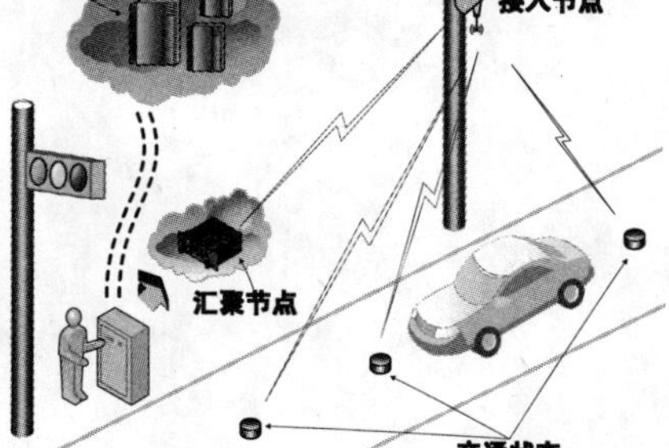

图 1　交通状态传感网络系统构成

1. 交通状态检测器

交通状态检测器（感知节点）是用于感知实时交通车辆信息的专用传感器，按车道部署，可以获取车辆密度、排队长度、道路占有率、车流量、车速以及车型、车重等信息，主要功能包括车辆状态检测、无线组网以及基于传感网络的交通流参数。交通状态检测器外观如图 2 所示。

产品特点：

- ❑ 提供平均速度、车头时距、道路占有率、排队长度、车辆流量和车型统计等交通状态数据；
- ❑ 利用传感网络进行高效的无线数据传输；
- ❑ 极低功耗，电池供电 3～6 年，极大程度地降低了维护开销；
- ❑ 极小的破路面积，易于安装；
- ❑ 适用范围广，各种应用场景包括城市道路、停车场、车库、桥梁、收费站、机场、体育场等，可与电子警察、卡口、信号机、视频监控等设备和系统互联等。

图 2　交通状态检测器外观

2. 接入节点

用于将感知节点（检测器）采集的交通状态数据通过无线（或）有线方式传送给汇聚节点，如图 3 所示。接入节点布设于路旁，与检测器、汇聚节点之间采用无线方式通信（与汇聚节点之间还可采用有线方式通信）。当感知节点与接入节点之间的距离超过无线传输的有效距离时，可通过中间部署接入节点扩大无线传输范围；当用两个检测器联合精确检测车速时，用于计算并输出单车车速。

产品特点：

- ❑ 无线传输：可动态组网，具备至少 50M 感知节点无线接入、100M 接入节点无线转发的可视范围；
- ❑ 实时监控：对感知节点（检测器）工作状态、能量状态以及健康状态进行实时监控、报警；
- ❑ 时间同步：为联合检测车辆状态的感知节点提供高精度的同步时钟。
- ❑ 设备扩展：提供标准扩展接口，可接入其他交通状态感知节点设备（如温湿度传感器、结冰点检测、能见度检测、噪声检测等）。
- ❑ 太阳能供电支持：可选太阳能方式供电。

图 3　接入节点

3. 汇聚节点

连接接入节点将感知节点（检测器）采集的交通状态数据传送给中心节点或互联的其它设备和系统，如图 4 所示。汇聚节点通过 IP 网与中心节点相连，向中心节点传送检测和融合的交通参数。

图 4 汇聚节点

产品特点：

- ❑ 可根据交通状态数据融合要求，生成并输出路口、路段级交通参数；
- ❑ 可对交通状态传感网络中的接入节点和感知节点进行配置和管理；
- ❑ 可动态监控交通状态传感网络中的接入节点和感知节点(检测器)的运行状态，便于及时发现和排除接入节点和检测器运行故障（或更换）。
- ❑ 传感网络运行状态动态监控支持信息与应用资源监控管理系统（iARMS）接入规范，实现所有运行状态的自动监控和集中管理。

4. 中心节点

布设于交通指挥中心或交通数据中心，用于连接所有的汇聚节点，实现对交通状态传感网络系统进行整体管理、向交通指挥（或管理）相关系统提供实时交通状态数据等功能。中心节点是一个软件系统，除提供检测数据的清洗入库和访问接口（API）外，还具有负载均衡、多机集群和安全防护等功能，以解决大规模交通数据采集入库和区域交通状态数据融合处理的计算能力需求和安全防护问题。

三、应用领域

交通状态传感网络系统可广泛用于城市交通管控与诱导、停车场智能管理、道路交通监控、交通枢纽等多种场合，为缓解交通拥堵、提高交通效率和通行能力等服务。

北京市公安交通秩序业务管理系统

北京四通智能交通系统集成有限公司

一、系统概要

北京市公安局公安交通管理局阿交通秩序业务管理系统是北京四通智能交通系统集成有限公司综合应用现代通信技术、计算机网络技术、地理信息技术，为满足交通管理占路施工管理与管制措施管理等业务实际需要所开发。系统具有网络化、智能化、可视化特点，先进、实用、安全、稳定、高效。

二、系统构成

系统包括规划业务系统和交通管制措施管理系统两大部分。

规划业务系统包括三个子系统：占路施工管理系统、开口管理系统、大中型公共建筑管理系统。

系统从逻辑上主要包括三部分：信息审批与位置标注、交通业务统计分析报表、综合展示。具体结构如图所示。

（一）信息审批与位置标注

包含占路施工信息审批录入流程及管制措施的申请变更及审批流程，审批通过的业务信息存入系统数据库中。

（二）交通业务统计分析报表

对系统库中的数据进行分析生成业务需求的审批报表、统计查询报表等，包括审批报表：内部审批表、核准通知单、汇总报表、修改意见函、中止审批通知书、不予批准通知书、交通管理意见表、拆迁设施意见表、占路施工通报表行分析；交通管制措施综合统计表、单行线明细表、禁行线明细表、禁左明细表等。

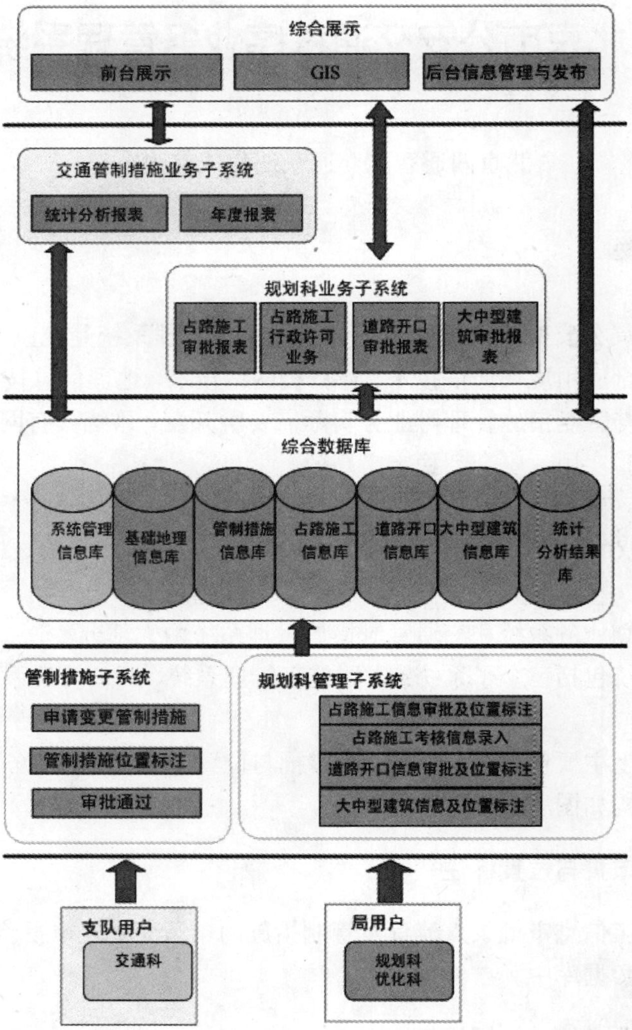

（三）综合展示

以多样的形式展示交通分析的成果。形式上包括直接查看指标项、或查看报表、或查看年度运行报告或查看专题图；媒介上包括内网发布。

三、系统主要功能

（一）交通管制措施管理系统

管制措施管理子系统是一个集成 GIS 和 MIS 的综合管理系统，主要用户有交管局秩序处。它在公安网上实现对影响交通安全的管制措施全过程的管理和监督、可视化地图标注功能，通过在网上进行填写申请、审批、修改等操作方式，量化考核指标，突出统计功能，按考核项目进行分类排名，实现对管制措施的二级管理——局与各区县支队。

模块划分：

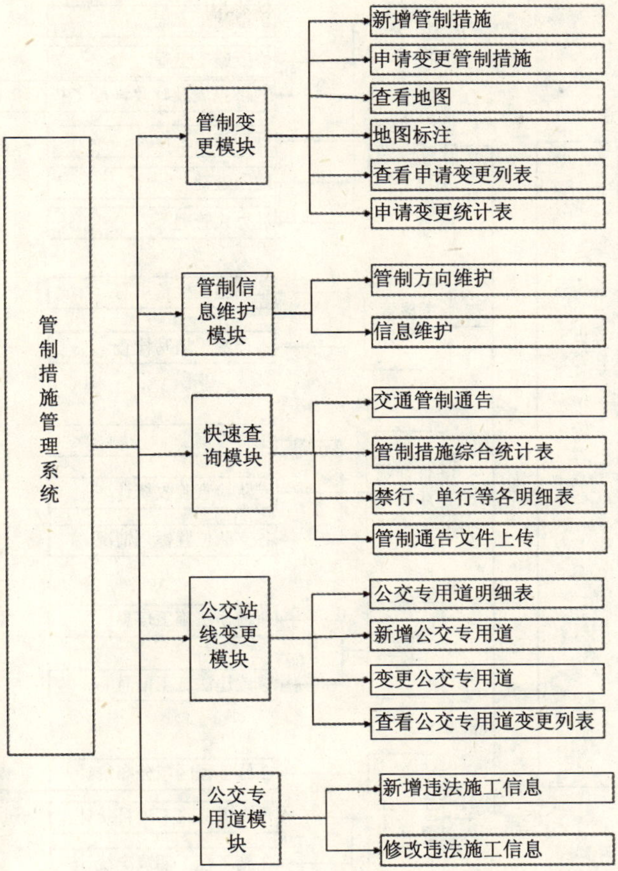

主要有四大功能：

- ❑ 管制措施信息的信息录入、位置标注（按管界范围）
- ❑ 行政许可业务流程自动化，各类报表单据纳入数据库管理
- ❑ 对历史信息进行查询、统计
- ❑ 掌握管制措施道路在全市的分布状况

（二）规划业务系统

占路施工管理系统在公安网上实现对影响交通安全的占道施工的许可、信息录入、可视化标注、查询、统计等功能，将影响交通安全的占道施工许可流程纳入计算机系统进行管理，各类报表单据纳入数据库管理，并通过公安网实现占道施工信息的全局共享，使行政许可行为进一步公开化、透明化，落实施工管理下警区工作，使施工管理真正称为“两级许可、四级管理”的有机体系。

模块划分：

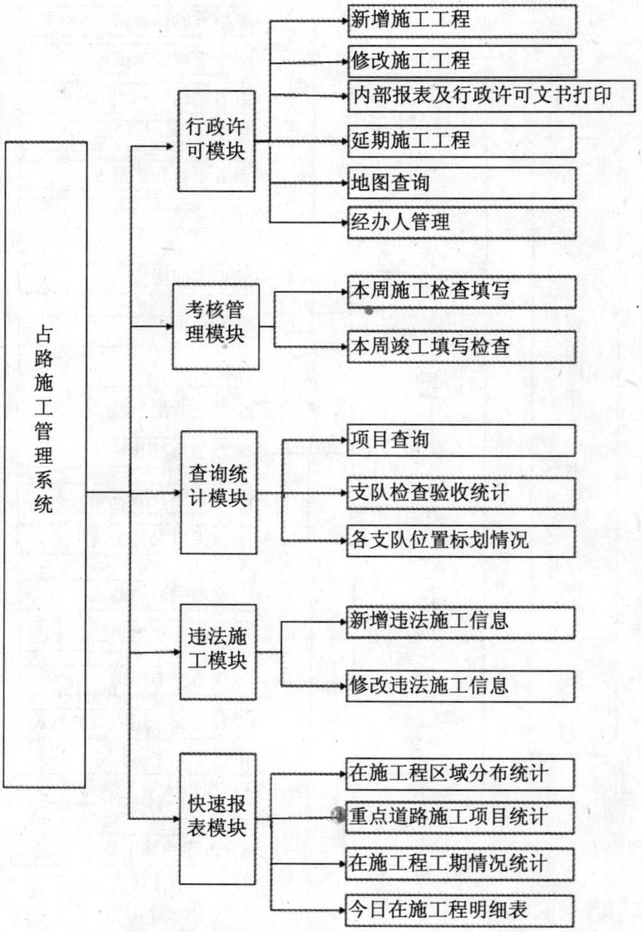

占路施工管理系统行政许可业务主要有以下功能：

- 占路施工信息的位置标注、信息录入（按管界范围）
- 行政许可业务流程自动化，各类报表单据纳入数据库管理
- 对历史信息进行查询、统计
- 掌握占路施工项目在全市的分布状况

占路施工管理系统管理考核业务主要有以下功能：

- 实现对占路施工工程的四级管理—局、支队、执勤队、警区，加强检查考核，使占路施工管理真正成为一个有机体系。
- 完成下列工作内容，并将相应信息纳入系统数据库，实现信息共享，从而便于级间的管理和监督。
  - 对占路施工进行日常检查；
  - 对占路施工进行竣工工程的验收；
  - 对占路施工进行违章施工工程的处罚；

- ➢ 对施工单位违章进行统计，拉出黑名单，向建委反馈，纳入企业资质管理；
- ➢ 量化考核指标，突出统计功能，按考核项目进行分类排名。

四、应用情况

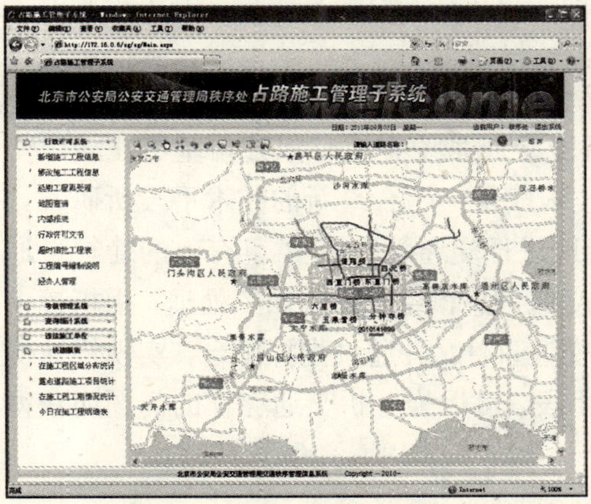

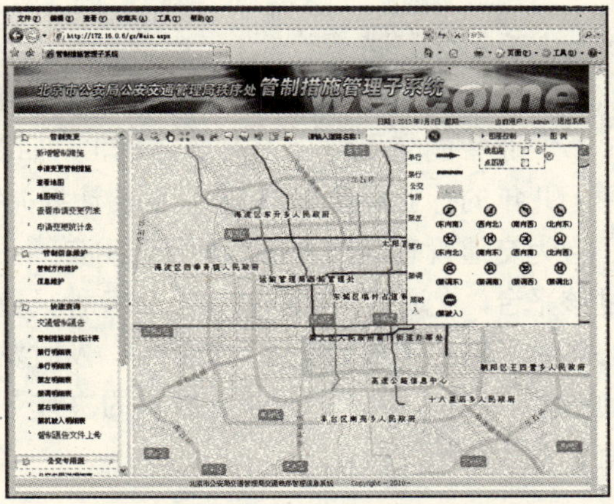

四通智能交通综合管控平台

北京四通智能交通系统集成有限公司

一、系统概要

四通智能交通综合管控平台是北京四通智能交通系统集成有限公司基于在城市交通十几年的行业经验,依托国家 863 计划关键技术成果，融合最新的技术手段所研发。平台为交通管理部门全面、便捷、高效、智能地进行交通管理,提供了有效的途径。通过该平台，交通管理部门通过汇集各种渠道的交通信息，经由平台加工处理，由指挥中心实时了解各区域的交通运行态势，及时发现交通事件，并通过指挥平台，实现快速交通指挥调度，同时，通过平台提供的决策支持手段，可以为分析交通存在的问题而获得有价值的决策支持。

二、系统构成和功能

（一）系统架构

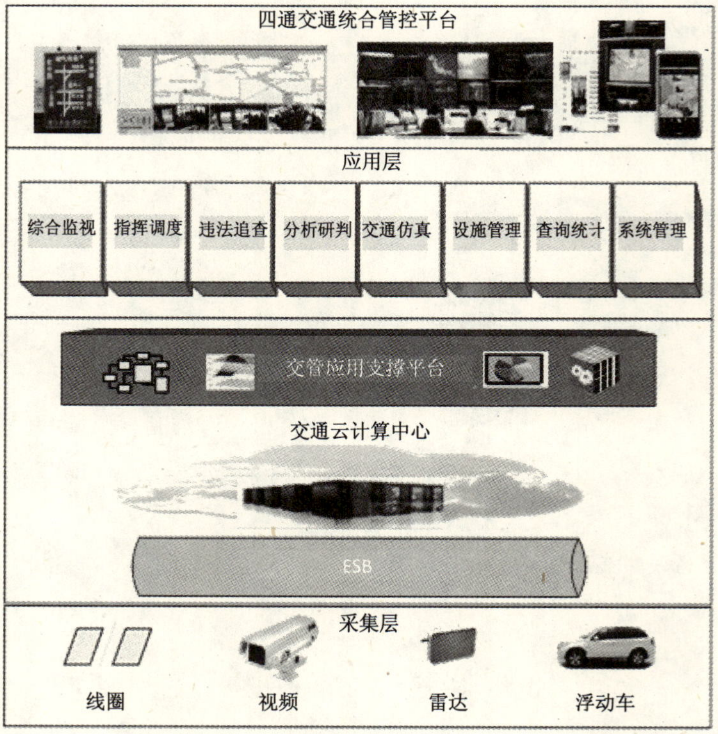

平台采用多层次的体系架构，运用平台化、组件化的技术模式，并融合先进的云计算、物联网技术进行构建。

（二）主要功能

- ❑ 综合监视：对路面各种交通状况、交通态势的综合管理；
- ❑ 指挥调度：勤务管理、勤务指挥、应急处置、事件管理、信息发布等各种功能，同时，提供信号、交通诱导间的协调联动管理及自动事件警员联动功能；
- ❑ 违法稽查：通过电子警察及卡口的联动，实现对各种车辆违法行为的处置，对黑名单、套牌车等的管理与稽查，路线智能预测等功能；
- ❑ 分析研判：可根据时间、地点等不同要素对交通流、违法、事故等各种情况进行分析决策，寻找其中隐藏的规律，为交通管理提供决策依据；
- ❑ 交通仿真：通过设置的各种交通参数，对路口及区域交通状况进行模拟及对比分析，运用可视化的手段，供交通管理参考；
- ❑ 设施管理：与 GIS 紧密结合，对各种交通设施提供便捷的维护管理功能；
- ❑ 查询统计：提供各种灵活查询手段及报表工具，满足交通管理业务开展。

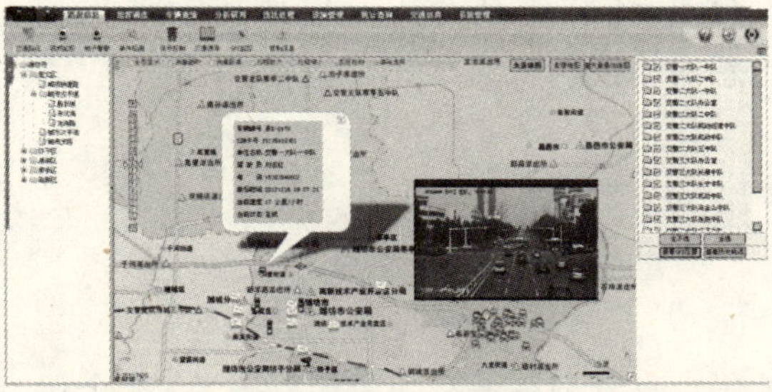

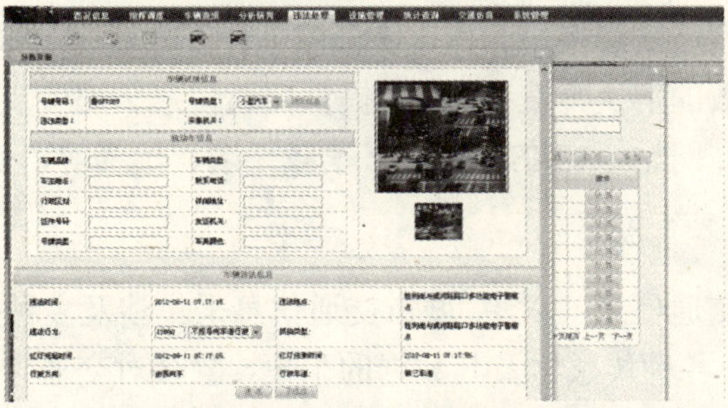

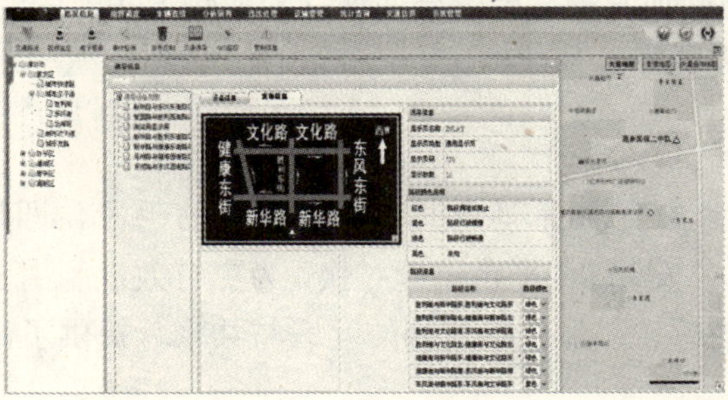

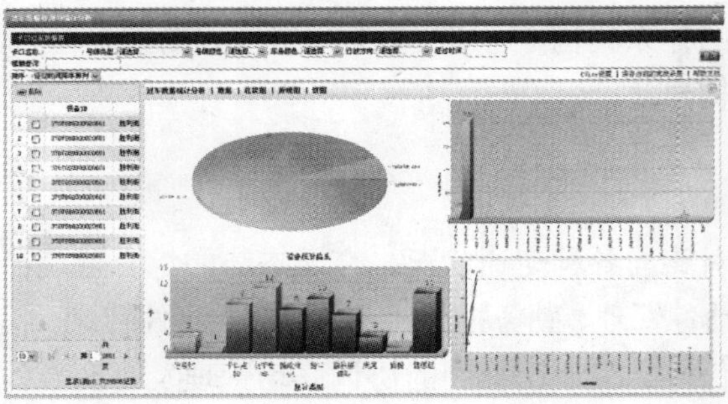

三、技术特点

- ❑ 基于 J2EE 体系，B/S 模式
- ❑ 面向 SOA 体系架构，基于分层的组件式结构
- ❑ 支持 PGIS，及多种 GIS 平台
- ❑ 统一的 ESB（信息服务总线）支持
- ❑ 功能模块化自由装配组合
- ❑ 支持云计算、交通云信息服务
- ❑ 支持多交通传感器的接入

四、技术优势

1. 全面支持云计算

四通智能交通管控平台充分利用最新的云计算技术，结合智能交通业务的特点，将云存储及交通云服务运用到管控平台中，使管控平台一方面在解决大数据量、动态、可扩展存储上提供了有效的解决方案；同时，提供交通信息云服务支持，使交通信息可通过各种发布渠道，如：网站、VMS、手机、车载终端、广播等，实现一站式发布。

2. 多物联网传感器集成

交通管理基础是交通信息的采集，城市交通信息采集涉及多种传感设备，包括线圈、微波、雷达、视频等，各种传感器及其数据的采集、融合对交通管理平台的有效性，提出了更高的要求，四通交通管控平台融合四通在交通领域多年的经验，以及结合最新的物联网技术，提供强大的接入及数据融合处理技术。

3. 支持公安 PGIS

基于地理信息平台为交通管理提供了更为直观的手段，四通管控平台不仅支持 Arcgis 平台，同时，与公安 PGIS 平台无缝对接，为更有效地利用公安的基础数据信息，促进公安统一大平台的建设，加强系统间的互联与共享，提供了便捷的手段。

4. 可视化交通仿真

平台通过开发的仿真界面，通过相应的数据接口，集成专用的交通仿真软件 Vissim，Paramics，可实现路口、信号控制的交通仿真，并给出仿真效果评价，以便为交通管理者提供参考；

5. 智能交通管控技术综合集成

交通管理是交通指挥的艺术，一方面对交通指挥的实时性要求很高，交通平台要能及时、快速地反应交通的实时路况，及时采集及处理各种突发事件，协调指挥各种警力进行应对处置，同时，还能对中长期的交通发展规划给出决策建议，四通管控平台提供了一系列便捷的功能，通过对交通数据的分析处理，为交通管理提供智能决策支持。

基于物联网框架的智能交通综合监控系统

博康智能网络科技股份有限公司

一、概况

ITS 作为一个信息化的系统,它的各个组成部分和各种功能都是以交通信息应用为中心展开的。因此，实时、全面、准确的掌握交通信息是实现城市交通智能化管理的关键。而图像监控系统作为其中信息量最大，效果最直观的业务系统，一直是交管部门信息化建设的重点。

长期以来，博康公司一直承担着北京智能交通图像监控系统的建设任务，从早期的MAX-1000 模拟矩阵监控系统、数字视频监控系统、交通事件检测系统到最新的高清综合监测系统，各个系统的建设和发展一直都站在技术的前沿，并在实战应用中取得了显著的成效。

然而随着前端监控点位的不断扩容，高清视频大规模应用，智能分析的引进，早期分散、独立的纵向系统建设模式，难以承载大规模高质量图像和数据信息的统一接入、应用和管理；大批量设备上马使得机房不堪重负；单一的视频监控管理平台无法满足多信息、多业务的综合应用需要。因此，在图像监控系统向着高清化、智能化和综合应用的发展时代，我们需要以全新的设计理念统一规划系统建设模式，以有效地保证系统的可持续发展。

本项目建设参照了物联网体系框架，以高清智能前端替代原有单一摄像机，实现交通信息的综合感知；通过建立专用的图像网络，满足高带宽、大容量视频信息和数据信息的传输；以综合业务应用为主的综合监控平台取代传统的视频管理平台，实现多信息接入、存储、处理、信息展示和管理，满足图像业务的综合应用需求，使传统单一的被动监控模式向着主动化、智能化、综合化的方向转变。

二、指导思想

（一）基于物联网技术体系框架的系统结构

整个系统设计按照信息感知、信息传输和信息应用的模式构建，其逻辑层次清晰、功能明确、扩展灵活，充分体现了交通信息资源综合采集、关联应用和深度挖掘的设计理念。

基于物联网技术框架设计的交通综合监控系统，完全不同于传统的监控系统，更不是简单的将图像数字化、网络化。它通过采用一种体系化、智能化的设计理念，使图像系统的建设和应用上升到一个全新的高度。

整个系统从技术体系架构上，突破了传统电视监控系统建设模式；在业务应用方面，从过去简单模拟图像监控发展到从高清监控图像中自动获取车辆特征（车牌、颜色等）、车辆违法行为、交通事件、流量等交通信息的综合监测系统。在统一的应用平台中完成对多种交通信息的接收、存储、关联、比对和深度信息挖掘应用。

（二）采用顶层设计理念统一规划系统建设

顶层设计是一项“整体理念”的具体化。它用系统、全面的视角，审视系统建设中涉及的各个方面、各个层次和要素之间的关系，达到统筹、协调发展的目的。

传统的系统建设模式往往从某个具体项目着手，由于受到即时建设环境、技术手段以及投入资金等多方面的因素限制，很难从宏观和总体上做到全面统筹。即使单个项目的设计是完善、统一的，当系统数据容量到一定规模时，小容量系统模式框架往往难以支撑庞大的数据信息应用，而简单的集成互联方案，虽然在短期内能够起到一定的效果，但很难从根本上保证系统的高效性、合理性以及扩容能力。

通过引进顶层设计理念，强调设计对象定位上的准确，结构上的优化，功能上的协调，资源上的整合，将复杂对象简单化、具体化、程式化。简单地说就是采用从上到下、由总体到细节的设计过程，这样做的好处是：

- ❑ 强调整体战略：系统的设计不只是为某几项单一功能的实现，而是从整体上把握系统框架，接口设计、数据处理能力、扩展性、兼容性、可维护性等综合因素。根据任务需求确定核心或终极目标后，所有子系统、分任务单元都指向和围绕核心目标，当每一个环节的技术标准与工作任务都执行到位时，就会产生顶层设计所预期的整体效应。
- ❑ 自上而下的逻辑框架：由于采用了自上端应用模式到下端技术支撑体系“自上而下”的设计方式，整个系统的设计方案不能凭空构建，必须基于现有系统并展望未来发展，确保设计方案的实用性、可实施性和可规模化。

（三）智能前端感知交通综合信息

系统采用具有发展和创新的“综合智能前端”设计方案，它采用物联网框架理念，融合了先进的高清以及超高清视频技术、多传感器的综合接入、智能分析技术和云计算技术，集成了高清视频的采集、智能识别、多传感器接入，这些信息的汇集使得其本身就成为了具有高度智能的“智慧眼”，这些智慧眼将取代原有的、传统意义上的监控点，在智能交通领域解决了信息综合感知的问题，为今后交通物联网的建设和发展打下了一定基础。

三、系统组成

系统分为智能前端、图像网络和综合监控平台三部分，如图 1 所示。

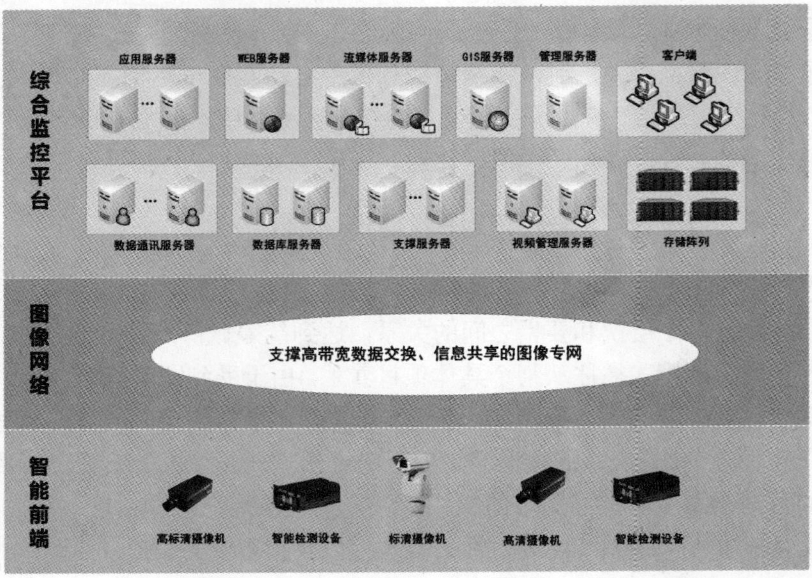

图 1　基于物联网框架的智能交通综合监控系统组成

智能前端用于感知交通现场图像、车辆牌照、交通事件、交通违法行为、交通流量等综合交通信息。按照系统建设规划，分布于城市快速路、联络线、勤务路线、事故多发地点等重要位置。

图像网络承载高标清视频、图片及数据的网络传输需求，具有高可靠、高带宽和低延时抖动，以保证关键业务流传送质量和数据安全系数。

综合监控平台是整个系统的核心，它依托图像专网接收智能前端上传的所有信息，实现对视频、图片和数据的入库存储、数据二次处理、显示、转发和管理，并完成高、标清视频统一显示、控制、流媒体调用等功能。本系统还可以通过统一的接口，实现对其它相关非视频业务系统中视频图像的统一接入和调用，达到图像资源共享的目的。

四、系统功能及特点

（一）智能前端

1. 系统功能

（1）视频采集：前端摄像机具备 200 万像素、25 帧的图像质量，可用于交通监控使用。

（2）交通事件检测：系统可以对交通事故、交通拥堵、遗洒、车辆逆行、走应急车道等交通事件进行自动检测，对于连续发生的事件能够区分事件类型和事件优先级。对于相近时间内的同一事件不重复报警。

（3）车牌识别：自动识别车牌号牌、车牌颜色（蓝白黑黄）。识别的车牌包括“92 式”和“02 式”民用车牌和军车车牌等。捕获率、号码识别率符合 GA/T497-2009《公路车辆智能监测记录系统通用技术条件》要求。

（4）车牌颜色自动识别功能：黑、白、蓝、黄。

（5）车身颜色自动识别功能：10 种常见车身颜色。

（6）车型自动识别功能：大、中、小、其它。

（7）车标自动识别功能：常见的 40 种车标。

（8）交通流检测：系统能够按车道检测实时交通流量、平均车速、平均占有率、平均车头间距等交通流量参数，交通流参数输出的时间间隔可调。

（9）交通违法检测：具备对车辆逆行、不按规定车道行驶、违反尾号限行规定、大货车违反限行规定等违法行为检测功能。检测的交通违法行为符合《GAT832-2009 道路交通安全违法行为图像取证技术规范》要求。

（10）区间测速：系统能够为区间测速提供图片和相关数据，符合《GA/T959-2011 机动车区间测速技术规范》要求。

2. 技术特点

智能前端以发展和创新的设计思路将前端系统视为交通物联网框架定义下的感知层，每个综合智能前端即为一个云节点，在物理上，其设备形态统一、接口标准统一、协议统一；在逻辑上，可以通过云计算技术，方便扩展其技术内涵和业务应用。

目前，除了能够对常见的车牌识别、交事件事检测、交通违法行为检测、交通流量检测等功能，智能前端还能够对机动车辆的特征（如车身颜色、车标、车型等）、非机动车和人的多种特征进行有效识别，能够对大范围、复杂开放场景进行诸如密度统计、人流统计、目标检测等应用，根据对检测目标提取的多模态特征，进而实现智能检索应用，大大提高了图像系统的实战效应。

（二）图像专网

视频图像专用网络系统承载高、标清视频、图片和数据的综合传输和交换，为信息应用提供网络支撑。

（三）综合监控平台

1. 系统功能

（1）高、标清视频监控

支持 B/S、C/S 方式，具备方便的摄像机列表功能，支持统一地图显示方式；

能够对现有视频资源以及未来接入的视频资源，实现全局化地统一接入和管理。视频巡检、视频资源的丢失报警功能等。

能够使用鼠标选定监控区域，并自动通过云台镜头控制将该选定监控区域进行放大到全屏显示。

有权限的用户可以在客户端本地实时手动录像，在有违法车辆的录像中任意选取三帧图片，并合成为一张图片上传相关部门违法库。

（2）数据关联

能够根据业务应用需求，对视频、图片和信息等相关数据进行关联应用，实现设备联动管理。

能够自动对检测到的拥堵路段进行视频轮巡，能够对自动检测到的意外事件进行视频轮巡，实现流量数据和视频数据的联动管理。

接入相关的GPS数据，实现视频系统和GPS系统的联动。

能够根据需要同时调用、分屏显示指定时段的图像资源。

（3）流量数据管理

系统能够自动生成交通流量显示界面，以“红、黄、绿”三种颜色实时显示路况信息（红色表示拥堵时速在20千米以下，黄色表示时速20至50千米,绿色表示时速在50千米以上）。

能够按地点、车道进行流量、车速与时间占有率统计。

流量统计可以包括以下查询条件：时间、地点、车型、车道等。

流量统计可以按照四种时间模式（年、月、日、时间段）自动生成3D柱状及2D图形式的报表（年报表、月报表、日报表、时间段报表），报表可以导出和打印。统计结果可以作为日常道路交通诱导和交通优化管理的依据，方便用户定期对交通状况统计分析与规划设计。

（4）车辆牌照数据管理

车牌查询：能够根据车辆经过时间、地点、前端检测点、号牌信息等进行综合查询。

黑名单报警：对于系统中的黑名单数据，当系统识别出来的车辆号牌结果通过数据库比对符合条件时，能在中心客户端PC上进行报警，提示相关公安人员执法。

五日制限行违法检测：能够根据五日制限行条件，识别违法车牌，进行违法车辆数据统计管理。

大货车违法检测：能够根据大货车限行条件，识别违法大车，进行违法车辆数据管理。

公交和应急车道违法检测：能够根据公交车道和应急车道的限行条件，识别违法车辆，进行违法车辆数据管理

行车轨迹跟踪：通过指定特定嫌疑车辆，可以跟踪行车轨迹和对历史信息进行查询。

（5）统计查询

系统能够实现数据检索，数据信息和日志信息等统计分析，以多种图表方式表现。

所有实时监控以及处理后的信息，可以分类查询、统计、打印。

（6）系统管理

系统具有设备信息管理、用户权限管理、系统日志管理及时钟管理等功能应用。设备信息管理：支持设备信息的增、删、改、查，支持批量数据导入。

用户权限管理：具备用户登录名、登录密码、角色、权限、级别等信息的查询和编辑管理，并可根据需要实现计算机IP绑定。

系统日志管理：记录设备运行日志、用户登录日志、用户操作日志等，并能根据用

户需要，随时查询。

时钟管理：时间服务器从 GPS 授时设备上取得标准时间，系统内的其他服务器和外场设备与中心服务器时间一致。

2. 技术优势

为了适应系统扩展性的要求，我们借鉴了一些成熟的云计算技术。云计算基础构架是由通过数据中心传送的可信赖的服务和创建在服务器上的不同层次的虚拟化技术组成的，用户可以在任何有提供网络基础设施的地方使用这些服务。

在云端，通过网络将庞大的计算处理程序自动分拆成无数个较小的子程序，再由多部服务器所组成的庞大系统搜索、计算分析之后将处理结果回传给用户。通过这项技术，远程的服务提供程序可以在数秒之内，达成处理数以千万计甚至亿计的信息，达到与超级电脑同样强大性能的网络服务。同时，分布式算法的改进也为云计算带来了革命性的改进，MapReduce 架构可以将数据拆成小块计算后再重组回来， NoSQL 数据库技术与传统数据库技术相比，水平扩展性和数据吞吐性能有了本质性的提高，分布式文件系统（DFS）可以支持 PB 级别的海量文件存储，以上三种技术的合力形成云计算服务端主要的推动力，以帮助数据快速穿过“云”。

本项目的综合监控平台在接入层、资源层和服务层采用上述相关技术，使得整个系统在扩展性、海量存储以及运算能力方面较以往系统具有较大的提升。

五、结束语

在智能交通系统中，交通监控系统、交通流量检测系统、交通事件检测信息、交通卡口系统等业务系统自成体系，建设方不同、建设时间不同、系统提供方和设备供应方也不同。尽管每个子系统、每个单位工程的参与各方的责任与义务是明确的，但从整个系统的角度上看，缺乏统一的管理、缺乏清晰的权责结构，责任方多、不确定因素多，这对系统长期可靠的运行带来了挑战。本方案通过采用物联网及顶层设计的理念，在一个统一的体系下，实现多种业务应用，整个系统结构清晰、服务统一，责任主体明确、维护管理便捷、服务明晰统一，有力地支撑系统长期可靠地运行。

目前，国内物联网及智能交通系统(ITS)界在标准化的发展方向和重要性方面已经取得了共识，认为当前必须尽快制订我国物联网及智能交通行业的有关标准，通过标准建设，实现信息的采集、处理、传输和共享等环节的标准化、规范化。为了更好的适应系统整合及多业务的融合，本项目的建设方案实现多种交通信息的综合感知、传输和应用。信息的编码标准、通信标准、数据结构、中间件接口等均符合相关标准要求,为今后交通物联网的建设和发展打下了一定基础。

包头“2010年世界中学生排球锦标赛”交通特勤应用系统、智能交通信号控制系统

北京易华录信息技术股份有限公司

一、概述

“2010年世界中学生排球锦标赛”于2010年 6月27日至7月3日在包头举行，为保障赛会期间交通畅通、特勤任务高效进行，为提升包头市整体城市形象，包头市公安局交警支队决定大力建立、建设智能交通体系。2007 年，北京易华录信息技术股份有限公司与包头市公安交警支队联合建立实施了“包头市公安交通管控中心系统集成平台”。近两年，北京易华录公司又建设、完善了智能交通信号控制系统，对包头市城市交通实行了全面、系统的规划、管理与监控。

系统实现了对全市所有外场交通子系统设备的集成控制与管理，对所有警力的即时通信和定位进行实时指挥调度管理。在实时掌握全市道路交通运行情况的同时提高了指挥调度的效能，实现了指挥中心的“扁平化指挥、精细化管理”。圆满完成了比赛期间的各类特勤指挥调度任务，保证了世界中学生排球赛的顺利举行。北京易华录公司受到了包头交警支队的嘉奖。

二、系统构成

- 指挥中心平台由消息服务器控制台、集成指挥平台系统、事故预防分析系统、交通管理综合信息系统、交通信号控制系统、违法抓拍系统六大部分组成，结合城市大型活动特点和包头市交通系统建设情况，切实满足了对指挥中心的“扁平化指挥、精细化管理”。

- 智能交通信号控制系统拥有先进的中心控制系统，具有信号机本地自适应、检测设备、协调感知能力、仿真等作用。实时脉冲流量数据与信号机相配合，在本地信号机与上下游路口之间执行区域协调控制。把路口的实际路况以地图的形式传送指挥中心，分级显示道路流量情况，通过预设值来显示路段的拥堵情况，强化区域协调控制，通过记忆存储对各时段进行优化计算，生成按季节、节假日、重大活动安排等多种配时方案，自动应对流量变化。

三、技术创新

1. 消息服务器控制台

实现了对消息服务器的综合管理，主要包括启动、停止消息服务器、查看消息服务器的客户连接和查看管理消息服务器的日志等操作。依托于 windows 应用程序，消息服务器控制台程序和消息服务器程序在同一台计算机上安装、运行。

2. 集成指挥平台系统

包括交通地理信息系统、特勤任务系统、路况监控系统、集成应用系统、指挥调度系统，系统可操作性、易用性强，便于解决突发性事件、任务，指令下达更加即时。

3. 事故预防分析系统

由事故系统、系统管理中心组成，对事故进行精准定位、准确分析，并及时组织警力人员调度。

4. 交通管理综合信息系统

包括系统管理中心、勤务管理系统、智能设备监管系统、施工占道系统、交通管制系统、综合查询系统、智能交通信息发布系统、分指挥系统，使用 GPS 等技术，提供全方位的技术服务。

5. 交通信号控制系统

简称 UTC 系统，是现代城市交通管理系统的中枢。运用高科技手段建设现代化的交通信号控制系统旨在通过建立先进的、可靠的交通信号控制系统，优化交通信号控制，缓解交通拥堵，减少环境污染，减少交通延误，降低交通事故发生率。因此，解决交通管理系统中交通拥堵问题的关键是提升交通信号控制系统的性能。

6. 违法抓拍系统

监控城市各个路口、路段的交通状况、对路口、路段违法行为进行取证。系统可对违法行为进行视频录像，也可以从视频录像中截取多张违法行为图片，作为违法证据，为维护城市交通秩序提供帮助。

7. 智能交通信号控制系统——中心控制系统

ITS 以地图的形式展示各个路口信号机的运行情况(包括放行相位、放行时间、相位差等信息)，分级显示道路流量情况，通过预设值来显示路段的拥堵情况。中心端展示:包含视频、灯态、脉冲波形，并辅助以人工识别异常情况，针对性的改变中心的决策。

8. 信号机本地自适应

中心设定初始相位差后，信号机可根据交通状况微调相位差，通过更改一个路口的相位差，系统能够自动校正子区内其他路口的相位差；增加跟随相位，可带可变标志，调头灯或伴随信号灯，实现感应等组和相位的灵活搭接可以一台信号机控制两个路口，可在操控界面图形化展示；实现信号机单点自适应(周期、绿信比)和区域自协调；信号机时间表可以在本地自适应结果的基础上进行自动优化。；信号机与检测器配合，实时对交通流量进行配时调整，强化区域协调控制，通过记忆存储对各时段进行优化计算，生成按季节、节假日、重大活动安排等多种配时方案，自动应对流量变化。

9. 检测设备

检测器检测到的脉冲数据实时上报。 路口每秒检测感应，检测器数据自恢复，各路口有多个检测器，如果遇到部分损坏，用其他数据(临近车道数据)或者寻找(历史平均数据)进行替换，前提完好率达到 60%，本地自适应仍可以正常工作。增加反溢检测的对策，对策可以设定特殊方式，且可以上报。

10. 协调感知能力

区域协调信号机本地与上下游路口之间执行，不在中心干预。

11. 仿真

由信号机提供的实时脉冲数据，是带着时钟点的信息，生成横轴的时间轴，借助仿真的结果，分析方案的合理性。

四、应用情况

- ❑ 扁平化指挥、精细化管理更有效地为特勤任务服务，为城市交通畅通、城市大型活动有序化提供帮助。
- ❑ 为城市整体交通畅通提供帮助，为特勤任务服务的同时，减少对正常道路交通的影响。
- ❑ 节省了人力物力，同时提高了解决突发性交通事件的速率，有效进行效率化管理。

北京易华录信息科技股份有限公司承建的“包头市公安交通管控中心集成系统”，出色地执行了开幕式 4 条特勤路线 7 个车队，23 个国家和地区共计 42 个代表队的 4000 多名运动员入场及撤场的特勤保障和信号控制的交通组织任务。圆满完成了比赛期间的各类特勤指挥调度任务，保证了世界中学生排球赛的顺利举行，并在此基础上不断完善、提升系统，为包头市日常交通更便捷服务，其技术、服务受到了包头市公安局交警支队的肯定与嘉奖。

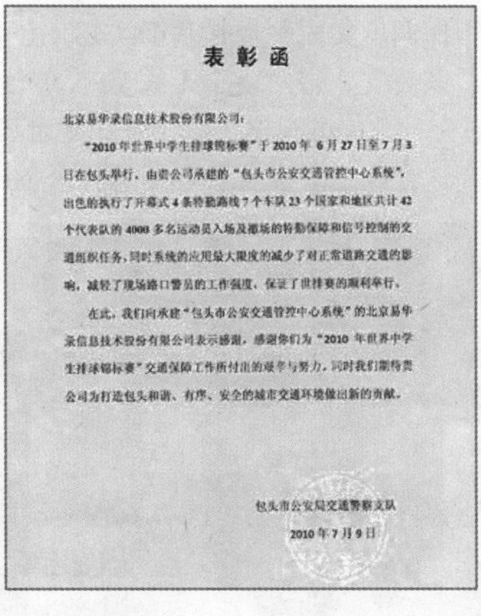

表彰函

北京易华录信息技术股份有限公司：

“2010 年世界中学生排球锦标赛”于 2010 年 6 月 27 日至 7 月 3 日在包头举行，由贵公司承建的“包头市公安交通管控中心系统”，出色的执行了开幕式 4 条特勤路线 7 个车队 23 个国家和地区共计 42 个代表队的 4000 多名运动员入场及撤场的特勤保障和信号控制的交通组织任务，同时系统的应用最大限度的减少了对正常道路交通的影响，减轻了现场路口警员的工作强度，保证了世排赛的顺利举行。

在此，我们向承建“包头市公安交通管控中心系统”的北京易华录信息技术股份有限公司表示感谢，感谢你们为“2010 年世界中学生排球锦标赛”交通保障工作所付出的艰辛与努力，同时我们期待贵公司为打造包头和谐、有序、安全的城市交通环境做出新的贡献。

包头市公安局交通警察支队

2010 年 7 月 9 日

新疆高速移动执法指挥调度平台

北京易华录信息技术股份有限公司

一、概述

在高速公路交通安全管理工作中，警员面临道路路线长、机动车流动性大、人员复杂等问题。民警上路执法、非现场执法都具有一定的局限性，不能适应当前道路交通安全管理形势发展的需要。北京易华录信息技术股份有限公司、新疆维吾尔自治区公安厅交警总队高等级公路支队立足高速公路交通管理特点，解决高速公路执法难点，共同进行了移动执法指挥调度平台的建设，建设内容包括了指挥调度系统、勤务管理系统、GIS 地理信息系统管理模块、系统管理中心、移动警务系统、执法后处理系统等。

新疆高支队移动执法指挥调度集成平台是基于 GIS 空间地理信息技术、移动通信技术，以电子地图为基础，以公安宽带网络、无线 VPN 专线为依托，以信息共享和综合利用为目标，将警务信息空间化、可视化，实现公安交通基础信息基于空间电子地图的可视化应用和分析。为高速公路交通安全管理信息化开创一个新的方向。

二、系统构成

新疆高支队移动执法指挥调系统是由指挥调度集成平台和移动执法系统的有机结合构成，是具有对交通管理数据采集、处理、决策组织协调、调度指挥的综合管理系统。

指挥调度集成平台包括：指挥调度系统、勤务管理系统、智能卡口系统、高清视频事故预防研判系统、GIS 地理信息系统管理模块、系统管理中心等。

三、技术创新

1. 指挥调度系统与单兵终端的紧密结合

指挥调度系统是为交通指挥服务的统一调度平台，通过对交通流量控制、交通流量检测、交通流量诱导、事件检测及违法抓拍、GPS 车辆及单兵定位、视频监控系统那个等系统进行综合信息集成，实现信息交换与共享、快速反应决策与统一调度指挥；通过对采集到的静态与动态数据分析加工处理，来实施交通管理控制和诱导，并能够及时对交通事件进行处理并通过多种渠道将交通信息发布给交通参与者。

指挥调度系统与移动警务系统结合，通过点对点警情的下发、警员接处警过程自动跟进，实现接处警过程量化考核，从而将可视化管理融入警队日常管理中。

2. 建立基于无线通信网的移动警务信息处理机制

利用成熟的社会公用无线通信网络提供信息查询、业务应用服务的移动应用，解决外勤人员在移动状态下提供数据稽查信息查询查证、在线业务处理服务，逐步建立起新型的移动工作模式，对于外勤人员对稽查监控系统的使用是十分重要的。

因此，我们研究的面向移动终端业务处理对系统的安全性、可靠性、容量、性能、可扩展性等有很高的要求。因此，从系统整体设计考虑是一个分布式的、跨平台的、安全可靠的、先进实用的系统。

（1）制定统一的移动警务业务流程规范

在建立面向移动移动终端的交管稽查监控与社会化服务平台要将全市交通管理相关的业务衍生到移动警务工作领域，为了保证各业务部门统一协调，保证业务数据处理的同步，首要任务就是制定的移动警务业务流程规范。

（2）建立移动警务数据交换系统

移动警务业务跨公安信息网、无线通信网两个不同安全登记的网络，中间将涉及大量的交通管理数据相互传递。为了解决公安信息网中相互独立的业务系统与无线通信网下业务应用之间存在的数据往来，建立可靠的、安全的移动警务数据交换系统是必要的。

主要包括可靠数据发布和数据交换引擎两大部分：数据交换引擎将公安信息网内采用不同技术和体系结构业务系统的不同格式数据转化为标准格式的数据，而数据发布则将此标准格式的数据可靠、安全的传输到需要该数据的应用系统，再通过数据交换引擎将此标准数据转化为应用系统所需格式的数据；同时，对于应用系统而言，也可通过系统提供的数据查询接口和数据编辑接口来满足与业务系统交互的需要。

四、应用情况

北京易华录公司与新疆维吾尔自治区交警总队高等级公路支队，　在项目设计及实施过程中，从新疆地区高速公路交通管理现状出发，以“规范执法、便民服务”为宗旨，紧密结合高速公路交通管理业务。实际应用中，展现如下特色：

- 系统接入“六合一”平台、公安部八大资源库数据，为警员现场人员、车辆的检查提供信息支持。试运行阶段，在人员检查过程中便缉捕一名逃犯；
- 平台勤务系统的移动化应用，实现了警员排班电子下发、警员工作量化考核；
- 指挥调度系统与单兵的紧密结合，为一线警员提供了可视化的现场，为指挥人员提供实时直观的现场情况反馈；
- 从正式下发至今，现场执法总数达 10 万余起，平均每月 14000 余起，移动执法指挥调度平台为警员日常高速公路交通管理提供了最大的助力。
- 2012 年 3 月 1 日，新疆公安厅领导视察高支队信息化建设情况，对新疆高速移动执法指挥调度平台给予高度评价。

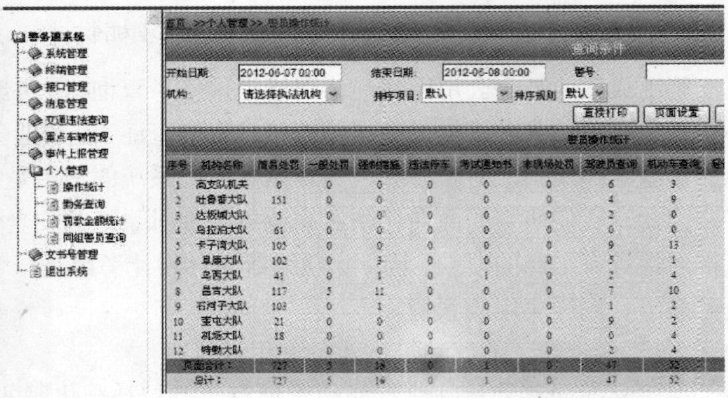

成都智能公交系统建设

青岛海信网络科技股份有限公司

一、系统概述

建设先进的公交智能调度系统是城市公交实施“优先发展公共交通”的具体手段，是采用信息化技术提高公交企业管理水平、解决交通拥堵、提升公交服务质量、提升城市形象的有效手段。

系统的建设实现交通决策科学化、管理现代化、交通基础设施运行效率的最大化，提高了城市市区交通运行效率、方便企业管理、方便市民出行，为公交公司统筹运用管理资源，全面推进公交优先创造了系统支撑基础。

二、系统组成及功能

智能公交系统根据物理位置划分为四大组成部分，包括车载终端、电子站牌、数据中心和监控调度中心，各系统组成及功能说明如下：

（一）车载终端

车载终端由嵌入式车载计算机、GPS 模块、无线数据传输模块、车载视频监控模块、车载摄像机、语音模块、报警按钮、显示屏和车载通话设备组成。

主要功能如下：

1. 文字语音调度功能

车载终端设备具备文字及语音功能，能让司乘人员及时获得上级调度中心文字指令并以文字和语音双重模式输出，司乘人员采用固定文字消息向调度人员反馈信息，必要时，调度人员与司乘人员能通过电话语音进行及时沟通。

2. 紧急报警功能

设备具有紧急报警功能，当遇警情或特殊情况时，驾驶人员按下报警开关，设备连续向监控中心发送报警消息，直至报警取消。

3. 车内视频录像及实时传输功能

公交车内均安置有摄像装置，设备能够实现视频图像通过 3G 传输至中心，方便监管。具有夜视功能，图像能够清楚体现公交车内乘客司机情况，中心能主动提取实时图像。

4. 车辆行驶记录功能

为车辆安全管理提供执法管理及事故处理依据，除定位数据外，车速、转弯、刹车等信息通过无线通信手段传输至数据中心。

5. 数据定位、采集传输、存储及升级功能

车载终端设备 GPS 定位精度应控制在 15 米之内，且自动采样频率低于 10 秒且可以进行参数设置，定位信号传输稳定，同时车载终端设备具备一定的数据存储功能，并可通过外部设备对现有软件进行升级。

（二）电子站牌

电子站牌分为中途站点电子站牌及场站电子站牌，电子站牌由 LED 显示屏（或液晶显示屏）、按钮、站牌、嵌入式计算机、无线引导模块、无线传输模块及语音播报模块等部分组成。

电子站牌建设充分考虑便民信息发布、广告发布及各类信息发布的便利性、乘客阅读方便性、符合城市景观、美观等综合因素，并可根据不同地点设计不同外观模式的电子站牌。

主要功能性需求如下：

（1）公交站牌信息播报系统功能，实现公交车辆到站信息播报。位于公交站台的电子站牌能自动动态显示距离本站最近的各路公交车离本站的距离(站数)，为乘客进行乘车线路的选择。

公交车辆因天气等突发事件造成临时变更运营的信息播报，由管理中心发布此类变更信息，并在规定的时限内在公交站台上滚动显示。

管理中心可发布其它相关信息与车辆到站信息一起滚动播报（如天气预报等)。

（2）广告信息发布功能。多媒体广告采用存储器播放、数字电视等方式，实现广告信息的发布。

（3）电子站牌有唯一的数字标签，方便各站台发布信息或满足广告个性化的需要，同时方便后台对电子站牌的远程管理。

（4）通过后台处理，电子站牌能显示不同管理部门（如上级部门）的便民公告信息。

（5）无线/有线数据传输，电子站牌自动和中心建立 TCP/UDP 连接，用于发送图像信息和接收调度中心的车辆信息，接收广告信息等。

（三）数据中心

数据中心主要功能性如下：

（1）数据中心为定位数据、图像语音数据提供综合演算，得出调度中心所需要的基准数据，并对终端进行数据分发。

（2）各分系统之间共享数据通过数据中心进行转换共享。

（3）进行各类数据的存储、转发、订阅，实现数据的集中统一管理。

数据中心物理构成如下：

（1）数据库服务器：数据库服务器主要用来存储车辆档案和车辆运营资料，如行驶区域、行驶轨迹等，可为公司各职能部门提供各类数据。

（2）光纤专线：连接调度中心与 INTERNET 的连接，用来传送各类数据。

（3）应用服务器：向各线路调度、相关部门转发各种系统运行数据、调度指令。

（4）通信服务器：实现与车载设备、电子站牌、调度管理终端等数据交换。

（四）监控调度中心

监控调度中心物理构成如下：

（1）系统监控调度工作站：系统监控、实时调度、报警处理等。

（2）信息发布工作站：向个别或全部车载设备发布各种信息等。

（3）大屏幕动态监控：直观显示车辆等相关信息动态状况，包括定位数据、视频数据、运营异常数据等。

监控调度中心主要功能如下：

（1）各级监控调度中心终端具备权限管理功能，并对信息发布进行权限分级管理。

（2）公交车辆间距提示功能：提示公交车辆驾驶人员实时调整与前车的距离，保证公交车辆在相关线路上均匀分布运行。

（3）公交运力分布管理：通过车载设备的多种定位技术，在电子地图（GIS）上清晰的显示，运营中的各辆公交车处于什么路段，道路是否拥堵，什么路段车辆密度太小等，调度员可以根据实际情况通过调度平台对驾驶员进行实时调度。

（4）围栏报警功能：中心平台可对公交车辆设置电子围栏，通过电子围栏，实现车辆进出站管理、车辆运行线路异常管理等功能。

（5）公交车辆在线运行状态监控功能：通过设备向中心发送实时信息，实现对车辆实时的状态监控，包括车辆的运行位置、运行速度、报站的前一站和即将要到达的站点、经度、纬度、方向、速度、角度、左转弯灯状态、右转弯灯状态、刹车灯状态、当前连续驾驶时间等。

（6）公交运营状态异常监管功能：可以对上报车辆的异常运营进行跟踪，包括首末班未准点、串车、久候、路堵、报警、超速、运行比例失常等内容，通过跟踪、分析，对相关异常运营事件进行监管，达到降低运营安全隐患、减少运营成本浪费的目的，保障人民群众能更安全快捷乘车。

（7）图像传输处理：接收车台或者站台设备传送的图像进行存储，通过网络转发到请求图像的用户监控台上，方便监管。

（8）历史数据查询功能：系统具备保存历史数据功能，服务器数据能保存 3 个月，监控软件提供数据下载功能，以便查询车辆曾经运行的历史情况。查询过的数据在客户监控软件端保留副本，以加快数据查询速度。

（9）统计报表自动生成功能：系统具备车辆管理数据记录及统计报表自动生成和

打印功能。可以对调度发车的营运数据，GPS 车载终端采集的营运数据，报警违规等信息进行汇总分析，为公交营运分析提供准确的数据支撑。

三、应用案例

成都公交集团结合信息化技术手段，将技术与管理相结合，逐步对传统管理方式进行调整。

目前，成都公交集团通过智能调度系统调度的营运线路达 216 条，运营车辆 8300 辆，日均运营人次约 400 万人次/日，出行分担率（包括步行）达到 25%。

通过可视化、智能化、网络化等优势功能的结合，全面提升了公交线路的运营调度指挥管理效率、知情力和快速应急指挥能力，彻底改变了成都公交几十年的传统管理模式和管理手段，实现了企业由经验管理向科学管理，从定性管理向定量管理，从静态管理向动态管理，从事后管理向实时管理的历史转变。

四、发展趋势

随着公交智能调度系统的进一步深入应用，公交智能化系统逐步拓展到：手机短信数据查询、公交快信系统（掌上公交）、公交换乘查询服务、公交出行点位查询、公交行业监管等公交智能化系统。

面向乘客的信息服务将成为公交信息化建设的下一阶段重点。

网新智能交通系统典型应用

浙江网新智能技术有限公司

浙江网新智能技术有限公司在智能交通领域稳步前进，目前已在高速列车智能化行业取得突破性进展，并利用光纤传感器实现隧道监控；面向船联网的物联网技术研发及系统设备正在紧张的研制过程中，有望在智能内河航运领域谱写新篇章。

公司针对国家物联网应用示范工程——长三角航道网及京杭运河水系智能航运信息服务应用示范（船联网）的内容研究要求和船联网技术发展的方向，同时结合江浙沪长江三角洲一带的内河航运信息化的具体需求，制定基于船联网的海量航运信息感知技术方案，建立基于船联网基础设施状态和船舶运行环境感知的应用系统，如图1所示。

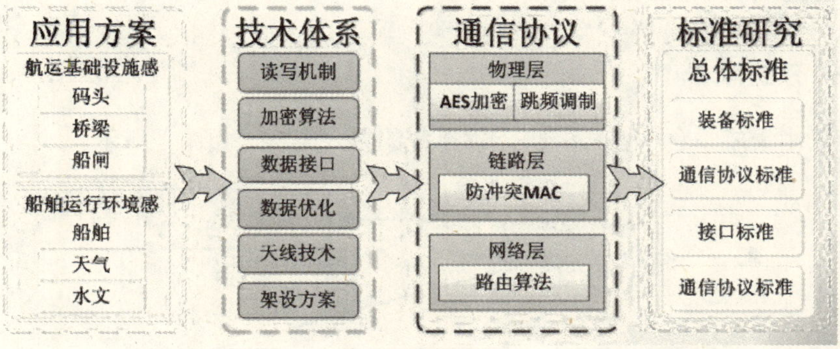

图1　船联网方案实施内容

桥区通航实时综合监测仪及设备，获取船舶的静态信息，并通过传感器实施采集桥梁等跨河建筑附近的水深信息，来测算桥梁的净空高度。同时通过视频监视和智能分析的方式，判断船舶的运行方向和轨迹。采用短距雷达等手段实时感知船舶与桥梁之间的距离，并自动通知邻近船舶，实现高精度、高实时性的桥梁船舶通航监测与预警。

选取通航量巨大，以及拥有历史文化意义的典型桥区、船闸以及危化品码头作为测试用的实际地域。同时选取代表船型船舶（如危化品船、客船、渡船等）作为测试用的样本船舶。通过对这些实际地域与船舶的测试，并根据实地状况的改进，能有效的增加设备的稳定性，并将应用成果推荐给长三角整个地区，配合国家对于船联网整体规划，为上层管理部门和应用平台提供广泛的数据基础，从而增进长三角地区内河水运的更高的运输效率和更高的安全性。

成都市智能交通指挥系统

上海电科智能系统股份有限公司

一、系统概要

成都市智能交通指挥系统（以下简称“系统”）由上海电科智能系统股份有限公司承建，成都交通投资集团投资建设，成都市交通管理局最终管理和使用。系统于 2010 年底开始建设，分两期建设，一期建设内容为综合管理平台和指挥调度子系统，二期建设内容为智能交通管理子系统。

二、系统构成和主要特点

（一）系统构成

系统采用集成平台+业务系统+支撑系统的方式架构，如图 1 所示。

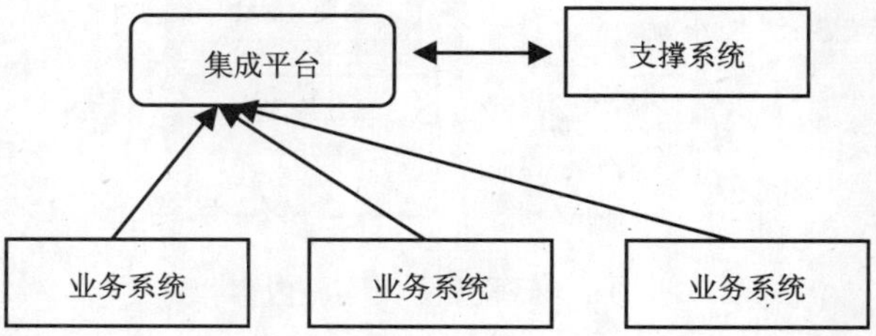

图 1　成都市智能交通指挥系统构成

集成平台：包括数据汇聚层、业务处理层、用户控制层。

支撑系统：包括关系数据库、地理信息系统、中间件服务。

业务系统：包括接处警系统、勤务管理系统、无线定位系统、无线通信系统、诱导系统、电子警察系统、匝控系统、监控系统、交通流采集系统等。

（二）系统主要功能

（1）指挥调度：指挥调度作为交管局的日常业务，主要功能包括：对交通警情的汇聚和处理，每日警力排班部署，勤务上岗考核，警力预案的制定和执行，涉及的职能部门主要是指挥室、督查室、勤务处。

（2）交通综合管理：在外场设备系统的支撑下，通过采集和汇聚道路实时信息（交通流、突发事件等），把各类信息通过标准化处理和融合后，形成对道路状况的分析，结合人工干预的指令，对城市交通进行诱导和控制，最大程度的对交通状况优化，提升交通管理水平。

（3）信息服务：通过网站、电台等方式，为公众提供交通信息服务，让市民及时了解到针对道路施工、交通事故等情况发布的交通优化组织措施。

（三）技术特点

基于 GIS 的综合信息展示：以 GIS 为基础，提供可视化的集成显示与联动控制。集成外场设备、交通数据流的实时展示，并提供快捷的控制界面，提高常态交通下的管控能力和应急事件状态下的快速处置能力。

多警情融合处理：制定统一规范的数据接入接口、业务流程处理方式、信息发布接口，整合公安系统三台合一系统、政法网数据字城管系统、占道停车系统、自动检测系统、人工采集等多种警情信息，集中存储和处理，提供组合查询和历史数据统计。

道路交通状况自动发布：融合视频采集、事件检测、信号机、电子警察等多个采集系统的数据，形成标准化的道路交通参数，通过自动算法的融合分析，得出道路实时交通状况，并自动发布到对应的诱导设备上。可人工设置算法阈值、发布策略等。

三、应用情况

经过投资单位、用户单位与上海电科智能系统股份有限公司的共同努力，系统自投入使用来，在成都市交管局的日常管理和指挥调度业务中发挥了重要作用，提升了整体管理水平和处理响应速度。相信，随着成都市交通基础建设的完善，系统会在智能交通管理和指挥控制领域具有重要地位，为城市建设和发展做出重大贡献。

江阴市交通信息采集、诱导发布系统建设

上海电科智能系统股份有限公司

一、概要

江阴市交通信息采集、诱导发布系统项目由上海电科智能系统股份有限公司承建。江阴市公安交通指挥中心根据江阴市市中心高峰期拥堵以及江阴市实际情况，需要制作一套集采集、诱导、发布、数据挖掘等多功能为一体的交通信息平台，并于2010年委托上海电科智能系统股份有限公司开发江阴市交通信息平台。江阴市交通信息平台通过在各路段上设置交通流检测器，实时采集交通流数据（包括交通流量、速度、车道占有率等），结合已有的交通信号控制系统采集的路口流量进行综合运算，形成可用于交通管理和信息发布的实时交通路况，并将交通流信息实时地对外共享。围绕常发性交通拥堵路段，建立诱导系统，均衡交通流分布，减少交通拥堵的影响。在主要商业区，建立停车诱导系统，提高停车场的总体利用效率，减少驾驶员寻找停车位对道路交通的影响。

二、系统构成和主要特点

（一）系统构成

江阴市交通信息平台分成采集和诱导两部分，采集部分通过设在外场的30台车辆检测器以及路口信号机传回数据进行后台分析，从而发布对于当前交通状态的实时情况，通过GIS平台展示给操作人员，操作人员通过平台通过诱导发布系统对外场16块设立在主要道路上的情报板和10块广告板，以及4块停车板进行对外信息发布，诱导车辆以到达缓解中心城区高峰时段交通拥堵的现象。

系统同时对外场上传数据进行各路口实时的流量分析与比对，形成柱状图在GIS地图上展示，帮助交警在设定路口信号机时长以及红绿灯周期时提供相关依据，能够有效的帮助交警在特定时间段内对相应信号机作出适当调整，达到缓解高峰时段特定路段的拥堵情况。

（二）系统主要功能

交通信息采集：

- ❑ 交通流量采集；
- ❑ 自动检测设备工作状态和通信状态以及故障报警；
- ❑ 系统数据实时传输和共享；
- ❑ 时间同步；

- ❑ 市区停车库信息；
- ❑ 车辆 GPS 数据汇集。

交通信息诱导：

- ❑ 情报板、广告板以及停车诱导板的人工发布；
- ❑ 情报板、广告板以及停车诱导板的预案管理与自动发布；
- ❑ 发布段状态的人工干预功能；
- ❑ 发布段实时状态的展示与发布；
- ❑ 数据质量查询与管理；
- ❑ 单车轨迹与碰撞对比；
- ❑ 上下班模式。

（三）技术特点

江阴市外场因为只布设了 30 台车辆检测器于信号机盲点位置，包括大桥中间与比较长的主要路段中间，以此来弥补信号机无法采集到的缺失。此外承办单位还开发了人工干预功能，通过对摄像机以及发布段的关联，以及状态改变后的报警和定位，通过人工干预的方式来确认自动算法的结果，达到更准确更及时的路段状态相应。并且在原有 16 块诱导板和 4 块停车板的基础上，又增加了原本设立在外场的 10 块广告板，通过发送实时状态图片的形式对其发送前方路段状态，扩大了诱导系统的覆盖面，并且由中心城区扩展到了外围环城公路。

三种诱导板的预案发布与管理也使交警的日常对外发布工作简单快速，摒弃了原本日常重复发布的劳作，而仅仅是在突发情况下才进行人工发布。

三、应用情况

通过近半年的使用情况，江阴市在高峰时段的拥堵情况减少了 11%，且早高峰时间段从原本的 6：50～9：10，缩小到 8：10～9：00。晚高峰时间段从 4：30～6：40，缩小到 5：30～6：20。周边城市交警寻访时也对平台的人工干预系统以及情报板的自动发布系统给予了很高的评价并且给予了合作意向。

通过增加外场设备以及改善数据质量排查，将对路况的改善作用更显著。此外，上海电科智能系统股份有限公司将和业主单位共同努力，拓展本平台的应用范围，通过系统联网达到面积更广的数据采集与共享，不再仅仅局限于江阴市，而是将整个江阴周边城市都连接起来。

无锡市智能交通设施管理平台

上海电科智能系统股份有限公司

一、概要

无锡智能交通设施管理平台由上海电科智能系统股份有限公司承建。该平台通过接口采集和后台逻辑分析，实现对外场智能交通设施运行状态的实时监控、故障远程报警；通过IT网管和机房动环监控系统接口采集实现交换机和服务器等内场信息系统统一平台实时监管、故障远程报警；通过上层应用软件实现报修、施工流程精细化管理；基于GIS基础数据管理工具实现内外场设施资源库动态管理、设施资产和生命周期管理。系统在视频质量智能检测、智能交通设施健康综合检测管理等技术上实现突破，并充分利用已有资源，提供跨指挥中心专网、公安网及因特网的访问系统，使得智能交通设施的运维管理水平和效率以及管理的科学性大幅度提升。

二、系统构成和主要特点

无锡智能交通设施管理平台系统构架如图1所示。

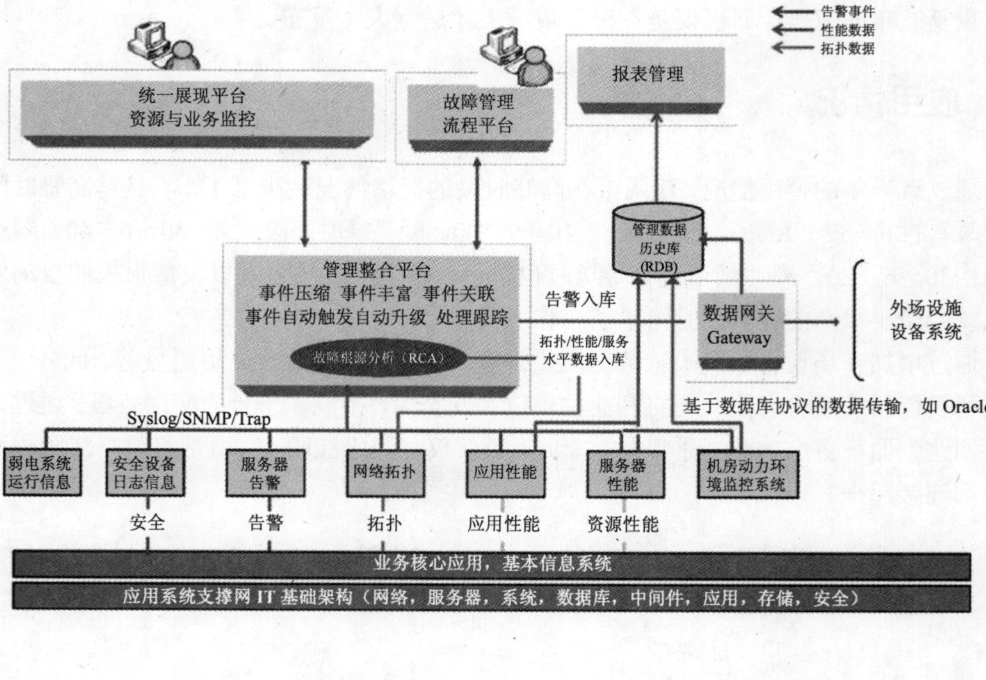

图1 无锡智能交通设施管理平台的系统构架

系统主要功能如图 2 所示。

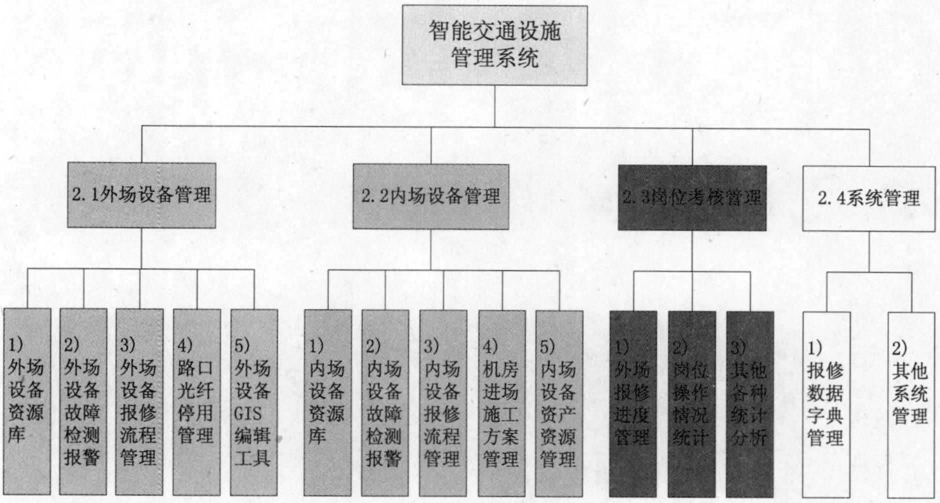

图 2　无锡智能交通设施管理平台系统的主要功能

系统的技术特点包括：

- ❑ 兼顾内、外场设备，IT、非 IT 设备的集成监控管理；
- ❑ 兼顾 IT 资源、非 IT 资源的集成资产管理；
- ❑ 支持多种方式，基于 Agent 技术的信息采集；
- ❑ 通过流程引擎的可定制报修流程管理；
- ❑ 分层的信息系统架构，以支持系统的扩展。

三、应用情况

“无锡智能交通设施管理平台”于 2011 年 8 月底由上海电科智能系统股份有限公司协助无锡交巡警支队建设完成，于 2011 年 9 月开始投入使用。

无锡智能交通设施管理系统通过接口采集和后台逻辑分析，实现对信号机、电子警察、监控摄像机、卡口、车检器等外场智能交通设施运行状态的实时监控、故障远程报警；通过 IT 网管智能基础设施管理软件和机房动环监控系统接口采集实现交换机和服务器等内场信息系统统一平台实时监管、故障远程报警；通过上层应用软件实现报修流程管理；基于 GIS 实现内外场设施资源库动态管理、设施资产全生命周期管理。系统在视频质量智能检测、智能交通设施健康综合检测管理等技术上实现突破，并充分利用已有资源，提供跨指挥中心专网、公安网及因特网的访问系统，使得智能交通设施的运维管理水平和效率以及管理的科学性大幅度提升。

第四章

地方智能交通行业协会和联盟

安徽省智能交通协会

安徽省智能交通协会，是在安徽省智能交通建设联席会议基础上，由省科技厅、省公安厅、省交通运输厅、省经信委共同发起，经省民政厅注册、登记的具有法人资格的全国性、行业性的非营利社会组织。安徽省科技厅为协会业务主管单位。

协会性质：安徽省智能交通协会是由智能交通领域相关企业、事业单位、社会组织及个人自愿参加，经省民政厅注册、登记的具有法人资格的全国性、行业性的非营利社会组织。

协会宗旨：安徽省智能交通协会遵守宪法、法律、法规和国家政策，遵守道德风尚，维护国家利益。在政府的领导下，面向企业，建立政府与企业沟通的桥梁，促进企业间的横向联系与合作；促进行业技术进步和产业资源整合，推进产、学、研合作，国际交流与合作；加快交通领域的信息化、智能化进程，依法维护行业和会员的合法权益，为安徽省智能交通事业的发展而努力工作。

广东省智能交通协会

广东省智能交通协会是由广东省交通运输厅档案信息管理中心牵头，联合华南理工大学智能交通系统与物流技术研究所、中国移动通信集团广东有限公司、中国联合通信有限公司广东省分公司、广州交通信息化建设投资营运有限公司等十余家单位（企业），经广东省民政厅批复成立的具有法人资格的非营利性、专业性、地方性社会团体组织。其业务指导单位为广东省交通运输厅。

协会宗旨：遵守宪法、法律、法规和国家政策，遵守社会道德风尚，团结组织广大智能交通业界投资者、高层管理者和各方热心于发展智能交通产业的人士，贯彻国家有关发展智能交通产业的方针、政策；通过开展市场调查、信息交流、咨询评估、行业自律、知识产权保护、行业标准（规范）制（修）订、政策研究等方面的工作，规范行业市场、维护市场秩序和公平竞争，推动加强智能交通行业企事业单位和科研机构的合作、联系与交流；在政府和企事业单位、科研机构之间发挥桥梁和纽带作用，促进成员之间资源共享和互惠互利，协调社会资源，提升群体竞争力；为会员服务，为行业服务，维护行业、会员的合法权益和共同的经济利益，促进智能交通服务产业的健康快速发展。

广州智能交通信息服务产业联盟

一、成立背景

广州是广东省的政治经济文化中心，是华南地区的交通枢纽和珠三角中心城市，也是国家信息化试点示范城市。经济发展交通先行早已是人所共知的硬道理，要实现珠三角经济一体化，首先要实现交通一体化。广州市积极贯彻落实省委、省政府建设全省首善之区的决策方针，先行先试，努力推进交通信息化建设。目前，交通信息化建设中已经渗透于集 GPS 定位、GPRS 传送行车数据、数据挖掘、移动信息发布平台等于一身的移动信息化技术，实现了车辆监控调度、电子站牌、防盗防抢、羊城通支付和电召服务等功能，已覆盖了广州 18 000 辆出租车、9000 多辆公交车、300 多电子站牌和 400 条公交线路，广州“智能交通”基础建设处于全国领先水平。

为了进一步加快推进广州交通信息化、智能化进程，由广州交通信息投资运营有限公司、中国移动通信集团广东有限公司广州分公司等单位联合智能交通信息服务产业业界企业、高等院校、科研机构以及智能交通领域的科技工作者和有关企事业单位正式成立行业性、非营利性、非独立法人的社会群体——“广州智能交通信息服务产业联盟”。

广州智能交通信息服务产业联盟成立揭牌庆典于2009年4月29日在广州大厦隆重举行。广州智能交通信息服务产业联盟成立标志着广州市政企合作建设交通信息化工作步入了全新的阶段，产业建设由传统离散型生产向产业联盟一体化发展，成为广州市交通信息化进程中新的里程碑。

二、联盟现状

目前联盟共有成员单位 29 家（见表 1），基本涵盖智能交通信息服务产业的整个产业链，包括平台建设、信息数据采集、运营服务、终端制造、中介服务等。另外联盟还聘请 10 名业内知名专家作为联盟专家学术委员。

表 1　联盟主要成员构成

系统平台开发单位	广州交通信息化建设投资营运有限公司
	北京航天智通科技有限公司
	西门子（中国）有限公司
	广州海特天高信息系统工程有限公司
	广州市方纬交通科技有限公司
	广州金昊信息技术有限公司
智能交通信息运营单位	中国移动通信集团公司广东有限公司广州分公司
	中国电信集团广东有限公司广州分公司
	中国联合网络通信有限公司广州市分公司
	深圳万通大合科技有限公司

续表

交通信息数据单位	广东道路信息发展有限公司
	广东瑞图万方科技股份有限公司
	北京四维图新科技股份有限公司
	广州市红鹏直升机应用服务有限公司
智能终端生产单位	广东好帮手电子科技有限公司
	深圳市有为信息技术发展有限公司
	广州伊爱高新技术开发有限公司
	广州通易科技有限公司
	广州海格通信集团股份有限公司
	广州飞歌汽车音响有限公司
	中山市长宝卫星监控系统有限公司
	广州亿程交通信息有限公司
	深圳友浩科技有限公司
	深圳市川基科技有限公司
	广州中宏信息科技有限公司
	广州赛格导航科技股份有限公司
咨询服务机构	广东省交通档案信息管理中心
	华南理工大学智能交通系统与物流技术研究所
	深圳市华儒科技有限公司

三、联盟宗旨

本联盟的宗旨是在广州交通委员会信息化领导小组办公室的指导下，以服务广州地区智能交通信息服务产业为目标，团结和动员智能交通领域的科技者、管理者，积极倡导“合作、创新、发展、奉献”精神，促进广州地区智能交通信息服务产业的科技繁荣与发展，形成掌握自主知识产权技术的智能交通信息服务产业链；通过产业示范项目建设，发挥群体优势，打造具有国际竞争力的智能交通信息服务自主品牌。

四、联盟组织结构

广州智能交通信息服务产业联盟由主要联盟大会、理事会、常务理事会、办事机构（秘书处）、监事会以及学术委员会组成，如图1所示。

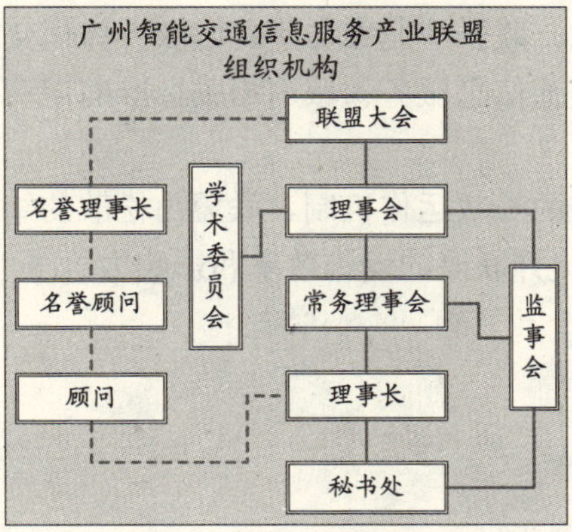

图 1　联盟组织结构

五、联盟职责

（1）智能交通信息服务产业技术攻关：针对智能交通信息服务产业关键技术和公共技术，采用产学研相结合方式，促进成员之间资源共享和互惠互利，推动政府制定有利于产业发展的方针、政策，协调社会资源，提升群体竞争力。

（2）服务于广州地区和广东省智能交通信息服务产业：向政府反映成员的愿望和要求，向成员传达政府的相关政策、法律、法规；利用联盟的力量，进行行业自律，针对产业关注的焦点，在联盟内达成共识，形成联盟标准或行业技术规范等；协助政府组织搞好本行业质量管理工作，协助企业对产品质量进行诊断、咨询和认证相关工作。

（3）技术交流平台的搭建：搭建国内智能交通技术领域的国内外交流的平台，不定期的举办智能交通领域的国际技术交流、产品推荐、交流活动，为行业、企业开拓国内外市场服务。

（4）产业咨询：收集国内外本行业基础资料和调研相关情况，向政府提出本行业发展等方面的建议，协助政府组织编制本行业发展规划和推动行业内相关方面的协调发展。

六、联盟发展目标及规划

联盟的主要目标是针对智能交通信息服务产业的市场特征和技术特征，通过建立创新联盟将智能交通信息服务产业链的企业联合起来，与高校和科研院所共同组成战略联盟，实现产学研强强联合，建立科技创新平台，对公共技术、关键技术、共性技术共同攻关与突破，促进广州和广东地区智能交通信息服务产业的科技繁荣与发展，形成掌握自主知识产权技术的智能交通信息服务产业链。通过产业示范项目建设，发挥群体优势，打造具有国际竞争力的智能交通信息服务自主品牌。目前，联盟的规划如下：

（1）服务广佛一体化，联合产业成员建立广佛一体化交通信息服务共享平台。

（2）服务广深一体化，联合产业成员建立广深一体化交通信息服务共享平台。

（3）争取完成智能交通信息服务领域内相关标准的申请，结束本领域内产品和服务缺乏标准的现状。

（4）进一步完善联盟的长效运作机制。联盟由松散的结盟性质，逐步向具备一定资质的产学研平台过渡，提升联盟的运作效率和影响力。

深圳市智能交通行业协会

深圳市智能交通行业协会成立于 2007 年 5 月 8 日。其主要职责是，在市政府有关部门的领导下，依靠行业集体的力量加速全市智能交通产业的发展，为会员单位的共同利益服务，维护全行业与会员单位的合法权益；发挥政府部门实施行业管理的助手作用；积极与国内外相关领域交流、往来，以促进全行业经济、技术、管理水平和经济效益的不断提高，推进全市智能交通产业的发展；为维护全市道路交通畅通、保护环境和人身安全作出努力。

协会性质：深圳市智能交通行业协会是经深圳市民政局批准登记、由市政府有关部门领导管理的行业性组织，是非营利性社会团体、社会独立法人。

协会宗旨：作为政企之间的桥梁和企事业间的纽带，该协会将以服务社会、服务行业、服务会员为自身的服务宗旨，以强烈的责任感、使命感，在促进政企双向沟通中彰显活力，积极帮助企业解决困难，拓展更广泛的发展空间和市场领域，提高行业抗风险能力，引领行业走向现代化、规范化、国际化。

无锡市智能交通产业联盟

一、成立背景

为了将无锡智能交通物联网产业的政府资源、研发资源、企业资源、金融资源和服务资源整合起来，形成完整的产业链布局并实现产业链各部分的企业机构协同发展、深度合作、抱团参与国内外市场竞争，从而建成国内外最先进、最完整、最大规模的智能交通物联网全产业链集群和服务集群，打造无锡智能交通物联网“东方硅谷”；为了建设无锡智能交通物联网全球最佳实践城市，无锡市经济和信息委员会与中兴智能交通（无锡）有限公司共同倡议发起成立智能交通物联网产业联盟CIIA（以下简称“联盟”）。

二、联盟性质

联盟是在无锡市政府主管部门的支持与指导下，由智能交通物联网企业、金融机构、大学、科研院所、公共服务机构等，按照“自愿、平等、合作、共赢”的原则发起成立的产业合作体。

三、联盟宗旨

联合、创新、发展、领先

四、联盟成立的目的和职能

智能交通物联网产业是全球发展最快的产业之一，预计2015年将达到全球3000亿美元的产业规模，是发展最快、最具价值的技术和市场新兴领域。无锡市作为中国传感网中心和国家物联网新型工业化产业示范基地，在智能交通物联网产业具有不可比拟的政策、经济、技术、人才和企业优势。无锡市的智能交通物联网企业和研发机构在智能交通物联网的产品研发、系统集成、解决方案、服务模式和资源整合方面拥有良好的实力，已经在国内外具有了较好的竞争基础。

但是，智能交通物联网产业的企业普遍面临着规模有限、研发技术力量不足、缺乏融资等金融支持、针对大型项目的竞争能力有限和产业链上下游合作断层等困难。而目前的产业链尚未被有效整合，没有统一高效的合作平台，企业不得不独自面对竞争，企业间很难优势互补、资源共享。

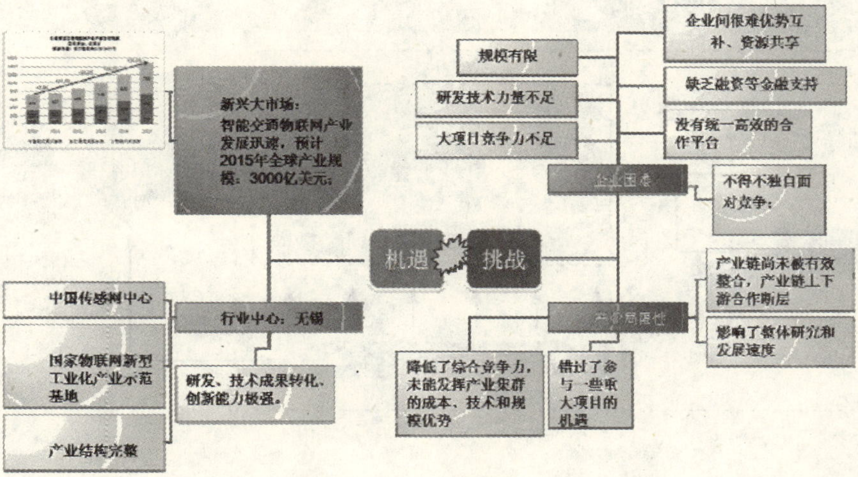

目前缺少一个将研发机构、生产企业、集成商、运营服务商、金融机构等产业链各部分的资源、能力、业务模式融合起来的平台。这局限了企业发挥最大价值和潜力，影响了研究和发展速度，降低了综合竞争力，未能发挥无锡智能交通物联网产业集群的成本、技术和规模优势，错过了参与一些重大项目的机遇。

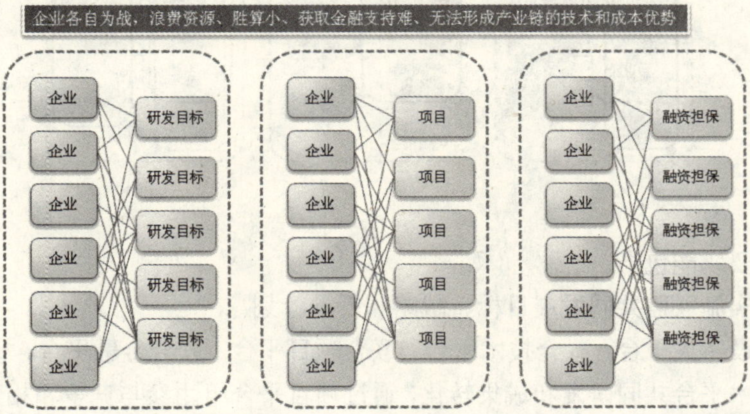

因此，有必要建立一个专业运作的产业联盟，以平台的形式，组织智能交通物联网产业中的企业、研发机构，吸引金融机构、公共服务机构和海外机构，加快核心技术开发和产业化，抱团参与国内外重大项目的竞争，获得金融支持和服务，打造出整体研发、整体竞争、整体投融资、整体服务的实力强大、模式成熟、变革迅速、结构健康的智能交通物联网合作体。这样的合作体，将极大地释放企业的潜能，使得企业群的发展成几何效应增长，将在无锡市实现一个庞大完整的产业链集团和活跃的金融、研发、咨询、服务等商业服务集群，将大力推动无锡市物联网产业的发展，并将进一步明确和巩固无锡市作为中国传感网中心和物联网国家示范基地的行业核心地位。

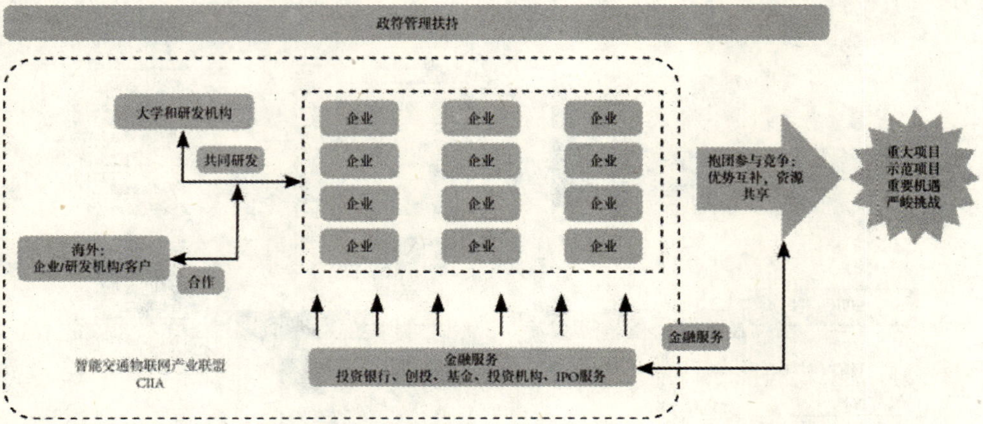

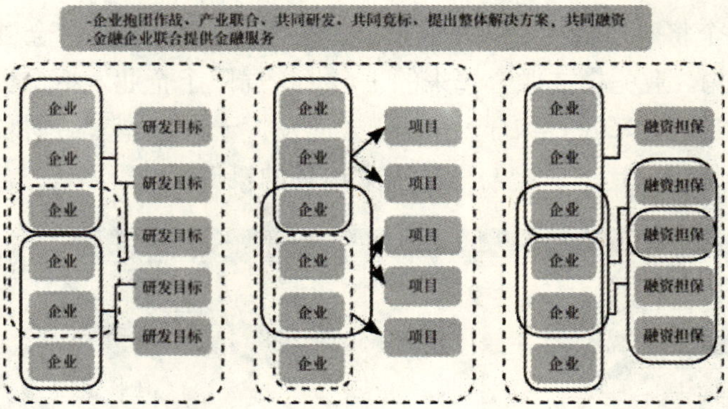

联盟主要职能包括：

制定和实施联盟共同发展目标、战略和行动计划；

组织建设 3 大平台：联合技术平台、联合项目平台、联合金融平台，使得盟内成员可以通过技术平台共同研发和成果转化，通过项目平台组团参与竞争和相互服务，通过金融平台获得企业金融服务和项目金融服务；

组织成员抱团参与全球化市场、技术和商业竞争，组织成员深度合作，包括市场开发、技术研发、联合发布综合解决方案、联合投标和联合交付等；扶持重点项目、重点技术和重点发展企业；

联合各企业的技术资源以及科研机构的研发资源，将各成员的核心技术和明星产品整合起来，结合市场和客户的整体性需求，联合开发、联合制造、联合交付，向市场提供在技术水平和成本方面，都具有巨大优势的整体解决方案、交钥匙方案和其他更高要求的商业方案；

建设科技研发高地，积极引进和自建国家级、省部级重点实验室，合作建设博士后流动站，实现产学研高度整合、组织力量突破行业共性关键技术，形成大量自主知识产权和集成应用解决方案；

建设智能交通物联网方面的金融、咨询、第三方研发、创投等商业服务体系，为企业提供实力雄厚、高效灵活的金融服务，为金融投资机构提供潜力巨大的投资市场和投资对象，利用金融的杠杆效应，迅速提高整个集群的竞争力和规模；

推动建设无锡智能交通物联网全球最佳实践城市，推动实施若干批智能交通物联网具有高度推广性、可复制性的标准化应用示范工程，推动承担若干批国家级、省部级和市级重大项目，研究和发布智能交通物联网产业示范性重大需求和解决方案；参与制定相关国家级、省部级行业技术标准；

为相关政府部门提供专业性意见和研究报告；为全国智能交通物联网的建设和管理提供无锡自主创新的技术、设备、服务和实践案例；

举办、承办高水平行业展会、论坛，或以联盟形式参展其他重要展会；通过灵活、高效、高端的市场推广手段，向国内外市场推荐介绍联盟的企业、技术、产品、商业模式、金融模式和组织模式等，提高整个联盟及各成员单位的知名度、影响力和品牌价值；

与国际，国家级、省级其他智能交通物联网相关组织和单位建立合作关系，组织交流、考察，促成深度合作。

五、发展目标

未来五年的整体目标是：为无锡市打造国内外最先进、最完整、最大规模的智能交通物联网产业集群和服务集群。具体来说，包括：

形成“标准制定—研发—制造—系统集成—服务集成+金融服务”的全产业链深度合作机制；

实现集群的竞争力、产业化能力、研发能力、商业能力、投融资能力和发展规模从国内领先到全球领先；

实现联盟企业的总产值五年过 500 亿，特别是在智能城市、交通信息服务、物联网云计算等方面实现业务高速增长；

培养 5～7 家年产值过 10 亿的行业龙头企业集团，20 家以上有国际水准核心竞争力的，年产值过 1 亿元的专业化企业，一批创新能力和活力极强的中小企业；

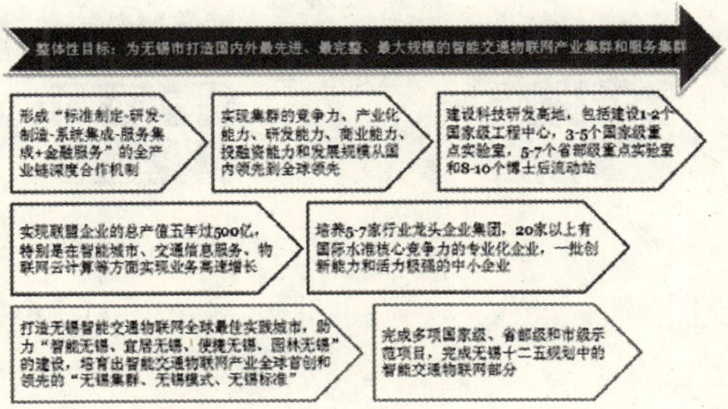

建设科技研发高地，包括建设 1-2 个国家级工程中心，3-5 个国家级重点实验室，5-7 个省部级重点实验室和 8-10 个博士后流动站；

完成多项国家级、省部级和市级示范项目，完成无锡十二五规划中的智能交通物联网部分；

打造无锡智能交通物联网全球最佳实践城市，助力“智能无锡、宜居无锡、便捷无锡、园林无锡”的建设，培育出智能交通物联网产业全球首创和领先的“无锡集群、无锡模式、无锡标准”。

六、组织机构

联盟初期由产业链上下游具有优势的企业、科研机构、金融机构共同发起组成。联盟设联盟大会、理事会、专家委员会和秘书处。联盟大会由成员单位共同参加，是联盟的最高决策机构。理事会由联盟大会选举产生，在大会闭会期间代行大会职责。联盟理事长单位从理事单位中产生，并报无锡市工商联批准。联盟秘书处负责联盟日常工作，起草联盟文件和制定相关计划。专家委员会由业内知名的工程技术专家、企业家、学者、相关行业组织领导等组成，是联盟的决策咨询机构。6 个专业工作部，根据各自业务方向开展相关工作，分别是：交通信息服务部，物联传感部，交通和安防设施部，通信信号部，软件服务部和车联网部。

同时为建设三个联合性的合作平台，统一联合机制，创造联合机会，提供联合方案。这三个联合性平台是：联合技术平台、联合项目平台、联合金融平台，使得盟内成员可以通过技术平台共同研发和成果转化，通过项目平台组团参与竞争和相互服务，通过金融平台获得企业金融服务和项目金融服务。

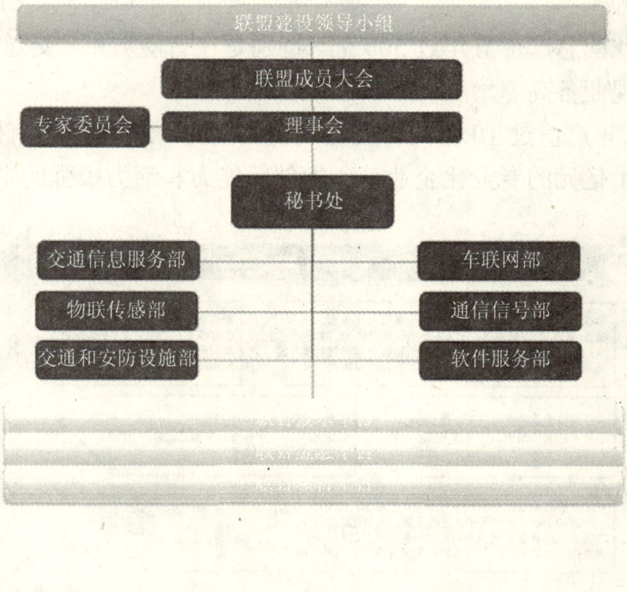

第六篇

纪事篇

第一章

中国智能交通行业 2011 年大事记

1月27日，国家道路交通安全科技行动计划工作汇报会在北京召开。

3月10日，交通运输部印发《高速公路施工标准化活动实施方案》（简称《方案》），要求从2011年起，在全国高速公路建设中开展施工标准化活动。

3月14日，科技部与民航局共同组织实施了国家863计划“新一代国家空中交通管理系统”重大项目，我国空中交通管理系统技术将取得重大突破。

3月16日，交通运输部《收费公路联网电子不停车收费技术要求》发布。

3月25日，国土资源部、交通运输部和铁道部日前联合印发《关于进一步加强和改进公路、铁路项目建设用地服务和监管的通知》（简称《通知》），并进行部署。

4月1日，国家科技支撑计划项目成果联网不停车收费系统在全国大面积应用。

4月1日，国家道路交通安全科技行动计划成果“交通安全驾驶训练体验平台”、“青少年交通安全游戏式体验装置”等亮相“十一五”国家重大科技成就展。

4月2日，交通运输部召开信息化工作领导小组会议，审议并原则同意了《公路水路交通运输信息化“十二五”发展规划》以及全国高速公路通信光纤联网工程方案和部机关信息化运行维护整合方案。

4月7日，交通运输部、公安部、国家安监总局、工业和信息化部联合下发《关于加强道路运输车辆动态监管工作的通知》。

4月7日，《中国民用航空发展第十二个五年规划》发布。

4月9～12日，长江三峡水上GPS船载终端二次入网实船测试工作顺利完成。

4月23日，“2010年度中国公路学会科学技术奖颁奖大会暨成果报告会”在京举行。

5月23日，交通运输部长江航务管理局向社会发布《2010长江航运发展报告》。

5月26日，交通运输部正式发布《交通运输“十二五”发展规划》。

5月26日，曹健林副部长出席中国智慧城市发展战略咨询会

7月11日，交通运输部发布《关于“十二五”交通运输科技计划有关问题的通知》，明确提出“十二五”交通运输科技计划由七类计划组成，涵盖原“西部交通建设科技计划”和原“行业联合攻关计划”。

7月14日，《国家“十二五”科学和技术发展规划》正式发布。

7月21日，2011年智能运输大会在天津滨海新区召开。

7月28日，交通运输部召开交通运输重大科技专项启动实施会，特大型桥梁防灾减灾与安全控制技术研究，黄金水道通过能力提升技术研究，基于物联网的公路网运行状态监测与效率提升技术研究，新一代公路基础设施维护关键技术和重大装备开发与示范（一期），西部港口物流枢纽建设和运营技术开发与示范，公路甩挂运输关键技术研究与示范等六个交通运输重大科技专项启动。

7月29日，国家科技支撑计划“智能导航搜救终端及其区域应用示范”项目在九寨沟景区启动实施

8月4日，第一批符合道路运输车辆卫星定位系统标准的车载终端已通过技术审查和公示程序，于交通运输部网站予以公布。

8 月 23 日，广东岭南通股份有限公司和香港八达通卡有限公司代表正式签订《岭南通・八达通联名卡发行合作框架协议》，共同发行“岭南通・八达通”联名卡，初步实现了粤港公交智能卡资源的共享和互用。

8 月 27 日，在全国交通运输信息化工作会议上，中国工程院院士邬贺铨等 18 名行业外专家被聘为“交通运输部信息化工作领导小组特邀咨询专家”，成为行业信息化发展智囊团成员。

8 月 26 日，交通运输部召开全国交通运输信息化工作会议。

9 月 7 日，“十一五”国家科技支撑计划“道路交通安全保障关键技术研究及示范应用”项目通过验收

9 月 28 日，交通运输部发布《“十二五”水运节能减排总体推进实施方案》，以政策法规、标准规范、示范推广、重点技术攻关四方面为重点，明确了 10 项重点工作、35 项具体工作任务及实施计划。

10 月 8 日，王伟中副部长出席 2011’中国智能交通年会活动开幕式

10 月 16～18 日，科技部原党组成员、原中纪委驻部纪检组组长、中国智能交通协会理事长吴忠泽率团参加在美国奥兰多举行的第十八届世界智能交通大会。

10 月 24 日，交通运输部和解放军总装备部联合召开中国第二代卫星导航重大专项应用示范工程启动会。

11 月 8 日，科技部组织专家在深圳召开了国家科技支撑计划“基于 RFID 技术的智能集装箱及其公共服务系统开发”项目验收会议。

12 月 1 日，由大连海事大学与重庆市地方海事局联合编制的国家标准 “卫星导航船舶监管信息系统”正式获批。

12 月 13 日，交通运输部下发通知，明确在“十二五”组织开展国家“公交都市”建设示范工程，2013 年年底前，启动 30 个城市示范工程试点工作。

12 月 22 日，国内最先进的 VTS 系统在广西正式建成投入试运行。

12 月 26 日，全国政协副主席、科技部万钢部长和曹健林副部长到北京市公安局就城市智能交通、科技强警等工作进行专题调研。

12 月 26 日，2012 年全国民航工作会议暨航空安全会议在北京召开。

12 月 29 日，《ISO18186:2011 集装箱-RFID 货运标签系统》国际标准由 ISO 在瑞士日内瓦正式颁布，此标准是中国自 1978 年开始参与国际标准化组织活动以来，交通运输、物流领域第一个由中国专家发起、起草并主导的国际标准。

第二章

中国智能交通协会 2011 年大事记

3月4日，《中国智能交通行业发展年鉴（2010）》第一次编辑出版工作会议在北京召开。

5月11日，由中国智能交通协会、中国汽车运动联合会共同主办的联合国“道路安全十年行动”中国启动日暨中国道路安全宣传日公益宣传推广活动在北京隆重举行。

5月25日，中国智能交通协会吴忠泽理事长在上海与澳大利亚智能交通协会会长Norman Pidgeon先生签署了《中国智能交通协会和澳大利亚智能交通协会关于未来在智能交通领域开展合作的备忘录》。

5月25日，中国智能交通协会吴忠泽理事长在上海与意大利智能交通协会秘书长Olga Landolfi女士签署了《中国智能交通协会和意大利智能交通协会关于未来在智能交通领域开展合作的备忘录》。

5月26日，由中国智能交通协会主办、上海鸿与智工业媒体集团承办的“智能交通发展高峰论坛•中国2011(World ITS 2011)”在上海成功举办。

9月6日，《中国智能交通行业发展年鉴（2010）》正式出版发行举行首发式并由吴忠泽理事长揭幕。

9月6日，中国智能交通协会副理事长、科技部高新技术发展及产业化司赵玉海司长宣读了《中国智能交通协会关于表彰优秀单位会员的通报》，并为优秀单位会员代表颁发证书。

9月6日，经科学技术部批准，由中国智能交通协会主办的“2011’中国智能交通年会暨中国国际智能交通展览会、第七届国际节能与新能源汽车创新发展论坛暨展览会”在北京隆重开幕。

9月6日，2011’中国智能交通年会在北京成功召开。

9月8日，由中国智能交通协会和ERTICO（欧洲智能交通协会）共同举办的中-欧智能交通研讨会在北京国家会议中心成功召开。

10月16日，第十八届智能交通世界大会开幕式在美国奥兰多成功举办，中国智能交通协会吴忠泽理事长率领中国代表团出席并做了主题演讲。

10月17日，中美智能交通协会合作备忘录签署仪式暨中-美企业交流会在奥兰多展览中心成功举行，中国智能交通协会吴忠泽理事长与美国智能交通协会主席阿巴斯先生签署了中美合作备忘录。

11月11日，国家科技支撑计划“交通安全信息集成、分析及平台构建技术开发与示范应用”课题执行情况检查会在安徽合肥召开。

11月17日,中国智能交通协会吴忠泽理事长接见了荷兰基础设施和环境部公共工程和水管理司总司长Jan Hendrik Dronkers先生、荷兰智能交通协会执行董事Nico Anten先生一行人并签署了合作备忘录。

11月29日，中国智能交通协会吴忠泽理事长在上海市科委领导的陪同下，赴上海电科智能系统股份有限公司调研。

12月23日，《中国智能交通行业发展年鉴（2011）》编撰启动会在北京召开。

12月23日，中国智能交通协会专家委员会城市交通专业委员会正式成立。

反侵权盗版声明